한국근대 지방재정 연구

한국근대 지방재정 연구

지방재정의 개편과 지방행정의 변경

김태웅 **지음**

대우학술총서
608

아카넷

이 책은 조선시대 말부터 1919년 3·1운동 직전까지 지방재정의 개편과 지방행정의 변경을 중심으로 근대 지방재정의 성립과 추이를 정리한 것이다. 따라서 개별 지방공공단체의 재정 현황과 행정사무를 미시적으로 분석하기보다는 이 시기 지방재정의 근대식 개편을 비롯한 지방재정정책의 변경과 이에 따른 지방재정구조 및 지방행정방식의 변화를 한국 근대사의 전개 속에서 구명하는 데 중점을 두었다.

필자가 대학원에 입학할 때 관심을 가졌던 분야는 조선전기 농업사였다. 학부 졸업논문의 주제가 조선전기 농업 경영방식이기도 했거니와 무엇보다 조선후기 사회경제적 변동을 체계적이고 계기적으로 이해하기 위해서는 이러한 변동의 역사적 기반이라 할 조선전기 사회경제를 구조적으로 파악해야 한다는 문제의식 때문이었다. 나아가 16세기 조선사회의 모순을 파악하는 것이 무엇보다 중요하다고 판단하여 이 시기 민인들의 저항 운동에 관심을 기울였다. 선학들의 연구 성과와 함께 중국, 일본 및 서양 중근세의 사회경제사와 민중 운동을 공부하면서 작업의 실마리를 찾고자 하였다. 그러나 관련 자료를 추출하여 천착하기보다는 기존의 연구 성과와 이론을 습득하는 데 급급한 나머지 차후 작업 방향을 설정하는 데 번민과 고뇌의 시절을 보내야 했다.

그러던 차에 1987년 망원한국사연구실 19세기 농민운동사분과의 공동연구에 참여하여 임술민란 관련 자료를 정독할 기회를 얻었다. 이 자료에는 『조선왕조실록(朝鮮王朝實錄)』을 비롯하여 『승정원일기(承政院日記)』, 『일성록(日省錄)』, 『비변사등록(備邊司謄錄)』 등의 연대기 자료들은 말할 나위도 없고 『임술록(壬戌錄)』, 『용호한록(龍湖閒錄)』 등의 공문서 편찬자료 및 개인 문집들이 포함되어 있었다. 비록 필자가 뒤늦게 가담한 까닭에 자료 추출 작업에는 참여하지 못했지만, 선배 공동연구원들이 추출해놓은 자료 카드를 읽고 정리하면서 몇몇 군현에서 발생한 민란의 원인과 더불어 전개 과정 및 정부의 대책 등을 자료에 입각하여 서술할 수 있었다. 물론 대학원에서 사료 강독과 세미나를 통해 연대기 자료나 고문서 자료를 접하면서 독해 능력을 키웠다. 그리고 스스로 설정한 문제의식 아래 관심 분야의 자료에 천착하여 이를 꼼꼼히 분석하고 정리하는 작업도 사건과 제도를 구체적으로 이해하는 데 학습 못지않게 큰 도움이 되었다.

나아가 이러한 사료 독해 작업은 연대기 자료를 비롯한 각종 자료의 소중함을 일깨울뿐더러 새로운 문제의식을 품게 한 계기가 되었다. 즉 민란이 삼정(三政)의 문란으로 표현되는 부세제도의 모순으로 발생하였음에도 환곡(還穀), 도결(都結) 등에서 국가재정 세입과 무관한 요소들을 발견하였고 지방관아 재정에 대한 지역 주민의 부담이 국가재정과 비등할 정도로 크다는 것을 확인할 수 있었다. 또한 봉기 농민들 역시 민고(民庫), 잡역세 등과 관련하여 지방관아 재정의 폐단을 지적하였음에 유의하였다. 따라서 민란의 원인을 규명하기 위해서는 국가재정과 함께 지방관아 재정의 구조와 운영방식을 검토해야 할 필요성을 절감하였다. 그리고 국가재정과 지방관아 재정의 관계를 해명하여야 이 시기 재정 위기를 좀 더 구조적이고 종합적으로 파악할 수 있다는 판단을 내릴 수 있었다.

그러나 조선후기 지방재정에 대한 필자의 이해가 일천할뿐더러 관련 자료가 수다(數多)하고 산만하였으며 당시 지방재정 연구 역시 조선후기 역사상(歷史像)과 달리 여전히 정체론적(停滯論的) 관점에서 벗어나지 못하고 있는 수준에서 이 문제를 정면으로 다루기에는 버겁다고 생각하였다. 이에 근대개혁기 지방재정개혁의 방향을 파악하고 그 내용과 성격을 해명하는 데로 눈을 돌려 근대 지방재정의 핵심이라 할 지방세제(地方稅制) 문제를 검토하는 데 골몰하였다.

비록 이러한 작업 구도가 지방세제의 시행과 일제의 조세 수탈에 초점을 맞춘 나머지 이 시기 지방재정개혁의 전체상을 드러내는 데 미흡하였지만 이 작업을 수행하면서 온건개혁파와 급진개화파가 지방재정개혁에 대한 인식과 추진 방식을 각기 달리하였지만 공히 주권국가 건설운동을 지방 차원에서 뒷받침하는 동시에 근대적 자치제도를 수립하기 위해 국가재정개혁 못지않게 지방재정개혁에 주력하였음을 확인할 수 있었다. 이는 그들 자신이 지방재정 문제가 단지 지방 차원에서 물적 기반을 확보하는 데 그치지 않고 근대국가 건설 및 지방통치 체계의 수립과 매우 밀접함을 인식하였기 때문이다.

또한 이러한 작업 과정에서 규장각과 장서각, 국립중앙도서관 등에 소장되어 있는 자료들을 접하였는데, 연대기 자료에서 구체적으로 확인할 수 없는 지방관아 재정의 운영방식과 상세한 내역들을 소상하게 담고 있었다. 이 가운데 읍지(邑誌)와 읍사례(邑事例), 중기(重記)는 지방관아 재정의 운영 방식을 이해하는 데 매우 귀중한 1차 자료였다.

이어서 근대 지방재정개혁의 의미를 조선후기의 연속상에서 계기적으로 이해하기 위해서는 이러한 개혁의 역사적 기반이라 할 조선후기·말기 지방관아 재정의 기본 구조와 운영방식을 파악함이 선결 과제라고 판단하고 조선후기 연대기 자료를 읽고 관련 자료를 추출하는 데 힘을 기울였다. 이 가운데 『일성록』에 수록되어 있는 암행어사의 별단(別單)은 지방관아 재정의 구조와 문제점을 파악하는 데 매우 중요한 내용을 전해주고 있다.

그리하여 조선후기 지방관아 재정의 구조와 운영방식의 특징을 '자판지공(自辦支供)'의 원칙에 근간한 개별성(個別性)과 분립성(分立性)으로 규정함으로써 이후 지방재정의 변동을 이러한 원리의 동요와 변화에 초점을 맞추어 역사 전체의 맥락 속에서 구조적이고 체계적으로 이해할 수 있는 단서를 마련하였다. 아울러 지방재정을 그 자체에 국한시키지 않고 근대개혁기 주권국가 건설운동, 지방자치제 문제 및 일제의 지방통치 방식과 연계하여 파악함으로써 지방재정의 근대식 개편 노력과 운영 실태가 시기별로 지니는 역사적·사회적 성격을 해명하기에 이르렀다. 또한 이러한 구도 아래 기존에 활용하였던 자료를 재검토할뿐더러 새로운 자료를 확보하여 분석하는 과정에서 갑오개혁 이전 지방재정개혁론의 방향과 추진 실태를 소상하게 파악할 수 있었다. 이는 조선후기와 근대 개혁기를 상호 연계하여 연속성과 단절성을 동시에 추출할 수 있는 틀을 제공하였다. 그 결과 '개항 전후~대한제국기 지방재정개혁'이라는 기본 주제 아래 작업을 진행해 나갔으며, 1996년 초가을에 일단 완료할 수 있었다. 1단계 작업을 마친 셈이다.

이후 필자는 조선후기 지방재정 연구에 주력하였다. 이는 이전 작업에서 미처 하지 못하였던 사료 비판 작업이라든가 개별 각급 지방 관아 재정의 구조와 운영 실태를 구체적으로 검토함으로써 이전 작업의 부족한 점을 보완하고 내용을 확충하고자 하였기 때문이다. 그 결과 임진왜란 이후 병인양요 이전 시기에 걸쳐 개성 유수부의 재정운영 실태와 행정구역 개편 문제를 비롯하여 조선후기 전라 감영의 재정구조와 운영방식 등에 관한 연구 논문을 발표할 수 있었다. 아울러 이 과정에서 논문의 주된 자료였던 읍사례의 특징과 사료적 가치를 전면 재검토하여 그 의미를 밝히고 활용 방안을 제시하는가 하면 한·중·일 동아시아 근대 국가의 지방자치 문제를 상호 비교하여 검토하면서 대한제국기 지방자치의 보편성과 개별성을 추출하기도 하였다.

또한 필자는 유수부, 감영과 달리 일반적인 특징을 보여줄 개별 군현 몇 개를 지역별로 선정하여 사례 연구의 일환으로 검토하고자 하였다. 그러나 지방관아의 재정운영 실태가 삼남, 관서북 등 지역별로 그리고 각급 지방관아의 고유한 기능에 따라 매우 천차만별인 데다가 가까운 시점에 마무리할 수 있는 성질의 작업이 아니라는 점에서 이러한 검토 작업을 차후 과제로 돌렸다. 대신에 작업 과제로 설정해놓고도 오랫동안 손을 대지 못했던 1910년대 일제의 지방재정정책 추이를 전면적으로 검토하였다. 그것은 무엇보다 일제가 통감통치기에 취했던 지방재정정책 기조의 연장선이라고 판단했기 때문이다. 특히 기존의 연구들이 면 단위 또는 군 단위 개별 차원에서 지방편제 방식과 지방사회 운영에 중점을 두면서도 이러한 지방통치체계의 물적 기반이라 할 지방재정 문제를 고려하지 않았기 때문이다. 이에 지방재정정책의 추이와 세출입 현황을 당시 도지방비, 「부제」, 「면제」의 시행과 상호 연계하여 종합적으로 검토하였으며 그 결과를 이 책으로 발표할 수 있게 되었다. 2단계 작업을 마무리한 셈이다.

이 책의 내용은 이상과 같은 구상과 작업 과정을 거치면서 지방재정 문제를 역사 전개 과정에 따라 주권국가 건설운동, 근대적 지방통치방식과 결부하여 고구(考究)한 것이다. 주지하다시피 중세 사회에서 근대 사회로 이행하는 과정에서 근대개혁을 추구하는 주도층은 전근대 국가의 집권세력과 달리 식산흥업에 필요한 자본을 집중·확보하고 국가권력을 안정적으로 뒷받침할 수 있는 지방통치체계를 구축하고자 하였다. 그리하여 개별적이고 분권적으로 운영하던 각급 지방재정을 재원 조달·관리 차원에서 파악하고 통제할뿐더러 면리 단위의 재정까지 국가 전체 재정체계에 편제하고자 하였다. 이러한 지방재정 개편 방향은 시대적 추세에 부합하는 역사 발전 방향이었다.

하지만 국가마다 역사적 전통과 재래의 지방통치방식이 상이한 데다 각국이 처한 현실적 여건과 개혁 주도층의 성향에 따라 지방재정 개편의 방향과 추진 방식은 판이하였다. 특히 한국의 경우는 오랫동안 군현제를 유지해온 전통 속에서 외세의 침략을 받았기 때문에 그 사정은 매우 복잡다단하였다. 그리하여 근대개혁기에는 개혁 주도층의 성향에 따라 조금씩 달랐지만 정부는 자판지공의 원칙에 입각하여 운영되는 각급 지방관아의 재정을 파악하는 수준을 넘어 중앙재정에 통합하거나 지방세제를 시행하고자 하였으며 나아가 지방의 자산가층과 일반 민인의 자치 활동을 보장하여 정치 참여의 폭을 확대하고자 하였다.

반면 강점 초기 일제는 한국인의 지방자치를 철저하게 봉쇄하면서도 '지방개발'을 내세워 군(郡)과 부(府), 도(島)를 넘어 면리 단위의 재원까지 탈점함으로써 지속적으로 세입을 증수할 수 있는 기틀을 구축하고자 하였다. 물론 일제의 이러한 지방재정 개편 과정은 지방재정의 근대화 과정이라고 할 수 있으며 시간이 지날수록 한국인들에게 지방 정치에 참여할 수 있는 길을 소수자에 해당하지만 조금씩 열어 주었음은 사실이다. 그러나 여기에는 단서가 따랐으니 한국인이 부담해야 할 지방재정 세입의 규모가 나날이 증대하였을뿐더러 세출의 대부분이 사회 전 부문에 걸친 일제와 일본인의 독점 아래 한국인을 통제하고 동화시키기 위한 통치 비용과 함께 수탈을 위한 사회간접자본 시설의 확충 경비에 충당되었다는 점이다.

이처럼 비록 오랜 구상 과정을 거쳐 집필하였고 수정·보완하였지만 여전히 부족하고 미비한 점이 적지 않다. 이는 필자의 불민과 노둔 탓이기도 하거니와 조선후기 지방재정과 1919년 3·1운동 이후 지방재정에 대한 체계적인 연구가 미처 수반되지 않았기 때문이다. 후일 이러한 작업을 온전하게 수행하여 소기의 성과를 거둘 때, 이 책을 조선후기·한국근현대 지방재정사의 흐름 속에서 일관된 체계로 수정·보완하고자 한다. 독자 제현의 따가운 질책이 있기를 바랄 뿐이다.

그동안 분주함을 핑계로 차일피일 미루다가 이제야 단행본 형태로 정리하고 보니 오랜 기간 불민하고 굼뜬 필자를 지도·편달하고 조언을 아끼지 않으신 여러 은사·선배님들의 엄하면서도 따스했던 가르침을 잊을 수가 없다.

학부 시절부터 한국사의 체계를 세움에 내적 계기와 외부 요인의 연계, 정치·사상과 사회경제의 관계를 늘 염두에 둘 것을 일러주시며 균형적인 시각을 강조하신 이원순(李元淳) 선생님, 좁은 시야에 갇힌 필자에게 강의와 일상생활 속에서 외국사에 대한 폭넓은 이해의 필요성을 일러주신 윤세철(尹世哲)·허승일(許勝一) 선생님, 한국고중세사의 제반 문제를 풀기 위해 늘 궁리하는 자세를 보여주시면서 안목을 넓혀주신 김광수(金光洙) 선생님, 학문의 길로 이끌어주시고 늘

사표(師表)로 계시는 이경식(李景植) 선생님께 감사드린다. 그리고 직접 강의를 듣지 못했지만 찾아뵐 때마다 늘 꼿꼿하고 반듯한 연구 자세와 뜨거운 열정으로 분단 시대에 사는 역사학자로서의 사명 의식을 일깨워주시는 김용섭(金容燮) 선생님께 감사드린다. 아울러 필자가 학문 연구를 지속할 수 있도록 배려해주신 유선호(劉善浩) 선생님은 평생 잊지 못할 분이다.

또한 석박사 과정 시절 노둔한 필자가 학문 연구에 매진할 수 있도록 지도교수로서 강의와 자료 정리 작업을 통해 새롭게 길을 열어주시며 논문 지도에 만전을 기하셨던 이태진(李泰鎭) 선생님, 박사학위 논문 심사 과정에서 부족한 점을 일일이 지적하고 해결 방안도 제시하셨던 최승희(崔承熙)·김인걸(金仁杰)·이영호(李榮昊) 선생님께 거듭 감사드린다.

역사연구자로서 감당해야 할 자료 독해의 시절에 자료를 함께 읽으며 토론하고 책을 쓰는 가운데 많은 조언을 아끼지 않았던 망원한 국사연구실의 19세기 농민운동사 분과모임, 역사학연구소의 1894년 농민전쟁연구반 및 서울대학교 상업사 연구모임의 선배와 동료들에게 이 자리를 빌려 감사드린다. 늘 어려운 여건에서 자료를 정리하고 관리하며 편의를 제공하였던 서울대학교 규장각과 중앙도서관, 국가기록원, 국사편찬위원회, 한국학중앙연구원의 장서각, 국립중앙도서관, 국회도서관, 남산시립도서관, 종로시립도서관의 사서직, 편사·학예연구직 여러분의 노고를 잊지 않고자 한다. 그리고 바쁜 와중에도 영문개요를 작성해준 안희돈, 김보림 두 교수 그리고 구하기 어려운 자료를 흔쾌히 제공해준 선후배와 동료들에게 늘 감사할 따름이다. 책이 어느덧 디지털 정보에 밀리는 미망(迷妄)의 시대에도 좋은 책을 내고자 불철주야 노력을 아끼지 않는 아카넷 김정호 사장님과 편집부 여러분의 노고 그리고 한국학술협의회의 지원에 감사드린다.

　끝으로 무심한 불초자식의 공부 때문에 말씀을 늘 아끼며 지켜보신 채 유명을 달리하신 아버지, 자식들 뒷바라지 속에 남편 간병으로 심신이 고단하였던 어머니께 조금이나마 위안이 되길 빌며 이 부끄러운 졸저를 바친다. 바쁘고 어려운 가운데 내색하지 않은 채 묵묵히 내조해온 아내 이해정과 어느새 훌쩍 커버린 현수·현규에게도 바쁘다는 이유로 제대로 돌아보지 못한 미안함을 미약하나마 덜고자 이 자그마한 책을 전한다.

2012년 7월 12일
관악산 앞자락 연구실에서
著者

제6장

강점 초기 조선총독부의 지방재정정책과 세출입의 추이

| 서론 |

　조선 말부터 일제 강점 초기에 걸쳐 근대화가 정치·경제·사회·
문화 여러 방면에서 집중적으로 이루어졌다. 이 가운데 재정제도의
근대식 개편은 조선 중세국가가 국민국가로 전화하는 데 필요한 경
제제도의 근간이 되었을뿐더러 일제가 대한제국 경제를 장악하여 자
국의 자본주의 질서에 편입시키고 한국 민족을 통치하는 데 불가결
한 물질적 토대의 구축에 영향을 미쳤다. 신분제에 입각하여 운영되
는 부세제도(賦稅制度)의 폐기와 근대적 조세제도의 성립, 재정기관
의 통합 및 수취구조의 일원화 등이 그것이다. 아울러 지방제도의 개
편도 여기에 수반되었다. 중앙집권적 권력체제를 수립하고 유지하는
데 필요한 재원의 추가 확보와 함께 이를 뒷받침할 지방통치구조의
체계화가 절실하였기 때문이다.
　따라서 지방제도의 일원화를 비롯한 지방제도의 개편은 재지 유력
층을 배제하고 군(郡) 단위 차원을 넘어 면(面)·동리(洞里) 단위까지
장악하는 일로 이어졌다. 또한 조세·재정의 근대화는 당연히 지방재

정의 개편과 연계되었다. 이에 중앙권력은 지대한 관심을 가지고 지방재정을 개편하고자 하였다. 그것은 징수 방식 및 재정제도의 개편과 직결되는 문제였고 이것을 해결하기 위해서는 지금까지 지방관아에서 행사하던 부세 징수권을 박탈함과 동시에 국가재정과 지방재정의 기존 관계를 재정립할 필요가 있었다.

그런데 지방재정의 개편은 국가재정의 개편과 마찬가지로 이를 추구하는 주체의 처지와 노선에 따라 구체적인 내용과 성격이 달랐다. 뿐만 아니라 지방재정 그 자체에 국한되지 않고 당시 일반 민인들의 사회경제 활동은 물론 이후 사회 발전의 방향에 미치는 영향이 적지 않았다. 물론 지방재정의 개편은 해당 시기 경제구조의 특징과 정국의 변동 등에 크게 영향을 받았다. 그러나 무엇보다 지방사회 운영방식을 둘러싼 사회 내부 계급·계층의 사회경제적 이해관계와 외세의 규정력에 좌우되었다.

이러한 기준에 입각하여 지방재정의 근대식 개편을 둘러싼 제반 논의 및 개편 과정의 역사적 의미를 구명하기 위해서는 이 시기를 두 단계로 구분할 필요가 있다. 크게 i) 1876년 이른바 개항이라 불리는 국교 확대를 전후한 시점부터 1905년 을사늑약 직후 재정권을 상실하는 시점까지의 단계와 ii) 을사늑약 직후 일제의 재정권 점탈부터 1919년 3·1운동 전후에 이르는 시점의 단계이다.

우선 첫 번째 단계이다. 지방재정은 근대 이전만 하더라도 정부나 재야의 유자(儒者)들이 별로 관심을 갖지 않았던 사안이었지만, 19세기 전반 지방관아 재정의 위기와 뒤이은 임술민란(壬戌民亂)으로 인해 국가재정체계 및 향촌 지배방식과 관련하여 집중 검토되고 그 해결 방안들이 모색되었다. 정부는 온건개혁론자들이 주도하는 가운데 1895년 9월과 1896년 7월 두 차례에 걸친 지방제도 개혁을 통해 지방경비 '배정(排定)' 제도 등을 상세하게 마련하였다. 한편, 이 과정에서 박영효(朴泳孝) 등의 급진개화론자들은 서구의 지방세 제도를 도입하려 하기도 했다. 이처럼 지방재정의 개편에는 전통적인 개혁론에 기반하여 외래의 제도를 부분 수용하였던 온건개혁론자의 개혁론이 반영되었으며, 일본의 문물을 적극 수용하여 기존의 제도를 급격하게 개편하려는 급진개화론자의 개혁론이 반영되기도 하였다. 또한 농민들이 요구했던 사회개혁 방안도 일부나마 수렴되기도 하였다. 자기 역사의 경험과 서구 문물에 대한 인식이 전통과 개혁, 내재와 외래 등의 문제를 제기하는 가운데, 재정개혁의 향방을 놓고 각 계급·계층이 추구한 상이한 노선과 지향이 복합적으로 작용하였던 것이다.[1]

다음 두 번째 단계이다. 일제는 대한제국 재정을 장악하기 위해 러일전쟁 와중에 재정 정리사업에 착수하는 한편 을사늑약 직후 1910년대 후반까지 지방을 장악하기 위해 지방제도를 정리하고자 하였다. 특히 지방통치체제의 안정화를 기하면서 사회간접자본시설의 확충을 통해 자본주의 수탈 체제의 기반을 구축하고자 하였다. 나아가 일제는 이러한 수탈 기제를 구조화하고 조선 내의 사회·정치세력을 분열시켜 통제하기 위해 '지방자치'와 '지방개발'을 구실삼아 군 단위를 넘어 면·동리를 장악하는 한편 지방세 체계를 수립하고자 하였다. 1906년 「지방세규칙(地方稅規則)」을 위시하여 1909년 「지방비법(地方費法)」, 1914년 「부제(府制)」 및 1917년 「면제(面制)」가 일제의 지방 장악과 조세 증징 및 사회간접자본시설의 추가 확보라는 기본선상에 놓여 있었다.

---

1) 근대개혁기 계급·계층의 처지와 노선에 관해서는 金容燮, 「近代化過程에서의 農業改革의 두 方向」, 『한국자본주의성격논쟁』, 大旺社, 1992(『증보판 韓國近現代農業史研究—韓末·日帝下의 地主制와 農業問題—』, 지식산업사, 2000 所收) 참조.

그러나 지방재정의 이러한 예속적 근대화는 한국 지방제도의 발전 방향 및 대다수 한국인들의 지향과 부합하지 않을뿐더러 조선 내부의 한정된 재원 규모 및 본국 정부의 재정정책에 규정되면서 지방세 체계의 모순과 지방공공단체의 법인화를 둘러싼 갈등을 노정하고 있었다. 예컨대 빈민 위주로 지방세를 부과하거나 도로 수축에 한국인들의 노동력을 무상으로 동원하는 등의 과세방식과 부역동원(夫役動員)이 이를 잘 말해준다. 그리하여 지방세제의 이러한 모순은 1909·1910년 중소 상인들의 시장세 반대 투쟁에서 분출되었으며 3·1운동에 이르러서는 지방 일반 민인들의 참여를 촉발하는 요인으로 작용하였다.

일제 강점 이래 현재까지 한국 근대 지방재정에 관한 연구로서는 단속적이지만 수 편의 논문이 나왔다. 멀리는 일제 관학자 및 행정관료로부터 가까이는 한국인 재정학 연구자들의 성과가 있다.[2]

전자는 지방관 및 향리들의 수탈과 세정(稅政)의 문란에 초점을 두어 통감부가 1909년 4월에 시행한 「지방비법」의 취지를 정당화하고

---

2) 平渡信,「韓國ノ地方制度及地方費ノ沿革」,『朝鮮講演』1, 1910.

麻生武久,「朝鮮地方財政史」,『朝鮮史講座』2(朝鮮總督府 編), 1923.

生田淸三郎,「地方制度の今昔と將來に對する希望」,『朝鮮』1925년 10월호.

車軼權,「우리나라 地方稅에 관한 연구―道稅의 創設을 중심으로―」,『서울大學校 論文集 人文社會系』10, 1964.

鄭潤陽,「日政下 地方稅制 變遷過程에 關한 硏究」, 서울大學校 行政大學院 碩士學位論文, 1966.

金大濬,「韓末 地方費法의 硏究(1895~1910)」,『産業과 經營』15, 延世大學校, 1973.

水田直昌,『統監府時代の財政』, 友邦協會, 1973.

金玉根,『朝鮮王朝財政史(Ⅳ)―近代篇―』, 一潮閣, 1992.

김대래,「일제강점기 지방세제 정리와 지방세목의 변화」,『경제경영연구』16-1, 2005.

적극적인 의미를 부여하였다. 특히 조선왕조의 지방재정은 지방 차원에서 자율적으로 운영되었다는 점을 부인하여 관권 위주의 중앙집권적 통치방식을 학문적으로 뒷받침하였다. 반면 후자는 주로 「지방비법」에 대한 연구를 통해 일제의 재정 수탈을 부각시켰을 뿐, 이전 시기 지방재정에 대한 면밀한 검토가 수반되지 않아 그 결론이 지배 정책상의 문제에 국한되고 말았다. 자료 활용의 한계도 있으나 기본적으로 한국사회의 계기성(繼起性)에 대한 이해 없이 이식성(移植性)과 관치성(官治性)만 강조한 데에서 비롯된 것이다.

또한 역사학계에서도 1990년대에 들어와 이 문제에 관심을 기울이면서 수 편의 논고가 발표되었다. 이들 연구는 일제 측의 자료와 함께 규장각 자료를 비롯한 한국 측 자료를 적극 활용하여 갑오·광무개혁기 지방재정의 제도화 과정을 해명하는 한편,[3] 일제강점기 전반에 걸쳐 이른바 식민지 지방통치의 구체성을 확인하기 위해 경성부(京城府)와 도(道) 재정의 세입 구성을 분석하는 과정에서 1910년대 지방재정의 역사성을 검토하기도 하였다.[4] 그러나 전자는 일제의 조세 수탈에 초점을 맞춘 나머지 1905년을 분기로 전후 시기 지방재정정책 및 운영상의 단절성을 부각시키는 데 그쳤다. 또한 후자도 세입 구성의 식민성 강화와 재정운영의 원시적 수탈성을 강조하는 가운데 지방재정의 근대화라는 방향성을 간과하였다. 특히 후자는 지방재정의 구조와

---

3) 拙 稿, 「1894~1910년 地方稅制의 施行과 日帝의 租稅收奪」, 『韓國史論』 26, 1991.
　　, 「甲午改革期 全國 邑事例 편찬과 '新定事例'의 시행」, 『國史館論叢』 66, 國史編纂委員會, 1995.
　유정현, 「1894~1904년 地方財政制度의 改革과 吏胥層 動向」, 『震檀學報』 73, 1992.
4) 정태헌, 「道歲入–道稅 구성 추이를 통해 본 植民地 道財政의 성격」, 『韓國史學報』 15, 2003.
　　, 「京城府 財政의 歲入構成과 시기별 特徵」, 『韓國史學報』 24, 2006.

운영방식을 정치·사회적으로 규정하는 지방제도(地方制度)의 개편 과정을 고려하지 않고 지방세의 성격과 운영 문제에 국한하여 다루었다. 그럼으로써 일제의 조선 통치방식이 지방재정정책에 미치는 영향을 위시하여 조선총독부 재정과 지방재정의 관계, 지방자치론의 추이와 지방재정정책의 상관성 및 그 의미, 세목(稅目)을 둘러싼 도·부·군·면 단위에서의 지방재원 배분 및 한국인과 일본인들의 조세 부담 문제를 역사적 맥락에서 해명하는 데는 도달하지 못하였다.

또한 지방재정을 직접적으로 다루고 있지 않지만 이와 밀접한 지방제도 연구 역시 1980년대 후반에 들어와 본격화되었다. 여기에는 1970년대 손정목의 선구적인 연구에 이어[5] 「부제(府制)」와 「면제(面制)」에 대한 체계적인 연구가 진행되었다. 그러나 이들 연구는 지방사회 편제방식에 중점을 두었기 때문에 지방제도의 성격을 사회경제적으로 규정할 각급 지방재정구조의 구축 과정 및 중앙재정과 지방재정의 관계를 집중적으로 다루기보다는 일제하 지방통치체제의 관치성(官治性)·집권성(集權性)을 밝히는가 하면,[6] 「면제」를 중심으로 도(道)−[군(郡)]−읍(邑)·면(面)으로 이어지는 관료적 지방행정체계의 정착 과정

---

5) 孫禎睦, 「日帝侵略初期 地方行政制度와 行政區域에 관한 研究」, 『論文集』 17, 서울市立大學校, 1984(『韓國地方制度·自治史研究(上)—甲午更張~日帝强占期—』, 一志社, 1992 所收).

6) 염인호, 「日帝下 地方統治에 관한 研究— '朝鮮面制'의 형성과 운영을 중심으로—」, 연세대학교 대학원 석사학위 논문, 1983.
洪順權, 「일제시기의 지방통치와 조선인 관리에 관한 일고찰: 일제시기의 군 행정과 조선인 군수를 중심으로」, 『國史館論叢』 64, 1995.
_____, 「일제초기의 면 운영과 '조선 면제'의 성립」, 『역사와 현실』 23, 1997(『근대도시와 지방권력—한말·일제하 부산의 도시 발전과 지방세력의 형성』, 선인, 2010 所收).
김익한, 「일제의 초기 식민통치와 사회구조변화」, 『일제식민통치연구1: 1905~1919』 (한국정신문화연구원 편), 백산서당, 1999.

을 해명하는 데 주안을 두었다.[7]

따라서 이러한 한계를 극복하고 과제를 해결하기 위해서는 우선 전
근대 지방재정을 염두에 두고 접근할 필요가 있다.[8] 그리고 지방재정
은 지방통치구조의 특질 및 변동과 함께 조세제도와 밀접한 관계를
가지고 있어 이들 부문에 대한 심도 있는 이해가 수반되어야 한다. 이
점에서 조선시기의 군현정책(郡縣政策),[9] 향촌사회변동[10] 및 부세제도

7) 尹海東,「'統監府設置期' 地方制度의 改定과 地方支配政策」,『韓國史論』20, 1998;
「일제시기 면제(面制) 실시와 근대적 관료·행정제도의 도입」,『韓國史學報』24,
2006(『지배와 자치』, 역사비평사, 2006 所收).

8) 1980년대 중반에 들어와 官廳 殖利活動과 民庫運營 등을 통해 이 시기 地方財政
構造와 運營方式의 변동을 해명하고 나아가 이런 변동을 중세사회의 해체와 관련
하여 이해하려 했다.
吳永敎,「朝鮮後期 地方官廳財政과 殖利活動」,『學林』8, 1986(『朝鮮後期 鄕村支
配政策 研究』, 혜안, 2001 所收).
張東杓,「19세기 地方財政運營의 實態에 관한 연구」, 釜山大學校 大學院 博士學位
論文, 1993(『朝鮮後期 地方財政研究』, 국학자료원, 1999 所收).
金德珍,「朝鮮後期 地方官廳의 民庫 設立과 運營」,『歷史學報』133, 1992(『朝鮮後
期 地方財政과 雜役稅』, 國學資料院, 1999 所收).
拙 稿,「朝鮮後期 開城府 財政의 危機와 行政區域 改編」,『韓國史論』41·42,
1999.
_____,「朝鮮後期 監營 財政體系의 成立과 變化—全羅監營 財政을 중심으로—」,
『歷史敎育』84, 2004.
_____,「朝鮮末 開城府財政 補用策의 추이와 朝野의 동향」,『歷史敎育』101, 2007.

9) 李樹健,『朝鮮時代地方行政史研究』, 民音社, 1989.
李存熙,『朝鮮時代地方行政制度研究』, 一志社, 1990.

10) 李泰鎭,『韓國社會史研究』, 知識産業社, 1986.
高錫珪,「19세기 鄕村支配勢力의 변동과 農民抗爭의 양상」, 서울大學校 大學院
博士學位論文, 1991(『19세기 조선의 향촌사회연구—지배와 저항의 구조—』, 서울
대학교출판부, 1998 所收).
金仁杰,「조선후기 鄕村社會 변동에 관한 연구」, 서울大學校 大學院 博士學位論
文, 1991.
吳永敎,『朝鮮後期 鄕村支配政策 研究』, 혜안, 2001.

성신문(皇城新聞)』, 『대한매일신보(大韓每日申報)』 등의 연대기 자료를 적극적으로 활용하여 관련 자료를 추출·집성해야 한다. 특히 『일성록』에 수록되어 있는 암행어사의 별단(別單)은 군현의 재정운영 실상을 파악할 수 있는 중요한 자료이다. 아울러 규장각(奎章閣)과 장서각(藏書閣)에 소장되어 있는 파견 관리들의 각종 보고서들도 적극 발굴하면서 연대기 자료와 연계하여 심층적으로 분석하고자 하였다.

또한 일제강점기에 조선총독부가 발간한 『조선총독부관보(朝鮮總督府官報)』를 비롯하여 『매일신보(每日申報)』 등을 정밀 검색하여 「부제(府制)」 및 「면제(面制)」 등 지방제도의 정리 과정과 재조선(在朝鮮) 일본인의 동향을 추적할 수 있었다. 아울러 『조선총독부통계연보(朝鮮總督府統計年報)』와 개별 각 도 통계자료 등의 각종 통계연보는 전국 단위나 개별 도 단위 지방재정의 규모와 실상을 계량적으로 추출할 수 있는 자료라는 점에서 신중하면서도 적극적으로 활용하였다.

그러나 연대기 자료와 통계 자료는 전체 흐름을 개략적으로 드러내고 있지만 지방재정의 실상과 운영방식을 구체적으로 보여줄 수 없다. 이 점에서 개별 군현 차원에서 편찬되거나 전국 차원에서 집성된 읍지(邑誌) 및 읍사례(邑事例)는 지방관아 재정의 실태와 운영방식을 해명하는 데 매우 긴요한 자료이다.[16] 그 밖에 이런 자료를 보완할 수 있는 자료들로 민정자료(民政資料), 중기(重記), 회계책(會計冊) 및 기

---

16) 내용상의 사실 여부라든가 최초 작성 연대의 불명확으로 읍지와 읍사례를 활용하기에는 많은 어려움이 있다. 그러나 이들 자료를 계통별로 시기별로 상호 대조하면서 내용의 정확성과 시의성을 충분히 감안한다면, 이런 난점을 다소나마 해소할 수 있을뿐더러 지방재정의 변화 과정을 추적할 수 있다.
楊普景, 「朝鮮時代 邑誌의 性格과 地理的 認識에 관한 硏究」, 서울大學校 社會科學大學 地理學科, 1987, 113~118쪽.
拙 稿, 「朝鮮後期 邑事例의 系統과 活用」, 『古文書硏究』 15, 1999.

타 고문서를 들 수 있다. 또한 일제 강점기에 편찬된 도 단위 또는 각 군(郡) 단위에서 편찬된 지방지, 연보 역시 매우 긴요한 자료이다. 이들 자료는 개별 지방 단위의 재정 실상을 구체적으로 보여주고 있다.

다음 조선(대한제국) 정부와 조선총독부가 지방재정정책을 비롯하여 지방통치방식을 구상하고 입안하는 과정에서 생산한 허다한 기록물들도 추진 주체의 의도와 방향, 구체 내용을 직접적이고 생생하게 보여준다. 예컨대 『주본(奏本)』, 『탁지부청의서(度支部請議書)』, 『내부청의서(內部請議書)』라든가 조선총독부 관련 부서의 입안 자료 등이 그것이다. 따라서 이들 기록물의 내용을 심층적으로 분석하면 그동안 연대기 자료만으로 파악하던 수준을 넘어서서 지방재정정책의 실상에 좀 더 다가갈 수 있으리라 본다.

그 밖에 이 시기에 발간된 당국 및 각종 학회의 기관지, 잡지, 외국인의 보고서 등도 기본 자료를 보완하는 자료로서 지방재정 문제를 둘러싼 여러 논의의 방향과 성격을 엿볼 수 있다는 점에서 활용 가치가 적지 않다고 하겠다. 앞으로도 이런 자료가 더욱 발굴될 필요가 있다.

본고는 이상과 같은 시각과 방법을 통해 다음과 같은 주제를 차례로 다루고자 한다.

먼저, 세도정치하 지방관아 재정의 위기를 구조상에서 파악한다. 지금까지는 그러한 위기를 단순히 국가의 수탈과 제도의 문란에서 빚어진 것으로 이해하여왔다. 여기서는 사회구성의 변동 및 지방통치구조와 관련하여 그 본질을 파악함으로써 이후 전개될 지방재정개혁의 방향과 의미를 규명할 수 있다고 본다. 따라서 지방재정구조 및 운영방식, 지방재정정책의 특질 등을 염두에 두고 지방관아 재정의 위기를 구폐(捄弊) 방안 및 정부의 대책과 결부시켜 검토할 것이다.

둘째, 국교 확대 전후로부터 갑오개혁 이전 시기에 걸쳐 지방관아 재정에 대한 정부의 구폐 방향과 실제를 검토한다. 외세의 침략이 노골화되기 이전 조선왕조가 마련한 방안의 내용과 그 의미를 파악할 수 있기 때문이다. 평안도의 '관서례(關西例)'(1865), 함경도의 '계미사례(癸未事例)'(1883)와 삼남지방의 재정 개선 노력을 주된 분석 대상으로 삼는다. 특히 이 과정에서 환곡제 개혁 및 결가(結價) 조정이 지방재정개혁에서 차지하는 의미를 구명할 것이다.

셋째, 갑오개혁기 김홍집(金弘集) 내각이 마련한 지방재정개혁 방안과 그 성격을 고찰한다. 특히 추진 주체 간의 노선 차이 및 일본의 '보호국'화 책동을 염두에 두고 김홍집 내각이 지방경비 배정 방안과 지방세제 방안 등을 동시에 고려하게 된 사정 및 내용을 검토한다. 이 시기 제반 제도와 마찬가지로 지방재정제도도 전통적 개혁 방안에 기반하여 발전하지만 때로는 외세가 크게 영향을 끼쳤다는 점을 고려해야 그 진상을 파악할 수 있는 것이다. 아울러 지방경비 배정제도의 의미를 구명하여 이 시기 지방제도 개혁의 본질을 이해하고자 한다.

넷째, 광무개혁기 정부가 지방제도 재편 과정에서 확립한 지방경비 운용방식이 지방재정개혁에서 가지는 의미를 구명한다. 여기서는 13도제(道制)의 시행, 지방행정의 개혁 및 향장제(鄕長制)의 시행과 함께 지방경비 운용방식 등이 분석 대상이다. 또한 이향층(吏鄕層)의 반발 및 지방경비 운용의 실제와 함께 정부의 대처 방안을 집중 다룬다. 이 시기 지방재정개혁 및 지방제도 개혁과 관련하여 광무정권이 구상한 지방통치체제의 역사적 성격을 파악하기 위해서이다.

다섯째, 이러한 지방재정개혁이 일제의 침략으로 좌절되는 한편 예속적 지방재정제도가 성립하는 사정과 그 의미를 해명한다. 특히 일제가 시행한 지방세제의 성격과 그 귀결점을 지방자치 문제 및 일제의 수탈 재정의 조성과 관련하여 이 문제를 고찰하고자 한다. 한편, 이 과정에서 나타난 한국인들의 지방세제 인식과 항세(抗稅) 투쟁을 통해 한국인들이 추구한 국민경제 수립의 의미 및 지방자치제의 방향과 이후 전개한 민족 운동의 역사적 배경의 일단을 구명하고자 한다.

끝으로, 1910년 대한제국을 강점한 뒤 일제가 본격적으로 지방제도를 개편하는 가운데 추진한 지방재정정책의 방향과 세출입의 추이를 추적한다. 특히 지방통치기구의 체계화를 통해 지방 하급단위까지 장악하는 과정을 해명하면서 도, 부, 면 등 각급 지방공공단체의 시기별 재정 실태를 상호 연계하여 파악함으로써 일제가 구축하고자 하였던 지방재정의 구조와 운영방식을 해명하고자 한다. 아울러 지방적 조세의 민족별 부담 실태를 분석하여 한국인과 일본인에게 미친 조세의 정치경제적 성격을 고찰하고자 한다. 따라서 이러한 지방재정정책의 성과와 한계가 결국 1920년대 이른바 문화정치기 조선지배정책의 인적·물적·제도적 기반으로 작용하는 동시에 한국인들의 사회·경제 활동 역량과 각종 재원을 행·재정 차원에서 통제하고 적극 동원하면서 중앙집권적 통치체제에 편입시켜가는 역사적 조건이 될 것임을 예고한다 하겠다.

조선 말부터 일제 강점 초기 지방재정의 제도화 과정과 재정운영의 실태를 이 시기 지방재정 문제가 차지하는 비중 및 시기별 추진 주체의 지향과 구체 활동에 입각하여 이같이 검토하면, 우리 역사에서 중세적 지방재정체계가 해체되고 근대적 지방재정체계가 자리 잡는 과정과 양상을 파악할 수 있을 것이다. 뿐만 아니라 지방재정 근대화의 경로와 그 성격을 이해할 수 있게 된다. 물론 일제 강점기 지방통치의 본체도 여기서 자명해진다.

그러나 1920년대 지방재정·지방제도에 관한 연구는 이제 걸음마 단계에 있기 때문에 본서에서는 1910년대 지방재정구조의 역사적 위상과 성격을 전면으로 드러내지 못했다. 이는 1920·1930년대 지방재정과 지방제도를 상호 유기적으로 연결시켜 구체적으로 검토해야만 해명될 것이다. 또한 일제하 지방통치기구의 운영과 세출입의 성격을 둘러싸고 한국인과 조선총독부, 한국인과 재조선 일본인 사이에서 벌어진 대립과 교착 문제를 도시와 농촌, 개항장 도시와 전통도시 등 지역 사례별로 집성하여 다루지 못했다. 이러한 과제는 추후 작업으로 넘긴다.

1

세도정치하
지방관아 재정의 위기와
구폐책

1

지방관아 재정의 구조적 위기

1) 지방관아 재정의 개별성과 분립성

조선왕조는 부세제도(賦稅制度)와 군현제(郡縣制)에 근간하여 국가 경영에 필요한 각종 경비를 확보하였다. 그리고 부세를 수취하고 상납하는 각급 지방관아의 유지에 각별히 유의하였다.[1] 왕조 초기에는 읍격(邑格)에 따라 제전(諸田)을 분급하여 지방관아의 재정 기반을 마련해 주었다.[2] 17세기 대동법(大同法) 시행 이후에는 군현 전결수(田結

---

1) 본서에서는 '地方官衙 財政'과 '地方財政'을 구분하여 쓰고 있다. 전자는 전근대 시기에 중앙정부가 지방재원을 법제적으로도 파악하지 못한 가운데 지방 수령이 유력층의 협조를 받아 향촌 사회 자율로 해당 지역의 지방재원을 관리하면서 지방적 조세를 징수하고 지출한다는 의미가 담긴 용어이다. 반면에 후자는 근대 시기에 들어와 중앙정부가 지방재정의 제도화를 근간으로 삼아 법제적으로 지방재원을 관리할 뿐더러 국가재원과 지방재원의 배분 문제에 관여하여 조정한다는 의미의 용어이다. 그러나 양자를 汎用하여 지칭하거나 또는 구분하지 않을 경우에는 해당 용어를 '지방재정'으로 통일하였다.
2) 정부는 衙祿田, 公須田 및 官屯田으로 나누어 府牧郡縣 및 지방관리의 유무에 따

數)에 따라 '유치분(留置分)'을 설정해주어[3] 이 범위 내에서 필요한 경비를 쓰게 하는 대신에[4] 요역(徭役), 군현의 공물(貢物) 등을 혁파하여 재정체계를 집권화하려 하였다.[5]

그러나 이러한 노력에도 불구하고 이러한 집권화 방침에는 한계가 따랐다. 크게 두 가지 이유이다.

첫 번째 이유는 지방마다 군현마다 관아 재정은 서로 다른 수입·지출 구조 속에서 개별적으로 운영되었다는 점이다. 그래서 삼남지방과 관서·관북지방이 달랐고 같은 삼남지방에 소재할지라도 군현마다 달랐다. 특히 지방관아의 정치·경제적 위상에 따라 각급 지방관아의 재정구조가 상이하였다. 예컨대 감영과 유수부, 병·수영, 진

라 각각 달리 분급하였다(『經國大典』, 戶典, 諸田).

李載龒, 「朝鮮前期의 國家財政과 收取制度」, 『韓國史學』 12, 韓國精神文化研究院, 1991, 82~84쪽.

李樹健, 『朝鮮時代地方行政史研究』, 民音社, 1989, 236~238쪽.

李章雨, 「朝鮮初期의 衙祿田과 公須田」, 『李基白先生古稀記念韓國史學論叢』(下), 一潮閣, 1994.

3) 郡縣 田結에 부과된 大同稅의 일정 부분을 留置分으로 남겨두었다. 지방재정 문제와 관련하여 대동법의 시행을 언급한 논문으로는 장국종, 「대동법의 실시에 대하여」, 『력사과학』 1960년 5호, 1960; 高錫珪, 「16·17세기 貢納制 개혁의 방향」, 『韓國史論』 12, 1985; 六反田豊, 「『嶺南大同事目』과 慶尙道大同法」, 『朝鮮學報』 131, 1989; 金德珍, 「16~17세기의 私大同에 대한 一考察」, 『全南史學』 10, 1996; 朴賢淳, 「16~17세기 貢納制 운영의 변화」, 서울大學校 大學院 碩士學位論文, 1997을 들 수 있다.

4) 정부는 해당 군현의 時起 결수에 따라 各邑을 上·中·下·殘으로 각각 구분하여 관아 경비를 분급함으로써 지방재정의 운영방식까지 규정하였다. 6,000결 이상의 읍을 大邑, 4,000결 이상의 읍을 中邑, 2,000결 이상의 읍을 小邑, 끝으로 겨우 1,000결을 넘은 읍을 殘邑으로 구분한 뒤 여기에 의거하여 各官의 官需米, 油淸紙地等價 및 使臣求請 따위를 分等 마련하였던 것이다(『全羅大同事目』, 서울大學校 奎章閣 소장, 圖書番號 1556, 이하 奎 1556으로 줄임).

5) 『孝宗實錄』 2, 孝宗 2년 7월 戊子, 國史編纂委員會 刊, 36책, 497쪽.
'(許)積日 大同之法 一時並納稅米之後 無種種雜役 故皆以爲便矣'

(鎭) · 역(驛) 등의 재정구조가 일반민을 직접 통치하는 군현과 달랐을 뿐더러 서로 간에도 달랐다.[6]

지역별 · 각급별 지방관아 재정의 구조가 이처럼 상이한 것은 전술한 바와 같이 전통적으로 조선왕조의 지방관아 재정이 국가재정과 마찬가지로 지방관아가 독자의 재정권을 가지고 자율로 운영해온 데서 연유하였다. 여기에는 '자판지공(自辦支供)'의 원칙이 적용되었다.[7] 물론 조선왕조는 중앙집권화를 위해서 다양한 방식으로 지방재정에 관여하려 했지만, 그것은 여러 요인으로 인해 제한을 받을 수밖에 없었다. 정부가 분급하는 아록전(衙祿田), 공수전(公須田)이나 관둔전(官屯田)의 수입은 주로 수령의 봉록(俸祿)과 최소한의 관수(官需)에 충당될 뿐, 향리의 늠봉(廩俸)이나 기타 경비는 군현 자체에서 개별적으로 조

---

6) 金鉉丘, 「朝鮮後期 統制營의 財政運營에 관한 研究: 統營穀을 中心으로」, 釜山大學校 大學院 博士學位論文, 1993.

拙 稿, 「朝鮮後期 開城府 財政의 危機와 行政區域 改編」, 『韓國史論』 41 · 42, 1999.

趙炳魯, 「朝鮮後期 幽谷驛의 經濟基盤과 財政運營」, 『史學研究』 66, 2002.

拙 稿, 「朝鮮後期 監營 財政體系의 成立과 變化—全羅監營 財政을 중심으로—」, 『歷史教育』 84, 2004.

김경옥, 「朝鮮後期 靑山島鎭의 設置와 財政構造」, 『全南史學』 22, 2004.

拙 稿, 「朝鮮末 開城府財政 補用策의 추이와 財野의 동향」, 『歷史教育』 101, 2007.

趙樂玲, 「19세기 광주유수부의 남한산성 재정운영—稅入항목을 중심으로」, 『大東文化研究』 76, 2011.

7) '自辦支供'에 관한 용례 자체는 연대기 자료에서 잘 보이지 않는다. 다만 『朝鮮王朝實錄』, 『承政院日記』, 『日省錄』, 『備邊司謄錄』 등의 여러 기사에서 '自辦支供'의 재정운영 원칙을 확인할 수 있다. 다음 기사는 재정운영의 이러한 원칙을 단적으로 보여주고 있다.

'或云監司體貌尊重 支供不可自辦 而此則有不然者 兩都留守 其體貌之尊重 與監司無異 而支供一節 皆自爲取辦 監司何獨不可自辦乎 誠宜變通 以營需米 付監司 使自供給 如有不足 則磨鍊加給 未爲不可矣' (『肅宗實錄』 64, 肅宗 45년 11월 戊寅, 41책, 88쪽).

달해야 했다.[8]

이러한 분권적 양상은 다음과 같은 중세적 지방 지배구조의 특성과 사회구성적 조건과 밀접하다. 하나는 수령이 지방 유력자의 협조를 받아 운영되는 군현제의 특성과 함께 재정제도가 상납 문제에 초점을 두었다는 점이고, 또 다른 하나는 자연경제를 전제로 하여 재정 전반이 운영되었다는 점이다. 이러한 특징은 읍사례(邑事例)에 단적으로 반영되어 있다. 즉 국가 조세체계와 별개로 상납의 구체적인 관행 방식 및 지방관아가 독자적으로 재원을 확보하고 운영하는 방식을 잘 보여준다.

따라서 이러한 구조적인 특성은 사회구성의 변화와 재정체계의 변동이 오게 되면 자연히 변화하기 마련이며, 이를 제대로 조정하지 못할 경우 흔히 재정난이라 부르는 국가재정의 위기와 함께 지방재정의 위기를 초래하였다. 즉 지방재정 문제는 단순히 이 자체에 국한되지 않고, 국가재정체계 및 향촌사회 운영방식과 관련하여 반드시 해결해야 할 과제로 부각되기에 이른 것이다.

그런데 지방관아 재정의 이러한 개별성은 재정 전반이 민인의 노동력과 현물에 기반을 두고 있는 가운데 읍세(邑勢)가 고을마다 상이한 데서 연유하였다. 경상도 암행어사 정만석(鄭晩錫)은 이러한 사정을 다음과 같이 서계(書啓)하고 있다.

---

8) 지방관아에서는 아록전, 관둔전 외 각종 잡역이나 민고를 통해 경비를 충당하였다.
　金容燮, 『增補版 韓國近代農業史研究—農業改革論·農業政策—』上, Ⅱ. 政府의
　賦稅制度 釐正策, 一潮閣, 1984.
　吳永敎, 「朝鮮後期 地方官廳財政과 殖利活動」, 『學林』 8, 1986.
　金德珍, 「朝鮮後期 地方官廳의 民庫 設立과 運營」, 『歷史學報』 133, 1992.
　_____, 「朝鮮後期 全羅道 順天府의 雜役稅 運用과 調達」, 『慶尙史學』 7·8, 1992.
　張東杓, 『朝鮮後期 地方財政研究』, 國學資料院, 1999.

소위 잡역(雜役)은 고을마다 없을 수 없는데 대소의 차이가 있다. 결수 (結數)에는 다과의 차이가 있으니 결수가 많으면 수취가 가볍고 결수가 적으면 수취가 무겁다. 그러므로 균역사목(均役事目)에서 잡역미 명색 역시 그 액수를 획정할 수 없다. 다만 그 징렴(徵斂)의 과징(過徵)을 금할 뿐이다. 이것이 읍례(邑例)가 다른 까닭이다.[9]

지방관아 재정에서 많은 비중을 차지하는 잡역 문제의 경우, 고을마다 호구와 전결의 차이로 말미암아 국가가 적극 개입할 수 없음을 토로하면서 여기에서 읍사례가 고을마다 상이한 이유를 찾고 있다.[10] 더욱이 읍마다 각자 교수(膠守)하여 상이(相移)하지 않기 때문에 이러한 개별성은 더욱 두드러졌을 것이다.[11]

또한 국가의 재정정책이 지방마다 달리 시행된 점도 이러한 개별성을 심화시켰다. 그것은 지리적, 자연적 조건과 행정적, 군사·외교적 기능의 차이 등이 고려되어야 했기 때문이다. 삼남지방이 국가재정의 대부분을 감당하는 지방이었다면 관서·북지방은 국방을 담당할 뿐

---

9)『日省錄』65, 純祖 2년 6월 23일, 慶尙道 暗行御史 鄭晩錫 別單, 47책, 112쪽.

10) 邑事例는 군현 등이 설치된 이래 각 읍에서 향촌 주도세력과 연계하여 스스로 마련한 邑規의 일종으로서 三政을 비롯한 각종 부세의 중앙 상납분과 부과 방식, 부과 절차, 수취 담당자뿐만 아니라 지방경비에 소요되는 재원의 종류, 부과 방식 및 지출 방식과 내용을 담은 규정집이다. 물론 여기에는 財政 規例와 함께 事務分掌, 各種儀式의 여러 規例 등도 수록되어 있기도 하다. 또한 읍사례는 일종의 예산계획서이기도 하여 수입과 지출은 여기에 입각하여 집행되었다. 이에 관해서는 李樹健,『朝鮮時代 地方行政史』, 民音社, 1989, 34~35쪽; 楊普景,『朝鮮時代 邑誌의 性格과 地理的 認識에 관한 硏究』, 서울大學校 社會科學大學 地理學科, 1987, 116~118쪽; 拙稿,「朝鮮後期 邑事例의 系統과 活用」,『古文書硏究』15, 1999, 25~33쪽 참조.

11)『日省錄』66, 高宗 5년 2월 7일, 67책, 418~419쪽.
'盖此各邑之應入應下 多寡不均 有餘不足 參差難齊 而各自膠守 不相推移 故不足邑則每多徵斂之苦 有餘邑則易歸汗漫之費 此非稱平之政也'

만 아니라 사신 접대비라 할 칙수(勅需)를 조달하는 지방이어서 재정 구조와 운영방식이 달랐던 것이다.[12] 평안도와 함경도의 경우, 삼남 과 달리 중앙의 부세·재정정책과 별개로 자체에서 재정권을 가지고 독자적으로 운영하였다. 이 지역의 전세는 중앙에 상납되지 않고 남 겨져 군사경비, 사신 접대비 및 지방경비로 충당되었던 것이다.[13] 그 리고 삼남지방에서도 경상도의 경우는 다른 도와 달리 일본과의 공무 역을 위해 동래부(東萊府)에 내려보내는 하납미(下納米)가 설정되어 부 세 일부가 동래부에 유치되었다.[14] 아울러 지방관아들이 부담하는 각 종 공부(貢賦)의 형태와 규모가 고을마다 달랐다.[15]

두 번째 이유는 육방(六房) 등의 각소(各所)는 '각소사례(各所事例)'[16]

---

12) 이와 관련하여 권내현, 『조선후기 평안도 재정 연구』, 지식산업사, 2004, 127~145 쪽 참조.

13) 『續大典』, 戶典, 收稅.
   '西北稅穀 並留本道 毋得擅自轉移'
   『迂書』7, 論兩西財貨.
   '至於關西 財常委輸 物産豊饒 而以其邊地之故 凡係錢粮稅課 未嘗發運京司 唯 以責應 支勅之需 使行供億之費爲重 而不得取補經用'
   『純祖實錄』17, 純祖 14년 2월 戊午, 平安監司 鄭晩錫 上疏, 48책, 56~57쪽.
   '本道支勅所需及廩俸支供 率多以債殖取給…本道之出於民者 專付營邑 不問出 入 盖所以寬民力而固邊圉也'

14) 경상도에서 하납미를 부담하는 군현의 수는 시기마다 조금씩 다르다. 18세기 말에 는 40여 고을이었다가 19세기 초엽에는 20여 개로 줄어들었고 19세기 중엽 이후에 는 12개 고을로 줄어들었다(『賦役實摠』(奎 252) 慶尙道;『嶺營事例』;『六典條例』 戶典, 宣惠廳, 收米). 이와 관련하여 김경란, 「조선후기 동래부의 공작미(公作米) 운영실태와 그 성격」, 『역사와 현실』72, 2009; 梁珍雅, 「개항 전후 동래부 재정 운 영의 변화」, 고려대학교 석사학위 논문, 2011 참조.

15) 正祖 연간에 편찬된 『賦役實摠』을 보면 군현마다 貢賦의 부담과 형태가 제각기 다 르다는 점을 쉽게 확인할 수 있다.

16) '各房事例'(『湖西邑誌』奎 10767, 4책, 保寧;『京畿邑誌』奎 12177, 4책, 楊州)나 '各庫 事例'라 부르기도 한다(『湖南邑誌』奎 12181, 18책, 長城). 가령 稷山의 경우, '官廳事 例', '縣司事例' 및 '工庫事例'가 읍사례에 별개로 기재되어 있다(『湖西邑誌』奎 12181,

또는 읍사례에 근거하여 각소의 재정을 각각 나누어 맡아 운영하였다는 점이다.[17] 즉 육방과 색장소(色掌所) 등을 주축으로 이루어진 각소들이 고리대, 환곡 등의 다양한 형태를 통해 제각기 재원을 확보하여 지출할 정도로 분립(分立)의 경향이 강했던 것이다.[18] 더군다나 여러 사정으로 인해 민의 부담액을 재조정할 때 향회(鄕會)에서 수시로 결정하여 재정운영에 반영하기도 하였다.[19] 따라서 해당 관찰사마저 감영의 사례만 알 뿐, 외읍의 사례를 알지 못하였다.[20]

따라서 지방관아가 재정권을 행사할 여지가 많았던 반면 중앙정부가 제도상으로든 수령을 매개로 하든 지방관아의 재정에 관여하는 것은 상당히 제한되었다.[21] 심지어 일부 관인들은 정부가 지방관아의 재

3책, 稷山). 그리고 감영의 경우에도 마찬가지여서 '本庫事例'라고 하는 용례가 보인다(『隨錄』奎古 120-164, 3책, 禮牒, 工牒). 拙稿, 앞 논문, 1999, 33~35쪽 참조.

17) 各所는 六房을 비롯하여 色掌, 庫廳 등을 포함하여 지칭한다. 이런 용례는 光陽縣과 安東府의 관련 문서에서 단적으로 보인다. 『光陽縣各所事例册』, 『朝鮮後期鄕吏關係資料集成』(嶺南大學校 出版部 刊), '出文謄冊'(安東府) 各所分定 참조.

18) 현재 남아 있는 지방관아의 會計册, 下記册 및 重記 등을 볼 때, 대부분 各所 단위로 수입·지출 등의 내역이 기재되어 있다. 이런 점에서 기존의 연구 성과와 관련하여 운영방식의 특징을 단적으로 꼽는다면, '各所分立運營方式'이라고 할 만하다.

19) 『尙州事例』(國立中央圖書館 소장, 도서번호 韓-31-536, 이하 도서번호만 기입). 『江州節目摠錄』(奎章閣 소장, 도서번호 想白 古 951.2 G155, 이하 도서번호만 기입). 安秉旭, 「朝鮮後期 自治와 抵抗組織으로서의 '鄕會'」, 『聖心女子大學校論文集』 18, 1986.
全炯澤, 「17세기 潭陽의 鄕會와 鄕所」, 『韓國史研究』 64, 1989, 105~107쪽.
金仁杰, 앞 논문, 1991, 22~24쪽.

20) 『杷人開商量』, 韓國精神文化研究院, 藏書閣 소장 圖書番號 2-4176(이하 藏 2-4176으로 줄임).
'爲道伯 只知監營之事例 不識外邑之事例 況在廟堂之上'

21) 柳馨遠, 『郡縣制』.
'本國甚略外任 京中各司 只分一事 一人可察 而率置三四員 或七八員 州郡總理軍民百務 有非一人聰明所能盡 而只置一員 是大失輕重之宜也 民爲邦本 略其治民之官 何以爲國'

정에 적극 관여하는 것을 꺼려했다. 유수원(柳壽垣)은 일부 관료들의
이러한 견해를 비판하는 처지에서 그들의 주장을 다음과 같이 옮겼다.

> 지방의 영(營), 진(鎭), 주(州), 현(縣)의 일들이 중앙의 여러 관청과는
> 매우 달라서 사재(私財)를 조사하여 없애고 공비(公費)를 지급한다는 것
> 은 거의 시행될 수 없을 것으로 생각된다. 대저 영속(營屬), 관속(官屬)들
> 의 수가 매우 많은데, 이들이 없으면 관가의 모양을 이루지 못할 것이고,
> 이들에게 일일이 국가에서 요름(料廩)을 지급하려면 힘이 미치지 못할 것
> 이다. 각 관청에서 사사로이 재물을 저축하는 것은 대개 이러한 용비(冗
> 費) 때문이니, 여러 방법으로 힘써 모아서 근근이 지급하고 있는데 이 같
> 은 것을 어찌 일체 없애버리겠는가.[22]

일부 관료들은 이처럼 지방재정에 대한 국가의 적극적인 개입을 반
대하였다. 그리하여 지방재정 문제는 이처럼 지방사회에서 자율적으
로 풀어야 할 문제로 인식되었던 것이다. 민고(民庫)의 경우, 정부에
보고하지 않고 고을 차원에서 수령과 향리가 주도하여 설치하였다.[23]
 나아가 지방관아 재정에 대한 이러한 인식과 자세는 지방재정의 제
도화를 가로막는 요인이 되었다. 정조 연간에 편찬한 『부역실총(賦役
實摠)』의 경우, 재원의 중앙집중화에 초점을 두고 각 군현의 각종 재
원을 파악하고자 했음에도 불구하고 여기에 기재된 재원들은 중앙 각

---

22) 柳壽垣, 『迂書』 7, 論派支營門公費.
　　'外方營鎭州縣之事 尤有異於京各司 查罷私財 派給公費之說 恐有行不去之患矣
　　夫營屬官屬 其數夥然 無此則不成貌樣 一一自國家支給料廩 則力有不遠 是以儲
　　蓄私財者 皆出於此等冗費之致 而多方拮据 僅僅支過如之何'
23) 『牧民心書』 5, 戶典 平賦 上(創作과比評社 刊).
　　'民庫者 鄕吏自發其例 守令自作其法也'

사와 감·병·수영 등에 상납되는 재원 및 지방관의 봉용(捧用) 등에 국한되었을 뿐 지방관아 자체의 수입과 지출을 파악하고 있지 못하였다.[24] 이것은 이원적이고 분립적인 봉건지방제도가 여전히 건재한 반면 이런 제도를 해체할 수 있는 국가권력의 수준과 화폐재정체계의 발달 정도가 아직은 미흡했기 때문이다.

지방관아의 수입·지출 구조는 이처럼 지방마다 제각기 다기하였고, 재정운영도 각소 단위로 분립하여 이루어졌다.[25] 국가의 지방재정정책은 지방관아 재정의 이러한 특성을 감안하여 전개될 수밖에 없었던 것이다.

2) 중앙 위주의 재원 확충과 지방경비의 증대

조선후기에 들어와 지방재정구조와 운영방식은 새로운 변화를 맞기에 이르렀다. 그것은 교환경제의 발달, 부세제도의 개편, 군사비의 증대 및 국가지배체제의 강화 등으로 말미암아 국가세출이 증대하자 정부가 중앙 위주로 재원을 확충하는 한편 지방관아에서도 대체 재원을 확보하고자 하였기 때문이다.[26]

이 시기 국가의 세출은 이전 시기와 비교할 때 그 양상이 사뭇 달

---

24) 拙稿, 앞 논문, 1999, 35~36쪽; 손병규, 「조선후기 재정구조와 지방재정운영—재정 중앙집권화의 관계」, 『朝鮮時代史學報』 25, 2003, 132~134쪽; 송양섭, 「『부역실총』에 나타난 재원파악 방식과 재정정책」, 『역사와 현실』 70, 2008, 35~40쪽.

25) 러시아 大藏省에서는 조선국가의 지방재정체계를 '地方分權的'이라 특징 지었다. 러시아 大藏省, 韓國精神文化硏究院 譯, 『韓國誌』(1900), 1984, 683쪽.

26) 조선후기 재정의 중앙집권화 방향에 관해서는 손병규, 『조선왕조 재정시스템의 재발견: 17~19세기 지방재정사 연구』, 역사비평사, 2008, 86~99쪽 참조.

랐다. 숙종(肅宗) 원년(1675)에는 8, 9만 석에 불과했던 국가지출이 숙종 말년에는 2배 증가했으며 영조(英祖) 말년에는 다시 2배로 증가하여 정조(正祖) 연간에 이르렀다.[27] 즉 정조 초년에는 이미 30만 석을 상회했던 셈이다. 당시 관리들이 1년 수입으로는 반년의 지출도 불가능하다고 일컬을 정도로 지출이 증가하였다.[28] 물론 세입도 증가하는 추세였다. 효종 연간에 9만 석이었던 호조 세입은 현종(顯宗) 연간에는 10만 석으로 증가하였으며 숙종 연간에는 12만 석에 이르렀다.[29] 여기에 선혜청의 대동세 관련 세입을 더해보면, 전체 세입 규모도 적지 않았을 것이다. 반면에 호조 지출은 세입보다 적어 용도에 여유가 있었다. 효종대의 경우, 1년간 호조 세출이 9만 량에 불과하였다.[30] 최소 1량을 1/3석으로 환산해도 3만 석에 지나지 않아, 호조 세입이 세출을 훨씬 초과하였음을 알 수 있다.

그러나 18세기 중반에 들어와 이러한 사정은 크게 달라졌다. 영조 34년(1758) 전후에는 매년 호조에서 선혜청(宣惠廳)으로부터 2~3만 석을 취용하여 최대 재정아문인 선혜청마저 고갈될 정도였다.[31] 그리고 이후에도 사정은 마찬가지였다.[32] 그것은 지출의 증가와 수입의 감소

---

27) 『日省錄』, 正祖 元年 7월 18일, 3책, 43쪽.
   '肅廟初一歲國用 不過八九萬 而及至季年則倍之 宣祖(先朝의 誤字, 필자 주)初年 已過肅廟季年之數 及至近年則又倍之 殿下初年 又浮先朝末年之數云 國何以支 民何以活乎'
28) 『正祖實錄』 3, 正祖 元年 7월 辛巳, 44책, 679쪽.
   '一年之入 不能支半年之用'
29) 『正祖實錄』 3, 正祖 元年 5월 甲午, 44책, 672쪽.
30) 『純祖實錄』 12, 純祖 9年 6월 甲午, 47책, 631쪽.
31) 『備邊司謄錄』 134, 英祖 34년 4월 18일, 國史編纂委員會 刊, 13책, 88쪽.
   '米則專靠於惠廳, 每年取用, 少不下二·三萬石, 一年·二年無歲不然, 若此不已, 則十年之內, 惠廳亦將枵然, 無可着手處矣'
32) 『備邊司謄錄』 156, 英祖 50년 3월 13일, 15책, 173쪽.

에서 연유하였다.[33]

　이러한 추세는 당시 아문 및 군문이 신설되고 확대되는 현상과 관련되었다.[34] 이 중 군문의 신설 및 확대가 더 큰 원인이었다.[35] 즉 훈련도감(訓鍊都監)을 비롯한 5군영이 제각기 재원을 확보하는 데 진력했던 것이다. 최대 군영인 훈련도감의 경우, 도감군에게 지급되는 급료가 현종 연간에 이미 호조 경비 12만 석 중 2/3에 이르는 8만 석에 이를 정도였다.[36] 그것은 군역제가 병농일치제(兵農一致制)에서 모병급료제(募兵給料制)로 바뀌어서 그러했다. 다음 각 아문의 이예(吏隷)들이 규정 외로 추가 지출한 것도 문제였다. 즉 도감(都監)이 임시로 설치되었다가 혁파된 뒤에도 소속 관속들은 혁파되지 않고 재정 담당 관청[掌賦衙門]과 각 군문으로 보내져 그 수가 누적되어갔으며 재정 부담도 이에 따라 늘어났던 것이다.[37] 또한 17·18세기 교환경제의 발달에 따라 요역제

'戶曹錢儲, 一年應入, 爲十九萬兩, 應下爲二十二萬兩, 不足之數已三萬餘兩, 而
其應下之外, 則又不在此中矣'
『備邊司謄錄』178, 正祖 15년 3월 1일, 17책, 746쪽.
'各項財用 漸就耗渴 度支如此 則惠廳亦可知矣'
33) 『正祖實錄』5, 正祖 2년 5월 壬辰, 45책, 28쪽.
'挽近以來 經用漸廣 公私俱困 斂財之方 旣無遺利 耗財之道 殆難勝計'
34) 『肅宗實錄補闕正誤』19, 肅宗 14년 6월 乙卯, 39책, 144쪽.
'今以其最甚者言, 如創設衙門, 日新月盛'
『正祖實錄』45, 正祖 20년 10월 甲午, 46책, 675쪽.
'財用者 民國之本…而我國之初 只有一戶曹而已 其後又有三軍門 又有均役廳 民
安得不窘 國安裕用乎'
35) 『備邊司謄錄』187, 正祖 22년 5월 22일, 18책, 844쪽.
36) 『顯宗改修實錄』20, 顯宗 卽位年 12월 甲寅, 37책, 136쪽.
　金鍾洙, 『朝鮮後期 中央軍制硏究─訓鍊都監의 設立과 社會變動』, 혜안, 2003,
270~273쪽 참조.
37) 『備邊司謄錄』178, 正祖 15년 3월 1일, 17책, 746쪽.
'近年以來 私勝法弛 凡有權設都監 吏隷之任 使於前者 堂上拘於顔私 都監臨罷
之時 輒皆從自願 送付於米布衙門與各軍門 其數不知幾許 則料布之昔無今有者

(徭役制)가 변동하여 고립제(雇立制)가 성립하였던 것도 원인이었다. 즉 농민의 역역(力役)을 징발하더라도 종래와는 달리 완전한 무상의 강제 노동이 아니라서 자연히 국가의 지출 규모는 증대할 수밖에 없었다.[38]

따라서 정부는 국가재정의 확충을 위해 여러 방안을 모색하였다. 이 중에서도 관서지방의 재정을 취용하려 하였다. 처음에는 흉년을 당해 진휼을 위해 관서전(關西錢)을 서울로 올려 썼으나, 영조 연간에 들어오면 호조의 은화(銀貨)가 고갈되고 국용이 부족하여 관서의 은전(銀錢)을 매번 취용하였다.[39] 심지어 이를 일반 경비와 공해수보(公廨修補)의 비용으로 썼다.[40] 그러나 관서곡은 초기에는 호조의 경비에만 보태졌다. 영조 11년(1735)에 정부는 '관서수미삼분지법(關西收米三分之法)'을 마련하여 3분의 1은 지방경비로, 3분의 1은 평안도에 저치하여 환곡이나 유사시의 군향으로, 나머지 3분의 1은 호조에 상납하도록 하였던 것이다.[41] 이후 이러한 수미법(收米法)은 매년 적용되었고[42] 곡식을 팔아서 돈을 마련하는 발매작전(發賣作錢)으로 발전되었다. 즉 평안도의 전세를 현지에 두었다가 환곡으로 바꾼 뒤, 그 이자 곡식을 팔아서 돈으로 만들게 하였는데 그 양은 매년 4만 석이었다.[43] 그러나

實爲各衙門一大弊瘼'
38) 윤용출, 앞 책, 72~73쪽.
39) 『備邊司謄錄』 94, 英祖 9년 10월 16일, 9책, 676쪽.
  '國家經用垂絶 關西錢布 每每取來'
  그 외 『備邊司謄錄』 158, 正祖 元年 2월 20일, 15책, 433쪽; 3월 15일, 15책, 441쪽; 12월 1일, 15책, 532쪽 참조.
40) 『備邊司謄錄』 160, 正祖 8년 윤3월 6일, 16책, 400쪽.
  '關西小米 補用於支放給公廨修補之資矣'
41) 『英祖實錄』 40, 英祖 11년 10월 甲申, 42책, 485쪽.
  '宋寅明請 三分其穀 一備支放 一爲儲置 一給戶部事 定式'
42) 『承政院日記』 1367, 英祖 51년 9월 22일 丁卯, 76책, 666쪽.
  '關西小米 每年劃給於地部 作爲經費 便成規例'

호조로 한정되었던 이용 주체도 정조 연간에 들어오면 다른 경각사와 군영으로 확대되었다.[44] 정조 14년(1790)에 선혜청에서는 10,000석을, 훈련도감에서는 5,000석을 가져올 정도였다.[45]

영·정조 연간에는 국가재정이 이처럼 다소 우려되었지만 위기로 발전하지는 않았다. 그것은 이 시기 수입과 지출이 균형을 이루었기 때문이다. 최대 재정아문인 선혜청의 경우, 〈표 1〉 및 〈표 2〉와 같다.

〈표 1〉 18·19세기 초 宣惠廳 歲入

區分(單位) 年度	米 (石)	田米 (石)	太 (石)	錢 (兩)	木棉 (疋)	麻布 (疋)	小豆 (石)	折錢計
英祖 11년(1735)	195,163	4,433	11,035	288,433	123,650	15,600		1,797,614
英祖 39년(1763)	96,476	3,425	2,099	230,791	103,900	13,700	122	1,072,060
英祖 43년(1767)	156,055	5,052	10,057	247,229	106,700	13,950	120	1,485,702
正祖 9년(1785)	164,585	2,719	11,986	419,614	81,450	13,650	209	1,650,223
正祖 19년(1795)	75,923	3,376	9,472	386,066	98,250	7,700	141	1,102,599
正祖 20년(1796)	128,498	3,259	11,986	359,409	120,100	8,450	197	1,443,600
純祖 7년(1807)	146,167	1,988	11,291	340,463	117,750	8,306	195	1,515,963

출전: 『萬機要覽』 財用編 4, 宣惠廳 一年 經用
비고: 同을 疋로 환산
　　折價는 米 1石=6량, 田米 1石=6량, 太 1石=3량, 雜穀 1석=3량, 木棉 1疋=2량, 麻布 1疋=2량.
　　절가는 『萬機要覽』 財用編의 해당 내용에서 추출. 이와 관련하여 박석윤·박석인, 「朝鮮後期 財政의 變化時點에 관한 考察—1779년(正祖 3년)에서 1881년(高宗 18년)까지」, 『東方學志』 60, 1988, 144쪽 참조

---

43) 『備邊司謄錄』 171, 正祖 11년 12월 16일, 17책, 13쪽.
　'每年取耗發賣之數 殆近四萬石 必爲四十萬石分給 然後可得四萬石之耗'
44) 『樊巖集』 30, '請關西錢穀勿許各衙門陳達取用啓'(乙未).
　'惟正稅穀之除留本道者 則度支外 例不得許施 而近年以來 多有各衙門 請得取用之事 心常慨然'
　『備邊司謄錄』 174, 正祖 13년 3월 29일, 17책, 278쪽.
　『備邊司謄錄』 174, 正祖 13년 윤5월 23일, 17책, 348쪽.
45) 『備邊司謄錄』 177, 正祖 14년 9월 25일, 17책, 654쪽.
　『備邊司謄錄』 188, 正祖 22년 10월 2일, 18책, 923~924쪽.

<표 2> 18·19세기 초 宣惠廳 歲出

구분(단위) 年度	米 (石)	田米 (石)	太 (石)	錢 (兩)	木棉 (필)	麻布 (필)	小豆 (石)	折錢價
英祖 35년(1759)	180,905	2,568	11,053	324,287	118,600	1,200		1,526,316.5
英祖 42년(1766)	112,769	2,952	3,477	273,891	107,650	10,750	100	1,097,536.5
英祖 45년(1769)	135,687	3,780	11,468	294,430	114,850	4,700	39	1,255,852.5
正祖 11년(1787)	195,720	2,224	9,849	448,591	64,950	8,750	188	1,608,156.5
正祖 19년(1795)	158,160	3,522	9,461	367,917	104,750	10,100	141	926,603.0
正祖 23년(1799)	126,526	2,940	12,550	308,322	99,100	5,250	230	1,193,362.0
純祖 7년(1807)	132,910	2,142	11,763	377,613	108,950	6,158		1,310,364.5

출전: 『萬機要覽』財用編 4, 宣惠廳 一年 經用

〈표 1〉과 〈표 2〉에 따르면, 세입의 경우는 영조 11년의 액수가 가장 많은 반면 영조 39년의 액수가 가장 적고, 세출의 경우는 정조 11년의 액수가 가장 많은 반면 정조 19년의 액수가 가장 적다. 그럼에도 정조 19년을 제외하고는 동일 시점의 통계 수치를 구할 수 없어 이 시기 수지(收支) 현황을 구체적으로 추출하여 파악할 수 없다. 다만 정조 19년(1795)의 경우, 세입액이 세출액을 조금 상회하는데도 주요 각 사(司) 총시재액(總時在額)이[46] 정조 연간에서 가장 적은 해라는 점을 감안한다면,[47] 영·정조 연간의 재정은 건전했다고 판단할 수 있다.

---

46) 時在額이란 戶曹를 비롯하여 선혜청 등 中央 各司가 당해년도에 보관하고 있는 재화의 금액을 합친 것을 말하는 것으로 전체 재정 상태를 반영하고 있다. 따라서 이 액수의 변화가 선혜청의 재정 상태를 그대로 반영할 수는 없다. 다만 선혜청이 재정아문 중에서 제일 크다는 점에서 중앙 각 사의 전체 재정 상태와 매우 유사하리라고 짐작된다.

47) 正祖 19년(1795)의 總時在額은 돈으로 환산해서 3,316,580량으로 파악되고 있다. 安秉珆, 『朝鮮近代經濟史研究』, 日本評論社, 1975, 193쪽. 박석윤·박석인, 「朝鮮後期 財政의 變化時點에 관한 考察—1779년(正祖 3년)에서 1881년(高宗 18년)까지」, 『東方學志』 60, 1988, 146~147쪽.

영·정조 연간은 이처럼 국가재정의 확대에도 불구하고 재정의 위기를 가져올 만한 수준까지 이르지 않았던 것이다.

그러나 순조(純祖) 연간에 들어오면 그간 증가해왔던 지출 규모가 훨씬 확대되면서 재정의 위기가 노정되었다. 우선 선혜청의 경우, 순조 7년(1807)에 세입액이 1,160,077량인 데 반해 세출액이 1,310,364.5량일 정도로 적자 재정을 드러내기 시작했다.[48] 다음 총시재액도 순조 9년(1809)에 잠시 증가하지만, 순조 10년(1810) 이후에는 계속 감소하는 추세였다.[49] 이 두 가지 현상을 종합해서 추론할 때, 순조 연간에 정부가 재정난에 봉착했음을 짐작할 수 있다.

이 사실은 호조의 재정 상태에서도 확인할 수 있다. 즉 순조 10년만 하더라도 호조 응하(應下)는 미(米)가 112,000석이고 전(錢)은 375,000량인 데 비해 응입(應入)은 각각 97,000석과 240,000량에 불과했다.[50] 특히 이러한 추세는 순조 후반부로 갈수록 더욱 두드러졌다. 〈표 3〉은 이를 잘 보여준다.

〈표 3〉에 따르면, 정조 연간에는 평균 세입이 대략 654,653량인 데 반해 순조 연간에는 평균 세입이 629,052량으로 약 3.9% 감소했다. 이에 반해 평균 지출은 대략 862,346량에서 920,887량으로 약 6.8% 증가하였다. 지출이 이처럼 증가하는 추세 속에서 이전과 달리 수입은 감소하는 추세였기 때문이다. 즉 순조 연간의 경우, 궁방전, 아문 둔전 및 기타 면세전(免稅錢)이 무려 259,594결이나 더 증가하고[51] 간

---

48) 『萬機要覽』, 財用編 4, 宣惠廳 一年 經用.
49) 안병태, 주 47)과 같음.
　　박석윤·박석인, 주 47)과 같음.
50) 『日省錄』 286, 純祖 11년 4월 18일, 37책, 493쪽.
51) 『純祖實錄』 25, 純祖 22년 10월 丙辰, 48책, 210쪽.
　　호조재정이 만성적인 적자였음을 감안한다면, 면세전의 심각성은 말할 나위도 없

<표 3> 正祖～純祖 年間 戶曹 財政

區分 ＼ 年度	正祖年間(즉위년~21년)	純祖年間(즉위년~21년)
總 歲 入(a)	14,402,375.0량	13,839,140.0량
年平均歲入(b)	654,653.0량	629,052.0량
總 歲 出(c)	18,971,604.0량	20,259,522.0량
年平均歲出(d)	862,345.6량	920,887.4량
總 增 減(e) (a-c)	-4,569,229.0량	-6,420,382.0량
年平均 增減	-207,692.4량	-291,835.3량

출전: 「純祖實錄」 25, 純祖 22년 10월 丙辰, 48책, 210쪽
비고: 소수점 이하는 반올림

리호민(奸吏豪民)들이 속여서 수입이 빠져나갔던 것이다.[52] 그 결과 호조와 선혜청은 관리들의 녹봉마저 지급하지 못하는 사태에 이르렀다.[53] 심지어는 금위영(禁衛營)과 어영청(御營廳) 양영(兩營)에 향군(鄕軍)이 1년간 상번(上番)함을 정지하고 그 번전(番錢) 48,000량, 쌀 5,000석을 가져다 사용하기까지 하였다.[54] 이러한 재정 위기는 매년 그러해서 2만 석 정도가 항상 부족하였다.[55] 그리고 이러한 추세는 이

을 것이다. 심지어 2년의 수입이 1년의 지출을 감당하지 못할 정도였다. 당시 호조의 재정은 11만 석의 수입이 이루어져야 지출을 감당할 수 있었다(「日省錄」250, 純祖 5년 12월 19일, 32책, 329쪽).

52) 「備邊司謄錄」 222, 純祖 34년 2월 2일, 22책, 490쪽.

53) 「日省錄」 215, 純祖 8년 8월 1일, 35책, 76~79쪽.
'戶惠應下 兩倉頒祿 日就苟艱'

54) 「純祖實錄」 22, 純祖 19년 12월 戊申, 48책, 158쪽.
'以經用匱竭, 請停禁御兩營鄕軍一年上番, 取其番錢四萬八千兩, 米五千石, 以繼支用, 下詢大臣後, 從之'

55) 「日省錄」 212, 純祖 8년 6월 20일, 34책, 1029쪽.
'徐榮輔曰…今也則 以入量出 歲致二萬之不足 財者國之血氣也 匱渴如此 國何以 爲國乎'

후 헌종, 철종 연간에도 지속되었다.[56]

정부는 국가재정의 위기를 해소하기 위해 세원 확충에 주력하였다. 확충 방식은 크게 네 가지였다. 재정 규모를 기준으로 하여 순서대로 정리하면 다음과 같다.

이 중 가장 빈번하게 활용한 방식은 환곡 이자를 거두어 재정을 충당하는 것으로, 순조 연간에 들어오면 관례가 된다.[57] 국용이 모두 환곡 이자로 충당될 정도였다.[58] 그리고 원곡까지 획급할 정도가 되어 창고에 있는 것은 허류곡(虛留穀)에 불과했던 것이다.[59] 심지어 환곡 전부를 분급하는 '진분화(盡分化)' 현상이 나타나기도 하였다. 〈표 4〉는 이를 잘 보여 준다.

〈표 4〉에 따르면, 대표적인 재무기관인 호조, 상진청, 비변사 및 선혜청 등의 분급률이 거의 80%를 넘어 100%에 육박하기에 이른다. 그것은 이들 관서의 재정이 부족하였기 때문이다.

다음으로, 정부는 대동미의 상납분을 늘리거나 지방경비분을 고정시켰으며 심지어는 유치분(留置分) 전액을 중앙으로 이속시키기도 하였다.[60] 특히 『탁지지(度支志)』와 『증보문헌비고(增補文獻備考)』에 입각

---

56) 박석인·박석윤, 앞 논문, 163~166쪽.
57) 『純祖實錄』20, 純祖 17년 5월 辛酉, 48책, 117쪽.
'一自大農 經費漸廣 歲輸不給 則是乃取資於還耗 馴至今日 中外支用 一切辦於 是 耗之不足而又用元穀'
58) 『日省錄』129, 純祖 4년 12월 24일, 32책, 284쪽.
'國用經費 皆出於還穀'
59) 『純祖實錄』33, 純祖 33년 11월 辛卯, 48책, 403~404쪽.
'近來盡分取耗 以忠京外各營衙門 歲之支用 留庫僅有名色 而大告匱則請 各司抹 弊則請 始猶就耗 入中請劃 而漸至於耗不支費'
60) 대동미 등의 운용에 관해서는 韓榮國, 「收取制度의 改編과 財政構造의 變化」, 『韓國史大系(朝鮮後期)』, 三珍社, 1965; 安達義博, 「18~19世紀 前半의 大同米·木·布·錢의 徵收·支出과 國家財政」, 『朝鮮史研究會論文集』13, 1976 참조.

〈표 4〉 18세기 후반 京各司 및 監營의 句管 還穀 分給率

단위: %

道 \ 句管衙門	경기 1797	경기 1859	경상 1797	경상 1859	강원 1797	강원 1859	함경 1797	함경 1859
戶 曹	48.9	70.6	50.0	93.3	73.7	99.2	49.8	63.0
常賑廳	59.8	84.4	54.1	99.6	64.7	100	50.0	54.7
備邊司	95.7	86.9	60.6	99.1	70.8	98.8	50.8	65.9
宣惠廳			52.0	94.5				
均役廳	54.0	53.2	65.7	87.3	50.0	100		
監 營	100	100	98.2	99.9	100	100	99.8	90.8

출전: 1797년 『穀總便攷』(奎 1027)
　　　1859년 『京畿還餉己未歲末案』(奎 16050), 『慶尙道內還餉己未歲末成册』(奎 16092), 『江原道還餉己未歲末成册』(奎16097), 『咸鏡道內南關十一邑還餉己未歲末成册』(奎 16105), 『咸鏡道內北關十邑及三甲厚長四邑還餉己未歲末成册』(奎 16106)
　　　오일주, 「朝鮮後期 國家財政과 還穀의 賦稅的 機能의 强化」, 연세대학교 석사학위 논문, 1984, 49쪽에서 재인용

하여 산출한 통계에 따르면 17세기 중반에는 상납미의 비율이 44.5%에 지나지 않았으나 18세기 중반에는 68.0%에 이르렀다.[61]

이는 개별 각 도의 대동미 상납 현황에서 잘 드러난다. 〈표 5〉 경상도의 경우만 보더라도 이러한 현상은 뚜렷하였다.

〈표 5〉에서 정부가 재정 확충을 위해 지방의 유치분을 지속적으로 중앙으로 이속하고 있음을 알 수 있다. 18세기 후반에 들어오면 상납률은 50%를 상회할 정도였다. 또한 경상도에서 대읍에 속하는 진주목(晉州牧) 대동미의 경우, 상납미가 64.4%에서 83.4%로 증가하는 데 이르고 말았다.[62] 이런 추세는 여미(餘米)가 지방세입 내역에서 차지

---

61) 박기주, 「선혜청의 수입·지출 구조와 재정운영」, 『조선후기 재정과 시장: 경제체제론의 접근』(이헌창 엮음), 서울대학교출판문화원, 2010, 81쪽.

62) 『輿地圖書』에는 상납미가 5천 석, 유치미가 2,760석이었는데 다소 뒷 시기의 것으로 보이는 『慶尙道地圖』(晉州尙州都會, 고려대학교도서관 710)에서는 각각 6,992석 9두와 1,393석 1두로 변동하였다.

〈표 5〉 18·19세기 慶尙道 大同米 留置分

단위: 石

年度 \ 區分	上納	留置	合計	上納分 比率(%)	典據
英祖11년(1735)	84,678	98,362	183,040	46.3	『嶺南廳事例』
英祖45년(1769)	93,967	57,531	151,498	62.0	『增補文獻備考』
正祖16년(1792)	72,808	46,632	119,440	61.0	『嶺南廳事例』
純祖24년1824)	101,724	45,238	149,356	69.3	上同
哲宗 8년(1857)	82,000	54,526	136,526	60.1	上同

하는 비중을 낮게 하였다.[63]

그 밖에 전라도의 경우, 상납미의 비율이 대동법 실시 초기인 17세기 중반에는 41.6%였으나 18세기 중엽 이후 크게 늘어나 1769년에는 73.7%에 이르렀다.[64] 충청도의 경우도 17세기 중반에는 상납미의 비율이 58.1%였으나 18세기 중엽 이후에는 65.7%로 증가하였다.

다음으로, 정부는 균역법 시행 이래 지방관아에 급대재원(給代財源)을 마련하지 않은 가운데 지방관아의 사모속(私募屬)을 수괄하거나[65] 어염선세(漁鹽船稅)를 균역청에 이속하여 국가재정을 확충하려 하였다.[66] 이 방식도 지방재정의 주요 부분을 차지하는 재원을 국가재정으로 돌린다는 점에서 지방재정의 기반을 동요하는 요인이었다.[67]

---

63) 『嶺南邑誌』(奎 12174) 11책, 靈山 舊邑事例.

64) 金玉根, 『朝鮮王朝財政史研究』, 1984, 288쪽; 박기주, 앞 논문, 81쪽.

65) 均役法 시행 이후 私募屬에 관해서는 金又哲, 「均役法 施行 前後의 私募屬 硏究」, 『忠北史學』 4, 1991 참조.

66) 均役法 시행 이후 漁鹽船稅의 均役廳 移屬에 관해서는 鄭演植, 「均役法 施行 以後의 地方財政의 變化」, 『震檀學報』 67, 1989 참조.

67) 『備邊司謄錄』 118, 英祖 23년 12월 20일, 11책, 839~840쪽.
'外邑名色 雖是朝家之所不知 而其中亦不無爲省民弊而創設者 如湖南之靑大竹 軍是也'

끝으로 은여결(隱餘結)을 적발하여 실결(實結)을 추가로 확보하려 하였다. 이러한 방침은 토호(土豪)나 간리(奸吏)의 은여결을 수괄한다는 점에서 당연한 것이었다. 그러나 이는 지방재정의 운영에 차질을 주기도 하였다. 은여결 중에는 관황(官況, 지방관의 봉급) 등의 지방경비에 충당되는 전결(田結)도 있기 때문이다.[68] 그래서 좌의정 이시수(李時秀)는 지방경비의 부족분이 민간에 전가될 것이라 여겨 은여결 적발을 반대하기도 하였다.[69]

중앙정부가 국가재정의 이러한 위기를 극복하기 위해 중앙 위주로 재원을 확충하는 가운데 지방관아도 권한 및 기능의 강화로 자체 경비를 확보하는 데 진력해야 했다. 감영을 비롯하여 각급 고을이 여기에 해당되었다.

우선 양난 이래 감사(監司)의 권력과 기능이 강화되는 가운데 감영 기구가 체계화하고 확대되면서 감영 재정의 규모가 확대되었다. 즉 17세기 전반만 하더라도 감사가 순력(巡歷)하였지만 이후에는 일부 도에서 감사가 유영(留營)하였다. 또 영조 33년(1757)~35년(1759)에는 경기도를 제외하고는 모든 도의 감사가 구임(久任)하였다.[70] 그리고

『湖南釐整』(국립중앙도서관, 韓-31-162).
'浦村居民 則雜役勿侵 仍作除役村 各項進上及春秋享大祭 其餘使客時支應所用 魚物之擔當矣'

68) 『日省錄』199, 純祖 8년 正月 4일, 34책, 600~601쪽.
'自邑收稅 或防給民役 或添補於公用者 積有年所'
『備邊司謄錄』218, 純祖 30년 2월 1일, 22책, 113쪽.
'除却豪族之以起爲陳 猾胥之夤緣包入 邑倅之把作官況者則其實應頉之舊灾 蓋 無幾矣'

69) 『日省錄』199, 純祖 8년 正月 4일, 34책, 601쪽.
'所謂該邑公用 今革罷無他措劃 則勢將盡責於民間 邑事之狼狽 民情之矜悶 將不可勝言爲辭'

70) 감사의 수시 순력은 춘추 1회로 정식화되었으며, 기간도 2개월 이내로 단축되고 그

감영의 각소가 확대, 분화하였다. 유희춘(柳希春)이 전라 감사로 재직하던 선조 4년(1571)에 전라 감영은 육방(六房), 승발(承發), 하승발(下承發), 인서(引書), 계서(啓書), 마두(馬頭) 등이 임무를 분장(分掌)한 데 비해[71] 19세기의 경우, 부사와 육방 외 각색(各色)과 각청(各廳) 등을 합해 무려 44개의 각소가 임무를 분장하였다.[72] 따라서 여기에 소요되는 재정 규모도 확대될 수밖에 없었다. 그래서 전라 감영의 공용과 장사방료(壯士放料)는 환모(還耗)에 전적으로 의존해야 했다.[73] 이런 사정은 다른 감영도 마찬가지였다.[74] 충청 감영의 경우, 재정이 부족하여 환모로 운영하였다.[75] 그러나 충청 감영의 재정 위기는 해소되기는커녕 오히려 가중되었다.[76]

목적도 賑恤과 農形看審이 주된 임무였다. 이와 관련하여 李樹健, 『朝鮮時代 地方行政史』, 民音社, 1989, 205~207쪽; 李鎬逸, 「朝鮮後期의 外官制—觀察使의 法制的 側面을 중심으로」, 『國史館論叢』 8, 1989, 134쪽 참조.

71) 『眉巖集』, 眉巖日記草, 宣祖 4년 3월 27일.

72) 『湖南營事例』(高宗 초반)(奎 12201)를 보면 다음과 같이 各所別로 규정되어 있다. 府司, 吏房, 公事戶房, 還上戶房, 公禮房, 兵房, 雜色兵房, 刑房, 都書員, 別庫, 補役廳, 蜀役廳, 沙器廳, 官廳, 散料庫, 大同庫, 均役廳, 公事工房, 都工房, 內工房, 藥房, 貢廳, 賑恤廳, 紙筒通引, 扇子通引, 菜蔬廳, 迎送廳, 桶造廳, 烟戶色, 軍色, 禁衛色, 御營色, 束伍色, 牙兵色, 山城色, 軍器色, 軍需庫, 戶籍色, 錢穀色, 收租色, 田稅色, 出浦色, 鄕廳, 營雇馬廳, 雇廳 등이다.

73) 『備邊司謄錄』 166, 正祖 8년 윤3월 29일, 16책, 406쪽.
'本營諸般公用及壯士放料 專以還耗排朔支繼'
이와 관련하여 拙稿, 「朝鮮後期 監營 財政體系의 成立과 變化—全羅監營 財政을 중심으로」, 『歷史敎育』 84, 2004, 183~188쪽 참조.

74) 송찬섭, 앞 책, 11~12쪽; 梁晉碩, 「17, 18세기 還穀制度의 운영과 機能변화」, 서울대학교 대학원 박사학위 논문, 1999, 246~252쪽; 文勇植, 『朝鮮後期 賑政과 還穀 運營』, 景仁文化社, 2000, 161~162쪽.

75) 『備邊司謄錄』 165, 正祖 6년 10월 20일, 16책, 277쪽.

76) 『日省錄』 46, 純祖 元年 11월 8일, 30책, 574쪽.
'蓋本營一年應下爲八千餘石 見存營穀耗條之可以入用者 不過六千餘石 若於此際還錄則排朔支放 實無措手 限滿更請已成近例 兩穀耗條二千石 更爲限十年特

또한 감·병·수영에서는 식리(殖利) 활동에도 진력하였다. 특히 특정 재원을 확보하지 않았기 때문에 일반 군현의 경우보다 심했다. 경상 감영의 경우, 식리를 통해 감영 내 각소의 재정을 보충하였다.[77] 이러한 식리전의 용도는 진상태가(進上駄價), 강도첨향(江都添餉), 방민역(防民役), 성역군기수보(城役軍器修補)뿐만 아니라 1,000여 명에 이르는 이노(吏奴)의 보수였던 것이다.[78] 이런 사정은 황해 감영의 경우도 마찬가지였다. 영조 50년(1774) 황해 감사 이택진(李宅鎭)의 장계에 따르면 14,400여 량을 마련하기 위해 각고전(各庫錢) 72,000량을 입본전(立本錢)으로 삼아 식리를 전개시켰다.[79] 더군다나 감·병·수영에서는 각 읍에 복정(卜定)[80]을 부과하여 재정을 보충하였는데 대부분 전결에 덧붙이거나 향리에게 떠넘겼다.[81] 재정 규모가 이처럼 확대되자 경각사 및 감·병·수영은 재원을 확충하기 위해 기존의 재원 분배방식을 전면 수정하면서 기존 고을 재정의 세원을 잠식하기에 이르렀다. 그 외 유수부, 통영(統營), 병·수영의 재정 사정도 그리 다를게 없었다.[82] 그래서 일부 관료들은 감·병영의 영장(營將)을 혁파하며

　許劃給事 請令廟堂稟旨分付矣'
　이와 관련하여 송양섭, 「18~19세기 公州牧의 재정구조와 民役廳의 운영―『民役廳節目』·『蠲役廳追節目』을 중심으로―」『東方學志』154, 2011 참조.
77) 『備邊司謄錄』161, 正祖 4년 12월 27일, 15책, 920쪽.
　'此南倉本錢 以前後道臣之別備…其放債殖利 不過爲營各庫需用之資矣'
78) 『備邊司謄錄』162, 正祖 5년 4월 15일, 15책, 964~967쪽.
79) 『備邊司謄錄』156, 英祖 50년 8월 25일, 15책, 233쪽.
80) 貢物 이외에 필요한 것이 있을 때 상급 관청에서 하급 관청으로 하여금 각 지방의 토산물을 강제로 납입케 하는 일.
　'分徵者 名曰卜定'(『牧民心書』3, 奉公六條, 守法)
81) 『備邊司謄錄』187, 正祖 22년 3월 5일, 18책, 803~804쪽.
　『備邊司謄錄』186, 正祖 21년 11월 6일, 18책, 733쪽.
　'湖西道臣狀啓 洪州牧監營納雜物引用委節査實馳啓事 判付內 巡營之春秋卜定 雖曰營穀會減 徵貴徵賤之時 許多不足之數或出於結 或於吏 結固民也 吏亦民耳'

감영을 유영(留營)에서 조선 초기와 같이 순영(巡營)으로 되돌리자는 주장을 펴기도 하였다.[83]

한편, 관 주도의 향촌통제책이 강화되고 면리제(面里制)가 발달하면서[84] 관아의 업무와 기능을 수행하는 데 필요한 각 읍의 경비도 증가하였다. 각종 업무를 담당할 관속의 증가에 따른 인건비와 각종 경비 때문이었다.

우선 각 읍에 소속된 각소의 확대·분화는 지방경비를 증가시키는 주요 요인이 되었다. 이러한 현상은 모든 군현에서 그러하였다. 성천부(成川府)의 경우, 창고의 설치 연대를 보면 〈표 6〉과 같다.

〈표 6〉에서 창고 설치가 다른 시기에 비해 19세기에 집중되어 이루어졌음을 확인할 수 있다. 전국의 고을 창고 수를 볼 때, 19세기 초반에는 1,817개였는데 19세기 말경에는 무려 3,057개에 달하였다.[85] 이

---

82)『備邊司謄錄』24, 顯宗 5년 11월 24일, 2책, 862쪽.

　　『備邊司謄錄』173, 正祖 12년 8월 18일, 17책, 126~127쪽.

　　留守府와 관련하여 拙稿,「朝鮮後期 開城府 財政의 危機와 行政區域 改編」,『韓國史論』41·42, 1999; 노영구,「조선후기 開城府 일대 關防體制의 정비와 財政의 추이」,『韓國文化』38, 2006; 拙稿,「朝鮮末 開城府財政 補用策의 추이와 朝野의 동향」,『歷史教育』101, 2007; 趙樂玲,「19세기 광주유수부의 남한산성 재정운영─稅入항목을 중심으로」,『大東文化研究』76, 2011 참조.

　　統制營과 관련하여 金鉉丘,「朝鮮後期 統制營의 財政運營에 관한 研究─統營穀을 中心으로」, 釜山大學校 大學院 博士學位論文, 1994 참조.

　　병영과 관련하여 宋讚燮,「19세기 慶尙右兵營의 재정구조와 진주농민항쟁─兵營穀 운영의 문제점과 그 대책을 중심으로」,『韓國文化』11, 1990 참조.

83) 朴致遠,『雪溪隨錄』1, 附郡縣論.

84) 김선경,「조선후기의 조세수취와 面·里 운영」, 연세대학교 석사학위 논문, 1984.

　　金俊亨,「18세기 里定法의 전개─村落의 기능 강화와 관련하여─」,『震檀學報』58, 1989.

　　金仁杰, 앞 논문, 1991, 109~200쪽.

　　오영교,『朝鮮後期 鄉村支配政策 研究』, 혜안, 2001, 139~215쪽.

85) 金正浩,『靑丘圖』(1828년), 軍國總目表.

〈표 6〉 朝鮮後期 成川府의 倉庫 設置

庫 倉	設置年度	庫 倉	設置年度
會計所	1827	石倉	1690
府約所	1822	大同庫	1632
民營廳	1735	補民庫	1836
伺侯廳	1731	勅需庫	1708
檜倉	1628	火藥庫	1805
谷倉	1747	英賴庫	1751
龍倉	1805	復元庫	1811
直倉	1693	蠲役庫	1817
岐倉	1760	賑惠庫	1834
朔倉	1739	賦役所	1817

출전: 「成川志」(奎 12399, 1842)

는 18세기 초부터 제민구휼(濟民救恤) 차원에서 곡물 이전을 목적으로 설치된 창고와 달리[86) 지방관아가 자체 세입을 확보하기 위해 상업 활동을 벌이는 과정에서 증설된 창고이다. 즉 18세기에 설립된 창고 대부분이 경사 아문의 진휼·재정 활동과 연계되어 설립된 반면 19세기에 설립된 창고들은 보민고(補民庫), 견역고(蠲役庫), 부역소(賦役所) 등에서 볼 수 있듯이 지방관아 재정의 세입출과 관련된 창고들이다. 이는 지방관아의 재정 규모가 19세기에 급속하게 확대되고 있음을 반영하는 것이다.

다음으로, 군현 이액(吏額)의 증가를 빼놓을 수 없다. 숙종 초기에 이미 대읍의 경우 100여 명에 이르고 중·소읍의 경우에는 50~60명

朝鮮總督府, 『社還米制度』, 1933.
김현구, 앞 논문, 209쪽.
86) 崔姝姬, 「18세기 후반 官倉運營의 변화와 私設倉庫의 등장」, 『錄友研究論集』 41, 2002, 25~30쪽.

에 이르렀으며 정조 연간에는 대읍과 중읍의 경우, 각각 수백 명과 백여 명에 이르렀다.[87] 거기에 통인(通引), 사령(司令), 관노(官奴)와 포수(砲手) 등을 합하면 2배 이상에 달하였다.[88] 그들의 보수〔吏料〕는 일반 농민이 부담해야 했다.[89] 또한 면리제가 발달하면서 면임에게 늠료를 급여하거나 조세의 일부를 「면제」해주어야 했다. 함경도의 경우, 향청과 면리임(面里任)의 수렴(收斂) 부분을 추가하여 징수하기도 하였다.[90]

향촌지배기구가 이처럼 확대되면서 이에 따른 경비분도 조달해야 했다. 성천부의 경우, 1842년에 군현 전세 및 수미(收米)의 총 수조량이 40,706량에 달했는데[91] 1871년에는 무려 49,026량 4전 7푼에 이르렀다.[92] 30년도 되지 않아 20여 %가 증가한 셈이다. 이러한 수치는 매우 높은 것이라 하겠다.[93] 여기서는 중앙 상납분이 대부분 환곡에서 마련되는 가운데 전세와 수미의 조세량도 이처럼 증가했기 때문이다.[94] 다음 능주목(綾州牧) 민고의 경우, 19세기 전반기와 후반기를 비

---

87) 『承政院日記』252, 肅宗 2년 3월 13일, 13책, 343쪽; 『備邊司謄錄』174, 正祖 13년 4월 20일, 17책, 292쪽. 이와 관련하여 張東杓, 「18·19세기 吏額增加의 현상에 관한 硏究」, 『釜大史學』9, 1985, 428~430쪽(『朝鮮後期 地方財政硏究』, 國學資料院, 1999 所收); 배기헌, 「18·19세기의 稧防村」, 『啓明史學』20, 2009, 113~114쪽 참조.

88) 『通商彙纂』, 1895년 5월 28일, 釜山領事館報告, '全羅道 巡廻復命書'.

89) 『日省錄』166, 純祖 22년 7월 19일, 全羅左道 暗行御史 沈英錫 別單, 44책, 115쪽. '其吏額則多者過百 少者近百 巨猾之外 年年無任 偶一得任 剝割倍甚'

90) 『備邊司謄錄』213, 純祖 25년 11월 21일, 25책, 711쪽.
   그 외 이런 예는 타 도 타 지역의 邑誌와 邑事例에서 자주 보인다.

91) 『成川誌』(奎 12399).

92) 『關西邑誌』(1871년), 成都.

93) 평안도의 경우, 변방의 특수 사정을 감안하여 전세나 수미 등 토지에 부과되는 정규 조세가 삼남과 달리 증가율이 높지 않다. 따라서 이러한 증가 수치는 높다고 할 수 있다.

94) 평안도 성천부의 경우, 중앙에 상납할 환곡 이자 결당 5두(관서례)를 여기에 덧붙인다면 그 액수는 매우 높은 것이다. 이에 반해 삼남의 경우, 19세기 초에서 1860년대에 걸쳐 결가가 7~8량에서 25량으로 3배 증가하는데 이는 대부분 중앙에 상납할

교할 때, 민고의 재정 규모가 크게 증대하였다. 〈표 7〉은 민고 세입의
변화를 잘 보여준다.

〈표 7〉 19세기 綾州牧 民庫의 歲入

稅源 年代	結斂	還穀加升	還穀	殖利	身役	戶斂	會減	合計
19세기 전반	米 413석 粗 399석	米 8석 粗 500석 太 11석 皮牟 222석 眞麥 5석	眞麥 260석 (粗 400~ 800석)	錢 561량	錢 150량	米 1석 粗 3석	米 21석 粗 10석	錢 710량 米 455석 眞麥 265석 太 11석 皮牟 222석
19세기 후반	米 406석 粗 397석 錢 1890량			錢 734량	錢 150량	米 2석 粗 33석	米 44석 錢 14량	錢 2793량 米 452석 粗 431석

출전: 『綾州牧補民庫節目』
　　　『竹樹事例』(奎古 4206–27)
비고: 金德珍, 「朝鮮後期 地方官廳의 民庫 設立과 運營」 『歷史學報』 133, 1992, 75, 77쪽 재인용

〈표 7〉에서 19세기 후반의 경우가 19세기 전반의 경우에 비해 대략
3배 이상이나 증가하였음을 알 수 있다.[95] 이는 지방경비가 급격하게
증가함에 따라 일어난 현상으로 보인다. 지방관아가 이처럼 확대·분
화하고 면리제가 발달하는 등 국가권력의 향촌 통제가 강화하는 가
운데, 군현재정의 규모가 급격하게 증대하여 재정 위기를 초래할 가
능성이 점증하고 있었던 것이다.

환모의 포흠분이 전가된 결과로 지방경비의 순수 증가분만을 추산할 필요가 있다.
95) 各所 經費의 증가 속에서 民庫의 경우가 이러하다면 여타의 각소 재정을 합한 전
체액 역시 이 정도의 증가율을 보일 것이다.

3) 지방관아 재정의 위기

　중앙정부가 국가재정 위주로 재원을 확충하는 한편, 지방관아도 자체 경비의 증가에 대처하여 국가의 조치를 기대하기보다 자체에서 기존 재원을 확대하고 새로운 세원을 개발해야 했다. 물론 정부에서는 지방재정의 위기를 해소하기 위해 환곡으로 획급하거나 상진곡으로 수용(需用)하고[96] 심지어 급대(給代)도 하였다.[97] 그러나 이는 일부 군현이나 감영에 한정되었고 대다수 군현은 이러한 지원을 받지 못했다.[98] 게다가 지방관이 교체되면 이들 전곡이 기한 내에 상환되지 않아 국가재정을 어렵게 했다.[99] 또한 상납분을 탕감하여 지방관아의 재정 부담을 덜기도 했으나 이 방책도 장기적인 대책은 될 수 없었다.[100]

　군현도 감·병영과 마찬가지로 지방경비의 증대에 대처하기 위해 환곡과 식리 활동에 적극 관여하였다. 이러한 활동은 정부의 억제책에도 불구하고 확대된 관아기구의 운영을 유지하기 위해 이루어진 것이었다.[101]

---

96)『備邊司謄錄』207, 純祖 18년 4월 5일, 21책, 97쪽.
　'近來諸道收租漸縮 儲置米 每以還米劃給 湖西則以常賑穀需用 今則常賑穀 亦已告罄 實無需用之道'
97) 정부의 給代 조치에 관해서는 오영교, 앞 논문, 1986, 57~62쪽 참조.
98) 주로 給代 對象은 監營, 留守營, 東萊府, 水營 및 兵營 등에 한정되었고 일반 군현은 여기에 해당되지 않았다. 위 논문, 참조.
99)『備邊司謄錄』161, 正祖 4년 2월 5일, 15책, 819쪽.
　『備邊司謄錄』178, 正祖 15년 6월 9일, 17책, 806쪽.
　『備邊司謄錄』203, 純祖 13년 2월 15일, 20책, 628쪽.
100)『備邊司謄錄』212, 純祖 24년 3월 1일, 21책, 552쪽.
　'顧今京外儲蓄 轉益殫匱 連緜欠斜 項背相望 法外蠲蕩 不可容易議到'
101) 殖利 활동은 이전부터 관아에서 해오던 재정 보충방식이었다. 그러나 이는 주로 米布 등 現物貨幣를 매개로 하기 때문에 回轉率은 한정되어 있다. 따라서 교환경제가 발달하고 화폐가 주요 유통수단으로 되면서 이러한 식리 활동은 가속화되었

전라도 곡성현(谷城縣)의 경우, 감영과 통영의 모곡을 작전(作錢)하여 다시 미곡으로 바꾼 뒤, 여기서 남는 차액분의 일부를 지소(紙所), 고마청(雇馬廳) 등 각소의 재정에 보용하였다.[102] 이러한 번질입본〔反作立本〕의 방식은 전국 각 읍에서 관례로 이루어졌다.[103]

동래부(東萊府)의 경우는 식리 활동을 통해 재원을 확보하여 관아 재정에 보용하였다. 식리전의 용도는 〈표 8〉과 같다.[104]

〈표 8〉에 따르면, 호장을 비롯한 각소가 각종 식리전을 설치한 시기가 19세기 전반에 집중되었으며 그 양도 적지 않다. 또한 토지를 매입해서 지대를 받는 매토수세(買土收稅)의 방식으로 지방경비를 충당하기도 하였다. 주로 민고에서 민고전의 지대를 수취하여 필요 비용을 충당하였다.[105]

따라서 일부 지역에서는 민고가 식리와 지주경영의 주체로서 재정 운영에서 큰 비중을 차지하였다. 공주부(公州府) 민역청(民役廳)의 경

다. 그러나 국가는 농민층의 몰락을 위시한 農村의 分解를 우려하여 식리 활동을 억제하는 입장이었다. 따라서 이 시기 식리 활동의 강화는 재원의 협소 속에서 고을 차원에서 재정 위기를 타개하려는 고육책에서 연유한다 하겠다. 때문에 식리 활동은 주로 19세기 전반에 집중적으로 나타났다.

白南雲, 『朝鮮封建社會經濟史』上, 第90章 高利貸資本, 改造社, 1937.

오영교, 앞 논문, 1986.

손병규, 앞 책, 362~369쪽.

102) 『日省錄』, 正祖 22년 7월 3일, 26책, 674~675쪽.

103) 梁晉碩, 앞 논문, 252쪽.

104) 그 외 이러한 사례는 여럿 보인다. 대표적으로 순천부의 경우도 식리 활동을 통해 각종 경비를 보용하였다.

金德珍, 「朝鮮後期 全羅道 順天府의 雜役稅 運用과 調達」, 『慶尙史學』 7·8, 1990, 65쪽.

105) 民庫田과 관련하여 金容燮, 「朝鮮後期 民庫制의 釐整과 民庫田」, 『東方學志』 23·24, 1980(『增補版 韓國近代農業史研究(上)』, 一潮閣, 1984 所收)을 대표적으로 들 수 있다.

<표 8> 19세기 東萊府의 各所 殖利 運營

各 所	殖利錢	利子率	設施年度	用 途
戶 長	(300량)		1813	柴炭 마련
	(200량)	연 3할 5푼	1820	正朝戶長上京時官廳路資
軍器所	(150량)	연 3할	1844	兵水營納 竹價
支待色	魚價利錢(1,000량)	연 2할	1809	宴倭需雜物
	海弊錢(200량)	연 3할	1811	入送使倭條
守成廳	(35량)	연 3할	1806	軍餉醬鹽之資
軍官廳	僧付料米代錢(48량)	연 3할	1800	將士料
	別賞造錢	매삭 1푼 5리	1824	施賞之資
	歲饌錢(150량)	연 3할	1808	分給各廳各寺

출전: 『東萊府事例』(국립, 韓-38-43) 甲辰年(1844)
『嶺南邑誌』(奎 12173) 東萊 邑事例(1871)
비고: 설치 연도가 불분명한 경우는 제외함

우, 대동법 이후 폐지되었다가 17세기 후반에 부활하여 민간에서 다시 돈을 거두어 확충하였다.[106] 영변부(寧邊府)와 순천부(順天府)에서는 식리와 민고답이라는 대체 세원을 새로이 확보하여 세입을 증대하였다. 또 구례현(求禮縣)에서는 세입체계를 식리에서 결렴(結斂)으로, 광양현(光陽縣)에서는 호렴(戶斂)에서 식리(殖利)로, 임실군(任實郡)에서는 결호렴(結戶斂)에서 매답(買畓)으로 전면 개편하여 세입을 증대하였다. 심지어 구례현에서는 이미 일정한 부담을 지고 있는 제역촌인(除役村人)에게까지 민고세(民庫稅)를 부과하였다.[107]

다음 지방관아는 사모속을 확보하는 데 더욱 진력하였다.[108] 그것은

---

106) 『朝鮮社會史資料』 2, '民役廳節目', 國史編纂委員會 刊.
107) 金德珍, 「朝鮮後期 地方官廳의 民庫 設立과 運營」, 『歷史學報』 133, 1992, 90쪽.
108) 사모속은 지방관아에서 사사로이 모집한 良丁으로 중앙에서 파악하지 못하였다.
   김우철, 앞 논문, 108쪽.

외안부(外案付, 지방관아의 양역 장부) 군액의 확대에서 잘 드러난다. 당시 사모속의 비율이 균역법 실시 이후 더욱 높아질 정도로 지방관청의 재원 확보가 절실하였던 것이다. 균역법을 실시하여 역가(役價)를 균일화하고 군역제 운영의 안정을 꾀하고자 했지만, 그 감필분(減正分)에 대한 급대가 대부분 지방재정의 수입원인데도 국가재정으로 들어갔기 때문이다. 또한 해세(海稅)는 균역세이지만 지방관아는 궁방 및 아문과 함께 첩설하여 징수함으로써 해민(海民)들을 파산케 하였다.[109]

또한 각소의 운영비를 비롯하여 신구임관(新舊任官)인 감사, 수령의 접대비, 상급 기관에 올릴 진상물을 마련하는 비용, 감사의 순력에 따른 비용, 상급 기관의 이서들에게 바치는 뇌물 비용 등을 충당하기 위해 계방촌(禊房村) 확보에 진력하였다.[110] 각소당 3개 이상 보유할 정도였다. 특히 이청(吏廳)의 경우 무려 수십 개 계방촌을 보유하고 있기도 하였다. 심지어 1면이나 여러 리를 보유하기까지 했다.[111] 그 밖에 여기에는 지방 관속의 인건비로 충당해야 할 관둔세마저 수령의 주방비(廚房費)로 전용하기도 하였다.[112]

---

109) 『備邊司謄錄』 214, 純祖 26년 7월 8일, 21책, 769쪽.
　　'京外奸細輩之稱以賜牌折受冒占橫侵 沿海邑鎭之稱以捄弊補用 創出於分稅之稅及官用 魚物減價勒捧之弊'
110) 禊房은 사모속과 유사하나 규모상 주로 里나 面 단위로 투속하여 군역뿐만 아니라 환곡, 민고 등의 온갖 부세가 함께 「면제」되었다.
　　禊房과 禊房村에 대해서는 김우철, 앞 논문; 金炯基, 「朝鮮後期 禊房의 運營과 負稅收取」, 『韓國史硏究』 82; 송양섭, 「조선후기 지방재정과 계방의 출현」, 『역사와 담론』 59, 2011, 20~33쪽 참조.
111) 『日省錄』 339, 純祖 1년 11월 20일, 30책, 384쪽.
　　'吏廳之契數十 校廳之契七八 鄕廳奴廳刑房廳書員廳通引廳使令廳 各不下數三 甚則有所謂官契房 或取一面 或取數里'
112) 『經世遺表』 8, 地官修制, 田制 12. 이와 관련하여 金德珍, 「조선후기 官屯田의 경영과 地方財政」, 『朝鮮時代史學報』 25, 2003, 110~113쪽 참조.

그리고 지방관아는 부족한 재정을 보용하기 위해 도결(都結)에 지방경비분을 포함시키기도 하였다.[113] 1840년대 경상도 경산현(慶山縣)의 경우, 도결 방식으로 부세를 거둔 뒤 이를 이무(移貿)하여 지방재정의 일부를 확보하였다.[114] 또 진주목의 경우, 1862년 목사가 읍의 재정이 곤궁하다는 이유를 내세워 각 면의 수취 담당자인 훈장들을 통하여 도결을 행할 것을 결정하기도 하였다.[115] 충청도 청안현(淸安縣)의 경우, 도결에 혼입하여 지방경비를 마련하였다.[116]

끝으로, 장세(場稅), 포구세(浦口稅) 및 점세(店稅, 주막이나 수공업장에 부과하는 세) 등의 상공잡세에 주목하였다. 이들 잡세가 적지 않았기 때문이다. 박천(博川) 관아의 경우, 진두장(津頭場)의 장세 수입으로 지방경비를 충당할 정도였다.[117] 포구세도 마찬가지여서 수세 주체로 지방관아가 자주 거론되었다.[118] 또한 점세도 재원으로 파악하여 지방경비에 충당하였다. 은산군(殷山郡) 봉명방(鳳鳴坊)의 경우, 취철막(吹鐵幕), 숙철막(熟鐵幕), 탄막(炭幕), 산로(山爐) 등의 작업장에서는 매년 관청에 세금을 납부하였는데 취철막은 매 노(爐)마다 2량씩의 세

---

113) 鄭善男, 「18·19세기 田結稅의 수취제도와 그 運營」, 『韓國史論』 22, 1990, 235~238 쪽; 김선경, 「1862년 농민항쟁의 都結 혁파요구에 관한 연구」, 『李載龒博士還曆紀念 韓國史學論叢』(논총간행위원회 편), 한울, 1990.

114) 『玉山文牒抄』, 本縣連還移貿變通報狀第一.

115) 『晉州樵軍作變謄錄』 제6호 문서. 이와 관련하여 박시형·홍희유·김석형, 『봉건지배계급에 반대한 농민들의 투쟁―이조편―』(복간본), 열사람, 1989, 188~189쪽; 망원한국사연구실 19세기 농민운동사분과, 『1862년 농민항쟁―중세 말기 전국 농민들의 반봉건투쟁』, 동녘, 1988, 136쪽 참조.

116) 『高宗實錄』, 高宗 元年 6월 9일, 高宗 上책, 155쪽.
  '淸安各項邑用 皆以結錢混用 以有限之結 應無窮之用 則結錢欠縮 年加歲增'

117) 『備邊司謄錄』 233, 憲宗 12년 9월 21일, 淸北暗行御史 朴永輔 別單, 23책, 736~737쪽.

118) 浦口稅 수세의 주체는 宮衙門, 土豪와 함께 地方官衙도 포함되었다. 李榮昊, 「19세기 浦口收稅의 類型과 浦口流通의 性格」, 『韓國學報』 41, 1985 참조.

금을 납부하였으며 숙철막은 1량씩을, 탄막에서는 5전씩의 세금을 납부하였다. 그리고 산로에서는 호수들이 매년 마철(馬鐵) 48부(釜)씩을 12개월로 나누어 조세로 매달 4부씩을 납부하였다.[119] 그 외 군현객사나 아사(衙舍) 수리를 위해 공명첩을 발급하기도 하였다.[120]

지방관아는 이처럼 다양한 방법을 통해 재원을 확보하려 노력하였다. 그 결과 어느 지역을 막론하고 각종 창고를 추가로 설치하였다. 구례현의 경우, 보역청(補役廳)을 복설하고 있으며,[121] 성천부의 경우는 이미 언급한 대로 복원고(復元庫)(1811), 견역고(蠲役庫)(1817), 진혜고(賑惠庫)(1834), 부역소(賦役所)(1817) 등을 신설하였다.[122] 여주목(驪州牧)의 경우도 방역청(防役廳)(1849)을 설치하여 지방관아 일용잡종과 대소 국역에 배용(排用)하였다.[123]

한편 지방관아의 이러한 재정 확보 노력은 향촌 문제를 야기하였다. 우선 지방관아는 재정 위기를 빌미로 규정 이외의 수탈을 자행하였다. 그리고 이러한 향촌 문제는 지역마다 달랐다. 그것은 관서·관북지방과 삼남지방의 재정구조가 상이했기 때문이다.

평안도의 경우, 발매작전(發賣作錢)과 민고(民庫) 문제가 주요한 사안이었다. 이 중 경사 발매작전의 경우, 정부가 고가로 발매하여 이익을 취함으로써 그 부담은 평안도민에게 전가되었다.[124] 뿐만 아니

---

119) 『殷山邑誌』 工庫(1775), 『조선수공업사』 2(홍희유, 공업종합출판사, 1991), 340쪽에서 재인용.

120) 『備邊司謄錄』 169, 正祖 10년 8월 5일, 16책, 720쪽.

121) 『龍城誌』.

122) 『成川誌』.

123) 『京畿誌』 1(奎 12178), 『京畿邑誌』 5(奎 12177).

124) 『日省錄』 76, 憲宗 6년 7월 16일, 平安北道 暗行御史 沈承澤 別單, 52책, 621쪽.
'至於稅米 則高價發賣 支供則還米取用 以此還米 歇價立本 而上好下甚 并其吏庫之色落鄕監之料米 將士之放下 悉用此例 厚收其利 百孔千竇 歲以益穿 民何

라 군현도 이런 예를 따라 이익을 취해 경비를 마련함으로써 민의 부담을 가중시켰다.[125] 초산부(楚山府)의 경우, 순조 27년(1827) 민인들이 상경하여 환곡의 폐단을 호소하기에 이르렀다.[126] 다음 민고의 추가 지출[加下]도 큰 문제였다.[127] 민고는 설치 초기부터 예상되었듯이 민에게 세금을 타당하게 부과할 수 있고 관아에서도 재정을 합리적으로 운용할 수 있어 곧 고을 최대의 재무기구로 성장하였다. 그러나 관리 운용은 대부분 관속들이 담당하였기 때문에 오히려 문제의 소지가 컸던 것이다.[128] 이런 사정은 순조 중반에도 마찬가지였다. 순조 24년(1824) 김조순(金祖淳)은 1811년 관서민란 이후 평안도의 민고 폐단을 다음과 같이 지적하였다.

본도 각 고을에서 지탱할 수 없는 폐단은 대동고(大同庫)보다 더한 것은 없습니다. 대개 원초 설시(設始)는 읍의 대소를 물론하고 일년당봉(一年當捧)이 응하(應下)에 비교해 어찌 부족할 리가 있겠습니까. 그러나 최근 세입은 감축이 있으나 남음이 없고 공비(公費)는 추가는 있으나 감소는 없습니다.[129]

以保 倉何以實 苟究其源 專由於民少還多'
125) 위와 같음.
126) 초산부의 경우, 1,700여 호가 32,000석을 환곡을 분급받아 모조를 매년 납부해야 할 정도로 환폐가 심각하였다(『日省錄』3, 純祖 27년 3월 10일, 85책, 12쪽; 4월 1일, 85책, 75쪽). 이와 관련하여 韓相權, 「1827년 平安道 楚山府 民人의 上京 示威와 政局의 동향」,『金容燮 敎授 停年紀念 韓國史學論叢』, 지식산업사, 1997 참조.
127) 『日省錄』179, 憲宗 13년 11월 25일, 全羅右道 暗行御史 兪致崇 別單, 56책, 337쪽.
'所謂加下 卽官況外加用之謂也'
128) 『日省錄』, 純祖 卽位年 8월 1일, 29책, 689쪽.
'關西民庫 擧皆枵然 巡營磨勘 雖依定例 民庫用下 殆無限節'
129) 『日省錄』45, 純祖 24년 9월 7일, 30책, 267쪽.

김조순은 고위 관료로서 관서 재정에서 큰 비중을 차지하는 대동
고가 극심한 재정난에 처했음을 보고하였던 것이다. 그 외 공용의 부
족을 이유로 가렴(加斂)이 수시로 이루어졌다. 한번 더하면 줄어들 줄
모르고 매년 증가하였던 것이다.[130]

그리고 수령과 이향 등은 이에 편승하여 민인을 수탈하였다.[131] 정
치기강의 해이와 함께 수령, 감색(監色)의 중간 수탈이 가중되었던 것
이다.[132] 심지어는 지방관아의 재정확보책으로 매향(賣鄕)이 두드러졌
다.[133] 그래서 지방재정의 주요 부분을 차지하는 대동고의 위기는 더
욱 심각하였다. 관서의 대동고는 세입이 감축함에도 지출은 계속 증
가 일로에 있었던 것이다.[134]

이러한 사정은 호남의 경우가 더욱 심하였다. 민고의 경우, 관서의
경우보다 심각하였다.[135] 즉 관서의 경우, 주로 회록곡 등을 기금으로
식리하여 지방재정을 보용한 반면[136] 호남의 경우는 민으로부터 수취
하여 쓰다가 추가 지출할 때에는 다시 민으로부터 수취하였다. 이러

---

130) 『日省錄』160, 哲宗 10년 5월 17일, 62책, 739쪽.
   '近聞托以公用之不足 擅自加斂 一加則無減 年增歲添 田民無以支保'
131) 守令 및 吏鄕層의 收奪에 관해서는 金仁杰, 앞 논문, 1991, 244~272쪽; 高錫珪,
   앞 책, 103~168쪽 참조.
132) 『日省錄』74, 憲宗 6년 6월 24일, 平安南道 暗行御史 徐有薰 別單, 52책, 575쪽.
   '近來紀綱解紐 監色之濫下偸食者作常事 守令之冒下引用不少持難 畢竟至於結
   斂戶斂 毒流生民'
133) 金仁杰, 앞 논문, 193~194쪽.
134) 『日省錄』45, 純祖 24년 9월 7일, 45책, 267쪽.
135) 『日省錄』215, 純祖 8년 8월 6일, 35책, 129쪽.
   '西關則有放債錢名色 故不以爲斂民 而自官辦用 湖南則一年所用 都斂於民 付
   諸民庫 無所照管 故任意濫下 至於歲末 謂之加下 公然斂民 今日甚於昨日 今年
   甚於昨年 其所謂弊 有不可勝矣'
136) 『日省錄』254, 純祖 10년 2월 3일, 36책, 427쪽.
   '田稅穀料條 三分一劃給 穀在各邑 以補民庫'

한 현상은 대부분 경사가 요구하는 각종 물자가 해마다 증가하고 열읍(列邑) 경비도 증대한 데 원인이 있다.[137] 그래서 이들 민고는 환곡이나 번전[番錢, 수직(守直)의 번(番)을 대신 서는 자에게 지급하는 돈]을 가져다 쓰거나 심지어는 전결(田結)에서 거두거나[結斂] 가호(家戶)에서 거두기[戶斂]조차 하였다.[138] 이러한 사정은 경상도의 경우도 마찬가지였다.[139] 이제 민고는 관과 민에게 편리한 제도가 아니라 민의 수탈 기구로 변질하고 말았던 것이다.[140]

지방재정이 이처럼 위기에 봉착하자, 지방관아에서는 부족한 세원을 메우기 위해 추가로 수탈하기에 이르렀다. 그래서 순조 25년(1825)에 우의정 심상규(沈象奎)마저 "향청, 질청, 장청, 노령청, 면임, 이임의 수렴이 서로 다투어 빼앗는다"[141]라고 할 정도로 관아 각소들은 재정 위기를 해소하기 위해 소민에 대한 수탈을 다투었다. 나아가 수령 및 이향이 여기에 편승하여 불법적으로 수탈할 수 있는 여건을 조장하였다. 헌종(憲宗) 8년(1842) 경상 우도 암행어사 김기찬(金基纘)은 이를 다음과 같이 지적하였다.

민결출렴(民結出斂)은 원래 정수(定數)가 있습니다. 유정지공(惟定之

---

137) 『日省錄』 327, 純祖 13년 4월 13일, 38책, 986쪽.
  '各邑民庫之弊…近年以來 舊弊未祛 新費漸滋 京司各樣求請 逐歲增加 列邑許多官用 不拘式例 專責於民庫'
138) 위와 같음.
139) 『日省錄』 81, 哲宗 5년 8월 21일, 慶尙右道 暗行御史 李鏡淳 別單, 60책, 82쪽.
140) 金容燮, 『增補版 韓國近代農業史硏究―農業改革論·農業政策―』 上, Ⅱ. 政府의 賦稅制度 釐正策, 一潮閣, 1984, 374~422쪽.
  金德珍, 「朝鮮後期 地方官廳의 民庫 設立과 運營」, 『歷史學報』 133, 1992.
141) 『純祖實錄』 27, 純祖 25년 11월 壬寅, 48책, 256쪽.
  '鄕廳·作廳·將廳·奴令廳·面里任之收斂, 喙喙爭喤'

供)을 빼놓고는 민으로부터 가렴(加斂)할 수 없습니다. 근년 이래 간폐(奸弊)가 나날이 무성해지고 또는 공용이라 칭하고 혹은 방폐(防弊)라 칭하니 허다명색(許多名色)이 매년 증가하여 환롱(幻弄)과 관련되었습니다. 민렴호렴(民斂戶斂)으로써 말하건대 연협(沿峽)에서 모두 고청(庫廳)을 설치할 때 양입위출(量入爲出)함에 마땅히 부족할 리가 없었습니다. 그러나 관리의 용비잡용(冗費雜用)을 오로지 여기에서 구하니 어려움 없이 횡렴하고 거의 한절(限節)이 없습니다. 부실요호(富室饒戶)는 대부분 모탈(冒頉)하고 빈잔(貧殘)한 자는 의지할 곳이 없어 편벽되이 그 해를 보니 참으로 한스럽습니다.[142]

지방관아의 관리들이 고청의 위기를 핑계 대고 사적으로 수탈하였던 것이다. 그리고 주요 수탈 대상도 부실요호는 대부분 빠져나가 점차 빈잔호만 남았다. 수령권과 이향들의 권한이 강화하고 있었지만, 이를 국가 차원에서 규제하거나 민의 참여가 보장된 민회(民會)가 아직 구성되지 않았기 때문이다. 그래서 정약용은 "지금 우리나라는 조종이 마련한 법전 이외에 감사가 증액하고 현령이 증액하고 향리가 증액하고 하예가 증액하고 이정이 증액하여 명령이 여러 갈래로 나오니 박을 쪼개듯이 제 뜻대로 한다."라고 꼬집었던 것이다.[143] 이런 점에서 상납 및 지방경비의 증가는 농촌 분해를 가속화하는 동시에 소

142) 『日省錄』 109, 憲宗 8년 8월 26일, 慶尙右道 暗行御史 金基纘 別單, 53책, 649쪽.
'民結出斂 自有定數 除非惟正之供 未能加斂於民 近年以來 奸弊日滋 或稱公用 或稱防弊許多名色 年增歲加 因緣幻弄 以民斂戶斂言之 毋論沿峽 皆設庫廳 量入爲出 宜無不足之理而官吏之冗費雜用 專責於此 無難橫斂 殆無限節 富室饒戶 多入冒頉 貧殘無依 偏受其害 到底愁恨'
143) 『經世遺表』 7, 地官修制, 田制 7.
'今玆我邦 凡祖宗法典之外 監司增之 縣令增之 吏增之 隷增之 里正增之 令出多門 瓢裂唯意'

빈농의 부담을 더욱 가중시키는 요인이 되었다. 이제 국가부세와 함께 지방부세도 농민의 세금부담 능력을 고갈시켜 향촌사회의 심각한 문제로 제기되었다. 즉 지방재정의 고갈과 농민들의 몰락으로 표출되었던 것이다.

이러한 위기감은 고위층도 마찬가지여서 철종 4년(1853)에 영의정 김좌근(金左根)은 다음과 같이 우려하였다.

> 최근 경비가 끝이 없어 적저(積儲)가 끝내 비고 말았습니다. 중앙과 지방이 모두 그러하나 구제책이 없습니다.[144]

그는 고위 관료로서 이전과 달리 국가재정과 함께 지방재정도 심각한 위기를 맞고 있음을 시인하였다. 이는 농민층이 국가재정의 위기뿐만 아니라 지방관아 재정의 위기까지 떠안아야 했음을 의미한다. 그래서 1862년 민란 이후인 고종 1년(1864) 1월 부호군(副護軍) 김진형(金鎭衡)은 시폐책을 올리면서 민란을 국가재정 및 지방재정의 위기와 관련하여 설명하였다.

> 대저 임금이 있으면 나라가 있는데 금일의 형세는 나라가 있으나 믿을 것이 없다고 할 만합니다. 나라라는 것은 민이 모인 것이고 민을 모으는 것은 재물입니다. 안으로는 왕실과 정부가 모두 텅 비고 밖으로는 창름(倉廩)이 모두 고갈되었으니 녹봉을 지급하는 것을 계속하기 어렵고 진휼곡은 내주기도 어려우며 생민이 날로 초췌해지고 온 8도에서 소요가 일어나니 흰 수건을 둘러쓰고 몽둥이를 든 자가 걸핏하면 1만 명이 넘고 관가를

---

144) 『備邊司謄錄』 240, 哲宗 4년 4월 5일, 24책, 544쪽.
　　'挽近經費則太無限節 積儲則遂至空竭 中外皆然 救藥無術'

약탈하고 관원을 살해하고 재변이 사방에서 일어나고 있습니다. 이러한 일들은 지난 역사에 없던 일들로서, 이 지경에 이르렀는데도 전하의 나라에 백성들이 있다고 할 수 있겠습니까.[145]

지방재정이 국가재정과 함께 민란의 원인이 될 정도로 심각하였던 것이다. 이러한 상황에서 항세 투쟁인 삼남민란(1862)이 일어났다.

---

145) 『承政院日記』, 高宗 元年 正月 27일, 高宗 1책, 71쪽.
    '大抵有君則有國 而今日之勢 可謂有國而無恃 國者 民之所聚 而聚民者財也 奈何 內以宮府俱竭 外以倉廩盡竭 頒綠難繼 賑餉莫擬 生民日瘁 八域搖動 白巾條捧 動號萬數 劫官殺吏 火變四起 此往牒之所未聞 到此而殿下之國 其可曰有民乎'

2

구폐안의 제기와 정부의 대책

19세기 전반(前半) 세도정권이 국가재정의 위기 및 지방관아 재정의 위기와 맞닥뜨리면서, 관인 및 재야 유자 사이에서 삼정(三政) 문제뿐만 아니라 지방재정 문제를 해결하기 위한 여러 구폐(捄弊) 방안이 제기되었다. 이들 방안 중 지방관아 재정의 경우를 삼정의 경우와 비교하면, 내용이 체계적이고 정연하지는 못하지만 나름대로 당시 지방관아 재정의 위기를 어떻게 인식하고 해결하려 했는가를 볼 수 있다. 그리고 이 논의들은 민고 및 향리 문제를 비롯한 모든 부면에 걸쳐 전개되었다.

구폐 방안은 지방관아 재정 문제를 보는 사람의 처지와 인식에 따라서 다르게 나타났는데 크게 둘로 나누어 볼 수 있다. 노론 계열의 집권 관료들은 단지 운영상의 문란에서 재정 위기의 원인을 찾은 데 반해, 남인 계열의 전직 관료나 재야 유자들은 제도적인 모순에서 그 원인을 찾았다. 따라서 수습 방안도 각각 달랐다. 전자는 운영의 개선에 중점을 두고 군현에서는 새롭게 추가된 수취 관행보다는 기존 읍사례에 준해 재원을 확보하고 경비를 지출할 것을 주장하였다. 반면 후자는 제도의 개혁에 중점을 두고 읍사례를 전면 폐기하는 대신 국가에서 지방경비를 배정할 것을 주장하였다.

1) 부분개선론

세도정권의 집권 관료들이 제기한 방책은 읍사례를 준용하는 방안으로 집약된다. 일종의 부분개선론이라 하겠다. 즉 이 방안은 지방관아 재정 위기의 원인을 운영의 문란에서 찾는 한편 기존의 읍사례를 준수하고 이행하도록 정부와 관찰사가 감독할 것을 담고 있다.

집권 관료들은 지방관아 재정의 위기가 구조적인 원인에서 연유한다는 점을 잘 알고 있었다. 순조 2년(1802) 6월 경상도 암행어사 정만석(鄭晚錫)은 별단에서 다음과 같이 언급하였다.

소위 잡역은 고을마다 없을 수 없는 것입니다. 그러나 읍에는 대소가 있고, 토지결수에는 다과가 있습니다. 결수가 많으면 가볍게 거두고 적으면 무겁게 거둡니다. 그러므로 균역사목에서 잡역미 명색 역시 그 수를 획정할 수 없습니다. 다만 징렴의 과람을 금할 뿐이니 이것이 읍례가 다른 까닭입니다.[146]

비록 잡역에 국한하여 언급하고 있지만 잡역이 지방재정에서 차지

---

146) 『日省錄』 63, 純祖 2년 6월 23일, 慶尙道 暗行御史 鄭晚錫 別單, 30책, 937쪽.
　'所謂雜役 卽有邑之所不能無者 而邑有大小 結有多寡 結多則斂輕 結寡則斂重 故均役事目雜役米名色 亦不得劃定其數 但禁其徵斂之過濫 此所以邑例之不等也'

하는 비중을 감안할 때, 지방재정의 위기가 구조적이고 체제적인 것임을 알 수 있다. 즉 잡역이 읍세(邑勢)의 차이 등 제반 사정으로 고을마다 각각 달라 읍사례도 상이했을뿐더러 중앙정부가 관여할 수 없었던 것이다. 순조 21년(1821) 11월 관서 위유사(慰諭使)로 다녀온 정원용(鄭元容)도 읍례가 지방마다 달라 통제할 수 없는 점을 중시하고 지방경비의 증가 원인을 여기에서 찾았다.[147] 즉 지방재정구조의 특질상 야기될 수밖에 없다고 판단한 것이다.

또한 집권 관료들은 잡역의 한계가 분명하지 않아 지방재정의 위기를 초래하였음을 일찍부터 인식하였다. 정조 22년(1798) 능주 목사 이종섭(李宗變)은 상소문에서 다음과 지적하였다.

대저 대동법이 이미 서고 결부(結賦)의 수량이 크게 정해져 이 외 가렴은 모두 법의(法意)가 아니었습니다.……그러나 다만 잡역조의 계한(界限)이 분명하지 않은 것으로 말미암아 불시에 책응해야 할 것이 많습니다. 가령 경사의 각종 구청(求請), 영문의 수시복정(隨時卜定), 경영저리(京營邸吏)의 첨역가(添役價), 공곡회감(公穀會減)의 부족을 메우는 일 등으로 각종 명색을 들기가 어렵습니다.[148]

잡역의 이런 문제는 비록 국가가 대동법을 시행하였더라도 재원의 일부에 그쳐 각급 관청의 재원을 통일적으로 파악하여 관리하지 못한

---

147) 『純祖實錄』24, 純祖 21년 11월 甲子, 48책, 195쪽.
    '邑例之不同 而不一者 已是開濫冗之端'
148) 『備邊司謄錄』188, 正祖 22년 9월 17일, 18책, 908쪽.
    '大抵 大同之法旣立 結賦之數大定 外此加斂 皆非法意…而只緣雜役條之界限不明 不時需之責應多門 如京司之各樣求請也 營門之隨時卜定也 京營邸吏之添役價也 公穀會減之補不足也 種種名色 難以彈擧'

데 원인이 있었다.[149] 결국 중앙관청 및 감영 등의 재정 규모가 확대됨에 따라 이들 상급 관청의 군현재정에 대한 수탈은 가중될 수밖에 없다고 판단했던 것이다.

정부 관료들은 이처럼 지방재정의 위기가 읍사례의 상이와 재정구조의 불통일성 등에서 비롯되었음을 인식하였다. 그러나 이러한 재정 체계를 재편하려는 의지를 가지고 있지 않았다. 노론 집권층의 경우, 이전부터 지방 문제에 관여하는 것에 대해 매우 소극적이거나 회의적인 반응을 보였다.[150] 단지 '순인심(順人心)'을 내세워 구제도를 준수할 것을 강조하였다.

따라서 지방경비 남하(濫下)의 경우, 비록 소론이지만 집권층의 대변자였던 정원용은 기존 사례의 준수와 수령의 처벌을 강조하는 데 그치고 있으며[151] 민고의 경우도 사정은 마찬가지여서 김조순(金祖淳)은 민고 문제의 원인을 잘못된 준례(準例)와 운용의 문란에서 구하면서 감사가 수령을 감독하는 한편 대동고 출입 장부를 조사하여 원정식(原定式)을 기준 삼아 가감할 것을 주장하였다.[152] 아울러 평안 감사 이만수(李滿秀)도 기존의 민고제도를 그대로 두면서 수령에 대한 통제를 강조할 것을 주장했을 뿐이다.[153] 다만 평안 감사 이만수는 3고[민

---

149) 기존 大同法의 연구는 주로 防納의 폐단 및 商業 발달과 관련하여 이루어졌다. 그러나 국가는 大同法 시행을 통해 分散되어 있는 財政機構를 통합하여 재정을 장악하려고 하였음도 유의할 필요가 있다.

150) 吳永敎, 앞 책, 116~137쪽.

151) 『純祖實錄』 24, 純祖 21년 11월 甲子, 48책, 195쪽.

152) 『純祖實錄』 27, 純祖 24년 9월 丙申, 48책, 243쪽.
'臣意則分付道臣 悉聚一道大同庫出入之簿 與道內守宰中 綜明解事者 爛加商度 就原定式 大加査櫛 可以裁減者 裁減之 可以釐革者 釐革之 悉祛冗濫 定爲恒規 又使稍存贏餘 以爲歲課 則民力可支 列邑可賴 請令廟堂 關飭該道 以爲趁速擧行'

153) 『純祖實錄』 14, 純祖 11년 3월 戊寅, 平安道 陳弊冊子, 47책, 685쪽.

고(民庫), 칙고(勅庫), 고마고(雇馬庫)]의 정례를 만들어 비변사로 올려 보내고, 비변사에서는 의견을 붙여 내려보내 법령으로 삼게 할 것을 덧붙여 주장하였다.[154]

호남 민고의 경우도 방안은 이와 유사하였다. 순조 8년(1808) 전라 좌도 암행어사 이면승(李冕昇)은 호남 민고의 폐단을 추가 지출[加下] 및 추가 수탈[加斂]이라 지적하면서 그 원인을 장부가 엉터리여서 순 영에서 출납 장부를 마감 정리하기 힘든 데서 찾고 있다. 따라서 그 방안도 기존 읍사례의 준용과 수령 처벌이었다.[155] 간혹 기존의 읍사 례를 고쳐 다시 신정절목(新定節目)을 만들자는 주장도 제기되었다.[156] 그러나 이도 남하(濫下) 비용을 감생(減省)하는 데 중점을 두었을 뿐 그 낭비의 원인을 구조적으로 근절하려 하지 않아 기존의 주장을 되 풀이했다고 하겠다.

또한 이 관료들은 각 아문이 전곡을 챙기는 폐단을 인정하면서도 그 수습 방안은 운영의 문란이라든가 기강의 해이를 바로잡는 데 비 중을 두었다. 평안 감사 이만수의 경우, 경사 작전(作錢)의 금지를 반 대하되 다만 상정(詳定)의 이정(釐整)을 주장할 뿐이었다.[157] 이러한 자 세는 김재찬(金載瓚)의 경우도 마찬가지여서 경각사의 발매작전에 따 른 이익을 최소한이나마 줄이고 정부가 쉽게 그 상황을 파악하도록 하는 조치에 머물렀다.[158]

'凡有加下之邑 毋論多少 限五年並爲充報後 道臣以形止 逐邑條例 詳細狀文 如 有過限未報 違法後犯者 則直斷以贓律之意 嚴飭'

154) 『純祖實錄』 14, 純祖 11년 3월 戊寅, 平安道 陳弊冊子, 47책, 685쪽.

155) 『日省錄』 224, 純祖 8년 11월 12일, 全羅左道 暗行御史 李勉昇 別單, 35책, 405쪽.

156) 『日省錄』 335, 純祖 13년 8월 10일, 全羅道 暗行御史 洪大浩 別單, 39책, 234쪽.

157) 주 134)와 같음.

158) 『海石奏議』 8, '關西耗執錢事筵奏'.

이액(吏額)의 경우, 전라 좌도 암행어사 심영석(沈英錫)은 이액을 결호수(結戶數)에 따라 수십 명으로 한정하고, 역을 지지 않는 자는 농업으로 전업시킬 것을 주장하였다.[159] 그러나 이러한 방안은 정부 내에서 별로 호응을 얻지 못했을 뿐만 아니라, 기존 법전에서 규정하고 있는 주부군현의 이액을 기준으로 조정되기 때문에 그 실효성을 기대할 수 없는 것이었다.[160] 단지 향리 정원의 도태를 단단히 시행할 것을 주장한 내용을 다시 한 번 확인한 것이다.[161]

세도정권의 집권 관료들은 이처럼 구례를 고수한 채 지방재정의 위기를 미봉적인 방식으로 대처하려 하였다.[162] '읍각부동(邑各不同)'과 '가가례(家家禮)'를 당연하다고 인식할 뿐만 아니라 찬양할 정도였기 때문이다.[163] 그래서 이들은 지방재정개혁을 통해 통일적인 재정구조와 집중적인 운영방식을 강구하기보다는 각 지방관아가 관례대로 개별적인 세출입 구조 속에서 재정을 분립하여 운영하는 것을 선호했다.

2) 전면개혁론

남인 학자를 비롯하여 정계에서 소외된 재야 유자들은 읍 경비 배정론(排定論)을 제기하였다. 일종의 전면개혁론이라 하겠다. 이들은

159) 『日省錄』 466, 純祖 22년 7월 19일, 全羅左道 暗行御史 沈英錫 別單, 44책, 120쪽.
160) 『海石奏議』 9, '各邑吏額令道臣排定筵奏'; 『日省錄』 233, 純祖 9년 4월 17일, 35책, 786쪽.
161) 『海石奏議』 8, '京外吏額奸汰事筵奏'.
162) 정약용은 집권 관료층의 이러한 자세를 '無出新法 無棄前法'이라고 비판하였다 (『經世遺表』 7, 地官修制, 田制 7).
163) 위와 같음.

이 시기 지방재정의 위기를 단지 운영의 문란이라든가 기강의 해이 탓으로 보지 않고 지방제도와 재정제도 등 제도 전반의 모순에서 비롯된 것으로 파악했다. 심지어는 토지제도의 모순에서 그 원인을 찾기도 하였다. 따라서 이들의 개혁안은 여러 부문에 걸쳐 광범위하고도 심층적인 내용을 담고 있는데, 군현제 개혁론을 위시하여 이액감액론(吏額減額論), 향리봉록론(鄕吏俸祿論), 민고혁파론(民庫革罷論) 등을 들 수 있다. 특히 이들 중에는 집권 관료들의 경우와 달리 체계적으로 접근하여 여러 방안을 제시하고 있어 주목할 만하다. 이 중 정약용(丁若鏞)과 이진상(李震相) 등의 개혁 방안이 대표적인 안이다.

정약용은 고을마다 상이한 읍사례를 철저하게 부인하고 있다.[164] 이런 주장은 정부가 기존의 읍사례에 입각하여 이정(釐整)을 도모한 데 반해 다양한 읍사례를 폐기하고 지방재정을 개혁하려 했음을 보여준다. 그래서 민고 문제의 경우, 그는 민고의 규례가 지방마다 각각 다르다고 지적하면서 결렴(結斂)과 호렴(戶斂)의 폐단을 비판하였다.[165] 나아가 민고를 혁파하지 않으면 나라가 망한다고 주장하였다.[166]

다음 이액 문제의 경우, 지방관의 풍부한 경험에 미뤄 감액하고[167] 대신에 군현 전결의 다소에 따라 아전의 정원을 정할 것을 주장하였다.[168] 즉 토지 1천 결마다 아전 5인을 두어 1만 결이 되는 고을에는

---

164)『經世遺表』7, 地官修制, 田制 7.
 '人有恒言曰 邑各不同者 可愕之言也 一王在上 夫焉敢邑各不同乎…邑各不同者 亂亡之術 非謀國者所宜安也'
165)『經世遺表』7, 地官修制, 田制 7.
166)『牧民心書』16, 平賦條.
 '民庫不革 則國必亡'
167)『牧民心書』4, 吏典六條, 束吏.
168) 위와 같음.
 田結 多少를 吏額 설정의 기준으로 보는 주장은『經世遺表』에서 주장하는 내용

아전 50인을 두는 것이다. 다만 동래(東萊) 및 의주(義州)의 경우와 같이 인구는 많고 토지는 적은 곳에서는 마땅히 민호의 수를 보아서 아전의 수를 정할 것을 덧붙이고 있다.[169]

또한 국가가 이들 향리에게 이료(吏料, 향리의 보수)를 지급할 것을 제안했다.[170] 그것은 향촌 자체에서 읍사례에 입각하여 마련한 향리 역가를 부정하고 국가 차원에서 변통할 것을 강조했다고 하겠다. 이러한 제안은 종래 고을 내에서 세습적인 방식으로 충원된 향리층을 국가관료체계 속에 편입시키려 했음을 보여주는 것이다. 그 외 정약용은 신구관영송비(新舊官迎送費)를 위시하여 여러 물자를 요구하는 폐단구청〔(求請)의 폐단〕을 제거하는 한편 사신 접대비, 표류선(漂流船) 접대비 등을 지방교부금 자체에서 마련할 것을 주장하였다.[171]

그의 이런 주장은 모두 자신의 정전제론(井田制論)에 기반하고 있어 주목할 만하다. 토지제도를 크게 개혁해야만 가능하다고 본 것이다.[172] 여기서 지방재정개혁도 여타 개혁과 마찬가지로 토지개혁을 전

─────

과 다소 다르다. 즉 『경세유표』의 경우, 토지결수와 민호수를 합한 수치의 多少에 따라 향리의 정원을 정할 것을 주장하였다. 이 점에서 논란의 여지가 있다. 그러나 『경세유표』가 1817년에 저술된 반면 『牧民心書』가 1821년에 저술되었다는 점에서 丁若鏞는 후자에 주안을 두었음을 알 수 있다. 그리고 다산이 이액봉록을 언급할 때, 田制考와 관련시켰다는 점에서, 호구보다 전결에 비중을 둔 『목민심서』 안을 최종안으로 정했으리라 보인다. 더군다나 그의 兵農一致論과 관련하여 추정할 때, 더욱 그러하다. 다만 東萊나 義州를 제외하고는 田結數와 戶口數의 상관도가 높다는 점에서 『경세유표』안도 그의 지방제도 개혁안과 관련하여 주목할 필요가 있다.

169) 위와 같음.
170) 정약용은 필요 재원을 수괄은결에서 찾고 있다(『牧民心書』 4, 吏典六條, 束吏). 그 외 安鼎福 역시 향리에게 廩料을 지급할 것을 강력하게 피력하였다(『臨官政要』, 治郡要法).
171) 『經世遺表』 7, 地官修制, 田制 7.
172) 『牧民心書』 4, 吏典六條, 束吏.

제로 하고 있음을 알 수 있다. 따라서 그는 정부의 기존 지방재정정책을 전면 부인하였다. 지방재원의 기반이라 할 아록전(衙祿田), 공수전(公須田) 등을 혁파하고 대신 정전(井田)에 포함하여 여기서 나오는 국세인 왕세(王稅)로써 지방경비를 충당할 것을 주장하였다.[173]

실제로 그는 나주(羅州)의 경우를 예로 들어 지방경비를 전결에서 상납비와 구별하여 마련할 것을 주장하였다.[174] 여기에는 수령의 월름(月廩)과 향관(鄕官), 이교(吏校), 조예(皂隸), 노비(奴婢)의 역가 등이 포함되었다. 따라서 이런 주장은 고을 차원에서 마련된 읍사례를 국가 차원에서 적극 관여하여 조정하는 한편 지방재정을 전국 차원에서 표준화하려는 시도로 보인다. 즉 그는 정전법을 통하여 농민경제의 안정 및 국가재정의 확보뿐만 아니라 지방재원의 마련을 도모한 것이다. 이러한 점에서 그의 지방재정개혁론은 국가 전반의 개혁을 바탕으로 이루어졌음을 알 수 있다.

다른 한편 지방제도 개혁도 구상하였다. 지방재원이 군현의 전결수를 기준으로 마련되기 때문이다. 그것은 두 부문에서 이루어졌다. 하나는 군현 합병을 통해 전체 지방경비를 최소화하려는 것이었고, 다른 하나는 고을 등급의 조정을 통해 지방경비를 합리적으로 배당하려는 것이었다.

군현 합병의 경우, 전체 지방경비의 절감과 민의 부담을 경감하려는 것이다.[175] 그리고 병합 대상으로는 민호와 전결의 수를 합하여 4,000 미만인 고을을 설정하였는데 346읍 가운데 43읍을 추출하여

---

173) 『經世遺表』 8, 地官修制, 田制 8.
　　麻田, 院田 등 自耕無稅의 경우도 이와 동일한 원칙이 적용되었다. 즉 이들 전지를 9夫 안에 묶고 9분의 1을 징수해서 王稅로 하였다(위와 같음).
174) 『經世遺表』 7, 地官修制, 田制 10.
175) 『經世遺表』 3, 天官修制, 郡縣分隸.

〈표 9〉 丁若鏞의 郡縣分等 구상

三南	전결 호구 합계	西北, 海西, 關東	전결 호구 합계
大州	25,000 이상	大州	15,000 이상
大郡	20,000 이상	大郡	10,000 이상
中郡	15,000 이상	小郡	8,000 이상
小郡	10,000 이상	大縣	6,000 이상
大縣	8,000 이상	中縣	4,000 이상
中縣	6,000 이상	小縣	4,000 미만
小縣	4,000 이상		

출전: 『經世遺表』 4, 天官 修制, 郡縣分等

인근 고을에 병합시키도록 하였다. 그것은 전체 지방경비를 대폭 감축할 수 있는 여지를 제공하였다는 점에서 커다란 의미를 지닌다.

또한 정약용은 기존의 군현제를 혁파하고 새로운 지방제도를 구상하였다. 그것은 주로 양반 토호의 세력 크기와 중앙과의 정치적 관계에서 고려된 주부군현이라는 군현분등제(郡縣分等制)를 폐기하는 대신 전결수와 호구수의 다소에 따라 고을의 등급을 재조정한 지방제도였다. 〈표 9〉는 정약용이 구상한 군현분등안이다.

〈표 9〉에 따르면 고을을 7개 등급으로 구분하였다. 다만 비삼남지역은 삼남지역의 경우와 상이하여 기준을 달리 적용하여 6개 등급으로 구분하였다. 그것은 서북을 비롯한 비삼남지역이 농업보다는 상업, 광공업, 어업에 종사하는 인구가 많아 이들 지역은 민호에 비중을 두었기 때문이다.[176]

정약용의 이러한 지방재정개혁안은 기존 읍사례의 다기성을 불식시키고 통일성을 기하되, 근본적으로는 토지개혁론과 관련하여 지방

---

176) 『經世遺表』 4, 天官修制, 郡縣分等.

제도의 개혁까지 고려하는 방안이었다. 따라서 이 방안은 지방재정의 위기를 단지 운영 개선이나 제도 개선이 아니라 체제 전반의 개혁을 통해 해소하려는 수준까지 이르렀음을 보여준다.

이진상도 지방재정 전반에 걸쳐 개혁 방안을 제시하였다.[177] 우선 향리의 중간 수탈을 국가에서 급료제를 마련하지 못해 일어난 일로 이해하고 급료를 지급할 것을 강조하였다.[178] 다음 이런 폐단을 단지 엄형과 중법으로 제거할 수 없다고 단정하고 살아갈 방도를 마련해주어야 한다고 주장하였다.[179] 즉 전세에서 이료(吏料)를 갈라 주어 마련하는 방식이었다. 그의 이런 제안은 지방재정 문제를 단지 운영의 문란과 기강의 해이에서 찾지 않고 구조적 모순으로 이해했으며 그런 바탕에서 국가 조세에서 마련하여 해결하려 한 것이라 하겠다. 이런 점에서 그의 이서봉록론(吏胥俸祿論)도 정약용의 주장과 마찬가지로 국가 차원에서 적극 관여하여 지방재정의 위기를 극복하려는 시도로 보인다. 그의 이러한 주장은 영송비와 구청전(求請錢)의 경우에도 그대로 적용되었다.[180]

그 밖에 부경사신(赴京使臣)이나 칙사 등도 해당 역참(驛站)에서만 부담케 하고 그 비용은 상납분에서 감해주도록 주장하였다.[181] 이러한 방안은 기존의 사신 접대비 조달 방식을 부인하고 국가재정에서 이를 부담함으로써 평안도 등의 칙고(勅庫) 문제를 해결하려 한 것이

---

177) 李震相은 영남 사림의 대표적인 인물로 철종 13년(1862)에 三政策을 올려 부세개혁을 주장하였다. 이에 관해서는 宋讚植, 『寒州全書』 解題, 1982; 이윤갑, 「조선후기의 사회변동과 지배층의 동향」, 『한국학논집』 18, 1991; 우인수, 「『畎忠錄』을 통해 본 寒州 李震相의 國政改革論」, 『退溪學과 儒教文化』 38, 2006 참조.

178) 『寒州全書』 2, '畎忠錄' 擬陣時弊仍進畎忠錄疏.

179) 위와 같음.

180) 위와 같음.

181) 위와 같음.

라 하겠다. 또한 상납 지역과 회록(會錄) 지역의 구분을 폐기하고 서울에 모두 상납할 것을 주장하였다.[182] 이러한 주장은 칙고와 변방 수비라는 특수 기능 때문에 삼남의 재정체계와 달랐던 서북지역도 적극적으로 국가재정체계에 편입시키려 했음을 보여준다고 하겠다.

아울러 이러한 재원을 마련하기 위해 경무법(頃畝法)을 이용하여 양전을 실시할 것을 주장하였다.[183] 그의 방안은 정전제론이 갖는 현실상의 난점을 해소하면서 결부법(結負法)이 갖는 폐단도 일소하여 국가재정을 확보하려 한 것이라 하겠다. 그리고 이 기반 위에서 지방경비를 갈라서 정해주려 하였다.[184] 여기서 이진상이 전세 등을 갈라서 정해 상납분, 감영 경비, 고을 경비 및 이서 급료를 각각 마련하려 했음을 알 수 있다. 심지어 그는 국가의 주요 기능인 외교, 무역 비용을 중앙 상납분에서 마련하게 했다.[185] 그 외 교수(敎授)의 봉록이라든가 양사(養士)의 비용은 모두 관수(官需)에서 마련하는 대신에 나머지 각종 명색의 경비를 혁파할 것을 주장하였다.[186]

이런 지방경비를 책정하는 데 기존의 군현제도는 정약용의 경우와 마찬가지로 문제가 되었다. 따라서 그도 군현제 개혁론을 제시하였다. 그는 전결을 기준으로 고을을 5개로 구분하면서 각각 경비를 갈라서 정했다.

〈표 10〉에서 군현을 경수(頃數)에 따라 5등급으로 나누어 조세액, 상납액, 영수(營需) 및 본읍경용(本邑經用) 네 부문으로 갈라서 배정하고 있음을 확인할 수 있다.

---

182) 위와 같음.
183) 위와 같음.
184) 위와 같음.
185) 위와 같음.
186) 위와 같음.

<표 10> **李震相의 郡縣分等 구상**

區分 邑格	頃數	租稅額(石)	上納額(石)	營需(石)	本邑經用(石)
營	30,000	米 48,000	25,000	3,500	19,500
州	25,000	米 40,000	20,000	2,700	17,300
府	20,000	米 32,000	15,000	2,600	14,400
郡	15,000	米 24,000	10,000	3,000	11,000
縣	10,000	米 16,000	5,000	2,400	8,600

출전: 『寒州全書』, 寒州集 45, 雜著 7, '畝忠錄'

다음 이러한 분등에 맞추어 관직수와 각종 늠료(廩料) 및 경비를 갈라서 정했다. 〈표 11〉은 고을 수령의 연봉과 각소의 경비를 나타낸 것이다.

〈표 11〉에서 관수 등을 비롯한 각소의 경비를 군현의 분등에 맞춰 차등 배정했음을 알 수 있다. 특히 방리(坊里)에 경비를 지급하고 있는데 이는 방리도 지방통치의 말단기구로서 간주하고 그렇게 설정한 것으로 보인다.

<표 11> **李震相의 地方官衙 各所 分給 구상**

各所經費 邑格	官需 (守令年俸)	學料 (鄉學經費)	廳料 (鄉廳經費)	鎮料 (鄉鎮經費)	吏料 (鄉吏經費)	驛料 (驛院經費)	坊里料 (坊里經費)
州	1,800석	1,382석 4두	521석 4두	4,005석 8두	3,108석 6두	3,060석	1,800석
府	1,600석	1,151석 8두	485석 4두	3,361석 6두	2,787석 6두	2,180석	1,440석
郡	1,200석	912석 4두	351석	2,486석 4두	2,473석 8두	1,300석	1,080석
縣	1,000석	715석 2두	326석 4두	1,819석 4두	2,200석 2두	880석	720석

출전: 『寒州全書』, 寒州集 45, 雜著 7, '畝忠錄'
비고: 經歷이 관할하는 행정구역인 營下邑은 특수 행정구역이어서 제외함

이진상은 이처럼 고을의 경무수(頃畝數)를 기준으로 고을을 나누고 지방경비를 갈라서 정했다. 그리고 향리, 관노 등의 1년 보수 외에 향정을 비롯한 향청의 임원들과 방리의 방정(坊正)과 이정(里正)까지 1년 보수를 지급할 것을 주장하였다. 이러한 방안은 국가 차원에서 기존 지방재정을 해체하여 국가에서 경비를 배정하는 한편 향청, 방리 등 지방 자치기구도 집권적 관료체계로 흡수하려는 의도를 잘 보여준다 하겠다. 나아가 고을 수령에서 단적으로 나타나듯이 군 단위에 머물렀던 국가권력이 면을 넘어 방리(坊里) 단위까지 침투해야 함을 역설한 것이라고 하겠다.

그런데 정약용과 이진상의 이런 방안은 멀리는 반계(磻溪) 유형원(柳馨遠)의 요역제(徭役制) 개혁안 및 군현제 개혁안과 유사하다는 점에서 주목할 만하다.[187] 요역제 개혁안의 경우, 토지결수에 따라 전세를 거두어 상납하는 과정에서 경세(京稅)와 달리 향세(鄕稅)를 따로 획정하여 고을의 각종 역가(役價)와 경비(經費)에 충당하려 하였다. 군현제 개혁의 경우, 결수를 기준으로 4만 경(頃) 이상이면 대부〔大府, 도호부(都護府)〕로, 3만 경 이상 4만 경 미만이면 부(府)로, 2만 경 이상 3만 경 미만이면 군(郡)으로, 1만 경 이상 2만 경 미만이면 현(縣)으로 각각 삼았다.[188] 이 점에서 이들 정약용과 이진상은 반계 유형원의 지방재정개혁론을 적극 수용하여 발전시켰다 하겠다. 다만 양자는 토지개혁론을 둘러싸고 견해를 달리하고 있는데, 전자는 점진적인 방식이지만 궁극적으로는 토지개혁을 통해 농민경제의 안정과 국가제도 전반을 개편

187) 유형원의 군현제 개혁안 및 요역제 개혁안에 관해서는 金武鎭, 「磻溪 柳馨遠의 郡縣制論」, 『韓國史研究』 49, 1985; 양보경, 「磻溪 柳馨遠의 地理思想―『東國地理志』와 『郡縣制』의 내용을 중심으로―」, 『문화역사지리』 4, 1992; 尹用出, 「柳馨遠의 役制 改革論」, 『韓國文化研究』 6, 釜山大學校, 1993 참조.

188) 柳馨遠, 『郡縣制』.

하려 한 반면, 후자는 부세개혁을 염두에 두고 경무법을 이용하여 세수(稅收)의 정확한 파악과 이에 근거한 지방경비를 획정하였던 것이다.

그 외 일부 유자들도 지방재정개혁론을 제시하였다. 강위(姜瑋)의 경우, 환곡 문제가 단지 국가재정뿐만 아니라 지방재정에도 큰 비중을 차지하고 있음을 지적하면서[189] 환곡의 혁파를 주장하였다.[190] 아울러 그는 환곡 다음으로 민고의 문제를 지적하면서 이 민고도 혁파할 것을 주장했다.[191] 그의 이러한 주장은 이미 대동법을 통해 공물을 혁파하고 토지에 돌렸다는 인식 위에서 나온 것으로 기존의 읍사례를 부정하고 국가재정체계 속에서 지방경비를 획정하는 방식이라 하겠다.[192] 그리고 은결, 여결, 도결, 가결(加結), 궁결(宮結) 및 둔결(屯結) 등의 허다한 명목이 있어 관흠(官欠)의 재징(再徵), 이포(吏逋)의 대수(代輸)뿐만 아니라 저채[邸債, 경영저리(京營邸吏)의 빚]의 포렴(布斂), 민고상용한잡비(民庫常用閑雜費), 영원사객불시지수(營員使客不時之需, 감영 관속 임시 대접비)까지 감당하고 있다고 비판하면서, 이 시기 결가(結價)의 증가로 말미암아 농민경제가 위기에 처했음을 지적하였다.[193]

신헌(申櫶)도 전부(田賦)·호세(戶稅)를 제외하고는 국가·지방의 각종 무명잡세를 혁파하자고 주장하였다.[194] 특히 그도 민고(民庫)를 혁파의 중요 대상으로 꼽았다.

끝으로 이우상(李瑀詳)은[195] 전결에 부과하는 세를 1결당 10관(貫, 량)

---

189) 姜瑋, 『古歡堂收草』 4, '擬三政捄弊策'.
190) 위와 같음.
191) 위와 같음.
192) 위와 같음.
193) 위와 같음.
194) 申櫶, 『琴堂未定稿』, '擬再陳軍武疏'.
　　　이 상소문은 고종 4년(1867)에 올렸으나 이전부터 구상된 내용이라 여겨 여기에 덧붙였다.

의 금납정액으로 고정시켜 시행하면 관리와 백성이 모두 이를 분명하게 알게 됨으로써 관리의 수탈 근거를 근절할 수 있다고 주장하였다.[196] 그리고 이의 보완책으로 이서층이 부정을 하지 않고서도 살아갈 수 있도록 이료(吏料)를 강구할 것을 주장하였다.

재야 유자들은 이처럼 이 시기 지방재정의 위기를 구조적이고 체제적인 문제로 이해하고 단지 운영상의 폐단을 제거하는 데 그치지 않고 지방재정 전반에 걸쳐 다양한 제도개혁안을 제시하였다. 여기에는 읍사례 폐기를 위시하여 향리봉록론, 민고혁파론 및 지방제도 개혁안이 포함되어 있으며 심지어는 토지개혁을 통해 해결하려는 방안도 고려되었던 것이다.

3) 정부의 대책

지방재정의 위기는 이 시기 국가재정의 위기와 함께 주요한 사안으로서 남인학자나 그 외 재야 유자들이 체계적으로 정리하여 개혁방안을 제시한 반면 집권 관료층들은 주로 구례를 고수한 가운데 운영상의 문제를 해결하는 데 비중을 두었다. 정부는 일관된 정책을 제시하지 않았을지라도 이 문제의 심각성을 인식하고 있었다. 그리고 1811년 관서민란(關西民亂, 홍경래의 난)과 1862년 삼남민란 등 일련의 농민운동에 대처하여 정부는 제도개선론을 주장하기에 이르렀다.

---

195) 李瑀詳은 고종 때 학자로 철종 13년(1862)에 三政策을 올렸다. 문집으로 『希庵集』이 있다.
196) 『三政策』 26(亞細亞文化社 刊).
   金容燮, 앞 책, Ⅱ. 政府의 賦稅制度 釐正策, 1984.

우선 1811년 관서민란을 진압한 뒤, 유망절호(流亡絶戶)의 신구환곡(新舊還穀)을 전액 탕감하는 조치를 취해 평안도의 재정을 안정케 하는 동시에 농민들의 민심을 무마하려 하였다.[197] 순조 24년(1824) 9월 관서민란 이후 평안도의 민은(民隱)을 조사하기 위해 내려간 김조순의 안에 의거한 바대로 평안도에 보관되어 있는 오래전의 경외 각 아문의 환곡 69,300여 석 중에서 39,000여 석을 탕감한다든가 관서영(關西營)의 각고를 조사한 끝에 포흠을 적발하여 평양 시전민(市廛民)의 부담을 줄여준다든가 하여 평안도의 폐단을 다소나마 제거하려 하였다.[198] 아울러 대동고(大同庫, 삼남지방의 민고에 해당함) 출입 장부를 모두 모아서 도내 수령 중 일에 밝은 자로 하여금 조사하게 하여 줄일 것은 줄이고 고칠 것은 고쳐서 항규(恒規)로 삼도록 하였다. 이러한 정책은 단지 미봉책에 불과하나 이린 계기를 통해 정부는 지방재정의 위기에 관심을 갖기에 이르렀다.

1862년 삼남민란은 이 중에서 가장 심각하여 정부에서 제도개선론을 강구하기에 이르렀다. 비록 민란이 군현 단위의 국지적 항쟁에 그쳤지만, 농민들의 요구사항이 중세적 부세제도 및 재정제도의 문제였기 때문이다.

지방재정 문제와 관련해서도 주목할 점이 많다. 우선 초기에는 민란의 추이를 보면서 포흠의 원인이었던 이서의 수를 줄이려 하였다.[199] 그 결과 평안도, 함경도, 충청도 등에서는 이액 감축안이 올라오기도 하였다.[200]

---

197)『備邊司謄錄』202, 純祖 12년 9월 1일, 20책, 563쪽.
198)『日省錄』194, 純祖 24년 9월 7일, 45책, 267쪽.
199)『承政院日記』2649, 哲宗 13년 3월 25일, 126책, 356쪽.
200)『忠淸道各邑吏額減定成册』(奎 17901).
　　『平安道內各邑吏胥定額成册』(奎 17126).

그러나 민란은 삼남을 중심으로 더욱 확산되었다. 정부로서는 근본 대책을 강구해야 했다. 5월 24일 민란의 원인이 삼정문란에 있다고 천명하고 5월 25일에는 부세와 재정 전반의 문제를 논의하기 위해 설치한 기구의 명칭을 삼정이정청(三政釐整廳)으로 하였다. 그리고 정부는 6월 10일 삼정이정을 공포하고 6월 12일부터 8월 27일까지 재야 유생층과 관료들에게 개혁책을 널리 모집하여 새로운 방안들을 강구케 하였다. 그 결과로 삼정이정책을 8월 19일 발표하였다.[201] 그런데 여기에는 삼정뿐만 아니라 민고 등의 지방재정 문제까지 포함되어 있었다.[202] 그것은 당시 농민들의 요구가 삼정 문제에 국한된 게 아니었기 때문이다. 그들에겐 국세 문제도 중요하지만 그들과 일상적으로 접촉하는 이노(吏奴)들의 규정 외 수탈도 심각했다. 공주민란의 경우, 농민들은 다음과 같이 요구하였다.

① 이교(吏校)의 작폐와 사령(使令)의 침어(侵魚)를 금지할 것
② 각 면주인(面主人)에게 지급하는 예급조(預給條)와 각 청(廳)의 계방조(稧坊條)는 시행하지 말 것
③ 각 면서원(面書員)들에게 주는 예급(例給, 관례에 따라 주는 보수)과 주복〔周卜, 고복채(考卜債)인 듯함〕 명색을 시행치 말 것
④ 공주부의 각반하인(各班下人)들을 원래 정해진 액에 따라 그 액수를 감할 것[203]

『咸慶道內各邑吏額減定成冊』(奎 17127).
201) 三政釐正廳 설치의 과정에 관해서는 金容燮, 『增補版 韓國近代農業史硏究―農業改革論·農業政策』上, 一潮閣, 1984, 438~449쪽; 宋讚燮, 앞 논문, 1992, 141~146쪽 참조.
202) 삼정이정청은 기존의 연구에서 주로 삼정과 관련되어 주목했을 뿐 민고 등에 대해서는 거의 언급하지 않았다.
203) 『龍湖閑錄』12, 錦伯啓本(壬戌), 5월 16일(國史編纂委員會 刊).

이런 요구는 당시 지방재정구조의 모순에서 파생된 사안을 적극적으로 시정하려는 노력이라 하겠다. 즉 상납비의 증가, 지방재정의 고갈 속에서 지방경비가 빈민잔호(貧民殘戶)에게 전가되는 현실을 타개하려 했던 것이다. ①항의 경우, 이런 폐단은 이교와 사령의 역가가 마련되지 못하고 민에 대한 수탈로 이어진 것이다. ②항의 경우도 면리제의 발달과 향촌통제책의 강화로 말미암아 지방경비가 증대되는 추세에서 면주인의 보수〔예급조(例給條)〕가 민에게 전가될 뿐만 아니라 각 청의 계방조가 점차 확산되면서, 그 나머지 부담을 빈민잔호가 부담해야 했던 것이다. ③항의 경우, 행심〔行審, 재실(災實)의 조사〕의 경우, 조세 중에서 결산해서 감해야 함에도 민에게 전가함으로써 그 부담을 가중시켰던 것이다. 특히 ④항은 이액 문제를 지적한 내용으로 이들의 증가에 따른 중간 수탈을 죄소화하려 한 농민들의 시도라 하겠다.

선산민란(善山民亂)의 경우는 이청(吏廳)의 경비로 쓰이고 있던 은결을 적발하여 이를 결가에 포함시킴으로써 전체 결가액을 줄이려 하였다.[204] 개령민란(開寧民亂)의 경우는 이서를 몰아내고 이들을 민에서 선출하는 방안을 제시하면서[205] 삼정문부(三政文簿)와 각항전장등록(各項傳掌謄錄)을 소각시켰다.[206] 이는 향권(鄕權) 장악을 통해 재정운영체계를 바꾸려 한 것이라 하겠다. 즉 재지 양반이나 이향 위주의 부세운영체계를 전면 거부하고 민 주도의 부세운영체계를 만들려 했던 것이다. 물론 여기에는 지방재정운영 문제도 포함되었으니 기존의 읍

204)『壬戌錄』, '善山亂民事巡營啓錄'.
205)『晉州民變錄』, '開寧縣事變'.
206) 위와 같음.
　　『日省錄』197, 哲宗 13년 4월 16일, 64책, 135쪽.
　　『備邊司謄錄』249, 哲宗 13년 4월 17일, 25책, 778~779쪽.

사례를 부정하고 새로운 재정체계의 수립을 전망한 것이기도 하다.

당시 정부는 농민들의 이런 요구에 당면해서 삼정이정청을 설치하여 이정책을 강구하였다. 여기에는 삼정 문제와 함께 민고를 비롯한 지방재정 문제도 포함되었다. 먼저 기존 읍 경비로 쓰이던 은결 등의 누세(漏稅)는 국가 전세에 포함시키려 하였다.[207] 이러한 방침은 기존 '유정지세(惟正之稅)'의 원칙을 고수하여 국가재정을 확충하려 한 것이라 하겠다. 이는 군역 문제에도 그대로 적용되었다. 모입군관(冒入軍官)이나 교원보솔(校院保率), 각청계방(各廳稧房)의 지방재정보용을 부정하고 출역시켰다.[208]

또한 기존 대동법대로 유치분을 설정하여 지방경비를 마련하는 한편 규정 외 수취를 혁파하려 하였다.[209] 아울러 민고에서 일어나고 있는 추가 지출의 폐단은 제거하되 당초 정례(定例)에 따라 민고를 운영하려 하였다.[210] 특히 관서재정의 경우, 전세와 수미로 매년 수조한 실수 중 관향지방조(管餉支放條) 15,000석은 본색으로 획급하고 나머지는 항류곡(恒留穀)으로 삼았다.[211] 이러한 방책은 기존의 방침을 재확인한 것이라 하겠다.

다음 감영 등의 규정 외 수탈을 통제, 억제하려 하였다.[212] 경영저리역가(京營邸吏役價)의 경우, 원정(原定) 외 추가자 역가는 제외하도록 하였다. 그리고 각 읍의 이액은 본읍임과(本邑任窠)의 크기에 따라 정

---

207) 『壬戌錄』, '釐整廳謄錄', 田政.

208) 『壬戌錄』, '釐整廳謄錄', 軍政.

209) 『壬戌錄』, '釐整廳謄錄', 田政.

210) 위와 같음.

　　'各邑民庫加下畢竟害歸於民 而挽近加下之弊 寔由於用下淆濫 在前之官廩私用 移下於民庫故也 從今以往 一遵當初定例 更毋得以民庫加下擧論是白齋'

211) 위와 같음.

212) 위와 같음.

치(定置)하되 오래된 순서대로 윤차(輪差)하며 원액 외 향리들은 감사가 각 읍 수령과 상의하여 정원을 정한 뒤 성책을 올리라고 지시하였다.[213] 그 외 동래부 왜료(倭料), 왜량(倭糧) 등의 곡물도 정부에 보고하도록 하였다.[214]

끝으로 삼정이정청의 방안에서 주목할 점은 '파환귀결(罷還歸結)'을 통해 국가재정과 지방재정의 부족분을 채운다는 방침이다. 즉 지방재정의 위기가 국가재정의 증대와 상납 구조의 모순에서 비롯되었다는 사정을 감안한다면, 환곡의 결렴화는 이런 문제를 해소하고 재정체계를 합리적으로 운영함으로써 자의적 수탈을 제한할 수 있게 된 것이다. 그 외 창고에 없는 허류곡은 탕감하면서 진휼 명목으로 항상 보관해야 할 항류곡을 설치하였다. 이처럼 환곡탕감과 파환귀결을 통해 민의 부담을 경감하고 수취 부과의 합리화를 기하는 한편 재정운영의 안정을 구하려 했다는 점에서 의미가 있다.

그러나 이러한 이정안은 국가재정 보전을 우선시했다는 점에서 여러 문제가 잇따랐다. 크게 두 가지로 나누어 볼 수 있다. 첫째, 지방재정의 위기에 대한 어떠한 해소 방안도 제시할 수 없었다. 단지 정부가 삼정을 제외하고는 다른 명목의 부세를 인정하지 않는다는 대강만 제시할 뿐이었다. 그러나 이도 민고를 당초 정례에 따라 운영한다는 조항과 관련하여 볼 때, 모순적이고 편의적인 방책에 불과하다. 여기에는 지방제도를 위시하여 지방재정의 구조라든가 운영방식을 어떻게 개혁할 것인가 하는 방안을 가지고 있지 않은 측면도 있지만 지방재정의 위기를 절감하지 못하고 현상을 그저 유지하려는 세도정권의 현실 인식이 강하게 작용하였으리라 본다.

---

213) 『備邊司謄錄』 249, 哲宗 13년 12월 11일, 25책, 905쪽.
214) 『壬戌錄』, '釐整廳謄錄', 田政.

둘째, '파환귀결'을 하여 급대(給代) 방안을 제시할 수 있었음에도 불구하고 그것은 대부분 중앙관청의 재정 보전에 편중되어 있어 실효를 거두기가 어려웠다. 물론 정부도 지방관아에 대한 급대를 고려하여 널리 재원을 확충하려 하였다. 가령 궁방이나 아문이 사점한 어염선세를 균역청에 이속한다든가 궁방전 등에 결렴을 부과할 뿐만 아니라 은여결을 찾으려고 계획하였다. 그러나 실제로는 지방경비의 주축을 이루는 은여결을 찾아 경각사 등에 대부분 이속시켰을 뿐이다. 이처럼 다른 대체 재원을 창출하여 이자 부족분을 채우지 못한 채 토지에 집중 부과되었고 더군다나 경각사에 대한 급대에 불과했다.[215] 따라서 이러한 '파환귀결' 조치는 단지 결폐(結弊)의 증대를 가져올 뿐이었다.[216]

따라서 집권 관료 사이에서도 시행상의 문제점을 지적하기도 하였다. 황해 감사 이유원(李裕元)은 전결에서 돈으로 환산하여 상납함에 지방의 각종 경비[邑用雜費]를 따로 마련하지 않고 모두 합쳐[都數] 거두도록 하는 정부의 방침을 비판하면서 이런 비용은 지방관아에서 자율적으로 해결할 수 있도록 배려해줄 것을 호소하고 있다.[217] 다음 영남 선무사를 역임한 이삼현(李參鉉)은 항류곡의 설치를 비판하면서 환곡과 마찬가지로 향리가 먹는 색락가(色落價)에[218] 대한 방책이 강구

---

215) 給代 문제에 관해서는 오일주, 앞 논문, 56쪽; 송찬섭, 앞 책, 178~180쪽 참조.
216) 『備邊司謄錄』 249, 哲宗 13년 8월 27일, 25책, 846쪽.
    '以若挽近結弊 又從以加之於結 則殆將爲撲燎添薪之歸'
    尹宗儀, 「峴北三存抄」(『壬戌錄』 所收).
    '若添以還耗給代 則今之結役 名色太繁 今之結價 騰踊日甚 民不能支'
217) 『備邊司謄錄』 249, 哲宗 13년 윤8월 23일, 25책, 855쪽.
    '邑用雜費 隨多少加捧 各邑多寡不同 就少邑例施行 不緊名目 一幷削減事也'
218) 稅穀이나 還穀을 받을 때에 看色이나 모자라는 쌀을 채우기 위해 얼마쯤 추가로 받아들이는 곡식.

되어야 실효를 거둘 수 있다고 지적하였다.[219] 즉 향리의 보수에 대한 방안이 마련되지 않을 경우, 이 문제는 재차 반복될 것이라는 주장이다. 비록 이들이 지방재정 전반에 걸쳐 지적하지 않았지만 중앙 위주의 재원 확충책이 가져올 문제점을 나름대로 드러낸 것이라 하겠다.

또한 지역마다의 상이한 여건이 전혀 고려되지 않은 점도 지방재정 개혁으로 연결될 수 없는 요인이었다. 즉 관서·동·북지역은 회록지역으로 대부분 결렴화하여 지방경비에 충당되었기 때문에 해당 지역의 농민들은 오히려 구례대로 시행하기를 원하였다.[220] 즉 환곡을 탕감하더라도 이들 지역의 경우와 같이 중앙 상납분이 적은 지역은 그 탕감액이 매우 적어서 실질적인 혜택은 한정되었을 뿐이다. 정부가 다른 도에서는 50% 이상을 탕감시켜준 데 반해 함경도에서는 20%도 탕감해주지 않아 농민들로서는 불만이 아닐 수 없었다.[221] 이러한 조치는 주로 중앙 상납분에 한정하여 취해진 결과로 보인다. 오히려 이 과정에서 정부는 관속들이 떼먹은 나머지 원곡을 농민들에게 바치라고 지시하기까지 했다. 당시 안핵사 이삼현은 정부의 이러한 조치가 함경 감영 등의 경비를 충당하기 위해 불가피하게 취해진 일이라고 주장하고 있다.[222] 그것은 별 효과도 없으면서 지방민들에게 오해를 불러일으킬 여지가 많았던 것이다. 그 결과 동년 10월 24일에 함흥민란(咸興民亂)이 발발하였다.[223]

---

219) 李參鉉, 「鍾山集抄」(『壬戌錄』所收).
220) 尹宗儀, 「碩北三存抄」(『壬戌錄』所收).
　　'若兩西東北受還之民 不甚稱寃 則幷依舊例 先就下三道 只捧其耗 使斯民 少得蘇息之效 民雖至愚 豈不可詠聖澤哉'
221) 『壬戌錄』, '釐整廳謄錄', 還政.
222) 李參鉉, 「鍾山集抄」.
223) 함흥민란에 관해서는 망원한국사연구실, 19세기 농민운동사분과, 『1862년 농민항쟁』, 1988, 402~413쪽 참조.

경상도 창원(昌原)이나 충청도 청안(淸安)의 경우도 사정은 비슷하였다. 이곳은 오래전부터 결환(結還)으로 운영되었기 때문에 정부의 조치는 추가 부담으로 보인 것이다.[224] 그리고 일부 고을에서도 이러한 조치를 별로 달갑게 여기지 않았다. 그것은 그동안 지방수입의 일부였던 환곡모조가 없어지게 되고, 그 나머지 실류곡(實留穀)과 추가 결가가 모두 중앙으로 상납되기 때문이다.[225] 그래서 각 도에서는 절목에 남아 있는 액수가 실제와 부합하지 않는다고 보고하거나 그동안 환곡의 이자로 충당되던 지방재정이 2량씩 더 거둔 토지세에서 보조를 받는다 해도 턱없이 부족하다고 호소하였다. 따라서 고을마다 제각기 정부의 이정 조치를 편하다고 말하기도 하고 불편하다고 말하기도 하면서 공납을 지연하고 있었다.[226] 그리고 군문에서도 재정 부족이 야기될 것이라고 호소하였다.[227]

끝으로 특별행정구역인 광주 유수부(留守府)에서도 이러한 문제는 심각하게 대두되었다. 이 지역은 환곡모조가 중앙에 상납되지 않고 자체 경비에 충당하는 유수부이기 때문에 항류곡 설치는 타 지역과 달리 새로운 부가인 셈이며 더군다나 남아 있는 곡식을 3년에 걸쳐 1석에 3량씩 쳐서 돈으로 받아 중앙에 바치도록 한 조치 역시 민에게 부담만 가중시킬 뿐이었다.[228] 그 결과 이곳에서도 10월 23일 농민 봉

---

224) 『疏本各報牒抄』, '抄戶分等論報'.
225) 『日省錄』157, 高宗 11년 10월 30일, 召見 忠淸左道 暗行御史 金明鎭, 70책, 475쪽.
　　　'自壬戌蕩還以後…以其結分 諸吏及戶首輩 致有作弊'
226) 『承政院日記』2657, 哲宗 13년 10월 28일, 126책, 624쪽.
　　　'(鄭元容) 又奏曰 三政釐整節目頒下之後 或言便或言不便 自前新令之初 例皆如此矣 聞外邑多觀望不卽擧行 非但公納愆滯之可悶 事體極爲未安矣'
227) 『備邊司謄錄』249, 哲宗 13년 9월 30일, 25책, 871쪽.
228) 『三政釐整節目』, 還政 廣州府條.

기가 일어났다.[229]

정부의 조처는 이처럼 안팎으로 새로운 문제에 당면하고 있었다. 그것은 파환귀결의 조치가 수취 방식의 경장이라 일컬을 만큼 획기적인 것이라 하더라도 지방고을의 재정구조와 운영방식을 면밀하게 검토하지 않고 국가재정 위주로 조치를 취했기 때문이다. 더군다나 군문의 재원을 포함한 전체 재정구조에 대한 새로운 방안이 마련되지 않아 문제는 더욱 복잡했던 것이다. 따라서 정부의 이런 조치는 10월 말에 철회되고 이전의 제도로 되돌아갔다.

그러나 파환귀결을 고수하면서 지방고을, 군문 등의 재정구조 등을 전면적으로 개편하는 방향으로 나아가지 못하고, 대신에 이전의 재정구조와 운영방식을 그대로 인정하고 다만 포흠(逋欠)의 탕감(蕩減)과 구폐(捄弊)를 중심으로 풀어갔다. 이 역시 탕환에 따른 급대가 부분적일 수밖에 없고 그 부담도 농민에게 추가로 지웠기 때문에 문제를 안고 있었다.[230] 이후 지방에서는 급대 부족을 이유로 이무(移貿)를 재차 활용하거나,[231] 이를 메우기 위해 원곡을 사용하였다.[232] 심지어 포흠을 충당하기 위해 단대(單代), 소상정(小詳定), 이전(移轉) 등의 방식을 쓰기도 하였다.[233] 결국 이 문제를 해결하기 위해서는 단지 수

---

229) 망원한국사연구실, 앞 책, 414~416쪽 참조.

230) 상세한 내용은 송찬섭, 앞 책, 191~197쪽 참조.

231) 『日省錄』 158, 高宗 11년 12월 13일, 70책, 604쪽.
  '盖壬戌蕩還後因給代之不足'

232) 『日省錄』 208, 高宗 15년 7월 19일, 72책, 361쪽.

233) 『日省錄』 57, 高宗 4년 6월 5일, 67책, 97쪽.
  單代는 米와 粗의 詳定價가 다른 점을 이용하여 환곡을 돌려받을 때, 粗 대신 米를 받아 포흠을 충당하는 방식을 말한다. 小詳定은 포흠한 액수를 상정가 이하로 환산하여 납부하고 그 액수를 그대로 다음 해에 강제로 분급하는 방식이다. 끝으로 移轉은 다른 곳으로 옮겨 포흠을 충당하는 방식이다.

취 방식을 바꾸는 데 그치지 않고 재정구조 전반을 개혁해야 했던 것이다. 고종 초기에는 임술년의 이정조치를 평하여 '유명무실'이라고 폄하하기까지 했다.[234] 게다가 일부 관료의 반발로 삼정이정청이 철파되면서 이러한 방책마저 수포로 돌아갔다.

---

234) 『日省錄』 205, 高宗 15년 5월 10일, 慶尙右道 暗行御史 李正來 別單, 72책, 236쪽.
　　'本道還上 自壬戌更張之後…捄弊尙存 有名無實'
　　『日省錄』 208, 高宗 15년 7월 19일, 72책, 362쪽.
　　'壬戌釐整之後 宿瘼未袪'

2

국교 확대 전후
지방재정정책의 추진

1

관서 · 관북지방의
결호세 중심의 재정개혁

1) 평안도의 '관서례'(1865)

1862년 정부의 삼정이정책이 급대 문제에 대한 방안을 가지고 있지 않을뿐더러 일부 관료들의 반발로 좌절되자 지방관아 재정의 위기가 여전히 심각한 과제로 남게 되었다. 이 중에서 평안도의 재정은 파탄 지경에 이를 정도였다. 철종 14년(1863) 평안도 환곡의 경우, 장부상으로는 1,083,492여 석에 이르나 실류곡은 81,408여 석에 지나지 않았다.[1] 대부분 포흠되었던 것이다. 그러나 근본적으로는 이러한 환곡의 모조가 군수(軍需)로 쓰이고 영읍 경비로 지출되는 금액 이외 경각사에 상납되었기 때문이다. 그 결과로 경비 조달을 위해 원곡마저 가져다 쓸 지경이었다. 이러한 파탄은 평안도가 군수, 칙수(勅需) 및 사행 비용을 조달하는 지역임을 감안한다면 단지 일부 지방의 재정

---

1) 『日省錄』 215, 哲宗 14년 7월 14일, 64책, 785~786쪽.
　『日省錄』 215, 哲宗 14년 7월 21일, 64책, 793쪽.

파탄에 그치지 않고 국가의 대외 관계를 동요시킨다 하겠다.

평안 감사 이겸재(李謙在)는 이런 사태에 직면하여 장차 백성도 고을도 없어질 것이라 우려하면서 중앙정부의 결단을 요청하였다.[2] 평안 감영 차원에서 재촉하더라도 환곡을 받은 민인들이 사망하거나 이산하여 포흠분을 징수할 길이 없으며, 줄여주거나 탕감하려 해도 대신 채워줄 방책을 마련할 수 없었기 때문이다. 그의 방안은 허류곡 중 수년에 걸쳐 받을 곳이 없는 것은 특별히 줄여주거나 탕감해주고 중앙 상납분, 군현지출분 및 군수응용분(軍需應用分)으로 나누어 갈라서 급대하는 것이었다.[3]

정부는 이러한 장계 내용에 대해 오히려 난색을 표명하면서 기강의 엄정을 강조하여 감사를 종중추고(從重推考)하는 한편 포흠곡을 독촉하는 동시에 관련 수령과 관속들을 처벌할 것을 명하였다.[4] 이와 같이 정부의 자세는 근본적인 대책을 강구하기보다는 기존의 방침을 재확인하는 것에 불과했다. 세도정권의 이러한 방침은 단지 이전의 미봉책을 고수하는 가운데 평안도 재정의 파탄을 고식적으로 해결하려 했음을 보여준다 하겠다. 그 결과 1863년 12월 고종 즉위 초에는 관서 은저(銀儲)가 부족하여 호조에서 재정을 지원해야 할 정도로 그 심각성이 절정에 달했다.[5]

그러나 1863년 12월 대원군이 집권하여 부세 문제를 비롯한 국정 전반을 개혁함으로써 정부는 기존과 달리 지방재정 문제에 적극 관여하였다. 먼저 수령의 경우, 30개월 이상 구임(久任)토록 하여 수령권

---

2) 위와 같음.

3) 위와 같음.

4)『備邊司謄錄』250, 哲宗 14년 7월 21일, 26책, 74쪽.

5)『日省錄』1, 高宗 卽位年 12월 16일, 65책, 26쪽.
　'關西營邑 銀儲不敷 以度支所儲銀中 六千兩 推入送'

을 강화하는 한편 수령의 고과(考課)와 해유(解由)를 철저히 감독하여 수령의 부정과 비리를 방지하려 하였다.[6] 다음 향리의 경우도 마찬가지였다. 가령 포흠서리의 처벌을 강화하여 포흠량이 1,000석 이상인 경우는 모두 효수형, 900석에서 200석까지는 등급을 나누어 정배형, 100석 이하는 각기 군현에서 엄형케 하였다.[7] 심지어 정부는 근무 연한에 따라 향리들을 입역하게 할 것을 지방에 하달하였다.[8] 이제 정부는 군현 부세행정뿐만 아니라 초보적인 수준이지만 인사행정까지 장악하려 했던 것이다.

나아가 정부는 수령, 향리와 함께 군현통치의 한 축을 이루는 토호들도 통제하려 하였다. 고종 2년(1864)에 마련한 서원철폐 방침이나[9] 고종 3년(1866) 무단토호에 대한 통제 방침이 이를 잘 보여준다.[10] 즉 토호들의 무단지배를 배제하고 정부가 직접 향촌사회를 통제할 수 있는 여건을 마련하려 했던 것이다.

이와 같이 정부는 군현 자율에 맡겨 처리하던 기존의 군현지배방식에서 탈피하여 낮은 수준이지만 군현지배기구를 국가관료체제에 편입시켜 지방 지배의 일원화를 실현하려 했다. 정부의 이러한 방침은 이 시기 지방재정의 위기를 적극 풀어가는 데 촉매 요소로 작용하였

---

6)『日省錄』7, 高宗 1년 3월 20일, 65책, 207쪽.

7)『日省錄』22, 高宗 2년 3월 15일, 65책, 735쪽.

8)『日省錄』30, 高宗 2년 10월 12일, 65책, 80쪽.

9) 成大慶,「大院君의 書院 撤廢」,『千寬宇先生 還曆記念史學論叢』, 正音社, 1986.

10)『高宗實錄』3, 高宗 3년 3월 27일, 上책, 213~214쪽.
　　여기에 따라 高宗 4년(1867)에 경기와 삼남에 암행어사를 파견하여 '土豪別單'을 보고하게 했다. 이에 관해서는 郭東璨,「高宗朝 土豪의 成分과 武斷樣態—1867년 暗行御史 土豪別單의 分析」,『韓國史論』2, 1975; 井上和枝,「大院君의 地方 統治政策에 관하여—高宗朝「土豪別單」의 再檢討」,『碧史李佑成敎授停年退職記念論叢』上, 창작과비평사, 1990; 고동환,「대원군 집권기 농민층 동향과 농민항쟁의 전개」,『1894년 농민전쟁연구2』(한국역사연구회 편), 역사비평사, 1992 참조.

다. 고종 초기부터 착수한 평안도 재정개혁은 이러한 맥락에서 볼 수 있다.

1863년 말부터 평안도 재정의 파탄이 칙수(勅需, 사신 접대비)의 고갈로 표출되자 정부는 문제의 심각성을 인식하기 시작했다. 1863년 12월 대왕대비 조씨는 신임 평안 감사 홍우길(洪祐吉)에게 평안도 재정난을 상기시키면서 칙수와 환곡 이자의 마련에 만전을 기할 것을 당부하였다. 그럼에도 재정난은 갈수록 심각하였다. 고종 1년(1864) 정월 평안 감사 홍우길은 다음과 같이 평안도의 재정 위기 상황을 보고하였다.

칙수(勅需)를 지급하는 일이 박두하였습니다. 한 번 칙사 비용이 8, 9만 량인데 근래에 들어와 칙수가 전부 포흠되어 각 고을 잔액이 겨우 27,000 여 량, 은을 쓰고 남은 게 700량이어서 부족한 금액이 시가로 대신해서 들어오면 돈 5, 6만 량이 더 있은 연후에야 비례에 따라 나누어 몫을 지울[排比] 수 있습니다.[11]

칙사를 대접하지 못할 정도로 칙수가 대부분 포흠되어 평안도 재정이 위기에 처했던 것이다. 그래서 여러 군현에서 칙수를 빙자하여 부민을 수탈하거나[12] 균역청, 호조상납전에서 지칙비용으로 옮기기도 하였다.[13] 심지어 이러한 사신 접대비도 각 고을과 감영에서 군색할

---

11) 『日省錄』 3, 高宗 1년 正月 17일, 65책, 83쪽.
   '支勅當頭 一勅所費爲八九萬兩 而挽近勅需 盡入逋藪 各邑時存 僅爲二萬七千餘 兩 銀用爲七百兩 而不足之數 以時價貿入 則有錢五六萬兩然後 可以排比'
12) 『日省錄』 1, 高宗 卽位年 12월 16일, 65책, 26쪽.
   '目下勅行在前 列邑之憑藉 而撓富民 不問可知矣'
13) 『日省錄』 3, 高宗 2년 1월 17일, 65책, 83쪽.

때마다 돌려쓰고는 갚지 못해[14] 칙수는 환곡 이자로 겨우 채워 나갈 정도였다.[15]

정부로서는 근본적인 대책을 강구해야 했다. 우선 평안도 환곡에 대한 인식부터 전환하기 시작했다. 1863년 12월 고종 즉위 이후 대왕대비는 신임 평안 감사 홍우길을 접견하는 자리에서 다음과 같이 말하였다.

> 환곡을 말하건대 애초에 환곡이 없어 아무 턱도 없이 돈으로 만들었는데 다른 도에서는 없는 일이다. 이것이 모두 국법이 허락한 바인가를 나는 들어보지 못했다.[16]

평안도 각곡이 타 도의 환곡과 다르다는 점을 정부에서도 다시 한번 확인했음을 알 수 있다. 즉 평안도의 환곡은 타 도와 달리 중앙관청에서 설치한 곡식이 아니라 중앙 각 사에서 임의적으로 획급받은 곡식이다. 따라서 중앙 각 사는 평안도 전세곡 등을 환곡으로 전환, 분급하여 환모를 수취한 뒤 돈으로 만들어 받아냈다. 따라서 대왕대비의 이러한 언급은 평안도 각곡 문제를 타 도의 환곡과 동일하게 다루었던 방식에서 탈피하여 새로운 방식으로 해결하겠다는 의도를 반영한다 하겠다.

'許施關西支勅時 均廳戶曹上納錢 推移之請'
14)『高宗實錄』1, 高宗 元年 正月 21일, 上책, 132쪽.
'營邑窘拙 每爲挪貸 未卽充補'
15)『備邊司謄錄』250, 哲宗 14년 7월 21일, 26책, 74쪽.
『日省錄』215, 哲宗 14년 7월 21일, 63책, 793쪽.
16)『承政院日記』, 高宗 卽位年 12월 22일, 高宗 1책, 948쪽.
'且以還上言之 初無還上 以白地作錢 他道所無之事也 此皆國法所許 余未之聞乎'

그래서 정부는 고종 원년(1864) 3월에 의주에 이응하(李應夏)를 암행어사로 파견하여 의주부의 사신 접대와 관서환향(關西還餉) 문제를 집중적으로 조사케 하였다.[17] 당시 양향곡의 경우, 영부(營府)가 여러 가지 명목으로 빌려 쓴 곡식이 25,600여 석, 각반별환(各班別還)이 3,100여 석, 만고(灣庫)에서 빌려 쓴 곡식이 600여 석, 영부각반지방(營府各班支放)이 6,800여 석으로 민간분급을 제외하면 3,400여 석이 항상 부족하였던 것이다. 원래의 환총(還總)을 헐어서 창고가 빌 지경에 이르렀다. 더군다나 의주 부윤 심이택(沈履澤)이 세도정권의 하수인이 되어[18] 포삼세(包蔘稅)를 비롯한 각종 부세를 빼돌려 그 심각성은 더했다.[19] 따라서 정부에서는 근본 대책을 강구하기를 감사에게 하달하였다.[20] 평안 감사 홍우길은 부로(父老) 등 민인들의 의견을 수렴하여 정부에 보고하면서 재삼 대경장(大更張)의 필요성을 역설하였다.[21]

이 문제는 조정에서 의주부의 사신 접대비 문제를 논의하는 과정에

---

17) 『承政院日記』, 高宗 元年 3월 11일, 高宗 1책, 157쪽.
18) 세도정권은 純祖 이래 철종조에 이르기까지 수령들을 파견하는데 자파 출신들을 대거 등용하였을 뿐만 아니라 對淸貿易을 주관하는 義州府尹의 경우, 이런 현상이 더욱 두드러졌다. 의주 부윤 沈履澤 역시 靑松 沈氏 沈宜隣의 아들로서 안동 김씨와 밀접하게 관련된 것으로 보인다[『梅泉野錄』 卷之上(甲午以前)]. 그것은 세도정권의 물적 기반을 마련하기 위해서였다. 그 결과 의주부의 收稅管理는 유명무실하였다. 金廷美, 「朝鮮後期 對淸貿易의 전개와 貿易收稅制의 시행」, 『韓國史論』 36, 1996, 210~211쪽.
19) 『日省錄』 6, 高宗 1년 3월 3일, 65책, 170~172쪽.
   의주 부윤에 대한 처벌은 단지 관리 처벌에 그치지 않고 세도정권의 사적 수탈을 근저부터 제거하여 國家收稅體系를 강화하려 했음을 보여준다 하겠다.
20) 정부가 근본 대책을 강구한 배경으로 당시 충청도 감사 李秉文이 충청도의 환폐를 들면서 환곡제의 개혁을 강력하게 요청한 사실도 들 수 있다(『高宗實錄』 1, 高宗 2년 3월 13일, 上책, 144쪽).
21) 홍우길은 이 문제를 자기가 이정청 설치부터 생각했던 문제라는 점을 강조하고 있다. 심지어 '再造'라고 생각했을 정도였다(『承政院日記』, 高宗 元年 4월 3일, 高宗 1책, 191쪽).

서 더욱 본격화하였다. 당시 의주부의 사신 접대비는 2만 4, 5천 량을 마련한 뒤라야 일을 처리할 수 있었는데 각 창고가 고갈되어 확보할 길이 없었다. 관서각읍보칙미(關西各邑補勅米) 역시 단지 2,790여 석에 불과할 정도여서 서울의 은자(銀子)를 요구하기에 이르렀다.[22] 또한 평안도 일부 군현에서는 이미 가호에 부과하여 거두기도 하고 토지에서 거두기도 하였다.[23]

고종 원년(1864) 7월 26일 평안 감사 홍우길은 정부의 지시에 따라 각곡개혁안(各穀改革案)을 올렸다. 그는 '완적이감총(完糴而減摠)', '감가립본(減價立本)', '정환급대(停還給代)'의 세 가지 방법을 대안으로 제시하였다. 즉 환곡을 완전히 받아들인 다음에 총수량을 줄이는 것, 값을 줄여 본전을 세우는 것, 그리고 환곡을 내고 들이는 것을 정지하고 다른 데서 주는 것이다. 그러나 앞의 두 방법은 본래의 원곡수를 채우기 전에는 이자를 거두어 경용(經用)에 쓰기 어려우므로 부득이 세 번째 방법을 사용할 수밖에 없다고 보았다. 급대의 방법은 가호와 전결에서 거둘 수밖에 없는데 양쪽의 방법을 모두 택하였다. 그의 계산에 따르면 매년 이용되는 환곡모조는 84,000석인데 토지에서는 84,000여 결에 매결 5두씩을 부과하여 합 28,000여 석을 거두고 부족한 액수 55,000여 석은 호적에 등재된 21만 호에 호당 4두를 거두면 부족액을 충당할 수 있는 셈이다.[24]

22) 『承政院日記』, 高宗 元年 4월 15일, 高宗 1책, 217쪽.
  『承政院日記』, 高宗 元年 5월 4일, 高宗 1책, 254~255쪽; 5월 5일, 高宗 1책, 255쪽.
  『承政院日記』, 高宗 元年 5월 9일, 高宗 1책, 261~262쪽.
  『承政院日記』, 高宗 元年 6월 1일, 高宗 1책, 289쪽.
23) 『承政院日記』, 高宗 元年 4월 18일, 高宗 1책, 224~225쪽.
  '環關西四十餘州 百萬餉穀 盡入連藪 雖謂之無一包 可也 而趂秋耗作 依舊責徵 戶排結斂 作年例'
24) 『承政院日記』, 高宗 元年 7월 26일, 高宗 1책, 353쪽.

이러한 방안은 부로들과 협의한 평안도 재래의 재원 조달 방식이기도 하였다. 즉 평안도는 이미 호포제(戶布制)가 부분적으로 실시되고 있을 뿐만 아니라[25] 전세의 경우도 답험하지 않고 결수에 따라 부세를 부과하여 독자적으로 재정을 운영해왔던 것이다.[26] 다만 발매작전이 심화하고 국가재정으로 이속하면서 포흠 현상이 광범하게 진행되었다. 따라서 평안 감사는 환곡을 없애고 이런 방식을 통해서 기존의 읍재정 문제를 해결하겠다는 셈이다.

평안 감사의 이러한 제안에 따라 의정부에서 논의한 끝에 고종 2년 (1865) 1월 11일 '관서환폐교구절목(關西還弊矯捄節目)'을 마련하여 하달하였다.[27] 그런데 이는 단지 환곡의 폐단을 교구하는 데 그치지 않았다. 그것은 지방재정을 충당하는 방식의 변화를 가리킨다. 환곡 이자로 보용하지 않고 결호(結戶)에서 지방경비를 마련하기에 이른 것이다. 그래서 어윤중(魚允中)은 1883년 함경도 재정을 개혁할 때, 이렇게 충당하는 방식의 전례를 1865년 평안도 재정개혁에서 구하면서 '관서례(關西例)'라 불렀던 것이다.[28]

우선 가호에 부과하여 거두는 호배미(戶排米)의 경우, 당시 민호가

---

25) 『日省錄』 321, 純祖 12년 12월 14일, 38책, 773쪽.
    '各邑各里 必有軍錢之留儲 役田之設置 放債收稅 備納虛名之布 而若無田與錢 則毋論大小民人 逐戶均徵 每戶一年所徵 多或至十餘兩 小不下五六兩 乃是一道 通行之規也'
    宋亮燮, 「19세기 良役收取法의 변화—洞布制의 성립과 관련하여—」, 『韓國史研究』 89, 1995.
26) 『牧民心書』 5, 戶典, 稅法 下.
    '凡田稅 本無災減之法 坊無書員 秋不踏驗 村民老鍊者 照其本總 分配佃夫 以充稅額'
27) 『日省錄』 19, 高宗 2년 正月 11일, 65책, 642쪽.
    송찬섭, 앞 책, 203~208쪽 참조.
28) 『日省錄』 266, 高宗 20년 4월 19일, 74책, 260~261쪽.
    '依關西例 永停營邑之取耗補用者 並於結戶間 從便排斂'

217,058호이고 호당 4두씩 수취하였으므로 소미(小米, 좁쌀) 57,882석에 달했다. 그리고 이러한 호배미는 평안도 각 고을의 경비와 감·병영 상납으로 지출되었다. 〈표 1〉은 평안도 군현의 경비와 감·병영 상납 현황을 보여준다.[29]

〈표 1〉 1864·1865년 평안도 戶排米 분급 현황

고을	邑支放(A)	營納(B)	A/A+B(%)
平壤	2,017석 8두 8승 2홉	2,490석 6두 1승 8홉	48
順安	404석 12두 6승 8홉	606석 1두 3승 2홉	40
永柔	195석 2두 7승 8홉	881석 9두 2승 2홉	18
肅川	611석 5두 8승	508석 5두 2승	55
安州	2,412석 11두 4승 4홉	0	100
嘉山	348석 3두 2승	574석 10두 8승	38
定州	585석 1두	608석 8두	49
郭山	379석 2두 6승 8홉	453석 13두 3승 2홉	45
宣川	564석 9두 4승 4홉	1,160석 14두 5승 6홉	25
鐵山	654석 14두 5승 6홉	588석 11두 9승 9홉	53
龍川	725석 14두 4승 9홉	858석 12두 5승 1홉	46
義州	2,130석 7두 0승 5홉	1,322석 8두 9승 5홉	62
中和	823석 11두 9승 5홉	1,244석 7두 5승	40
庠原	141석 14두 1승 4홉	726석 4두 8승 6홉	16
三登	60석 10두 9승 7홉	167석 8두 3승	47

---

29) 『關西營事例』(奎 12203)는 최초 작성 연대가 불명확하다. 그러나 민호와 호구수가 高宗 11년(1874)의 경우와 각각 동일한 것으로 보아 그 이전에 작성된 것으로 보인다(『日省錄』 159, 高宗 11년 11월 18일, 70책, 536쪽). 그리고 永柔의 경우, 결렴미 및 호배미의 규모가 『關西營事例』의 그것과 매우 비슷하거나 똑같다(『關西邑誌』 16, 奎 12168). 그 외 1871년 郭山 및 朔州 등의 戶排上納米 액수와 동일하다. 이런 점에서 최초 작성 시기는 1865년까지 소급될 수 있다. 이런 점에서 1870년 이후 내용의 변화를 감안하더라도 기본 내용은 1865년 '關西例'를 따랐다고 하겠다.

江東	129석 1두 1승 4홉	806석 1두 8승 6홉	14
成川	112석 4두 1승 4홉	1,526석 1두 8승 6홉	7
陽德	68석 7두 3승 9홉	628석 12두 6승 1홉	10
江西	230석 8두 2승 9홉	935석 5두 7승 1홉	20
龍岡	114석 11두 3승 2홉	2,022석 12두 6승 8홉	5
三和	159석 10두 4승 3홉	910석 10두 5승 7홉	15
咸從	95석 5두 8승 9홉	822석 11두 1승 1홉	10
甑山	78석 9두 9승	232석 12두 1승	25
寧邊	597석 9두 6승 4홉	836석 11두 3승 6홉	42
雲山	182석 10두 5승 2홉	441석 4두 4승 8홉	29
熙川	387석 14두 8승	813석 5두 2승	32
江界	2,876석 3두 7승 7홉	225석 9두 2승 3홉	93
渭原	454석 9두 8승 2홉	226석 8두 9승 8홉	67
楚山	1,013석 14두 2승 3홉	236석 12두 4승 7홉	81
博川	341석 4두 4승	428석 8두 6승 (安州 移送 포함)	44
泰川	77석 4두 7승 2홉	513석 5두 2승 8홉	13
龜城	297석 1두 2승	415석 2두 8승	42
朔川	377석 12두 2승 2홉	618석 2두 7승 8홉	25
昌城	772석 12두 1승	30석 9두 9승 9홉	96
碧潼	783석 14두 8승 3홉	396석 6두 8승 7홉	66
慈山	783석 14두 8승 3홉	192석 3두 2승	65
殷山	43석 7두 1승 4홉	503석 0두 8승 6홉	8
順川	133석 8두 2승 5홉	1,116석 12두 7승 5홉	11
价川	108석 1두 7승	1,022석 67두 9승 3홉 (安州 移送 포함)	10
德川	87석 13두 8승	499석 4두 2승	15
寧遠	42석 5두 8승	454석 10두 2승	8
孟山	30석 10두 8승	258석 9두 2승	10

출전: 『關西營事例』(奎 12203)

〈표 1〉에 따르면 고을의 지출분이라 할 읍지방(邑支放)은 총 21,601석 11두 7승 8홉인 데 반해 감영과 병영에 상납할 영납분(營納分)은 총 33,026석 6두 1승 4홉이다.[30] 이 중에서 평양, 의주, 안주 등의 지방은 매우 많다. 이것은 이들 관아가 인구가 많을 뿐만 아니라 감영이라든가 병영이 소재하고, 중국 사신 등이 들어오는 요지이기 때문이다. 또한 영납의 경우, 감영 각소의 경비, 경저리 역가로 지출되거나 각종 창고에 보관되었다. 이와 같이 호배미는 감영과 군현의 지방(支放)에 충당되었다.[31]

그런데 여기서 군현마다 읍용(邑用, 지방경비분)과 영납(營納, 감·병영납) 비율이 일정치 않다. 그것은 기존 환곡 모조의 수취량을 고려하여 규정한 결과로 보인다.[32] 영유(永柔)의 경우, 관장하고 있는 환곡이 19,567석 33두로 대부분 중앙관청, 감·병영이 관장하는 곡식임을 감안한다면, 읍지방(邑支放)이 호배미에서 차지하는 비율 18%(A/A+B)는 이를 반영한 것이다.[33] 이와 같이 호배미의 경우, 군현과 감영 간에 일정하게 분배하여 군현 경비를 정액화하면서 영납의 자의성을 방지하고자 하였다.

다음 전결에 부과하여 거두는 결렴미(結斂米)의 경우, 당시 전답 결수가 98,191결 72부 7속이고 결당 5두를 부과하였으므로 총소미는 32,730석 8두 8승에 달하였다. 이러한 결렴미는 대부분 영납되었다.

---

30) 算定 過程에서 平陽府를 비롯한 일부 군현의 호배미가 감축되기도 하고 各樣城餉耗에서 移來한 것 등을 포함하였다.
31) 『公文編案』76, 光武 元年 4월 20일.
  '甲子更張後蕩還歸結ᄒ옵고 只以戶排米每戶五斗式收捧ᄒ야 各樣支放ᄒ옵다가'
32) 三和府의 경우, 1871년 『關西邑誌』에 따르면 구관환총이 27,891여 석으로 모조가 대략 2,700여 석인데 이 중 未分遷穀이나 군현 창고의 모조 등을 고려한다면, '관서례'에서 규정한 삼화부의 結戶排穀 2,000석 정도와 가까운 수치를 구할 수 있다.
33) 『關西邑誌』16, 永柔.

즉 결렴미는 호배미와 달리 자체 읍재정과 별개로 전액 상납미로 지출되었던 것이다.

한편 기존의 전세미, 수세미(收稅米) 등은 회록되지 않고 결렴미와 합산하여 산정하였다.[34) 그 결과 총 289,671량 3전 3푼에 달했다. 이 중 140,612량 7전 9푼이 경사와 유수부 등의 기타 관사에 상납되었다. 그리고 나머지 149,102량 7전 5푼은 감영 경비로 지출되었다. 이러한 조치는 임의적으로 운영되었던 경사각곡의 환모보용책을 폐기하고 대신에 토지에서 거두어 중앙관청의 재원을 마련한 셈이다.[35)

이렇게 보면 '관서례'의 시행은 환곡의 폐단을 교구하는 데 그치지 않고 결호에 부과함으로써 고을의 경제력에 부합할 뿐만 아니라 군현, 감영 및 경각사에 재원을 일정하게 갈라서 급대함으로써 분배의 합리화를 기한 셈이다. 그래서 고종은 '관서환곡이 지금 이미 경장된 즉 본도 경용도 구획이 있다'고 평가한 것이다.[36) 그러나 대동고 등의 각소에서 토지에 부과하여 수취하였던 결전(結錢) 등은 그대로 남아 각소 재원으로 활용되었을 뿐만 아니라 탕감에 따른 경비 부족분을 전결에 덧붙여 일부 각소에 나누어 주었다. 정주부(定州府)의 경우, 〈표 2〉와 같다.

---

34) 『關西營事例』(奎 12203).

　　그 외 영유의 '甲子新定邊總 結排收稅秩'에서 결렴 5두 외에 전세, 수미의 내역이 기재되어 있음을 확인할 수 있다(『關西邑誌』 16, 永柔).

35) 『日省錄』 21, 高宗 2년 2월 26일, 65책, 710쪽.

　　'平安監司洪祐吉狀啓 則以爲本道還摠釐整之後 耗錢給代 皆出於結 而結捧每在春間 故京司所納 今方輸上計料'

36) 『日省錄』 33, 高宗 3년 正月 2일, 66책, 174쪽.

　　'教日 關西糶政 今已更張 則本道經用 亦有區劃矣'

<표 2> 19세기 후반 定州의 各所區處 內譯

區處金額	內譯	區處金額	內譯
6,477량 2전	官廳稅入	45량	西海山書員料
2,627량 3전 9푼	工庫稅入	45량	西院書員料
989량 8푼	民庫稅入	45량	雲田書員料
484량 9전	炭杻	128량	大明洞書員料
606량 1전 6푼	養馬	105량	高峴書員料
1,114량 8전	內復	120량	東州書員料
120량	侍復	80량	馬山書員料
970량 1전 8푼	軍器稅入	2,247량 1전 3푼	逃故軍身布區處
454량 6전 7푼	烽煙軍料	31량 5전	官日手料
2,564량 9전 6푼	喧嘩給復	43량 5전	田案庫直料
30량	營吏1人給復	30량	鄕廳直料
185량	衙前給復	60량	收租災實區處
48량 5전	通引給復	127량 9전 4푼	軍官廳歲入
34량	官奴給復	160량	書寫2人料
10량	座首給復	605량 2전	勅稅條
10량	田案監給復	2,615량 9전 7푼	各歲入條
750량	由吏料	822량 5전 1푼	民庫捄弊
250량	上戶長料	766량 5전 4푼	補役庫捄弊
82량	羅卒給復	120량	刑吏廳紙筆債
70량	新安書員料	47량	官奴廳歲入
70량	德達書員料	5량	御覽生料
55량	阿耳浦書員料	5량	作直料
65량	葛池書員料	37량 8전 5푼	田案庫柴油價
45량	南面書員料		

출전: 『關西邑誌』 18, 定州

〈표 2〉에서 정부가 고을 각소까지 손대지 않고 각소 운영을 묵과하였음을 알 수 있다.[37] 그러나 이 경우도 결렴을 통해 고을 재원을 마련했다는 점에서 예산을 작성하고 집행하는 데 합리적인 기준을 마련하는 계기가 되었다. 감영과 중앙관청이 이처럼 구획한 전세, 수미, 결렴과 함께 각소의 재원도 이전과 마찬가지로 결렴을 통해 마련하였던 셈이다. 평안도 전체로 볼 때, 각소 재원이 도합 289,671석 3두 3승에 이르렀다. 여기에는 무세(巫稅) 소미, 연보(捐補, 헌금) 소미, 둔세(屯稅) 대미(大米, 쌀) 등 여러 부세가 포함되어 있다는 점에 주목할 필요가 있다.[38] 다만 성향미(城餉米, 산성에 보관된 군량미) 10만 석을 설치한 뒤, 이자를 거두어 진(鎭) 설치와 군인들의 보수에 충당하거나 비상시를 대비하도록 하였다.[39] 아울러 군현마다 성향미의 수량을 획정하였다. 따라서 떼먹거나 억지로 배정하는 등의 환곡 폐단이 줄어들게 되었다. 다른 한편 칙수의 경우도 고종 3년 2월에 '칙고절목(勅庫節目)'을 마련함으로써 일단락되었다.[40] 즉 감영에서는 고종 3년(1866)부터 각 읍 등지에서 매년 3만여 량을 마련하여 회록하였다가 개시물화가(開市物貨價)와 감영 칙고의 예하(例下) 등에 지출하도록 하였던 것이다.

'관서례'의 시행은 이처럼 임시고육책이었던 작전상납(作錢上納)을 중지하고 정식으로 결호에 부과함으로써 환곡의 폐단을 줄여 재정 위

---

37) 이러한 예는 삼화부의 경우에서 잘 나타난다. 즉 이 시기 읍사례를 19세기 초반 읍사례와 비교하면 환모의 結戸 부과 방식이 추가로 기재되었을 뿐 각소 운영 내역은 전혀 변화가 없다는 사실에서 확인된다(『關西邑誌』9, 三和).

38) 『關西營事例』.

39) 『六典條例』2, 「戸典」戸曹散斂條.
　　'關西連還蕩減後 排斂戸結 結收五斗代錢戸收四斗 以符耗條應用之數 只留城餉 十萬石 除耗糶糴'
　　송찬섭, 앞 책, 205~207쪽 참조.

40) 『箕營勅庫節目』(奎 17215) 條例.

기를 해소하는 한편 정부 차원에서 평안도 재정운영에 직접 관여하여 군현, 감·병영 및 중앙관청 사이에서 재원을 조정하고 분배할 수 있는 여건을 조성하기에 이른 것이다.[41] 다만 이러한 조치는 주로 환곡이자 문제와 관련하여 군현의 지출과 중앙 및 감·병영에 올리는 상납분의 구획에 초점을 두고 있어서 관서 각 읍 자체의 재정운영까지는 미치지 못했다. 이 점이 각 읍의 개별적이고 독자적인 재정운영체계를 해체하여 통일시키지 못한 요인으로 이후 1883년 함경도 재정개혁과 갑오개혁을 거쳐 점차 해소되었던 것이다.

2) 6진 재정 위기의 수습(1876)

평안도 재정의 파탄과 함께 6진의 재정 문제도 심각하였다. 그런데 정부가 함경도의 재정 문제를 무엇보다도 심각하게 인식하게 된 계기는 러시아와의 접촉이었다. 물론 이전만 하더라도 이것이 국경 문제로 비화되지 않았다.[42] 그러나 이 시기에 들어와 러시아는 중국과

---

41) 정부는 이미 정조 연간에 평안도 재정 문제에 깊은 관심을 가지고 있었다. 가령 『八道御史齎去事目』의 평안도 항에는 민고에 대한 廉察이 포함되어 있다. 그리고 正祖 12년(1788) '平安道內各邑民庫定例'를 마련하여 시행하도록 하달하기도 하였다. 그러나 이러한 조치는 단지 수세상의 문제를 이정하려 했을 뿐 평안도 재정 전반에는 미치지 못했다. 이와 관련하여 『八道御使齎去事目』(奎 1127)과 『平安道內各邑民庫定例』(奎 17207) 참조.

42) 이전에는 조선인이 越境해도 청국에서 문제를 제기하지 않았다. 다만 1860년 북경조약 체결 이후 청국에서 조선인들을 본국에 돌려보내기도 하여 문제가 되었다. 그러나 청국이 이 문제를 본격 제기한 것은 1870년대이다. 이와 같이 청국과의 문제는 그리 우려할 만한 사안이 아니었다.
玄圭煥, 『朝鮮流移民史』, 語文閣, 1967, 136~139쪽.
강석화, 『조선후기 함경도와 북방영토의식』, 경세원, 2000, 269~279쪽.

1858년 아이훈 조약과 1860년 베이징 조약을 각각 체결하여 흑룡강 이북, 외흥안령 이남 60여 만km²의 영토와 우수리 강 이동 홍개호(湖) 이남 40여 만km²의 영토를 강점하였다. 이로써 러시아는 영토를 태평양 연안으로 확장시켰으며 동시에 두만강을 경계선으로 조선과 접경하게 되었던 것이다.[43] 또한 러시아의 침략은 이전부터 꾸준히 진행되어왔다. 대표적인 예로 1854년 4월 동시베리아 총독 무라피요프의 지령에 따라 '팔라타호'와 다른 한 척의 러시아 함대 '보스토크호'가 재차 조선 동해에 침입하여 수역을 측량하는 한편, 무력 시위를 감행하더니 덕원부(德源府) 용성진(龍城津)과 영흥부(永興府) 대강진(大江津)에 이르러서는 수 명을 학살하기까지 했다.[44]

조선과 러시아가 이처럼 두만강을 사이에 두고 경계를 접하면서 당장 두만강을 건너오는 러시아인들이 날로 늘어갔을 뿐만 아니라 급기야는 통상을 요구해왔다. 고종 2년(1864) 2월에는 두만강을 건너 경흥부에 와서 통상을 요구하는 문서를 내놓을 정도였다.[45] 이후 러시아의 통상 요구는 더욱 드세어 1867년 1월에는 러시아인 5명이 이전에 경흥부 근처에 침입하여 약탈해 간 소 두 마리를 돌려주겠다는 뜻을 전하면서 조선 정부와 접촉하려 하였다.[46] 심지어 12월에는 수십 명의 카자흐 기마대 무리가 침범해 와 경흥 부사가 군사를 보내 침입자들을 격퇴하기도 하였다.[47]

이후에도 이러한 추세는 계속되었다. 러시아와 국경을 접하면서 조

---

43) 『備邊司謄錄』 241, 哲宗 5년 4월 27일, 24책, 653쪽.

44) 위와 같음.

45) 『高宗實錄』 1, 高宗 元年 2월 28일, 上책, 139쪽. 조선과 러시아의 접경과 교섭에 관해서는 연갑수, 『조선정치의 마지막 얼굴』, 사회평론, 2012, 164~169쪽 참조.

46) 『高宗實錄』 4, 高宗 4년 正月 2일, 上책, 253쪽.

47) 송정환, 『러시아의 조선침략사』, 랴오녕인민출판사(범우사, 1990 재간행), 1982, 28쪽.

선인 월경자 수가 더욱 증대하였던 것이다.[48] 1884년 보고서이지만 당시 러시아인 크라비예프가 본국에 제출한 '극동 노령(露領)에서의 황색인종문제'라는 보고서는 조선인들의 연해주 이민 상황에 대하여 다음과 같이 상세하게 서술하고 있다.

　　1863년 이전에는 블라디보스토크와 남우수리 지방에 소수의 조선인이 도래하였으나 이들은 여름에 왔다가 가을에 돌아가는 노동자에 불과했다. 그러다가 1863년부터 비로소 가족을 거느리는 이주자가 생기게 되었는데 최초의 내왕자는 13호로 포시예트 구내의 관유지를 함부로 점유하였고 이러한 전례는 빨리 전파되어 1864년에는 60호, 1865년에는 165호, 1866년에는 166호가 내왕하였다. 그리하여 1884년 현재 20년간에 1164호 5447명으로……포시예트 남방에 10개의 부락을 형성하게 되었다.[49]

1863년 이전에는 조선인의 월경이 생활 방편을 위한 일시적인 현상이었지만 1863년 이후 러시아와 국경을 맞대면서부터는 가족 규모의 영구 이주로 바뀌었던 것이다. 그래서 포시예트 지역에 국한하여 보더라도 1866년에 166호에 이를 정도였다. 만일 타 지역의 경우까지 합치면 그 숫자는 훨씬 클 것이다. 예컨대 1882년 현재 연해주 인구 총수 92,708명 중 조선 사람이 11,137명임을 감안한다면 1860년대 이래 월경자의 수는 높은 비율로 증가하였음을 짐작할 수 있다.

---

48) 1860·1870년대 6진 민인의 월경에 관해서는 田川孝三, 「近代北鮮農村社會と 流民問題」, 『近代朝鮮史研究』(朝鮮總督府 편), 1936, 520~594쪽; 高承嬉, 「19 세기 후반 함경도 변경지역과 연해주의 교역활동」, 『朝鮮時代史學報』 28, 2004, 162~172쪽 참조.
49) 만주철도주식회사 조사과, 『극동 노령에서의 황색인종문제』(일어판), 109~111쪽 (송정환, 앞 책, 46쪽 재인용).

그런데 이러한 월경은 러시아와의 접경에 따른 결과라기보다는 본질적으로는 당시 함경도 재정 사정에서 연유하였다. 6진의 경우는 더욱 그러하였다. 우선 함경도 각 읍재정은 추가 지출로 말미암아 정부에 대책을 요구할 정도였다.[50] 특히 함경 감영의 지출 증대로 인해 6진의 곡식이 감영에 작전(作錢)·영납(營納)되기에 이르러 6진 각 읍의 재정은 위기에 봉착하였다.[51] 이것은 이전의 규례에 어긋나는 상황으로 정부는 원래대로 환원할 것을 지시하였다.[52] 즉 6진의 경우, 정부는 조선 초기 사민(徙民) 이래 변방에 민호를 안집시켜 국경을 안정케 하려는 취지에서 공사곡을 물론하고 마천령(摩天嶺) 이남으로 넘어가지 못하도록 규례를 만들어놓았는데 이때 와서 다시 한 번 확인한 셈이다.[53] 뿐만 아니라 북관(北關) 지방곡(支放穀)을 상정가(詳定價)로 환산하여[詳定代捧] 거두면서 군향미 1,500석을 특별히 획부하였다.[54]

정부의 이러한 조치에도 불구하고 6진은 오히려 동요되었다. 러시아와 국경을 접하면서 함경도 국방비가 급증하였기 때문이다. 고종 4년(1867) 4월 경흥(慶興)에 포군영(砲軍營)을 설치함을 비롯하여 6진 각

---

50) 『日省錄』17, 高宗 1년 11월 17일, 65책, 569쪽.
  '咸鏡監司 金有淵狀啓 則以爲各邑大同 新舊加下 當爲三萬餘石 而勢將及今報及 北關所在 別需穀中五千石 交濟穀中四千石 特爲劃下 詳定執錢 舊加下一萬八千 兩 爲先派報 交濟本穀 還報已限 更退五年事 請令廟堂稟處事'
51) 『日省錄』50, 高宗 3년 12월 24일, 66책, 794쪽.
  '近營下 支放(之)需 輒作六鎭之穀 始令本色輸運 末乃作錢領納 差從以生梗 一邑 之作 動(僅?)至幾千石 一石之費 不下七八兩 而不劃卽革罷 則哀彼無告(之類) 何 以聊生繼'
52) 『備邊司謄錄』251, 高宗 3년 12월 24일, 50책, 299쪽.
  '繼自今式準舊法 六鎭營作 一切防禁 凡各穀之在六邑者 勿許踰嶺 俾得以安生樂 業之意 星火行會於道帥臣處 以此揭付坊穀 無或有一民不知之弊 何如 答曰允'
53) 『備邊司謄錄』251, 高宗 3년 12월 24일, 50책, 299쪽.
  '北關六鎭 公私穀之毋得踰摩天以南 卽古規也 穀賤則民聚 民聚則邊口幸可固'
54) 『日省錄』51, 高宗 4년 正月 20일, 66책, 837쪽.

읍과 함경도의 군사 요지에도 포군을 신설하였는데 그 비용은 영읍에서 자체적으로 마련해야 했다.[55] 이는 결국 함경도 주민들의 부세 부담을 더욱 증가시켰다.

이에 월경유산(越境流散)의 문제는 좀처럼 수그러들지 않았다. 이 지역이 '십실구공(十室九空)'이라 할 정도였다.[56] 물론 일각에서는 월경의 원인을 자연재해에서 찾았다. 고종 13년(1876) 7월 김기석(金箕錫)은 다음과 같이 상소하였다.

> 기경(己庚, 1869~1870) 양년의 흉황을 당해 저쪽 강변에서 쌀 시장이 열렸습니다. 그래서 밤에 몰래 넘어가 교역하니 이런 풍습이 오래되었습니다. 점점 러시아령에 이르는 것은 살기 위한 계책입니다.[57]

그는 6진 주민이 유산하는 이유로 자연재해를 꼽고 있었던 것이다. 간혹 지방관의 탐학에 못 이겨 월경하는 것으로 파악하기도 하였다.[58] 1869년 10월 말(양력)과 11월 초 사이에 조선인 4,500명이 러시아로 월경할 정도였다.[59] 그러나 함경도 지방관아 재정의 위기가 월경·유산의 주된 요인이었다. 이에 정부는 6진을 비롯한 여러 고을의 세금

---

55) 연갑수, 『대원군집권기 부국강병정책연구』, 서울대학교출판부, 2001, 164~176쪽; 高承嬉, 「19세기후반 함경도 六鎭과 만주지역 교역의 성격」, 『朝鮮時代史學報』 25, 2003, 177~178쪽.

56) 『日省錄』 182, 高宗 13년 7월 13일, 71책, 401쪽.

57) 위와 같음.
'箕錫曰 荐當己庚兩年之凶荒 彼地江邊 多有米市 來夜潛越 而交易 此習滋長 以至漸入口我羅界者 實緣圖生之計也'

58) 무산부의 경우, 高宗 3년에 부임한 부사 馬行逸의 가렴주구에 못 이겨 무산 주민들이 월경하기도 하였다(『江北日記』(奎古 4850-3, 1872).

59) 보리스 박(Boris Pak), 이영범·이명자 옮김, 『러시아 제국의 한인들』, 청주대학교출판부, 2002, 58~63쪽.

을 중지한다든가 면세해주고 3만 량을 분획(分割)하여 입본(立本)하도록 하였다.[60] 그리고 회령을 비롯한 4개 고을에 파견되는 관리들의 각종 비용은 전세와 선세에서 획급하였으나 이마저 거덜 나자 회령의 대동미로 남아 있는 좁쌀 600섬 4되와 베 8동, 흰 무명천 2동을 입본하여 본전을 만들고 모조를 취하여 축이 난 전결의 세금을 보충하도록 하였다.[61] 또한 회령을 비롯한 5개 고을의 환곡 19,460석을 특별히 견감할 것을 검토하였다. 이 중 경원의 경우는 병영 입방(入防) 또는 번포상납(番布上納)의 양역을 혁파하거나 또는 따로 급부해준 구폐곡(捄弊穀)을 조적(糶糴)으로 삼거나 동포전(洞布錢)을 징수하여 이 중에서 획급 상납하도록 하였다.[62] 그 밖에 정부에서는 부령과 6진의 여러 고을에 묵은 토지를 면제해주거나 선세의 징수를 중지하기도 하였다.[63]

그러나 정부의 이런 조치로는 월경 문제를 해소할 수 없었다. 오히려 6진의 상황은 악화 일로였다. 그것은 보다 근본적인 문제에서 연유하였던 것이다. 고종 11년(1874) 2월 28일에 고종은 다음과 같이 문제의 심각성을 지적하였다.

우리나라 사람 중 넘어간 자가 많다고 하는데 환곡의 폐단 때문에 그런 것 아니냐.[64]

60) 『高宗實錄』 7, 高宗 7년 7월 24일, 고종 上冊, 337쪽.
61) 『高宗實錄』 8, 高宗 8년 8월 14일, 上冊, 373쪽.
62) 『北關邑誌』, 慶源府(1871).
63) 『高宗實錄』 8, 高宗 8년 8월 14일, 上冊, 373쪽.
64) 『高宗實錄』 11, 高宗 11년 2월 28일, 上冊, 448쪽.
   '我人多潛越而去者云 得不以還弊故耶'

고종도 이처럼 환곡의 폐단을 절감하고 있었던 것이다. 우선 고종 11년(1874) 3월 조병세(趙秉世)를 암행어사로 파견하여 함경도 경성(鏡城)을 비롯하여 경원(慶源), 덕원(德源), 무산(茂山), 온성(穩城), 갑산(甲山)과 삼수(三水), 안변(安邊), 정평(定平), 경흥(慶興), 길주(吉州), 단천(端川), 북청(北青), 명천(明川), 영흥(永興) 등지의 폐막을 파악하고 교폐(矯弊)하는 데 주력하였다.[65] 특히 환곡의 폐단을 심각하게 인식하고 이환(里還)이나 결환(結還)을 시행하고 수포소(收逋所)나 봉포소(捧逋所)를 혁파하고자 하였다.[66]

그러나 유랑민들은 모이지 않았다.[67] 환곡의 폐단을 비롯한 읍폐를 제거하지 못했기 때문이다. 종성부의 경우, 호총이 4,000여 호인데 이리저리 빠져나가 2,000여 호로 줄어들었고 환곡을 분급받은 민인이 모두 빈천한 농민들이었다. 무산부의 대동고는 매년 추가 지출이 점차 커져 잠시 돌려쓴 회록 이자가 8,812석에 이를 정도였다.[68]

따라서 회보안집책(懷保安集策)이 강구되어야 했다. 이 문제는 1870년대 내내 논란이 되어 조정 대신들 간에 많은 논의를 불러일으켰다. 여기서는 요역과 부세를 가볍게 해주거나 감사와 북병사가 6진을 순행하여 수령들을 감독하게 하는 등 여러 대책이 제시되었다. 심지어 환곡 혁파 문제가 제기되기에 이르러 조정에서는 6진의 전결세와 해세를 5년에 한해 정지하고, 진휼하고 남은 돈[賑餘錢]을 취식(取殖)하

---

65) 『日省錄』160, 高宗 11년 12월 4일, 咸鏡道暗行御史 趙秉世進書啓別單, 70책, 582~587쪽; 『咸鏡道各邑事錄(2)』(奎 27548), 『咸鏡道各邑事錄(3)』(奎 27552), 『咸鏡道各邑事錄(4)』(奎 27546), 『咸鏡道各邑事錄(5)』(奎 27549), 『咸鏡道各邑事錄(6)』(奎 27547), 『咸鏡道諸邑事錄(1)』(奎 27550), 『咸鏡道諸邑事錄(2)』(奎 27551), 『洪原以北隨事錄』(奎 27545).
66) 『北道列邑關文及移文謄書』(奎古 4206-4).
67) 『高宗實錄』11, 高宗 11년 5월 25일, 上책, 460쪽.
68) 『日省錄』188, 高宗 14년 1월 25일, 71책, 648쪽.

〈표 3〉 高宗 14년 各邑鎭流亡虛留還蕩減秩

기준: 절미

地域	數量	備考
富寧府	118석	營賑穀
慶源府	2,925석	
慶興府	284석	
廢茂山堡	434석	
梁永堡	105석	軍資倉穀
北兵營	100석	恒留穀
豊山堡	2,368석	
古豊山堡	475석	
都合	6,640석	

출전: 『日省錄』188, 高宗 14년 1월 25일, 71책, 648쪽.

지 않고 이전대로 급대하는 한편[69] 고종 13년(1876)에 김유연(金有淵)을 안무사(安撫使)로 파견하여 폐원(弊源)을 없애기로 결정하였다.[70]

이러한 방침에 따라 김유연은 현지로 내려가 6진의 환곡과 결세를 교구하였다.[71] 그 내용을 보면 〈표 3〉 각 읍진(邑鎭) 유망허류환탕감질(流亡虛留還蕩減秩)과 같다.

〈표 3〉에 따르면, 부령(富寧), 경원, 경흥의 유절환(流絶還)과 부령 소관 폐무산보(廢茂山堡), 무산 소관 양영보(梁永堡) 및 풍산보(豊山堡), 회령 소관 고풍산보(古豊山堡)의 허류곡을 모두 탕감하였다. 그 외 무산, 회령, 경원, 경흥 등 4읍의 환곡은 민원에 따라 본곡은 토지를 가지고 있는 결민(結民)에 두고, 그 이자를 취해 경비로 삼았다. 종성부의 경우, 민원에 입각하여 일단 원전결총(元田結總)에 따라 환곡

---

69) 『日省錄』182, 高宗 13년 7월 13일, 71책, 401쪽.
70) 『日省錄』182, 高宗 13년 7월 13일, 71책, 399~401쪽.
71) 『日省錄』188, 高宗 14년 1월 25일, 71책, 647~648쪽.

이자를 배당하고 본곡도 결민에 두고 이자를 취해 경비로 삼았다. 무산부 대동고도 새로 지출한 신가하(新加下)와 이자를 변통하였다. 순영 소관 무산부 소재 회안곡반류조(會案穀半留條, 장부에 반쯤 남아 있는 환곡)는 절반인 3,941여 석으로 병자년(1876)부터 빌려주고 갚는 사이에 진분(盡分)해서 취모한 정곡 788여 석을 결산해서 빼주었다. 대동고의 추가 지출은 앞서 언급한 진분취모곡 중 나머지 곡식으로 채웠다. 경원부 허류 환곡은 이미 탕감한즉 해당 읍 회록곡(會錄穀, 장부상으로만 기록하고 상급 관청에 올리지 않고 남겨둔 곡식)은 거의 없어 지출하는 데 부족하며, 함경도 각 아문의 회록곡은 모두 추가 지출이 있어 착수할 곳이 없으므로 부령부 산재 절미 500석과 길주부 절미 500석을 해당 읍 차수아문(差需衙門)으로 이획하였다.[72] 그리고 북병영향곡(北兵營餉穀)의 각읍산재조(各邑散在耗條)는 1년 지방(支放)의 곡식을 헤아려 환민(還民)으로 하여금 부근 각창에 수납케 했다.[73]

다음 부령 이북 7읍은 신미년(1871) 이후 진황천반(陳荒川反)은 영원히 빼주었다. 그 내역은 〈표 4〉와 같다.

다음 균역청 장부에 올라 있으나 없어진 선박과 깨진 염분(鹽盆)은 모두 영원히 탕감한 결과, 선척은 270척, 염분은 34좌(坐)에 이르렀다. 또 임신년(1872) 구폐진여전(抹弊賑餘錢)을 빌려주어 거둔 이자는 영원히 각 해당 읍에 부쳤다. 그리고 전결이 복총(復摠)되고 선박과 염분이 충수(充數)되기를 기다린 후에 대동고에 회록하기로 하였다.[74]

6진 문제는 이처럼 러시아의 남하정책과 6진의 재정 위기에 따른 이 지역 주민들의 월경에서 비롯되었다. 그런 점에서 조선 정부가

---

72) 『日省錄』 188, 高宗 14년 1월 25일, 71책, 647~648쪽.

73) 『日省錄』 188, 高宗 14년 1월 30일, 71책, 655~656쪽.

74) 『日省錄』 188, 高宗 14년 1월 25일, 71책, 648쪽.

<표 4> 高宗 14년 各邑元田畓績田川反浦落陳荒結蕩減秩

단위: 結-負

地域	數量		備考
	元田畓	績田	
富寧府	99-96	329-93	
茂山府	911-67	268-62	元田
會寧府	1,281-13	614-60	元田
鍾城府	1,343-00	1,127-15	
穩城府	499-73	1,008-66	
慶源府	1,798-86	1,361-13	
慶興府	560-70	859-98	
都 合	12,065-20		

출전: 「日省錄」 188, 高宗 14년 1월 25일, 71책, 647~648쪽

위기의식을 가지고 대책 마련에 심혈을 기울였던 것이다. 특히 6진에 대한 이런 수습 방안은 이후 함경도 타 지역의 '파환귀결'로 발전되어 '관서례' 시행과 함께 이후 지방재정개혁의 단초를 제공했다 하겠다.

3) 함경도의 '계미사례'(1883)

(1) 함경도민의 동요와 재정 위기의 심화

1870년대에 강구된 6진 수습책은 얼마 안 되어 많은 난관에 봉착하였다. 우선 월경자 수가 줄지 않고 오히려 증가하는 추세였다. 1881년 일본외무성 서기관 미야모토(宮本小一)가 조사시찰단(朝士視察團)[75]의 일원인 민종묵(閔種黙)에게 다음과 같이 물을 정도였다.

---

75) 1881년 朝士視察團에 관해서는 3장 주 4) 참조.

귀국(조선) 인민이 노령으로 넘어가는 자가 3,000호로 마을에 거주하며 대심부(大審部)라고 부르고 있는데 어찌 데려오지 않느냐.[76]

당시 러시아에서는 극동 지역을 개간하기 위해 조선인의 월경을 적극 권장하였다. 이러한 러시아의 정책은 조선 정부도 익히 알고 있어 이에 대한 대책을 강구하였다. 다음은 고종과 신임 함경 감사 김세균(金世均)의 대화 내용이다.

김세균이 아뢰길……근래 듣건대 6진의 월경민이 돌아올지라도 그 분묘를 가져가는 자가 많다고 하니 더욱 통악할 일입니다. 왕이 말하길 아라사의 풍속이 만약 이웃 백성 중에 월거자(越去者)가 있으면 거절하지 않고 받아들인다고 하니 과연 그러하냐. 세균이 아뢰길 듣건대 월거 초기에는 먹여주고 입혀주며 만약 경작하면 즉시 징세하지 않고 내속하기를 기대합니다.[77]

이 내용에서 정부는 러시아의 월경민 정책이 야기할 여러 문제점을 인식하고 있음을 알 수 있다. 우선 형률을 통해 각별히 조치하라고 지시를 내렸다. 다음으로 함경도 재정 문제에 대한 대책을 강구하였다. 당시 함경도 재정에서 가장 큰 문제는 환곡과 대동가하(大同加下)였다. 환곡의 경우, 35,000여 석이고 대동가하는 45,400여 량으로 전

76) 閔種黙, 『日本聞見事件草』(奎 7767의 2).
　　'貴國人民越在露界者三千戶 居村謂之大審部 何不携來乎'
77) 『日省錄』199, 高宗 14년 12월 12일, 72책, 11쪽.
　　'金世均曰…近聞 六鎭其越之民 雖還來 亦有移去其墳墓者云 尤極痛惡矣 予曰
　　俄 羅斯之俗 若有隣民越去者 則輒不拒而受云 然乎 世均曰 聞越去之初 非徒衣
　　食之 若有耕作 則不卽徵稅 期於羈縻云矣'

(錢)으로 환산하면 십수만 량으로, 이를 충당할 수 없었다.[78]

이런 상황에서 러시아의 대조선(對朝鮮) 정책은 더욱 강화되고 있었다. 당시 조선 정부는 러시아가 당장 침략할 것으로 보지는 않았지만 훗날 월경민을 앞세워 침입할 것을 우려하였다.[79] 그래서 정부는 탐문 노력에 주력할 뿐만 아니라 수령 파견에 신중을 기하였다. 그러나 환곡의 원곡마저 써야 할 정도로 상황은 악화 일로였다. 당시 감·병영 등의 비용, 각 읍 경비 및 개시(開市) 비용 등 함경도의 지출은 매우 많았다. 그중 개시 비용은 함경도 총세입의 반을 차지할 정도였다.[80] 그래서 환곡에서 추가 지출해야 할 양이 42,000여 석이고 대동고에서 추가 지출할 양은 47,000여 량, 다음 공용으로 응당 지출해야 할 양은 절미(折米) 14,000여 석, 개시 비용으로 쌍시(雙市, 회령, 경원 개시)는 9,200여 석, 단시(單市)는 7,200여 석으로 환곡의 본전이 325,000량을 변통하여 얻은 연후에 가능할 정도였다.[81] 더군다나 연이은 흉년으로 환곡을 정지하여 탕감하였고 대동곡을 더욱 감축하였다. 함경도는 이처럼 일반 경상비는 매우 많은 데 반해 수입은 점차 줄어들어 미봉책으로는 위기를 극복할 수 없을 정도였다. 그래서 전감사 김세균은 '마침내 환곡 원본을 분할하기에 이르렀다'라고 실토하였다.[82] 이제 환곡의 원곡마저 일부 내어서 써야 했던 것이다.

---

78) 『日省錄』 159, 高宗 14년 12월 25일, 72책, 29쪽.
79) 『日省錄』 159, 高宗 14년 12월 25일, 72책, 29~30쪽.
　　여기에 대한 방책은 임시 미봉에 불과했다. 즉 함경도 문제의 근본 원인을 인식하였으나 근본적인 대안을 제시하지 못해 단지 수령에게 안무만 요구하는 데 그쳤던 것이다.
80) 『朝鮮與美國換約案』 2, 光緖 8년 4월 3일.
　　'咸鏡半道歸於烏寧互市'
81) 『日省錄』 215, 高宗 16년 2월 28일, 72책, 646쪽.
82) 『日省錄』 216, 高宗 16년 3월 25일, 72책, 672쪽.

한편 1880년 2월 19일 러시아는 카자흐 기마대를 보내 통상 문제와 함께 연해주 방면으로의 조선 이민 문제를 제기하였다.[83] 이제 월경민 문제가 양국 간 공식적인 문제로 부각되었다. 러시아와의 접촉을 피하기 위해서는 월경 문제를 비롯한 함경도 제반 문제를 본격적으로 해결해야 했다. 그중 재정 문제는 가장 우선해서 풀어야 할 사안이었다. 고종 17년(1880) 12월 28일에 전적(典籍) 이찬식(李燦植)이 상소하여 북관의 폐단을 다음과 같이 언급하면서 6진 이외에서도 6진의 예대로 와본취모(臥本取耗, 환곡의 본전은 눌러두고 이자만 거두는 것) 할 것을 요청하였다.

6진에 이르러서는 김유연이 아뢴바 와본취모(臥本取耗)하여 편의를 도모하고 백성의 어깨는 조금 쉬게 되고 향리의 작간이 행해지지 않으니 현재 역시 함경도의 폐단을 구하는 방도 역시 6진의 전례에 근거해서 본전을 두고 이자만 취해야 할 것입니다.[84]

정부도 월경과 환곡 폐단을 서로 연관하여 인식하고 있었다.[85] 그래서 이찬식의 상소 내용을 논의하면서 함경 감사와 수령들에게 대책을 강구하여 실효를 거둘 것을 명했다.[86]

그러나 정부는 새로운 조치를 조만간 마련해야 했다. 고종 19년

'竟就割本 割本後 則無復着手處'

83) 『高宗實錄』 17, 高宗 17년 2월 27일, 上책, 612쪽.

84) 『高宗實錄』 17, 高宗 17년 12월 20일, 上책, 630쪽.
'至於六鎭 則口囊因金有淵所達 臥本取耗 以圖便宜 民肩少息 吏奸莫售 目下一省救瘼之道 亦依六鎭例 臥本取耗'

85) 『高宗實錄』 18, 高宗 18년 1월 17일, 中책, 1쪽.

86) 『日省錄』 242, 高宗 18년 3월 29일, 73책, 489~490쪽.

(1882) 1월 24일 러시아가 '아라사국 남방 우수천리 관찰교계관 고미살(俄羅斯國 南方 于數千里觀察交界官 高味薩)' 이름으로 경흥 부사 앞으로 서한을 보내왔기 때문이다.[87] 즉 전염병이 창궐할 때 양측이 상호 통고하며 조선 측에서 러시아 통역이 필요하면 택송(擇送)하겠다는 제안이다. 정부는 비록 불접촉 원칙을 고수하여 통역관을 가려서 보내는 것을 거부하였지만 전염병 사실을 서로 알려주자는 제안은 수용했다. 이로써 조선은 비록 제한된 범위에서나마 러시아와 공식적으로 접촉하기에 이르렀다.

러시아와 이처럼 직면한 가운데 6진 이남 함경도 지역의 재정 문제도 매우 심각하였다. 함흥부의 경우도 그러했다. 고종 19년 8월 30일 유학(幼學) 신필균(申馺均)은 다음과 같이 상소하였다.

본(함흥) 고을의 환폐(還弊)와 결폐(結弊)가 최근에 와서 더욱 심합니다. 호등(戶等)에 따라 환곡을 분급하는 방식을 폐지하고 대신에 토지결수에 따라 환곡을 분급하는 방식으로 고치며 원환자곡은 눌러두고 이자만 취해 쓰는 것을 영원한 규례로 정하기를 엎드려 비옵니다.[88]

함흥의 경우, 토지결수에 따라 환곡을 분급하고 곡식을 눌러두고 이자만 받는 방식을 요구하였던 것이다.

아울러 덕원부의 경우도 마찬가지였다. 즉 1879년 원산항이 개항하면서 덕원부가 군교(軍校), 포군(砲軍), 판찰(辦察), 역학(譯學) 및 통사(通事)에게 지출하는 금액이 매년 20,720량인데 고종 19년(1882) 정

---

87) 『日省錄』253, 高宗 19년 2월 7일, 73책, 798쪽.
88) 『高宗實錄』19, 高宗 19년 8월 30일, 中책, 65쪽.
　　'本郡還弊結弊 挽近尤甚 伏願特罷 等還改爲結還 臥本取耗 永久定式焉'

월 이후 이 금액을 전혀 지출하지 못할 정도였다.[89] 개항 초기라 아직 규모가 잡히지 않아 덕원부가 지출할 금액을 매번 중앙관청에 보고하고 획급받기로 했는데 거리가 멀어 늘 곤란을 겪었기 때문이다. 이에 정부는 함경도에서 중앙에 상납하는 물자 중에서 이 금액대로 영원히 떼어 주고 그 형편을 급히 보고할 것을 감사와 해당부에 분부하였다.[90] 여기서 지방경비를 지방자체에서 마련하는 것이 아니라 중앙 상납분에서 획급하는 방식을 정례로 삼았음을 확인할 수 있다. 이러한 방식은 이전 시기 관북지역의 경우에서는 볼 수 없는 것으로 지방경비를 국가재정체계에 편입시켜 배분하려는 조치로 보인다.

1880년대를 전후하여 정부는 이처럼 러시아와 공식적으로 접촉하고, 원산항을 개항한 가운데, 함경도 재정 전반의 위기를 절감하고 대책 방안을 모색해야 했다. 그것은 단지 민의 조세 부담에 국한되지 않고 이런 국제 정세에 대응하기 위해서 반드시 풀어야 할 과제였던 것이다. 그리고 정부는 임오군란을 수습하는 과정에서 개혁 방안들을 적극 개진하기에 이르렀다.

(2) '계미사례'의 시행과 좌절

정부는 1882년 임오군란을 수습하는 과정에서 청국의 개입을 초래하여 내정 간섭을 감수해야 했다. 청국은 종래 외교상의 관례를 넘어 조선 내정까지 직접 간섭하기에 이른 것이다.[91] 다른 한편 고종은 민심의 이반을 수습하고 개혁사업을 지속하기 위해 경복궁 중건사업,

---

89) 『高宗實錄』19, 高宗 19년 9월 11일, 中책, 67쪽.
90) 『高宗實錄』19, 高宗 19년 9월 11일, 中책, 67쪽.
　　『關北邑誌』(奎 12179) 7, 德源府, '戊子更定事實'.
91) 金鍾圓, 「朝淸商民水陸貿易章程의 締結과 그 影響」, 『한국사』16, 國史編纂委員會 編, 1975, 150~184쪽.

당백전 주조 등의 기존 조치를 비판하면서 신료와 대소민들에게 개혁안을 제출할 것을 유시하였다.[92] 아울러 7월 25일 기무처(機務處)를 두고 절목을 준비한 뒤 여러 신료들이 회의하여 찬진(撰進)할 것을 지시하였다.[93] 그 결과 대다수 대소민들은 시급한 과제로 재정절약과 기구의 축소를 비롯한 감생(減省) 문제를 제기하였다.[94] 정부 관료의 경우도 마찬가지였다. 10월 20일 정부는 감생청(減省廳)을 설치하여 용원(冗員)과 용비(冗費)를 감생하고 민막(民瘼)을 제거하려 하였다.[95] 아울러 동년 12월 30일 각급 관청들이 매달 25일 형식적으로 회계장부를 작성하여 내역을 보고하던 방식을 바꾸어 장부를 구체적으로 작성하여 분기별로 보고하도록 하고 중앙 및 지방관아가 국가에서 제정한 종목 이외의 세금과 공납을 받아들이는 것을 금지했다.[96] 재정감독의 강화와 수취기구의 정비인 셈이다. 나아가 지방관아의 이액을 감정(減定)하려 하였다. 고종 20년(1883) 정월 감생청에서 아뢰길

각 도와 각 고을에 폐해가 없는 곳이 없는 까닭은 오로지 아전 정원 수

---

92) 『高宗實錄』19, 高宗 19년 7월 20일, 中책, 57쪽.

93) 『高宗實錄』19, 高宗 19년 7월 25일, 中책, 58쪽.

94) 8월 1일 이후 同末日까지 한정하더라도 상소 건수가 무려 36건으로 대부분 기구의 축소와 재정의 절약을 주장하는 내용이었다. 가령 前奉常正 金東軾은 불필요한 관리를 해임하고 궁녀, 내시를 반으로 줄이며 직책이 없는 관리는 농사를 짓게 하기를 상소하였다(『高宗實錄』19, 高宗 19년 8월 8일, 中책, 61쪽). 또한 禁衛哨官 林琦相은 각 궁방, 각 군영, 각 관청의 수입 항목을 호조에 바칠 것을 상소하였다(『高宗實錄』19, 高宗 19년 8월 23일, 中책, 63쪽). 이와 관련하여 李宣根, 『韓國史』 最近世史(震檀學會編), 1961, 537쪽 참조.

95) 감생청에는 議政府 公事堂上과 機務處 諸臣 외 幼學 劉鴻基 등이 참여하여 簿案을 考閱하고 分掌하여 조치를 거행하였다(『高宗實錄』19, 高宗 19년 10월 20일, 中책, 74쪽).

96) 『高宗實錄』19, 高宗 19년 12월 30일, 中책, 82쪽.

가 많은 데 있습니다. 그래서 보수가 날로 박하다 하여 장부를 마음대로 고쳐 포흠이 쉽게 일어나는 것은 이 때문입니다. 지금부터 모든 주부군현 아문은 한결같이 법식에 기재된 원래 정원 수대로 할 것이며 그 나머지는 모두 도태할 뜻을 8도와 4도호부에 행회하는 것이 어떻겠습니까?[97]

라 하여 포흠의 발생 원인을 향리의 정원이 과다하고 보수가 점차 줄어드는 사실에서 구하면서 그 대책으로 이액감정론(吏額減定論)을 제시한 것이다.

다른 한편 정부는 무역 문제로 인해 중국과 수륙 통상 문제를 협상해야 했다.[98] 목적은 1882년 10월 청국과 수륙무역장정(水陸貿易章程)을 체결한 이후 전개될 각종 불이익을 최소한이나마 줄이고 호시(互市)와 사행(使行)에 따르는 함경도, 평안도의 재정 부담을 가능한 한 경감시키는 데 있었다. 당시 함경도 세입의 반이 오라(烏剌), 회령(會寧) 호시(互市)에 충당되며 평안도, 황해도 역시 지칙비(支勅費)로 많은 비용을 부담하고 있었다.[99] 이와 같이 중국과의 통상협상은 양국 간의 불평등한 무역관계를 시정하려는 의도와 함께 함경도와 평안도 주민의 안집에 목표를 두고 있었던 것이다.

그래서 고종 19년 10월 12일에 어윤중을 서북 경략사(經略使)에 임

---

97) 『高宗實錄』 20, 高宗 20년 1월 4일, 中책, 84쪽.
　　'各道各邑之無處不弊 寔由吏額太濫 聊賴漸薄 以致舞弄多岐 逋欠易生故也 自今 凡州府郡縣衙門 一依典式所載 原額磨鍊 其餘 則一竝除汰之意 行會于八道四都 何如'
98) 朝淸水陸通商條約에 관해서는 金鍾圓, 앞 논문, 150~184쪽 참조.
99) 『朝鮮與美國換約案』 2, 光緒 8년 4월 3일, '津海關道周馥與朝鮮陪臣魚允中李祖淵問答筆答節略'.
　　'本邦八道之地 不過比中國之一小者 財富之入 歲以銀計纔三十萬 而咸鏡半道歸於烏寧互市 平安黃海兩道供給使价往來 不得領於度支'

명하였다.[100] 이러한 서북 경략사 파견은 단순히 서쪽과 북쪽의 수륙통상에 국한되지 않았다. 고종은 다음과 같이 지시하여 함경도 전반에 대한 교구(矯捄)를 염두에 두었다.

경략사를 이미 차출하였다. 서북수륙통상사항(西北水陸通商事項) 외 고을원들이 어진가 어질지 않은가를 염탐하여 살피는 문제와 백성들과 고을들의 폐해를 바로잡는 문제를 모두 어사의 규례대로 하라.[101]

당시 이미 1865년에 '관서례'를 단행하였으므로 주로 함경도 재정에 초점을 맞추었기 때문이다. 이런 점에서 어윤중의 파견은 당시 중앙에서 전개된 감생청의 개혁과 밀접하게 관련되어 단행된 것이라 하겠다.[102] 따라서 그의 파견은 단지 중국과의 개시 문제, 영토 문제뿐만 아

---

100) 『高宗實錄』 19, 高宗 19년 10월 12일, 中책, 72쪽.
101) 『高宗實錄』 19, 高宗 19년 12월 10일, 中책, 81쪽.
  '經略使向已差出矣 西北水陸通商事項外 廉察守令臧否 矯捄民邑利弊事 一依御使例爲之'
102) 기존 연구에서는 정부가 어윤중을 西北經略使로 임명한 것을 두고 감생청 개혁의 좌절과 관련하여 좌천으로 이해하고 있다. 그러나 이는 여러 정황으로 보아 논란의 여지가 있다. 우선 어윤중이 감생청이 설치되기 이전인 1883년 10월 12일에 이미 서북 경략사로 임명된 가운데 감생청 별단을 일단 올리고 이듬해 1월 28일에 출발하였다는 점이다(『高宗實錄』 19, 高宗 19년 10월 12일, 中책, 72쪽; 『從政年表』 3, 癸未 正月 28일). 다음 감생청이 官職 減省을 목적으로 설치된 임시 기구였다는 점에서 1883년 5월 감생청의 폐지는 예상된 일이었다(『高宗實錄』 21, 高宗 20년 5월 1일, 中책, 93쪽). 나아가 정부가 개화·자강정책을 추진해갈 統理軍國事務衙門을 11월 중순에 설치하였다는 사실과 관련하여 볼 때, 어윤중의 서북 경략사 파견을 감생청 개혁의 좌절로 이해하기에는 난점이 따른다. 오히려 정부가 개혁의 연장선에서 어윤중을 서북 경략사로 임명하여 당시 청국과의 무역 문제를 타결하는 동시에 함경도 재정의 위기를 적극 해소하려고 노력한 것으로 이해해야 할 듯하다. 기존 연구로는 이선근, 앞 책, 1961; 李鉉淙, 「高宗때 減省廳設置에 대하여」, 『金載元博士回甲紀念論叢』, 乙酉文化社, 1969; 崔震植, 「魚允中의 富

니라 함경도 환곡 문제를 비롯한 지방재정개혁에 초점을 둔 조치였다. 특히 환곡 문제가 제일 주요한 관심사였다.[103] 그것은 두만강을 건너간 6진의 민호를 불러와 안무하는 것이기도 하다. 그래서 고종은 이전 어사의 활동과 마찬가지로 수령의 장부를 상세히 살피고 민막을 제거할 것을 지시하였다. 어윤중은 1월 28일 출발하여 2월 10일 의주에 도착한 뒤 봉황성(鳳凰城) 동변병비도(東邊兵備道) 진본식(陳本植)에게 편지를 보내 중국 관리들과 개시(開市) 문제를 회담하기 시작하였다. 그리고 25일 개시처를 삼강(三江)에 정하기로 장정을 맺고 3월 14일 통화현(通化縣) 지현(知縣) 장석란(張錫鑾)과 중강무역장정(中江貿易章程)을 체결하였다.[104] 6월 6일에는 회령통상장정(會寧通商章程)을 체결하였다.[105]

한편 어윤중도 함경도의 큰 폐단으로 환곡 문제를 지적하면서, '파환귀결'을 통해 재원을 합리적으로 확보하려 하였다. 어윤중은 다음과 같이 정부에 건의하였다.

관북거민(關北居民)의 큰 폐해는 환자인데 6진 등의 고을은 안무사가 이미 영을 내려 영원히 정지시켰습니다. 그러나 나머지 18개 고을은 옛날의 제도를 답습하고 있어 백성들이 안거하지 못하고 유망하는 자가 심합니다. 관서례(關西例)대로 군영과 고을에서 모곡을 받아 쓰던 것을 영영 중지시키고 모두 편리한 대로 토지와 가호에 배당하여 거두도록 묘당에서

강론 研究」,「國史館論叢」41, 1993; 韓哲昊, 「閔氏戚族政權期(1885~1894) 內務府의 組織과 機能」,「韓國史研究」90, 1995 참조.
103) 魚允中,「從政年表」3, 癸未 正月 28일.
　'王曰 還穀事何以區別乎 魚允中曰 此乃民間折骨之瘼 則不可不着念於此等事也'
104)「從政年表」3, 高宗 20년 1월 28일, 2월 25일, 3월 14일.
　「經略使與中國委員晤談草」(奎 26171).
105)「外交史料」, '吉林將軍希元等奏會議朝鮮貿易章摺'.

품처하게 하소서.[106]

그의 이러한 구상은 1865년 '관서례'와 1876년 김유연의 '육진례'에 기초한 것으로, 함경도 전체로 확대시키고자 하였다.

경략사의 이러한 요청에 따라 의정부에서도 환곡 문제의 심각성을 인식하고 환모취용(還耗取用)을 영원히 정지시키되 지방(支放)에 관련되는 모조를 결호에서 급대하기로 결정하고 절목을 작성토록 하였다.[107] 이와 같이 급대에 대한 방안을 결호에서 구할 수 있었던 것은 기존 환곡을 탕감하였기 때문이다. 그런 점에서 1862년 삼정이정청에서 취했던 방안을 한 단계 극복했다 하겠다. 작성된 '계미사례'를 조목별로 분석하면 다음과 같다.

첫째, 영부(營府)와 고을 경비의 재원을 종래의 환곡 대신 결호에서 염출하기로 하였다.[108]

① 환곡은 이미 계문한 대로 영원히 정지시키고 영읍수용(營邑需用)은 모두 결호에서 마련할 일[109]
② 일읍일년공용(一邑一年公用)·경영납과 관역늠료(官役廩料)는 통계 마련(統計磨鍊)하며 종전 각양 명목은 일절 논하지 않을 일[110]

---

106)『高宗實錄』20, 高宗 20년 4월 19일, 中책, 92쪽.
 '關北居民之巨瘼 卽糶糴 而六鎭等邑 按撫使 已令永停 其餘十八邑 尙仍舊制 民不安居 流亡甚多 依關西例 永停營邑之取耗需用者 竝於結戶間 從便排斂事 請令廟堂稟處矣'
107)『高宗實錄』20, 高宗 20년 4월 19일, 中책, 92쪽.
108) 여기에 나오는 규정은 주로『관북읍지』에 근거하였으므로 출전은 일일이 밝히지 않고 군현만 표기한다. 다만 그 외 문헌에서 나올 경우는 근거를 명기한다.
109)『春城誌』(國史編纂委員會 소장 B16 BBg-29).
110) 위와 같음.

그 결과 결가(結價)가 증가하였다. 문천(文川)의 경우 밭이 6량, 논이 7량이었는데, 계미사례에서는 밭이 11량, 논이 12량으로 결정되었다.[111] 이러한 결가의 증가는 환곡의 모조를 결렴화하여 산정한 결과로 보인다. 아울러 가호에도 호렴전(戶斂錢)을 부과하였다. 덕원의 경우 매호 5량씩이었다.[112]

대신에 다른 항목의 세목은 폐지되고 화폐로 환산되어 결호전 세입에서 충당되었다.

① 관름(官廩, 수령 봉급)의 각양 물종은 모두 시행하지 말고 돈으로 바꾸어 마련하며 유리(由吏), 관청색(官廳色)으로 하여금 시가대로 바꾸어 바치게 하며 다시는 현물로써 결민(結民)에게 징납하지 않는다. 윤달은 물론이고 관리는 월봉(月俸)으로 정해 매달 지출하고 부사[府司, 부의 읍사(邑司)]가 납부한 바 시초탄(柴草炭)은 혁파하며 관주각반(官廚各班)은 돈으로 대신 마련할 일(덕원)

② 부사(府司)의 시초탄판(柴草炭板)은 혁파하고 관용과 각방(各房)은 돈으로 대신 마련할 일(단천)

③ 관수용물종(官需用物種)은 유리와 관청색이 담당 거행하되 매월 반드시 시가에 따라 해장(該掌)에게 출급하고 고자배(庫子輩)에게 징수당하는 일이 없도록 할 일(문천)

④ 관름으로 걷는 각종 현물은 영원히 혁폐하고 돈으로 바꾸어 마련하되 배정해서 사들일 일(안변)

⑤ 관름 각종은 관에서 시가에 따라 시장에서 구해서 사용할 일(안변)

---

111) 『文川郡誌』.
　　安邊의 경우는 田과 畓이 각각 12량, 12량이고, 咸興의 경우는 10량, 11량이다(『關北邑誌』, 安邊, 咸興).
112) 『春城誌』.

⑥ 각고와 각방에서 필요한 현물을 책부(責納)하니 민이 그 고통을 감내하기 힘들다. 무릇 각종 진상납·경영납 각항 물종은 시가대로 돈으로 바꾸어 장부에 올리고 이것으로써 준행할 일(이원)

⑦ 각 제향수(祭享需)는 돈으로 바꾸어 마련하되 춘추맹삭(春秋孟朔)에 관청색에 출급하여 시가에 따라 미리 바꾸어 맞춰서 지출할 일(단천)

⑧ 순영납과 병영납은 1년을 통틀어 수를 정하여 영읍사례(營邑事例) 중에 소재하면 가감해서 함부로 거둘 수 없는 일(안변)

관이 관름 각종 물종부터 시초탄 등에 이르기까지 민으로부터 수취하지 않고 결호전에서 염출하여 시가대로 무용(貿用)하였던 것이다.

아울러 지방재정의 주요 부분을 차지하는 식리전 등을 모두 혁파하였다.

① 각종 군관의 번전(番錢)은 영원히 시행하지 말고 각사각리(各社各里) 입본전(立本錢)을 영원히 혁파할 일(덕원)

② 그 외 각종 식리전(殖利錢)은 모두 탕감하고 공용전(公用錢)은 모두 민호(民戶)에 똑같이 배정할 일(이원)

③ 각항 공용은 지금 이미 가호에 배정한즉 읍에서 민간에 식리한 것은 탕감할 일(홍원)

④ 이전의 각종 관전(官錢)의 입본취식(立本取殖)은 이미 가호와 전결에 배정하였으니 읍촌관전명색(邑村官錢名色)은 물론이고 영원히 혁파하여 다시 본전을 세워 민호에 폐단을 끼치지 말 일(안변)

⑤ 본읍 공전 채식(債殖)의 폐단이 환곡의 폐단보다 심하니 이른바 대동전세 본질(本秩)과 세폐분표(歲幣分表), 진상전(進上錢)은 모두 혁파하고 전결과 호수에 배정해서 거둘 일(문천)

⑥ 경영저채(京營邸債)·공사채(公私債)라고 칭하여 다시 걷는 폐단을
　엄금할 일(안변)

　이런 조치들은 식리 활동을 통해 지방재원을 관행대로 마련했던 지
방관아의 재원 확보 방식을 전면 부정하고 있어 주목할 만하다. 그
외 진상, 잡세 및 잡역을 혁파하였다.

① 진상(進上) 인삼은 경영읍을 물론하고 시가에 따라 무용(貿用)하고
　감관(監官) 명색은 영원히 혁파할 일(안변)
② 본읍 각처 수철점세(水鐵店稅)를 영원히 혁파할 일(안변)
③ 경각사 연례예목필채(年例禮木筆債), 계병(稧屛), 약채(藥債) 등은
　기존 사례에 따라 관에서 지출할 일(안변)
④ 육속여결(陸續餘結)은 차차 사출(査出)하여 수에 따라 집전(執錢)하
　여 저류(儲留) 속에 첨부할 일(안변)
⑤ 군포신역전(軍布身役錢)은 이미 호결(戶結)에 모두 배정한즉 소재
　군근전답(軍根田畓)을 각기 동(洞)에 부쳐서 보용할 일(안변)
⑥ 지금부터 장시(場市) 관리인인 장감고(場監考)는 혁파하고 영읍에서
　필요한 각종 물종은 일일이 시가에 따라 사무(私貿)하고 상고(商賈)
　로 하여금 시(市)에 원장(願藏)할 일(북청)
⑦ 원전 중 5년에 한해 요역을 영원히 파하고 각자 해당 사리(社里)가
　전안(田案)을 수정해서 결축하지 않도록 할 일(북청)
⑧ 신구영송은 마전(馬錢)에서 각각 200량씩 마련하여 지출할 일(안변)
⑨ 군교가 이미 설치되었으니 요포(料布) 외는 구폐전수납지폐(捄弊錢
　收納之弊)를 막아 시행하지 않을 일(덕원)
⑩ 정기적인 호적 조사에 드는 비용인 식년적비(式年籍費) 600량은 저

류(儲留) 중에서 갈라서 지급하고 민에게서 거두지 말 일(안변)

⑪ 식년적비는 400량에 한해서 마련하고 다시 적호(籍戶)에 배렴(排斂)
하지 않을 일(갑산)

⑫ 호소인정(戶所人情)은 지금부터 시행하지 않을 일(갑산)

⑬ 감·병영에서 요구하는 복정(卜定) 등은 영원히 혁파할 일(장진)

이제 진상이나 잡역이 결호전에서 마련되거나 혁파됨으로써 지방
관아는 기존에 개별적이고 자율적으로 재원을 확보할 수 있던 재정권
행사에 많은 제약을 받기에 이른 것이다.

둘째, 재무담당〔掌賦〕 각소를 대동고 등의 일부 각소로 한정하였
다. 이전까지 모든 각소들이 분립하여 제각기 운영하던 방식을 폐기
하고 일부 각소가 재정을 전적으로 출납함으로써 재정기구의 통일을
꾀하려 한 셈이다.

① 돈을 걷는 일은 대동고에서 하여 매달 필요한 돈을 지출하고, 관수
(官需)는 유리(由吏)에게 출급하여 배정해서 쓰게 할 일(문천)

② 결호전 마련 후 경사납과 양(兩) 영납(營納)은 대동고에서 거두어 때
에 맞춰 상납할 일(문천)

③ 결호전미의 경우, 미는 부창(府倉)에서 거두고 돈은 좌수가 거두고
관름은 유리와 관청색이 거둘 일(단천)

④ 결호전 마련 후 경사납·병영납조는 대동감이 거두어 때에 맞춰 상
납하고, 영납조는 사직(社直)에게 분장시켜 감영회소에 내게 하여
각 해당 담당에게 분급하며, 관름조(官廩條)는 유리가 직접 거두며,
읍중항하(邑中恒下)와 불항하조(不恒下條)는 전적감(田籍監)이 거
두어 지출 비용으로 삼는다. 그런데 매년 11월에 발령하고, 12월에

준봉하여 춘하 기간의 비용으로 삼으며, 5월에 발령하고, 6월에 준
봉하여 추동 기간의 비용으로 삼는다. 그리고 이를 밝혀서 정식으로
삼고 백성과 마을로 하여금 알게 할 일(함흥)

⑤ 원래 정해진 공비(公費)를 제외한 나머지 돈은 대동고에 유치하여
불항지비(不恒之費, 예비비)로 삼되 매년 반드시 읍회에서 고준할
일(덕원)

　우선 지역에 따라 다르지만 대체로 결호전을 각각 상납과 관름으
로 구분할 뿐만 아니라 각각 대동고와 유리(由吏)가 담당하도록 하였
다. 또는 조세 형태별로 쌀은 부창(府倉)에서 거두고, 돈은 좌수가 거
두기도 하였다. 아울러 조세 납부를 양 시기로 나누어 각각 상납과
경비에 충당하였다. 특히 대동고의 경우, 나머지 돈[餘錢]을 유치하여
예비금이라 할 불항지비에 대비하였다. 여기서 여러 각소가 지방재정
을 나누어 운영하는 방식[分立運營方式]에서 탈피하여 점차 극히 제한
된 일부 각소가 집중 운영하는 방식[集中運營方式]으로 전환하고 있음
을 확인할 수 있다.

　그리고 일부 각소와 계방촌을 혁파하였다.

① 고마고(雇馬庫)는 혁파하고 관마(官馬) 4필은 매년 매필 100량씩,
사료 비용 15량씩 지출하고, 관행공사(官行公事)로 타고 나갈 비용
은 30리 밖인즉 매 10리 1전씩 도정리수(道程里數)를 헤아려 지출할
일(덕원)

② 고마고는 혁파하여 쇄마(刷馬) 3필로 정식(定式)하되 매필 본가(本
價)는 50량씩 합전 150량을 마부에게 출급할 일(장진)

③ 진헌고(進獻庫)와 군막고(軍幕庫)는 영원히 혁파하고 5창은 모두 민

간에 속하게 하고 사곡(社穀) 저장지소(儲藏之所)로 삼게 할 일(덕원)

④ 보민고는 혁파하고 고마는 4필로 수를 정하고 가전(價錢)은 400량
　　으로 할 일(문천)

⑤ 노령청(奴令廳) 계방의 폐단은 일체 방금(防禁)할 일(덕원)

⑥ 각 반의 보수는 지금 이미 마련하였으니 각 사(社) 및 향임(鄕任)을
　　새로 차출할 때, 삼반 등의 계방의 폐단은 영원히 혁파할 일(장진)

⑦ 본읍 빙고(氷庫)를 혁파할 일(안변)

군마고(雇馬庫), 진헌고(進獻庫), 군막고(軍幕庫), 보민고(補民庫) 등
의 주요 재무 담당 각소들이 혁파되었을 뿐만 아니라 계방 등이 폐지
되었음을 확인할 수 있다.

셋째, 군현의 기구를 정비하고 읍속을 정리하였다. 우선 향리차정
방식(鄕吏差定方式)을 이정하고 이액을 확정하였다.

① 이액은 일문일성(一門一姓)으로 문산(文算)에 능하고 일에 밝은 자
　　로 포흠을 하지 않은 자를 13명으로 정하고 이른바 와리외안(臥吏外
　　案) 13명은 영원히 혁파할 일(삼수)

② 이향(吏鄕)은 원역자손(原役子孫)으로 선입(選入)하되 한잡인(閑雜
　　人)은 일절 들어가는 것을 허용하지 않을 일(문천)

③ 읍소민(邑小民) · 잔관속(殘官屬)의 다수 사역도 생민의 폐막이므로
　　아전 15명, 관노 10명, 사령 10명으로 액수를 배정하고 기료를 설급
　　하되 기존 요곡(料穀)의 잘못된 읍례는 모두 혁파할 일(이원, 함흥)

④ 향임 차출과 노령 및 노비 각방행하(各房行下) 등 관례는 영원히 혁
　　폐할 일(안변)

⑤ 향청이 사임(社任)에게 임채(任債)를, 장청(將廳)이 여러 교졸에게

임채를, 이청(吏廳)이 여러 향리에게 임채를 받는 것을 지금부터 거론하지 않을 일(삼수, 단천)

이 내용에서 지방경비의 증가 요인이라 할 이향의 증가를 막기 위해 가리(假吏)들을 배제할 뿐만 아니라 가리의 증가를 방지하려 했음을 알 수 있다.[113] 아울러 임채를 혁파하여 매향을 실제로 금지하였을 뿐만 아니라 이향들의 봉록을 읍사례 차원이 아니라 국가 차원에서 공식적으로 마련했다.[114] 그것은 이향의 불법적 수탈을 방지하고 민의 안정을 도모하려 했기 때문이다.[115]

넷째, 기존 향촌 유력층 주도의 향청을 약화시키고 민의 의견을 반영하려 하였다.

① 호공고향소(戶工庫鄕所, 호방, 공고를 관장하는 향소)가 이미 혁파된즉 호방, 향소는 관청감관이 겸대하고 공방, 향소는 대동감관이 겸대하고 이른바 도감 명색은 영원히 혁파할 일(북청)

② 풍헌(風憲)은 혁파하고 사중(社中)으로 하여금 민망(民望)이 있는 자를 공천하여 관에 보고하여 사임(社任)으로 삼고 차첩(差帖)을 내주지 않는다. 매호 피곡(皮穀) 한 말을 빈호를 제외하고 수봉하여 지필지자(紙筆之資)로 삼고 호역(戶役)은 이미 정해졌으니 식년에 가계(計家)하여 사(社)로 하여금 행하게 하되 향리로 하여금 출촌(出村)하지 않게 할 일(북청)

---

113) 19세기 假吏의 증가에 대해서는 李勛相, 『朝鮮後期의 鄕吏』, 一潮閣, 1991, 42~45쪽 참조.
114) 각 고을 '癸未事例'의 내용을 보면 이향의 봉록이 빠짐없이 규정되어 있다.
115) 『春城誌』, '貢生新定節目'.
'顧今新定事例 盡祛民瘼 略設朔料 而奸竇永塞 雖欲作罪 不可得也'

③ 풍헌 명색은 혁파하고 해당 사(社)로 하여금 사임을 천정(薦定)하며 관에 들어와 현알(現謁)하지 않게 하며 월령임채(月令任債)를 혁파할 일(문천)

④ 각 사 면임과 식년적감(式年籍監)은 각 해당 사(社)에서 능문해사지인(能文解事之人)으로 지명하여 시행하되 임채 명목은 영원히 시행하지 않을 일(갑산)

⑤ 각 사 면임은 각자 해당 사에서 그 근간자(根幹者)를 택해 차정하되 예전(例錢)은 다시 거론하지 않을 일(북청)

⑥ 6사(社) 면주인료는 매호 직(稷) 1두로써 수급하되 관두(官斗)로써 시행할 일(문천)

⑦ 각 사 면임은 설료(設料)가 없을 수 없으니 각자 해당 사에서 그 호수에 따라 매호 1전씩 배급할 일(안변)

향소 기능을 이처럼 약화시키고 풍헌을 혁파하였다. 향리가 출촌하는 것을 억제한다든가 면임이 관에 들어와 현알하지 않도록 한 조치가 이를 잘 보여준다. 아울러 각 사(社) 전체에서 면임을 천명하여 선출하고 면주인료를 지급하도록 한 조치도 그러하다. 이러한 조치는 기존 이향 중심의 향촌운영방식을 폐기하고 민의 참여를 제한적이나마 보장한다 하겠다.

그 외 나머지 돈을 읍회(邑會)나 민회(民會)에서 고준(考準)하게 한 조치에서도 이러한 경향을 엿볼 수 있다.[116]

---

116) 함경도 계미사례를 보면 지역마다 '邑會'를 이용하거나 '民會'를 이용하기도 한다. 이는 어윤중이 양자를 같은 의미로 받아들이고 있음을 보여준다 하겠다. 즉 규모 면에서는 군현 단위이고 내용 면에서는 일반민 전반의 참여를 지칭한 것으로 보인다. 특히 19세기 후반 농민운동의 양상을 염두에 둘 때 충분히 그러하다. 그런 점에서 기존 사족·이향 중심의 향회와 별개로 부민 등이 주도가 되고 소잔민들이

① 원정응하공비(原定應下公費) 외 나머지 돈은 대동고에 유치하여 불항지비(不恒之費)로 삼고 매년 반드시 읍회에서 고준(考準)할 일(문천, 함흥)

② 공전공곡(公錢公穀)은 집수응하(執數應下) 외 여재전(餘在錢)은 민간에 저치하여 불항지비로 삼고 나머지가 있으면 내년에 계감(計減)하고 매해 반드시 읍회에서 고준할 일(덕원)

③ 공용을 응하고 남은 돈과 쌀은 그대로 저치하여 불항지비로 삼되 만약 남음이 있으면 내년 결호소봉조(結戶所捧條)에서 계감하며 매해 반드시 민회에서 고준할 일(단천)

비록 읍회가 이처럼 나머지 돈에 국한하여 고준하지만, 이전 시기에 비할 때 민의 성장을 일부나마 반영했다 하겠다.

다른 한편 이 규정들은 정부가 이전부터 시도해온 향촌지배의 강화 방향을 잘 보여준다. 우선 형식 면에서 보면, 이전 시기만 하더라도 군현 차원에서 관행을 준수하거나 다소 개정하는 데 그쳤지만 이 경우는 정부가 경략사를 파견하여 기존의 관행을 부인하고 통일적인 규정을 마련하였다. 다음 내용 면에서 보면, 사족이나 이향 위주의 향촌지배질서를 해체하고 민인을 직접 장악하는 일원적인 지배체제를 실현하려 하였다. 그 결과 함경도의 재정은 기존의 개별적인 구조와 분립적인 운영방식에서 벗어나 통일적인 구조와 집중적인 운영방식

참여하는 새로운 의미에서의 향촌자치회의로 볼 수 있다. 차후 한말·일제 초기 향촌사회의 변동을 좀 더 궁구할 때, 그 내용과 성격이 해명되리라 본다.

金仁杰, 「朝鮮後期 村落組織의 變貌와 1862년 農民抗爭의 組織基盤」, 『震檀學報』 58, 1989.

宋讚燮, 「1862년 진주농민항쟁의 조직과 활동」, 『韓國史論』 21, 1989.

김용민, 「1860년대 농민항쟁의 조직기반과 民會」, 『史叢』 43, 1994.

〈표 5〉 19세기 후반 德源府의 財政

항 목	금 액	항 목	금 액
進貢	437량 3전 9푼	通引廳	706량
春秋釋尊祭 등	823량 7푼	官奴廳	1,643량
京上納	1,147량 1푼 8리	使令廳	2,589량
巡營納	4,432량 6전 6푼	都訓導	144량
兩本宮享需	631량 5전 6푼	砲衛廳	5,574량
兵營納	726량 4전 8푼	兩烽臺留鎭將	57량
北兵營納	77량 5전 2푼	撥所	430량 8전
鐵關站	1,077량 4전 8푼	鎖匠	50량
雇馬庫	60량	辦察所	5,000량
自邑公用	1,033량 1전 4푼	總經費	44,873량 3전 8푼 8리
官廩	7,928량 9전 4푼	歲入	45,474량 9전 7푼
幕料	3,240량	歲下	44,873량 3전 8푼 8리
京邸吏	340량	結錢	13,288량 3전 5푼 6리
鄕廳	732량	戶錢	9,665량
武各廳	1,998량	不恒上下	1,448량 6전 5푼
吏廳	3,874량		

출전: 『關北邑誌』 7, 德源 附事例

으로 탈바꿈하여갔다. 덕원부의 경우, 어윤중은 부사 정현덕(鄭顯德)과 협의하여 폐막을 혁파하고 계미사례를 정하고 상주하여 추진해나 갔다.[117] 우선 각곡작미(各穀作米)가 합 4,900석 8두 4승이었는데 이를 영원히 정지시키고 대신 사곡(社穀)을 설치하였다. 〈표 5〉는 덕원부의 읍사례책에 기초하여 작성한 덕원부 재정 내역이다.

우선 세입 내역을 보면, 주로 결호전에 근간을 두고 그 외에 포소 (庖所, 푸줏간) 월과봉입(月課捧入)과 복전복세(卜錢卜稅, 통행세) 소봉입

---

117) 『春城誌』.

(所捧入) 등으로 구성되어 있다. 이는 지방재원의 주요한 부분이었던 환곡과 각종 명목의 부역을 혁파하고 대신 결호전에서 마련한 결과였다. 다음 회계도 화폐를 기준으로 삼고, 일읍일년공용, 경영납과 관역 늠료별로 돈으로 계산하여 통계하게 되었다. 그것은 세출·세입의 정액화이기도 하다. 다음 각소 직임들의 보수를 규정함으로써 각소별 재정운영체계를 사실상 해체하고 국가재정체계에 편성시킨 셈이었다. 끝으로 관청조달물자를 상정가(詳定價)가 아니라 시가로 환산함으로써 무납폐단(貿納弊端)을 제거하였다. 한편으로는 중앙 차원에서 불항지비를 매년 읍회에서 고준하도록 규정함으로써 극히 일부분에 한정되지만, 읍회가 국가로부터 공식적인 기능을 부여받기에 이른 것이다.

이러한 조치는 함경도민들에게 상당한 호응을 받았다. 유학(幼學) 이면후(李冕厚) 등은 어윤중의 업적을 열거하면서 찬사를 아끼지 않았다.[118] 이후 함경북도 신사(紳士)들이 어윤중의 공덕을 기려 제사할 정도였다.[119] 이와 같이 함경도 지방재정개혁은 지방민의 지지 속에서 재정 문제에 국한되지 않고 지방사회 전반에 걸쳐 단행되었음을 확인할 수 있다. 그것은 1860년대 시행된 평안도 '관서례'의 의미를 한 단계 넘어 향촌지배체제를 재편하는 계기를 마련한 것이라 하겠다. 이러한 '계미사례'는 이후에도 기본적으로 견지되어 1894년 함경도 사례책에 그대로 반영되었다.[120] 그 밖에 북병사(北兵使)의 이주행영(移駐

---

118) 『高宗實錄』 21, 高宗 21년 2월 24일, 中책, 138쪽.
　　'一曰革糶糴 而各邑公用之數 歸之於田結 二曰蠲無名之稅 三曰汰衙屬之額 四
　　曰捄郵站濫騎之弊 五曰減戶錢昔之所收者三十緡 而今以二緡錢 三斗米酌定 六
　　曰抑徵債 昔者排至于九族 而今止其身 七曰六鎭間島田數百結 屬之貧民 八曰
　　革安邊等五邑儒弊 九曰罷雜色軍惟設砲 十曰祛海戶徵稅 十一曰飭官隸 十二曰
　　禁賣鄕 十三曰薄山耕之斂 十四曰節大同官廳營繕之費 十五曰儲米穀於村里 以
　　備兵荒也'
119) 『皇城新聞』, 光武 2년 12월 20일.

行營)을 폐지하고[121] 원산부의 업무 번잡을 제거하고 수월세(手越稅)를 징수하게 하였으며, 남병영(南兵營)이 군향 문제를 해결하고 진보(鎮堡)의 합설을 추진케 하였다.[122]

그러나 일부 군현에서는 얼마 안 되어 '계미사례'가 폐지되고 종전대로 환원되었다. 이면후 등의 함경도 유생들은 고종 21년(1884) 2월 상소문에서 다음과 같이 계미사례 시행 이후의 상황을 언급하면서 간리배가 구례를 복구하고, 환모를 거두고, 호전과 가결(加結)에 뜻을 두고 있으며, 이액은 여전히 파다하고, 매임(賣任)은 옛날대로 횡행하고 있음을 지적하였다.[123]

대저 어찌 최근에 수령은 부렴(賦斂)을 무겁게 하는 것을 능사로 삼고 관예(官隸)는 백성의 피부를 벗기는 것을 기량으로 삼습니까?[124]

갑오개혁 당시 어윤중도 계미사례의 시행 이후를 다음과 같이 회고하였다.

관북영사례(關北營事例)가 지난 계미년에 있어 결호간(結戶間)에 작량(酌量)하여 마련하였습니다.……갑신 이후 징렴이 해가 갈수록 추가되어 민이 그 폐를 입었습니다. 원정사례(原定事例)와 연래가렴건기(年來加斂件記)를 안무사와 관찰사로 하여금 차차 수취하여 상송케 하여 하나의 관례로 삼음이 어떻겠습니까.[125]

---

120) 『關北邑誌』.
121) 『備邊司謄錄』 264, 高宗 20년 4월 18일, 28책, 714쪽.
122) 『高宗實錄』 20, 高宗 20년 11월 23일, 中책, 129쪽.
123) 『承政院日記』, 高宗 21년 2월 24일, 高宗 8책, 687쪽.
124) 『承政院日記』, 高宗 21년 2월 24일, 高宗 8책, 686쪽.

계미사례가 갑신정변 이후 시행되지 않고 유야무야되어 이에 따른 폐단이 민에게 전가되었던 것이다. 이는 1884년 갑신정변 이후 정국의 급격한 변동으로 인해 정부의 지방 통제력이 약화된 데 원인이 있지 않나 한다. 그래서 1888년(고종 25)에 초원, 북청, 영흥, 길주 등 함경도 지역에서 연이어 일어난 민란 중 일부 군현의 민란은 '계미사례'의 좌절과 관련되었던 것이다. 영흥민란(永興民亂)과 회령민란(會寧民亂)이 대표적인 예이다.

우선 영흥민란의 경우, 계미사례의 폐기가 직접적인 계기가 되었다.[126] 즉 계미사례의 마련에도 불구하고 시행되지 않고 수령이 '환전방폐(還錢防弊)'를 구실로 삼고 읍속들이 포흠한 22,500량을 민간에 부과하자 민이 이에 반발하여 난을 일으켰던 것이다.

다음 회령의 경우도 사정은 마찬가지였다.[127] 관용을 조달하기 위해 교임(校任), 향임(鄕任) 등을 중심으로 '계미사례'에서 금지한 매향이 여전히 이루어지고 있으며, 공전의 과다한 징수 역시 모든 농민을 대상으로 자행되고 있었던 것이다.[128] 따라서 농민들의 요구 사항도

---

125) 『高宗實錄』 31, 高宗 31년 12월 16일, 中책, 533쪽.
　　'度支大臣奏 關北營事例 往在癸未 結戶間酌量磨鍊矣 甲申以後 徵斂歲加 民受其
　　弊 原定事例及年來加斂件記 令按撫使觀察使 這這收取上送 以爲一例之地如何'
126) 『備邊司謄錄』 270, 高宗 26년 正月 25일, 28책, 348쪽.
　　『承政院日記』, 高宗 25년 7월 21일, 高宗 10책, 422쪽.
　　『承政院日記』, 高宗 25년 10월 16일, 高宗 10책, 522쪽.
　　『承政院日記』, 高宗 25년 10월 26일, 高宗 10책, 533쪽.
　　『承政院日記』, 高宗 26년 1월 25일, 高宗 10책, 633~634쪽.
　　『咸鏡監營啓錄』 6, 戊子(1888) 12월.
127) 會寧民亂의 경우는 주로 禹仁秀, 「1892년 會寧農民抗爭의 원인과 전개과정」, 『歷史敎育論集』 13 · 14, 慶北大學校, 1990에 전거하여 기술하였다.
128) 『會寧府民擾時關文與査報草』(嶺南大 소장 번호 147193).
　　『承政院日記』, 高宗 29년 10월 29일, 高宗 12책, 349쪽.
　　『承政院日記』, 高宗 29년 11월 2일, 高宗 12책, 353쪽.

관련 교임 및 향임의 처벌과 함께 읍의 공용을 오로지 신식에 의거하여 시행할 것 등이었다.[129] 이처럼 회령민란도 영흥민란과 마찬가지로 농민들이 '계미사례'의 좌절에 따른 환곡과 매향 등의 폐단을 시정하고 '계미사례'를 복설할 것을 요구하였던 것이다.

'계미사례'는 이처럼 토호와 향리층의 반대로 실패하였다. 그럼에도 갑오개혁기에 정부가 마련한 '갑오신정사례(甲午新定事例)'에 대부분 반영되었다는 사실을 주목할 때, '계미사례'는 이후 갑오개혁·광무개혁기 지방재정개혁에 큰 영향을 끼쳤음을 짐작할 수 있다. 나아가 이는 국교 확대 전후 새로운 근대질서에로의 편입을 앞두고 조선 정부가 내적으로는 향촌사회 문제를 해결하고, 대외적으로는 러시아의 남하 정책에 대비하기 위해 스스로 강구한 방안이라는 점에서 이후 전개될 개혁의 방향을 시사하기도 한다.

『承政院日記』, 高宗 29년 11월 22일, 高宗 12책, 368쪽.

129) 『會寧府民擾時關文與査報草』(嶺南大 소장 번호 147193).
농민들의 요구 사항에서 나오는 '新式'에 대해서는 우인수도 언급한 바와 같이 '癸未事例'를 가리킨 것으로 보인다. 우인수, 앞 논문, 721쪽 참조.

2

삼남지방의 재정 개선

1) 재정 실태의 파악

대원군 집권기에 들어 해결해야 할 가장 큰 과제는 평안도 재정의 파탄과 함께 1862년 삼남민란의 수습이었다. 특히 대원군 정권이 추구했던 왕권 강화의 방향에서 볼 때, 이런 민란은 토호층의 무단 수탈에서 빚어진 지방통치의 위기로 보였다.[130] 따라서 정부는 수습 과정에서 사창제(社倉制), 호포법(戶布法)의 실시 등을 통해 삼정을 개혁하려 했을 뿐만 아니라 토호 무단을 억제하려 하였다. 아울러 이서 수탈 및 고을경비 부족 등의 지방사회 문제에 관심을 기울였다.

고종 1년(1864) 1월 부호군(副護軍) 김진형(金鎭衡)은 시폐(時弊)를

---

130) 『高宗實錄』3, 高宗 3년 2월 27일, 上冊, 213쪽.
　'敎曰…近日三政之紊亂 非獨方伯守令不察之失 卿宰名士士族居鄕之邑 吏民之
　待主倅 殆弱客官然 而居鄕之土豪 謂之以江流石不轉 一邑之三政與大小公事
　無不干預 主倅難於左右 吏民疲於奔走 其將無邑而後已矣'

다음과 같이 소진(疏陳)하였다.

안으로는 궁부(宮府)가 모두 비어 있고 밖으로는 창름이 모두 고갈되어 반록(頒祿)을 계속하기 어렵고 진향(賑餉)을 헤아릴 데가 없습니다. 그래서 생민이 날로 초췌하고 전국이 시끄럽습니다.[131]

국가재정이나 지방재정이 모두 고갈되어 그 위기가 심각하였던 것이다. 따라서 정부는 감사나 암행어사를 통해 지방재정 문제에 깊은 관심을 기울이고 수령들의 불법행위를 적발하려 하였다. 가령 경상우도 암행어사 이용직(李容直)은 의령(宜寧) 전현감이 관수미의 상정가(詳定價)를 약정해놓고 이듬해 봄에 배정하여 쓸 때 추가로 돈을 모아 착복한 사실을 밝혀 처벌하였다.[132] 민고 역시 사정은 마찬가지여서 가하(加下, 추가 지출)를 이유로 수령들을 처벌하기도 하였다.[133]

다른 한편 지방재정보용책을 제시하기도 하였다. 청안현(淸安縣)의 경우, 각항읍용(各項邑用)이 모두 결전(結錢)으로써 혼용되고 있어 각 사상납(各司上納)의 상정(詳定)을 허락하여 배납케 하였다.[134] 또 양근군(楊根郡)의 경우, 환곡 16,400여 석이 축이 나서 상납분과 고을 경비에 전혀 계책이 없으므로, 10년에 한해 전세와 대동세를 잠시 정지하는 조치를 취하기도 하였다. 나아가 저치미와 민고를 관고(官庫)에 모두 속하게 하여 관리에 만전을 기하도록 지시하기도 하였다.[135] 즉 각

---

131) 『日省錄』 3, 高宗 1년 1월 27일, 65책, 101쪽.
　　'內而宮府俱枵 外而倉廩盡竭 頒祿難繼 賑餉莫擬 生民日瘁 八域擾動'
132) 『日省錄』 77, 高宗 5년 10월 29일, 慶尙右道 暗行御史 李容直 別單, 67책, 769쪽.
133) 『日省錄』 208, 高宗 15년 7월 19일, 全羅左道 暗行御史 別單, 72책, 357쪽.
　　'各邑之民庫用下 無敢混雜 加斂一穀…民庫加下'
134) 『日省錄』 11, 高宗 1년 6월 9일, 65책, 337쪽.

읍 민고와 저치의 회계 관리를 관에 전속시켜 잉여와 추입(推入)이 부족하면 보고케 하여 지출을 통제하려 했던 것이다. 이와 같이 정부는 운영의 문란을 방지하거나 전세 등의 상납을 연기하여 지방재정 문제를 해소하려 하였다.

정부의 이런 대책은 지방재정의 위기를 다소나마 완화시켰지만, 지방재정에 대한 구체적이고 실질적인 이정 방안을 담을 수 없었다. 물론 정부가 삼남의 부세가 서북의 경우와 달리 많은 수량이 상납된다고 판단하고 이의 조정을 통해 문제를 해소할 수 있다고 파악했음을 주목할 필요가 있다. 전결의 경우, 경기와 삼남은 양서, 북도, 관동과 비교할 때, 비중이 클 뿐만 아니라 대부분 상납되었기 때문이다.[136] 그러나 지방재정의 위기가 삼정의 문제와 관련되지만 본질적으로는 지방재정의 구조와 운영방식의 특성에서 연유한다는 점을 감안할 때, 이러한 대책은 단편적이고 일시적인 미봉책에 불과했던 것이다. 또한 그것은 정부 당국이 이 문제의 본질이라든가 심각성을 아직 인식하지 못했음을 반영하는 것이기도 하다.

국교 확대를 전후하여 이런 사정은 달라졌다. 지방재정 자체에 대한 이정책이 요구되었다. 우선 관황(官況, 수령의 봉록)이 크게 증대되었기 때문이다.[137] 그래서 정부는 이 문제를 심각하게 인식하고 대책을 강구하려 하였다. 다음 재정의 위기가 노정되었고[138] 도결화(都結

135) 『日省錄』36, 高宗 3년 3월 23일, 66책, 341쪽.

136) 『日省錄』40, 高宗 3년 5월 22일, 66책, 452쪽.
　　'敎曰…夫三政之中 田結之爲挽近巨瘼 予自潛邸時亦已聞之熟矣 兩西及關東北道 則田多民少 其弊稍歇 畿甸與三南 厥土沃饒 執摠居多…'

137) 『日省錄』259, 高宗 19년 9월 5일, 74책, 11쪽.
　　'禮曹佐郎 嚴錫權曰…外邑官況 比前十倍'

138) 세도정치기 및 국교 확대 전후의 재정 변동에 관해서는 安秉珆, 『朝鮮近代經濟史硏究』, 日本評論社, 1975, 192~197쪽; 박석윤·박석인, 「朝鮮後期 財政의 變化

化)와 관련하여 결가가 증가하였기 때문이다. 결가에는 전세, 대동세, 삼수미(三手米), 포량미(砲糧米)[139] 등의 정규 세액과 이에 따르는 각종 부가세 외에도 포흠곡(逋欠穀)이나 군전(軍錢) 등이 포함될 뿐만 아니라 각종 지방관청경비도 포함되었다. 고종 4년(1867) 상주(尙州)의 경우, 경상도 암행어사 박선수(朴瑄壽)는 별단에서 다음과 같이 언급하였다.

본읍은 연전부터 도결(都結)을 창행(創行)한 후에 세공지방(稅貢支放)을 모두 결렴(結斂)으로 정하였고, 관수미도 역시 그중에 포함하여 풍흉과 쌀값의 고저에 관계없이 매 석당 14량씩 그 가격을 항정(恒定)하였습니다. 병인(1866) 대동목가(大同木價)를 도결전으로 출급할 때 시가가 싸다 하여 2,000량을 취잉하니 명색이 근거가 없는즉 관수미 550석을 매석 원가 14량 4전 외 3량 2전씩 더 마련하여 1,632량을 마련하여 이로써 상계(上計)하고도 나머지가 368량이 되었습니다.[140]

고종 초에 도결이 시행된 뒤 관수미도 결렴화되어 결가에 포함되었음을 보여준다. 다음 고종 4년(1867) 서원현(西原縣)의 경우 공충도 암행어사 홍철주(洪澈周)가 올린 별단에서는 다음과 같이 지적하였다.

본읍의 매결은 4량씩인데 5량을 수렴한 것은 이료(吏料)와 각종 읍용이 혼입하기 때문입니다.[141]

時點에 관한 考察」, 『東方學志』 60, 1988; 서영희, 「개항기 봉건적 국가재정의 위기와 민중수탈의 강화」, 『1894년 농민전쟁연구1』(한국역사연구회편), 역사비평사, 1991 참조.
139) 고종 때 강화도 鎭撫營의 운영을 위해 부과하는 賦稅.
140) 『日省錄』 59, 高宗 4년 7월 18일, 慶尙道 暗行御史 朴瑄壽 別單, 67책, 155쪽.
141) 『日省錄』 55, 高宗 4년 4월 21일, 公忠道 暗行御史 洪澈周 別單, 66책, 12~13쪽.

결가 5량에 지방경비로 1량이 추가로 포함되었던 것이다. 그 외 보역전(補役錢)과 보민전(補民錢) 등이 포함되기도 하였다.[142] 경산현(慶山縣)의 경우도 사정은 마찬가지였다.

각항 경영납과 읍차하제반용잡[邑上下諸般冗雜]의 비용이 호결(戶結) 중에 섞여 있어 이로 인해 호역(戶役)·결역(結役)이 매년 배로 앙등하여……백성이 어깨를 쉴 날이 없다.[143]

경영납과 함께 읍 경비도 이처럼 호결에 부가되었던 것이다. 그래서 이러한 도결의 잉여조는 각종의 관수에 사용되기도 하였다. 관아를 수리하거나 객사를 짓는 비용을 마련하거나 여러 잡다한 명목의 민고에 보충되기도 하였던 것이다.[144] 그리고 경저리, 순영저리, 병수영저리, 이호전관색리(吏戶傳關色吏, 공문을 전달하는 색리) 및 각항연례차하지역가(各項年例上下之役價, 연례적으로 지출하는 역가)는 모두 여기서 나왔다.[145] 도결가는 이처럼 증가할 여지가 많았던 것이다. 더군다나 당시 지방경비의 증가를 메울 만한 재원이 사실상 바닥났음을 감안한다면 더욱 그러하였다. 1875년 울산민란의 안핵사로 파견된 홍철주는 다음과 같이 삼남지방의 재정 위기를 지적하였다.

근래 외읍이 매우 조잔하여 민렴(民斂)이나 민고나 관황에서 이전과 같이 책응(責應)할 수 없습니다.[146]

142) 『徒法』, '論結弊', 栖碧外史 海外蒐佚本(亞細亞文化社 刊, 1985).
143) 『嶺南捄弊節目』, 光緖 15년(1889), '慶山縣補民庫節目'.
144) 『日省錄』 157, 高宗 11년 10월 24일, 京畿道 暗行御史 姜文馨 別單, 70책, 454쪽.
145) 『公文編案』 2, 新昌, 甲午 12월 16일.
    '吏戶傳關色吏與各項年例上下之役價 盡出於詳定中'

민렴이나 민고나 관황에서 추가분을 이처럼 마련하지 못하고 새로운 부과 방법을 강구해야 했던 것이다. 우선 도결은 부과 조세액을 화폐로 환산하여 걷는 것이어서 각종의 결손 조세를 전가하기가 쉬웠다. 다음 지방재정의 부족분을 이를 통해 충당하는 것이 관의 입장에서 가장 손쉽고 문제를 덜 야기하는 방법이었다. 이런 점에서 도결가는 계속 높아질 수밖에 없었다. 즉 공용이 있다 하여 토지에서 걷거나 읍폐를 보완한다 하여 토지에 배당하였으며, 심지어는 중앙과 고을의 예용-지비(例用之費)와 사객응공지수(使客應供之需)라 하여 부과하였다. 그래서 이전에는 12, 13량이다가 28, 29량까지 증가하였다.[147] 심지어는 원결가가 20, 30량을 내려가지 않으나 가렴은 50량이니 원결가에 추가액을 합치면 무려 80, 90량에 이르렀던 것이다.[148]

당시 정부는 결가의 증가를 우려할 만한 현상으로 보았다. 특히 지방경비의 증가와 관련하여 심각성은 더했다. 영의정 이유원(李裕元)은 다음과 같이 지적하고 있다.

근래에 결가가 날로 증가하여 옛날에는 밭이 7량, 논이 8량이었는데 지금은 많아져 50, 60량이 되거나 심지어는 70, 80량이 침침(駸駸)되어 그 폐단을 구제하지 못합니다. 이것은 진실로 다름 아니라 이른바 읍구처(邑區處), 관잡비(官雜費), 면구폐(面捄弊) 등 허다한 명색이 그 사이에

<hr>

146) 洪撤周, 『松史遺稿』 按覈錄, 乙亥 5월 8일.
　　'近來外邑 到底凋殘 或民斂 或民庫 或官況間 不可如前責應'
147) 『日省錄』 157, 高宗 11년 10월 30일, 忠淸左道 暗行御史 金明鎭 別單, 70책, 474쪽.
　　『徒法』, '論結弊'.
148) 『高宗實錄』 11, 高宗 11년 7월 30일, 上책, 470쪽.
　　'李裕元曰…近來結價 日以增加…今則積爲五六十兩 或多至七八十兩 駸駸然莫可捄其弊源'

첨부되어 일 년 내내 경작인이 그 갈았던 작물을 거두어서 모두 관에 낼 뿐이니 매우 애통합니다. 이서배는 장시와 거래해서〔交市〕(차액을 먹음으로써) 한 사람이 한 읍을 병들게 하니 어찌 절절 통완(痛惋)하지 않겠습니까.[149]

그는 결가의 증가가 상납비의 증가뿐만 아니라 지방경비의 증가와 여기에 편승한 수령, 이서의 수탈에 기인하였다고 판단하였던 것이다. 결역미(結役米)의 경우, 무려 50량 내지 40량에 이르고 있다.[150] 그래서 충청 좌도 암행어사 김명진(金明鎭)은 수령에게 각 읍례(邑例)에 공용의 명목과 결가의 소정성책(所定成冊)을 기록하여 감영에 보고하고 감영에서는 그 허수를 깎아내리고 그 정가(定價)를 사리에 알맞게 하여 조금이라도 잉수(剩數)가 없게 하도록 지시할 것을 건의하고 있다.[151]

이러한 건의는 도결을 인정하되 정부가 결가 책정 과정에 적극 관여해야 함을 역설한 것이라 하겠다.[152] 특히 감영에서 읍례를 조사하

---

149) 『日省錄』153, 高宗 11년 7월 30일, 70책, 340쪽.
　　'近來結價 日以增加 古之田七畓八 今則積爲五六十兩 或多至七八十兩 駸駸然 莫可捄其弊 此固無他所謂邑區處官雜費面捄弊等 許多名色 添付於其間 使終歲 耕作之人 收其蓺 盡輸於官 其極哀矜 該吏輩 從中交市 以一人病 一邑尤 豈非 節節痛惋'
150) 『日省錄』207, 高宗 15년 6월 16일, 全羅右道 暗行御史 魚允中 別單, 72책, 304쪽.
　　結役米에는 전세, 대동, 삼수, 결작, 포량, 아록, 官需를 제외한 雜役米, 京營邸 役價米, 色落米, 知數米 등이 포함되어 있는데 그 이름이 한결같지 않다. 이 역시 正稅와 함께 모두 米를 내었다.
151) 『日省錄』157, 高宗 11년 10월 30일, 忠淸左道 暗行御史 金明鎭 別單, 70책, 483쪽.
152) 都結의 인정은 이미 이전부터 보였다. 가령 도결 혁파의 방침 속에서도 "도결의 폐단을 논하는 말은 있어도 끝내 그것을 개혁할 효과는 없다"는 지적은 도결화 추세를 받아들일 수밖에 없는 사정을 잘 말해주는 것이라 하겠다(『承政院日記』 2536, 哲宗 3년 11월 25일, 123책, 289~290쪽).

여 결가를 책정하도록 한 것은 도결화 추세를 인정하는 태도에서 한 걸음 더 나아가 지방재정을 파악하여 통제하겠다는 의도로 보인다.

이듬해인 고종 12년(1875) 조정에서는 이 문제를 두고 활발하게 논의하였다. 그것은 국가재정의 위기를 타개하기 위한 일환으로 지방 관아 재정의 내역을 파악해야 할 필요가 절박하였기 때문이다. 1875년 당시 1년 세입은 불과 52만여 량인 데 반해 지칙(支勅)과 별사(別使) 등의 불항지용(不恒之用, 임시 지출)이 이미 80여 만 량을 넘어섰고, 지급하지 않은 공가미지급공가(貢價未支給貢價)는 50여 만 량으로 세출이 무려 145만여 량에 달했다. 이는 3년 세입에 해당하는 양이었다.[153] 수도와 지방의 창고 저축이 고갈되었으나 해결할 길이 없을 정도였다. 이에 반해 결가 남징은 갈수록 심각하였다. 정부에서는 무수한 명목의 증가에서 원인을 찾으면서 특히 지방경비의 증가에 주목하였다. 그래서 정부는 각 읍에서 써야 할 비용을 일일이 감영에 보고하고 당년 결가는 감사가 헤아려 정급(定給)할 것을 엄칙하였다.[154] 특히 항목마다 타산하여 쓸데없는 비용을 일일이 삭감할 것을 엄칙하였다. 아울러 감사는 매년 각 읍결가를 참작 정급(定給) 후에는 성책을 수정하여 의정부에 보고할 것을 지시하였다.[155] 그 결과 충청도의 경우, 〈표 6〉과 같이 보고하였다.

이러한 정부의 조치는 도결이 이미 일반화되었음을 인정하고 지방재정에 대한 통제를 강화하려는 방침이 가시화하였음을 잘 보여준다. 즉 도결 혁파라는 이전 방침을 철회하고 당시 일반적 추세로 자리 잡

---

153) 『日省錄』172, 高宗 12년 10월 25일, 72책, 80~81쪽.
154) 『承政院日記』, 高宗 12년 10월 25일, 高宗 5책, 404쪽.
　　'李最應啓曰…管下各邑之應用幾何 一一報營 逐條打算 歸屬之不分明者 亟行策減 當年結價 道臣酌量定給'
155) 『日省錄』172, 高宗 12년 12월 5일, 71책, 129쪽.

〈표 6〉 高宗 13년 忠淸道 各邑 結價

郡縣	結價	收捧式	郡縣	結價	收捧式
鎭岑	23량	錢木參半	燕岐	45량	米錢木參半
懷德	23량 7전 9푼	〃	淸州	45량	〃
沃川	17량 2전	〃	鎭川	42량	〃
永同	23량	〃	淸安	38량 9전	〃
黃澗	24량	〃	全義	40량 9전	〃
靑山	20량 7전 8푼	〃	木川	43량	〃
報恩	17량 8전 3푼	〃	槐山	37량	〃
懷仁	23량	〃	忠州	38량	米納
文義	23량 7전	〃	陰城	37량 9전	〃

출전: 『忠淸道各邑丙子條結價成冊』(奎 16620)

고 있었던 도결화 현상을 추인하는 동시에 상납분과 읍용분의 배분 문제를 정부가 본격적으로 다루기 시작했다는 것이다. 이는 이전에는 볼 수 없던 현상이다. 즉 이러한 조치는 '자판지공(自辦支供)'의 원칙에 따라 읍용은 스스로 마련하되 중앙정부는 관여하지 않았던 예전의 방침에서 벗어나는 것이었다. 지방경비도 중앙정부의 주요 관심사로 부각된 것이다. 이 점에서 이후 정부의 지방재정정책은 이러한 방침이 구체화될 것임을 예고한다 하겠다.

우선 암행어사를 파견하여 결가의 명세를 소상하게 파악하는 한편 결가 인하를 단행하였다. 전라 좌도 암행어사 심동신(沈東臣)은 도신 들로 하여금 각 읍 3, 4년 계판(計版)을[156] 조사, 이정하여 그대로 두거

---

156) 計版은 군현에서 守令 · 都吏 그리고 여러 아전들이 그 고을의 그해 세렴의 대략을 의논하여 작성한 문서를 가리킨다. 國納 · 船給 · 邑徵으로 삼분되고 각각에는 또 結斂 · 碎斂 · 石斂의 구별이 있다. 이에 관해서는 『牧民心書』 5, 戶典, 稅法 下 참조.

나 혁파할 것을 건의했다. 아울러 이 외에는 가렴할 수 없도록 촉구하였다.[157] 그리고 전라 좌도 암행어사 어윤중은 1섬지기당 50량 내지는 40량에 이르는 결역미를 무려 5량으로 인하시켰다.[158]

이러한 정부의 방침 속에서 유자들이 상소를 통해 지방재정 문제에 대한 방안을 제시하였다. 전(前) 주서(注書) 이봉구(李鳳九)는 상소문에서 다음과 같이 주장하였다.

전세를 없애고 인구에 따라 세금을 물려 각 고을의 이액을 정하고 지방 관리의 녹봉을 줄이고 벼슬을 줄이고 이득이 없는 비용을 덜 것[159]

전 우후(虞侯) 방기원(方虁源)은 각 도의 화전(火田)들에서 받는 조세를 관리들의 녹봉에 충당하게 하지 말고 나라의 비용에 보태어 쓰게 할 것을 주장하였다.[160] 그리고 그 외 많은 유생들이 이액과 관황을 각각 줄이자고 주장하였다.[161] 심지어 부호군(副護軍) 조영권(趙英權)은 향리 중 포흠이 많은 자를 목을 매달고 적은 자는 이안(吏案)에서 영원히 빼버리고 그 정원을 줄이되 별도로 월급을 지급하자고 주장하였다.[162]

---

157) 『日省錄』 203, 高宗 15년 4월 4일, 全羅右道 暗行御史 沈東臣 別單, 72책, 170쪽.
158) 『日省錄』 207, 高宗 15년 6월 16일, 全羅右道 暗行御史 魚允中 別單, 72책, 304쪽.
159) 『高宗實錄』 19, 高宗 19년 8월 8일, 中책, 61쪽.
　　'革地稅徵口錢 定各邑吏額 減外官廩況 損不急之官 損無益之費'
160) 『日省錄』 260, 高宗 19년 9월 18일, 74책, 41쪽.
161) 『日省錄』 259, 高宗 19년 9월 3일, 74책, 6~7쪽.
　　『日省錄』 261, 高宗 19년 10월 27일, 74책, 98쪽.
162) 『高宗實錄』 22, 高宗 22년 1월 16일, 中책, 188쪽.
　　'下吏者 民之耗蠹也 初無料布之定 故火粟也 隱結也 倉色之落場米也 書員之筆債也 刑吏之訟債也 由吏之分房債也 種種名色 專以剝割侵漁而資生 敎之使然 實不足深責也 額數旣多 互相傾軋 雖積連十萬 終身逸樂富厚 連多者 這這梟警

그리고 정부도 경기, 강원 및 삼남에 암행어사를 집중적으로 파견하는 한편 감사를 통해 지방재정 이정에 힘을 기울였다. 이 시기 암행어사 및 감사 등의 보고를 통해 제시된 개선 방안들을 보기로 하자.

우선 충청 좌도 암행어사 유옥석(柳玉奭)의 경우, 이포(吏逋)의 증가와 공납의 건기(愆期)가 수령의 잦은 교체에서 비롯된다고 보고 수령을 구임토록 하는 한편, 각사상납정비(各司上納情費)와 함께 감생청의 지시대로 외읍의 저리(邸吏), 계방(契房)과 이서들의 수효를 줄일 것을 주장하였다.[163] 다음 충청 우도 암행어사 이용호(李容鎬)의 경우, 감영에서 수량 외에 더 쓸 물건이 있으면 각 읍에서 가봉(加捧)하지 말고 반드시 감영 자체에서 시가로 무취(貿取)하도록 조치를 취할 것이며 각 읍 늠료 중 유청지필묵등가미(油淸紙筆墨等價米)는 저축해둔 대동구미(大同舊米)로 쓰지 않을 것이며, 포흠분을 메우기 위해 돈으로 민간에 분급하고 신미(新米)로 수봉하는 일이 없도록 신칙할 것이며 각 고을에서 쓰는 물건 등에 대한 상정가를 준수할 것을 건의하였다.[164] 전라도 암행어사 박영교(朴泳敎)도 수령의 구임을 주장하는 한편 민고의 폐단을 들면서 따로 관고를 둘 것을 건의하였다.[165] 그리고 이어서 다음과 같이 문제를 제기하였다.

고을의 잡역미는 녹봉과 고을 아전들에게 지출되는 것인데 최근에는 백성들의 형편을 고려하지 않고 높은 가격으로 받아내며 그 독쇄(督刷)하는 바가 정공(正供)보다 급합니다.[166]

少者永除吏案 減其額數 另定月給 使之從役 則庶無欠逋之患矣'

163) 『高宗實錄』 20, 高宗 20년 9월 23일, 中책, 109쪽.
164) 『高宗實錄』 20, 高宗 20년 9월 23일, 中책, 109쪽.
165) 『高宗實錄』 20, 高宗 20년 9월 23일, 中책, 110쪽.
166) 『高宗實錄』 20, 高宗 20년 9월 23일, 中책, 110쪽.

고을 아전들의 보수로 지급되는 고을 잡역미가 급속하게 증가되었던 것이다. 그래서 그는 결가를 조정하여 매섬지기에 9량씩 받기로 세칙을 만들어줄 것을 요청하였다.[167] 아울러 이향(吏鄕)의 임명을 위해 내는 돈[任賂]도 발견되는 대로 장오지율(贓汚之律)로 가배(加倍)하도록 건의하였다.[168] 경상 좌도 암행어사 이도재(李道宰)는 환곡을 탕감하고 전결에서 이자를 받는 '탕환귀결(蕩還歸結)' 및 은결(隱結)과 누세(漏稅)를 조사하는 은루사즐(隱漏査櫛)을 주장하는 한편 이임봉뢰(吏任捧賂)도 엄히 지시할 것을 건의하였다. 아울러 각 읍 관수미 및 유청지지가미(油淸紙地價米, 기름과 꿀, 종이 구입에 쓰는 비용)는 상세하게 조사한 뒤 정가를 한결같이 하도록 조처하였음을 보고하였다.[169] 또 일각에서는 향리들의 농간을 원천적으로 배제하기 위해서는 이들의 요포(料布)를 전결에 부과함으로써 이들의 급료를 보장해주어야 한다는 주장도 제기되었다.[170]

이러한 방안들은 이후에도 계속 견지되어 1892년에 파견된 암행어사들은 이와 유사한 방안들을 제시했다. 경상도 암행어사 김사철(金思轍)의 경우, 잡비 포흠을 민고에 전가하고, 무명잡세를 감영에서 징수하는 것을 엄금할 것을 건의하였다.[171] 충청도 암행어사 이중하(李

'邑雜役米 卽官況與邑屬上下者 而挽近各邑 不念民情 輒責高價 其所督刷 急於正供'

167) 전라도 암행어사 박영교의 이런 건의는 실제로 각 읍에서 시행된 절목에서 확인된다. 『高山雲北面稅賦釐整節目』(奎古 4255-16), 『古阜郡賦稅釐整節目』(奎古大 5127-7).

168) 위와 같음.

169) 『高宗實錄』 20, 高宗 20년 9월 23일, 中책, 111쪽.

170) 金炳昱, 『磊棲集』 3, '五策擬疏'. 이와 관련하여 盧大煥, 「개항기 지식인 金炳昱 (1808~1885)의 시세인식과 富強論」, 『韓國文化』 27, 2001, 275쪽 참조.

171) 『日省錄』 278, 高宗 29년 6월 29일, 嶺南暗行御史 金思轍 別單, 78책, 173~174쪽. 조선후기 잡세에 관해서는 조영준, 『賦役實摠』의 雜稅 통계에 대한 비판적 고찰:

重夏)는 고리대를 없애도록 요구하거나 중앙관청에 바치는 각종 명색의 물자에 대해서는 의정부에서 승인한 것이 아니면 없애버릴 것을 주장하였다.[172] 또한 물자는 시세에 따라 쓰게 한다든가 해당 고을의 필요치 않은 경비를 각기 해당 고을 창고의 것으로 지출하게 하며 제멋대로 거두지 못하도록 할 것이며 중앙관청에 바치는 예목(禮木), 필삭료(筆朔料) 등의 명목에 대해서는 지금 조사하고 순찰사(巡察使), 통어사(統御使) 및 군영에서 각 고을에 배정하는 것은 이제부터 다시금 시행하지 말고 시세에 따라 쓰게 하며 고을에서 쓰는 잡비도 제멋대로 호구와 토지 면적에 따라 추가 배정하지 못하게 할 것을 건의하였다. 아울러 계방촌을 없애는 한편 감영에서 고을 민고를 조사하고 장부를 정리하여 보고하고 불법적으로 배정하거나 거짓 기록한 것은 지워버리게 하고 해당 수령을 처벌하도록 요청하였다. 전라도 암행어사 이면상(李冕相)도 감사가 민고 장부를 친히 마감(磨勘)하여 불항잡비(不恒雜費, 예비비 명목의 비용)가 민에게 전가되는 것을 막도록 건의하였다.[173]

그리고 수령 자신들이 지방재정을 이혁하기도 하였다. 상주의 경우, 추가 지출 등의 각종 읍채(邑債)를 일부 탕감하고 나머지를 토지에 배당하는 한편 향리의 정원이 과다하다 하여 이를 감축시켰다. 아울러 도감(都監)들이 고마전(雇馬錢)을 정당한 보상 없이 가져간 나머지 수령 교체에 따른 비용을 구하기 어려워도, 민에게 전가하지 않고 고마답을 팔아 취식하는 식례를 마련하기도 하였다.[174] 진안(鎭安)

巫稅·匠稅·海稅·場稅를 중심으로」,『韓國文化』54, 2011 참조.
172)『高宗實錄』29, 高宗 29년 7월 18일, 中책, 431쪽.
173)『高宗實錄』29, 高宗 29년 7월 18일, 中책, 432쪽.
　　『湖南繡啓草冊』(奎古 4255.5-19).
174)『尙州事例』.

의 경우, 민고전의 이자 납부 기한을 변통하기도 하였다.[175] 또한 경상 감영 차원에서 민고의 폐단을 비롯한 각종 폐단을 바로잡는 데 진력하였다.[176] 이와 같이 정부는 전현직 관료, 유생들 및 어사들의 건의를 받아 지방재정 문제를 교구하려 하였다. 비록 이러한 노력이 구체적인 성과를 얻는 데는 이르지 못했지만 이후 정부의 이정 방향을 가늠케 하는 계기로 작용하였다.

다른 한편 정부는 개항 이후 대외관계의 변화 등과 관련하여 동래부에 대한 기존 정책을 바꾸어가기 시작했다. 그것은 조선과 일본 사이에 공무역이 폐지되고 경제적 의미의 근대무역이 전개되는 가운데 지방재정정책 역시 새로운 차원에서 모색되었음을 보여준다. 우선 정부는 하납미 제도(下納米 制度, 일본과의 무역을 위해 경상도 일부 군현에서 일부 대동세를 동래부에 내려주는 재정제도)를 없앤 뒤 대신 동래부에서 바쳐야 할 각종 쌀, 콩, 무명을 영원히 의정부에서 관할하고 비용으로 쓰게 하도록 조치하였다.[177] 이러한 일련의 조치는 왜료 및 공작미태(公作米太)의 폐지에 따른 일련의 조치로서 조일 간 근대무역이 전개되면서 나타나는 현상이다.

그러나 이러한 정책의 변화는 매우 한정되었다. 오히려 국교 확대 이후 재정의 위기가 심화하였다. 개화정책에 수반하여 전신 시설 등의 각종 비용이 증대하였으며, 신설 군영의 설치 비용 역시 적지 않았기 때문이다. 이는 지방재원을 더욱 잠식하는 결과를 야기하였다. 이와 같이 지출 규모가 더욱 확대되고 있는 가운데 지방재정의 위기는 더욱 심화하고 있었던 것이다.[178] 특히 당오전(當五錢) 주조 후 물가

---

175) 申永均, 『忍堂集』(奎 15546) 2, '鎭安縣民庫朔利分定矯捄節目'.

176) 『嶺南各捄弊節目』(1890, 國立 韓-38-39).

177) 『高宗實錄』 23, 高宗 23년 3월 1일, 中책, 229쪽.

앙등으로 인해 공용과 읍수(邑需)가 5배나 증가하였다. 이것이 결폐(結弊)를 더욱 가중시켰다. 그것은 대부분의 고을이 그러하였다.[179] 그래서 여기저기에서 민란이 일어났다. 정부는 각 고을에 이런 문제가 야기되지 않도록 신칙할 정도였다. 고종 29년(1892) 4월에 정부가 각 군현에 내린 공문은 다음과 같다.

순영에서 정부의 관칙을 각 군에 보내기를 근래 민생이 곤췌(困悴)하여 도탄에 이른 것은 모두 결역과 호렴이 매년 증가한 데서 말미암은 것이다. 잡비라 칭하고 이전에 없던 관례를 창출하여 갑자기 항식을 만들며 각 항미목(各項米木)은 시가에 준하지 않고 자의로 남봉하니 불쌍하다, 우리 백성이여. 어찌 지보(支保)할 수 있겠는가. 만약 영읍(營邑)에서 진실된 마음으로 백성을 아낀다면 반드시 여기에 이르지 않았을 것이다. 근일 민요(民擾)가 도처에서 있는데 삼남이 더욱 심하다. 말과 생각이 여기에 이르니 어찌 통해(痛駭)하지 않으랴.[180]

---

178) 『高宗實錄』19, 高宗 19년 2월 9일, 中책, 35쪽.
　　『高宗實錄』19, 高宗 19년 11월, 中책, 78쪽.
　　『高宗實錄』25, 高宗 25년 2월 29일, 中책, 288~289쪽.
　　『高宗實錄』25, 高宗 25년 5월 2일, 中책, 269쪽.
　　이에 관해서는 서영희, 앞 논문, 1991, 133~134쪽 참조.
179) 『日省錄』401, 高宗 31 甲午 5월 25일, 78책, 943쪽.
　　'洪淳馨曰 道內(全羅道)結弊 亦一難支之端 一自當五行用之後 物價刁騰 勿論公用邑需 或有五倍之數 殆無限節…恒定之外 無他矯捄之策矣'
180) 吳宖黙, 『慶尙道咸安郡叢鎖錄』, 壬辰(1892) 4월 15일.
　　'巡甘因政府關 近來民生困悴 以至塗炭者 皆由於結役戶斂 年增歲加也 稱以雜費 創出無前之例 輒成恒式 各項米木 不遵時價 恣意濫捧 哀彼殘民 其何以支保乎 若自營邑 苟能實心愛民 必不至此 近日民擾 在在處處 三南尤甚 言念及此 寧不痛駭'

정부는 이 시기 민란의 원인을 상납분의 증가와 함께 지방경비의 증가에서 찾고 있었던 것이다. 그것은 운용상의 문제를 제거해서 해결될 차원이 아니었다. 국가재정 전반에서 제기될 사안이었기 때문이다. 그래서 홍순형(洪淳馨)의 경우, 양입위출(量入計出)하고 그 수를 고정시킨 연후에야 가렴의 폐단을 없앨 수 있다고 하였다.[181] 이와 같이 삼남지방 역시 서북지방의 경우와 마찬가지로 지방재정의 위기를 노정하고 있어 정부는 이정책을 강구해야 했다. 여기에는 이액을 감소하거나 관황을 축소하자는 논의에서부터 결가에 대한 조정을 통해 국가가 지방재정운영에 관여할 수 있는 길을 모색하는 방책들이 포함되었다. 특히 결가의 경우, 종래 도결화 현상보다는 결가의 급속한 증가를 우려하여 결가의 조정에 관심을 가졌던 것이다. 그러나 국교 확대 이후 국가재정의 확대와 정부의 대안 부족으로 지방재정의 위기는 오히려 심화하고 있었다. 따라서 농민들 역시 삼정 문제와 함께 이 문제의 심각성을 인식하여 주요한 이정 대상으로 제기하기에 이르렀다.

2) 재정 개선책과 그 한계

정부는 1860년대 이래 지방재정의 실태 파악을 통해 재정을 개선하고자 하였다. 그러나 그것은 이 시기에 빈번히 일어났던 민란에 대처하면서 구체적으로 마련되고 실행에 옮겨졌다는 점에서 재정 개선의 실제와 한계를 밝히기 위해서는 민란과 관련하여 구체적으로 파악할 필요가 있다. 특히 민란의 원인이었던 결가의 증가가 지방경비의 증

---

181) 『日省錄』 401, 高宗 31 甲午 5월 25일, 78책, 943쪽.
　　'(洪)淳馨曰 量入計出 恒定其數然後 可無加斂之弊'

가와 관련되어 있다는 점을 감안한다면 더욱 그러하다. 민란 역시 지방재정과 관련되어 표출되었다고 하겠다. 다만 이 시기 이런 문제의 대부분이 정부에 보고되기는 어려웠을 것이다. 따라서 중앙에 보고된 일부 지역의 문제를 중심으로 정부의 개선 방향과 한계를 살펴보려 한다.

우선 정부는 결가 인하를 통해 지방재정을 통제하고 경비를 축소하려 하였다. 울산부(蔚山府)가 대표적인 예이다. 울산은 도호부와 경상 좌병영이 소재한 곳으로 1862년 민란 때 이미 도결이 문제가 되었을 뿐만 아니라[182] 1875년 민란에서도[183] 결가의 남징이 가장 큰 폐단이었다. 특히 지방경비와 관련된 결역전의 비중이 매우 높았다. 그것은 근래 외읍들이 매우 조잔하여 지방경비의 증가분을 더 이상 민렴하거나 민고로 충당하기나 관황에서 찾지 못했기 때문이다.[184] 그래서 당시 안핵사로 파견된 경주 부사 홍철주가 결역의 폐단이 심하다고 판단하고 이 문제를 집중 해결하려 했던 것이다.[185]

〈표 7〉은 울산부 안핵사 홍철주가 단행한 울산부 결가의 인하 내역이다.

갑술년(1874)에 비해 인하된 결가를 보면, 부미(賦米, 대동미)는 101석 2두 1승 9작(勺), 세미(稅米, 전세미)는 94석 8두 8승 6홉(合), 세태(稅

---

182) 망원한국사연구실, 앞 책, 186~187쪽 참조.

183) 사건의 전모와 사후 처리에 대해서는 『承政院日記』, 高宗 12년 4월 25일, 高宗 5책, 229쪽; 5월 1일, 高宗 5책, 237쪽; 6월 7일, 高宗 5책, 275쪽 참조. 이와 관련하여 이겸주, 「1875년 蔚山鄕變」, 『蔚山史學』 10, 2001; 양상현, 『蔚山按覈錄』을 통해서 본 1875년 울산농민항쟁」, 『古文書硏究』 35, 2009 참조.

184) 『松史遺稿』 4, 蔚山府按覈謄錄, 乙亥 5월 8일.
  '近來外邑 到底凋殘 或民斂 或民庫 或官況間 不可如前責應'

185) 『松史遺稿』 4, 蔚山府按覈謄錄.
  '一結應役, 逐條爬櫛 科外徵廉'

<표 7> 高宗 12년 蔚山府 結價의 引下 방안

단위: 結-負-束

부과액 세 목	賦課結數	1874년	1875년	減額	引下率 (%)	備考
賦米 左兵營需米 蔚山府需米	4,597-30-4	11.58두	8.45두 1.75두 1.05두	0.33두	2.85	하납
稅米	4,540-71-7	7.69두	7.35두	0.34두	4.42	하납
倭太	4,540-71-7	0.47두	0.45두	0.45두	4.26	하납
砲粮木價	5,051-30-8	2.150량	1.880량	0.270량	12.56	상납
均廳稅作木價	4,523-18-6	0.997량	0.769량	0.228량	22.87	상납
均廳賦作木價	4,523-18-6	0.949량	0.736량	0.213량	22.44	상납
結錢	5,206-53-0	0.510량	0.510량	0량	0	상납
結役錢	4,523-18-6	1.194량	0.955량	0.239량	20.02	
柴復戶	4,523-18-6	0.430량	0.297량	0.133량	30.93	

출전: 『松史遺稾』 4, '蔚山府按覈謄錄' 民弊矯捄節目

太)는 6석 8승 1홉, 포량전(砲粮錢) 1,363량 8전 4푼, 균역청세목가(均役廳稅木價)는 1,031량 2전 9푼, 균역청부목가(均役廳賦木價, 균역청에 상납하는 부세)는 963량 4전 3푼, 시복호전(柴復戶錢, 땔감 공급의 의무에서 「면제」된 가호에게 부과하는 세금)은 602량 9전 2푼, 결역전(結役錢, 잡역 대신에 토지에 부과하는 세금)은 1,081량 4푼이었다. 즉 쌀 195석 10두 9승 6홉 9작, 콩은 6석 8승 1홉, 돈은 5,042량 5전 2푼인 셈이다. 이와 같이 정부는 결가 인하를 통해 지방민의 부담을 줄이려 하였다.

그런데 〈표 7〉에서 유의해야 할 점은 정부가 이러한 결가 인하 과정에서 결역전의 인하를 통해 지방재정의 규모를 축소했다는 것이다. 우선 결역전과 지방재정의 관계를 보자. 〈표 8〉은 결역전의 지출 내역이다.

〈표 8〉에 따르면 읍 경비가 전체 결역전 4,317량 중에서 2,580량 7

<표 8> 高宗 12년 蔚山府의 上納 및 支出

項目	金額	所掌	支出用途
壽進宮上納錢	383량 5전	差役色	상납
糧餉廳上納錢	68량 1전 2푼	戶房色	상납
進上原情費, 公費	764량	禮房色	상납
巡營納年紙代錢	382량 5전	都書員	상납
巡營分定雜物	202량	都書員	상납
兵營納藁草價	168량	戶籍色	상납
官廳油淸雜種價	466량	官廳色	읍 경비
官廳添價	200량	官廳色	읍 경비
官廳雉鷄卵價	145량	官廳色	읍 경비
官廳果實價	107량	官廳色	읍 경비
官廳魚物價	800량	官廳色	읍 경비
工庫雜物價	273량 2전 5푼	都書員	읍 경비
府司廳藁草價	105량	副戶長	읍 경비
客舍鋪陳價	316량 5전	都書員	읍 경비
合	4,317량 4전		

출전: 『松史遺稟』 4, '蔚山府按覈謄錄', 民弊矯捄節目

전 5푼으로 59.8%를 차지하고 있다. 더군다나 학위전(學位田), 아록
공수전(衙祿公位田), 각양복호결(各樣復戶結) 등의 499결 94부 4속이
결역전의 부과 대상에서 제외되었음을 감안한다면, 읍 경비가 결역전
에서 차지하는 비율은 훨씬 높은 셈이다. 이렇다면 결역전의 인하 문
제는 지방경비의 축소와 관련된다 할 수 있다. 그런데 결역전의 인하
율이 매우 높은 수치를 나타내고 있다는 점에서 안핵사의 이런 결역
전 인하 단행은 정부가 지방재정운영에 적극 관여하여 유정지세(惟
正之稅, 국가경비)보다는 지방경비를 훨씬 줄이려 했음을 잘 보여준다
하겠다.

지방경비의 결렴화 문제는 함창(咸昌)민란의 경우에도 잘 드러난

다.[186] 1891년 8월 3일에 일어난 민란의 직접적인 계기는 관수가(官需價, 관아의 경비)를 토지에 추가로 부과한 것이었다. 이방 김규목(金圭穆)이 물가 상승으로 관수가가 증가하자 이를 메우기 위해 관황이라 칭하고 토지에 결당 1량씩 첨보(添補)했다.[187]

다음 각종 잡역세도 정부는 문제의 심각성을 감지하고 대부분 혁파하였다. 고성부(固城府)의 경우, 1894년 7월 26일과 27일(음력) 양일간에 걸쳐 이 지역 대소민 수천 명이 취회하여 이향을 공격한 뒤 교혁안민(矯革安民)을 요구하였는데[188] 이에 고성 부사 오횡묵(吳宖黙)은 8월 4일에 절목을 만들어 각 면에 보냈다.[189] 이와 관련된 내용은 다음과 같다.

① 목직(木直)을 잡비에 첨보하여 매필에 16량씩 시행할 일

② 별락색(別落色) 500량은 영원히 혁파할 일

③ 예채(例債) 명색은 영원히 거론하지 않을 일

---

186) 咸昌民亂에 관해서는 김양식, 『근대한국의 사회변동과 농민전쟁』, 신서원, 1996, 19~62쪽; 백승철, 「개항 이후(1876~1893) 농민항쟁의 전개와 지향」, 『1894년 농민전쟁 2』(한국역사연구회 편), 역사비평사, 324~328쪽; 송찬섭, 『관남지에 묻힌 함성―한말 함창 고을의 농민항쟁을 찾아서』, 서해문집, 2003 참조.

187) 『慶尙監營啓錄』 6, 光緖 16년(1890) 9월 10일과 13일.

188) 『邑報草槪冊』(奎古 5125-860).
『固城叢鎖錄』, 甲午 7월 26일.

189) 고성부민란은 군국기무처가 설치되는 1894년 6월 25일 이후 한 달 뒤인 7월 25일에 일어났다는 점에서 그 양상과 정부의 대처 방식이 이전 민란의 경우와 다르지 않았나 추측해볼 수 있다. 그러나 당시 '鄕會設立에 關한 件'을 비롯한 정부의 각종 개혁안이 구체적으로 마련된 것은 7월 중순 이후이며 더욱이 농민전쟁이 三南 등지에서 활발히 전개되고 있어 軍國機務處의 개혁안이 부사 오횡묵에게 하달되어 직접적으로 영향을 끼치기에는 시간적으로 촉박하다. 오히려 부사 오횡묵이 이전부터 추구했던 정부의 개혁 방침에 따라 독자적으로 節目을 만들어 민란에 대처한 것으로 보인다.

④ 서가(書價)는 면두(面斗)에 의해 시행하되 매두 대전(代錢)은 4전씩 하고 풍흉과 무관할 일

⑤ 노자는 각각 해당 동(洞)에서 획급하되 면두승(面斗升)은 관례에 따라 시행할 일

⑥ 분정각공전(分定各公錢)과 체납(替納) 명색은 영원히 거론하지 말 일

⑦ 예목전(禮木錢) 민간배렴조(民間排斂條)는 일절 거론하지 않을 일

⑧ 인리복호복(人吏復戶卜) 100결은 영원히 혁파할 일

⑨ 관예와 유수배(遊手輩) 족채(足債) 명색은 영원히 시행하지 않을 일[190]

예채를 비롯한 지방관아의 각종 잡역세를 모두 혁파하였다. 이러한 정부의 조치는 비록 부사 차원에서 시행되었다 하더라도 민의 부담을 경감하고 지방재정을 개선하려는 정부의 의도가 반영되었다고 할 수 있다.

청풍(淸風)의 경우도 각종 잡역세가 폐단으로 제기되어 교구하기에 이르렀다.[191] 1893년 7월 이 지역의 농민 3,000여 명이 모여 관아에 난입하여 '금번호렴사(今番戶斂事)', '충주참선전가렴사(忠州站船錢加斂事)', '호포목대전과봉사(戶布木代錢過捧事)', '방어영혁파(防禦營革罷)', '가렴당감사(加斂當減事)', '환미다유작간사(還米多有作奸事)', '불항조이위식리전(不恒條已爲殖利錢)' 및 '연년가렴사(年年加斂事)'의 이정을 요구하였다.[192] 특히 호렴(戶斂)과 불항전(不恒錢)이 심각하였다. 1892년

190) 『固城叢鎖錄』, 甲午 7월 26일.

191) 淸風 民亂에 관해서는 김양식, 앞 논문, 668~675쪽; 백승철, 앞 논문, 324~328쪽 참조.

192) 『東學亂記錄』 上, 「聚語」, '淸風民擾査覈跋辭', 138~141쪽, 國史編纂委員會 刊.

5월부터 1893년 3월까지 용하조(用下條)를 호렴을 통해 해결해왔는데 중간에 1892년 8월 진찬소복정물종가(進饌所卜定物種價) 400여 량을 미리 별렴(別斂)하였으므로 호렴에 들어가 있지 않았다. 일종의 첩징이 된 셈이다. 정부는 이들 난민 중 주동자들을 하옥시키고 부사와 향리들도 민란 발생의 책임을 물어 하옥시켰다. 아울러 불항전용하(不恒錢用下) 총수(摠數)를 소상하게 현록(懸錄)하도록 하였다.

정부는 이서들의 폐단을 제거하려 노력하였다. 이폐(吏弊)가 민막에 직결되기 때문이었다. 울산부 민란에 대한 정부의 대책에서 잘 드러난다. 우선 임과(任窠)의 경우로 임과가 매우 증가하여 민간에서 횡렴하였다고 판단하였다.[193] 다음 필채(筆債, 향리의 부정 방지를 명목으로 설정한 일종의 예탁금)의 경우, 그 임과의 후박(厚薄)에 따라 본래 정해진 금액이 있었으나 근래 경쟁이 치열해지면서 뇌물이 오가는 등 유리쟁임(由吏爭任)의 폐단이 심각하게 진행되었음을 파악하였다.[194] 그래서 정부는 이액을 제감(除減)한다는 방침을 세웠다.[195] 그리하여 임과를 옛날 정원대로 시행하고 도중에 증가한 것은 모두 삭감하였으며 민간에서 횡렴하지 못하도록 하였다. 또한 도봉색리(都捧色吏)는 영원히 혁파하고 대신 공전은 각기 해장(該掌)에게 부쳐 들어오는 대로 상납하게 하였고, 범용과당자(犯用過當者)는 적으면 해당 고을에서 징치하고 많으면 감영에 보고하여 형배(刑配)에 처하도록 하였다. 그리고 각방 필채(各房筆債)는 임과대소(任窠大小)와 비교하여 검토하고, 노리(老吏)와 의논하여 줄였다. 그리하여 〈표 9〉와 〈표 10〉과 같이 처리하였다.

임과의 경우, 〈표 9〉와 같다.

---

193) 위와 같음.
194) 위와 같음.
195) 『高宗實錄』 12, 高宗 12년 7월 5일, 上책, 501쪽.

〈표 9〉 高宗 12년 蔚山府의 任窠 減秩

該 吏	甲戌 吏額	減額	乙亥 吏額
下納色	2인	1인	1인
漁稅色	3인	2인	1인
戶籍色	5인	4인	1인
禮房	6인	3인	3인
式年色	2인	1인	1인
差役色	5인	3인	2인
外醫生	1인	永革	0인
合	24인	15인	9인

출전: 『松史遺稟』 4, '蔚山府按覈謄錄', 吏弊矯捄節目

〈표 9〉에서 일부 향리와 색장에 한정되지만, 하납색을 비롯한 향리와 색장 중 15명을 감액시켰음을 확인할 수 있다.

아울러 필채도 존감(存減)하였다. 〈표 10〉과 같다.

〈표 10〉에서 각소의 이향·색장 등 대부분을 망라하여 필채액을 인하 조정하였음을 알 수 있다. 즉 필채 전체액인 6,560량을 무려 1,710량으로 삭감하였던 것이다. 그 외 하납미, 시탄 및 영저리 역가 문제에도 적극 관여하여 이를 개선하였다.[196] 이처럼 정부는 지방관아의 각소 경비 운영에도 적극 관여하여 경비를 줄일 뿐만 아니라 각소 조직을 축소하려 했던 것이다.

고성부의 경우도 정부의 이러한 방침은 관철되었다. 우선 각소 중에서 불필요한 색장들을 대거 혁파하였다.

　　① 도봉소 명색은 영원히 혁파할 일

　　② 균역색은 영원히 공형(公兄)에 부쳐 읍징(邑徵)을 시행하지 않을 일

---

196) 위와 같음.

〈丑 10〉 高宗 12년 蔚山府의 筆債 釐整案

該 吏	吏額	舊筆債額	調整額	收捧處
戸房上納色	1인	60량	60량	호장 10량, 이방 50량
下納色	1인	100량	40량	
賑恤色	1인	60량	60량	
南倉色	1인	150량	150량	호장 40량, 이방 100량, 부이방 10량
西倉色	1인	140량	140량	호장 30량, 이방 100량, 부이방 10량
大同色	1인	60량	60량	호장 10량, 이방 50량
砲糧色	2인	400량	100량	호장 20량, 이방 70량, 부이방 10량
紙所色	1인	100량	20량	
圖書員	1인	170량	170량	호장 45량, 이방 100량, 부이방 25량
兵房	2인	60량	10량	
主鎭色	1인	75량	75량	호장 20량, 이방 50량, 부이방 5량
禁衛色	1인	200량	30량	
御營色	1인	70량	10량	
水軍色	1인	20량	10량	
承發色	3인	300량	15량	
工房色	3인	120량	15량	
客舍色	2인	80량	10량	
醫生	1인	30량	30량	
禮房	3인	525량	90량	
戸籍色	1인	500량	20량	
官廳色	2인	300량	100량	
差役色	2인	2,000량	210량	호장 15량, 이방 195량
均惠色	2인	200량	60량	
外別色	1인	50량	10량	
禁松色	1인	10량	永減	
外醫生	1인	30량	永革	
刑吏	10인	무		
書員	5인	180량	180량	호장 40량, 이방 100량, 부이방 40량
式年色	1인	400량	40량	
軍器色	2인	40량	10량	
內別色	1인	20량	5량	
烽燧色	1인	50량	10량	
漁稅色	1인	60량	20량	
總計	72인	6,560량	1,710량	호장 230량, 이방 1,380량, 부이방 100량

출전: 「松史遺稾」 4, '蔚山府按覈謄錄', 吏弊矯捄節目

③ 공생호(貢生戶) 명색은 시행하지 않을 일

④ 민고감색은 혁파하고 장내사(掌內事)는 각해색(各該色)에게 부칠 일

⑤ 이역청(吏役廳) 훼철무역(毀撤貿役)은 관청에 부칠 일

⑥ 시승(市升)은 팔결도삼승용입자(八結刀三升容入者)로 새로 정하고
　여쾌(女儈, 거간꾼)를 시행하지 않을 일

⑦ 사마(司馬) 정려호(旌閭戶) 외 감역 감찰 도사(都事) 군사마(軍司馬)
　도정(都正) 가자호(加資戶) 제역(除役)은 일절 거론하지 않을 일

⑧ 이액은 『대전회통』에 따를 일

⑨ 경영각주인역가(京營各主人役價)는 절목에 따라 시행할 일[197]

　정부는 『대전회통(大典會通)』에 맞추어 이액을 대폭 축소하였을
뿐만 아니라 도봉소(都捧所)를 비롯하여 많은 색장들을 혁파하였다.
이는 종전의 단지 이액 준수를 강조하던 형식적인 차원에서 벗어나
실제 군현 각소의 색장들을 일일이 열거하면서 구체적으로 혁파하
였다.

　나아가 정부는 지방관아 및 향회 운영에도 관여함으로써 지방재정
운영을 통제하려 하였다.

① 향회 명색은 영원히 혁파할 일

② 이향은 향에서 추천하되 예채(例債) 명색은 영원히 거론하지 않을 일

③ 사창(司倉), 병소(兵所), 대동, 관청 4색은 향에서 추천하여 1리(里)
　로써 차출하되 만약 암채(暗債)의 단서가 있으면 마땅히 영에 고소
　하여 형배할 일

④ 이향은 24개월에 한해서 시행하되 비록 죄가 있어 그 죄를 내릴지라

---

197) 『固城叢鎖錄』, 甲午 7월 26일.

도 도태시키지 말 일

⑤ 각 공전 수쇄(收刷)는 오로지 집강(執綱)에게 맡기고 도감 명색, 면수(面首)가 담당하는 것은 영원히 시행하지 않을 일[198]

우선 종래 향회 명색을 부정하고 새로운 향회에 입각하여 이향들을 구성하고 있다. 특히 지방재정운영에서 큰 비중을 차지하는 사창, 병소, 대동, 관청의 각색을 향에서 추천하고 1리로써 차출하였을 뿐만 아니라 각공전의 수쇄를 오로지 집강에게 맡기고 있다. 이 점에서 지방재정 문제는 단지 부세 차원에 국한되지 않고 향촌 권력을 비롯한 지방통치 전반의 문제와 관련하여 해결책이 모색되고 있음을 보여주고 있다.

정부의 이러한 조치들은 이처럼 종전까지 주로 삼정 문제에 국한되었던 방식에서 벗어나 지방재정까지 적극 관여하여 개선하겠다는 의지를 드러내주는 것으로, 19세기 전반 세도정권기의 읍사례 준용방침에서 한 단계 나아가 지방재정의 운영 문제까지 정부가 깊숙이 관여하려 했음을 보여주는 것이다.

그러나 이러한 개선책은 결가나 영저리, 시탄전 등에 국한된 점에서 지방재정 전반에 걸친 개선이 아닐뿐더러 일부 지역에서 일어난 민란에 대처하여 그때그때 마련되었기 때문에 제도적인 개혁으로까지는 진전하지 못했다. 그래서 1894년 농민전쟁이 일어났을 때, 농민군을 진압했던 예천군(醴泉郡)의 소야(蘇野) 접주(接主)마저 그 지역의 보수집강소에 보낸 사통(私通)에서 다음과 같이 관수의 가렴과 이교의 토색이 심각하였음을 지적하고 있다.

---

198) 『固城叢鎖録』, 甲午 7월 26일.

저 어리석은 백성은 관수의 가렴과 이교의 토색과 양반의 토호를 견디기 어렵다. 아침저녁으로 청문이 보장되기 어려우며, 개탄을 이길 수 없어, 사실을 아는 접료(接僚)를 택하여 보내 각 읍을 순행하며, 기강을 바로잡고 호한(豪悍)을 금단한 것은 또한 전무후무하고 부득이한 일이다.[199]

또한 농민들은 민란을 통한 개혁 요구에서 더 나아가 1894년 농민 전쟁에서는 삼정과 함께 지방재정의 문제도 교구해야 할 사항으로 제기하였던 것이다. 〈표 11〉은 이를 잘 보여준다.

〈표 11〉 1894년 農民軍의 地方財政 矯革案

요구 내용	출 전
① 烟戸雜役은 줄일 것	全琫準判決宣告書 原本
② 無名雜稅 등은 혁파할 것	東學史
③ 公私債를 물론하고 과거의 것은 모두 금지할 것	東學史
④ 結上頭錢, 考錢 등의 명목으로 받는 세금이 해마다 증가하니 모두 시행하지 말 것	東匪討錄
⑤ 各邑 官況 외에 별도로 설정한 것은 모두 혁파할 것	續陰晴史
⑥ 烟役別分定加斂條는 모두 혁파할 것	續陰晴史
⑦ 各邑官衙物種所入은 時價대로 排用하고 詳定例는 혁파할 것	續陰晴史
⑧ 소금에 대한 세금의 폐지와 장터에서 거래되는 모든 상품에 대한 세금을 징수하는 근거의 폐지	뮈텔주교일기 1

〈표 11〉에 따르면 농민군은 토지, 부세, 신분 문제뿐만 아니라 지방재정 문제를 정식으로 거론하면서 교혁을 요구하였던 것이다. 특히 ④, ⑤, ⑥조항에서 보이고 있듯이 농민들에게 각소 경비의 증가와 새로운 지출 항목의 설정에 따라 부수되는 비용을 전가한 사실을 중시

199) 『甲午斥邪錄』, 8월 15일.

하고 혁파 대상으로 삼고 있다.

그 밖에 지방관아 재정에서 중요한 비중을 차지하는 시장세를 폐지하고자 하는 움직임도 일어났다. 상인과 삼포주(蔘圃主)가 주도한 1893년 개성(開城)민란의 경우, 시장세 폐지를 요구하였다.[200]

이제 농민은 삼정 위주의 1862년 삼남민란의 수준을 넘어 삼정 문제와 별개로 지방재정의 구조와 운영까지 언급하기에 이른 것이다. 이는 정부가 국가재정뿐만 아니라 지방재정에도 적극적인 관심을 가지고 개혁 방안을 마련하여 실행해야 함을 의미한다.

---

200) 國史編纂委員會 編, 『韓國近代史資料集成』 8, 國權回復, 3쪽. 이와 관련하여 Bae Hang-seob, Kaesŏng Uprising of 1893, *International Journal of Korean History*, Vol.15 No.1, 2010 참조.

3

갑오개혁기
지방재정개혁안과
지방제도 개혁

1
지방재정개혁안의 두 계통

갑오개혁기에 각기 노선을 달리하는 여러 정치세력이 내각에 참여하였다. 그리하여 제반 개혁의 방향과 정치적 성격을 이해하기 위해서는 개혁의 내용과 함께 이를 추진한 정치 세력의 성격을 염두에 둘 필요가 있다.[1] 일반적으로 갑오개혁기에 참여한 인사들을 학적 기반과 활동 내용을 기준으로 대별하면 두 가지로 나누어 볼 수 있다. 한

---

[1] 종래에 柳永益은 甲午改革의 自律性을 부각시키기 위해 內部大臣으로서 활동했던 朴泳孝를 통해 제2차 김홍집 내각에서 자주적 개혁이 이루어졌음을 주장하였다. 왕현종 역시 일본이 조선 문제에서 서구 열강의 간섭을 배제할 수 없는 데다가 내각 관제하에서는 일본인 고문관의 역할이 제한적이었다는 점을 들어 갑오개혁기 내내 개혁파 관료들이 개혁정책을 구상하고 실천하였음을 강조하였다. 이에 반해 朴宗根은 이노우에가 부임하여 발족한 제2차 김홍집 내각을 親日 內閣으로 이해하고 이때 일본의 간섭이 본격화한다고 이해하였다. 기존 연구는 이처럼 추진 주체와 성격을 둘러싸고 상이한 견해를 제시하고 있다.

柳永益, 「甲午·乙未年間(1894~1895) 朴泳孝의 改革活動」, 『國史館論叢』 36, 1992.

朴宗根, 「甲午改革と金弘集政權」, 『歷史學研究』 415·417, 1974·1975.

왕현종, 앞 책, 2002, 178~195쪽.

부류는 국내에서 성장하여 자기 내부의 개혁 전통에 기반하면서 서구의 제도를 일부 수용함으로써 근대적 개혁을 추진했던 온건개혁론자이며, 다른 한 부류는 주로 해외에 유학하거나 망명하여 서구나 일본의 문물 및 제도를 도입하여 이를 전면적으로 실행하려 했던 급진개화론자들이다. 전자가 주로 탁지부대신을 연임했던 어윤중과 박정양(朴定陽)으로 대표된다면, 후자는 제2차 김홍집 내각에서 내부대신을 역임한 박영효(朴泳孝)로 대표된다. 또한 이들 각 계열은 정치적 노선과 함께 사상적 배경을 달리하고 있다는 점에 주목할 필요가 있다. 이 점은 지방재정개혁 방안에서도 마찬가지여서 개혁기에 상이한 접근 방식들이 모색되었던 것이다.

1) 지방경비 배정 방안

지방경비 배정 방안은 중앙정부가 군현의 재정권을 박탈하고 대신에 결호전에서 경비를 배정하는 방안이다. 이 방안은 멀리는 유형원에, 가깝게는 정약용과 이진상에 이르기까지 남인 계열의 유자들이 제시한 것으로 국내에서 오랜 관직 생활과 암행어사 활동을 통해 국내 제반 실정을 몸소 경험한 온건개혁론자들이 주장하였다. 어윤중의 경우, 고종 15년(1878) 전라 우도 암행어사 시절 현지의 실정을 몸소 목격하고 그 문제를 절감하면서 해결에 몰두하였다.[2]

한편 1880년대 고종을 비롯한 집권층은 1876년 일본과 수교한 뒤,

---

2) 魚允中이 정부에 올린 별단 중에서 지방 문제와 관련하여 제시한 내용을 보면, 지방 수령의 5년 이상 재임 보장, 流亡還耗와 會付穀 別備米의 蠲蕩, 京營納 및 邑用의 보충 및 雜稅革罷 등이었다(『高宗實錄』 15, 高宗 15년 7월 19일, 上책, 577쪽).

개화·자강의 필요성을 절감하여 일본의 제도와 문물 모든 방면에 걸쳐 각별한 관심을 가졌다. 여기에는 지방제도도 포함되었다. 고종은 1880년 일본에서 돌아온 수신사(修信使) 김홍집(金弘集)에게 일본 정부의 폐번치현(廢藩置縣)과 질록처분(秩祿處分)을 상세히 하문할 정도로 관심이 높았다.[3] 곧이어 1881년에 일본의 주요 관서, 근대 시설 및 육해군의 실황을 시찰 조사하기 위해 조사시찰단(朝士視察團)을 파견했다.[4] 어윤중의 경우,[5] 시찰단 일원으로 참가하여 일본 대장성(大藏省)의 각종 사무를 조사하면서 당시 일본의 재정개혁에 대해서 다음과 같이 보고하였다.

일본이 재정을 확보함은 봉건(封建)을 폐지함에 있다. 일단 각국(各國, 다이묘의 영지)을 폐지하고 군현을 채택하여 3부(府) 37현(縣)을 설치했다. 부현의 밑에는 군구정촌(郡區町村)이 있어 부지사(府知事), 현령(縣令)에게 통치된다. 그리고 현령, 부지사 및 군구장(郡區長)에게 봉급을 주는데 지방세(地方稅)로써 지급한다. 그리고 국내 조세는 대장성으로 수송된다.[6]

---

3) 『高宗實錄』 17, 高宗 17년 8월 28일, 上책, 619쪽.
　'敎曰 彼國之六十州 今皆統合云耶 (金)弘集曰 廢六十州 分爲三十六縣 縣置合如我國監司之制矣 敎曰 各州世襲之人 今皆失位 得無怏怏之意乎 弘集曰 其心似不樂然 亦皆其優廩而居之都下云矣'
4) 일본인 학자들이 이른바 紳士遊覽團으로 불렀던 朝士視察團은 1881년 4월에 渡日하여 7월까지 4개월간 행정, 재정, 사법, 군사, 농상 등의 각 분야에 걸쳐 시찰하고 돌아왔다. 이에 관한 연구는 다음과 같다.
　鄭玉子, 「紳士遊覽團考」, 『歷史學報』 27, 1965.
　愼鏞廈, 「開化政策」, 『한국사』 16, 1975.
　宋炳基, 『近代韓中關係硏究』, 檀國大出版部, 1985.
　許東賢, 『近代韓日關係史硏究』, 國學資料院, 2000.
5) 어윤중은 갑오개혁기 제1차, 제2차 김홍집 내각에서 度支部大臣을 역임하는 등 재정 분야의 최고 실무자로서 재정개혁의 중추적 역할을 담당하였다. 拙稿, 「魚允中의 財政改革論」, 『한국역사연구회회보』 9, 발표요지문, 1991 참조.

이에 따르면, 어윤중은 일본이 단행한 재정개혁의 의미를 봉건의 폐지, 즉 폐번치현에서 찾는 한편 지방세를 국세에서 분리하여 근대적 지방세제를 마련했다고 인식하였다. 즉 그는 중앙정부가 지방자치단체의 예산을 파악한 바탕 위에서 지방경비를 충당하기 위해 지방세 제도를 운용하고 있음을 강조하였던 것이다.[7] 또한 그는 지바현(千葉縣)의 경우를 예로 들어 일본 부현의 지방세 내역을 소개하고 있다. 〈표 1〉은 그 내역이다.

〈표 1〉 **千葉縣 地方稅經費豫算徵收(1881년 7월~1882년 6월)**

항 목	금 액
警察費 取扱	76,549圓 55錢 7厘
土木費	43,004圓 20錢
府縣會 諸費	8,735圓 25錢
衛生과 病院費	20,599圓 90錢 6厘
敎育費	15,478圓 5錢
郡廳舍 建築修繕費	1,000圓
郡吏員 給料旅費와 廳衆諸費	64,006圓 50錢
救資費	500圓
浦役場과 難破船 諸費	25圓
管內限 請建書와 揭示費	6,254圓 50錢 2厘
勸業費	4,540圓
戶長 以下給料와 戶長職務取扱費	127,248圓 22錢
地方稅 取扱費	4,512圓
縣廳舍 建築修繕費	1,270圓
監獄費	49,469圓
監獄 建築修繕費	3,060圓
豫備費	7,500圓
合 計 金	433,752圓 68錢 5厘

출전: 『魚允中全集』, '財政見聞'
비고: 府縣 각급 장관의 급료 등은 國庫에서 支辦함

6) 『魚允中全集』, 「隨聞錄」.
7) 보고 내용이 대체로 사실과 부합하나 '縣令, 副知事 및 郡區長에게 봉급을 주는데 地方稅로써 지급한다'는 내용은 사실과 다르다. 즉 이들 각급 지방장관은 國庫에서 봉급을 지급하였다.
藤田武夫, 『日本地方財政制度の成立』, 岩波書店, 1955, 91쪽.

〈표 1〉을 통해서는 지방세의 지출 내역만 알 수 있을 뿐, 지방세의 수입 내용과 징수 구조는 알 수 없다. 여기서 어윤중이 지방세의 세출 내역을 자세히 파악하였을 뿐만 아니라 지방사무의 내용을 명확히 인식하였음을 알 수 있다.

그러나 그는 일본의 이러한 지방세제를 인식했을 뿐, 이를 적극 수용하여 국내의 지방재정개혁에 적용하지는 않았다. 오히려 전통적인 개혁 방안을 적극 계승하여 개혁에 진력하였다. 지방제도 개혁과 양전(量田) 시행을 같이 고려하여 이 문제를 해결하려 했던 것이다. 나아가 그는 다음과 같은 견해를 피력했다.

> 모든 일은 본말이 있다. 근일 경장은 한낱 말(末)만 좇으므로 분잡(紛雜)하고 요령이 없다. 대저 결정(結政)은 경계를 바로잡지 않으면 어찌 토지를 나누고 봉록을 정하겠는가. 우선 주군강역(州郡彊域) 및 관원이액(官員吏額)을 정하고 시급히 마땅히 양전하여 그 허결을 줄이고 그 은결을 조사하여 실결로 집총한 후에 세를 정하고 녹을 정하는 것이다.[8]

그는 결정에 주군강역과 관원·이액의 획정이 양전과 함께 시급하다는 점을 강조하였던 것이다. 이러한 주장은 다른 관인 유자에게서 찾아볼 수 없는 내용으로 유형원의 지방제도 개혁론과 마찬가지로 지방제도를 조세제도와 관련시켰다는 점에서 주목할 만하다. 따라서 그가 1883년 함경도 재정개혁을 추진하는 과정에서 기존의 읍사례를 폐기하고 새로 작성한 '계미사례'에서 결호세 외는 지방잡세 등을 일절

---

8) 『魚允中全集』, 「簡牘要抄」.
  '凡事有本末 近日更張 徒循其末 故紛雜無要領 大抵結政 非正經界 則可以分田制祿
  乎 先定州郡彊域 官員吏額 急宜量田 蠲其虛結 查其隱結 以實結執總後 定稅制祿'

용인하지 않고 읍용을 결호세에서 구하게 한 것은 바로 이런 맥락에서 나온 것이라고 할 수 있다. 또한 그의 이런 방안은 갑오개혁기에도 그대로 견지되었다. 그는 자신의 주도하에 1894년 10월에 마련된 「경기각읍신정사례(京畿各邑新定事例)」를 두고 다음과 같이 말하였다.

계미사례(癸未事例)야말로 조적(糶糴)을 영원히 정한 후 경사영읍진(京司營邑鎭)의 수용(需用)을 통계하여 양의마련(量宜磨鍊)하고 장계를 올린 뒤 시행한 것이거늘[9]

이는 「경기각읍신정사례」도 함경도 '계미사례'의 기준을 그대로 적용하여 마련했음을 의미한다 하겠다.

다음 그는 통상을 통한 서양 문물의 수용보다는 내정의 개혁에 중점을 두었다. 특히 일본의 부강이 침략으로 이어질 것을 우려할 정도로 일본의 침입에 대한 경계심도 높였다.[10] 제2차 김홍집 내각 때 그는 탁지부대신으로서 이노우에(井上馨)의 간섭에도 불구하고 결가 책정에 주도적인 역할을 담당하였다. 당시 일본은 그가 대신으로 재직하였던 탁지부가 이노우에의 권고를 따르지 않고 경상도 결가를 결정한 사실을 힐책하였다.[11] 그리고 어윤중은 외채(外債)의 위험을 일찍

---

9) 『公文編案』 3, 京畿 忠清 黃海 去關, 甲午 11월 4일.
  '關北營事例 往在癸未 結戸間酌量磨鍊矣 癸未事例 乃是糶糴永定後 統計京司營邑鎭需用 量宜磨鍊 啓聞施行者是去乙'
10) 『淸季中日韓關係史料』 2(中央研究院 近代史研究所), 544~545쪽.
11) 『駐韓日本公使館記錄』 5, '內政釐革의 件一', 제17호 內政釐革에 관한 日本公使의 異見提議 및 이에 따른 왕복문서, 108~109쪽.
  1894년 9월 경상 감사 趙秉鎬가 경상도의 結弊를 언급하면서 결가 책정 문제를 제기하자 군국기무처에서는 일본의 자문을 구하지 않고 독자적으로 결가를 책정하였다.

부터 인식하고 갑오개혁기 일본의 지폐 차관을 극력 반대하여 일본 공사 이노우에와 끊임없이 마찰을 일으켰으며[12] 심지어 그는 일본 측에서 경질을 요구할 정도로 일본 측에 의한 '관제개혁(官制改革)'을 반대하였다.[13] 그래서 1895년 2월 2일 이노우에는 본국 외무대신 무츠(陸奧宗光)에게 보낸 비밀전문에 다음과 같이 보고하였다.

어윤중이라는 자는 이재상(理財上)에서 자설(自說)을 주수(株守)해서……본관의 의견을 쓰지 않는 적이 왕왕 있었다.[14]

일본이 어윤중의 독자적인 개혁을 마땅치 않게 보고 대단히 경계하였음을 보여준다.

또한 어윤중 외에 조사시찰단의 일원으로 참여했으며 갑오·광무개혁기 주요 대신을 역임한 박정양을 들 수 있다.[15] 그도 어윤중과 마찬가지로 국내에서 경상 좌도 암행어사 활동을 계기로 재정 문제에 본격적으로 관심을 가졌다. 그는 고종 11년(1874)에 올린 서계 별단에서 다음과 같이 건의하였다.

그 도결을 창시(刱始)할 초기에는 여간한 폐막을 구했는데……탐리(貪吏)가 이것을 끌어내 늠황에 몰래 보태고 활서(猾胥)가 이것을 믿고 고의로 포흠을 내어 전가하니 민이 살 길이 없고 항심이 없으니 어떤 변을 일으키지 않으리오까. 지난번 진주 등의 마을 민요는 결가의 태람에서 말미

---

12) 『駐韓日本公使館記錄』 5, '鐵道·電線·開港貸金公債' 機密 제21호 朝鮮公債의 件.
13) 『日本外交文書』 28, 1895년 3월 9일, '朝鮮內政에 關한 件', 附屬書 1, 393쪽.
14) 『日本外交文書』 28-1, 1895년 2월 2일 陸奧宛井上 電報 '第一國立銀行으로부터 朝鮮國政府에의 貸付金에 關한 具申의 件', 323쪽.
15) 정옥자, 앞 논문, 117~118쪽.

제3장 갑오개혁기 지방재정개혁안과 지방제도개혁 **189**

암지 않은 게 없으니 신의 생각으로는 금년부터 각 읍 결가를 몸을 숨겨 반드시 조찰(照察)하여 그 읍배용(邑排用)의 수치가 이전과 같은 남상(濫觴)에 이르지 않게 할 것이며 도결 일체는 엄금하여 만일 이전 것을 답습한다면 법에 비추어 무겁게 벌을 내릴 뜻을 묘당에서 만들어 본도 영읍에 엄칙하게 함이 마땅한 줄 압니다.[16]

그는 지방재정의 위기로 말미암아 도결가가 증가되고 민란이 일어난다고 보고 도결가를 파악함과 함께 읍 경비를 줄일 것을 주장했던 것이다.

그는 이처럼 지방재정 문제를 결가의 증가와 관련하여 인식한 가운데 조사시찰단에 참여하여 서양 및 일본의 문물·제도를 조사하였다. 그의 경우, 일본의 내무성 관련 내용을 보고하였는데 이 중에는 일본 내무성내국(內務省內局)의 각 규칙을 비롯하여 「부현회규칙(府縣會規則)」, 「지방세규칙(地方稅規則)」, 「영업세조종세규칙(營業稅條種稅規則)」 및 「각부현지방세수입지출예산표(各府縣地方稅收入支出豫算表)」 등이 다수 소개되어 있음에 주목할 필요가 있다.[17] 내무성과 관련된 이 규칙들은 일본의 지방제도·지방재정과 관련된 내용으로, 당시 개명관료들이 근대적인 지방제도 및 지방세 제도에 대한 인식을 심화시키는 계기가 되었다.

그러면 당시 일본 국내에서 벌어지고 있던 이러한 상황을 박정양은

---

16) 『日省錄』160, 高宗 11년 12월 12일, 慶尙左道 暗行御史 朴定陽 別單, 70책, 615쪽.
   '其都結刱始之初 則爲捄其如干弊瘼…甚至貪吏引此 而暗添廩況 猾胥恃此 而故
   生欠逋於是乎 民不聊生擧 無恒心 何變不做 曾往之晉州等邑 民擾未始不由於結價
   之太濫 臣謂自今年各邑結價 逃身必爲照察 就其邑排用之數 毋至於如前濫觴 都
   結一切嚴禁 如或有復踵前套 照法重勘之意 令廟措辭 嚴飭於本道營邑 恐合事宜'
17) 조사결과를 보고한 문건이 『日本內務省視察記』(奎 2499, 2576)이다.

어떻게 보았는가를 살펴보자. 내무성 시찰을 담당한 박정양은 일본 지방제도의 뼈대를 이루었던 「군구정촌편제법(郡區町村編制法)」을 다음과 같이 소개하고 있다.

제1조 지방을 획정하여 부현 밑에 군구정촌을 둔다.

제2조 군정촌의 구역 명칭은 모두 옛것을 따른다.

제3조 군의 구역이 광활하여 시정에 불편한 곳은 1군을 나누어 수군(數郡)으로 만든다.

제4조 3부(府) 5항(港)과 기타 인민이 폭주(輻湊)한 지역은 1구(區) 중 광활한 곳을 나누어 여러 구로 만든다.

제5조 군마다 군장(郡長) 각 1원을 두고 매구에는 구장(區長) 각 1원을 두되 군이 협소한 곳은 여러 군에 1원을 둔다.

제6조 정촌마다 호장(戶長) 1원을 두거나 여러 정촌에 1원을 둔다.

제7조 이 편제법이 시행하기 어려운 도서(島嶼)는 그 제도를 달리한다.

제8조 만약 지방에 편익하면 인민의 청원에 따라 그 군구정촌의 구역 명칭을 변경한다.

제9조 만약 제3, 제4, 제7, 제8조의 시행을 요한즉 부의 지사와 현령이 내무경에 갖추어 보고하여 정부로부터 재가를 받는다.

　　　단 정촌구역 명칭의 변경은 다만 내무경의 인가를 받는다.[18]

이어 박정양은 일본의 부현제를 다음과 같이 소개하였다.

18) 위와 같음.
「郡區町村編制法」은 중앙정부가 지방 말단단위인 村까지 행정 개편을 통해 장악하려 했음을 잘 보여준다.

각 부현에도 대소 서기관이 있는데 이 역시 6등, 7등 주임관이 있다. 그 진퇴출척 역시 내무경에 관계되니 주청 후 시행한다.[19]

그는 내무성을 정점으로 부현 기구에도 관료제도가 정착되었음을 인식하고 있었던 것이다.

또한 지방재정의 실제 운용 면에서 내무성이 국고제도를 통해 지방교부금(地方交付金)을 제공하고 있음을 인식하였다.[20] 〈표 2〉는 내무성의 예산을 파악한 것이다.

〈표 2〉 1882년 明治 日本 內務省의 豫算

단위: 圓

내 역	금 액
內務省 經費	647,150
內務省製作局	30,000
內務省製作	83,314
神社費	135,000
驛遞局費	1,260,000
警察費	2,575,596
府縣費	3,277,780
府縣營繕費	1,884,415
府縣警察費	1,261,500
合 計	11,154,755

출전: 『日本國內務省各局規則』(奎 2449)

〈표 2〉는 박정양이 부현비, 부현영선비(府縣營繕費) 및 부현경찰비가 전체 예산 11,154,055엔(圓) 중에서 6,423,730엔으로 58%에 달할 정도로 중앙정부가 부현재정의 일부를 분담하고 있을 뿐만 아니라[21]

---

19) 위와 같음.
20) 위와 같음.

내무부가 호적, 보건, 위생 등의 여러 분야에서 부현을 관할하고 감독하고 있음을 파악하였음을 보여주고 있다.[22] 온건개혁론자들은 이처럼 일본 시찰을 통해 폐번치현 이후 진행된 중앙집권적 근대국가의 형성 과정 및 내용을 파악하면서 근대적 지방제도, 지방세 제도 및 국고보조제도라 할 지방교부금제도를 인식할 수 있었던 것이다.

다른 한편 박정양은 일본의 부현회 운영에도 관심을 가지고 소개하였다.

> 근년에 부현회가 설립되었는데 이 역시 일인(日人)이 말하는바 미국의 공화정치를 모방한 것이라 한다.[23]

일본이 미국식의 부현회를 설립 운영하고 있는 것으로 파악, 소개하였던 것이다. 특히 선거제도에 입각한 부현회 의원의 선출 방법과 함께 관민 협의하의 지방행정 운영방식을 다음과 같이 주목하고 소개했다.

> 각 구내에 선거회(選擧會)를 특설해 인민들을 모아 20세 이상된 자들로 하여금 각기 전군구(全郡區) 내에서 사리에 가장 밝은 사람의 성명을 써서 상자 속에 넣도록 하는 것을 이른바 투표법(投票法)이라 한다. 최다수를 얻은 25세 이상자 4~5인을 부현관(府縣官)에게 보내 (그중에서) 의원을 선발하게 한다. 의원 중 다시 투표법으로 의장과 부의장 각 1인을 선출해 일회(一會)의 사무를 맡아보게 한다. 매년 3월(양력)에 한 번씩 통상지

---

21) 府縣의 각급 장관 및 郡區長의 봉급, 警察營繕費 등은 國庫에서 일부 支辦하였다.
　　中島信虎, 『大日本地方財政史』, 1915, 44~58쪽.
22) 주 17)과 같음.
23) 위와 같음.

회(通常之會)를 개최하며, 일이 있을 때에도 임시회를 연다. 한 부현 내 정렬(整列), 제규(制規)의 편부(便否)와 수입 지출의 조판을 지방관과 인민이 상호 협의하여 반수 이상의 합의에 의해 결행하며, 만약 지방관과 의원들의 의견이 맞지 않아 마찰을 빚을 경우 지방관과 의장이 따로 정부에 신보(申報)해 재단을 청한다.[24]

그의 소개에 따르면, 부현회의 모든 회의 내용은 내무성에 보고하도록 되어 있었고, 지방재정에 대한 의안이 있는 경우에는 대장성에도 이를 보고하도록 되어 있다.[25] 그래서 박정양은 이러한 부현회 제도를 '일국 내의 정법(正法)을 제정할 때 관민이 그 권리를 공유'하는 것으로 평가했다.[26]

또한 그는 국세 제도와 별도로 지방세 제도도 인식하였다.

조세는 관백(關白)의 시기(토쿠카와 시대)에 있었으나 그 규칙이 한결같지 않았다. 무진(明治 1년, 1868) 이후 국세와 지방세 두 세목으로 구분하였다. 국세란 지조유정지세(地租惟正之稅)로 거두어 대장성에 보관하여 국용에 제공하는 것이다. …… 지방세란 각종 명목이 있어 지조의 3분의 1을 징수하는 것을 지조할(地租割)이라 하고 그 호가(戶家)의 100분의 2푼〔分〕 5리(厘)를 징수하는 것을 호수할(戶數割)이라 한다. 그 외에 세소하고 허다한 명목으로 위로는 주거우마(舟車牛馬)로부터 아래로는 다과연초(茶菓煙草)가 있으니 무릇 영업자는 세(稅)가 없는 것이 없다. 이는 각 부현에 속하여 지방비용에 충당된다. 1년 수입이 대략 14,467,300여 엔이다.[27]

---

24) 『日本內務省及農商務省視察書啓』(奎 2577).
25) 위와 같음.
26) 위와 같음.
27) 『日本國見聞條件』.

국세는 국가재정에 충당하기 위해 징수하는 세목이고 지방세는 지방재정에 충당하기 위해 징수하는 세목으로 이해하고 있다.

나아가 이들 지방세의 구체적인 명목을 든 다음, 이 중에서 지조할과 호수할의 내용과 징수 방식을 구체적으로 다음과 같이 소개하였다.

지조할은 지조(징수액)의 1/3을 징세하는 것이다. 대저 지조는 지가(地價)의 100분의 2푼 5리로 정해 있으며, 지조할은 그 3분의 1을 취하므로 가령 지가가 100엔이면 지조는 2엔 50전이고 지조할은 83전 3리이다. 호수할은 호수에 과하는 것이다. 이 세에는 세목이 둘이 있는데 시가상에 있어 호가(戸價)가 높은 땅은 호가의 100분의 2푼 5리를 매년 한 번 수봉하고, 호가가 조금 낮은 변두리 지역은 건물의 간수를 매년 50전이나 30전 또는 10전을 상중하 3등에 따라 매년 6월과 12월 두 차례에 걸쳐 걷는다.[28]

그 외 지방세로서 영업세, 잡종세, 채광세(採鑛稅) 등을 소개하기도 하였다.[29]

그러나 박정양은 조사시찰단으로서 이처럼 일본의 지방제도를 상세하게 조사하여 보고하였지만[30] 일본의 지방세 제도를 국내에 적용

'租稅在關白之時 其規不一 自戊辰以後 分爲國稅地方稅二目 夫國稅者 惟正之稅 收藏於大藏省 以供國用者…夫地方稅者 亦有各種名目 取其地租三分之一者 曰 地租割 取其戸價 百分之二分五里者 曰戸數割 外他零零瑣瑣之許多名目 上自舟 車牛馬 下至茶菓煙草 凡以營業者 莫不有稅 此則屬於各府縣 以充地方費用 大略 一年收入 恰爲一千四百十六萬七千三百餘圓'

28) 위와 같음.

29) 위와 같음.

30) 물론 구미와 일본의 지방자치제에 대한 관심이 끊어진 것은 아니었다. 이후에도 『漢城旬報』에는 이와 관련된 내용이 소개되고 있다(『漢城旬報』, 1884년 2월 7일, 「歐米地方自治」).

하는 것에는 소극적이었다. 비록 그의 일본 지방세제에 대한 전반적
이고 구체적인 평가를 알 수는 없지만, 그가 지방세의 폐해를 다음과
같이 지적하였다는 점만으로도 그의 인식을 엿볼 수 있다.

　　이러한 세(지방세)는 절도가 없어 민정의 번고가 많습니다.[31]

　그는 일본의 지방세제를 면밀하게 파악했음에도 불구하고 지방세
제가 갖는 번거로움과 민의 부담을 이처럼 우려하였던 것이다. 그것
은 그가 일본의 정치제도와 경제정책을 비판적으로 보았다는 사실과
관련하여 볼 때,[32] 당연한 귀결이었다. 특히 일본의 침략을 경계하여
자수·자강을 강조했다는 점도 주목할 필요가 있다.[33] 이러한 문제점
에 대한 인식으로 갑오개혁기에 온건개혁론자들이 박정양과 마찬가
지로 지방세제의 시행보다는 전통적인 읍용배정(邑用排定) 방식을 선
호한 게 아닌가 한다.[34] 즉 어윤중의 개혁 방안에서 명확하게 드러나
고 있듯이 지방재정을 국가재정에 통합하는 방안을 강구하는 한편 내
부 등의 관서를 설치하여 지방통치의 일원화를 이루어야 할 필요성을
절감하는 계기로 삼았을 것이다.

---

31) 『朴定陽全集』, '日本國聞見條件'.
32) 박정양은 일본이 서구의 제도를 모방하기에 급한 나머지 외형상 富强을 이루었지
　　만 많은 부작용이 일어났다고 인식하였다(『日本國文見條件』).
　　허동현, 앞 책, 2000, 163쪽.
33) 『朴定陽全集』, '東萊暗行御史復命入待時筵說'〔辛巳(1881), 8월 30일〕.
　　'大抵近日 各國惟以强弱相較 不可以仁義責之者也 設有好意 若視其弱 反生惡意
　　若視其强 必當修好 到今事勢 執先務 其自修自强已而矣'
34) 제2차 김홍집 내각에서 지방세제를 구상하여 시행하려 했지만 여러 사정과 함께 온
　　건개혁파의 태도와 관련하여 중도에 그만둔 것으로 보인다. 자세한 내용은 2절을
　　참조할 것.

2) 지방세 독립 및 지방자치제 시행 방안

지방세 독립 방안은 지방자치제론과 매우 밀접한 것으로 주로 박영효 등 해외에 유학하거나 망명한 인사들이 구상한 방안이다. 이들 급진개화론자는 1881년 조사시찰단의 보고를 통해 지방세제안을 접한 뒤 일본뿐만 아니라 구미제국의 경우에까지 확장하였다. 이 시기에 급진개화론자와 밀접한 『한성순보(漢城旬報)』는 구미의 세제(稅制)를 다음과 같이 소개하였다.[35]

오늘날 구미 각국에서는 세제를 세 가지로 나누고 있다. 첫째는 그 이름이 국세이니 전국의 국민에게 부과하여 일국의 경비에 제공하는 것이다. 둘째는 이름이 지방세인데 지방인민에게만 부과하여 지방경비에 충당하는 것이다. 셋째는 이름이 특세(特稅)인데 무슨 일을 설계하는 지방인민에게 부과하여 그 일의 경비에 충당하는 것이다.[36]

여기서도 소개 형태이기는 하지만, 이들은 지방세제 도입의 필요성을 이미 조사시찰단의 보고를 통해 접한 경험 위에서 재차 강조하였다. 이처럼 지방세제에 대한 인식이 초보적이나마 급진개화론자 내부에서 자리 잡아 나아가고 있었음을 알 수 있다.

이 점에서 일본 정부가 마련한 지방세 제도의 역사적 배경과 그 과정을 일별할 필요가 있다. 특히 급진개화론자들은 대부분 갑신정변을 전후하여 일본에 유학하거나 망명하여 일본의 제도를 깊숙이 접했기

---

35) 『漢城旬報』의 성격에 관해서는 李守龍, 「『漢城旬報』에 나타난 開化·富强論과 그 性格」, 『孫寶基博士紀念韓國史學論叢』, 知識産業社, 1988 참조.
36) 『漢城旬報』, 1883년 3월 27일.

때문에 이를 통해 급진개화론자들이 일본의 지방제도·지방세 제도를 어떻게 인식하면서 이를 수용하고자 했는가를 추적할 수 있다.

일본 메이지정부는 지조개정(地租改正)을 통해 근대국가를 수립하기 위한 제반 물적 토대를 마련해가고 있었다.[37] 그러나 지조개정은 지조고율화를 가져와 농민층뿐만 아니라 호농(豪農)과 지주층(地主層)으로부터도 심각한 반발을 초래했다. 이들은 즉각적으로 농민층과 연대하여 지세 거납 운동을 일으켰고 나아가 '잇키(一揆)'로 급속히 발전하였다. 이러한 위기가 닥치자 1878년 오오쿠보(大久保) 정권은 지조경감조치를 취하고 아울러 「삼신법(三新法)」으로 불리는 「군구정촌편별법」, 「부현회규칙」 및 「지방세규칙」을 제정했다. 이러한 법령의 제정 의도는 지방세 증징을 통해 감조에 따른 정부재정의 궁박을 타개하는 한편으로 과세승인기관으로서 부현회를 설치하여 인민의 행정에 대한 불만을 지방 차원에서 봉쇄하고자 한 것이었다.[38]

그러나 이는 다음과 같이 근대적 지방세제의 성립으로서 큰 의미가 있다. 첫째, 지방세로 지변할 비목을 설정함과 함께 지방세의 징수에 공법적 의미를 부여하고 있다. 둘째, 지방세의 지출 및 징수에 관한 예산의 편성 방법을 규정하고 있다. 셋째, 부현회에 지방세 예산 의결권을 부여하고 있다.[39] 요컨대 이른바 「삼신법」은 종래 무조직의 부현재정을 조직하고 충실히 하여 운영의 근대적 측면을 발전시켰음은 부정할 수가 없다. 또한 이를 통해 지방의 각종 무명잡세가 중앙의 법률적, 제도적 통제를 받아 지방세로 전환되었음은 주지의 사실이다. 이

37) 地租改正에 관해서는 金容德, 『明治維新의 土地稅制改革』, 제1장 導論—日本資本主義論爭과 地租改正, 一潮閣, 1989 참조.
38) 有元政雄, 「地租改正と地方政治」, 『岩波 日本史 講座』, 近代 1, 1975.
39) 藤田武夫, 『日本地方財政制度の成立』, 岩波書店, 1955.

처럼 메이지정부는 이른바 「삼신법」의 시행을 통해 국가법체계하에서 국세와 지방세를 분리하여 총재원을 중앙과 지방 사이에 획분하는 전기를 마련했다. 그러나 「부현회규칙」에서 지조납입액에 따른 선거권(5엔 이상)과 피선거권(10엔 이상)의 제한을 규정하여 농민층의 지방자치참여를 철저히 배제하면서 지주, 호농이 지방사회 내에서 주도권을 장악할 수 있는 여건을 만들어주었다. 다시 말해 「삼신법」은 일본의 기생 지주제가 발전할 수 있는 사회적 기반이 되었다.[40]

일본의 이러한 지방세제는 지방자치제와 맞물려 당시 군민공치(君民共治)를 구상하였던 급진개화론자들에게 큰 영향을 미쳤다.[41] 그리하여 이들 급진개화론자는 1880년대 개화·자강을 목표로 일본 및 서구의 문물제도를 수용하는 가운데 메이지 일본과 서구제국의 지방제도 및 지방세 제도를 적극 도입하고자 하였다. 그것은 여타 부문과 마찬가지로 이러한 제도를 근대국가의 기본 요건으로 간주했기 때문에 가능했던 것이다.

따라서 이들은 갑신정변의 실패 이후에도 서구의 지방자치제와 전통적인 자치제를 결합한 근대적 자치제도에 대한 구상을 심화했다. 우선 현회를 설립하려 하였다. 박영효의 경우, 상소문에서 다음과 같

---

40) 明治政府의 지방재정개혁과 관련한 논저는 다음과 같다.
　　大石嘉一郎, 『日本財行政史序說』, 御茶の水書房, 1961, 58~81쪽.
　　大島美津子, 「地方自治制と町村合併」, 『日本資本主義發達史の基礎知識』(大石嘉一郎·宮本憲一 編), 1975.
　　金容德, 『日本近代史를 보는 눈』, 近代日本의 地方統治―明治 前半期, 知識産業社, 1991.
　　山田公平, 『近代日本の國民國家と地方自治―比較史研究―』, 名古屋出版會, 1991, 276~333쪽.
41) 지방세제에 대한 관심은 급진개화론자에게만 한정되지 않았다. 갑신정변 실패 이후에도 정부에 남아 있던 온건개혁론자들 역시 영국의 『政治年鑑』을 번역·편집한 『萬國政表』에서 地方稅를 소개하였다[『萬國政表』(奎 7606, 1886)].

이 언급하고 있다.

현회(縣會)의 법을 만들고 민(民)으로 하여금 민사(民事)를 논의케 하여 공사(公私) 양쪽에 편할 수 있도록 할 것이오.[42]

현에 현회를 설치하여 지방 인민들이 민사를 논의하게 하려 하였던 것이다. 그런데 이러한 현회는 기존의 재지 사족 중심의 향회와 크게 다르지 않았다.

지금 정부의 산림(山林)과 현회의 좌수(座首)는 모두 유교에서 기인하였으니 민망(民望)에 따라 선발하여 민국사(民國事)를 협의케 한다면 우리나라 역시 군민공치(君民共治)의 풍속이 일어날 것입니다.[43]

현회의 우두머리는 민망에 따라 선발되었고 더 나아가 이러한 자치제를 제한군주정의 기반으로 여겼던 것이다. 그래서 자치권을 기존의 '산림지권(山林之權)'에 비유하였고[44] 군권(君權)을 견제하는 제도로서 파악하였던 것이다. 아울러 이 방안은 일본의 지방자치제를 염두

---

42)「朴泳孝上疏文」(外交文書本).

1888년 박영효 상소문은 여러 異本으로 남아 있다. 대표적으로「外交文書本」(『外交文書』제21권, 明治 21년 1월~明治 21년 12월)과「交詢社岡本氏稿本」(東亞大學 所藏本)을 들 수 있다. 양자는 내용상 크게 차이가 나지 않으나 다만「외교문서본」에는 細註 등이 첨가되어 있어 주로 이를 이용하였다. 이에 대한 상세한 설명은 田鳳德,「朴泳孝와 그의 上疏思想」,『東洋學』8, 1978(『韓國近代法思想史』, 朴英社, 1981 所收) 참조.

43) 위와 같음.

44)「朴泳孝上疏文」.

'前日治隆德盛之時에 山林之權이 傾動一世하야 國之大事는 必經議論然後에 行政云이오 若推此法而廣之하야 漸臻益精益美면 則可爲文明之法야오'

에 두고 제안했다.[45] 즉 이는 일본 지방자치제의 핵심 법령인 「삼신법」과 일본의 부현회 등을 장악하였던 지주, 호농들을 상정하였던 것이다. 그렇다면 급진개화론자는 군민공치론에 입각하여 제한군주정의 수립에 목표를 두는 한편 그 기반으로 지주, 자산가 위주의 지방자치제를 설정하였던 것이다. 바꾸어 말하면 제한군주정을 이런 지방자치제가 전국적 규모로 확대된 정치체제로 파악한 것이다. 그리고 박영효의 이런 구상은 1895년 3월 실제 지방세 별설 방안을 제시하는 것으로 그 면모를 드러냈다.[46]

또한 급진개화론자의 후신이라 할 독립협회가[47] 지방자치제 실시를 주장하는 가운데[48] 지방세제 방안을 적극 개진한 사실도 이를 잘 보여준다. 즉 독립협회의 경우도 지방자치제의 재정 기반으로서 지방세제를 인식하고 이를 실시하는 데 큰 비중을 두었다. 『독립신문』 건양(建陽) 원년(1896) 6월 9일자 논설에서 지방세제의 시행을 전제한 아래

> 정부에 들어오는 돈인즉 모도 시골빅셩외게셔 오는 거시로되 그 돈 쓰기는 셔울빅셩만 위ᄒᆞ야 쓰는 모양인즉 돈 낸 사ᄅᆞᆷ들을 더 보호히 주는

---

45) 福澤諭吉의 저서가 박영효의 상소문에 끼친 영향은 일찍부터 지적되었다. 青木功一의 경우, 상소문을 조문대로 분석하여 취지, 문장 및 내용 등 모든 면에서 福澤의 저서와 매우 유사하다고 주장하였다.
青木功一, 「朝鮮開化思想と福澤諭吉の著作—朴泳孝「上疏」のおける福澤著作の影響—」, 『朝鮮學報』 52, 1969.

46) 주 160) 참조.

47) 朱鎭五, 「19세기 후반 開化 改革論의 構造와 展開—獨立協會를 中心으로—」, 延世大學校 大學院 博士學位論文, 1996, 81~91쪽.

48) 『독립신문』, 建陽 元年 4월 14일자 논설.
'우리가 ᄇᆞ라건ᄃᆡ 정부에 계신 이들은 몸 죠심도 ᄒᆞ고 나라가 되기도 ᄇᆞ라거든 관찰ᄉᆞ와 군슈들을 ᄌᆞ긔들이 쳔거 말고 각 디방 인민으로 ᄒᆞ여곰 그 디방에 쳔거 ᄒᆞ면 국민 간에 유익흔 일이 잇는거슬 불과 일이 년 동안이면 가히 알이라'

거시 맛당흔 줄노 싱각ᄒ노라 이왕 시골 빅셩들의게 그 셰젼를 밧아야 홀 티인즉 그 돈을 밧아가지고 그 빅셩들을 위ᄒ야 충동이 업시 보호히 주ᄂᆞᆫ 거시 올흔 줄노 싱각ᄒ노라[49]

라 하여 수익이 있는 곳에 과세가 있다는 응익과세(應益課稅)의 원칙을 제시하고 있다. 더군다나 시장세의 경우도, 1896년 6월 9일자에서

정부에셔 쟝세들을 밧으나 그 돈인즉 정부로 다 올나오지 안코 즁간에셔 업서지니 빅셩은 공연이 돈만 내고 그 돈 효험은 보지를 못ᄒᆞᄂᆞᆫ지라[50]

라 하여 국세로 들어오지 못하고 중간에서 건몰(乾沒)되어 지방민의 부담만 가중되고 수익은 돌아가지 않고 있음을 비판하고 있다. 그래서 갑오개화파의 지방세제론을 한 단계 발전시켜 지방재정개혁안을 다음과 같이 제시하였다.

우리 싱각에 디셰와 호포젼은 셔울노 보내거니와 잡셰 밧ᄂᆞᆫ 거슨 그 고을이 가지고 슌검들을 빅셜ᄒ야 민간에 작경이 업게 ᄒ고 그 돈을 가지고 치도를 잘 ᄒ야 인민과 우마가 편히 다니게 ᄒ고[51]

조세를 국세와 지방세로 분리하여 결호전을 전자에, (시)장세 등을 후자에 설정하여 각각 국가경비와 지방경비에 조달하자는 것이었다. 아울러 서울의 경우도 호포전과 장세전을 거두어 각각 국가경비와 서

---

49) 『독립신문』, 建陽 元年 6월 9일자 논설.
50) 위와 같음.
51) 위와 같음.

울경비로 활용할 것을 제안하였다.[52]

그런데 이러한 제안은 독립협회가 지향했던 제한군주정과 관련되어 있다는 점에 주목할 필요가 있다.[53] 즉 제한군주정의 수립을 위해서는 군주권을 제약할 수 있는 다양한 제도적 장치가 요구되는데, 중앙에서는 의회의 개설이고 지방에서는 지방자치제의 시행인 것이다. 특히 우민관(愚民觀)에 기초하여 의회의 경우와 마찬가지로 소빈농을 배제하고 자산가, 유식자 위주의 자치제를 구상하였던 것으로 보인다.[54] 이 점에서 박영효의 자치제 및 제한군주정 구상과 매우 유사하다 하겠다. 따라서 급진개화론자의 구상은 시종일관 제한군주정의 실현과 함께 지방세제를 시행하는 데 역점을 두었다. 그리고 제2차 김홍집 내각 시기에 박영효가 내부대신으로 활동하면서 이의 실현에 골몰하였던 이유가 여기에 있는 것이다.

---

52) 위와 같음.
　'셔울도 시골과 갓치 호포젼을 내게 ᄒ며 쟝ᄉᄒᄂ 사람들이 쟝세 갓흔거슬 내여 그돈을 가지고 셔울길을 닥고 긔쳔을 졍히 쳐 빅셩들이 병이 업게 ᄒ며 밤에 길거리에 불들을 켜여 도적이 젹고 인민이 밤에 다니기가 편케 ᄒ여 주며…'
53) 獨立協會의 政體論에 대해서는 朱鎭五, 앞 논문, 1996; 拙稿, 「大韓帝國期의 法規校正과 國制 制定」, 『金容燮教授停年紀念韓國史學論叢』, 知識産業社, 1997 참조.
54) 독립협회의 지방자치제에 대한 구체적인 방안은 자료상에서 잘 드러나지 않는다. 다만 협회 인사들이 愚民觀을 가지고 上議院을 선호했다는 점에서, 그리고 이후 문명계몽 계열의 인사들이 일본의 町村制를 자치제의 전범으로 여겼다는 점에서 지방자치제의 경우도 자산가, 유식자 위주의 지방자치제 운영을 선호했으리라 짐작할 수 있다.
　崔德壽, 「獨立協會의 政體論과 外交論 연구」, 『民族文化研究』 13, 1978.

2

지방재정개혁 노선의
착종과 개혁의 실제

1) 지방경비 배정제도의 준거 마련

1894년 농민전쟁은 정치, 경제, 사회 등 모든 방면에 많은 영향을 끼쳤다. 정부로서는 이를 수습하는 과정에서 폐정 개혁의 논의를 본격화하였다.[55] 특히 1894년 6월 1일(양 7월 3일) 일본이 '내정개혁(內政改革)'을 명분으로 조선 정부의 철병 요구를 거부하고 '개전정책(開戰政策)'을 강행하자, 6월 6일(양 7월 8일) 고종은 다음과 같이 천명하였다.

대경장(大更張) 대징창(大懲創)이 아니면 오랜 폐단을 교구하지 못하며 위미(萎靡)의 풍(風)을 진작시키지 못하니 이것이 조정의 책임에 있지 않은가. 조정에서 전신(銓臣), 장신(將臣), 장부지신(掌賦之臣)을 모아 논의

---

55) 左議政 趙秉世는 "만약 대경장을 펴지 않으면 끝내 실효가 없음"을 역설하였고 대다수 대신들도 여기에 공감을 표했다(『日省錄』 400, 高宗 31년 4월 4일, 78책, 883쪽).

시켜 구폐(捄弊)하고 혁파하고 죄를 줄 수 있도록 한다.[56]

조선 정부는 이처럼 폐정 개혁을 결의하고 인사, 군사, 재정 모든 분야에 걸쳐 구폐에 착수하고자 했던 것이다. 그리고 이에 따라 정부는 6월 11일(양 7월 13일) 교정청(校正廳)을 설치하여 일본의 내정 간섭에 대응하면서 폐정을 일소하려 하였다.[57] 즉 주체적인 개혁을 실행함으로써 타율적인 개혁을 배제하면서 농민군의 요구를 일부나마 수용하여 정국의 안정을 기하려 했던 것이다. 6월 16일(양 7월 18일) 교정청이 내놓은 개혁 방안 가운데 지방재정개혁과 관련된 내용은 다음과 같다.[58]

① 각 읍의 이향(吏鄕)은 신중히 택하여 장부에 올려 순서대로 임명하고 만약 뇌물을 써서 이를 어기면 장률(贓律)로 다스릴 것
② 각 읍의 재정은 이미 시가에 따르므로 진배물종(進排物種)도 또한 시가에 따라 지출하고 소위 관지정(官支定)을 폐지할 것
③ 민고(民庫)는 폐지할 것

①은 각 읍의 이향을 장부에 올리고 단속을 강화함으로써 향직운영(鄕職運營)의 문란을 방지하려 했음을, ②는 농민과 상인의 부담을 줄이려 했음을, ③은 민고를 폐지하여 종래 존폐 여부를 둘러싼 논란을 종식하려 했음을 보여준다. 그래서 민고와 관련된 토지는 방매(放

---

56)『高宗實錄』31, 高宗 31년 6월 6일, 中책, 491쪽.
　『東學亂記錄』上(國史編纂委員會 刊), '甲午實記', 11~12쪽.
57) 校正廳의 설치 배경과 경위에 관해서는 박종근, 앞 책, 176~177쪽 참조.
58)『續陰晴史』(國史編纂委員會 刊) 上, 7, 甲午(1894) 6월 16일, '校正廳議政革弊條件', 325~326쪽.

賣)되거나 국유지에 편입되었다.[59] 그것은 정부가 지방재정 문제에 적극 나섬으로써 지방재정개혁의 단초를 열었다 하겠다. 또한 조선후기 이래 일부 관인·재야 유자들이 제기한 지방재정개혁의 방향을 계승하여 시행하는 것이기도 하였다.

그러나 이러한 방안은 1894년 6월 20일(양 7월 23일) 일본군이 경복궁을 점령하면서 무력간섭을 받아 교정청이 폐지되고 군국기무처(軍國機務處)가 설치됨으로써 유야무야할 지경에 이르렀다.[60] 오히려 일본의 지방제도 개정 요구가 전면적으로 수용될 판이었다.[61] 당시 일본 공사 오토리(大鳥圭介)는 본국의 훈령을 받아 '강령5조(綱領五條)'란 것을 만들어 6월 1일(양 7월 3일)에 조선 정부 외무독판(外務督辦)에게 이를 대군주에게 전주(轉奏)해줄 것을 의뢰하였는데 이 내용 중 1조가 지방제도 개정에 관한 사항이었던 것이다.[62]

하지만 일본의 이런 책동은 당시 여러 요인으로 말미암아 쉽게 관철되지 못하였다. 우선 군국기무처에 온건개혁론자를 비롯하여 대원군파, 급진개화파 등 다양한 정치세력이 참여하고 있어 개혁의 방향이 일본의 의도대로 나아갈 수 없었다.[63] 다음 일본군이 조선 내정에 깊이 관여하려 해도 청군을 상대로 전쟁을 수행하고 있어 군국기무처

---

59) 민고와 관련된 토지의 방매를 보여주는 자료로 『庫畓放賣成冊』(奎12515)과 『任實郡事例定錄』(奎 12268)을 들 수 있다.

60) 일본군의 경복궁 점령으로부터 군구기무처 설치에 이르는 과정은 박종근, 앞 책, 48~90쪽 참조.

61) 당시 일본이 요구한 지방제도 개정의 방향과 내용에 대해서는 구체적인 자료가 없어 확인할 수 없다. 다만 1895년 5월 박영효가 일본의 지방제도를 본따 23부제를 시행한 사실로 추론한다면 일본의 지방제도와 흡사한 방안을 염두에 둔 게 아닌가 추측된다.

62) 『日案』28, 甲午年 6월 1일.

63) 軍國機務處에 참여한 정치세력에 관해서는 박종근, 앞 책, 81~90쪽 참조.

의 개혁 작업에 일일이 간섭하기가 쉽지 않았다. 더욱이 농민군이 집강소를 중심으로 폐정개혁안을 실행하고 있어 일본으로서는 여타 분야와 달리 '내정개혁'만큼은 소극적인 정책을 폈다. 또한 1894년 9월 27일(양 10월 25일) 전권공사 이노우에가 입국하여 군국기무처를 폐지하고 제2차 김홍집 내각('김홍집-박영효 연립내각')을 구성한 뒤, 10월 23일(양 11월 20일)과 24일 이틀간에 걸쳐 '내정개혁강령(內政改革綱領)'을 제시함으로써[64] 조선 재정에 적극 간섭하려 했지만, 이도 일본이 당시 조선의 재정현황을 정확하게 파악하지 못해 전면에 나서고 있지 못한 실정이었다.[65]

따라서 군국기무처와 제2차 김홍집 내각 때에는 당시 재정 전문가였던 어윤중이 주도가 되어 재정개혁 작업에 박차를 가했으며 그 방향은 전통개혁론에 기반을 두고 진행되었음을 짐작할 수 있겠다. 우선 정부는 재정을 호조로 단일화하는 가운데 지방재정을 국가재정에 통합하였다. 그래서 종래 지방재정의 근간인 환곡과 민고를 혁파하는 조치를 취할 뿐만 아니라 둔전을 비롯한 각종 토지를 승총(陞摠)하기에 이르렀다.[66] 아울러 공용의 경중을 가리지 말고 신설 잡세를 혁파하라고 지시하였다.[67] 물론 계방촌도 혁파하였다.[68] 이러한 정부의 조

---

64) 『日本外交文書』 27-II, 93~96쪽, 1894년 11월 20일(양력).
65) 일본이 조선의 재정을 고문관을 시켜 대략적이나마 조사해서 파악했던 시기는 1895년 양력 2월 중순경으로 보인다.
　　『朝鮮交涉資料』 下, 1895년 2월 17일(양력), '朝鮮財政에 관한 井上公使具申'.
66) 『公文編案』(奎 18154) 12, 訓令 各府, 乙未 8월 11일.
　　『京畿各邑新定事例』(奎 15234), 富平縣.
　　『關抄存案』(奎 18087), 甲午 9월 17일.
　　『訓令編案』(奎 17876) 1, 乙未 7월 1일.
67) 『日省錄』 402, 高宗 31년 甲午 6월 14일, 78책, 961쪽.
68) 『關抄存案』, 甲午 9월 17일.

치는 종래 지방관아가 독자적으로 행사하던 재정권을 약화시킴으로
써 장차 지방재정을 중앙으로 통합시킬 수 있는 여건을 조성했다고
하겠다.

다음 종전 각 부서에서 지방의 각 도로부터 거두어들이던 각종 명
목을 혁파하였다. 예컨대 예목필채(禮木筆債), 포진채(鋪陳債), 구청전
(求請錢), 벌례전(罰例錢), 염초대전(焰硝代錢) 등을 혁파하였던 것이
다.[69] 또한 각 감영과 각 읍의 관용물품 조달비용을 배정하는 규례는
모두 없애고 무릇 필요한 것은 모두 시가에 따라 구입하여 사용하게
하였다.[70] 관청 식리전도 모두 탕감케 하고[71] 장세(場稅) 혁파도 널리
알리게 하였다.[72] 이러한 조치는 외읍의 각 해당 향리가 분봉(分捧)하
지 않게 함으로써 중간 수탈을 방지할 수 있는 것이었다.

다른 한편 전국의 읍사례를 취집하려 하였다.[73] 1894년 7월 1일(양
8월 3일) 군국기무처는 다음과 같은 내용을 지방 군현을 비롯한 각급
기관에 하달하였다.

---

69) 『關抄』(奎 15189), 正關草, 甲午 7월 25일.
70) 『公文編案』13, 完營 去關, 乙未 2월.
　　『梧下記聞』二筆.
71) 『公文編案』12, 訓令各府, 乙未 11월 11일.
　　'各邑之年久殖利民間立本錢 一并蕩減事'
72) 『公文編案』18, 安東府觀察使來帖, 乙未 6월 8일.
73) 전국적인 규모로 邑事例를 聚集하려 한 시도는 高宗 8년(1871) 대원군이 집권하던
　　시기에 처음 보인다. 그러나 이때는 당시 서양의 침략에 대응하여 국방을 강화하는
　　데 주안을 두었기 때문에 이들 읍사례의 재정 관련 내용은 일부 지역을 제외하고는
　　매우 소략하다. 이에 반해 1894년 읍사례의 취집은 지방재정개혁과 관련하여 이루
　　어지면서 중앙에 상송된 읍사례에 재정 관련 내용이 대폭 포함되었다.
　　양보경, 앞 논문, 114~118쪽.
　　拙稿, 앞 논문, 1995, 44~48쪽.

각 도 감·병영으로부터 주부군현진역보(州府郡縣鎮驛堡)에 이르기까지 서역군졸안부총액(胥役軍卒案付總額)과 각양상납명목실수(各樣上納名目實數), 각해공용지방사례(各該公用支放事例)를 일일이 성책(成冊)하여 원근을 기준으로 하여 군국기무처에 보고할 일[74]

이러한 조치는 지방관아의 인사와 재정을 비롯한 여러 사정을 소상하게 파악하여 지방정책 수립에 참고하려 했던 것으로 평가할 수 있다.[75] 또한 정부는 곧이어 구액각색(舊額各色)의 원역봉급(員役俸給)을 정명(精明) 타산(打算)해서 7월 28일까지 보고하라고 지시하였다. 그래서 정부는 문서양식을 규격화하여 지방 각급 기관에 배포하면서, 전래각급사례(傳來各級事例)를 취집(聚集)·정사(精寫)하여 1894년 말까지 상송하라고 하달하였다.[76] 그 결과 1894년 7월부터 1895년 윤5월 사이에 각종 읍사례가 읍지와 함께 감영에서 일단 취집되었다가 중앙으로 상송되었다.[77] 또한 군국기무처는 8월 4일에 '급히 결가를 책정(策定) 행회(行會)하여 민의(民意)를 풀도록 할 것'이라는 의안을 제출하였다.[78] 곧이어 8월 22일에는 '우선 기전(畿甸)부터 결가를 정하여

---

74) 『更張議定存案』(奎 17236), 開國 503년 7월 1일조(條).
   『高宗實錄』32, 高宗 31년 7월 1일, 中책, 432쪽.
   『公牒存案』(奎古 5710-10), 高宗 31년 9월 23일, 巡甘.
   『公文編案』2, 靑山, 甲午 10월 16일.

75) 『關抄存案』, 高宗 31년 7월 25일.

76) 『關抄存案』, 高宗 31년 9월 25일.
   '相考事 八道邑誌及事例 方擬蒐集 存留本府 玆將冊紙一張送交 自貴營依樣刊板 准此紙品印出空冊 行關分給兵水營及各邑鎮驛堡 傳來事例與誌 一一精寫于印給 空冊 歲前都聚上送 無違限期宜當者'

77) 『牒報存案』(奎 17247), 1895년 1월 19일; 2월 27일; 3월 11일; 3월 14일; 3월 18일; 3월 22일; 3월 23일; 4월 27일; 5월 5일; 5월 14일; 閏5월 7일.

78) 『日省錄』404, 高宗 31년 8월 4일, 79책, 64쪽. 결가 책정 과정에 관해서는 이영호,

마련토록 하되, 평안도와 함경도를 제외하고는 5도의 미(米)·태(太)·목(木)·포(布)를 모두 석(石), 필수(疋數)에 준하여 대전수봉(代錢收捧)하고, 공상(供上)과 반방(頒放)도 석, 필수에 준하여 시행토록 하라'고 하였다.[79]

그런데 이러한 조치는 단지 토지세의 금납화(金納化)에만 국한되지 않았다. 그것은 경납(京納)과 함께 각 읍의 수용(需用)을 포함하는 재정 차원의 문제였다. 특히 19세기 후반 이래 지방잡세가 결렴화하여 도결에 포함되어 있는 현실을 감안할 때, 결가를 책정하는 과정에서 기존의 읍사례를 고려하기 마련이었다. 1894년 8월 28일 군국기무처는 경기 감영에 다음과 같은 지령을 하달하였다.

전래의 결정(結政)을 경기도에서부터 결가를 정하여 마련한다면, 경납과 각 읍의 일체의 수용을 마땅히 정례 마련하여 종전의 잘못된 관례를 고친 후에라야 민과 국가가 길이 믿을 수 있다. 그러므로 이에 관문을 보내니, 귀 아영(경기 감영)으로부터 5도의 각 읍진역의 결부(結賦), 군부(軍賦) 및 1년의 응봉응하(應捧應下)하는 제 조항을 수취(收聚)하여 실수를 통계하고, 본 아문(탁지아문)과 왕복하여 신식을 의정하여 시행하되, 귀 영의 수요(需要)와 지방(支放)은 1건을 마련해두어 공사(公私)로 막히는 일이 없도록 할 일[80]

경기도 신정사례를 마련하기 위해 본도의 이전 읍사례를 취집하여 통계할 뿐만 아니라 여기에 근거하여 신식을 의정하려 했다. 즉 군국

앞 책, 2001, 79~91쪽 참조.
79) 『日省錄』 404, 高宗 31년 8월 22일, 79책, 83~84쪽.
80) 『公文編案』 5, 京畿去關, 甲午 8월 28일.

기무처는 기존 읍사례에 근거한 가운데 상납 및 읍 공용의 준거를 새로이 마련하려 했던 것이다.

또한 이 과정에서 경상도의 결가 문제가 제기되어 지방관아의 기존 재원이 고려되었다.[81] 즉 1894년 9월 15일 경상 감사 조병호(趙秉鎬)는 '구폐제조(捄弊諸條)'를 올려 결가의 문제를 논의하면서 중앙과 지방의 재원이었던 환포 문제를 제기하였다. 다음은 '구폐제조'의 일부이다.

① 도내 환총 중 적포(積逋)의 11읍역(邑驛)은 탕포귀결(蕩逋歸結)하고 통영환폐(統營還弊)는 모두 똑같이 교혁할 일

② 결가의 전납태가(錢納駄價)는 약속대로 재정(裁定)하고 잡비(雜費)는 시행하지 말 일

③ 전운소(轉運所)가 거둔 바를 대전(代錢)하여 수봉하면 태운(駄運)의 비용과 제반은 폐단이 되니 변통할 일

④ 도내민요(道內民擾)는 바로 과외징배(科外徵配)에서 비롯되었으니 상항(上項) 폐막은 점차 교혁할 일[82]

이 조항에서 경상도의 사정이 적극적으로 반영되고 있음을 알 수

---

81) 『公文編案』 8, 議政府來關, 甲午 9월 17일.
  『公文編案』 8, 議政府來關, 甲午 9월 19일.
  이영호, 앞 책, 2001, 82~86쪽.
  애초에는 경기도에 먼저 결가를 책정하려 했지만 경상도에서 결가 책정을 위한 구체적인 논의가 중앙에 보고될 때까지도 소기의 목적을 이루지 못하고 있었다. 중앙에서는 경상도의 보고에 접하고서는 경기도의 결가를 서둘러 책정하고 이를 경상도에도 고려하도록 하는 한편 타 도에서는 다시 '嶺南例'를 따르도록 하였다. 이렇게 보면 1894년의 결가 책정은 경기도와 경상도의 결가 책정을 모범으로 하여 전국에 확대 실시되었다 하겠다.
82) 『啓草存案』, 甲午 9월 15일.

있다. 즉 환포(還逋)가 가장 많았던 경상도로서는 환포를 탕감하는 대신 토지에 전가하였던 것이다.[83] 따라서 환곡모조의 일부로 지방재정을 충당하던 관례를 감안한다면, 지방재정분이 결가 책정에 반영된 셈이다.[84]

그러나 군국기무처의 방안은 이와 달리 다음과 같은 방침을 국왕으로부터 재가를 받았다.

결전(結錢)은 이미 대전(代錢)으로 거두어들일 것을 계하하였다. 예전의 조납읍(漕納邑)은 모두 쌀로써 액수를 정하여 수봉하고 중앙에 납부하는 전세 대동 삼수미태와 하납하는 것은 명목을 구분하지 말고 그 석수를 통계하여 잡비와 함께 탁지아문에 납부하고, 포량(砲粮)은 이전처럼 심영(沁營, 강화 유수부)에 납부하고, 영진읍의 재정에 충당하는 부분은 중앙에 납부하는 미가에 비추어 시행하도록 한다. 산군읍(山郡邑)은 작목작포(作木作布)를 하지 말고, 원래 내던 미곡을 기준으로 정가(定價)하여 시행하고 태가(駄價)는 그 안에서 지출하고 가렴하지 말 것[85]

이에 따르면, 결가 책정방식에서 상납분으로 기존의 전세, 대동세, 삼수미태 및 여기에 소요되는 잡비 등을 통합하여 산정할 뿐, 환모분이 포함되어 있지 않다. 또한 비록 영진읍의 재정분도 따로 마련한다고 하였지만, 이런 지방 공용분이 결가 책정에 정확하게 반영되었는지는 불분명하다.[86]

---

83) 경상도의 환곡 문제와 '蕩還歸結'에 관해서는 송찬섭, 앞 책, 302~304쪽 참조.
84) 송찬섭, 앞 책, 309~310쪽.
85) 『啓草存案』, 甲午 9월 15일.
　『日省錄』405, 高宗 31년 甲午 9월 15일, 79책, 113쪽.
86) 각 지방마다 읍용액이 천차만별이었으므로 지방경비분을 결가에 정확하게 반영하

그리고 다음 날인 9월 16일에 이러한 방침은 전국으로 확대되었다.

각 도 상납은 모두 대전하여 마련하되 먼저 기전으로부터 결가를 정하고 평안도와 함경도를 제외한 5도의 응납미태목포(應納米太木布)는 모두 석수와 필수에 준하여 대전수봉(代錢收捧)하는 일을 의안하여 행회하며 또한 일작(日昨)에 영남결정(嶺南結政)에 별단 계하가 있습니다. 양호, 해서, 강원, 4도 미태목포 역시 영남례(嶺南例)에 따라 산군과 해읍으로 나누고 매석 매필로 가격을 정하여 시행할 일을 탁지아문으로 하여금 맡기는 것이 어떠할지. 몽(蒙)[87]

정부는 영남의 결가 책정을 둘러싸고 논의하는 과정을 거쳐 이처럼 경기부터 결가를 책정하고자 하였다.[88] 다만 이때는 기존 읍사례를 고려하기보다는 영남례에서 나온 산군과 해읍의 결가에 비추어 경기도 각 군의 결가를 책정하였음에 유의할 필요가 있다.[89] 그 결과 1894년 9월 24일 경기도 각 군의 결가를 책정하는 동시에 결총을 산출하여 각 군에 훈령을 내렸다.[90] 산군은 25량, 연군은 30량으로 책정되었던 것이다.

한편 읍용분을 정확하게 산출하여 결가에 반영할 수 없었지만, 정부는 결가를 책정하는 과정에서 지방경비를 결전에서 충당한다는 방

기는 현실적으로 매우 어려웠을 것이다.

87) 『啓草存案』, 甲午 9월 16일.

88) 이러한 책정의 단초는 1894년 8월 말에 결정되었다. 이와 관련하여 『公文編案』 5, 京畿去關, 甲午 8월 28일 참조.

89) 경상도의 沿郡 結價는 30.6량이고 山郡結價는 25.12량으로 책정되었다(이영호, 앞책, 2001, 88쪽).

90) 『公文編案』 5, 京畿去關, 甲午 9월 24일.

침을 가졌던 것으로 보인다. 이후 기록이지만 1895년 9월 탁지부가 지방제도 개혁을 입안하는 청의서에서 저간의 결가(結價) 책정(策定) 과정을 다음과 같이 정리하고 있다.

…종전 지세는 매결에 전세미 4두와 대동미 12두와 기타 삼수미와 포량미와 결작미(結作米) 등을 합ᄒ야 대저 20두 내외[1석(15두) 15량으로 가정ᄒ면 20량이 되는이라]을 부과ᄒ고 상항에 술(述)ᄒ든 아록관수유청등가미(衙祿官需油淸等價米)는 전세와 대동미 중으로 분여ᄒ고 각 읍 이교 등 희료(餼料)는 별로 환모와 인정(人情)과 잡비 등 명칭를 부(附)하고 지세에 부가징수ᄒ얏는듸 작년붓터 환모를 폐ᄒ고 사환(社還)으로 ᄒ고 정비지류(情費之類)는 도모지 엄금ᄒ니 지세는 다만 매결(每結)에 30량 혹 25량으로 개정ᄒᄂ 고로 각 읍 이교료식과 기타 온갓 경비는 세부득이(勢不得已) 정부셔 상당ᄒ 액을 정ᄒ야 획급ᄒ여야 가ᄒ듸…[91]

이에 따르면 탁지부에서는 지방경비분이라 할 이교들의 희료(餼料) 등을 고려하여 20량으로 산정된 결가를 25량 또는 30량으로 인상하였으므로 중앙에서 지방경비분을 부담해야 한다고 설명하고 있다. 즉 정부는 결가를 책정한 뒤 여기서 지방경비분을 배정하려 했던 것이다. 이런 정부의 방침은 1894년 10월 25일 경기 감영에 하달한 공문에서도 잘 드러난다.

지금 경장의 제도를 맞아 기전 부세의 정가대봉(定價代捧)은 실로 계하성명(啓下成命)에 준해 육군읍(陸運邑)은 매 일결(一結) 30량으로, 산군(山郡)은 25량으로 작정(酌定)하였으며 정공(正供), 경사(京司)·외영(外

91) 『度支部請議書』(奎 17716) 2, 제99호 '各邑改革之件閣議案', 開國 504년 9월 5일.

營) 공납(公納), 관름, 읍속지방(邑屬支放)은 갈라서 조례를 만들라.[92]

세미(稅米)에 해당하는 정공 외에 경사, 영읍의 각종 공납 및 관름, 읍속 등의 재용을 결가에서 배정하려 하였음을 확인할 수 있다. 즉 정부가 결가 책정에 기존의 읍용분을 정확하게 반영하기가 현실적으로 어려웠지만, 일단 책정된 결가에 입각하여 읍용을 마련하려 했던 것이다. 정부는 〈표 3〉과 같이 경기도 각 군의 결가를 하달하였다.

〈표 3〉 1894년 京畿 各邑의 結價額

郡	結價	郡	結價	郡	結價
楊州	20량	富平	30량	始興	30량
驪州	30량	豊德	30량	龍仁	30량
坡州	30량	安城	30량	果川	30량
交河	30량	金浦	30량	陽智	30량
南陽	30량	永平	25량	漣川	25량
長湍	30량	楊根	30량	砥平	25량
利川	30량	麻田	25량	陽川	30량
陰竹	30량	積城	25량	抱川	25량
竹山	30량	安山	30량	陽城	30량
通津	30량	朔寧	25량	永宗	30량
喬桐	30량	高陽	20량	大阜島	30량
仁川	30량	振威	30량	德積島	25량

출전: 『京畿各邑新定事例』(奎 15234)

〈표 3〉에 따르면 경기도 각 읍의 결가는 30량이 기준이었다. 다만 양주와 고양은 능침 소재지로서 기왕에 전세가 감면되고 있었기 때문

---

92) 『公文編案』 4, 京畿各邑輪關, 甲午 10월 25일.
　　'今當更張之制 畿甸賦稅之定價代捧 寔遵啓下成命 陸運邑每一結三十兩 山郡
　　二十五兩酌定 正供與京司外營公納官廩邑屬支放 另成條例'

에 20량으로 줄여 책정하였다.[93] 그럼에도 풍덕의 경우에서 볼 수 있
듯이 일부 고을은 결가가 이전 시기에 비해 2배가량 증가하기도 하였
다.[94] 또한 일부 지역은 호전(戸錢)과 결부하여 산군례대로 결가는 30
량으로 하되 호전은 3량이 아닌 1량으로 인하하기도 하였다.[95] 나아
가 정부는 이에 입각하여 신정사례를 마련하되 크게 결호전을 포함한
정공, 경사 및 외영의 공납, 수령의 월급(관름, 관황) 그리고 읍속지방
(읍용)의 항목으로 나누어 작성할 것을 지시했던 것이다. 따라서 경기
감영은 정부의 지시대로 다음과 같이 마련하여 상송하였다.

> 출세결전(出稅結錢), 호포전(戸布錢), 용하질〔用下秩:관황(官況), 향청
> (鄕廳), 장청(將廳), 이청(吏廳), 통인청(通引廳), 사령청(使令廳), 순뢰청
> (巡牢廳)〕, 대소제향질(大小祭享秩), 읍응하질(邑應下秩), 각양복호질(各
> 樣復戸秩), 순영상납질(巡營上納秩), 외영상납질(外營上納秩), 경사상납
> 질(京司上納秩)[96]

정부는 조세 징수 및 상납할 내용과 액수를 명확히 규정할 뿐만 아
니라 읍용의 구체적인 내용 및 액수를 파악함으로써 지방재정을 통
제하려 했던 것이다. 아울러 사례 마련의 기준을 다음과 같이 하달하
였다.[97]

---

93) 『公文編案』5, 京畿去關, 甲午 9월 24일.

94) 1871년 이전 풍덕부의 경우, 結價가 대략 15량 정도였다〔『京畿邑誌』(奎 12177) 3,
   '事例大槪';『高宗實錄』4, 高宗 4년 8월 15일, 上책, 271쪽〕.

95) 楊根郡의 경우, 貧戸가 많아 결가는 30량으로 하되 호(포)전은 3량이 아닌 1량으
   로 책정하였다(『楊根郡邑誌』, 1899, 藏書閣 소장).

96) 『京畿各邑新定事例』.

97) 그 외 『聞慶府新定事例』(奎 19468), 『醴泉郡新定事例』(奎 17202), 『比安縣新定事
   例』(奎19467)와 『大阜島新定事例』(奎 19292) 등을 들 수 있다. 이러한 원칙들이 내

① 각종 유토무토면세결(有土無土免稅結)은 모두 승총(陞摠)하여 조세를 낸다.

② 사부촌(士夫村), 묘촌(墓村), 내시촌(內侍村) 및 계방촌(契防村)은 모두 조사하여 응역(應役)한다.

③ 결부(結簿)와 환부(還簿)를 마감(磨勘)하는 비용은 모두 논하지 않는다.

④ 관에 공급하는 각종 물품은 모두 시가에 따라 사서 쓰고, 현물로 민간에 책납(責納)하지 않는다.

⑤ 납부해야 할 결전(結錢)과 호포 외는 다시는 조금도 징렴하지 않는다.

⑥ 읍속이 예전(例錢)이라 칭하고 민에서 징렴하는 것은 모두 혁파한다.

⑦ 경사하예와 순영하예가 계방을 토색하는 폐단은 일절 시행하지 않는다.

⑧ 불항차하전〔不恒上下錢〕은 매년 말에 그 여부족(餘不足) 여부를 성책하여 보고한다.

우선 지방재정수입과 밀접하게 관련되어 있는 각종 면세지가 국가 수세지로 전환되었다는 점(①)이다. 특히 지방재정의 일부를 구성하는 아록전, 관둔전과 공수위전 등이 모두 승총되었던 것이다. 이는 국가 자신이 종전 지방재원으로서의 의미를 부정하고 국가재정으로의 흡수를 강구했음을 보여준다. 때문에 아록전 명목으로 중앙에 면세를 요청해도 거부되고 다만 급대 형태로밖에 안 되는 경우가 나타나기도 하였다.[98] 또한 역이 부과되지 않은 제역촌(除役村)도 응역하도록 하고 있는 점(②)도 주목할 만하다. 특히 지방관아가 결전과 호포 이외

용에 그대로 반영되었다.

98) 『公文編案』18, 慶尙道觀察使 來牒, 乙未 5월 28일.

는 징렴하지 않도록 규정한 내용⑤은 지방재정의 실질 재원을 봉쇄한 것으로 보인다. 따라서 각 읍에서는 「경기각읍신정사례」에 따라 결전 가운데 감영과 외영의 상납, 읍의 각종 용하, 그리고 예비비에 해당되는 '불항차하'까지 미리 배정하여 액수를 정한 다음에 상납하였던 것이다.[99] 그런 점에서 이 조치는 이전부터 국가가 추진했던 각 읍 경비 배정의 방향을 또 한 번 보여주고 있다. 더군다나 이전 시기와 달리 재정기관의 일원화와 결호전(結戶錢) 제도가 먼저 이루어졌기 때문에 지방재정을 국가재정에 통합시킬 수 있는 여건을 조성한 셈이다.[100] 그리고 이 '사례'를 두고 어윤중은 1894년 11월 4일 경기, 충청, 황해도에 보내는 공문에서 다음과 같이 언급하였다.

관북영사례(關北營事例)가 지난 계미년에 있어 결호 간에 작량하여 마련하였다. 계미사례야말로 조적(糶糴)을 영원히 정한 후 경사영읍진의 수용(需用)을 통계하여 양의마련(量宜磨鍊)하고 문시행(聞施行)한 것이거늘[101]

경기신정사례가 이전의 '계미사례'에 바탕하여 마련된 것임을 알 수 있다. 즉 '신정사례'는 1883년 함경도 재정개혁에 바탕하여 전국으로 확대 적용할 목적으로 제정되었던 것이다.[102]

---

99) 이후 不恒上下는 지방기관의 사정에 따라 조정되기도 하였다(『公文編案』9, 京畿來牒, 乙未 10월 7일; 『公文編案』84, 仁川報告書, 建陽 元年 2월 25일).
100) 결호전 제도의 성립 과정에 관해서는 유정현, 앞 논문, 1992, 65~75쪽 참조.
101) 『公文編案』3, 京畿 忠淸 黃海去關, 甲午 11월 4일.
　　'關北營事例 往在癸未 結戶間酌量磨鍊矣 癸未事例 乃是糶糴永定後 統計京司營邑鎭需用 量宜磨鍊 啓聞施行者是去乙'
102) '신정사례'는 탁지부에서 마련하였기 때문에 1895년 9월 이후 '內部各郡排定表'와 구분하여 '度支部新定節目'이라고도 부른다. 준용 시기는 1894년 9월부터 1895년

우선 정부는 1884년 이후 부실화된 '계미사례'를 복구시키고자 하였다. 탁지부대신 어윤중은 다음과 같이 건의하였다.

"관북영읍사례는 지난 계미년(1883)에 결수와 호수를 참작하여 마련하였는데, 갑신년(1884) 이후에는 징렴이 해마다 늘어나서 백성들이 그 폐해를 받습니다. 원정사례(原定事例)와 연래가렴건기(年來加斂件記)를 안무사(按撫使)와 관찰사(觀察使)로 하여금 일일이 수취(收聚) 상송하여 일률적으로 이정하도록 하는 것이 어떻겠습니까?" 하니, 윤허하였다. [103]

어윤중의 이러한 조치는 '계미사례'를 복구함으로써 이후 경기도 신정사례를 시행할 수 있는 근거를 마련하고자 하였음을 보여준다. 나아가 경기도의 이러한 성과를 토대로 타 도나 타 관찰부에 확대 적용하려 하였다.

우선 1월 12일 의정부에서는 「경기각읍신정사례」를 마련한 경험 위에 다른 지역에서도 지방경비와 이액을 마련할 것을 하달하였다.

각 읍 결가를 작년(1894) 겨울에 탁지부에서 정하여 보냈는데 세칙을 아직 정하지 못하여 각항의 지출이 바로잡아지지 않으니, 제도의 경장이 이에 진척되기 어렵다. 본영(각 감영)에서 각 읍 결가 중에서 원래 상납하는 실수 이외에 각항의 수요 및 관속의 봉급을 짐짓 참작하여 마련하여 환산하지 않도록 하며 관속의 수는 대전회통(大典會通)에 따라서 문산(文算)을 갖추고 능력이 있는 자만을 뽑고 그 나머지는 제하라. [104]

8월까지이다. 이에 관해서는 『公文編案』 69, 伊川郡守 黃兢淵, 建陽 元年 8월 22
일; 『公文編案』 83, 仁川府觀察使署理參書官 任午準, 建陽 元年 7월 23일 참조.
103) 『高宗實錄』 32, 高宗 32년 8월 15일, 中책, 533쪽.
104) 『關草』, 內關草, 三南海西.

이 내용에 따르면, 정부는 1894년 겨울에 책정된 각 읍의 결가를 알려주면서 여기에 입각하여 상납분과 함께 각항의 수요, 관속의 봉급 등을 참작하도록 지시하였던 것이다. 그것은 결가를 정하여 가렴의 폐단과 이서의 용간(用奸)을 막을 수 있을 뿐만 아니라 이예의 보수(所料)를 마련함으로써 이들의 환산을 방지할 수 있기 때문이다.[105] 전라도의 경우, 1895년 2월 탁지부에서 전라 감영에 「경기각읍신정사례」를 보내면서 다음과 같이 이에 의거하여 사례를 마련하라고 지시하였다.[106]

① 도내각읍신구공전독쇄(道內各邑新舊公錢督刷)와 신정사례마련사(新定事例磨鍊事)로 본 아문주사 1원을 파송하거나 일단 후록첩례(後錄牒例)에 따라 난상조획(爛商措劃)함이 의당한 일

② 각읍신정사례가 이미 4등으로써 마련되었다. 본도는 각해읍결총다과(各該邑結總多寡), 호구 대소에 따라 4, 5등으로 나누어 마련하되 경기사례책자(京畿事例冊子) 1권을 이에 보내니 모름지기 여기에 따라 증손(增損)하여 정례할 일

여기서도 정부가 두 가지 의도를 가지고 각읍신정사례를 마련하려 했음을 확인할 수 있다. 즉 상납분의 내역을 규정함과 함께 각 읍의 지출 내역을 파악하고자 했던 것이다. 그리고 각 읍의 결총 다과와 호구 대소를 기준으로 삼아 각 읍의 지출 규모를 5등급으로 나누었

같은 날 강원, 함경, 평안도에도 『대전회통』에 입각하여 관속을 정리할 것을 명했다. 『關草』, 內關草, 江原, 平安, 咸鏡按撫 5道, 乙未 1월 12일.

105) 『魚允中全集』, 「簡牘要抄」.
　'結價錢旣定 無得加斂 吏胥容奸 可以杜矣 而吏隷所料 將有新磨鍊耶'

106) 『公文編案』13, 完營去關, 乙未 2월.

〈표 4〉 1895년 慶尙道 3郡 新定事例의 入出 內譯

구분 / 항목	군현	聞慶	醴泉	比安
結戶稅	收稅實結	2,191.737결	3,096.179결	1,522.533결
	結價	20.00량	20.00량	20.00량
	錢	43,834.70량	61,923.58량	30,450.66량
	在錢	40,665.94량	59,386.42량	28,319.50량
	戶口		6,141구	2,618구
	戶錢		3.25량	2.66량
	戶布錢	5,611.43량	19,958.25량	6,963.88량
	合錢	46,277.37량	79,958.56량	35,283.38량
上納·邑用	賦稅上納	29,415.94량	42,757.40량	19,960.38량
	賦稅外上納	193.00량	168.55량	537.93량
	還耗支放	2,720.00량	5,860.00량	1,750.00량
	戶布上納	4,168.00량	16,121.40량	5,253.00량
	各營鎭納	2,257.26량	4,112.87량	2,098.20량
	邑公用	5,896.00량	9,877.72량	7,079.00량
	在錢	1,626.30량	1,446.73량	−2,205.13량

출전: 『醴泉郡新定事例』(奎 29484); 『比安縣新定事例』(奎 28439)
『聞慶府新定事例』(奎 24569)

던 것이다. 이 점에서 정약용이 구상한 각 읍 경비의 배정 내용과 매우 유사함을 확인할 수 있다. 그러므로 전라 감영에서는 정부의 지시대로 5월에 각관읍진봉료(各管邑鎭捧料)를 마련해서 상송하였고[107] 이에 탁지부에서는 같은 해 6월 상송 사례를 고쳐 하송하였다.[108] 그리고 경상도 각 군에서도 사례가 올라왔다. 현전하는 예천(醴泉), 비안(比安), 문경(聞慶) 등 3개 군현을 대상으로 하여,[109] 이들 군현의 신정

107) 『公文編案』 13, 完營來牒, 乙未 10월 15일.
108) 『公文編案』 13, 全羅道 觀察使 來牒, 乙未 6월.
　　'前道內各邑事例 就所報成冊中 釐正下送 甲午條兺 依此施行ᄒ며'
109) 『醴泉郡新定事例』(奎 29484), 『比安縣新定事例』(奎 28439) 및 『聞慶府新定事例』(奎 24569)는 『地方史資料叢書』 9, 事例 2(麗江出版社)에 영인되어 실려 있다. 이외에 신정사례들이 작성되어 중앙에 상송될 가능성이 높다. 다만 도중에 분실되어

사례 내역을 보면 〈표 4〉와 같다.

〈표 4〉에서 주목할 점은 세부상납(稅賦上納)을 제외하고는 각영진납(各營進納)과 함께 읍공용이 큰 비중으로 다루어지고 있다는 사실이다. 또한 읍용은 대부분 결전에서 배정되고 있다. 즉 정부에서 책정한 결가에 입각하여 예산을 편성하는 데 읍공용을 크게 반영하여 편성했음을 보여준다 하겠다. 끝으로 각 군의 이액을 상세하게 보고하였다.[110] 따라서 신정사례의 마련은 단지 부세개혁의 차원에 국한될 문제가 아니라 읍용도 결가에 포함시켜 지방재정을 국가재정에 통합하는 데 목적이 있었던 것이다. 강원도의 경우는 감영에서 같은 해 5월 결세, 호포를 이정하면서 경사순영상납과 함께 관황과 읍방(邑放) 내역을 담은 절목을 각 군에 성급(成給)하면서 탁지부에 상송하였다.[111] 이에 탁지부에서는 같은 해 7월 강원도에서 올라온 절목을 조정하여 신정사례를 각 군에 하송하였다.[112] 그 결과 강원도에서도 신정사례가 마련되었다. 원주의 경우, 관름 8,400량, 삼반각항기료 14,100량, 향사소수와 불항등비 3,100량이다.[113] 죽산(竹山)과 원주(原州)의 경우를 비교하면 〈표 5〉와 같다.

양군의 각 경비 항목이 유사하고 액수 역시 근접하고 있음을 확인할 수 있다. 아울러 중앙정부에서도 다시 여기에 준해 경비를 집행하라고 하달하였다.[114]

현전하지 않은 것으로 추정된다.

110) 문경, 예천 및 비안의 경우, 모두 任賴秩이 첨부되어 있다.

111)『公文編案』23, 春川觀察使報告, 乙未 9월 그믐.

　　『公文編案』74, 橫城郡, 建陽 元年 1월 9일.

112) 위와 같음.

113)『公文編案』11, 指令 原州 李宗稙, 乙未 7월 14일.

114) 위와 같음.

<표 5> 1895년 竹山, 原州의 郡經費

竹 山	原 州
官況 20,160량(官廩 6,000량 포함)	관름(8,400량)+三班各項饑料(14,100량) 22,500량
祭需(1,100량)+邑不恒上下錢(2,000량)	享社所需+不恒等費 3,100량
합계 23,260량	합계 25,600량

출전: 『京畿各邑新定事例』(죽산); 『公文編案』 11, 乙未 7월 14일(원주)

　다음 황해도의 경우도 여기에 입각하여 지방경비를 집행하였다. 해주의 경우, 제1차 지방제도 개혁에 따라 군 경비가 확정된 1895년 9월 이전까지는 신정사례에 입각하여 관황, 삼반료포(향리의 보수)와 각 항경비로 2,220량 2전 7푼을 나누어 지출했다.[115] 그것은 1894년 10월에서 12월 사이에 탁지아문이 경기 각 읍의 여러 장부를 모아 새로운 기준 아래 작성하여 이후 타 읍의 모범으로 삼았기 때문이다.[116] 충청도의 경우도 사정은 마찬가지였다.[117] 정부는 홍주 관찰부에 군결총고(郡結總高)와 본년관름지방경비(本年官廩支放經費)를 서로 비교하여 각 군에 행회(行會)하라고 지시하였다.[118] 그리고 이러한 신정사례를 각 고을에 하달하여 준행토록 하였다. 예컨대 신창군(新昌郡)의 경우, '관름지방경비별정이전마련사례(官廩支放經費別定以前磨鍊事例)'를 1894년 10월부터 시작하도록 하고 있다.

---

115) 『光武七年四月日本郡甲乙丙丁四年條結戶錢納未納區別成冊』(奎 20608).

116) 『公文編案』 5, 京畿去關, 光武 2년 8월 28일.
　　『公文編案』 13, 完營去關, 乙未 2월.
　　『京畿各邑新定事例』.

117) 『度支部內部公文來去牒』(奎 17881), 建陽 元年 11월, '忠淸北道管下各郡甲乙兩年結戶錢納未納事'.
　　郡守廩況을 비롯한 각종 경비가 甲午新定事例에 입각하여 지출되었음을 잘 보여준다.

118) 『公文編案』 18, 洪州府觀察使 李勝宇, 乙未 8월 19일.

다음 평안도에도 이 같은 내용이 전달되었다.[119] 정주부(定州府) 신
정사례의 경우 다음과 같다.

① 신구종마전(新舊從馬錢)은 매호 4전 1푼씩 걷는 것을 지금부터는 영
   원히 혁파할 일
② 신연(新延)은 평양으로 한정할 일
③ 동부와 서부 두 마을은 소성(蘇醒)을 기다려 호배미(戶排米)로써 정
   배죄인과 징역죄인의 조석을 공궤(供饋)할 일
④ 초료마(草料馬)는 모두 역마(驛馬)로써 거행할 일
⑤ 고마사역상경(雇馬使役上京)과 양영관청입파시(兩營官廳入把時)는
   반태가(半駄價)를 관봉(官俸)에서 비급(備給)할 일
⑥ 상경노령반로자(上京奴令半路資)는 관봉(官俸)에서 비급할 일
⑦ 민고, 칙고, 관청, 무선고(貿膳庫), 육고(肉庫), 계고(鷄庫), 공고(工
   庫), 주사(州司), 성역고(城役庫), 양무고(養武庫)와 자비고(自備庫)
   는 모두 혁파하고 지금 이미 신정사례가 있는즉 읍 중 구사례(舊事
   例)와 호계주사납삼고환도록(戶鷄主司納三庫還都錄)은 모두 감영
   마당에서 불지를 일
⑧ 내각고(內各庫)가 지금 이미 혁파된즉 관용진배(官用進排) 각양 물
   종(物種)은 이방이 주관하여 거행할 일
⑨ 위 여러 조항은 시의를 참고하고 물의(物議)를 거두어 금석같이 규
   획을 정하였으니 나중에 이의가 생겨 폐가 되면 일읍(一邑)에서 회의
   하여 신중하게 마감 결정하고 빌려주지 못할 일
⑩ 노령(奴令) 중 요전(料錢)을 미리 판 것은 여수(與受)가 같은 죄로 발

---

119) 이러한 공문은 평안도 전역에 내려갔을 것이라고 추정된다. 다만 도중에 분실되어
    여타 자료에서는 기록이 남아 있지 않은 듯하다.

견 즉시 속공(屬公)할 일

⑪ 각반임목(各班任目)은 줄일지언정 증가시켜서는 안 될 일[120]

이 개정 조항들에 따르면 기존 지방재정운영방식이 전면 폐기되었음을 알 수 있다. 재무담당 각소를 비롯한 각소 대다수가 혁파되었을 뿐만 아니라 옛 읍사례와 그 밖의 장부들이 소각되었다.[121] 강계부의 경우 결가, 호렴은 잠시 구례에 준하고 과외 남렴은 일체 영원히 혁파하고 진상과 경사 양영응납조(兩營應納條)는 모두 합산하고 각진보진수조(各鎭堡鎭需條)를 모두 폐지하여 보고할 것이 지시되었다.[122]

정부는 이처럼 「경기각읍신정사례」를 만들어 여기에 근거하여 각 군의 신정사례를 만들도록 하였다. 이때 관청경비는 각 읍 결총 다과와 호구 대소에 따라 5등으로 나누었으며[123] 또한 실제로 여기에 근거하여 경비가 집행되었다. 태안군(泰安郡)의 경우는, 1895년도 결전 46,981량 5푼 내에서 21,904량이 군 경비로 지출되었으며[124] 북청군(北靑郡)의 경우는 1895년 7월과 8월에 1,911량 6전 6푼이 두 달치 관황으로 지출되었다.[125] 해주부(海州府)의 경우도 1895년 6월 30일까지는 신정사례에 의거하여 매달 책정하여 지출하였다.[126] 예컨대 관황의

---

120) 『關西邑誌』, 定州牧 新定事例.

121) 이러한 조치는 단지 정주의 경우에 국한된 게 아니다. 舊邑事例 등을 감영 마당에서 소각하라는 지시는 이러한 공문이 정주 이외 평안도 각 군에 하달되었음을 잘 보여주는 것이다.

122) 『公文編案』60, 訓令 江界府 視察官 尹明五, 建陽 元年 1월.

123) 『公文編案』85, 京畿, 建陽 元年 3월 18일.
'指令 甲午 10월 乙未 9월까지는 本部(탁지부)搬送 5等表로 施行하고(갑오신정사례) 乙未 10월부터 丙申 9월까지는 內部搬送 5等表로 시행함이 可함'

124) 『泰安郡甲午以前田大同納未納蕩減田穀及以後結代錢納未納區別成冊』(奎 27101)

125) 『北靑郡自乙未八月己亥十二月至應捧應下會計成冊』(奎 27096).

〈표 6〉 1894년 京畿各郡 結戶錢과 經費額

단위: 兩

郡	結戶錢 (A)	總經費 (B)	官屬俸給 (C)	官屬數 (D)	官況 (수령 연봉)	等級	B/A (%)	C/B (%)	D/B (%)
驪州	97,638	31,732	23,982	190	8,000	3/3	32	75	0.60
長湍	98,728	27,817	20,040	80	8,000	3/3	28	72	0.29
南陽	74,840	23,770	19,960	97	8,000	4/4	31	83	0.41
竹山	61,941	23,268	18,880	99	6,000	4/4	37	81	0.43
楊根	35,920	14,968	10,644	77	7,000	5/4	41	71	0.51
安山	36,215	15,480	12,460	56	4,000	5/4	42	80	0.36

출전: 『京畿各邑新定事例』(奎 15234)
비고: 等級에서 전자는 1895년 9월에 공포된 勅令 제164호에 근거한 것이고, 후자는 1896년 8월에 공포된 勅令 제36호를 따른 것임
유정현, 「1894～1904년 地方財政制度의 改革과 吏胥層 動向」, 『震檀學報』 73, 1992, 84쪽; 拙稿, 「甲午改革期 全國 邑事例 편찬과 '新定事例'의 시행」, 『國史館論叢』 66, 國史編纂委員會, 1995, 59쪽에 근거

경우 2,390량 5전 4푼이 추가로 지출되었다. 또한 단양군(丹陽郡)의 경우 5등군으로 1894년 10월부터 1895년 9월까지 총 11,300량 8전 6푼을 지출하였다.[127] 그래서 이러한 새 사례를 흔히 '갑오신정사례(甲午新定事例)'[128] 또는 '탁지부신정사례(度支部新定事例)'[129]라 부르기도 했다. 그것은 지방관아가 이전에 행사하였던 재정권을 박탈함으로써 기존의 개별적이고 다기한 지방재정구조를 통일시킬 뿐만 아니라 분립적인 운영방식을 전면 부인했다 하겠다. 그러면 각 군 경비의 준거였던 「경기각읍신정사례」를 분석하면서 이때 만들어진 '탁지부신정사례'의 의미와 문제점을 살펴보기로 한다.[130]

---

126) 『光武七年四月日本郡甲乙丙丁四年條結戶錢納未納區別成冊』(奎 20608).

127) 『丹陽郡自甲午至辛丑結戶錢上納區別成冊』(奎 27061).

128) '甲午新定事例'는 『公文編案』 19, 公州府觀察署理官 李右齡, 乙未 9월 2일; 『公文編案』 60, 仁川府 報告, 建陽 元年 1월 6일에서 보인다.

129) '度支部新定事例'는 『公文編案』 23, 春川觀察使 李根命, 乙未 9월 그믐; 『公文編案』 74, 鐵源, 建陽 元年 7월 5일에서 보인다.

〈표 6〉은 「경기각읍신정사례」 중 대표적인 군을 뽑아 군재정과 결호전의 총액을 비교한 것이다.

〈표 6〉에 따르면 결호전에 대한 각 군 경비의 비율(B/A)이 다소 차이가 있지만 대체로 비율이 비슷하고 총경비에 대한 관속봉급의 비율(C/B)도 일정하다. 아울러 양근의 경우를 제외하고는 관황도 대체로 결호전의 액수에 맞추어 등급화한 것으로 보인다. 이는 정부가 결호전의 전체 액수에 맞추어 각 군의 지출 규모를 한정하려 노력한 결과로 보인다. 이 점에서 신정사례는 기존 관행에 따라 개별적으로 재원을 확보하고 운영할 수 있었던 근거로서의 개별 읍사례와 판이한 것이다. 그러나 총경비에 대한 관속 수의 비율(D/B)은 일정한 비례관계가 나타나지 않는다는 점에 유의할 필요가 있다. 무려 0.60%에서 0.29%에 이르는 편차를 보이고 있기 때문이다. 이를 구체적으로 살펴보기 위해 관속 및 봉급 내역을 분석해보면 다음과 같다.

우선 '신정사례'는 군수를 비롯한 각소 내 관속들의 직임과 늠료를 중앙 차원에서 규정하고 있다. 양근과 안산의 경우, 〈표 7〉과 같다.

〈표 7〉에 따르면 정부가 군현의 각소를 파악할 뿐만 아니라 지방경비를 정액화하려 했던 노력을 엿볼 수 있다. 그러나 관속들의 직임과 늠료 지급이 통일된 체계를 갖추고 있지 않아 군현마다 제각기 달랐음도 확인할 수 있다. 즉 좌수의 늠료액이 동일한데 관황이 상이한 액수일뿐더러 소속 관속들의 구성도 상이하다. 이는 기존의 각소가 전혀 개편되지 않았을뿐더러 기존의 상납관계도 그대로 유지되었기 때문이다.[131] 이러한 현상은 정부가 결호전제도(結戶錢制度)에 입각하

---

130) 정부가 최종적으로 결정한 '탁지부신정사례'의 원래 내용이 남아 있지 않아 그 면모를 확인할 수 없다. 다만 이 사례가 대체로 「경기각읍신정사례」에 바탕하여 작성되었다는 점을 감안할 때, 이를 분석해도 무방하리라 본다.

〈표 7〉 1894년 楊根郡과 安山郡의 官屬과 廩料

단위: 兩

楊　根	安　山
官況(7000) 座首(360) 別監(180) 首校(240) 兵校(240) 掌務軍官(180) 掌務哨官(180) 牙兵哨官(180) 軍器監官(180) 戶長(240) 吏房(840) 兵房(240) 都捧色(240) 官廳色(480) 禮房(180) 儲留色(240) 上納色(240) 刑房色(120) 工房色(120) 承發吏(120) 各面書員(無料) 無任吏(120) 首通引(120) 小通引(60) 京邸吏 鄕役價(600) 京食主人食價(600) 都使令(180) 使令(60) 首奴(180) 吸唱(120) 官奴(84) 郡司庫子(60) 工庫子(120) 官廳庫子(180) 房子(60) 旗手(84) 吹鼓手(60) 肉庫子(180) 官婢(60) 鄕廳食婢(60) 鄕廳通引(60) 鄕廳庫子(60) 鄕廳使令(60) 持者軍(120) 吏廳房直(60) 刑吏廳房直(60) 將廳房直(60) 軍器庫直, 倉庫直(60) 鄕校守僕(60) 軍直(60) 社壇直(60) 厲壇直(60) 客舍直(60)	官況(4000) 座首(360) 別監(240) 首校(180) 將校(120) 軍器監官(360) 戶長(240) 吏房(600) 兵房(240) 官廳色(480) 會計色(180) 禮房(120) 儲眞色(120) 捧留色(300) 刑房(180) 工房(120) 承發吏(120) 各面書員(無料) 無任吏(120) 通引(120) 京邸吏 鄕役價(480) 都使令(180) 使令(120) 首奴(180) 官奴(120) 郡司庫子(120) 官廳庫子(120) 房子(60) 吹鼓手(120) 肉庫子(120) 官婢(60) 鄕廳食婢(160) 鄕廳直(60) 鄕廳使令(60) 持者軍(120) 吏廳直(60) 刑吏廳直(60) 將廳直(60) 官奴廳直(60) 客舍直(60) 使令廳直(60) 烽燧監官(120) 烽燧軍(60)

출전: 『京畿各邑新定事例』(奎 15234)
비고: 괄호 안은 1人當 年俸額

여 지방경비의 규모를 규정하려 하면서도 지방 관속에 대한 정비가 이루어지지 않았음을 보여준다 하겠다. 즉 각소 중심의 분립운영방식을 폐기하여 국가재정체계에 편입시키려 했지만, 기존 지방관아의 각소를 그대로 두고 재원만 중앙으로 이속시킨 셈이 되었다. 이러한 문제는 각소와 재원 사이에 불균형을 야기할 수 있다. 가령 〈표 6〉에서 여주군의 관속 수가 타 군에 비해 월등하게 많은 데 반해 총경비에 대한 전체 관속 봉급의 비율(B/C)은 거의 유사하다. 따라서 지방재정을 국가재정에 통합함에 결호를 정확하게 파악하고 징수 문제를 비롯한 재정구조를 개혁함과[132] 함께 지방 관속의 정리를 비롯한 지방제도 문제

---

131) 가령 邑用과 公用 외 巡營上納, 外營上納, 京司上納 등의 내용이 이전 시기의 경우와 마찬가지로 그대로 남아 있다(『京畿各郡新定事例』).

132) 地稅制度改革의 의미와 중요성에 대해서는 왕현종, 「한말(1894~1904) 지세제도의

가 시급하게 해결해야 할 사안으로 제기되었다.

정부는 이처럼 '갑오신정사례'를 마련하여 군현의 개별적인 재정구조와 분립 운영을 폐기하려 했지만 관속 문제를 포함한 지방제도의 문제가 반드시 해결해야 문제로 부각되기에 이른 것이다. 정부도 '갑오신정사례'를 '별정이전마련사례(別定以前磨鍊事例)'로 불렀던 것으로 보아[133] 이후 추가 조치를 통해 지방제도 문제를 본격적으로 해결하려 했던 것으로 보인다.

또한 정부는 감영의 재정도 중앙에 통합하려 하였다. 1895년 2월 탁지부에서 경기 감영에 감영의 신정사례를 마련할 것을 하달하였다.[134] 그 결과 「기영신정사례(畿營新定事例)」가 마련되었다. 지급경비 내역을 보면 〈표 8〉과 같다.

감영의 지급경비 내역을 보면, 감영 재정도 정부의 통제를 받아야 했을 뿐만 아니라 사실상 해체되어 독자적으로 운영할 여지가 없게 되었다. 또한 수입의 경우도 각 읍별로 진상대전(進上代錢)이라든가 정비(情費), 관할 토지결수 등의 내역을 상세하게 규정하여 지출에 충당하도록 명문화하였다.[135] 이러한 '감영신정사례'는 '각군신정사례'의 경우와 마찬가지로 타 도 감영에도 그대로 적용되었다.[136]

개혁에 관한 연구」,『韓國史研究』77, 序言, 1992; 李榮昊, 앞 책, 序論, 2001 참조.

133) 남원부에 보낸 책자에는 '各邑官廩支放經費別定以前磨鍊事例'로 명명되어 있다. 그리고 이 책자 말단에 '甲午條結戸釐正事例抄'를 첨부하였다(『公文編案』13, 南原府 觀察使, 乙未 9월). 그 외 여러 내용이 포함되었다. 가령 溫陽의 경우, 新定冊子를 보내 行宮修補, 公廨柴炬炭, 京邸吏役價로부터 鄕廳, 將廳, 吏廳, 通引, 奴令, 湯直 등의 酬勞를 詳定米 4,000여 두에서 마련하도록 지시하고 있다(『公文編案』2, 溫陽, 甲午 12월 10일).

134) 『公文編案』9, 京畿去關, 乙未 2월 24일에 자세한 신정원칙이 제시되어 있다.

135) 『畿營新定事例』(奎 15230).

136) 他道 監營의 新定事例가 발견되지 않아 단정할 수는 없다. 다만 1895년 9월 정부가 공주부에 내린 훈령문에 營屬餼料를 1895년 7월까지는 甲午新定事例에 준해

〈표 8〉「畿營新定事例」의 支給經費

항 목	내 역	비 고
廩賑	錢 20,000량, 米 80석	監司 廩俸
料錢	錢 24,900량	中軍 1, 軍官 4, 檢律 1
營吏	錢 47,904량	吏房 등 28인
柴油價	錢 2,510량	宣化堂, 軍官廳 등의 건물
入番粮饌價	錢 5,604량	
衣資	錢 4,620량	
紙價와 不恒費	錢 4,200량	
巡營不恒費	錢 7,000량	
合計	錢 96,738량	

출전: 「畿營新定事例」(奎 15230)

다른 한편 정부는 조세 징수 및 지방경비의 운용을 원만하게 유지하기 위해 지방통치 문제에 많은 관심을 기울였다. 이 시기 전국적인 차원의 향회제도가 마련되었던 것은 이 때문이었다. 군국기무처는 우선 1894년 7월 12일에 '향회설립(鄕會設立)에 관한 건'을 공포하였다. 향회는 일종의 군자치회(郡自治會)로서 각 면 대표로 구성되어 있으며 이들 면 대표들의 평의(評議)에 따라 발령(發令), 의료 등을 결정할 수 있는 권한이 부여되었다.[137] 아울러 군국기무처에서는 전국의 각 도, 각 군현에 이런 형태의 향회를 설치하도록 하달하였다.[138] 특히 이 향

집행하라고 하달하고 있어, 군현의 경우와 마찬가지로 타 도 감영 신정사례 역시 마련된 것으로 보인다(『公文編案』19, 公州府觀察署理官 李右齡, 乙未 9월 2일).
137) 『韓末近代法令資料集』Ⅰ, 「鄕會設立에 관한 件」, 1894년 7월 12일.
　'道臣으로 하여금 지방관에 신칙하여 鄕會를 설립하되 각 면 인민들이 綜明老鍊한 1인을 圈選하여 鄕會員으로 삼고 本邑公堂에 來會하여 무릇 發令, 醫療 등에 관한 사항으로 마땅히 本邑에서 施措할 것은 可否를 評議하여 共同으로 결정한 뒤 시행토록 한다'
138) 『公文編案』3, 訓令 本衙門主事 睦用轂, 派送湖西時, 甲午 12월 16일.

회는 기존 사족들이 중심이 되어 설립한 자치회가 아니라 국가가 적극적으로 권장하여 설립하고 있는 데다 향회원을 각 면 인민들이 권선(圈選)하기로 한 점은 군국기무처가 개혁의 사회적 지반을 넓혀 지방 지배를 강화하려는 했음을 보여준다. 특히 조세의 효율적인 징수와 지방경비의 합리적인 운용에 목적을 두었다. 즉 1894년 10월 조세 금납화 조치를 앞두고 군국기무처가 마련한 '결호전 봉납장정(結戶錢 捧納章程)'에서 잘 볼 수 있다. 관련된 내용은 다음과 같다.[139]

① 한 고을에 향회를 설치하고 염간인(廉幹人)을 공거(公擧)하는데 문(文), 음(蔭), 무(武), 생(生), 진(進), 유학(幼學) 등에 구애되지 말고 모두 향원(鄕員)이라고 칭하며 결호전과 공화(公貨)를 검납(檢納)한다. 대읍(大邑)에는 3원(員), 중읍(中邑)에는 2원, 소읍(小邑)에는 1원을 공거할 것

② 각 면에서도 역시 염간인을 공거하며 면향원이라 칭한다. 면향원은 공화를 검납하고 읍향원(邑鄕員)이 일을 처리하며 (세금은) 읍(邑)으로 갖다 내거나 은행에 수송할 것

③ 향원의 월급과 사무용품비는 간략하게 마련하고 그에 속한 사무원은 향소 또는 관청 소속 직원이 거행할 것

『公文編案』 3, 訓令 本衙門主事 崔炳吉, 派送湖南時, 甲午 9월 17일.
『公文編案』 4, 訓令 本衙門主事 崔炳吉, 派送湖南時, 甲午 8월 26일.
『公文日錄』, 甲午 9월 23일.
이상찬, 앞 논문, 1996, 79쪽.
139) '結戶錢 捧納章程'은 총 16조항으로 이루어져 있다. 그런데 이러한 규정은 結戶錢 制度를 시행하면서 기존 守令, 吏胥 중심의 징수 형태를 폐기하고 향회 위주의 징수 형태로 바꾸는 데 중점을 두고 있어 향회 본래의 성격을 그대로 반영하고 있지 않다. 다만 일부 조항에서 향회의 구성과 지방재정 문제가 언급되고 있어 인용하였다.

④ 한 고을의 1년 세출, 지방관리의 월급, 이료(吏料)는 모두 향원이
옛 제도를 살펴 분하(分下)하도록 하고 잘못된 읍례(邑例)는 논하
지 말 것[140]

장정은 향회를 군 단위와 면 단위로 구분하고 향원 역시 각각 향회
에서 선출하는 것(①)으로 규정하였다. 또한 향원들이 기존 향리들을
대신하여 조세를 징수하고 상납하고 있을뿐더러(②) 지방재정의 세출
도 담당토록 하였음④을 알 수 있다. 이 중 면향원은 조세를 징수하
여 읍에 납입하도록 하였다. 이러한 방침은 향촌 사회 차원에서 조세
를 징수하였던 면임의 기존 업무를 국가 차원에서 제도화했음을 의
미한다.[141] 특히 지방관리의 월급과 이료를 향원이 분하하도록 규정
한 점(④)은 지방재정운영에 민인을 참여시켜 지방재정의 자의적인
운영을 억제함으로써 지방재정에 대한 통제를 강화하려고 했음을 보
여준다.

탁지부는 이런 향회의 설치를 각 도·군에 하달하였다. 가령 1895
년 2월 7일 영남지방에 대해 내린 훈령에서 각 읍이 향회를 설치했는
가 여부를 조사하도록 하였다.[142] 경기도의 경우, 본아문 주사 이명직
(李命稙)으로 하여금 각읍신정사례의 실시 여부를 사험(査驗)하도록
하였다.[143] 또한 일부 지역에서는 실제로 이런 향회가 설치되어 기능
을 수행하였다. 전라도 장성의 경우, 도결 25량씩[협읍(峽邑) 25량, 연
읍(沿邑) 30량] 마련해서 징납하라는 의정부 관문이 내려와 1894년도

---

140) 『公文編案』4, 訓令, 甲午 8월 26일.
141) 19세기 면임의 조세 징수 기능에 관해서는 김용민, 「19세기 面의 運營層 強化와
     面任의 역할」, 『韓國史學報』3·4, 1998 참조.
142) 『公文編案』22, 訓令 本衙門主事 片永基 嶺南行, 乙未 2월 12일.
143) 『公文編案』22, 訓令 本衙門主事 李命稙, 乙未 3월 3일.

전세 미수분은 각 면 유원(儒員)을 별정해서 봉상(捧上)하게 하되 서리의 손에 가까이 가지 않게 했으며 1895년도분 도결을 수봉하는 일은 면에 면원을 두고 서리배가 관여치 못하게 하였다.[144] 이렇게 보면 정부는 한편으로는 「각읍신정사례」를 마련함으로써 지방재정을 중앙에 통합시키고, 다른 한편으로는 향회제도를 마련하여 이러한 방안들이 지방 차원에서 실시될 수 있도록 강구했음을 확인할 수 있다.

2) 친일세력의 지방세제 구상과 23부제 시행

일본은 1894년 10월 이노우에 공사가 입국하면서 조선의 '보호국'화에 진력하였다. 이들은 당시 어윤중과 갈등을 일으키면서 재정운영에 적극 관여하려 하였다. 그들은 가혹한 공채를 통해 조선의 재정을 장악하려 했을 뿐만 아니라 고문관을 파견하여 일일이 간섭하기 시작했다.

그러나 이노우에는 1895년 3월 이전까지는 조선 재정에 적극 관여할 수 없었다. 조선의 재정에 대한 조사를 완료하지 못했기 때문이다. 그래서 이노우에는 그가 데리고 온 고문관을 시켜 '보호국'화를 위한 제반 기초 작업에 박차를 가했다.[145] 그 결과 이러한 방침은 총리대신

---

144) 『鳳南日記』, 高宗 31년 正月 18일, 國史編纂委員會 刊.
　　이에 관해서는 이상찬, 앞 논문, 1986, 79쪽; 吉川友丈, 「上からの改革と地域社會―甲午改革~大韓帝國期の地域社會統合と士族層」, 『朝鮮史研究會論文集』 37, 1999 참조.

145) 제2차 김홍집 내각 시기는 이노우에(井上馨)가 1894년 10월 주한공사로 서울에 들어와 軍國機務處를 폐지하고 일본인 고문관을 배치시켰던 기간이라는 점에서 일본의 간섭이 본격화했음을 유념할 필요가 있다. 이노우에의 내정 간섭과 日本人 顧問官의 배치에 관해서는 柳永益, 『甲午更張研究』, 一潮閣, 1990, 36~57쪽; 李元淳, 『朝鮮時代史論集―안(한국)과 밖(세계)의 만남의 역사―』, 느티나무,

김홍집과 내부대신 박영효를 주축으로 하는 제2차 김홍집 내각이 구성된 지 석 달 뒤인 1895년 3월부터 본격 추진되었다.[146] 먼저 김홍집 내각은 1895년 3월 25일에 칙령 제38호로 「내각관제(內閣官制)」를 반포하여 군주권을 약화시킨 뒤[147] 박영효 등의 내부가 주도가 되어 제도를 시행해갔다.[148]

지방재정의 경우에도 박영효가 대신으로 있는 내부를 중심으로 이 문제에 적극 대처해갔다. 우선 김홍집 내각은 1895년 2월 각 도에 시찰위원을 파견하여 지방의 전반 사정을 직접 시찰하려 하였다. 조세, 행정, 법률, 상업 등 국정 전반에 걸친 내용을 조사하기 위한 것으로 여기에는 특히 지방 문제와 관련하여 주목할 조항들도 포함되어 있었다.

① 유향(儒鄕), 이교(吏校), 방임(房任)들이 직책을 매매하고 속이는 일을 조사할 것

② 사서(士庶), 이교 중 덕행과 학문적 재능이 있어 공정하게 일을 해결

1992, 324~335쪽; 森山茂德, 김세민 옮김, 『近代韓日關係史硏究―조선식민지화와 국제관계―』, 玄音社, 1994, 49~62쪽 참조.

146) 이노우에가 본격적으로 조선 내정에 간섭하는 데 다소 시일이 걸렸던 것은 당시 일본인 고문관이 조선 내정에 대한 파악을 완료하지 못했기 때문이다. 그래서 內閣官制를 비롯하여 1895년 歲入歲出豫算案 및 여러 制度改定案이 1895년 3월에 집중 발표되었다.

147) 『韓末近代法令資料集』Ⅰ, 勅令 제38호 「內閣官制」, 1895년 3월 25일.
갑오개혁기 관제 개혁의 추이에 관해서는 왕현종, 「甲午改革期 官制改革과 官僚制度의 變化」, 『國史館論叢』 68, 1996 참조.

148) 박영효가 관제 개혁의 주체로 보이지만 실제는 이노우에와 고문관이 주도했다고 보아야 할 것이다. 일본이 군사적으로 점령했을 뿐만 아니라 일본인 고문관이 조선 내정에 적극 개입하여 立案하였던 것이다. 田保橋潔은 이를 두고 "大鳥·杉村에 의한 舊制度에 비해 완벽함은 말할 나위도 없다"라고 평했다. 田保橋潔, 「近代朝鮮に於ける政治的の改革」, 『近代朝鮮史硏究』(朝鮮總督府 편), 1944, 166쪽.

할 줄 아는 사람은 채용할 일을 살필 것

③ 각 읍과 면 및 리의 수효를 살필 것

④ 각 읍의 세입세출과 수입에 따라 지출하는 내용을 살필 것

⑤ 무진동, 무쇠, 도기, 목기, 유기 등의 점포 수효 및 관련 세금 조항을 살필 것

⑥ 크고 작은 장시의 수효와 관련 세금 조항을 살필 것

⑦ 각 포구의 배의 수효와 그 길이, 용적, 새것과 오래된 것 및 관련 세금 조항을 살필 것

⑧ 통합된 현의 상호 간 거리가 적당한지의 여부를 살필 것

⑨ 관직의 자리가 빈 지 얼마나 되었는지 여부를 살필 것

⑩ 지방의 사정은 수시로 내무아문에 보고할 것[149]

위와 같은 조사 사항은 지방통치의 기반을 확고하게 구축하는 데 목적이 있었다. 즉 지방제도의 개편, 지방의 무명잡세, 지방재정 등 지방 전반의 문제가 포괄되어 있었던 것이다. 특히 각 읍의 세입·세출, 각 읍과 면·리의 수효 및 현(縣) 간의 거리 등에 대한 조사가 포함되어 있다는 점에 유의할 필요가 있다.

아울러 정부는 지방행정의 일원화를 시도하였다. 내부대신 박영효가 1895년 3월 4일 전국 각 읍에 하달한 훈시 내용에서 이와 관련된 조항은 다음과 같다.

제2조 유임(儒任)과 향임을 차별이 업게 홀 일

제4조 유·향임과 군문직을 공첩(空帖)과 차함(借銜)이 업게 홀 일

---

149) 『舊韓國官報』, 開國 504년 2월 19일.

　　『梧下記聞』三筆.

제5조 좌수의 임을 편벽히 읍중대성(邑中大姓)에게 돌아가지 말게 홀 일

제23조 토호의 무단을 일절 엄금홀 일

제24조 반가이예(班家吏隷)의 행패홈을 일절 엄금홀 일

제25조 관아의 영이 아니어든 이민(吏民)을 호래착거(呼來捉去)치 못ᄒ
게 홀 일

제37조 관과 민이 상접ᄒᄆ 하정(下情)을 상찰(詳察)ᄒ야 이서배로 ᄒ
여곰 거중간롱(居中奸弄)홈이 업게 홀 일

제40조 일체 조령(朝令)을 불류시각(不留時刻)ᄒ고 즉지(卽地) 거행홀 일

제41조 일체 조령을 각 리동중(里洞中)에 즉지 게벽(揭壁)홀 일[150]

이에 따르면 정부는 기존 유임과 토호 등을 향촌사회운영에서 배제
하고 대신 향임의 권한을 강화했으며, 관과 민의 공적 관계를 강화하여
지방사회에 대한 장악력을 드높이려 하였다. 이는 정부가 이전부터 추
진해온 지방행정의 개혁 방안을 한층 발전시키려 노력한 결과이다.

또한 국가세출입에 대한 기초조사를 수행하는 가운데[151] 지방재정
도 파악하려 한 끝에 각 읍 경비액을 산출하였다.[152] 〈표 9〉는 개혁 이

---

150) 『舊韓國官報』, 開國 504년 3월 4일.

　　『內務衙門 訓示』(국립중앙도서관 소장).

151) 歲出入 기초 조사에는 1894년 12월 22일(양력 1895년 1월 17일)에 탁지아문의 고
　　문으로 고빙되어 1896년 1월에 이임한 일본 大藏省 主稅局의 主稅官 仁尾惟茂
　　일행의 역할이 크게 차지하였다. 그는 탁지부대신 어윤중과 함께 조선 국가의 재
　　정실태, 국가예산의 편성, 대일 차관교섭 및 전환국 사업에 깊이 관여했던 것이다.
　　그중 內外債累計와 歲出入 규모에 대한 기초 조사는 음력 1895년 1월 23일에 완
　　료되었고 2월 26일 작성되었다(『日案』, 3940호; 『駐韓日本公使館記錄』 3, '陸奧外
　　相이 井上公使에게 보내는 電文', 1895년 12월 2일).

　　柳永益, 『甲午更張研究』, 一潮閣, 1990, 54~55쪽.

　　李元淳, 『朝鮮時代史論集―안(한국)과 밖(세계)의 만남의 역사―』, 느티나무,
　　1992, 330쪽.

〈표 9〉 1894년 이전 各邑經費

단위: 圜

총세입	총세출			
	항목	금액	비율	비고
5,000,000	皇室費와 中央政府經費	2,110,297	42.2	정부수입액은 3개년의 평균
	監營經費(9개소)	270,000	5.4	
	留守經費(5개소)	50,000	1.0	
	地方兵隊	97,567	2.0	
	소 계	2,527,864	50.6	
	각 읍 경비(332개소)	2,472,136	49.4	

출전: 『結戶貨法稅則烈』
　　　『度支部請議書』 2, 開國 504년 9월 5일
　　　『議奏』 29, 開國 504년 9월 5일
　　　『開國504年豫算說明書』(藏 2-4841)
비고: 元과 圜이 동일하게 환산됨

전 각 읍의 개산액(概算額)을 보여준다.

　〈표 9〉에서 정부가 각 읍 경비 문제를 심각하게 인식하고 총세출에 포함시켜 경비액을 산출했음을 확인할 수 있다. 즉 각 읍 경비가 50%에 육박할 정도로 많은 비중을 차지하였던 것이다. 따라서 김홍집 내각은 각 읍 경비를 축소할 의도로 1895년 지방경비 예산을 마련하였다. 〈표 10〉은 1895년 지방경비 예산의 내역이다.

---

152) 各邑經費槪算 내역은 1895년 7월과 9월 5일에 각각 작성된 『開國504年 豫算說明書』와 『度支部請議書』 및 『議奏』에 기재되어 있다. 또한 1895년 10월 이후에 작성된 것으로 보이는 『結戶貨法稅則烈』에 마찬가지로 실려 있다. 따라서 최초 작성 일자를 1895년 9월경으로 추정할 수 있지만 槪算 內譯에 留守府, 監營 항목이 따로 설정되어 있고 전국 고을수를 332개로 산정하였다는 점을 주목할 때, 이 내역은 1895년 3월 이전 세출입 기초 조사 시에 최초 작성되었다가 이후 예산 관련 문서를 작성하는 가운데 참고자료로 첨입한 것으로 보아야 마땅하다. 특히 이노우에가 1895년 2월 17일에 본국에 보고한 '朝鮮財政에 관하여'를 보면 이즈음에 재정 파악이 완료되었음을 보여주고 있다(주 65 참조). 그 외 일부의 경우를 제외하고는 『結戶貨法稅則烈』의 대다수 문건도 1895년 3월 이전에 최초 작성된 것으로 1895년 10월에 재차 만들어진 것이다.

<표 10> 1895년 地方經費 豫算

단위: 元

項 款	俸給	雜給	廳費	旅費	合計
한성부	2,553	284	384		3,221
지방행정 경비	123,285	7,476	15,153	9,969	155,883
각 읍 경비	249,969	18,461	32,307	23,076	323,813
합 계	375,807	26,221	47,834	33,045	482,917

출전: 『議奏』 4, 開國 504년 3월 30일
비고: 1895년 2/4분기~4/4분기에 해당

　　〈표 10〉에서 정부가 지방경비를 국가예산에 반영하여 그 규모와 내역을 확정하였을 뿐만 아니라 비록 9개월에 해당한 예산이라 하더라도 〈표 9〉와 비교할 때, 이전 각 읍 경비의 16%로 대폭 감축하려 했음을 알 수 있다.[153] 이는 지방제도의 개정과 영진읍우(營鎮邑郵)의 도태를 전제하였다.[154] 또한 전체 각 읍 경비를 포함한 이런 세출예산을 내무아문의 소관에 설정했다는 점에 주목할 필요가 있다. 이는 내부를 정점으로 지방재정을 강력하게 통제하려 했음을 보여준다.[155] 아울러 동시기에 내부관제를 마련하면서 내부 주현국(州縣局) 및 지방국(地方局, 주현국을 개명)에서 이재(理財) 기타 일체의 지방행정에 관한 사항을 담당하도록 한 점도 이런 방침과 밀접하였음을 보여준다.[156]

---

153) 〈표 10〉에 따르면 9개월간 각 읍 경비 예산은 323,813원이므로 1년으로 환산하면 대략 431,756원에 이른다. 따라서 애초에 파악한 각 읍 경비(〈표 9〉) 2,472,136원의 16%에 해당한다.

154) 『議奏』 4, 開國 504년 3월 29일.
　　'又建地方制度改正之議 定營鎮邑郵淘汰之方'

155) 內務衙門 所管會計가 총 525,198元으로 이 중 지방경비가 483,017元을 차지하였다(『議奏』 4, 開國 504년 3월 30일).

156) 『勅令』 2, 勅令 제53호 「內部官制」, 開國 504년 3월 26일.
　　『舊韓國官報』, 「內部分課規程」, 開國 504년 3월 26일.

다만 세원은 주로 결호전에서 마련하였다. 이 점에서 군국기무처의 이전 방침을 그대로 따랐음을 확인할 수 있다.

그러나 당시 내부대신 박영효의 구상 및 일본의 방침은 이와 달랐다. 크게 두 가지를 고려했다. 하나는 지방세제의 시행이고 또 하나는 새로운 징수기관의 설치 및 군현의 통폐합이었다. 전자는 전통적인 개혁 방안과 매우 이질적인 방안으로 일본의 「삼신법」을 모방한 것이고, 후자는 정부의 대다수 관리와 일본 측 모두를 고려한 방안이었다.

1895년 3월에 정부는 탁지부관제를 마련하면서 지방세제의 시행 방안을 강구했다. 우선 탁지부 소속의 사세국(司稅局) 업무를 분장하면서 지방세에 관한 사항을 담당할 것을 규정하였다.[157] 아울러 탁지부 분과 규정에서는 잡세과를 설치하고 국세에 들어가는 잡세와 함께 지방세에 관한 사항을 담당케 하고 있다.

제4조 잡세과에서는 좌개ᄒᆞᄂᆞᆫ 사무를 장(掌)홈
一 잡세의 부과 징수에 관ᄒᆞᄂᆞᆫ 사항
二 관유재산수입 관업이익금 벌금 몰수금 제규비(諸規費) 기타 잡수입에 관ᄒᆞᄂᆞᆫ 사항
三 제대항반납(諸貸項返納)의 금곡(金穀)에 관ᄒᆞᄂᆞᆫ 사항
四 잡세와 잡수입의 예산결산에 관ᄒᆞᄂᆞᆫ 사항
五 지방세에 관ᄒᆞᄂᆞᆫ 사항[158]

잡세과에서는 상공조세라 할 수 있는 잡세와 함께 지방세에 관한 제반 사무를 담당하도록 되어 있는 것이다. 이는 김홍집 내각이 지방

---

157) 『勅令』 2, 勅令 제54호 「度支部 官制改定」, 開國 504년 3월 26일.
158) 『韓末近代法令資料集』 I, 「度支部 分課規定」, 1895년 3월 26일.

세제 시행에 관심을 갖고 잡세과에 지방세 업무를 부여했다 하겠다. 또한 내부 분과규정에서도 주현국 산하에 지방비과를 두고 지방청의 경비를 맡도록 하였다.[159] 이처럼 정부는 탁지부에서는 지방재정의 재원이라 할 지방세를 취급하고, 내부에서는 지방재정의 지출이라 할 지방비를 각각 맡도록 규정한 것이다. 이는 궁극적으로 정부가 국세와 별개로 지방세를 설정하여 지방자치단체의 재원으로 삼게 하되 내부가 지방경비의 집행을 파악하도록 하는 데 목적을 두었던 것으로 보인다.

그리고 곧이어 1895년 3월 29일 일본 고문관들이 작성한 「각대신간규약조건(各大臣間規約條件)」의[160] 첫 조항으로 '국세 지방세의 개량의 건'이 채택되었다.

1. 내부 탁지 양부(兩部)로서 조사위원을 선정하여 좌개하는 사항의 조사를 행하여 국세와 지방세무의 개량을 속행할 일
2. 감사, 부윤, 서윤(庶尹), 목사, 부사, 군수, 현감 등의 종래 징수하던 조세액과 종류
3. 전항 제세(諸稅) 중에 종래 중앙정부경비에 충용하던 것과 지방경비에 충용하던 것의 구별
4. 전항 제세 중에 존치와 폐지할 것의 구분 사정[161]

---

159) 위 책, 「內部 分課規程」, 1894년 12월 25일.
　　지방관청이 내부의 지휘감독하에 지방재정을 운용하게 된 점은 종래 지방이 명령계통상 의정부 내지 비변사 관할 아래 놓여 있는 것보다 훨씬 지방 지배를 강화하고자 한 근대국가의 지방정책에서 나왔다.
160) 『各大臣間規約條件』(奎 27487)은 총 56조로 이루어져 있다. 작성 주체는 일본인 고문관들로 추정된다. 왜냐하면 '美人'을 '米人'으로 표기하는 등 일본식 한자어가 여러 군데 보이고 있으며, 53, 54, 55조의 경우는 고문관의 권한과 기능을 명시하고 있기 때문이다.

이들 4조항을 보건대 대체로 국세와 지방세를 명확히 구별하여 중앙정부의 재원과 지방관청의 재원을 각각 파악하려 한 동시에 중앙정부가 지방재정을 통제할 수 있는 여건을 조성하고자 했음을 알 수 있다. 더욱이 마지막 조항을 통해 알 수 있듯이 중앙정부에서 국세뿐만 아니라 종래 지방관아에서 징수하였던 '지방세' 중에서 문제가 되는 세목을 일부 혁파하고 일부 존치시키고자 하였던 것이다. 이와 같이 김홍집 내각은 지방세제를 도입하기 앞서 기초 작업에 착수하려고 하였다. 이는 일본이 자국에서 「지방세규칙」을 시행하기 위해 사전에 벌였던 작업을 조선에서도 수행하려 했음을 보여준다 하겠다.[162]

일본도 이미 앞서부터 지방관제의 개혁과 더불어 지방세제의 시행을 직접 촉구하고 나섰다.[163] 이후 시기이지만 부산 일본영사관은 1895년 4월 13일(양력 5월 15일) 자국 외무성에 조선의 지방행정 일반을 조사하여 보고하는 내용에서 가장 시급히 해결해야 할 한국세법정리(韓國稅法整理)의 방안으로 토지측량, 지방관제 개혁과 함께 지방세제의 시행을 제시하였다.[164] 따라서 정부에서는 다각적으로 조사에 착수하였다. 1895년 1월 각 도에 시찰관을 파견하면서 직접 잡세〔商工

---

161) 위와 같음.

162) 일본 정부는 地租改正 이후 雜稅整理作業에 들어가 1875년에는 일부를 폐지하고 나머지 일부는 지방에서 수세하도록 하였다. 丸山高滿, 『日本地方稅制史』, ぎょうせい, 1985 , 215쪽 참조.

163) 일본의 내정개혁 요구는 1894년 6월 21일(음력) 일본군의 경복궁 점령 이전부터 나온 것으로 일본이 조선의 내정에 간섭하여 조선을 보호국으로 삼기 위한 명분에 불과했다는 사실은 朴宗根이 상세하게 해명하였다.
朴宗根, 朴英宰 譯, 『淸日戰爭과 朝鮮』, 一潮閣, 1989, 8~47쪽.

164) 『通商彙纂』 2, 在釜山領事館報告, 1895년 5월 15일.
全文을 보면 첫째, 地方官制를 개혁하여 文武冗員을 淘汰할 것. 둘째, 土地를 實測하여 稅率을 정할 것, 셋째, 國稅 地方稅의 구별을 세워 國稅는 모두 中央政府에 납부하고 官吏의 給料 등은 國庫의 지변으로 바꿀 것 등이다.

稅)들을 파악하려 하였다. 이런 조치에 따라 지방에서는 장시수와 물화의 양 등 각종 현황이 보고되었다.[165]

그러나 김홍집 내각은 지방세제안을 구상했을 뿐 이후 후속 작업을 추진할 수 없었다. 중앙정부가 지방 군현의 각종 잡세를 제대로 파악하지 못한 가운데, 지방세제가 실시된다면 무명잡세의 폐해가 반복될 것이라 우려했기 때문이다. 당시 각 군의 보고는 지방잡세나 과외 부렴(賦斂)의 폐단을 극명히 보여주고 있다. 이미 혁파된 예목(禮木) 등을 늑집(勒執)한다든가,[166] 각 연안 장시에 각종 추세(抽稅)가 폐지되지 않는 등[167] 이 시기 궁방, 영(營), 진(鎭) 및 사부(司府)에서 수취하는 무명잡세가 여전히 남아 있었던 것이다. 그리고 각 연해의 포구와 내륙 장시에서 각종 추세를 아직 철쇄(撤鎖)하지 않아 상황(商況)이 좋지 않았다.

새로운 징세기관이 이처럼 제대로 정착되지 않은 채 무명잡세를 혁파하다 보니 수령층과 이서층의 반발을 효과적으로 제압할 수 없었다. 다음에 보이는 1896년 경주(慶州)의 상황에 대한 시찰관의 보고는 이런 폐단을 잘 말해주고 있다.

허다한 잡세는 제감(除減)은 고사하고 가봉지폐(加捧之弊)가 전일에 비하면 더욱 심하다 하기로 신식을 따라 일체 금봉(禁捧)할 의도로 훈령을 여러 번 이르게 했으되 군수는 신식을 차갑게 보고 교활한 이서는 구습을 고치지 않고 하나도 시행하지 않으니 도로 무익이라. 현재 새로 부임한 수

---

165) 개화파 정부가 場市大小와 物貨 豊略과 세액의 宜重宜輕을 조사해서 보고할 것을 지시한 것으로 보아 시장세 징수 계획을 가지고 있었던 것으로 보인다.
   『公文編案』 84, 仁川觀察使, 建陽 元年 2월 24일.
166) 『公文編案』 1, 內務衙門移來, 甲午 11월 10일.
167) 『公文編案』 12, 23府, 乙未 윤5월 5일.

령은 신식을 반행코저 하와 게을리하지 않으나 구임(久任)한 장리(長吏)는 고집불통하여 신식에도 사사로이 방해를 하고 일일이 폐가 되오니……[168]

구임 수령의 경우는 차치하더라도 새로 부임한 수령이 신식을 시행하려고 해도 이서층의 반발로 말미암아 조세 개혁이 좌절되고 있다. 더욱이 문제를 심각하게 만든 일은 개혁 과정에서 도태된 이속의 불법 수탈이었다. 당시 김홍집 내각이 지방징세행정을 개혁하려 함에도 불구하고, 지방 이속은 각 포구와 시장에서 각종 무명잡세를 징수하고 있었던 것이다. 다음에 보이는 기사는 이런 상황을 잘 묘사하고 있다.[169]

새로이 지방에서 발생한 두 부류의 무뢰한이 있으니 하나는 향리가 도태되었기 때문에 발생한 실업자이고 하나는 경성 등에 거주하면서 권문에 출입하여 청탁을 받아 사는데 신정 때문에 호구의 길을 잃고 지방에 내려온 자다. 양자 모두 민정에 숙통함으로써 인심의 미혹함에 틈타서 신정의 취의를 기만하며 각지를 배회하는 자가 적지 않으니 일행이 오산, 수원을 지날 때 이들 무리가 미상거래(米商去來)의 특허를 탁지아문으로부터 받았다고 칭하여 시장에서 미곡상으로부터 1승에 부쳐 약간의 금전을 징수해 감을 본다. 지방관도 신정의 취의를 이해하지 못해 토민(土民)에게 균등하게 하지 않는 것을 금지하지 못하니……[170]

이처럼 무명잡세의 폐단은 당장 지방관과 이속의 이해관계에 직결

---

168) 『公文編案』 60, 視察官 朴昌鎬 報告, 建陽 元年 1월 16일.
169) 비록 日本人들이 당시 상업을 영위하는 과정에서 일어나는 징수상의 폐단을 자기들 처지에서 바라보고 있기는 하지만, 무명잡세를 둘러싼 구조적인 문제를 잘 지적하고 있다.
170) 『通商彙纂』 21호, 1895년 7월 15일.

된 문제였던 데다가 지방제도의 정비, 징세기구의 개혁 없이는 제대로 해결될 수가 없었던 것이다. 더욱이 이러한 상황에서 국용을 보용하고자 하여 시장세 부과를 수차례 고려했지만 결국은 시행되지 못하는데 이는 무명잡세의 부활을 우려한 결과였다.[171] 그래서 봉급에 대해서는 아직 구체적인 대안을 가지고 있지 않아 군이나 감영이나 '갑오신정사례'에 따라 임시로 집행하게 하거나[172] 각 지방경비를 일률적으로 배정하되 군수 봉급의 경우만 각 군의 크기에 따라 5등급으로 나누어 지급하였을 뿐,[173] 수입조규와 지출조규를 감영과 각 군에 시행할 수 없었다.[174]

한편 김홍집 내각은 1895년 3월 각 도에 관세사(管稅司)를, 각 고을에 징세서(徵稅署, '각읍부세소'로 부름)를 설치하려 하였다.[175] 종래 지방관이 담당하던 징세 업무를 이들 새 기구가 담당함으로써 징수행정의 일원화를 기하려는 의도에서였다.

이어서 김홍집 내각은 지방제도 개혁에도 착수하였다.[176] 1895년 3월 예산설명서에서 재정 절약을 강조하면서 중앙관제의 개혁과 함께

지방제도를 개정하는 논의를 세우고 영진읍우(營鎭邑郵)를 도태하는

---

171) 『公文編案』 49, 東萊府, 建陽 元年 2월 24일.
172) 『公文編案』 12, 23府, 乙未 6월 16일.
　　　『公文編案』 19, 公州府觀察署理官 李右齡, 乙未 9월 2일.
173) 『公文編案』 11, 原州, 乙未 7월 14일.
　　　『公文編案』 68, 鐵原, 建陽 2년 1월 16일.
174) 『議奏』 6, 議奏 26호, 開國 504년 4월 5일.
175) 『勅令』 2, 勅令 제56호 「管稅司及徵稅署官制」, 開國 504년 3월 26일.
176) 정부는 지방제도 개혁에 대해 일찍부터 관심을 보였다. 가령 高宗이 제2차 修信使로 다녀온 金弘集에게 明治정부의 廢藩置縣 조치를 소상하게 하문한 데서 잘 드러난다. 주 3)과 같음.

방식을 정하니 무릇 쓸데없는 관리와 번잡스러운 업무를 제거하는 일입니다. 신 등은 감히 규획(規劃)을 게을리할 수 없습니다.[177]

라 하여 지방제도 개혁의 필요성을 재정 절약과 사무의 간소에서 찾았던 것이다. 우선 전국의 군을 337개 군에서 154개 군으로 통폐합하려 하였다.[178] 이 경우, 지방경비를 무려 2,470,000여 원에서 488,000여 원으로 줄일 수 있다고 보았다.[179] 한편 일본인들의 계산에 따르면 지방관아의 실직 이교들이 16,000여 명에 이를 정도였다.[180] 그러나 정부는 애초의 계획을 완화하여 337개 고을을 220개 군으로 통폐합하는 방안을 강구했다.[181] 물론 이 역시 이후 여건상 실행하기 어려웠지만 당시 정부의 의도가 지방경비의 축소에 있었음을 짐작케 한다.

이러한 방침은 이미 오래전부터 구상되어 있었던 터였다. 즉 1894년 12월 정부는 지방제도 개혁을 염두에 두고 수령이 여러 읍을 임시로 겸관하도록 하였다.

지방제도 개정에 앞서서 주군의 대소와 도리(道里)의 원근을 보아 잠시 한 고을 수령이 여러 고을을 수겸(守兼)하도록 하라.[182]

---

177) 『議奏』 4, 開國 504년 3월 30일.
178) 『日本公使館記錄』 7, 「日淸和平後의 對韓方針으로 정하는 일에 대한 內申」, 1895년 4월 8일; 이상찬, 앞 논문, 1996, 177쪽 참조.
179) 『度支部請議書』(奎 17716) 2, 제99호 '各邑改革之件閣議案', 開國 504년 9월 5일. 군현 통폐합 방안은 비록 1896년 세출예산에 반영되지 못했지만, 1895년 7월 각 읍 경비액을 526,200원으로 책정하는 과정에서 고려되었던 것으로 보인다[『開國 504年 豫算說明書』(藏2-3103)].
180) 『度支部請議書』(奎 17716) 2, 제99호 '各邑改革之件閣議案', 開國 504년 9월 5일.
181) 李相燦, 「1896년 義兵運動의 政治的 性格」, 서울大學校 大學院 博士學位論文, 1996, 178쪽.
182) 『日省錄』 408, 高宗 31년 12월 16일, 79책, 214쪽.

비록 이러한 조치가 겸관이라 하더라도 장차 군 경비를 최소화하려는 노력의 일환이라는 점에서 이후 지방제도 개혁의 단초를 열었다 하겠다. 그리고 실제로 두 읍을 한 지방관의 소관 아래 두기도 하였다. 가령 적성(積城)은 마전(麻田), 음죽(陰竹)은 이천(利川), 풍덕(豊德)은 개성(開城), 함양(咸陽)은 안의(安義), 현풍(玄風)은 창녕(昌寧),[183] 교하(交河)는 파주(坡州),[184] 평택(平澤)은 직산(稷山), 곤양(昆陽)은 사천(泗川), 벽동(碧潼)은 초산(楚山),[185] 칠곡(漆谷)은 대구(大邱), 장진(長津)은 삼수(三水),[186] 박천(博川)은 가산(架山),[187] 교동(喬桐)은 강화(江華)의 소관 아래 각각 두었다.[188] 나아가 내무아문에서 지방 각 읍에 수시로 관리를 파견하여 조사하고 바로잡음으로써 지방 각급 기관을 장악하고자 하였다.

아울러 각 진과 수영들을 혁파하려고 하였다. 우선 폐지를 위해 군부에서 수영과 통영 폐지법을 조사하게 하였다.

수영과 통영(統營, 전라, 경상, 충청 삼도를 병관) 폐지법을 군부에서 조사훌 일[189]

이러한 군사기관은 또한 지방통치기구로서 재원을 독자적으로 마련하거나 타 지방관아로부터 재원을 조달받았기 때문에 재정기관의

'地方制度改定之先 視州郡大小 道里遠近 姑令一邑守兼營數邑'
183) 『舊韓國官報』, 開國 504년 正月 11일.
184) 『舊韓國官報』, 開國 504년 正月 14일.
185) 『舊韓國官報』, 開國 504년 正月 29일.
186) 『舊韓國官報』, 開國 504년 2월 5일.
187) 『舊韓國官報』, 開國 504년 3월 15일.
188) 『韓末近代法令資料集』 I, '喬桐府를 江華府에 屬하는 件', 1895년 4월 27일.
189) 『議奏』 4, 議奏 제10호 '各大臣間規約條件,' 開國 504년 3월 29일.

통일 과정에서 혁파의 대상이 되었다. 이러한 사정은 각 진(鎭)의 경우도 마찬가지였다.[190] 행정과 군사의 분리를 통해 다기하고 복잡한 지방통치체계와 함께 지방재정구조를 단일화하기에 이른 것이다. 그 결과 고종 32년(1895) 7월 15일에 이들 기구를 혁파하기에 이르렀다. 그리고 청사(靑絲), 금전(金錢), 미곡(米穀)에 관한 기록 장부와 기타 일체 물건을 각기 소재 지방 부청(府廳)과 군청(郡廳)에 이속하게 하였다.[191] 각 진영도 폐지하여 같은 후속 조치가 이루어졌다.[192] 끝으로 각 진보(鎭堡)를 폐지하였다.[193] 따라서 이 관아들이 보유하고 있던 해사토지(廨舍土地), 금곡미곡(金穀米穀)과 관련 기록 장부, 기타 물건을 각기 소재 부청 또는 군청에 이속하여 탁지부에서 관리케 하였다.[194] 이러한 일련의 개혁은 군사와 행정의 분리, 재정체계의 단일화를 가져오는 계기를 마련한 셈이 되었다.

또한 이 과정에서 면수(面數)가 계산되었다.[195] 각 고을 소속의 면수

---

190) 『魚允中全集』, 「簡牘要抄」.

　　'各鎭及水營 皆是蠹民耗財 無益之用 一例革罷'

191) 『勅令』3, 勅令 제140호, 開國 504년 7월 15일.

192) 위와 같음.

193) 위와 같음.

194) 官物 移速과 관련하여 부와 읍에서는 廨舍間數와 土地結總과 金穀米穀의 用遺와 實數를 일일 開錄하여 보고하였다(『公文編案』12, 晋州府 固城郡, 乙未 8월 2일).

195) 『地方制度調査』.

　　'府牧郡縣이 初無定制之劃ᄒ야 大邑은 3, 40面이오 小邑이 4, 5面이 不等ᄒ니 大邑은 面村이 闊遠ᄒ야 官令을 民不能周知ᄒ고 民弊를 官不能洞悉ᄒ야 遇有 徵收之事면 官屬과 面任이 從中作奸에 防不勝防ᄒ니 此ᄂ 邑大之弊오 小邑은 全郡面積이 4, 50里에 不過ᄒ니 該地方에 所收賦稅로 該郡官吏의 俸給이 不足ᄒ니 他郡에셔 移劃ᄒᄂ 郡이 多有ᄒ고 民情으로 言ᄒ면 凡干誅求에 邑有小而 民有困ᄒ니 此ᄂ 邑小之弊也라 大抵 仁政은 必有經界始라ᄒ니 今欲行政에 得 其靈便이면 地方區劃을 宜先整理홈'

　　* 이 조사 자료는 1906년에 작성된 자료이지만, 이전의 관련 내용을 편집한 것이다. 面數 조정에 관한 문건의 경우, 『京畿各郡新定事例』(1894년)의 面數와 비

의 조정을 통해 지방경비의 균질을 시도했던 것이다. 이와 같이 지방제도 개혁은 지방재정 문제에 초점이 모아졌음을 확인할 수 있다.

그 밖에 김홍집 내각은 관서관향사(關西管餉使), 운향사(運餉使) 및 각도친군외사(各道親軍外使)는 모두 감하(減下)한 뒤,[196] 관향(管餉)에 회록된 평안도 조세곡을 경사로 수납케 하였다.

관향에 회록된 종전의 해도세납(該道稅納)은 마땅히 타(他) 도례(道例)에 따라 장(章)을 정하여 경사에 수납하고 본도로 하여금 결호에서 거둔 바를 통계하여 영읍에 배정 수용케 하되 응하, 응납 수는 탁지(부)에 보하여 마감하고 정식 외 남렴(濫斂)치 못하게 하여 서로민역(西路民役)을 펴이게 함이 어떠할지.[197]

평안도 재정도 이처럼 결호전에서 영읍수용을 배정하고 응하응납 지수(應下應納之數)를 탁지부에 보고하여 마감하게 하였던 것이다. 아울러 관둔전답과 아록공수위결(衙祿公須位結)은 이미 승총하였으나 이 외에 각 군민고획부결(郡民庫劃付結), 영읍관황은결(營邑官況隱結)과 각 공해보폐결(公廨補弊結)도 마땅히 조사하고 각 군리은결(各郡吏隱結)에서 나오던 보수를 여기에서 또한 마련하도록 하였다.[198] 또한 이 지역 성향미와 사창곡을 사환곡으로 바꾸고 해당 군에서 각 면에

교하면 갑오개혁기에 작성되었음을 알 수 있다.
196) 『奏本』 2, 奏本 제69호, 開國 504년 5월 초8일.
197) 『日省錄』 409, 高宗 32년 正月 8일, 79책, 234~235쪽.
　　 『奏本』 2, 奏本 제70호, 開國 504년 正月 8일.
　　 당시 이러한 정부의 조치에 대해 반발도 적지 않았다. 가령 前 執義 金禹用은 서북이 변방의 중지인 점을 감안하여 둔전을 설치하거나 세금을 헐하게 부과할 것을 요구하고 있다(『日省錄』 410, 高宗 32년 2월 2일, 79책, 251~252쪽).
198) 『公文編案』 12, 各府, 乙未 8월 11일.

분치한 후에 성책하여 보고하도록 하였다. 강계부(江界府) 관할 군의 경우, 강계(江界), 위원(渭原), 초산(楚山), 자성(慈城), 후창(厚昌) 5군의 성향미(城餉米)와 장진군(長津郡)의 사창곡(社倉穀)을 사환으로 만들어 각 면에서 운영하도록 하였다.[199]

그리고 1895년 3월 29일에 평안도 세입을 일반 세입에 편입시켰다. 다음은 관련 내용이다.

> 종래 평안도 세입은 일반 세입과 구분ᄒ야 조청 양국 간 왕반사절(往反使節)의 영송(送迎)과 국경에 관ᄒᄂ 비액(費額)에 사용ᄒ야시나 차제 기액(其額)을 조사ᄒ야 일반 세입에 편입홀 일[200]

평안도 세미는 청국과의 사행, 칙사와 변경 경비 등을 위해 회록하였으나 이제는 재정 통합으로 말미암아 평안도 세입을 국가재정체계에 편입시켰던 것이다.[201] 그 결과 결가도 책정되었다. 평안도의 경우는 15량, 14량, 12량, 8량과 5량이었다.[202] 또한 함경도 역시 결가를 책정하고 중앙에 상납케 하였다. 결가 책정은 16량, 12량, 10량, 5량, 4량, 2량 5전, 2량과 1량이었다.[203] 정부는 평안도 및 함경도 재정을 이처럼 국가재정체계에 편입시켜 중앙정부에 수납케 함으로써 타 도와 달리 양도에 재정권을 상당히 부여했던 기존의 방식을 전면 폐기

---

199) 『公文編案』 56, 江界府, 建陽 元年 9월 9일.
200) 『議奏』 4, 議奏 제10호 '各大臣間規約條件', 開國 504년 3월 29일.
201) 『韓國稅制考』, 23쪽.
202) 『八道甲午條結戶都案』(奎 17977).
    『八道乙未條結戶都案』(奎 17976).
    『韓國稅制考』, 23쪽.
203) 위와 같음.

하고 전국의 모든 지방을 동일한 재정체계에 편입시켜 양도의 재정권을 장악할 수 있는 여건을 조성하기에 이른 것이다.

내부대신 박영효는 이러한 기반 위에서 1895년 5월 26일 지방제도 개혁을 계획대로 전면 단행하기에 이르렀다. 고종은 윤음에서 다음과 같이 밝히고 있다.

짐이 방국의 유신ᄒ야 실덕(實德)을 민에 시(施)코져 ᄒ노니 짐언을 명청(明聽)ᄒ라. 민은 방(邦)의 본이니 본이 고(固)ᄒ야사 방이 녕(寧)홀지니 민을 보(保)ᄒᄂ 도(道)ᄂ 행정관에 재(在)ᄒ니라. 본조의 지방제도가 진선(盡善)치 못ᄒ므로 주현이 제(齊)치 못ᄒ고 용원(冗員)이 다(多)ᄒ야 하렴중렴(苛稅重斂)ᄒᄂ 폐해가 백출ᄒ야 상혜(上惠)가 하구(下究)치 못ᄒ고 하정(下情)이 상달(上達)치 못ᄒ니[204]

지방제도의 개정이 주현의 균질, 지방 관속의 정리와 조세 부과의 형평을 통해 지방 지배의 효율성을 제고하려 했던 것이다.

이러한 원칙은 1895년 5월 23부제 개정에 관한 청의서에서 구체화하였다. 먼저 감영을 비롯한 중간 기구를 개편하는 이유를 다음과 같이 들었다.

현행지방행정의 제도를 안(案)ᄒ니 감영안무영(監營按撫營)의 관할구역이 광활(廣濶)에 과(過)ᄒᄂ 고로 하정(下情)의 상달(上達)ᄒᄂ 로(路)가 업고 통솔의 간격ᄒᄂ 폐(弊)가 잇거늘 우(又) 각 읍은 기수(其數)가 태다(太多)ᄒ기로 정령이 구구ᄒ되 섭(涉)ᄒ야 폐해가 백출ᄒ니 인민의 고고

---

204) 『高宗實錄』 33, 高宗 32년 5월 26일, 中책, 564~565쪽.

(困苦)는 가히 승수(勝數)치 못ᄒᆞᄂᆞᆫ지라 억부지방(抑夫地方)의 정무를 혁신ᄒᆞ고 행정기관의 운전를 민활케 ᄒᆞ야뼈 국리민복을 증진코져 ᄒᆞ즉 기도(其途)를 구(求)치 아니면 가(可)치 아니ᄒᆞ니 시즉(是則) 현재 감영안무영 급유수부(監營按撫營及留守府)를 폐ᄒᆞ고 23부를 설치ᄒᆞᄂᆞᆫ 연유라.[205)]

감영, 안무영 등은 매우 광활한 지역을 관할하고 있어 국가의 지방 지배를 원활하게 수행하는 데 장애 요소가 많았다는 것이다.
둘째, 기존 감영 이서의 수를 감축해야 하는 이유를 들었다.

지방관제를 정ᄒᆞ고 직원의 제를 규정ᄒᆞ미 즉전단개정(卽前段改正)의 사실(實事)로 ᄒᆞ미니 현재의 직원이 과다ᄒᆞ미 종(從)ᄒᆞ야 기직책(其職責)이 명(明)치 못ᄒᆞ고 차(且) 용비(冗費)와 민막(民瘼)을 양성(釀成)ᄒᆞᄂᆞᆫ 폐(弊)가 유(有)ᄒᆞ기로 인(因)ᄒᆞ야 일즉(一則) 기수(其數)를 감(減)ᄒᆞ야 각관리(各官吏)의 분한(分限)을 명(明)케 ᄒᆞ야뼈 직책(職責)을 엄수(嚴守)케 ᄒᆞ고져 ᄒᆞ미오 일즉(一則) 용비(冗費)를 생감(省減)코져 ᄒᆞᄂᆞᆫ 주지(主旨)에 외(外)치 아니ᄒᆞ고[206)]

이서들의 수가 많아 직책이 분명하지 못하고 용비와 민막이 되고 있었기 때문이다. 그래서 관리의 직분을 확정하여 경비를 절감하려 한 것이다.
셋째, 지방 관속들에 대한 중앙정부의 임면권을 행사하려 하였다.

---

205) 『議奏』10, 議奏 제41호 請議書 '地方制度改正에 關ᄒᆞᄂᆞᆫ 勅令頒布件', 開國 504년 5월 26일.
206) 위와 같음.

차(且) 판임관진퇴(判任官進退)의 권(權)을 관찰사의 전행(專行)에 위(委)치 아니ᄒ면 구래관적(舊來官籍)의 매매(賣買)ᄒ 적습(積習)이 유(有)ᄒ야 필경(畢竟) 정폐(政弊)의 일원인(一源因)되므로뼈 특별히 한제ᄒᄂ 필요가 잇시믈 위(爲)ᄒ미니 관제의 규정은 간편ᄒ믈 요ᄒᄂ 자(者)라 고(故)로 무(務)ᄒ야 기폐(其繁)을 피(避)ᄒ미라.[207]

감사 등으로부터 관속 임명권을 박탈하여 관직매매를 제거하고 지방 관속에 대한 장악력을 높이려 하였던 것이다.

넷째, 지방 관속의 봉록을 책정하려 하였다.

봉급(俸給)의 제(制)를 역(亦) 명정(明定)ᄒ믈 요(要)ᄒ야 기액(其額)이 과다(過多)ᄒ 혐(嫌)이 업지 아니ᄒ딕 본래 관리ᄂ 소행(素行)이 정렴결백(正廉潔白)ᄒ야 기정무(其政務)을 집(執)ᄒ기 공평성실(公平誠實)치 아니면 가(可)치 아닌지라 고로 기명위(其名位)을 보(保)ᄒ야 관리되ᄂ 분도(分度)를 전(全)케ᄒ고져 ᄒ즉 상당(相當)ᄒ 녹봉(祿俸)을 지급ᄒ미 가(可)ᄒ고 주사이하(主事以下)의 봉급액(俸給額)에 지(至)ᄒ야 중앙정부의 표준을 짐작ᄒ며 지방시의(地方時宜)에 적의(適宜)케 ᄒ야 정(定)홈[208]

관찰사를 비롯한 지방 관속들에게 봉급을 후하게 책정하되, 중앙정부의 표준을 참작하면서 지방 사정에 따라 조정하려고 하였던 것이다. 특히 기존의 향리에 해당되는 주사(主事) 이하 관속들이 중앙정부의 배정 기준에 맞추어 봉급을 받기에 이르렀던 것이다.

정부는 이러한 취지 아래 8도제를 23부제로 개편하였다. 각부의 관

---

207) 위와 같음.
208) 위와 같음.

〈표 11〉 1895년 各府의 管轄 區域

府 名	所屬 郡數	府 名	所屬 郡數
漢城府	11	安東府	17
仁川府	12	江陵府	9
忠州府	20	春川府	13
洪州府	22	開城府	13
公州府	27	海州府	16
全州府	20	平壤府	27
南原府	15	義州府	13
羅州府	16	江界府	6
濟州府	3	咸興府	11
晉州府	21	甲山府	2
東萊府	10	鏡城府	10
大邱府	23		

출전: 『舊韓國官報』 제50호, 勅令 제98호 「地方制度改正에 관한 件」, 開國 504년 5월 28일

할 구역은 〈표 11〉과 같다.

정부는 전국을 23부로 나누는 이유를 8도의 구역이 광활하고 호대하여 정령을 선포하는 데 균흡(均洽)치 못한 것을 들었다.[209] 그러나 이는 우리 실정에 맞게 개편되었다기보다는 일본인 고문관이 자국의 3부 72현제를 모방하여 만들었다는 점에서[210] 대다수 민인들의 반발을 예고하였다.

다음 23개 관찰부의 경비 예산 표준은 〈표 12〉와 같이 확정하였다. 이에 따르면 관찰사 연봉을 비롯하여 참서관, 주사 및 잡급까지 규

---

209) 『地方制度』(奎 15443), '地方制度改正에 關한 請意書'.
210) 田保橋潔, 앞 논문, 1944, 177쪽.
統監府, 『韓國施政一班』, 1906, 1쪽.

<表 12> 1895년 1府 經費豫算標準

단위: 元

區分		定員	1人當年俸	同上割減額	年額經費	備考
俸給	觀察使	1인	2,000	1,700	1,700	8개월
	參書官	1인	900	765	765	8개월
	主事	15인		198	2,970	8개월
	計	17인			5,435	8개월
雜給		8인	50		400	8개월
廳費					510	8개월
旅費					300	8개월
合計					6,645	8개월

출전: 『議奏』 10, 議奏 제41호 「請議書 地方制度改正에 關ᄒᆞᄂᆞ 勅令頒布件」, 開國 504년 5월 26일

정되어 있으며 그 밖에 청비, 여비 등 유지비도 포함되어 있다. 지방
경비 전반에 걸쳐 구체적으로 배정하였던 것이다.

각부 직원의 봉급에 관한 건도 제정되었다.[211] 내역은 <표 13>과 같다.

<표 13>을 통해 관찰부가 여러 등급으로 구분되어 봉급이 차등 지
급되고 있음을 확인할 수 있다. 이는 각부 직원들 중 관찰사 외에 타
직원들도 관등이 부여되었다는 점과 관련하여 주목할 필요가 있다.[212]
관찰사는 칙임 3등 이하, 주임 2등 이상으로, 참서관과 경무관은 주임
4등 이하로, 주사, 경무관보 및 총순은 판임으로 중앙정부 직원의 관
등체제가 그대로 적용되었다.[213] 따라서 각 관찰부의 직원들에게 중앙
정부의 경우와 마찬가지로 관등에 따라 봉급을 지급하였던 것이다.[214]

---

211) 『日省錄』 412, 高宗 32년 5월 26일, 79책, 342쪽.
212) 『勅令』 3, 勅令 제101호 「地方官制」, 開國 504년 5월 26일.
213) 중앙정부의 경우, 칙임관, 주임관 및 판임관에 따라 봉급이 달랐을 뿐만 아니라
　　같은 官等이라도 자체 등급에 따라 각각 달랐던 것이다. 이에 관해서는 『勅令』 2,
　　勅令 제57호 「官等俸給令」, 開國 504년 3월 29일 참조.
214) 『日省錄』 412, 高宗 32년 5월 26일, 79책, 342쪽.

〈표 13〉 1895년 各府 職員年俸額

단위: 元

직급＼구분	연봉							
	1등(1급)	2등(2급)	3등(3급)	4등(4급)	5등	6등	7등	8등
觀察使	2,200	2,000	1,800					
參書官, 警務官	1,000	900	800	700				
主事, 警務官補, 總巡	330	300	240	216	192	168	144	120

출전: 『勅令』, 勅令 제102호 「各府職員의 俸給에 관한 件」, 開國 504년 5월 26일
비고: 괄호는 관찰사, 참서관, 경무관에 해당됨

그 외 각 부고원(府雇員)의 봉급은 월봉 7원(元) 이하로 정하였다.[215] 그리고 관찰사는 내부대신의 지휘 감독에 속하여서 주임관과 판임관의 진퇴와 징계는 내부대신에게 구장(具狀)하고, 청중(廳中)의 분과 및 처무의 규정 역시 내부대신의 인가를 받도록 규정했다.[216] 또한 각 관찰부에서는 경비를 내부신정예산표(內部新定豫算表)에 조준(照準)하여 탁지부 공납전 중에서 획발(劃撥)하되 회감성책(會減成冊)을 탁지부와 내부에 보감(報勘)하도록 하였다.[217] 그러므로 23부제 개편이 비록 지방행정력의 강화를 목표로 단행되었다고 하더라고 이와 더불어 지방관속을 중앙 차원에서 일률적으로 규정하고 더 나아가 각 관찰부의 경비를 통일적으로 배정하고 관리하는 계기를 제공했다고 하겠다.

한편 내부는 5월 26일에 종래의 주부군현의 명칭과 부윤, 목사, 부사, 군수, 서윤, 판관, 현령, 현감의 관명을 폐지하고 읍의 명칭을 군

---

215) 『日省錄』 412, 高宗 32년 5월 26일, 79책, 342쪽.
216) 『勅令』 3, 勅令 제101호 「地方官制」, 開國 504년 5월 26일.
　　이러한 방향은 갑오개혁 초기부터 이미 잡혀 있었다. 가령 1894년 8월 4일에 정부는 도신, 수령들이 除授받은 뒤 내무아문에서 發關하도록 하달하고 있다(『關抄存案』, 甲午 8월 4일).
217) 『公文編案』 12, 23府, 乙未 6월 16일.
　　『公文編案』 12, 23府, 乙未 6월 23일.

(郡)이라 하며 읍의 장관 관명을 군수로 명명하였다.[218] 이러한 개혁은 정치적 읍격에 따른 기존의 군현분등제를 폐지함을 의미하는 것이다. 그래서 내부의 주현국을 지방국으로 개명하였던 것이다.[219] 특히 지방국장을 칙임관으로 임명하여 승급시키고[220] 전국 각부에 참서관을 둠으로써[221] 각 군을 통제하고 감독하는 중추 기능을 담당하게 하였다. 그 외 지방경비를 줄이기 위해 부근 관찰사로 겸임케 하고,[222] 부에는 군수를 두지 않으며[223] 감목관(監牧官)과 각진(各鎭) 등을 폐지하였다.[224]

더 나아가 군제(郡制)를 개혁하려 하였다. 23부제를 마련할 때 군

218) 『勅令』 3, 勅令 제98호 「地方制度改正에 관한 件」, 開國 504년 5월 26일.

219) 『議奏』 12, 議奏 제48호 '州縣局을 地方局으로 改稱ᄒᆞᄂᆞᆫ 請議書', 開國 504년 윤5월 3일.
'今地方官制改正을 因ᄒᆞ야 州縣의 名은 不存ᄒᆞ니 本部官制중 主縣局을 改ᄒᆞ야 地方局으로 稱ᄒᆞᄂᆞᆫ 勅令案를 閣議 提出홈'

220) 『議奏』 12, 議奏 제49호 '地方局長勅任陞差請議書', 開國 504년 윤5월 3일.
'右ᄂᆞᆫ 地方局이 內部官制 第6條 第1項에 據ᄒᆞ미 一切 地方行政에 關ᄒᆞᄂᆞᆫ 事項을 掌ᄒᆞ니 該局長이 觀察使同位가 되여야 文牒往復과 事務辦理에 山且山晉不合ᄒᆞᄂᆞᆫ 弊가 업실지며 此他部 一等局의 如此緊切ᄒᆞᆫ 關係업시 단 事務의 重大ᄒᆞ므로 一等局된 者와ᄂᆞᆫ 有異ᄒᆞᆫ지라 今次地方局長을 勅任官에 陞ᄒᆞ미 合當ᄒᆞ기 此段을 閣議에 提出홈'

221) 『議奏』 12, 議奏 제287호, 開國 504년 윤5월 3일.

222) 甲山府의 경우 부근 지방 관찰사로 겸임케 하였다.
『議奏』 22, 제105호 '甲山府 觀察使를 附近地方觀察使로 兼任ᄒᆞᄂᆞᆫ 請議書', 開國 504년 7월 11일.
'現今에 國財가 不敷ᄒᆞ야 浩大ᄒᆞᆫ 地方經費를 支用키 難ᄒᆞᆫ지라 甲山府管內에 收入ᄒᆞᄂᆞᆫ 稅額으로 該府經費를 抵當치 못ᄒᆞᆯ지니 甲山府觀察事務를 아직 附近地方觀察使로 兼任케 ᄒᆞ미 合當ᄒᆞ기로 此單을 閣議에 提出홈'

223) 『議奏』 23, 議奏 제107호 '各地方에 府를 置ᄒᆞᆫ 郡에ᄂᆞᆫ 郡守를 置치 勿ᄒᆞᆯ 請議書', 開國 504년, 7월 11일.

224) 『議奏』 23, 議奏 제106호 '監牧官 廢止ᄒᆞᄂᆞᆫ 請議書'; '請議書 各鎭堡 廢止에 關ᄒᆞᆫ 件,' 開國 504년 7월 14일.

〈표 14〉1896년도 內部의 歲出 豫算

단위: 元

項 目	內務本廳	地方行政廳經費	各邑經費	警務本廳	3開港地警察費	監獄	計
金 額	68,425	327,455	526,200	115,176	14,079	17,280	1,068,615
比率(%)	6.4	30.6	49.2	10.8	1.3	1.6	100

출전: 『開國 504年 豫算說明書』

수 1인을 두되 군수 외 직원은 이후 별정하려 하였다.[225] 그리고 군수 봉급도 이후 따로 정하려 했을뿐더러[226] 군직원의 봉급도 제정하려 하였다.[227] 특히 군제 개혁은 경비의 절감에 목표를 두었다. 〈표 14〉는 정부가 군제 개혁을 상정하고 마련한 1896년 내부의 세출예산안이다.

〈표 14〉는 1895년 8월경에 작성된 세출예산의 내역에서[228] 내부의 세출예산만 별도로 나타낸 것이다. 비록 본 예산이 실제로 집행되지는 않았지만 정부의 군제 개혁의 면모를 대략이나마 파악할 수 있어 면밀하게 살펴볼 필요가 있다. 이에 따르면 중간 기구라 할 수 있는 지방행정청의 경비가 327,455원이고 각 읍 경비는 526,200원으로 총 853,655원으로 책정되어 있다. 이 금액을 〈표 9〉에서 제시한 갑오개혁 이전의 경우와 비교하면 37%에 해당된다.[229] 특히 1896년 각 읍 경비를 〈표 10〉의 각 읍 경우와 비교하면 21%에 불과하다. 또한 애

---

225) 『勅令』 3, 勅令 제101호 「地方官制」, 開國 504년 5월 26일.

226) 『勅令』 3, 勅令 제102호 「各府職員의 俸給에 관한 件」, 開國 504년 5월 26일.

227) 『議奏』 10, 議奏 제125호, 開國 504년 5월 26일.

228) 설명서 내역을 보면 8월경으로 보인다(『開國 504年 豫算說明書』).

229) 〈표 9〉에서 갑오개혁 이전의 내부 세출예산을 추산한다면, 監營經費, 留守經費, 地方兵隊 및 各邑經費 전체를 합한 금액이 이에 해당한 것으로 대략 2,889,703원 이상에 이른다.

초에는 각 군 경비를 절약하기 위해 종래 337군을 합병하여 154군으로 줄이고 그 경비 연액은 488,000여 원을 지판(支辦)하려 했음도 주목할 필요가 있다.[230] 이런 점에서 정부가 23부제를 마련한 뒤, 곧이어 군현 합병 등을 통해 각 읍 경비를 대폭 절감하려 했음을 짐작할 수 있다.

그러나 김홍집 내각은 군현 합병을 포함한 군제 개혁안을 마련하지 못했다. 다만 '갑오탁지부신정사례'에 따라 군 경비를 집행했을 뿐이다.[231] 이렇게 된 까닭은 기존 지방관아 이교들의 반발을 무력으로 진압할 군대와 경찰을 양성하지 않았기 때문이다.[232] 즉 당시 병제와 경무가 미비한 상태에서 이서배의 강력한 분요를 만나게 될 것을 우려하여 예정대로 군을 합병시키지 못하고 다만 이교 이하의 봉급과 나머지 경비는 군수가 임의적으로 시행했을 뿐이다. 다음 1895년 5월 삼국 개입 이후 러시아가 조선 정국에 적극 관여하면서 친일개화파 관료와 일본인 고문관의 입지가 좁아졌기 때문이다. 특히 당시 조선 정국에 영향력을 행사하고 있던 일본인 고문관의 경우,[233] 그 타격

---

230) 『度支部請議書』 2, 제99호 '各邑改革之件閣議案', 開國 504년 9월 5일.
231) 『公文編案』 12, 23府, 乙未 6월 16일.
   一. 各邑經費 則別定以前 姑遵分等磨鍊事例 從甲午新捧施行
   一. 府下各邑中 移屬邑 甲午官廩 半付兼官 半納本部之意 這這申明知委施行
   漢城府의 경우도 사정은 마찬가지여서 地方官制가 개정되기 전에는 이전대로 경비를 집행하도록 하달하였다(『議奏』 7, 議奏 제23호 '漢城府經費請議', 開國 504년 4월 26일).
232) 이상찬, 앞 논문, 1996, 179쪽.
233) 일본인 고문관의 경우, 시모노세키조약 체결 이후 '顧問政治'라 할 정도로 조선 내정에 깊숙이 관여하여 '保護國化'를 추진하고 있었다. 특히 1895년 3월을 고비로 內閣官制가 공포되어 君主權이 유명무실화하기에 이르면서 일본의 영향력은 증대하였다. 이런 점에서 징수기구의 개편을 비롯하여 군통폐합안과 23부제 개정은 일본인들의 자문을 받아 박영효 등이 추진하였다 하겠다.
   朴宗根, 앞 책, 1989, 167~173쪽.

은 심대하였다. 심지어 1895년 6월 고종은 "작년 6월 이래의 칙령이나 재가 사항은 짐의 의사에서 된 것이 아니므로 이를 취소하겠다"고 선포할 정도였다.[234] 더군다나 예산 부족으로 1895년 9월 5일 관세사, 징세서 및 각읍부세소 장정의 시행을 정지하면서[235] 군제 개혁은 다른 방식으로 추진되었다. 우선 군분합(郡分合)이 이루어지지 않은 상황에서 다액의 경비가 요구되었던 데다 그 효과마저 의심되었기 때문이다. 여기에다 본래 정치적 기반이 미약했던 김홍집 내각은 일본에 크게 의존하여 개혁을 추진했기 때문이다.[236] 이는 농민뿐만 아니라 여타 정치세력으로부터 거센 반발을 초래하였다.[237] 그 결과 김홍집 내각은 그 취약성을 더욱 노정시켜 중앙정부의 지방 지배는 사실상 일부지역에 국한되고 말았다.[238] 그리고 군무대신 조희연(趙羲淵)의 해직을 둘러싼 김홍집 내각의 분열과 박영효의 망명은 김홍집 내각의 기반을 흔들어놓았다. 또한 세원의 확보를 위해 각 읍 부세소와 관세사가 반드시 필요했음에도 불구하고 군현 통폐합이 원활하지 못해 각읍 단위의 부세소를 설치하여 운영할 재원을 확보할 수 없었다는 점이다.[239] 1895년 세입예산액은 4,468,587원인 데 반해 예산 시행 첫

왕현종, 앞 논문, 1996, 269~277쪽.

234) 『日本外交文書』 28-I, 301호 文書 '王宮護衛兵交代에 關한 國王과 內閣衝突의 報告件', 444쪽.

235) 『勅令』 3, 勅令 제159호, 「管稅司及 徵稅署官制 並 各邑賦稅所章程 施行의 停止에 관한 件」, 開國 504년 9월 5일.

236) 김홍집 내각은 일본군의 景福宮 점령에 힘입어 수립되었을 뿐만 아니라 1894년 農民戰爭과 淸日戰爭 등에 능동적으로 대처하지 못해 日本에 대한 의존이 갈수록 심화되었다.

237) 특히 衛正斥邪派는 反開化·反日을 명분으로 開化派 타도에 적극 참여하였다. 李相燦, 앞 논문, 1996, 40~68쪽.

238) 『朝鮮交渉資料』, 335쪽. 朴宗根, 앞 책, 1982, 89~91쪽.

달인 4월 1일부터 6월 말까지 두 달간에 걸쳐 탁지부로 수납된 조세액은 겨우 321,182원에 불과할 정도였다.[240] 따라서 관세사와 각 읍 부세소의 징수 기능은 1895년 9월 5일 정지되고 징수권은 지방관에게 환원되었다.[241] 대신에 제3차 김홍집 내각은 1895년 8월에 지방의 무명잡세를 모두 혁파할 뿐이었다.[242]

이처럼 일본의 '보호국'화 노력과 맞물려 3월부터 5월 사이에 집중 추진된 제도 개편 속에서 박영효와 일본은 군현 통폐합과 함께 지방 세제의 도입을 모색하였다. 그러나 재정상의 궁핍과 유생층 및 일반민의 반발, 삼국 개입과 박영효의 망명으로 말미암아 그들의 계획을 중도에 포기해야 했던 것이다.

---

239) 『議奏』 29, 議奏 제377호, 開國 504년 9월 5일.
'別紙度支部大臣署理 請議호 稅務視察官章程 各郡稅務章程及地稅戶布錢에 關호는 件을 按호니 曩者에 管稅使及徵稅署官制가 頒布되야 其實施와 동시에 郡 分合을 行치 아닌즉 多額의 經費를 要홀 뿐더러 完備호 功效를 收키 難호니 今에 地方一般의 改革을 行호기는 目今形勢가 不便호기로 管稅使徵稅署를 設置를 姑且 停止호고 租稅의 賦課徵收에 關호는 策을 各郡에게 任호야 식로히 稅務視察官을 置호고 稅務上의 監視를 任호며 租稅賦課徵收節次와 欠逋滯納등은 대체 從前의 例를 依호야 擧行호야써 一面는 地方制度의 急變을 避호며 一面은 地方經費의 節約을 爲호야 時宜를 應코져호미니 請議호딕로 閣議決定되오디 可호므로 인호느이다 徵稅事務를 各郡守로 行케호고 前日敍任호 管稅使長과 徵稅署長을 變通호야 地方各府에 稅務視察홀 官員을 另罷호믈 請호는 議案'
그 결과 '稅務視察官 章程', '各郡稅務章程', '各邑改革之件 閣議案' 등이 후속 조치로 마련되었다.
240) 『開國 504年 豫算說明書』, '歲入이 其豫算에 充치 못할 事'.
241) 『日省錄』 417, 勅令 제159호 「管稅司及徵稅署官制并各邑賦稅所章程 施行停止 及 度支主事臨時增實件」, 高宗 32년 9월 5일, 79책, 448쪽.
242) 『韓末近代法令資料集』 I, 法律 제13호 「雜稅革罷에 관한 件」, 1895년 8월 25일.
이 법률은 地稅, 戶布, 鑛稅, 水陸通商關口輸出入物品稅 및 國課 外 雜稅는 모두 혁파한다는 내용으로 구성되어 있다. 여기서 주목할 점은 이전 잡세 혁파 조치가 막연하고 일반적이라면 이 법률은 結戶稅 및 國家 商工稅를 제외한 地方雜稅가 혁파의 대상이었음을 구체적으로 명시하고 있다는 것이다.

3) 각 군 경비 배정제도의 수립

일본은 1895년 5월 삼국간섭 이후 조선에서 점차 영향력을 상실하자 급기야는 1895년 8월 20일(양 10월 8일) 조선의 왕후를 살해하여 세력을 만회한 뒤 제4차 김홍집 내각을 발족시켰다. 그러나 유생들과 민인들의 반발, 러시아의 접근 등을 우려하여 제2차 김홍집 내각의 경우와 달리 일본이 주도적으로 강행할 수 없었다. 특히 각 군의 통폐합은 더욱 그러하여 유보해야 했다. 대신에 각 군 경비 배정제도를 수립하여 지방재정을 국가재정에 통합할 뿐만 아니라 각 군 경비를 절약하려 하였다.

이러한 사정은 제4차 김홍집 내각이 1895년 9월 5일 각 읍 부세소 등의 징수 기능을 정지시키면서 각 읍 개혁의 필요성을 강조한 '각읍개혁지건각의안(各邑改革之件閣議案)'에서 소상하게 설명되었다. 우선 1895년 9월에 이르기까지 지방재정을 국가재정에 통합하는 과정에서 제기된 문제를 다음과 같이 정리하였다.

> 작년붓터 환모(還耗)를 폐ᄒ고 사환(社還)으로 ᄒ고 정비지류(情費之類)는 도모지 엄금ᄒ니 지세는 다만 매결에 30량 혹 25량으로 개정ᄒᄂᆫ고로 각 읍 이교 요식(料食)과 기타 온갖 경비는 세부득이(勢不得已) 정부셔 상당ᄒᆫ 액을 정ᄒ야 획급(劃給)ᄒ여야 가(可)ᄒᆫ듸…[243]

종전 지방재정의 수입원이라 할 환모, 잡비 등을 혁파하고 대신에 지방경비분을 국가재정에서 부담해야 하는 가운데 결가의 인상을 통

---

243) 주 230) 참조.

해 이 문제를 해소하려 했던 것이다. 그러나 이러한 결가 책정의 방식
은 또 다른 문제를 야기하였다. 그것은 결가 인상만으로는 해결될 문
제가 아니었던 것이다.

　…지우금미황(至于今未遑)ᄒᆞ믄 사정이 득이(得已)치 못ᄒᆞ온나 혹 남만
ᄒᆞᆫ 비방이 업지 안코 국고수입이 근소ᄒᆞᆫ 거슬 가히 짐작ᄒᆞᆯ 거시라 그런 고
로 군분합사(郡分合事)ᄂᆞᆫ 아직 행치못ᄒᆞ온나 각 읍 경비ᄅᆞᆯ 지정ᄒᆞᄂᆞᆫ 필요
ᄅᆞᆯ 인(認)ᄒᆞ니 재정정리상에 득이(得已)치 못ᄒᆞᆫ 고로…[244]

이에 따르면 결가 인상에 대한 비방이 적지 않고 국고 수입도 매우
적었으며 게다가 군분합 작업이 원만하게 진행되지 않아 정부에서는
지방경비분을 감당하기 어려웠다. 결가 인상에 대한 민인의 반발 및
재정운영의 난맥으로 말미암아 심각한 문제에 봉착했던 것이다.
　따라서 정부는 각 읍 경비의 획정을 통해 이 문제를 해소하려 하였
다. 고종은 9월 16일 조칙에서 다음과 같이 군제 개혁의 취지를 밝혔다.

　자고이래로 각 읍의 경비는 확정된 규정이 없었고 제반 실속 없는 비용
이 자못 호만(浩漫)하다. 나라에 일이 많아 재정이 고갈된 때를 당하여 쓸
데없는 비용을 절약하고 낭비를 줄이는 것이 가장 긴급한 일이 되기 때문
에 지난해부터 결가와 호포를 정하여 세납 규정을 편리하게 하고 규정 외
에 함부로 거두는 것을 엄금하였다. 그러나 각 군의 경비에 일정한 규정이
있어야 하겠기에 이에 각군세무장정(各郡稅務章程)과 감독시찰하는 방법
을 실행하며 각 군수 이하의 봉급과 경용(經用)에 관한 제반 규정을 다시

---

244) 위와 같음.

정하여 중앙과 지방의 해당 관청으로 하여금 성과를 이룩하게 한다. 그리고 군의 비용은 일정한 규정에 따라서 공급하는 외에 일절 거두지 못하고 공납(公納)은 모두 국고에 송납함을 요함이니 너희들 중앙과 지방의 당해 관청 등에서는 능히 짐의 뜻을 새겨서 각각 엄격히 지켜 처리하라.[245]

정부는 군현 통폐합을 유보하되 지방경비는 이전 계획대로 획정하여 경비를 절감하려 했던 것이다. 즉 군 경비를 획정함으로써 지방재정을 국가재정에 통합하고 지방경비를 중앙에서 배정할 수 있는 제도적 기반을 갖추려 한 것이다. 특히 지방관아는 중앙에서 배정한 금액 외에는 일절 수취하지 못하며 공납도 모두 국고에 송납하게 함으로써 지방관아의 재정권을 박탈하려 했던 것이다.

그래서 정부는 먼저 각 읍 경비 총액을 80만 원 이상 100만 원 이하로 가정하였다. 이 금액은 애초 1895년 세출예산에서 각 읍 경비로 책정된 예산액 526,200원보다 많지만,[246] 〈표 9〉와 같이 기존 각 읍 경비로 추산된 금액 2,470,000여 원에 비한다면 과반으로 감소된 액수이다. 이렇게 본다면 군을 통폐합하지 못했지만 각 군 경비 절감 방안을 소기대로 마련했다고 하겠다.[247]

다음 각 읍 경비의 배정 기준은 여러 요인을 고려하였다. 토지결수가 가장 중요한 기준이었다. 〈표 15〉는 각 군 경비 배정액의 기준을 보여준다.

전국 고을을 결수의 규모에 비추어 12등급으로 구분하였다. 나아가 호수와 면수 등을 참조하여 분정하였다. 그 결과 각 군 경비는 군

---

245) 『高宗實錄』 33, 高宗 32년 9월 16일, 朝勅, 中책, 572쪽.
246) 『開國 504年 豫算說明書』.
247) 주 230) 참조.

〈표 15〉 1896년 各邑經費排定額 算出

等級	結數	等級	結數
1등	500결 이하	7등	6,000결 이하
2등	1,000결 이하	8등	7,000결 이하
3등	2,000결 이하	9등	8,000결 이하
4등	3,000결 이하	10등	9,000결 이하
5등	4,000결 이하	11등	10,000결 이하
6등	5,000결 이하	12등	10,001결 이상

출전: 『度支部請議書』(奎 17716) 2, 제99호 '各邑改革之件閣議案', 開國 504년 9월 5일

수 봉급을 제한 뒤 총액 10분의 5를 각 군에 평등하게 비례에 따라 나누어 몫을 정했다. '배비(排比)'의 방식을 취했던 것이다. 다음 총액 10분의 3을 전년도에 시기결수(時起結數)로, 다음 총액 10분의 1을 호수로 배비하였다. 마지막으로 10분의 1을 면수로 배비하였다.[248] 예컨대 여기서 경비 배정 기준이 시기결수, 호수, 면수 순으로 가중치를 두고 이루어졌음을 확인할 수 있다. 특히 호수에 면수보다 가중치를 더 둔 것은 면수 대소가 호수의 다과에 있지 않고 지형에 따른 것이기 때문이다.[249] 예컨대 전라도 해남의 경우, 면이 12개, 호수가 6,000호, 결

---

248) 『勅令』 3, 勅令 제163호 「各郡經費排定에 關한 件」, 開國 504년 9월 5일; 『內部請議書』 2(奎 17721), '各郡經費排定件', 開國五百四年七月十五日.

249) 『地方制度調査』, '府牧郡 管下面戸口 結數와 稅額說明書'.
'竊査各府郡에 大小는 其隨地形方便ᄒ야 各設位眞者 則參差不齊는 其勢使然耳라 就其 面數言ᄒ면 面之大小가 不在戸之多寡오 亦因地形而從之故로 殘面之戸는 不過數村而有 稱面者ᄒ고 巨面之戸는 可敵一郡而亦有稱面者ᄒ니 然則 郡之大小도 亦面之多少오 專在戸之多少ᄒ니 戸는 各郡에 蓋有原戸ᄒ니 報郡報府(갑오개혁기 문건인 듯함, 필자 주) 謄傳故紙ᄒ야 按列擧行而已則 登籍ᄒ 戸數와 納布ᄒ 戸數로 比較ᄒ면 登籍之戸數와 納布ᄒ 戸數보다 增加ᄒ나 慣習을 依ᄒ야 度支稅戸딕로 現執ᄒ면 人口는 輒稱 2千萬而由來漏丁之弊를 遽難調査ᄒ야 現籍딕로 執數ᄒ고 結總은 數百年來로 年減歲縮ᄒ야 各郡守와 吏輩가 隱

수가 4,400결인데 배정 금액을 보면 평균 배비액 815원, 면수 배비액 180원, 호수 배비액 240원, 결수 배비액 987원으로 총배비액은 2,222원이었다.[250] 그리고 이런 총배비액에 근거하여 전국 각 군을 5개로 분등하였다.[251] 해남의 경우는 2등군이었다. 따라서 이러한 군 분등 방식은 결호전의 총액에 기준을 둔 '갑오신정사례'의 군 분등 방식과 상이하다 하겠다.

아울러 각 읍 경비 중의 지방장관 봉급은 구관하는 지역의 광협대소에 따라 칙령으로써 분정하되 이교 이하 봉급 및 그 밖의 경비는 각 군 장관이 지방 정황을 보아 계획을 정해 배정 총액 내에서 사용케 하였다. 이는 관속 정원의 축소에 따른 반발을 줄이기 위한 임시 조처로 보인다. 물론 이 역시 내부가 제시한 봉급체계에 준함과 아울러 관찰사의 승인을 전제로 하고 있다. 아울러 각 군 경비는 정액을 월수(月數)에 분배하되(평년은 12개월 윤년은 13개월) 그해 10월부터 12월까지는 지세 제1기 수납 내에서 익년 1월부터 9월까지는 지세 제2기 수납 내에서 구제(扣除)하여 세무주사가 보관하고 군수의 요구에 따라 수시 출급하게 하였다.[252]

정부는 1895년 5월 23부제 개편 이후 다소 수정되었을지라도 이러한 군제 개혁을 통해 지방경비를 획정할 뿐만 아니라 지방재정을 국가재정에 통합시키기에 이른 것이다. 〈표 16〉은 내부 제1차 지방제도 개혁 시 마련된 각 군 봉급과 경비 현황이다.

〈표 16〉에 따르면 크게 관속의 봉급과 행정 경비로 나누어 배정되

結稅를 看作例食ᄒ니 日官隱 吏隱이 是라 近來에 雖有改量陞總이나 尙未實施ᄒ고 亦未確知故로 度支現結되로 執總ᄒ며 戶結稅額을 亦 以現數로 總計홈'

250) 주 230) 참조.
251) 『勅令』 3, 勅令 제163호 「各郡經費排定에 關한 件」, 開國 504년 9월 5일.
252) 위와 같음.

<표 16> 1895년 各郡 俸給과 經費排定額

단위: 元

名目＼等級	1등 員數	年俸	2등 員數	年俸	3등 員數	年俸	4등 員數	年俸	5등 員數	年俸
郡 守	1	1,000	1	900	1	800	1	700	1	600
稅務主事	1	180	1	180	1	180	1	180	1	180
將 校	8	384	6	280	6	280	4	192	4	192
吏 房	1	120	1	120	1	96	1	96	1	96
吏	10	720	8	576	8	576	6	432	6	432
通 引	2	48	1	24	1	24	1	24	1	24
使 令	7	168	6	144	5	120	4	96	3	72
客 舍	1	12	1	12	1	12	1	12	1	12
鄕校直	1	12	1	12	1	12	1	12	1	12
稅務書記	2	144	2	144	2	144	2	144	2	144
通 引	1	24	1	24	1	24	1	24	1	24
使 令	3	144	3	144	3	144	3	144	3	144
大小享祀費		120		120		100		80		60
舖陳修理		70		40		40		20		20
吏廳公用과 紙地費		50		40		30		20		20
不恒費		100		90		80		70		60
稅務廳舖陳과 修理		10		10		10		10		10
稅務廳公用 紙地費		50		40		30		20		25
計		3,356		1,884		2,710		2,276		2,122
郡 數	1등	17군	2등	32군	3등	78군	4등	111군	5등	85군
합 계	50,752원		92,288원		211,380원		252,636원		180,370원	

출전: 『舊韓國官報』 158호, 勅令 제163호 「各郡經費排定에 관한 件」, 開國 504년 9월 11일

어있다. 아울러 기존 6방을 비롯한 각소 조직이 혁파되고 이청과 세무청을 두고 여기에 관속들을 분속시켰음을 확인할 수 있다. 따라서

이러한 칙령의 제정은 매우 중요한 의미를 가지고 있다.

우선 내부가 국가법령 차원에서 각 군 관속의 봉급 및 각종 경비를 상세하게 배정하고 있다는 점이다. 이는 멀리는 기존의 읍사례가 고을 차원에서 관행적으로 관속의 봉급과 경비를 확보하여 지출하였던 방식을 전면 폐기하였음을 의미하며, 가까이는 '갑오신정사례'가 국가 차원에서 각 읍의 총 경비액을 획정했지만, 지방 관속의 봉급과 경비를 통일적으로 배정하지 못한 한계를 탈피하였음을 의미한다. 특히 내부가 자체 예산에 편성하여 각 군에 경비를 배정하고 탁지부는 단지 내부 배정안에 따라 해당 경비를 지출해준다는 점이다. 내부가 각 군 경비를 자체 예산에 편성하였을 뿐만 아니라 상급 관청으로서 각 군 경비를 배정하였던 것이다. 이제 내부는 지방행정을 관할하는 중추 관서로서 지방경비도 장악하기에 이르렀다.

다음 정부에서 지방 관속의 정원 규정을 마련하여 이들 관속을 국가관료체제에 편입시키는 한편 대폭적으로 이서배를 감원했음을 알 수 있다.[253] 즉 기존의 경우와 달리 지방 이속의 정원을 고을 자체에서 결정하는 것이 아니라 국가 차원에서 규정하고 준수하도록 했으며, 이액 역시 1등군이어도 40명을 넘지 않을 정도로 크게 감소되었던 것이다. 그 결과 정부는 이러한 지방제도 개혁에 입각하여 1895년 11월에 이듬해(1896)의 내부 세출예산을 편성하였다. 〈표 17〉은 1896년도 내부의 세출예산안이다.

비록 내부 전체의 세출예산이 애초 군현 합병을 가정했을 경우(〈표 14〉)보다 18% 증가한 액수이지만, 갑오개혁 이전의 경우(〈표 9〉)에 비

---

253) 이서배의 감원 실태를 구체적으로 파악하기 위해 新定事例에서 보이는 吏胥組織과 제1차 지방제도 개정 결과 형성된 吏胥定員을 비교해 보면 무려 1/4로 축소 조정되었다(『京畿各邑新定事例』; 『舊韓國官報』 158호, 開國 504년 9월 11일).

<표 17> 1896년도 内部의 歲出 豫算

단위: 元

項 目	內務本廳	地方各府	地方各郡	警務本廳	警務廳 監獄署	기 타	計
金 額	77,986	333,022	823,308	155,005	17,180	40,129	1,446,630
比率(%)	5.3	23.0	57.0	10.7	1.2	2.8	100

출전: 「議奏」39, 議奏 제552호 開國 504년 11월 15일
비고: 타 연도의 경우와 비교하기 위해 臨時部는 제외했음

해서는 무려 52%나 감소된 액수이다. 특히 각 읍 경비의 경우는 무려 67%나 감소된 액수이다. 이는 내부의 각 군 경비 배정액이 '갑오신정사례'의 경우에 비해 매우 줄어들었다는 점에서도 잘 나타난다. 예컨대 여주군의 경우, '갑오신정사례'에서는 총경비액이 31,732량인 데 반해 '내부 제1차 경비 배정'에서는 2등군으로 13,550량(2,710원)으로 무려 50% 이상 감액되었다. 안산군의 경우, 전자에서는 15,480량인 데 반해 후자에서는 5등군으로 10,610량(2,122원)으로 30%가 감액되었다.

끝으로 비록 「각읍부세소장정(各邑賦稅所章程)」의 시행이 중지되었지만, 종래 각소 중심의 분립운영방식이 부활할 수는 없었다. 정부는 「각군세무장정(各郡稅務章程)」에 입각하여 각 군에 세무과를 설치하고 그 우두머리로 세무주사를 임명하여 세무행정을 전담하도록 하였던 것이다.[254] 이는 각 군의 세무행정을 통제하고 감독하여 조세 징수행정의 일원화를 기하는 한편 각 군의 독자적이고 개별적인 재정운영방식을 용납하지 않겠다는 정부의 의도를 잘 보여준다 하겠다.

일부 지역에 한정되긴 했지만 정부의 이러한 방침은 관철되었다. 우선 관속의 정리가 이루어졌다. 대구부의 경우, <표 18>과 같다.

---

254) 「勅令」3, 勅令 제162호 「各郡稅務章程」, 開國 504년 9월 5일.

〈표 18〉 地方制度 改革(1895) 前後 大邱府 吏胥 定員

지방제도 개혁 이전	제1차 지방제도 개혁
別監 3인	郡主事 1인
敎授	혁파
牌官 9인	혁파
軍官 1,000인	巡校 10인
都訓導 90인	혁파
柴炭責應所	혁파
人吏 126인	雇員 15인
知印 39인	通引 2인
使令 25명	使令 11명
軍牢 23명	혁파
官奴 40명	使備 4인, 使童 3인
妓生 31명	혁파
裨將 10원	主事 15원
審藥 1원	혁파
檢律 1원	혁파

출전: 『大邱府邑誌』(奎 10810, 1907)

〈표 18〉에 따르면 2,900여 명의 이속이 70여 명으로 대폭 감축되었
으며 그 관명도 정부의 지시대로 변경되었다. 즉 기존의 각소들이 모
두 혁파되고 대신에 내부 각 군 배정안에 따라 관직을 정리한 것이다.

다음 관청의 1년간 경비가 배정되어, 이전과 마찬가지로 상납 결호
전 중에서 해당 군 경비를 지출하였다. 그것은 각항 경비를 미리 회계
하여 그 등급대로 지발하며 그 조목대로 쓰게 해서 남용과 과외 수탈
을 방지하기 위해서였다.[255] 임실군의 경우, 군 경비로 13,430량이 배
정되었다.[256]

---

255) 이와 관련하여 『독립신문』, 建陽 元年 12월 5일, '舊韓國官報 訓令' 참조.
256) 『任實郡事例定錄』(1903).

한편 중앙정부는 종래 궁방, 아문, 지방관이 징수하던 각종 조세를 일일이 열거, 혁파하거나 중앙에 이속시켰다.[257] 우선 어염선세가 중앙에 의해 징수되었다.[258] 물론 시장세의 경우도 중앙에서 징수하고자 하였다. 그러나 이 경우에는 많은 문제가 뒤따르고 있었다. 즉 중앙정부는 시장세를 징수하기 위해 조사활동을 전개하였는데 당시 시장 상인들은 이에 반발하고 있었다. 그 결과 정부는 애초의 징수 방침을 보류하였다.[259] 또한 지방재정의 해체 과정에서 지방재정의 부족 사태를 가져오면서 기존의 이서배들이 반발하였다.[260] 이에 대해서 정부는 다만 은결을 찾아내 메울 뿐이었다. 타 군들도 이런 문제에 봉착하자, 기존의 방식대로 재정 부족을 해결하려고 하였다. 진주부의 경우, 경비가 부족하여 전 병영의 둔답을 요청하고 있었다.[261] 안동부의 경우, 중앙정부가 금지한 관청고리대를 하여 지방재정을 보용해줄 것을 요청하였다.[262] 따라서 이런 경우의 대책이 궁금해지는데 결국 창원(昌原), 의성(義城)의 경우 이를 향촌민에게 전가하였다.[263]

그럼에도 정부는 결호전제도에 근간하여 지방 각 군의 경비를 운용하려 하였다. 5등군인 양지군의 경우, 1895년 10월 한 달 경비 지출을 보면 〈표 19〉와 같다.

정부의 지방제도 개혁안에 따라 지방 관속들이 정리되고 군 경비가 마련되어 운용되고 있음을 알 수 있다. 이처럼 지방제도 개혁은 전국

257) 『公文編案』 12, 23府, 乙未 윤5월 5일.
258) 『公文編案』 23, 水原留守府, 乙未 5월 19일.
259) 『公文編案』 49, 東萊府, 乙未 2월 24일.
260) 安山郡의 경우, 이러한 사정을 잘 드러내고 있었다(『公文編案』 60, 仁川府, 建陽 元年 1월 6일).
261) 『公文編案』 28, 晉州府, 建陽 元年 2월 12일.
262) 『公文編案』 29, 安東府, 建陽 元年 1월 10일.
263) 『公文編案』 67, 慶尙觀察府 附各郡, 建陽 1년 1월 23일.

단위: 元-菱-厘-毛

項	目	內 譯	
		名 目	金 額
제 1 항	俸 給	郡守 1인	46-15-3-8
제 2 항	雜 給	稅務主事 1인	13-84-6-1
		將校 4인	14-76-9-2
		吏房 1인	7-38-4-6
		吏 6인	33-23-0-7
		通引 1인	1-84-6-1
		司令 3명	5-53-8-4
		客舍直 1명	92-3-0
		鄕校直 1명	92-3-0
		稅務廳書記 2인	11-7-6-9
		通引 1인	1-84-6-1
		司令 3명	11-7-6-9
		合	102-46-1-0
제 3 항	享祀費		기재 안 됨
제 4 항	應費	公用紙價	2-80-0-0
		筆墨價	1-0-0-0
		各房柴油炭價	14-0-0-0
		官房塗褙紙價	1-20-0-0
		官房塗褙窓戶紙價	56-0-0
		各房茵席價	9-12-0-0
		持者3次雇價	3-0-0-0
		合計	31-68-0-0
總計			180-29-4-8

출전: 『光武4年月 日 陽智郡甲午更張以後本年5月 至經費用下區別成册』(奎 19359)

고을 전반에 걸쳐 전격 관철되기는 어려웠지만 몇몇 군을 중심으로 서서히 자리 잡아가고 있었던 것이다. 이런 점에서 갑오개혁기의 지방제도 개혁은 징세서의 설치와 함께 군현 합병이라는 소기의 목적을 달성하지 못했지만 군 경비의 확정과 감액을 통해 일부나마 지방재정을 해체하고 지방경비를 절감할 수 있었던 것이다. 그리고 광무 연간에 이르러 재조정 과정을 통해 이러한 각 군 경비 배정안은 지방경비

집행의 근간으로 자리 잡았다.

아울러 지방관을 대폭 교체하였다.[264] 지방관의 성향과 능력이 국세 징수의 폐단과 함께 지방잡세의 횡징을 근절하는 데 주요 변수가 되리라 판단했기 때문이다.[265] 세무기구를 별도로 마련하지 않은 상황에서 제3차 김홍집 내각이 최소한이나마 취해야 할 자구책이었다.

1895년 10월 26일 지방통치기반의 취약과 징세기구의 미비로 지방 세제안이 철회된 시점에서, 제4차 김홍집 내각은 새로이 「향회조규(鄕會條規)」와 '향약판무규정(鄕約辦務規程)'을 제정하여 지방자치제의 기반을 확보하고자 하였다.[266] 향회의 종류는 대회(大會), 중회(中會), 소회(小會)의 세 가지로 각각 군회(郡會), 면회(面會), 리회(里會)에 해당되었다. 리회는 존위(尊位)와 해당 리 내 매호 1인으로, 면회는 집강(執綱)과 해당 면 소속 각리존위(各里存位)와 각 리에서 임시로 공거(公擧)한 2인으로 각각 구성되었다. 그리고 군회는 군수와 각 면집강과 각 면 공거인 각 2인으로 구성되었다. 이러한 각급 향회는 교육, 호적, 지적, 위생, 사창, 도로, 교량, 식산흥업, 공공삼림, 제언보항(堤堰洑港), 제반 세목과 납세, 겸황, 환난의 구휼, 공공복역, 제반 계회(稧會), 신식령칙(新式令飭) 등의 문제를 논의할 수 있었다. 아울러 이런

---

264) 1895년 11월부터 1896년 3월까지 넉 달 동안 郡守 免官이 143건에 이르고 있다. 특히 1896년 1월 한 달의 경우는 무려 60건에 이르렀다.
이상찬, 앞 논문, 1996, 194~195쪽.

265) 免官은 대부분 舊逋를 收刷하지 못한다거나 吏屬을 장악하지 못한다는 視察官의 보고에 근거하였다. 조세행정과 인사행정의 무능으로 말미암아 개혁행정을 수행할 수 없다고 판단된 군수들이 면관의 대상인 것이다. 그리고 중앙정부의 방침을 어기고 雜稅를 징수하거나 課外 賦斂으로 民怨을 야기한 지방관도 면관시켰다. 면관의 이유에 관해서는 『議奏』 28~42, '免官請議書' 참조.

266) 『議奏』 36, 「鄕會條規」, 開國 504년 10월 26일.
『議奏』 36, 「鄕約辦務規程」, 開國 504년 10월 26일.

제반 사항은 향회에서 다수의 의견에 따라 결정하였다. 다만 존위가 거부하여 향회에서 결의안을 논하되 또다시 거부되면, 각급 향회는 면집강과 군수, 관찰사에게 각각 재결을 요청토록 하였다. 아울러 이들 향회의 수석은 각각 존위, 집강, 군수가 맡으며 차석은 부역을 많이 담당한 상등호민(上等戶民)이 맡도록 하였다.[267]

리·면회에는 임원을 각각 두었다. 리회의 경우, 존위, 두민(頭民), 서기, 하유사(下有司) 등이 그들이다. 이들 중 존위는 리회에서 반상(班常)에 구애되지 않고 선출되어 1년 임기로 리의 행정을 담당하였다. 그러나 임무를 위배할 때는 리 회원이 회동하여 이유를 두민에게 고하고 해당 면에 보고한 후에 임기에 상관없이 리에서 다시 선출하였다. 서기는 존위의 명을 받아 리의 장부 기록과 보고 문건을 관장하되 지필비용(紙筆費用)은 리에서 정략(精略)히 상정(詳定)하여 지급하게 하였다. 그리고 서기 역시 존위와 마찬가지로 1년 임기로 리회원(里會員) 중에서 공동 의정하되 임무에 위배될 때는 임기에 구애되지 않고 리에서 공동 의정하였다. 두민은 리 내에서 나이가 들고 일에 밝은 사람으로 리에서 의정하고 존위가 유고할 때는 그 사무를 대신 담당하였다. 그리고 리 내 사무상에 고증이 어려운 것에 대한 자문을 담당하기도 하였다. 하유사는 리의 사무를 맡고 보수는 리에서 정략히 상정하여 지급하였다. 그리고 1년 임기로 존위를 권선할 때에 공동 의정하고 임무에 위배될 때는 임기에 구애되지 않고 리에서 공동 의정하였다.[268]

면에는 집강과 서기, 하유사, 면주인 각 1인을 두었다. 이 중 집강은 군수의 명을 받아 면의 대소사무를 관장하고 소속 존위들을 감독

267) 『議奏』 36, 「鄕會條規」, 開國 504년 10월 26일.
268) 『議奏』 36, 「鄕約辦務規程」, 開國 504년 10월 26일.

하였다. 1년 임기로 면내 각 리 존위와 공거인이 공동 회의하여 반상에 구애되지 않고 권선(圈選)하였다. 만일 임무에 위배되는 일을 할 때는 해당 면리의 존위와 공거인이 회의하여 본군에 보고한 후 임기에 구애되지 않고 공동 개선(改選)할 수 있었다.

서기 역시 그 기능과 권한 및 지필가 조달은 리의 서기와 동일하였다. 그리고 하유사 역시 마찬가지로 리의 하유사의 경우와 동일하였다. 면주인은 본군과 소속 각 리에 공문을 발송하는 일을 맡고 요액(料額)은 면에서 공동 의정하여 지급하였다. 면주인은 면에서 공동 의정하여 본군에 보고하고 뚜렷한 까닭이 있기 전에는 바꾸지 않았다. 그리고 서기, 하유사, 면주인이 임무에 위배되는 일을 할 때는 면에서 임기에 구애되지 않고 공동 개선하였다. 아울러 리에서는 리 내의 호구와 재산 상태를 조사하되 민호의 재산 상태를 5등으로 나누어 기록, 보관하였다. 아울러 풍헌, 약정(約正), 권농, 동장, 이장 등의 명목은 폐지하였다.[269]

이러한 조치는 1895년 9월 각 군 경비 배정안의 마련과 함께 자치제 논의를 활성화시키면서 국가통치체제에 적극 편입시키려 했음을 보여준다. 그리고 이러한 자치제의 주체는 종래의 재지 양반이 아니라 새로운 자산가층으로 설정되었다. 즉 김홍집 내각은 국가 차원의 향회와 향약을 통해 민심을 수습하고 재산권을 보호한다는 취지를 드러내어 재지 자산가들을 정권의 사회적 기반으로 삼으려 했던 것이다. 가령 청의서에서 '지방인민 심지(心志)의 통합'과 '재산권리의 자획(自護)'을 제정 이유로 제시하거나[270] 반상에 구애되지 않고 부역이 많은 민호에게 차석을 맡기고 있다.[271]

---

269) 위와 같음.
270) 『議奏』36, 「鄕約規程及鄕會條規請議書」, 開國 504년 9월 5일.

다음 단편적이나마 인민의 권리와 의무를 규정하고 있는 점이 주목된다. 참정권 등이 그것으로 이는 향회에 참여할 수 있는 권리뿐만 아니라 교육, 호적, 지적, 위생, 사창, 도로, 교량, 식산흥업, 공공삼림, 제언보항, 제반 세목과 납세, 겸황, 환난의 구휼, 공공복역, 제반 계회, 신식령칙 등의 제반 문제에 관여할 수 있도록 하였다. 다음 이러한 내용은 정부가 향회를 행정조직의 근간으로 삼으려 한 측면에서 주목된다. 더 나아가 향회제도의 도입은 단지 군 단위에 그치지 않고 면 단위, 리 단위까지 설치됨으로써 국가권력이 지방의 최하부 단위까지 미칠 수 있는 법적 근거를 마련한 셈이었다. 이 점에서 이런 새 향회제도는 읍규에 따라 운영되었던 기존의 향회와 달리 국가 상위 법률에 근거하여 권한을 행사하고 기능을 수행하는 것이었다.

김홍집 내각은 이처럼 정국 변농과 추진 주체에 따라 지방재정 문제에 대한 접근 방식이 여러 갈래로 진행되었지만 크게 보아서 탁지부의 주도하에 지방재정을 국가재정에 통합하는 방안과 내부가 구상했던 지방세제 방안이 착종되면서 각자 추진되었음을 알 수 있었다. 그것은 대내적으로는 어윤중으로 대표되는 온건개혁론자의 방안과 박영효로 대표되는 친일 급진개화론자의 방안에서 나타나는 노선상의 문제이고 대외적으로는 청일전쟁과 삼국간섭을 거쳐 급격하게 변동하였던 국제정세와 밀접한 관련이 있다. 물론 이 양자는 공히 근대 국가의 건설에 목표를 두었기 때문에 지방행정의 장악에 진력하였다. 다만 박영효 등의 급진개화론자는 이러한 목표 위에서 그들의 사회적 기반이라 여긴 자산가의 성장을 도모하기 위해 지방자치제에 관심을 가졌던 것이다. 그것은 조선시기 산림의 전통을 이어받아 근대적 형

271) 『議奏』 36, 「鄕會條規」, 開國 504년 10월 26일.
　'제16조 凡里面郡會ᄒᄂᄂ 議席에ᄂᄂ 賦役이 多ᄒᆞ 上等戶民이 執綱尊位次席에 座홈'

식으로 바꾼 재지 자산가 위주의 지방자치제였다. 따라서 이들이 지방세제를 구상하고 시행하려 했던 것은 지방자치제의 재정 기반을 국가재정과 분리함으로써 중앙정부의 관여를 배제하고 더 나아가 제한군주정의 사회적 기반으로 삼으려 했던 것으로 보인다. 즉 급진개화론자는 고종의 왕권을 제약하기 위한 방편으로 지방자치제를 염두에 두고 지방세제를 구상하였던 것이다. 또한 일본도 자국의 제도를 연장하여 근대적 수탈방식을 구축하는 한편 급진개화론자의 입지를 강화하여 조선왕조의 국권을 약화시키기 위해 지방세제의 도입에 적극 나섰던 것이다.[272] 결국 온건개혁론자를 한편으로 하고 급진개화론자 및 일본을 한편으로 추진된 이런 두 가지 개혁 방향은 착종될 수밖에 없었으며 광무개혁기를 거쳐 새로운 구도하에서 다시 조정되었던 것이다.

---

272) 급진개화론자의 지방세제 도입 노력은 일본의 경우와 매우 대조적이다. 즉 일본의 경우는 明治政府가 地主, 豪農의 地租改正 반발을 부현회 및 地方稅制度를 통해 무마하는 동시에 재지 유력층을 국가체제에 편입시켜 정부의 정치사회적 기반을 확충한 반면 조선의 경우는 急進開化論者들이 資産家 위주의 지방자치제를 통해 君權의 성장과 발전을 억제하였을 뿐만 아니라 國權마저 약화시켰던 것이다. 이는 대한제국기에 近代主權國家의 수립을 둘러싸고 벌어진 專制君主政論者와 立憲君主政論者의 주도권 다툼으로 표면화하였다. 본고 4장 2절 2소절 참조.

4

광무개혁기
지방제도의 재편과
지방행정의 개혁

1

지방제도의 재편과
지방경비 배정제도의 개정

1) 13도제의 시행과 지방경비 조정

1896년 2월 11일 '아관파천'으로 김홍집 내각이 무너지고 왕정이 회복되었다. 고종은 파천 직후 조칙을 내려 왕이 중심이 된 경장을 천명하고 신료와 민서(民庶)가 이에 찬성할 것을 유시하였다.

짐이 왕조의 500년에 한 번 변하는 때를 당하고 우내만방(宇內萬邦)의 개명하는 시운(時運)에 접해 정력을 가다듬고 정사를 도모하여 부강의 대책을 강구한 지가 몇 해나 국가에 어려움이 많아 그 효과가 아직 없었다. 이제부터 나라에 이롭고 백성들을 편하게 할 방도를 더욱더 강구하여 나의 백성들과 함께 문명(文明)한 경지에 올라 승평(昇平)한 복을 누릴 것이니, 모든 나의 신료와 백성들은 짐의 뜻을 잘 본받고 짐의 사업을 도와 완성하라.[1]

---

1)『高宗實錄』34, 建陽 元年 2월 16일, 中책, 580쪽.

고종의 이러한 유시는 정권이 바뀌었을지라도 부국강병을 위한 개혁을 추진하겠다는 의사를 표명한 것이다. 다만 정부는 일본의 강요와 급진개화론자의 주도로 마련된 내각제도 등의 제반 제도는 폐기하여 그사이 갑오개혁에서 야기된 문제점들을 해소하려 하였다. 즉 일본에 의존하여 개혁을 급격하게 추진한 결과 대일 의존이 심화하였을 뿐만 아니라 보수 유향층과 농민 모두로부터 반발을 초래했던 방식을 거두고, 온건하지만 자주적인 방식을 채택하였다. 의정(議政) 김병시(金炳始)는 다음과 같이 개혁의 원칙으로 '구본신참(舊本新參)'을 제시하고 있다.

금일의 폐막은 이루 말할 수 없습니다. 그중 가장 크고 심한 것은 조정과 백성의 논의가 서로 모순되어 이서가 부와(浮訛)하고 국세가 급업(岌業)하니 이것이 무엇 때문이겠습니까. 옛것에 안주하려는 자는 반드시 구례를 모두 회복하려 하고 공리(功利)에 급한 자는 반드시 한결같이 신식만을 따르려 합니다. 복구의 뜻은 반드시 모두 옳은 게 아니니 복구할 만한 것도 있고 복구해서는 안 될 것도 있습니다. 새것을 따르는 일은 반드시 모두 갖추어 있는 게 아니니 따를 것도 있고, 따라서는 안 되는 것도 있습니다.[2]

그것은 신구법규의 모순과 혼란을 제거하여 개혁을 지속적으로 추진하려 했기 때문이다. 그리고 이는 일반 유자의 전통적인 개혁론을 바탕으로 나온 것으로[3] 그 목표는 부국강병과 근대주권국가의 실현

---

2) 『高宗實錄』35, 建陽 2년 3월 16일, 中책, 619쪽.
  '竊惟今日之痼瘼 有不可勝言 其最大最甚者 朝議巷論互相矛盾 以致胥動浮訛 國勢岌業 此曷故焉 安於故常者 必欲盡復舊例 急於功利者 必欲一從新式 復舊之義 未必皆是 而有可復 不可復 從新之事 未必皆備 而有可從不可從者矣'
3) 위와 같음.

이었다. 따라서 파천 이후에도 보수 유생층과 이교층이 반대하는 가운데 결호전제도의 시행이라든가 지방제도 개혁 등의 제반 개혁을 추진하였다. 특히 지방제도 개혁의 경우, 정부의 이러한 태도는 더욱 분명하였다. 4월 3일에 지방제도조사위원에 임명된 군부주사 이승원(李升遠)이 지방조사는 급무가 아니고 오히려 국가사업에 방해가 된다고 상소하자 이날 조칙을 내려 법부로 하여금 그를 엄징케 한 데서 왕정의 확고한 자세가 확인된다.[4]

이러한 개혁 자세는 함흥부 시찰관에 내린 조목에서도 잘 드러난다. 즉 각 군의 전결은 '갑오신정사례'의 전범이라 할 '계미사례'를 기준으로 하되 이서배가 쓰는 문서를 조사하여 더하거나 줄이도록 하였다. 특히 각 사(社)에 소재하는 깃기책과 풍헌의 결전민봉책(結錢民捧冊)을 일일이 수취하여 조사하도록 하였다. 아울러 각반속액(各班屬額)을 헤아려 재감하도록 지시하기도 하였다.[5]

1896년 8월 정부는 이제까지 실시해온 23부제를 폐지하고 13도제를 시행하였다.[6] 이른바 제2차 지방제도 개혁이 이루어진 것이다.[7]

> 23부제가……민정이 편리타 함은 적고 번용(煩冗)한 폐가 있으며 국재(國財)의 세입이 넉넉하지 못한 때에 해지방소출(該地方所出)로 해부경비(該府經費)를 저당(儲當)치 못하는 이유도 있으며 각 부(府)의 인원수가 과다하여 사무상에 간편치 못함도 있기로 지방의 제도와 구역의 관할과

'金炳始日 …一夫信者 王政之大本也 故孔子日 民無信不立 古昔帝王之治尙矣 毋論 雖如商鞅之富强覇術 先基於立木以取信…'

4)『日省錄』422, 建陽 元年 2월 24일, 79책, 601쪽.

5)『公文編案』60, 訓令 咸興府 視察官 權知淵, 建陽 元年 2월 7일.

6)『舊韓國官報』397호,「地方制度改定」, 建陽 元年 8월 6일.

7) 제2차 지방제도 개혁의 내용에 관해서는 윤정애, 앞 논문, 93~107쪽 참조.

인원의 감증과 경비의 개산(槪算)을 참호조사(參互調査)하여 그 설명을 첨부하고 개정.[8]

기존의 23부제가 소기의 성과를 거두지 못했을 뿐만 아니라 국가 재정의 압박으로 인해 지방경비의 축소가 요구되었기 때문에 이를 다시 고친다는 것이다. 고친 제도가 13도제인 것이 다음과 같은 설명서에 밝혀졌다.

> 관찰사 23을 13으로 개정하기는 종전에 8도 구역이 확정하였는데 23부로 개정한 후에 구역이 문란상환하여 난편함이 많을뿐더러 경비가 호대하기에 23부를 감하고 13도 관찰부로 개정함.[9]

13도제로 개정하는 이유가 경비 절감에 있으며, 이 기준에 입각하여 각 부(府)와 각 도를 분할하거나 합병하는 작업이 이루어졌다. 우선 경기는 종전에 좌우 구역이 있으나 서울에 가까우므로 타 부례(府例)에 따르지 않고 관찰부 1처만 두었다. 충청도, 전라도와 경상도는 종전 좌우 구역이 있으나 지형이 불편하여 남북을 나누고 관찰부 1처를 각각 두었다. 황해도와 강원도는 종전에 좌우남북에 구역의 구분이 없으므로 관찰부 1처만 두었다. 평안도와 함경도는 종전 남북 구역이 있기에 남북을 나누어 관찰부 각 1처를 분치하였다.[10]

한성부는 서울 5서(署) 구역 내에 사무가 호번하고 또 각국 영사와의 교제가 있어 관찰사가 통할하기 어려우므로 특별히 부(府)를 따로

---

8)『議奏』64, '地方制度改正에 關흔 請議書', 建陽 元年 7月 24일.
9)『地方制度調査』.
10) 위와 같음.

두었다. 광주(廣州), 개성(開城)과 강화(江華)는 종전에 유수를 두어 서울을 보리(保釐)하던 중지(重地)이고 인천(仁川), 동래(東萊), 덕원(德源), 경흥(慶興)은 각국과 떨어져 통상하는 요지이므로 각 군과 달리 부(府)로 칭하기로 하였다. 제주는 바다 가운데 있어 육지와 통섭하기 어려우므로 특별히 목(牧)이라 칭하고 대정(大靜)과 정의(旌義) 양군을 관할케 하였다.[11]

다음 군 통합의 경우, 앞서 합쳤던 교하, 음죽, 마전, 가평, 풍덕, 교동, 평택, 칠곡, 현풍, 곤양, 박천, 옹진 등 12군은 지방 정형과 민심 추향에 따라 종전 구역대로 복설하였다.[12]

끝으로 군등(郡等)은 결부[結卜]의 다과에 따라 종전에 5등군으로 분정하였으나 사기(事機)와 물정(物情)을 헤아려 종전 5등군에서 대정, 정의 두 군만 그대로 두고 그 나머지는 4등으로 승격시켰다. 즉 각 군의 결부에 따라 1만 결 이하는 1등군으로, 7천 결 이하는 2등군으로, 4천 결 이하는 3등군으로, 2천 결 이하는 4등군으로 정하고, 대정과 정의는 결부를 이정하기까지는 5등군으로 정해두기로 하였다. 개성은 종전 2등군, 광주는 3등군이었으나 신제에서는 부윤을 두고 결부 수효에 구애받지 않고 1등군으로 승격시켰다. 제주는 종전에 5등군으로 하였으나 목으로 개칭하고 특별히 1등군으로 승격시켰다. 강계는 종전에 4등군으로 정하였으나 해당 군의 지방이 광대할뿐더러 변방 중지(重地)에 있으므로 특별히 1등군으로 승격시켰다. 파주, 이천, 직산, 강령, 사천 5군은 종전에 타 군을 합쳐 3등군으로 정하였으나 부속시켰던 군을 다시 분설하였으므로 4등군으로 강등시켰다. 창녕은 종전에 현풍을 합쳐 2등군으로 정하였으나, 현풍이 다시 분설하므로

11) 위와 같음.
12) 위와 같음.

3등군으로 강등시켰다. 청주는 종전에 병영을 설치하였던 곳이고 호서 거읍(巨邑)이므로 특별히 1등군으로 승격시켰다. 동래는 종전에 3등군, 인천, 덕원과 경흥 등은 종전 4등군이었으나 부윤을 두고 결부의 수효에 구애되지 않고 1등군으로 승격시켰다.[13] 이처럼 정부는 지역의 중요성과 특수성을 고려하여 부를 두고 목을 두었으며, 갑오개혁기에 합부한 군도 복설하였다.

그런데 이러한 개혁조치는 정약용의 지방제도 개혁안을 바탕으로 이루어졌음을 주목할 필요가 있다. 황현(黃玹)은 13도제의 제정을 정약용의 12성제(省制)와 관련하여 다음과 같이 기술하고 있다.

을유·병술(고종 22, 23)에 여유당집(與猶堂集)을 올리라고 영을 내리고 같은 시대가 아님을 한탄했을 뿐이었다 한다.……지금 정한바 13부(13도) 역시 그 뜻을 미루어 연역할 수 있다.[14]

즉 고종이 재위 22년 또는 23년에 여유당집을 특별히 들이라는 영을 내려[15] 이를 탐독한 뒤 그와 시대를 같이하지 못한 것을 한탄할 정도로 정약용의 업적에 대해 관심이 높았던 것을 언급하면서 13도제와 12성제의 상관성을 지적하였던 것이다. 그리고 실제 13도제는 정약용

---

13) 위와 같음.
14) 『梅泉野錄』 下, 國史編纂委員會 刊, 948쪽.
    '乙酉丙戌(高宗 22, 23) 命進與猶堂集 慨然有不同時之嘆已而…今所定十三府 亦推演其意也'
15) 李重夏(1846~1917)의 회고에 따르면 고종의 명에 따라 與猶堂全蘽를 필사하여 올린 해는 1883년이었다.
    '往在癸未 上 命求入故承旨丁若鏞與猶堂全蘽 繕寫藏于內閣'(『牧民心書』, 廣文社版, 1902, '書牧民心書後') 이와 관련하여 노경희, 「일본 소재 정약용(丁若鏞) 필사본의 소장 현황과 서지적(書誌的) 특징」, 『다산학』 9, 2009, 197쪽 참조.

의 12성제와 매우 유사하여, 도의 경계 구역이 경상도를 제외하고는 대체로 일치한다.[16] 또 토지결수에 따라 매겨진 군의 등급에 맞추어 경비가 배정되었음도 결호에 기준하여 군등이 매겨진 정약용의 군제 개혁안과 매우 유사하다. 이는 광무정권이 개혁 기준으로 삼은 '구본 신참'이 여기서도 적용되었음을 보여준다.[17]

한편 정부는 치안 강화를 위해 기존의 군교에 대신하여 각부, 각 군에 경찰사무를 두었다. 우선 각 관찰부에 총순 2인과 순검 30인을 두도록 하였다. 반면 각 군에는 아직 경무를 조직하기 어려워 총순과 순검을 설치하지 않았다. 대신에 7부와 각 군의 종전 이호(吏號)를 고쳐 서기(書記)라 칭하였다. 7부 및 1목과 각 군에 순교를 두어 총순과 순검의 직무를 대행하게 하였다. 7부와 각 군에 순교 및 서기 이하는 군의 등급과 사무의 다과를 참작하여 액수를 정하였다.

이 같은 지방제도 개혁의 목표는 지방경비의 감생이었다. 우선 각급 지방관청의 1년 전체 경비 및 각급장의 연봉은 〈표 1〉과 같다.

〈표 1〉 1896년 各級 地方官廳의 1년 전체 경비 및 각급 장관의 연봉

단위: 元

각급 지방관청	觀察府	漢城府	府	濟州牧	郡
1年全體經費	10,530	5,416	3,922	3,968	1,834
各級長 年俸	2,000	2,000	1,200	1,500	755

비고: ① 『議奏』 64, '地方制度에 關흔 請議書', 建陽 元年 7월 24일에 근거하여 작성
② 郡의 전체 경비 및 군수의 연봉은 331郡의 全體經費 및 군수 연봉을 평균해서 산출함

---

16) 윤정애, 앞 논문, 94쪽.
강석화, 「朝鮮後期 地方制度의 運營과 丁若鏞의 改革案」, 『韓國學報』 65, 1991년 겨울호, 87~93쪽.
17) 光武政權의 實學 繼承에 관해서는 金容燮, 『增補版 韓國近代農業史研究—農業 改革論·農業政策—』 下, Ⅳ 光武改革의 農業政策, 一潮閣, 1984 참조.

전체 경비액에서 볼 때, 관찰부가 도행정을 담당하므로 가장 많고, 중앙행정의 중심지인 한성부가 그 다음으로 많으며, 그 외 제주목과 부의 순서로 많다. 각 관찰사는 연봉이 2,000원, 판윤은 2,000원, 부윤은 1,200원, 목사는 1,500원으로 정했음을 알 수 있다. 특히 관찰사와 한성 부윤의 연봉이 같음에 주목할 필요가 있다. 이는 한성 부윤이 국가의 수도로서 황실이 거처하는 한성부의 행정을 담당하고 있기 때문이다. 또 제주 목사의 경우, 연봉이 1,500원으로 비록 인구수와 전결수가 적지만, 제주목을 다른 13도와 같이 일반 관찰도로 여기고 있음을 보여주고 있다.

다음 관찰부의 관리 월봉과 경비 내역을 보면 〈표 2〉와 같다.

〈표 2〉 1896년 觀察府의 관리 월봉과 관찰부의 경비

단위: 元

官 名	額 數	1人 月俸	1년 總計
觀察使	1인	166零	2,000
主事	6인	18	1,296
總巡	2인	16	384
巡檢	30인	6	2,160
書記	10인	8	960
通引	4인	4	192
使令	15인	4	720
使傭	8인	3	288
使童	8인	3	288
廳費			1,155
旅費			1,002
廳舍修理費			85
合 計	84인		10,530

출전: 『議奏』 64, '地方制度改正에 關한 請議書', 建陽 元年 7월 24일

〈표 2〉에서 23부제와 달리 13도제의 경우, 관찰사부터 사동에 이르기까지 상세하게 정원이 규정되어 있을 뿐만 아니라 월봉이 차등 배정되어 있음을 알 수 있다. 특히 관찰사의 월봉을 볼 때, 23부제에 비해 관할 구역이 훨씬 넓어졌음에도 불구하고 166여 원으로 인상액이 24원에 불과했다. 주사 이하도 월봉의 평균이 6.3원으로 23부제의 월봉 13.2원에 비해 훨씬 줄어들었다. 이런 사정도 중간 통치기구의 각종 경비를 줄이려는 의도의 결과라고 하겠다. 그리고 여기에 입각하여 예산이 집행되었다.[18]

다음 각 군의 분등 및 경비 배정 내역은 〈표 3〉과 같다.

각 군 전체 경비를 볼 때, 상등 군일수록 경비가 많이 배정되었으며 군수 봉급도 군등에 따라 1등에 1,000원으로 매 1등에 100원씩 감정(減定)했음을 알 수 있다. 또 각 군청 수시기의 월급은 3등 이하 군에는 사무가 조금 간편하여 2등군에 비교하여 매인 1원씩 감정하고 4등 이하 군서기의 월급은 3등 이상 군에 비교하여 1원씩을 감정했음을 알 수 있다. 각 지방관청의 향사비, 청비 및 여비도 해당 지방등급과 사무를 참작하여 배정하였던 것이다. 특히 각 군의 향장은 군등에 상관없이 중요하기 때문에 똑같이 월급을 6원으로 정한 것으로 보인다. 끝으로 제1차 지방제도 개혁의 경우와 비교해서 군등이 전반적으로 하향 조정되었음을 알 수 있다. 즉 1등군은 70개에서 18개, 2등군은 32개에서 29개, 3등군은 78개에서 72개, 4등군은 11개에서 210개, 5등군은 85개에서 2개로 각각 조정되었던 것이다. 그리고 다른 등급의 군과 달리 4등군의 수가 대폭 증가하였음을 확인할 수 있다. 또 군

---

18) 慶北觀察府의 경우, 『府下各樣經費預算表』(奎 27695)가 남아 있는데 대체로 관찰부 경비 배정안을 준수하고 있다. 다만 그 외 일부 필요 경비는 기타 재원에서 마련하고 있다.

〈표 3〉 1896년 各郡俸給과 經費 排定

단위: 元

名目＼等級	1등 員數	年俸	2등 員數	年俸	3등 員數	年俸	4등 員數	年俸	5등 員數	年俸
郡 守	1	1,000	1	900	1	800	1	700	1	600
鄕 長	1	72	1	72	1	72	1	72	0	0
巡 校	6	288	6	288	5	240	4	192	2	96
首書記	1	96	1	96	1	84	1	84	1	84
書 記	8	576	7	504	7	504	6	360	4	240
通 引	3	108	3	108	2	72	2	72	2	72
使 令	8	288	8	288	6	216	6	216	4	144
使 傭	4	144	4	144	2	72	2	72	2	72
使 僮	3	108	3	108	2	72	2	72	1	36
客舍直	1	12	1	12	1	12	1	12	1	12
鄕校直	1	12	1	12	1	12	1	12	1	12
享祀費		100		100		80		80		60
廳 費		250		200		150		150		100
旅 費		90		80		60		60		50
計	3,144		2,912		2,506		2,154		1,578	
郡 數	1등	18군	2등	29군	3등	72군	4등	210군	5등	2군
合 計	56,592		84,448		10,432		452,340		3,156	

출전: 『議奏』 64, ‘地方制度改正에 關훈 請議書’, 建陽 元年 7월 24일

경비 자체도 2등군을 제외하고는 감액되었음도 잘 나타난다.

　다음 전체 경비상에서 제1차 지방제도 개혁과 제2차 지방제도 개혁의 차이를 비교하면 〈표 4〉와 같다.

　〈표 4〉에 따르면 부군 경비의 전체 액수상 221,193원이 감액되었다. 비록 1년 경비로 본다면 크게 감액된 것은 아니지만 매년 경비의 지출을 감안한다면 대폭적인 경비 축소라 하겠다. 특히 관찰부의 경우, 제1차 지방제도 개혁과 제2차 지방제도 개혁을 비교하면 341,255

<표 4> 19세기 말 府郡經費 新舊比較

단위: 元

제1차 지방제도 개혁		제2차 지방제도 개혁				
23부	327군	13도	한성부	7부	1목	331군
341,255	830,634	136,890	5,416	27,454	3,968	776,969
1,171,889		950,696				

출전: 「地方制度」(古朝 33-21, 국립중앙도서관 소장, 1896)

원에서 142,306원(13도 관찰부, 한성부의 경비를 합산)으로 대폭 감액되어 있다. 이에 반해 군의 경우, 830,634원에서 808,390원(331군, 7부, 1목의 경비를 합산)으로 감액되었지만 그 액수가 크지 않다. 이 점에서 13도제 개편이 중간 통치기구의 경비 감축에 있음을 확인할 수 있다.

위와 같은 개편을 통해 첫 번째 회계연도인 건양 원년의 경우, 내부 세출예산을 절감하였는데 <표 5>가 이 사정을 보여준다.

<표 5>에 따르면, 각 부청경비 및 각 군 경비의 예산 총정액 1,164,563원 내에 8월 3일까지 이미 지출한 경비 690,030원 44전과 제2차 지방

<표 5> 內部所管 1896年度 地方各府郡廳經費豫算定額 更正調書

名目	豫算額	1월~8월 3일 出給豫算額	8월 4일~12월 末日 出給豫算額	餘額
地方各府	341,255원	205,078원 35전 4리	56,034원 47전 2리	80,142원 17전 4리
地方各郡	823,308원	484,952원 9전 6리	319,970원 99전 7리	18,384원 90전 7리
計	1,164,563원	690,030원 45전	376,005원 46전 9리	98,527원 8전 1리
漢城府			2,217원 55전 1리	
7府			11,313원 70전 8리	
濟州牧			1,630원 47전 1리	
各港警務署			9,748원 70전 4리	8월10일부터 계산
計			24,910원 43전 4리	
總計	1,164,563원	690,030원 45전	400,915원 90전 3리	73,616원 64전 7리

출전: 「議奏」 69, '內部所管元年度地方各府郡廳經費豫算定額 更正調書', 建陽 元年 9월 7일

〈표 6〉 1896년 4/4분기 地方各道府牧郡 經費

항 목	금 액	평 균	전체 비율(%)
各道經費	56,034원 17전 2리	4,310원	14.0
漢城府經費	2,217원 55전 1리	2,218원	0.5
各府經費	11,313원 70전 8리	1,616원	3.0
濟州牧經費	1,630원 47전 1리	1,630원	0.4
各項警務署經費	9,748원 70전 4리		2.4
各郡經費	319,970원 99전 7리	967원	80.0
合 計	400,915원 90전 3리		

출전: 『議奏』 69, '內部所管元年度地方各府郡廳經費豫算定額 更正調書', 建陽 元年 9월 7일

제도 개혁 이후인 8월 4일부터 12월 말일까지 세출예산으로 잡힌 경비 400,915원 90전 3리를 뺀 나머지 금액 73,616원 64전 7리를 적립할 수 있었음을 확인할 수 있다. 참고로 8월 4일부터 12월 말까지의 지방 각 도부목군 경비는 〈표 6〉과 같다.

〈표 6〉에 따르면 13도의 경비가 전체 경비에서 차지하는 비율은 14%로, 이전 23부의 경우 29%(〈표 5〉에 근거)와 비교할 때 50% 이상 감소한 반면, 각 군 경비의 경우는 80.0%로 제1차 지방제도 개혁 시 각 군 경비의 70.6%를 상회한다. 여기서도 중간 통치기구의 경비 축소에 역점을 두었음을 확인할 수 있다.

이상에서 본 바와 같이 정부는 제2차 지방제도 개혁을 통해 관찰부 및 각 군의 경비를 감액함으로써 전체 지방경비를 절감하는 한편 타 부문 경비로 지출될 수 있는 여지를 넓힐 수 있었던 것이다. 서재필 (徐載弼)은 관리들이 자기 일에 충성스럽게만 한다고 하면 현재의 1/3의 인원으로도 충분하여 예산도 1/2로 절감할 수 있으며 이 절감된 예산으로 직업교육, 공장교육, 공장건설, 광산개발 및 철도부설 등에 투자할 수 있다고 주장하였다.[19] 『황성신문』 역시 황실비와 함께 각부

부각지방관청경비(各府部各地方官廳經費)가 호대한 까닭에 다른 신사업을 벌일 수 없음을 비판하였다.[20] 이러한 주장은 갑오개혁 이래 정부가 추구했던 행정비 절감 방향과 일치하는 것이며 더군다나 제1차 지방제도 개혁에 이어서 지방제도를 개정했던 정부로서는 이런 의도를 가졌음이 당연하였다. 이와 같이 정부의 지방제도 개혁 방침은 관원 감축과 예산 절감을 통해 이후 식산흥업에 매진할 수 있는 재정 기반을 조성하는 것이다. 그러나 이런 방침은 지방 관속들의 반발과 지방통치의 재정 기반을 약화시키는 결과를 초래하는 것이기도 하였다.

2) 지방경비 운용방식의 확립

정부는 전국을 13도로 개편하면서 각 군 경비의 조정을 완료하고, 종전의 지방경비 운용방식을 확정하였다. 그것은 각 군에서 경비의 남하(濫下)와 수입의 남징을 예방하려 했기 때문이다.[21] 그리하여 지방관청 봉급과 경비 지급을 다음과 같이 규정하였다.

> 제1조 각 관찰사와 목사와 부윤과 군수와 주사와 총순의 봉은(俸銀)은
> 도임일부터 시작하여 지급함

---

19) Philip Jason, "Korean Finance", *The Korean repository* Ⅲ (April 1896), pp. 166~168.
20) 『皇城新聞』, 光武 2년 10월 4일자 論說.
21) 『地方制度調查』, '地方官廳俸給及經費支給規定에 關한 請議書', 建陽 元年 8월 2일.
   '各地方官廳俸給과 經費를 支給하는 規定을 確定치 아니하면 各項經用에 範限이 업어 濫越하는 폐가 없지 아니하기로 규정을 明定하여 반포하는 차는 勅令案을 閣議에 제정함'

제2조 관찰사, 목사, 부윤, 군수의 여비는 내국여비규칙에 따라 지발함

제3조 관찰부 자벽주사(自辟主事)와 총순을 자경(自京) 파송하는 때는
여비를 내국여비규칙에 따라 지발함

제4조 관찰사 이하 지방관리의 봉급과 각항경비는 각해군세전중(各該
郡稅錢中)에서 타제(打除)하되 개략은 아래와 같음.

一. 각 지방관청 봉급경비를 내부에서 매년 예산하여 목별표와 월별표
를 반급한 대로 시행함

一. 각 지방관청에서 안월용하(按月用下)한 경비 항목을 설명조례하여
책자를 수성(修成)하여 매년도에 6월과 12월로 내부와 탁지부에 수
보(修報)하되 각 부윤과 군수는 해당 관 관찰사나 목사를 거쳐 전
보(轉報)함

一. 각 지방세은중(各地方稅銀中)에서 해지방경비(該地方經費)를 예산
(預算)대로 계제(計除)하여 연종(年終)에 감부(勘簿) 결산하는 때에
잉여가 있거든 국고에 환납함[22]

우선 제1조의 경우, 종래에 애매하게 규정되었던 항목인데 구체적
으로 명기함으로써 경비 지출을 엄격하게 관리할 수 있게 되었다. 제2
조의 경우, 종래에는 영송비라 하여 각 군마다 제각기 달라서 민원이
되었는데 이를 국가 차원에서 통일시킴으로써 폐해를 사전에 방지하
려 한 것으로 보인다. 제3조의 경우, 경저리, 영저리의 역가를 각 읍
에 맡기지 않고 이 역시 국가 차원에서 규정함으로써 폐해를 방지하
려 했음을 확인할 수 있다. 끝으로 제4조의 경우, 종전에는 각 군에서
읍사례에 근거하여 수입과 지출을 자율적으로 집행했는데, 이제 내부

22) 『日省錄』 426, 勅令 제39호, '地方官廳俸給及經費支給規程', 建陽 元年 6월 25일,
79책, 707~708쪽.

〈표 7〉 1903년 前半期 淳昌郡 經費支用

단위: 元

항목 월별	俸給	雜給	享祀費	廳費	旅費	合計	備考
1월	141	38		16	5	200	
2월	142	38		17	5	202	
3월	142	38	40	17	6	243	
4월	141	38		16	6	201	
5월	142	38		17	6	203	
6월	142	38		17	6	203	
총계	850	228	40	100	34	1,252	

출전: 『淳昌郡報告總謄』(奎 27469) 1, 光武 7년 8월 6일

경비 배정안에 입각하여 지방경비를 집행하도록 규정하고 있다. 또한 지방관청은 지출을 집행한 뒤 내역을 상급 기관에 매년 2회에 걸쳐 보고하게 함으로써 중앙정부 내지는 상급 기관이 지방경비의 운용 내역을 소상하게 파악하고 통제할 수 있게 되었다. 이렇게 보면 지방재정은 사실상 국가재정에 통합되었다고 하겠다. 각 군의 경우를 예로 들어 구체적으로 살펴보자.

순창군(淳昌郡)은 3등군으로, 1903년 8월 16일 전주 관찰부에 보고한 1903년 1~6월 사이 지출 경비의 결산지용액(決算支用額) 명세서는 〈표 7〉과 같다.

이 명세서는 내부-관찰부의 훈령에 따라 군이 보고한 회계 문서로 내부 3등군 경비표에 준해 임인조(1902) 결세전에서 지발하여 예산을 집행했음을 보여주고 있다. 물론 이런 지출 명세액을 그대로 믿기에는 다소 문제가 있다.[23] 그럼에도 중앙정부의 지시대로 날짜에 맞춰

---

23) 순창군에서는 내부에서 배정된 것과는 별도로 지방경비를 운용하였다. 가령 場稅, 火稅, 隱結 등에서 재원을 마련하여 경비를 보충하였다. 유정현, 앞 논문,

경비지용 명세서를 작성해서 보고했다는 점과 함께 봉급과 잡급 내역에 군수를 비롯하여 향장, 순교, 수서기, 서기, 통인(通引), 사령 등의 해당 지방관리의 성명을 모두 기재한 점은 이전 시기와 비교할 때, 중앙정부의 지방경비 운용방책이 서서히 자리 잡아가고 있음을 보여준다고 하겠다.[24] 또한 매월 초에 한 달 내 소용조(所用條)는 각각 성책하여 별치한 뒤, 석 달 뒤 보고하도록 하였다. 그래서 관에서 참량하여 깎아내리고 만약 남용한 것이 있으면 그로 하여금 소용처로부터 환징하도록 하였다.[25] 그 외 남은 예산액은 바로 국고에 환수하도록 하여 지방경비의 남하를 최대한 억제하려 했음을 확인할 수 있다. 정부는 이제 각 군의 지방경비 내역을 소상하게 파악하여 통제할 수 있게 되었다.

이천의 경우, 을미조의 결전은 73,482량 6전 9푼이고, 호포는 8,000량으로 모두 합친 결호전 금액이 81,482량 6전 9푼에 이른다. 이 중 1895년 10월 이후 11월 1일까지의 경비가 1,539량 2전 2푼이며, 1896년 1월부터 8월 3일까지 경비는 8,064량 2전이며, 8월 4일 이후 12월까지 4,287량 1전 8푼이었음을 보고받았던 것이다. 1896년 1년 경비만 보면 12,351량에 이르렀다. 그리고 1897년 경비 역시 이에 준해 지출되었다. 〈표 8〉은 1897년 이천군의 결호전 상납과 지방경비의 지출 현황이다.

〈표 8〉에서 지방경비 10,405량 7전 5푼, 서기청 신건비(新建費)

110~111쪽.

24) 『訓令』1(奎古 5121-1), 訓令, 金溝, 淳昌, 鎭安, 高山, 癸卯(1903) 正月 10일.
   『淳昌郡報告總謄』(奎 27469) 1, 光武 7년 8월 6일.
   이런 사례는 1898년 咸鏡南道 三水郡의 應捧應下明細書에서도 보인다(『咸鏡南道應捧應下區別成冊』(奎 20256), 三水郡).

25) 吳宖黙, 『全羅道智島郡叢鎖錄』1, 丙申 6월 2일, 驪江出版社 刊.

<표 8> 1897년 利川郡의 結戶錢上納과 地方經費

結戶錢	上納分	地方經費와 未納分	
		項目	金額
結總 2,495결 62부 2속	41,715량 4전 3푼	靑坡驛陳結 査減	184량 4전 4푼
結錢 74,868량 6전 6푼		光武元年度 經費	10,405량 7전 5푼
戶布錢 8,000량		優等砲軍 減給	525량
合 結戶錢 82,868량 6전 6푼		景陵卜 掌禮院直納	1,308량
		蘆原驛卜 出給	255량
		被燒民戶蠲減	2,790량
		書記廳新建費	1,000량
		被燒民戶 軫恤	2,790량
		人夫上下	180량
		留駐兵站所進上	205량 5전 1푼
		前前郡守 赴任旅費	33량 7전 5푼
		兵站所進拜	66량 2전
		前前郡守 赴任旅費	34량
		遞傳人夫料資	45량
		京兵站所進排	72량 6전 7푼
		未上納(該色犯逋)	21,257량 9전 1푼

출전: 「光武11年 5月 日 利川郡各年上納未納區別成冊」(奎 27562)

1,000량, 인부차하[人夫上下] 180량 등의 제경비가 결전에서 회감되고, 정부도 지방경비의 세세한 집행 내역까지 파악하고 있음을 알 수 있다.

이러한 사정은 함열군의 경우도 마찬가지였다. 〈표 9〉는 이를 잘 보여준다. 함열의 경우 호장, 6방, 관노청 등의 기존 각소 조직이 여전히 군현 기능을 담당하고 있었지만, 경비 운용방식은 이미 결호전 제도에 편제된 가운데 관철되고 있음을 확인할 수 있다. 즉 비록 각소들이 해체되지 않았지만 전체 군 경비는 12,530량(2,506원)으로, 관

〈표 9〉 1906년 咸悅郡의 結戶錢 上納과 地方經費 支出 內譯

結戶錢 上納	地方經費 支出
元結總 2,746결 9부 6속	本郡經費 12,530량 除
査隱結 45결 75부 3속	觀察府經費
합 2,791결 84부 9속 내	鎮衛隊經費
7결 24부 4속 舊災	巡哨兵日費
3결 10부 1속 新災	祈雨祭
在結 2,781결 50부 4속 내	以上4項 隨所入公錢中 先用後報于度支部會減
169결 52부 4속 事目災	
37결 34부 9속 邑舊災	本郡經費 12,530량 내
393결 6속 旣亡陳	郡守官況 4,000량 매삭 333량 3전 3푼씩
45결 75부 3속 査隱結指徵無處	又廳費 650량 ┐ 매삭 80량식
합 545결 63부 6속 除	又經費 350량 ┘
實收租結 2,235결 86부 8속	又官取用 250량 熊浦稅監處 每朔排入 每朔
매결 80량씩 엽전 50량 백전 30량	20량 8전씩
合錢 178,869량 4전 4푼	又 49량 熊浦都將 每朔 排入 每市
	7전씩
元戶數 2,655호	鄕廳 360량, 戶長 450량, 吏房 590량,
每戶 3량씩 葉錢 1량 9전 4푼	禮房 300량, 兵房 240량, 首刑房 300량
白錢 1량 6푼 春秋折半씩	番刑房 145량, 又 145량
合錢 7,965량	工房 240량, 承發色 140량, 傳關色 140량
都合結戶錢 186,834량 4전 4푼	廚供色 300량, 通引 180량, 又 180량
	巡校廳 430량, 作廳掌務 550량, 使令廳
	1,180량
	官奴廳 720량, 客舍直 60량, 鄕校直 60량
	鄕祀費 400량, 救急秩 90량
	無任諸吏中 或有至貧者 吏房臨時帖下
	遞傳夫 20량

출전: 『咸悅郡邑誌』(奎 想白 古 915.14-H189, 1905)

황은 4,000량(800원)으로 3등군 배정 경비에 준해 결전에서 지출되었던 것이다. 이러한 점에서 갑오·광무 연간의 지방제도와 지방경비 운용방식은 이 시기 지방경비를 지출할 수 있는 근간으로 기능하였던 것이다.

또한 향사(鄕祀)의 경우, 종래에는 고을 자체에서 읍사례에 입각하여 거행하였으나 이 비용도 학부예산 중에서 마련하게 함으로써 경비 운용을 중앙정부에서 관장하였다.[26] 나아가 내부가 각 군 경비의 배정과 운용을 관장함으로써 내부의 군 장악력을 높였다.[27]

그리고 공해 수리도 결호전에서 나용(挪用)하도록 하되 이미 상납하면 이듬해 상납분에서 회감하도록 하였다.[28] 그러나 호전 중에서 읍용조 제감(除減)은 불허하였다.[29] 또한 경비마련지외(經費磨鍊之外)는 다시 공납을 범용하지 못하도록 지시하였다.[30] 만일 여액이 있을 경우, 국고로 회수하였다. 금산(錦山)의 경우, 등급을 2등에서 3등으로 재조정하고 나머지 금액을 환추하였다.[31] 즉 1894년 10월부터 1895년 9월 말까지는 2등으로 정해서 지출하되 1895년 9월 5일 이후에 다시 3등 경비로 산정(刪定)한즉 동월부터 26일까지는 2등 경비로 이미 지출한 금액은 일일이 도로 받아 상납시켰던 것이다. 그리고 이

---

26) 『議奏』 62, '各地方校宮 享祀件 上奏事', 建陽 元年 7월 15일.
 '各地方 校宮享社費以下各費를 學部像算中으로 定ᄒ미 可ᄒ므로 閣議決定後 上奏ᄒ와 裁可ᄒ시믈 經ᄒ기로 玆에 指令홈'
27) 『奏本』 3, 奏本 '各地方校宮 享社以下諸費還屬 內部事', 建陽 2년 1월 14일.
28) 『公文編案』 42, 金溝, 光武 2년 7월 13일.
 '公廨修理 중 긴급한 곳인즉 結戶錢에서 那用하도록 하되 이미 上納하면 이듬해에서 會減함'
29) 『公文編案』 42, 珍山, 光武 2년 9월 9일.
30) 『公文編案』 44, 興陽, 光武 2년 3월 21일.
31) 『公文編案』 45, 錦山, 光武 2년 11월 3일.

때 결호전 상납 자문〔尺文〕과 각종 경비 영수증 등을 첨부하도록 하였다.[32]

다른 한편 내부에서는 각 군에서 지출해야 할 경비의 내역을 성책한 뒤 공문서에 첨연(添連)하여 탁지부에 보냈고,[33] 이에 탁지부에서는 경비 성책을 조사하여 장식(章式) 위반 여부를 조복(照復)하였다.[34] 지방관 부임 여비의 경우도 마찬가지였다. 내부에서는 결전 중 회감한 것을 탁지부에 조회하면서 임명서, 명령서 및 부서(副書) 등도 첨부하였다.[35] 이와 같이 지방경비의 회계는 내부와 탁지부가 상호 긴밀히 연계하여 엄격하게 관리함으로써 지방경비의 운용에 대한 통제와 감독을 강화할 수 있었다.

32) 『忠南各郡報告書』(奎 27060, 1901).
33) 『度支部內部公文來牒』(奎 17881), 照會 90호, 建陽 元年 5월 24일.
34) 『度支部內部公文來牒』(奎 17881), 照复 內部, 建陽 元年 5월 28일.
35) 『度支部內部公文來牒』(奎 17881), 照會 93호, 建陽 元年 5월 29일.

2

지방경비 운용의 실제와
지방행정의 개혁

1) 이향층의 반발과 지방경비 운용의 난맥

제1차, 제2차 지방제도 개혁은 관부(官府)의 전래 운용방식을 바꾸
어 중앙집권적 재정체계에 편입시킴으로써 국가재정의 위기라는 당면
과제를 해소하려는 정부의 의도를 잘 보여준다. 그러나 이러한 의도
는 여러 장애에 봉착했는데 단적으로 지방경비 운용의 난맥으로 나타
났다.

지방경비가 정부의 방침대로 운용되지 못한 데는 여러 요인이 있
다. 그중에서 가장 두드러진 것으로 이 제도개혁을 통해 도태되거나
몰락할 처지에 있는 이향층의 반발을 들 수 있다. 또 하나는 결호전
제도와 군 경비 배정안 사이에서 보이는 제도 자체의 간극을 들 수 있
다. 결다(結多) 지역과 결소(結少) 지역의 격차, 상읍(上邑)과 잔읍(殘
邑) 등의 경제력 차이 등이 그것이다.

첫째, 보수층의 반발이 심각하였다. 여기에는 향리층과 토호층이

포함되었을뿐더러 심지어는 일부 지방관들도 가세하였다. 그들은 지방제도 개혁 과정에서 도태되거나 급료가 삭감되었기 때문이다.[36] 그들의 저항 방식은 다양하였다. 이 중 가장 두드러진 현상은 정부의 개혁 방침을 무시하고 기존의 관례를 고수하는 것이었다. 김제(金堤), 옥구(沃溝), 임피(臨陂)와 함열(咸悅) 등의 경우, 각 면에 서원(書員)을 둔다거나 기존의 호장(戶長)과 관청 색리를 계속 두어 각종 물종을 무역(貿易)하게 하였다.[37] 장연(長淵) 군수는 노령(奴令)을 이전보다 가설(加設)하였고,[38] 순안(順安) 군수는 갑오경장 시 혁파한 나졸을 모집하고 그 월급을 민간에서 가렴하였다.[39] 용인(龍仁) 군수는 갑오 이전대로 가결(加結)하여 민란을 초래하기도 하였다.[40] 관찰사의 사정도 마찬가지였다. 함흥부(咸興府) 관찰사는 관속, 비장, 장교 및 기생들을 그전과 같이 복설하고 백성에게 결부를 더하여 관용으로 수용할 정도였다.[41] 안악의 경우, 무려 50여 종의 무명잡세를 향리들이 징수하였다.[42] 비록 신임 지방관이 정부의 개혁안대로 추진하려 했지만, 향리들이 이를 거부하는 고을도 있었다.[43] 『독립신문』은 1896년 12월 5일자에서 다음과 같이 보도하였다.

각 디방에서 이(지방제도 개혁) 뜻을 짜르지 안코 더욱 갈쇼록 구습을

36) 『俞吉濬全書』 V(一潮閣 刊) '與福澤諭吉書', 278~279쪽.
37) 『독립신문』, 光武 元年 9월 11일.
38) 『皇城新聞』, 光武 2년 9월 6일.
39) 『皇城新聞』, 光武 2년 9월 6일.
40) 『皇城新聞』, 光武 3년 8월 11일, 16일.
41) 『독립신문』, 建陽 元年 6월 21일.
42) 『독립신문』, 建陽 2년 3월 16일.
43) 『公文編案』 60, 東萊府, 建陽 元年 1월 16일.
   '현재 근일 새로 부임한 守宰는 신식을 반행코자 하오니 게을리하지 않으며 久任하는 長吏는 고집불통하여 신식에도 일일이 방해로고 稅捧에도 매일 폐가 되니'

인ᄒ야 혹 관가 하인들이 민간에 젼브터 횡념ᄒ던 예습으로 여름에 보리 말과 가을에 베말과 ᄭ되 기름병 돍 마리집뭇들을 토식ᄒ며 혹 결가 슈렴 홀ᄯ새에 더물니며 리왕간에 슐과 밥 갑슬 일항 횡식ᄒ며 이 외에 ᄯ 다른 몃층 폐막이 첩츌ᄒ야 인민들이 지보홀 수가 업스되……[44]

이들 관속은 지방제도 개혁에도 아랑곳하지 않고 예전의 관행대로 수세하고 있었던 것이다. 그리고 그것은 단순히 토색이 아니라 향리의 봉록이라는 점에서 심각성이 더했다. 『황성신문』은 1899년 4월 11일자에서 다음과 같이 보도하였다.

상부에서는 각 군 하리의 허장명목은 예습(例習)이 항상 많을뿐더러 이런 폐가 한두 군에 그치지 아니한즉 읍마다 없지 아니한 결호폐(結戶弊)를 갑자기 감정(勘定)키 불가하고 각 군에서는 간리(奸吏)의 거리낌 없는 악습이 비록 허목(虛目)을 속여 기록한 자라도 매년 등보(謄報)에 문적(文蹟)을 만들어 적지 않은 세액을 영원히 요황(料況)으로 만드니 근일 각 군 이은(吏隱)이라 칭하는 것이 다 이에 말미암은 것이라.[45]

정부의 지방제도 개혁에도 불구하고 지방사회에서는 여전히 이전대로 가렴을 통해 지방경비를 따로 마련하고 있음을 지적하고 있다. 그것은 그들이 정부의 개혁 방침에 맞서서 이액을 전혀 감액하지 않거나 몰래 숨겨서 봉급을 나눠 받기 때문에 더욱 그러하였다. 심지어 봉급을 신식대로 받고도 또다시 구례대로 관황을 받는 현상까지 일어나고 있었다.[46] 여기에는 화속결(火續結)도 포함되었다.[47] 이렇게 해

---

44) 『독립신문』, 建陽 元年 12월 5일.
45) 『皇城新聞』, 光武 3년 4월 11일.

서 생기는 폐단은 일반민에 전가되었다. 함흥의 경우, 교(校)·향임을 수시로 교체하여 농민을 수탈하거나 교임의 수가 늘어 교수, 장의(掌議), 교감(校監)이 즐비하였다.[48] 가령 삭망(朔望)의 분향(焚香) 때에 30명이, 심하면 40~50명이 늘어서는 실정이었다. 만세교역비(萬歲橋役費)가 부족하자 각 사(社)에 제임첩(齊任帖)을 분송하여 한 장에 250량 정도로 매매하였다. 향록(鄕錄)의 경우에도 문차(問差), 허망(許望), 집강(執綱), 도윤(都尹) 등의 허다한 명칭이 있어 1경전(頃田) 1포곡(包穀)이 있는 사람이면 모두 참여토록 하였다. 대신이 행차하거나 관장이 체임한 후에는 가하출첩(加下出帖)하여 5~6만 량을 수렴하기도 하였다. 의령군과 창원군의 경우, 군수들이 지방경비와 관속의 근로를 구실로 면리의 수렴, 연구식리(年久殖利), 장세(場稅)와 포세(浦稅)를 혁파하지 않고 수취하였다.[49] 또는 명목을 바꾸어 존감(存減)을 정하여 수취하기도 하고, 면리의 집강, 존위, 두민 및 예속(隸屬) 등이 혹 요자(料資)와 공용을 이례(已例)라 칭하며 혹은 이미 혁파한 공전을 혁파하지 않았다 하며 잔민으로부터 남수하기도 하였다. 인제군(麟蹄郡)의 경우, 사령배의 계방곡(契防穀)과 면주인배의 역가곡(役價穀)이 정부의 잡세 혁파 조칙으로 전 군수 때 혁파되었다가 이후 감액 관속의 복구와 함께 이전대로 복설되었다.[50]

지방재정 해체 이후에도 기존 읍사례를 고수하여 준용하는 경우도 있었다. 임실의 경우, 정부의 지방제도 개혁안에 아랑곳하지 않고 각소와 군재정을 운영하였다.[51] 〈표 10〉은 1903년 임실군의 경비 내역이다.

---

46) 『독립신문』, 建陽 元年 12월 15일.

47) 『독립신문』, 建陽 元年 12월 19일.

48) 『咸興府按覈使奏本』(奎 17144).

49) 『公文編案』67, 慶尙南道觀察使 李恒儀, 建陽 2년 2월 23일.

50) 『독립신문』, 建陽 2년 5월 1일.

〈표 10〉 1903년 任實郡의 經費

원경비(1895년 지방제도 개혁안, 3등군)	실제 군 경비
郡守(4,000량), 使傭(2인, 360량), 鄕長(260량), 使童(2인, 360량), 巡校(5인, 1,200량) 客舍直(1인, 60량), 首書記(1인, 420량), 廳直(1인, 60량), 書記(7인, 2,700량) 享祀費(400량), 通引(2인, 360량), 廳費(1,000량), 傳令(6인, 1,800량), 旅費(350량) 합 13,430량	官況(4,000량), 柴蔬價(90량) / 鄕長(320량), 柴油價(40량) / 捧稅下人(40량), 柴油(40량) / 行首軍官(150량), 賀販(70량), 兵校(140량), 千摠(140량), 武校(85량), 東都長(80량), 西都長(25량), 束伍執事(25량), 除番兵房(85량), 軍器監軍(85량) / 守堞兵房首(65량), 柴油(40량) / 首通引(200량), 柴油(50량) / 都使令(210량), 使令(650량), 形具價(30량), 不恒費(50량), 柴油(30량) / 首奴(105량), 工庫子(100량), 及唱(405량) / 戶長(360량), 柴油(40량), 吏房(420량), 柴油(40량), 戶房(240량), 禮房(335량), 兵房(330량), 刑廳不恒費(100량), 柴油(40량), 工房(230량), 客使直(60량), 房子(40량), 柴油(30량), 都中不恒費(50량), 官直(20량), 倉汗(10량), 婢子(40량), 水子(30량), 鄕校直(60량) / 承發(435량), 柴油(40량), 廚供色(300량), 諸史房柴油(40량), 吏廳不恒費(240량) / 享祀費(400량) / 旅費(350량) 합 12,530량

출전: 『任實郡事例定錄』(奎 12268)

〈표 10〉에서 임실군이 정부의 지방제도 개혁에도 불구하고 기존의 각소 조직을 고수하고 있음을 알 수 있다. 비록 탁지부 신정사례를

---

51) 여기서 활용하는 『任實郡事例定錄』은 신중하게 검토할 필요가 있다. 내용을 보면 크게 세 부문으로 구성되어 있다. 하나는 갑오개혁 이전의 읍사례를 그대로 담고 있다. 또 하나는 1895년 8월에 책정된 郡經費排定案이다. 마지막 다른 하나는 군 마련 경비안을 기재하고 있다. 그런데 이 중 군 마련 경비안에 준하여 경비를 운용한 것으로 보인다. 이는 結摠 항목에서 보이는 군 경비의 액수가 똑같기 때문이다. 그런데 이 군 마련 경비안은 『京畿各邑新定事例』의 경우와 비교하였을 때 매우 유사하다. 우선 각 경비가 화폐로 환산되어 있다는 점이다. 다음은 그 경비 내역의 배열이 똑같다는 점이다. 가령 관황, 향청, 장청, 이청, 통인청 등 순으로 기재되고 있다. 다만 향청 대신에 향장이 기재되어 있는데 이는 좌수와 동일하게 인식하고 있는 점을 감안하면 동일 항목이라 하겠다. 이렇게 보면 임실군의 경우, 1894년 「탁지부 신정사례」에 준하여 경비를 운용하였던 셈이다.

준용한다 하더라도 이미 언급한 바와 같이 기존의 읍사례를 기본적으로 답습하는 가운데 정부의 개혁안을 참조한 데 불과하다. 임실군은 정부의 지방제도 개혁에도 불구하고 기존의 관제를 중심으로 경비를 운용하고 있었던 것이다.

그런데 여기서 의문점은 각소 조직의 고수에도 불구하고 전체 경비액이 정부의 안보다 적다는 점이다. 이는 아마도 탁지부 신정사례에서 규정된 등급이 이후 내부 경비 배정안의 등급보다 낮았기 때문이 아닌가 한다. 임실군은 이러한 부족분을 은결을 확보하여 메웠다. 즉 갑오, 을미 승총에도 불구하고 각 면 결총은 3,544결 37부 8속 중 총 3,147결 80부 6속이 상납된 결과 은결은 396결 57부 2속을 차지하고 있었던 것이다. 이러한 은결액은 전체 결수의 10여 %를 차지하는 결수로 지방경비 부족분을 충당하는 데 쓰였다. 더군다나 갑오, 을미 승총액 99결 71부 2속을 감안한다면, 이러한 비율은 더욱더 큰 셈이다. 〈표 11〉은 은결의 지출 내역이다.

은결은 이와 같이 군의 각소 경비를 보충하는 데 쓰이고 있을 뿐만 아니라 서원과 각 면 등의 예급(例給)에도 충당되는 재원이었다. 이러한 방식은 정부의 내부경비안과 정면으로 위배되는 것이다. 또한 호전은 실호총분 15,099량을 징수한 가운데 춘추 호전 9,894량과 승호총분 2,000량을 상납하고, 나머지 3,195량과 인구전(人口錢)인 호적채 10량을 지방수입으로 삼았다.[52] 이는 정부의 결호전제도와 배치하여 독자적으로 은호(隱戶)를 만들고 호적채를 징수하여 지방경비를 마련하고 있음을 보여주는 것이다. 그 외 해장고색(該掌雇色)이 각 면으로부터 수취하였던 기존의 미조전(米租錢)을 혁파하지 않고 관찰부 저리

---

52) 『任實郡事例定錄』(奎 12268).

〈표 11〉 1903년 任實郡의 隱結 支出

은결액	내역	은결액	내역
14결 4부	修理結	1결	新安書員
5결	給代結	2결 1속	書廳直
7결	校卜	1결 61부	勘分
4결	戶長	6결 55부 7속	考卜債
15결	吏房	115결 26부 4속	都廳
2결	德峙書員	221결 10부 1속	各面
1결	上雲書員	합 계	396결 57부 2속

출전: 「任實郡事例定錄」

예급(邸吏例給)과 각 면의 흠조(欠條), 읍용 관교태(邑用 官轎駄) 등에 충당하였다.

순창군의 경우는 기존 관속 조직을 유지하기 위하여 갑오개혁 이전과 마찬가지로 정부에 호구수를 실제보다 적게 보고하여 그 차액에 따른 호세를 관속의 경비로 사용하였다.[53] 즉 순창군에서 파악하고 있는 호수는 6,500여 호임에도 중앙에서 책정하고 있는 호수가 3, 4천 호인 점에 편승하여 여기서 누락된 호수의 호세를 지방경비로 전용할 수 있었다. 이처럼 일부 군에서는 호수를 속여 기존 관속 조직의 재정 기반을 유지하고자 하였다. 물론 정부는 이러한 사정을 알고 은호(隱戶)를 사괄하기 위해 제도적으로는 「호구조사규칙(戶口調查規則)」을 제정하여 전국적인 호구 조사를 벌이는 한편[54] 안렴사(安廉使)나 신임 군수 등을 통해 해당 군현의 실제 호구수를 파악하고자 하였다.[55] 그러나 이

---

53) 이에 관해서는 趙錫坤, 「光武年間의 戶政運營體系에 관한 小考」, 『대한제국기의 토지제도』(金鴻植 외), 民音社, 1990, 159~165쪽 참조.

54) 조석곤, 위 논문, 144~150쪽.

55) 『全羅北道各郡結戶錢攷』(奎 19336); 『忠淸南道各郡結戶錢攷』(奎 17966); 『皇城新聞』, 光武 2년 11월 21일, 光武 4년 3월 15일, 光武 4년 8월 14일.

러한 노력은 일부 군에 한정되어 소기의 효과를 거두지 못하였다.

심지어 구성군(龜城郡)의 경우는 보수 유향층이 정부의 지방제도 개혁안을 수용하지 않을뿐더러 구제를 부활시켜 그들의 기반을 강화하려 하였다.[56] 이는 광무개혁마저도 부정하려는 의도라 하겠다. 우선 향약의 부활을 통해 개혁 이전의 향촌사회질서로 복귀하려 하였다. 그중에서도 「향회조규」 이후 폐지되었던 면 풍헌과 동리 존위 등을 다시 두었다는 점에 주목할 필요가 있다. 이는 성리학적 향촌질서의 재건을 도모하였음을 의미한다. 면 풍헌의 경우, 자격 요건이 나오지 않지만 동리 존위의 경우는 나이 60세 이상으로 유향노(儒鄕老)로 규정하고 있다. 아울러 큰 잘못이 없으면 바꿀 수 없도록 하고 있다. 그리고 부세를 비롯한 각종 행정 기능을 담당할 뿐만 아니라 민형사 중건(重件)에도 간여하고 있다. 대신에 향장 등은 전혀 보이지 않고 있다. 이는 기존의 신분질서를 바탕으로 향촌사회를 지배하려는 이향층의 의도를 잘 보여준다. 따라서 이런 향약의 기능이 대민교화와 이향 중심의 자치에 중점을 두었음은 당연하다 하겠다. 이 점에서 구성군에서 전개되었던 향촌지배질서의 재건은 정부가 추구했던 집권화 방향과는 배치된 것이었다.

그리고 이러한 구제도의 복구 기미는 지방경비의 운용방식의 기재에도 반영되었다. 갑오, 광무 연간에 실시되었던 지방경비 운용의 내역을 개별적으로 기록하지 않고 기존의 읍사례에 덧붙여서 기록하였다. 우선 세입의 경우, 향청, 대동고, 장청 등의 각소에서 각종 부세를 수취하고 있다. 다음 상납의 경우, 기존의 읍사례와 마찬가지로 결전과 군전(軍錢) 등은 대부분 순영과 병영 등에 상납되고 있다. 다만 역

---

56) 龜成郡鄕會가 구래의 향촌사회질서로 복귀하려는 노력에 관해서는 李相燦, 「1894~5년 地方制度 改革의 方向」,『震檀學報』67, 1989, 91~93쪽 참조.

<表 12> 한말 龜成郡 座首의 上納內譯

종류	금액(貫-分)	납입청
驛土稅	301-050	내장원
奎章閣稅	50-637	규장각
內需司稅	25-270	내수사
各倉垈稅	12-901	내장원
安義鎭垈稅	29-901	내장원
植松鎭垈稅	4-769	내장원
公三田稅	21-601	내장원
各新闢稅	101-000	내장원
魚鹽稅	17-000	내장원
刺利子	60-147	내장원
火田稅	200-750	내장원
結稅	408	순영

출전: 『龜城郡誌』(1911)

둔토세(驛屯土稅)와 화전세(火田稅)만 내장원에 상납되고 그 외 일부
미미한 액수가 경각사에 상납되었음을 기재할 뿐이었다. 이는 결호전
제도가 평안도의 경우에 적용되어 상납되는 규정을 거부하는 것이다.
그리고 담당 각소들은 좌수를 비롯하여 수조색리(收租色吏), 대동도감
(大同都監) 등이 담당하고 있는데 이는 수서기(首書記) 중심의 징수체
계를 부인한다 하겠다. <표 12>는 좌수의 상납 내역이다.

<표 12>에 따르면 좌수는 혁파되지 않고 내장원을 비롯한 각종 상
급 기관에 각종 세금을 상납하고 있다. 즉 세무주사나 향장이 조세행
정을 담당해야 함에도 불구하고 기존의 각소 조직이 여전히 기능하고
있었던 것이다. 그 외 향청, 장청, 연청(緣廳) 등에서 각소별로 독자적
으로 부세를 수취하고 지출하였다.[57] 안변의 경우, 고마주인(雇馬主

---

57) 『龜城郡誌』.

人)이 예급(例給)이라 칭하고 각사(各司)에서 수봉(收捧)하는 금액이 1만 수천 량이었고 안색리(案色吏)가 동결례(洞結例)라 칭하고 각 동에서 토색하는 것이 과다하였으며 신정사례에서 혁파한 군근전세(軍根田稅)를 무술년(1898)에 고마주인이 이청(吏廳)에 힘입어 다시 거두기 시작하였다.[58]

지방사회의 이러한 구례 고수 방침은 당시 신문에서도 큰 문제로 부각되었다. 1898년 6월 『독립신문』은 당시 황주군(黃州郡)의 세정(稅政) 운영을 다음과 같이 비판하였다.

　황주 군수 김완수 씨는 도임한 지 보름이 못 되어서 돈 1만 5천 량을 자기 본집에 보냈으니 그것이 무슨 돈이며 또는 아전의 말만 듣고 백성은 모른다 하니 백성은 누구를 믿고 살리오. 또 시정에 각항 분세를 마련하여 사령을 놓아 분세를 받는데 어느 촌에 사는 자식 없는 70 노옹이 짚신 세 켤레를 가지고 와서 팔았는데 분세에 다 떼이고 울면서 돌아가니 그것도 인정이라 할까. 신식은 모른다 하고 아전 6, 70명과 사령 80여 명과 장교 3, 40명을 두니 백성이 부지할 수 없고 또 영풍방서 제 조부를 쳐 죽인 사람이 있거늘 속전 받고 놓았더니 죽은 여인의 모가 관찰부에 정소하여 사실하라는 훈령이 있었고 또는 각 면 백성의 집들을 계호한다 하고 관속배를 보내어 민간에 돈만 걷고 호수는 전대로 시행하니 민간에 없어진 돈이 엽전으로 몇 만 량이요 여간 사소한 일에도 차사를 민간에 발송하여 잡아 오니 차사 예채가 소불하(所不下) 엽전 6, 70량이요 사령의 문간 전례가 또한 이러한즉 일경 백성이 혹독을 견디지 못하겠으며 군수의 말이 만일 민요가 나면 장두는 포살하고 그 나머지는 징역시킨다 하니 백성이 두

---

58) 『訓令照會存案』 28(奎 19143), 訓令 1호, 光武 6년 2월 7일.

려워하여 의송도 못 정하니 불쌍한 것은 황주 백성이라고 그곳 18방 백성의 편지가 본사에 왔기로 기재하거니와 과연 그러한지 우리는 알 수 없으며 다만 편지만 기재하노라.[59]

이러한 보도는 투고자의 과장으로 다소 왜곡된 측면이 있을지라도 황주 군수와 향리들의 행태에서 짐작할 수 있듯이, 일부 지역에서는 정부의 결호전제도 및 각 군 경비 운용방식 즉 '신식'을 부정하고 기존의 읍사례에 따라 행하고 있음을 보여주는 것이다. 그 결과 지방관들이 지방경비 내역을 수보(修報)하지 않게 되어 내무 회계국에서 결산을 하지 못할 정도였다.[60] 심지어 러시아 대장성(大藏省)에서 편찬한 『한국지(韓國誌)』는 당시 조선의 지방재정 문제를 다음과 같이 지적할 정도였다.

한국은 국고로부터 실제 이들 도와 지방기관의 유지를 위해서는 상당한 세출이 필요했음에도 아무것도 지출되지 않았다. 따라서 지방기관은 그 유지라는 명목으로 인민들에게 불법적으로 수탈했다.[61]

이런 지적이 다소 과장된 측면이 있지만, 기존의 각소 조직이 해체되지 않은 일부 군에서 신식경비의 운용방식이 이향층의 반발과 구제의 고수로 말미암아 난맥상을 여실히 드러냈음을 보여준다 하겠다.

---

59) 물론 이 기사에 대한 반박 편지가 6월 9일에 게재되었다(『독립신문』, 光武 2年 6월 9일). 그러나 같은 신문 1899년 1월 30일에 따르면 황해도 군수 중에서 치적이 좋지 않은 군수 3인에 포함되었다(『독립신문』, 光武 3年 1월 30일). 그 밖에 公錢 未納으로 처벌을 받기도 하였다(『高宗實錄』, 40, 高宗 37년 9월 17일, 下冊, 180쪽).
60) 『독립신문』, 建陽 元年 10월 30일.
61) 러시아 大藏省, 韓國精神文化研究院 國譯, 『韓國誌』(1900), 1984, 689쪽.

나아가 이향층들은 상납을 건체(愆滯)한다거나 의병을 일으켜 공전을 약탈하기도 하였다. 우선 상납의 건체가 비일비재하였다. 1899년의 경우, 국고 1년 세액 중 태반이 건체될 정도였다.[62] 그래서 탁지부에서는 본월 봉급과 각항 경비를 지출할 수 없었다.[63] 또한 이들이 의병에 가담하여 호전 등을 늑봉하는 사태까지 일어났다. 1896년 여주 의병이 호전을 늑봉하고,[64] 같은 해 문화군(文化郡)의 구 이서층과 동학도 여당이 합세하여 관아를 약탈하였다.[65] 또 철원(鐵原) 의병이 공전 10,000량과 백목 500필을 털어가는 사태가 일어나기도 하였다.[66]

한편 각 군 경비 배정안이 결호전 등에 기준을 두고 마련되어 대군(大郡)과 소군(小郡) 사이에 불균이 나타났다. 우선 군 경비를 전적으로 결전에서 회감하기 때문에, 각 군마다 결수에 따라 사정이 달랐다. 즉 전결이 많은 지역과 적은 지역 사이에 경비 배정의 불균이 수반되었던 것이다. 전결이 적은 군의 경우는 지방경비 부족으로 수서기 등 신식 관속들에게 월급을 지급하지 못할 정도였다. 흡곡군(歙谷郡)의 경우, 1895년 9월 이후 경비 부족이 계속 누적되어가고 있었다. 즉 흡곡군은 제1차 내부 군 경비 마련에서는 5등군이었다가 제2차 내부 군 경비 마련에서는 4등군이 된 군으로, 1년 경비는 10,770량이고 결호전 수입은 합계 8,153량 8돈 4푼으로 매년 부족분이 2,616량 1

---

62) '근래 국고의 1년세액이 600만 원에 無過한 중 건체가 태반이거나 늘 산외지출이 많다'(『皇城新聞』, 光武 3년 10월 12일).
    '근래 外郡 공납이 적체하여 국고가 형갈하다'(『皇城新聞』, 光武 3년 9월 30일).
63) 『皇城新聞』, 光武 3년 11월 22일.
    '탁지부에 現貯額이 많지 않아 본월봉급과 각항 경비가 難繼하다고 함'
64) 『驪州郡丙午乙未丙申戊戌四年結戶田中匪擾見奪被燒及匪徒私捧乾沒各樣欠縮條實數區別成冊』(奎 20379).
65) 『文化匪擾大槪』(奎 一蕙 951.04-M925m).
66) 『公文編案』74, 鐵原郡守 白南奭, 建陽 元年 7월 8일.

돈 7푼이었다. 당년 부족분을 조처할 방책이 없어 관속들이 환산하여 '고을이 없어질지 모른다'고 할 정도였다. 갑오년 부족분이 6,931량 4돈 1푼, 을미년 부족분이 3,311량 7돈 7푼으로 모두 합해서 부족분이 1,0241량 8돈 8푼에 이르고 있었던 것이다. 그럼에도 정부에서는 추호포(秋戶布)와 신작부(新作夫)로 차차 마련하라는 정도로 그쳤다.[67]

경흥부의 경우, 결호세액이 본래 매우 적어 해당 부의 경비액이 부족하였다. 그래서 부근 고을의 공전을 획급할 것을 요청하여 종성 및 온성의 공전 중에서 획급받기도 하였다.[68]

횡성군(橫城郡)의 경우, 부족전이 9,726량 6전에 이르러 방료(房料)도 지급하지 못할 정도로 읍사(邑司)가 전혀 모습을 갖추지 못하였다.[69] 또한 불항비(不恒費)가 책정되지 않았기 때문에 경비 부족을 야기하기도 하였다.

지도군(智島郡)의 경우, 새로 군으로 승격되었기 때문에 신축해야 할 건물이 많음에도 군 경비가 이미 정액되어 있어 다시 신청하기는 곤란하였다. 그래서 지도군 군수 오횡묵(吳宖黙)은 각 도 선여각주인(船旅閣主人)으로부터 예봉구문(例捧口文) 소금 매석 1전 중 5푼씩을 봉입하여 불항비에 충당하였다.[70]

회인군(懷仁郡)의 사정도 마찬가지였다. 결총이 466결 91부 4속에

---

67) 『公文編案』 68, 江原道觀察使, 建陽 2년 4월 3일.
　　『독립신문』, 建陽 2년 4월 29일.
　　『公文編案』 69, 歙谷郡守 沈興澤, 建陽 元年 8월 28일.
　　『皇城新聞』, 光武 3년 11월 20일.
68) 『公文編案』 78, 咸鏡北道觀察使, 光武 元年 8월 30일.
　　『公文編案』 78, 咸鏡北道觀察使, 光武 元年 12월 6일.
　　『公文編案』 78, 慶興府尹 金尙振, 光武 元年 12월 22일.
69) 『公文編案』 74, 金化郡, 建陽 元年 2월 22일.
70) 『全羅道智島郡叢瑣錄』 1, 丙申 9월 10일, 381~382쪽(驪江出版社 刊).

매결 25량씩 합전 1,1672량 8전 5푼이며 관름방(官廩房) 경비 13,156 량으로 부족액이 1,483량 1전이었다.[71]

그래서 흡곡군에서는 기존의 행정구역이었다가 안변군에 병합되었던 학포면(鶴浦面)을 복구해줄 것을 관찰부와 내부에 요구하였다.[72] 또는 역둔도조(驛屯賭租)를 획급할 것을 요청하였다.[73] 정선군(旌善郡)도 경비가 부족하여 역토도조를 획부할 것을 요구하였다.[74] 회인군의 경우는 호전 중에서 이획하여 취용할 것을 요청하였다.[75] 옹진군의 경우, 결세색(結稅色)과 순교, 수서기 등이 해당 군의 경비 부족을 이유로 토지에서 추가로 거두었다.[76]

이러한 사정은 경성군(鏡城郡)도 마찬가지였다. 이 경우는 민고를 둘러싸고 정부와 지방민의 갈등이 첨예화하였다. 그것은 특히 민고의 성격을 둘러싸고 양자가 대립하였던 것이다. 즉 정부에서는 민고를 둔전으로 파악한 반면 지방민들은 민고답으로 조성하여 군 경비와 재전(災田) 중 급재(給災)를 받지 못한 재결을 보용하기 위한 지방민의 사유지로 파악하였다. 또한 중앙에서는 중앙정부의 재정 단위라 할 군부산하(軍部傘下)인 지방대의 재원으로 삼으려 했고 이에 대해 경성 군민은 지방민의 조세 부담을 줄이기 위해 군(郡)의 재원으로 삼으려고 하였다. 요컨대 전자의 경우는 결호전제도에 입각하여 모든 전결

---

71) 『公文編案』 18, 洪州府 觀察使 李勝宇, 乙未 8월 19일.

72) 『독립신문』, 建陽 2년 2월 7일.
　　『公文編案』 68, 江原道觀察使, 建陽 2년 4월 3일.
　　『독립신문』, 建陽 2년 4월 29일.
　　『公文編案』 69, 歙谷郡守 沈興澤, 建陽 元年 8월 28일.

73) 『公文編案』 86, 歙谷郡, 光武 4년 1월 6일.

74) 『公文編案』 86, 旌善郡, 光武 4년 1월 6일.

75) 『公文編案』 18, 洪州府觀察使 李勝宇, 乙未 8월 19일.

76) 『皇城新聞』, 光武 6년 9월 18일.

을 중앙으로 승총시킴으로써 국가재정과 지방대의 재원을 마련하려 한 반면 후자의 경우는 지방민의 요구를 반영하면서 지방재원을 자체에서 마련하려 했음을 보여준다.[77]

더군다나 관찰부의 복정(卜定)도 지방경비 운용의 난맥을 야기하는 요인이었다. 가령 평양 관찰부에서는 군에 별복정을 이전에 비해 오히려 백 배 이상이나 요구하여 군 경비의 부족 사태를 악화시켰던 것이다.[78]

그리고 군등급의 변동에 따라 기존 관속으로부터 환징해야 할 경비분을 즉시 회수하지 못해 군 경비의 운용이 난맥상을 보이기도 하였다. 철원군의 경우, 2등군이었다가 4등군으로 강하되면서 배정경비가 축소된 가운데 1,476량 9전 3푼을 전 군수와 이하 각 관속으로부터 환징해야 했다. 그러나 전 군수가 이미 체거(遞去)하고 각 관속이 신식 감액 후에 실업하고 환산하여 받아낼 도리가 없었다.[79]

다음 조세 징수를 비롯한 각종 행정 기능이 동리까지 부여되면서도 지방경비 배정은 동리 차원까지 내려가지 못하고 군 차원에 머물렀다. 때문에 제1차 지방제도 개혁안이나 제2차 지방제도 개혁안이나 마찬가지로 민의 부담을 가중시킬 수 있는 여지를 내포하였다. 전 주사 이승원(李升遠)은 이 문제를 다음과 같이 언급하였다.

신식 이후로 각도열군(各道列郡)에는 대소에 따라 분등하고 소속예역(所屬隸役)에 대한 제록(制祿)이 모두 차별이 있으나 방리임장(坊里任掌)

---

77) 『公文編案』 58, 咸鏡北道 觀察府, 光武 2년 3월 21일, 3월 23일.
78) 『公文編案』 85, 遂安郡, 建陽 元年 4월 28일.
79) 『公文編案』 74, 鐵原郡守 白南奭, 建陽 元年 7월 5일.
　　『公文編案』 74, 鐵原郡守 白南奭, 建陽 元年 8월 22일.

에 이르러서는 급료가 한 푼도 없습니다. 아마 사람들로 하여금 복역의 의
(義)를 없게 할 것 같습니다. 또한 한 푼의 경비도 없으니 역시 공무를 이
룰 것을 책할 수 없습니다.……방리소수(坊里所需)가 많지 않다고 할지라
도 일 년 공비를 통계하면 결코 적지 않을 것입니다.……반드시 특별히 바
로잡아 각 군의 방리임장 모두는 원액을 정하고 경비 급료를 일일이 계산
하여 수렴이 민에게 미치는 폐단이 없게 해야 합니다. 이런 연후에 민이
안업하고 일이 효과를 볼 것입니다.[80]

즉 방리와 임장까지도 국가에서 급료를 지급하여 민에 대한 수탈
을 예방해야 한다고 주장하였다. 이런 점에서 지방경비의 제도적 확
충에는 방리경비의 확보가 수반되어야 했던 것이다.

지방경비 운용의 현실적 난맥상은 이처럼 이향층을 비롯한 보수층
의 반발에서 비롯되었다. 이 반발은 기존의 읍사례에 입각하여 지방
재정을 운영하는 등 정부의 개혁 방안을 수용하지 않는 방식으로 나
타났던 것이다. 더군다나 전결이 적은 지역에서는 지방경비의 운용을
곤란하게 만들었다. 그래서 경남 관찰사의 경우, 다음과 같이 지방제
도 개혁의 실현 여부에 회의를 표명하기도 하였다.

관에서 협잡을 금하고자 하여 훈시를 발하면 아래에서는 소뢰(所賴)가
없음으로써 하여 민간에 신포치 아니하고 구례(舊例)만 준행코자 함이온
즉 지금 신식을 준조(准照)하여 구류(舊謬)를 금혁(禁革)하고 일군 내 일
정한 규칙을 영성책자(另成冊子)하여 면마다 촌마다 출급하여 민으로 하
여금 항상 보게 하고 우부우부(愚夫愚婦)라도 듣고 보지 못함이 없게 하

80) 『秘書院日記』, 光武 2년 3월 28일, 高宗 13책, 756쪽.

여야 경장의 효과에 대해 가이 모두 복종할 것이오 내후(來後)의 폐단을 영원히 막을 수 있기에 응납(應納)할 조(條)와 규정(糾定)할 조와 고치(姑置)할 조와 혁파할 조와 구별 좌개(左開)하오나 본 군수의 우졸(愚拙)한 의견으로는 천행(擅行)하기 어려울뿐더러 좌개 중 면리 각임은 향약 규정대로 설치(設寘)하오면 요자배렴(料資排斂)이 심다(甚多)할 터옵기에 예산을 마련하여 일정지규(一定之規)를 행하게 하고 남수지폐(濫收之弊)를 없게 함이옵고 향교, 향소와 순교, 서기 등의 각소 소속은 사세(事勢)를 조용하게 따져보면 폐지가 과연 어렵고 급료가 몰책(沒策)하와 구례(舊例)를 모방하여 감수(減數)를 마련하였으나 역시 천행(擅行)하기 어렵다.[81]

이 내용에서 정부의 개혁 방침에도 불구하고 구례를 준수하여 여전히 불법 수탈하는 이향층의 비협조와 반발로 말미암아 지방제도 개혁이 지방사회에 정착하는 데는 많은 어려움이 있음을 알 수 있다.

심지어 이향층의 개혁에 대한 반발과 이들의 가렴과 잡세 수탈은 민란을 야기하기에 이르렀다. 용인의 경우, 관아에서 첨부〔添卜〕, 가부〔加卜〕, 걸부〔乞卜〕 등의 명색으로 매결 10여 부씩 가렴하여 민란이 일어났다. 그 외 시흥(1898), 흥덕(1899), 제주, 경흥(1900), 임실, 은진, 영산, 의령, 창녕(1903) 등에서도 이향층의 가렴으로 인해 민란이 일어났다.[82]

정부는 이제 이향층의 반발을 무마하거나 억압하면서 어떻게 지방 통치를 원활히 유지해야 할 것인가 하는 과제와 함께 군 경비를 확충하기 위한 재원을 어떻게 조달할 것인가 하는 과제를 해결해야 했다.

---

81) 『公文編案』67, 慶尙南道觀察使 李恒儀, 建陽 元年 12월 25일.
82) 鄭昌烈, 「韓末 變革運動의 政治·經濟的 性格」, 『韓國民族主義論』(宋建鎬·姜萬吉 編), 創作과批評社, 1982, 55~56쪽.
　　金炯睦, 「韓末始興農民運動에 관한 硏究」, 『中央史論』6, 1989.
　　金度亨, 『大韓帝國期 政治思想硏究』, 知識産業社, 1994, 356~361쪽.

2) 지방행정의 개혁과 '대한국 국제'

광무 연간에 정부는 김홍집 내각과 마찬가지로 지방통치의 근대화를 실현하려 하였다. 그것은 두 가지 차원에서 추진되었다. 하나는 군 이하의 지방통치기구를 조직화하여 중앙집권 관료체제에 편입시키는 일이었고 다른 하나는 국가 차원에서 향회의 운영방식을 탈바꿈하여 민의 참여 폭을 넓히는 일이었다.

우선 김홍집 내각의 경우와 마찬가지로 내부를 정점으로 지방통치를 관철하려 하였다. 한성 판윤과 관찰사는 내무대신의 지휘감독 아래 법률명령을 집행하고 관하 각 군의 행정사무를 총괄하도록 하였다. 군수는 관찰사의 지휘감독을 받아 법률명령을 관내에 집행하여 행정사무를 장리(掌理)하게 하였다. 그리고 주사와 향장 역시 상관의 지휘감독을 받아 서무에 종사하고 순교와 서기 이하를 지휘감독하도록 하였다. 끝으로 총순은 관찰사의 지휘감독을 받아 관내 경찰사무에 종사하되 소속 순검을 지휘감독하게 하였다.[83] 이는 지방제도를 개정하면서 행정상의 관계를 확정 지으려는 것이었다.[84] 그리고 부윤과 관찰사는 내부와 각부에 보고서와 질품서를 제출하고 관찰사는 관하의 목사, 부윤과 군수에게 훈령과 지령을 내리며 목사, 부윤과 군수는 해당 관찰사에게 보고서와 질품서(質品書)를 제출하도록 하였다.[85] 이러한 규정은 기존의 군현제 운영방식을 지양하고 내부 중심의 지방통치 방식을 선명하게 드러낸 것이다. 즉 '내부-관찰사-군수'로 이어지는 지방행정체계를 구축하려 하였다.[86]

---

83) 『議奏』 65, 「地方官吏職制」, 建陽 元年 8월 4일.
84) 『議奏』 64, '地方官吏職制에 關흔 請議書', 建陽 元年 7월 14일.
85) 『勅令』 4, 勅令 제45호 「地方官吏應行體制」, 建陽 元年 8월 7일.

정부는 지방통치조직을 관료화하는 데 김홍집 내각보다 더 진력하였다. 이방 및 이(吏) 등의 기존 관속들을 대신하여 수서기 및 서기 등이 등장하였다. 즉 이방과 이는 기존 향리를 가리키지만, 수서기와 서기는 중앙 관직명에서 따왔다.[87] 특히 이방 및 이가 1895년 9월 제1차 지방제도 개혁에도 불구하고 여전히 남아 있던 향리라는 점에서 정부의 이러한 조치는 주목할 필요가 있다. 그리고 관찰부 주사와 총순 이하, 군향장 이하 모두가 「지방관리직제」에 포함되어 있다.[88] 기존의 군현통치조직을 배제하고 중앙관료제도에 입각하여 지방제도를 개혁하려 했음을 보여주고 있다.

아울러 정부는 「지방관리사무장정(地方官吏事務章程)」을 칙령 제38호로 발표하였다. 그것은 지방관리의 각항 사무를 줄이고 지방관리의 기능과 사무의 범위를 확정 지으려는 것이었다.[89] 그 제2조를 제시하면 다음과 같다.

> 제2조 인민에 대호야 보호호는 사항은 左(아래)와 여(如)홈
> 一 인민을 권유호야 선행을 수(修)호고 악습을 물행(勿行)호는 일
> 一 인민의 식산호는 방법에 그 이익홈를 권장호고 방해되믄 예방호는 일
> 一 인민을 효유호야 국법을 준행호딕 범과(犯科)호미 무(無)케 호는 일
> 一 관내에 절발(竊發)을 엄방하고 인민의 부량호 자롤 은애로 효유호며 법률로 금지호야 자만오염(滋蔓汚染)호미 무(無)케 호는 일

---

86) 이러한 지휘감독체계는 勅令 제46호 「地方官吏職務權限」에서도 잘 드러난다. 즉 명령과 반포는 이러한 계통에 입각하여 이루어지도록 규정하고 있는 것이다(『議奏』 67, 建陽 元年 8월 7일).

87) 書記는 中央官等에서 判任官에 해당한다(『勅令』 2, 勅令 제57호 「官等俸給令」, 開國 504년 3월 29일).

88) 『議奏』 65, 「地方官吏職制」, 建陽 元年 8월 4일.

89) 『議奏』 64, '地方官吏의 事務章程에 關흔 請議書', 建陽 元年 7월 24일.

一 호구와 인구를 편적(編籍) 무루(無漏)ᄒ야 국가은택을 균점(均霑)케
　　ᄒᄂ 일

一 전토를 개간ᄒ야 황폐ᄒ미 무(無)케 ᄒᄂ 일

一 도로와 교량을 수시 수보ᄒ야 행인에게 방해ᄒ미 무(無)케 ᄒ 일

一 유행ᄒᄂ 질병을 예방ᄒᄂ 일

一 산림(山林)과 공한(空閒)ᄒ 지(地)에 식목ᄒ야 후일 재목을 수용케
　　ᄒᄂ 일

　이 내용은 조선시기 수령 7사〔농상성(農桑盛), 호구증(戶口增), 학교흥
(學校興), 군정수(軍政修), 부역균(賦役均), 사송간(詞訟簡) 간활식(奸猾息)〕
와 매우 유사하다.[90] 그러나 수령 7사 항목은 부세 징수에 초점을 두
었던 데 반해[91] 사무장정은 식산(殖産)과 인민의 보호에 초점을 두고
있다. 특히 사무장정에는 부세 관련 내용이 빠져 있다는 점에서 더욱
그러하다. 이제 지방관아는 조세 징수라는 이전의 징세 기능에서 탈
피하여 최하급 통치조직으로서 지방행정을 담당하기에 이른 것이다.
　또한 지방관리들의 임면규칙도 제정되어 한성부 주사는 판윤이 선
택하여 내부에 보고하면 내부에서 서임하고 관고(官誥)하였으며 각 관
찰부 주사 중 1명은 해당 관찰사가 자기 뜻대로 임명〔自辟〕하였다.[92]
그 나머지는 해당 부 관내의 사민과 이액에 상관없이 덕망과 재서(才
諝)가 소저(素著)한 사람으로 분반(分半)하여 관찰사가 선택하여 내부
에 보고하면 내부에서 서임하고 관고를 반급하였다. 각 관찰사 총순

90)『經國大典』, 吏典 外方.
91) 金世均,『牧訣』(國立一朝一30-12) 角, 平賦.
　　'賦役均者 七事之要務也 凡不均之賦 不可徵 錙誅不均 非善政也'
92)『議奏』66, '各府牧判任官以下任免規例에 關ᄒ 請議書', 建陽 元年 7월 24일.

의 경우도 내부의 경무청 총순과 순검 중에서 파견하고 나중에 지방 경무가 한숙(嫻熟)한 때는 관찰사가 해당 부의 순검 중에서 선택하여 내부에 서임을 청하되 「경무본청규칙(警務本廳規則)」을 준행하도록 하였다.

지방관리의 임기는 다음과 같이 규정하였다. 판윤, 관찰사, 목사, 부윤, 군수의 재임 기간은 4년으로 정하여 임기가 다할 때까지는 옮기지 못하도록 하였다. 지방관의 잦은 교체에 따른 지방 관속의 횡행을 방지하고 지방행정 계통의 원활을 기하려는 의도였다.[93] 아울러 각 부목(府牧) 주사와 총순은 공로가 있을 경우에 경각부(京各部) 주임관이나 지방 주임관으로 승이(陞移)할 수 있도록 하였다. 이는 지방 관속들도 관료체계에 편입시켜 승진을 보장하려 했던 것이다.[94] 지방 관리의 인장(印章)도 새로 만들게 하였다.[95]

각 부목군에서는 내부와 각부에 소관한 사항으로 왕래한 문적(文蹟)을 매월 말에 적요(摘要)하여 내부에 보고하게 하였다.[96] 아울러 관찰부의 순검과 제주목 및 각 부군의 순교, 서기 이하 예속은 관령을

---

93) 『議奏』 66, '地方官吏任期에 關흔 請議書', 建陽 元年 7월 24일.
　　'지방관리의 爪限이 從前已有흔바 근자폐지흐믄 久任責成흐믈 爲흐미러니 현금 제도룰 개정흐ᄂᆞᆫ바 각지방관리의 기한을 별정흐야 效勞룰 表著흐고 優典을 特加 흐미 타당흘 듯흐기로 임기에 關흔 규칙을 정흐야 반포흐ᄂᆞᆫ 차단 勅令안을 각의에 제출홈'
94) 『議奏』 67, 勅令 제48호 「地方官吏任期」, 建陽 元年 8월 7일.
95) 『議奏』 66, '地方官吏에 印章新造에 關흔 請議書', 建陽 元年 8월 7일.
　　'地方制度룰 既已更新흐미 各道各府牧郡의 行政實施가 最急흔지라 漢城判尹과 十三道觀察使와 七府府尹과 濟州牧使의 印章을 新造흐야 不日頒下흔 然後에 事務辦理가 掣碍흐미 無흘지오 且以各郡守로 言흐오면 開國 五百四年에 地方制度 改正흔 後에 印章룰 尙未鑄頒 흐와 現今郡守로 從前牧府使印과 縣監縣令印信룰 尙此仍用흐미 事體에 有欠흐온 즉 并爲新造頒下흐미 妥當흐기 此段를 閣議 에 提呈홈 建陽 元年 8월 7일'
96) 『舊韓國官報』 398호, 內部令 제6호 「地方管理銘心細則」, 建陽 元年 8월 12일.

받기 전에는 촌려(村閭)에 사행(私行)함을 금지하였다. 단 공사로 말미암아 촌려에 갈 때는 해당인의 성명과 사유를 설명하여 공문을 만들어 주도록 하였다. 그리고 각 관찰부의 순검과 각 부군의 순교 및 서기는 관내 인민과 종전 이교를 불문하고 문산재서(文算才諝)를 구비한 사람으로 해당 관할 장관이 선임하고 봉직수서(奉職授書)를 성급하되 수서기는 서기 중에서 발우(拔尤)하여 충임하도록 하였다. 통인과 사령 이하는 종전에 사역하던 구액(舊額) 중에서 충임케 하였다. 해당 관찰부 순검과 각 부목군의 순교 및 서기 이하의 파면은 해당 장관이 전행(專行)하도록 하였다. 끝으로 해당 예속이 종전 예채(例債)라 하고 토색하는 관습을 모두 금하도록 하였다. 이와 같은 조치에 따라 지방 관속들은 중앙관료체제에 편입되어 명령 지휘 계통에 직접 연결되었다.

그런데 여기서 1896년 8월 4일에 공포한 칙령 제37호 「지방관리직제(地方官吏職制)」에 처음 보이는 향장을 주목할 필요가 있다.[97] 기존 향회에 소속한 향원과 다른데, 향장의 직무 권한에 대해 내린 규정을 보면 다음과 같다.

> 향장은 전의 좌수라 군수를 보좌하고 군민을 총대(總代)하여 관민 간에 일체 공무를 승접(承接)하고 현재는 우체사무를 겸임하니 향장의 직권이 심요(甚要)할뿐더러 각항 관례와 관계한 민읍(民邑)의 일을 실유좌수(悉由座首)하여 군수에게 건백도 하며 인민에게 포의(佈議)도 하는 고로 각 군 군아의 차(次)에 원래 향청이 있으니 즉 향장의 집무의 장소라.[98]

---

97) 자료가 남아 있지 않아 鄕長制의 내용을 구체적으로 확인할 수 없다. 다만 칙령 제36호 「地方制度・官制・俸給・經費改正」과 칙령 제37호 「地方官吏職制」를 통해 향장의 기능을 대강 알 수 있을 뿐이다(『勅令』, 勅令 제37호 「地方官史職制」, 建陽 元年 8월 4일; 『議奏』 67, 「各府牧判任官以下任免官規例」, 建陽 元年 8월 7일).

98) 『地方制度調査』.

이에 따르면 향장제는 지방통치의 하부기구로서 종래 이향의 기능을 대신 수행하기 위해 만들어진 것이다. 향장은 지방관리로서 군수의 지휘감독을 받아 서무에 종사하고 순교, 서기 이하를 지휘감독하는 것을 주요 골자로 하였다. 향장은 수서기 등 제 예속의 성명을 열록하여 성책하여 보고하였다.[99] 다른 한편 구래의 유임, 향임의 처지를 급격히 변경시키지 않으면서도 자치조직과 행정조직을 연결시킴으로써 국가권력이 지방사회에 관철할 수 있는 기반을 마련하였다. 그리고 향장은 해당 군 구역 내 사민과 이액에 상관없이 덕망과 재서가 현저한 사람을 군수가 선택하되 해당 군의 대소민이 회의·투표하여 다수를 따르도록 했으며 본군에 입적 거주한 지 7년 미만인 자는 응선하지 못하게 하였다.[100] 각 부목 판임관(判任官)의 면관은 임관규례를 따라 내부에 설명하여 청하도록 한 반면 각 군 향장의 허면(許免)은 예규에 따라 본군의 대소민인이 회의하여 가부를 받은 연후에 시행하도록 하였다.[101] 즉 재지 양반 내지 이향층 위주의 구래 향촌질서를 재편하는 한편 향장을 두어 행정조직과 향회의 매개로서 적극적인 역할을 하도록 규정한 것이다. 이는 지방자치제를 중앙집권적 통치체제의 기반으로 삼으려는 의도에서 나온 것으로 보인다.

위와 같은 체제는 다음 규정에서 보듯이 면리까지 확대 적용하였다.

一. 면장(혹은 면집강이라 부름)은 해(該) 면내 오망해사리(聱望解事理)
하는 사족 중 노성인(老成人)으로 본 군수가 선정하고 해(該) 면내

99) 『全羅道智島郡叢鎖錄』 2, 丙申 10월 29일.
　　'因內部訓令 本郡鄕長首書記 諸隷屬姓名 列錄修成冊 報來事'
100) 『日省錄』 428, 建陽 元年 6월 28일, 79책, 714~715쪽.
101) 『議奏』 67, 「各府牧判任官以下任免規例」, 建陽 元年 8월 7일.
　　『內部請議書』 5, '各府牧判任官以下任免規例에 關한 請議書', 建陽 元年 8월 7일.

각동 민인이 취회하여 권점선정(圈點選定)도 함

一. 면임(또는 풍헌이라 함)은 군수의 명령을 이어 소관 면내 각 동장에
　　게 지휘하며 범계(凡係) 요역, 부세 등 사항으로 각 동장 동임을 견
　　솔 동칙(董飭)함

一. 춘추 양등(兩等)에 호포와 작부(作夫) 후에 결세전을 각 동장이 배
　　일수봉(排日收捧)하여 면임에게 급(給)하면 면임이 납관출자[納官
　　出尺]하고 또는 해 동장(洞長)이 직납관정(直納官庭)함

一. 해 면내 민인의 가좌성책(家座成冊)과 호구장적(戸口帳籍)을 면임
　　이 관령으로 각 동장에게 전칙(轉飭)하면 각 동장은 각 민인에게 지
　　위(知委)하여 동장이 면임에게 거두어 급(給)하고 면임은 모두 모아
　　관에 냄[102]

　면장이 기존 향회의 좌수를 대신하여 사족으로서 향촌의 교화를
담당하도록 하는 한편 면임은 향촌 사회 차원에서 수행한 수세행정의
기능에서 벗어나 이제는 국가법규에 입각하여 조세, 호적 등의 지방
행정기능을 담당하도록 하였다. 이로써 내부-관찰부-군수-면임-동
장으로 이어지는 일원적인 지방행정 계통이 확립된 셈이다.

　이러한 체제 확립의 방안을 제시하면서 정부는 이 규례를 따를 것
을 강력하게 지시하였다. 내부의 훈령은 중앙과 지방의 관계를 명료
하게 밝혔다.

　중앙정부가 유지하는 권(權)을 독운(獨運)키 어려우므로 지방구역을 나
누어 부를 설치하고 군을 설치한바 중앙정부는 대군주 폐하의 성의를 체

---

102) 『地方制度調査』.

(體)하여 준령(遵令)을 시행하거니와 지방정부에서는 중앙정부의 명을 받아 치도(治道)를 보좌(輔佐)함이 당연한 사항이라. 대저 정부에서 인민을 위하는 길은 천만건일 중에서 그 생명과 재산을 보호함이 최중(最重)하니 이 뜻을 해석하고자 하여 지방제도를 신구식에 교조(較照)하여 이미 실시한바 각항 경비와 소관 구역과 소속인부(所屬人負)와 소속사무와 소속규칙을 한결같이 정규하여 추호라도 위월(違越)치 못하게 함이 국전(國典)에 나오는 바라.[103]

지방관청은 국가법률에 입각하여 지방 경비, 관할 구역, 소속 관원 및 사무 등의 제반 사항을 처리해야 했던 것이다. 이는 종전의 군현제로 대표되는 중세적 지방통치체제에서 탈피하여 근대적 지방통치체제로 이행함을 의미한다.

자치조직도 행정조직과 마찬가지로 근대화되었다. 김홍집 내각 때 마련된 향회제도는 아관파천 후에도 지속되었다. 물론 일부 지역에서는 종전의 향청과 향안이 복구되고 구래의 향회가 존속하기도 하였다.[104] 그러나 기본 골격은 갑오개혁기 향회제도를 계승하고 있었다. 지도군의 경우,[105] 향회조례에 입각하여 각급 향회를 구성하여 운영하였을 뿐만 아니라[106] 리민(里民)의 의견을 수렴하여 군치(郡治)에 반영

103) 『全羅道智島郡叢鎖錄』 2, 丙申 11월 2일.
104) 이영호, 앞 논문, 1993, 89쪽.
105) 智島郡은 1896년 2월 3일에 칙령 제13호에 따라 군으로 승격하였다(『議奏』 45, 勅令 제13호 「全州·羅州·南原府 沿海 諸島에 郡을 設置하는 件」).
106) 『全羅道智島郡叢瑣錄』 1, 丙申 6월 2일.
'鄕會는 大中小 3회로 정하되 1里는 30호로 정하며 1村이 만일 이 숫자를 채우지 못하면 반드시 부근 隣里를 병합하여 1里로 만들고 小會라 하고 1島를 병합하여 中會라 하고, 各島를 郡治에 倂會하여 大會라고 할 일'
무릇 회의사항은 1) 勸農과 勸學, 제반 교육 등의 일 2) 戶籍과 地籍 교정일 3) 嫌

되도록 규정하였다.[107] 특히 향회를 통해 군수를 비롯한 향장의 폐단을 예방하려 하였다. 향장을 비롯한 지방관리들도 구제 향리들과 마찬가지로 수탈의 주체였기 때문이다. 따라서 정부가 「각부목판임관이하임면규칙(各府牧判任官以下任免規則)」에서 대소민인이 향회에 모두 참여하여 각 군 향장을 선출하고 해면(解免)하도록 규정했던 것이다.[108] 향회는 신분에 입각하여 운영되는 회의체가 아니었을뿐더러 일부에 한정되지만 지방관리를 선출할 수 있게 된 것이다. 그리고 통감부 설치 이후인 1906년이지만 대한제국 관리들도 이를 적극 권장하였다.

향폐(鄕弊)를 고치려면 군수의 매임(買任)을 통금(通禁)하고 향장을 선택하고자 하면 인민의 선거를 허락하니 지방사무는 오로지 향장의 득인여하(得人如何)에 있을 따름이라. 향장을 득인한 연후에 향약규정과 「향회조규」를 비로소 거판(擧板)하여야 인민자치권이 장차 여기에서 나오리니 향장의 직무 권한이 해군(該郡)에 있어서는 더욱 밀접한 관계가 있음.[109]

慌과 患難 相救와 衛生 등의 일 4) 社倉穀 另護, 道路 橋梁 修築, 殖産興業 등의 일 5) 公共山林과 堤堰修築 등의 일 6) 諸般稅目과 納稅 등의 일 7) 浮浪亂類 雜技 酗酒 不孝不悌 不睦 등을 另筋禁斷하는 일 8) 諸般稧會 등의 일 9) 凡官令 擧行 등의 일'

107) 위와 같음.
'제반 사무의 어려움을 可否하는즉 반드시 里會에 公議에 따라 申明改圖하여 실효를 거둘 수 있도록 할 일/ 里에서 尊位 頭民 각 1인을 두며, 島에서는 執綱과 書記 都主人 등 각 1인을 둘 일/ 里會 시 每戶에 각 1인이 변회하고 各會員諸般事는 另相 論難하여 반드시 다수의견으로써 文案을 갖추어 執綱에 보고하고 허락할 수 있으면 허락하고 시행할 뜻을 관에 보고하되 事面에 不合하여 허락하지 않으면 해당 里에서 다시 논의하여 집강에게 보고하고 그래도 불가하면 執綱은 郡治에 보고하고 허락하면 시행할 것이다. 만약 불가하면 도민으로 하여금 다시 논의하여도 불가하면 京司에 보고하여 裁決할 일'

108) 주 100) 참조.

향장은 사민 및 이액과 상관없이 대소민인이 이처럼 투표하여 선출하였던 것이다. 이는 정부가 향회를 통해 당시 소민 주도의 민회를 적극 체제 안으로 흡수함으로써 군수 및 향장의 전횡을 막고 향촌사회의 안정을 도모하려 했음을 보여준다 하겠다. 이와 같이 향회는 향장을 매개로 국가가 향촌지배를 관철시킬 수 있는 통치기구이면서 민의 광범한 참여에 기반하여 지방관리와 재지 유력층을 견제할 수 있는 향촌자치제도였다. 이것이 광무정권이 견지한 향촌정책의 방향이었다.

정부는 이향층의 반발에 대해서도 적극 대처해나가려 하였다. 각 지방의 이향층의 횡포는 다음과 같이 지적되었다.

> 각 부군에서 인민에 대하여 혹은 남형도 있으며 혹은 억송(抑訟)도 있으며 혹은 횡렴도 있으며 혹은 족징(族徵)도 있으며 혹은 복정(卜定)도 있으며 혹은 원정액수(原定額數) 외에 관예(官隸) 가설(加設)도 있으며 혹은 익명괘방(匿名掛榜)도 있으니 이것은 진실로 무엇 때문인가. 지방관으로 말미암아 그러한 것인지 과연 민심이 불숙(不淑)하여 그러한 것인지 신식을 반행하여 실시가 미기(未幾)하니……[110]

또한 다음과 같은 사항이 금단 대상이 되었다.

---

109) 『地方制度調査』.
   이 조사서는 통감부 설치 이후 1906년 지방제도를 개정하기 위해 작성된 것으로 이전의 관례들을 많이 기재하고 있다. 다만 일제의 의도가 담겨 있어 신중하게 활용할 필요가 있다.
110) 『光州府甘結』, '各地方官非義行政ㅎ는 事項', 丙申 10월 28일.
   『智島郡叢鎖錄』, 丙申 11월 2일.

① 원정액(元定額) 규칙외(規則外) 관예(官隸)를 증설하여 구습으로 민간의 횡령을 자행케 하는 일

② 사법상 행정상에 인민으로 원억(冤抑)케 하는 일

③ 사송재처(詞訟裁處)에 회뢰(賄賂)가 자행하는 일

④ 무명잡세를 남징하는 일

⑤ 해 지방구역 내에 협잡패류(挾雜悖類)로 관아에 출몰하는 일

⑥ 해 지방구역 내에 요호부민(饒戶富民)에게 횡침남징(橫侵濫徵)과 혹 사행복정(私行卜定)하는 일

⑦ 해 지방구역 내 도적이 자만하여도 동착(詞捉)하지 아니하고 수수방관하는 일

⑧ 소관 구역에 무뢰잡류가 혹 종당을 소취(嘯聚)하여 수상한 일을 하여도 금집(禁戢)하지 못한 일

⑨ 종전 토호 무단의 구습으로 잔민을 침학하는 일

⑩ 후주잡기(酗酒雜技)로 젊은이가 노인을 능멸하는 것과 사람을 속여 재산을 빼앗는 일

⑪ 유의유식(流衣流食)하고 족척인아(族戚姻婭)를 빙자하여 행패(行悖) 행악(行惡)하는 일

⑫ 경향(京鄕)에 출몰하며 비리(非理) 건송(健訟)하는 일

⑬ 도당(徒黨)과 체결하여 음흉(陰譎)하는 일

⑭ 종전 천역(賤役)하더니 기분범강(起分犯綱)하여 자행폐습(恣行弊習)하는 일[111]

이러한 금단 사항을 구체적으로 제시한 것은 지방 관속의 증설을

---

111) 위와 같음.

막고 지방 토호의 무단지배를 배제하여 지방제도 개혁의 효과를 거두려는 것이었다.

이 시기 정부의 지방제도 개혁 방향은 지방통치의 일원화와 동질화를 주된 내용으로 하였다. 이러한 정부의 개혁은 나름대로 성과를 거두고 있었다. 경남 산청의 군수는 장시의 잡세를 금단하고, 민간에 놓아 관황을 보용한 식리(殖利)를 혁파하였다. 그리고 군채(郡債)와 계방조(契房條)를 혁파하였다.[112] 광주의 군수는 읍비불항용(邑費不恒用)과 이예오례(吏隸誤例), 임장(任掌)의 횡렴을 일체 혁파, 공세(公稅)를 손대지 않도록 하였다.[113] 그래서『황성신문』은 '경장 이후로 용관(冗官)과 서도(胥徒)를 일제히 해방하니 민이 거의 지보할 수 있게 되었다'고 보도하였다.[114]

그리고 이런 노력은 1899년 8월 대한제국의 정체(政體)를 전제군주정(專制君主政)으로 규정하는 '대한국 국제(大韓國 國制)'의 제정에 이르러 정점에 이르렀다.[115] 국제의 내용은 다음과 같다.

제1조 대한국은 세계만국의 공인되온바 자주독립(自主獨立)하온 제국(帝國)이니라.

제2조 대한제국의 정치는 앞으로 말미암은즉 500년 전래하시고 뒤로

---

112)『皇城新聞』, 光武 2년 1월 14일.
113)『皇城新聞』, 光武 7년 2월 18일.
114)『皇城新聞』, 光武 5년 4월 16일.
115) '大韓國 國制'에 관해서는 田鳳德, 「大韓帝國 國制의 制定과 基本 思想」,『法史學研究』創刊號, 1974; 徐珍教, 「1899년 高宗의 '大韓國國制' 반포와 專制皇帝權의 추구」,「한국근현대사연구」5, 1996; 拙 稿,「大韓帝國期의 法規 校正과 國制의 制定」,『金容燮教授停年紀念韓國史學論叢』, 지식산업사, 1997; 서영희,「대한제국 정치사 연구」, 서울대학교출판부, 2003, 111~114쪽; 王賢鍾,「대한제국기 고종의 황제권 강화와 개혁 논리」,『歷史學報』208, 2010 참조.

말미암은즉 만세에 걸쳐 불변(不變)하오실 전제정치(專制政治)이
니라.

제3조 대한국 대황제께옵서는 무한(無限)하온 군권(君權)을 향유(享有)
하옵시나니 공법에 말한바 자립정체(自立政體)이니라.

제4조 대한국 신민이 대황제의 향유하옵시는 군권을 침손(侵損)하올
행위가 있으면 그 이미 행했거나 아직 행하지 않았거나를 막론하
고 신민의 도리를 잃은 자로 인정할지니라.

제5조 대한국 대황제께옵서는 국내 육해군을 통솔하옵시어 편제를 정
하옵시고 계엄(戒嚴) 해엄(解嚴)을 명하옵시나니라.

제6조 대한국 대황제께옵서는 법률을 제정하옵시어 그 반포와 집행을
명하옵시고 만국의 공공(公共)한 법률을 효방(效倣)하사 국내 법
률도 개정하옵시고 대사(大赦), 특사(特赦), 감형(減刑), 복권(復
權)을 명하옵시나니 공법에 말한바 자정율례(自定律例)이니라.

제7조 대한국 대황제께옵서는 행정 각 부부(府部)의 관제와 문무관의
봉급을 제정 혹은 개정(改正)하옵시고 행정상 필요한 각항 칙령
을 발하옵시나니 공법에 말한바 자치행리(自行治理)이니라.

제8조 대한국 대황제께옵서는 문무관의 출척(黜陟) 임면(任免)을 행하
옵시고 작위(爵位) 훈장(勳章)과 기타 영전(榮典)을 수여하거나
체탈(遞奪)하옵시나니 공법에 말한바 자선신공(自選臣工)이니라.

제9조 대한국 대황제께옵서는 조약을 맺은 국가에 사신을 파송 주찰
(駐札)케 하옵시고 선정(宣戰) 강화(講和)와 제반 약조를 체결하
옵시나니 공법에 말한바 자견사신(自遣使臣)이니라

즉 광무정권은 전 영토에 걸쳐 가능한 한 동일한 제도적·행정적
장치와 법을 부과할 수 있는 최고의 근거를 마련하였다. 물론 이러한

주권의 소재는 인민에 있지 않고 군주에 있다는 점을 유의할 필요가 있다. 그러나 정체(政體)의 수립은 단지 군주권의 강화가 아니라 근대 주권국가로서의 성립을 의미한다는 점에서 주권의 소재와 집행 방식이 법적으로 확립되고 지방은 국가의 일원적이고 동질적인 통치 대상으로 전화한 것이다. 특히 지방관 및 지방경비가 내부의 소관이란 점을 감안할 때, 황제가 행정 각 부부(行政各府部)의 관제와 문무관의 봉급을 제정할 수 있는 권한(제7조)은 이를 잘 보여준다고 하겠다. 이처럼 광무정권은 '대한국 국제'를 통해 대외주권(對外主權)의 확보와 함께 대내주권(對內主權)의 확립을 법제적으로 뒷받침하였고 나아가 지방행정의 개혁을 뒷받침하였으며 다른 한편 지방행정의 개혁을 통해 대내주권을 명실상부하게 확고히 행사할 수 있게 되었다.

광무정권은 이러한 국제 제정을 전후하여 양전·지계(量田·地契) 사업,[116] 내장원(內藏院)의 강화[117], 원수부(元帥府)·지방대(地方隊)의 편제[118]와 구미 각국과의 외교 관계 확대와 주재공사 파견 등을 통해 물적 기반을 확보할 뿐만 아니라 군사적, 법적, 외교적 기반도 마련하려 하였다. 그런 점에서 이는 단지 군권 강화라는 차원에 그치지 않고 근대주권국가로 진입하려는 광무정권의 이념과 국가건설 방향을 법제상에서 규정한 것으로 볼 수 있다. 황제 주도의 근대주권국가 수립인 셈이다. 따라서 이후 예산 편성에서 궁내부(宮內府) 등 황실관서의 세출과 군부(軍部)의 세출이 큰 비중을 차지하게 되었다. 서울 도

---

116) 金容燮, 「光武年間의 量田·地契事業」, 『亞細亞研究』 31, 1968(『增補版 韓國近代農業史研究—農業改革論·農業定策—』 下, 一潮閣, 1984 所收).

117) 徐榮姬, 「1894~1904년의 政治體制 變動과 宮內府」, 『韓國史論』 23, 1990. 李潤相, 「1894~1910년 재정제도와 운영의 변화」, 서울대학교 대학원 박사학위 논문, 1996, 51~109쪽.

118) 조재곤, 「대한제국기 군사정책과 군사기구의 운영」, 『역사와 현실』 19, 1996.

시 정비 사업, 양전·지계 사업, 화폐제도 개혁 사업,[119] 전차·전기 사업, 서북철도 부설사업 등의 개혁 사업과 함께 군비 증강 사업에 투자되었던 것이다.[120]

이에 반해 광무 연간에 지방경비는 증가하지 않았다. 〈표 13〉은 이를 잘 보여준다.

〈표 13〉에 따르면, 지방경비가 매년 비슷하여 크게 감소하거나 증가하지 않음을 알 수 있다. 이러한 추세는 각 비목별로 보아도 마찬가지이다. 그러나 총예산에서 차지하는 지방행정비의 비율을 보면, 1900년을 고비로 급격히 떨어지고 있음을 확인할 수 있다. 이는 1899년 8월 국제 제정 이후 광무개혁사업이 본격화하면서 황실 및 여타 비목의 지출이 증가하는 데 반해 지방행정비는 예전과 같기 때문이다.

과천군(果川郡)의 경우를 보기로 한다. 〈표 14〉는 광무 연간 과천군의 경비 및 실상납액의 변화 과정에 관한 것이다.

〈표 14〉에 따르면 1900년부터 지방경비의 비중이 매우 낮아지고 있다. 이는 결가가 1900년에 50량, 1902년 80량으로 각각 인상되면서 상납액이 증가한 데 반해 군 경비는 1896년의 경우를 제외하고는 매년 동일했기 때문이다. 즉 정부에서는 식산흥업과 군사력 증강을 위해 소요 자금을 결가 인상을 통해 충당하였으나[121] 군 경비에는 더 이상 배정하지 않았던 것이다.

119) 이승렬, 『제국과 상인―서울, 개성, 인천 지역 자본가들과 한국 부르주아의 기원, 1896~1945』 제3장, 역사비평사, 2007.

120) 대한제국기 富國强兵事業에 관해서는 이태진, 「18-19세기 서울의 근대적 도시 발달양상」, 『서울학연구』 4, 1995; 이윤상, 앞 논문, 1996, 129~158쪽 참조.

121) 황실에서는 식산흥업과 군비강화를 위해 度支部 계통에서는 結價의 引上을, 內藏院 계통에서는 驛屯土 賭租 및 각종 商工租稅의 확보를 통해 자금을 충당하였다. 황실재정의 증가와 개혁 사업에 관한 내용은 이윤상, 앞 논문, 1996, 51~109쪽 참조.

〈표 13〉 1896~1904년 地方行政費 豫算

단위: 元

연도 비목	1896	1897	1898	1899	1900	1901	1902	1903	1904
漢 城 府	–	8,050	8,050	6,500	5,820	6,112	6,124	6,144	6,664
地方各道	–	140,916	140,916	143,424	143,424	91,962	91,962	91,962	91,962
地方各府	333,022	22,654	30,186	30,186	40,152	43,074	43,074	52,674	13,854
濟 州 牧	–	4,085	4,265	4,165	4,222	4,222	4,222	4,222	4,222
地方各郡	823,308	776,968	786,120	788,274	781,460	780,470	779,712	778,325	813,111
합 계(A)	1,156,330	952,673	969,537	972,549	975,078	925,840	925,094	933,297	929,813
충예산(B	6,316,831	4,190,427	4,525,530	6,471,132	6,161,871	9,078,682	7,585,877	10,765,491	14,214,298
A/B(%)	18.3	22.7	21.4	15.0	15.8	10.2	12.2	8.7	6.5

출전: 『舊韓國官報』(각 당해년도), 『奏本』(각 당해년도, 奎 17703)

비고: 이윤상, 「1894~1910년 재정제도와 운영의 변화」, 서울대학교 대학원 박사학위 논문, 144~145쪽 참조

區分 / 年代	實田畓 및 代錢額 (結數×結稅)	本郡經費 (a)	實上納錢 (b)	郡經費 百分率 (a/b)
丙申條 (1896)	918결 84부×30량 =27,565량 2전	10,770량	16,795량 2전	64.1
丁酉條 (1897)	902결 85부 5속×30량 =27,085량 6전 5푼	12,210량	14,875량 6전 5푼	82.1
戊戌條 (1898)	936결 40부×30량 =27,929량 5전 8푼	12,210량	15,719량 5전 8푼	77.7
己亥條 (1899)	913결 40부 6속×30량 =27,402량 1전 5푼	12,210량	15,192량 1전 5푼	80.4
庚子條 (1900)	904결 92부 6속×50량 =45,246량 3전	12,210량	33,036량 3전	37.0
辛丑條 (1901)	784결 30부 9속×50량 =39,215량 4전 5푼	12,210량	27,005량 4전 5푼	45.2
壬寅條 (1902)	911결 70부 7속×80량 =39,215량 4전 5푼	12,210량	60,726량 5전 6푼	20.1
癸卯條 (1903)	909결 2부 6속×80량 =72,722량 8푼	12,210량	60,512량 8푼	20.2
甲辰條 (1904)	885결 23부 6속×80량 =70,818량 8전 8푼	12,210량	56,608량 8전 8푼	21.6

출전: 「京畿管下四府三十四郡丙申條收租成册」奎 17899-1
「京畿管下四府三十四郡丁酉條收租成册」奎 17899-2
「京畿管下四府三十四郡戊戌條收租成册」奎 17899-3
「京畿管下四府三十四郡己亥條收租成册」奎 17899-4
「京畿管下四府三十四郡庚子條收租成册」奎 17899-5
「京畿管下四府三十四郡辛丑條收租成册」奎 17899-6
「京畿管下四府三十四郡壬寅條收租成册」奎 17899-7
「京畿管下三十五郡癸卯條收租成册」奎 17900-1
「京畿管下三十五郡甲辰條收租成册」奎 17900-2
「京畿管下三十五郡己巳條收租成册」奎 17900-3

정부의 이러한 방침을 여론에서도 적극 두둔했다. 전 헌납(獻納) 동
보연(董輔淵)은 상소문에서

물선진상(物膳進上)과 장시수세(場市收稅)를 말하건대 조정이 혁파하였으나 군에서 여전히 책봉하여 해읍수용지자(該邑需用之資)로 삼고 있습니다. 조정이 혁파한 본뜻이 어디에 있습니까.……만일 수세한다면 그 수는 많으나 민은 손익이 없고 국가는 보첨(補添)이 있습니다. 이 역시 재부(財富)의 한 방법입니다.[122]

라 하여 지방관들이 자의적으로 수탈하는 각종 무명잡세를 국가가 장악하여 국가재원으로 적극 활용할 것을 제안하고 있다. 즉 지방경비의 감소를 무릅쓰고라도 국가에서 재원을 장악하여 재부를 축적해야 한다는 것이다. 그런데 탁지부는 이 역할을 담당할 수 없었다. 1898년부터 중앙관리의 월급을 지불하지 못할 정도로 탁지부의 세정(稅政)은 매우 불안정했기 때문이다.[123] 그것은 이향층의 비협조와 반발에서 연유하였다. 이들 보수층은 여전히 결호전을 포흠한다든가 시장세를 수세한다든가 하여 중앙정부의 방침을 거부하였다. 향촌 보수세력이 이처럼 여전히 지방사회를 장악한 데 반해 정부의 개혁 방침을 관철시킬 제도가 정착되지 못했을뿐더러 개혁사업을 수행할 새로운 사회세력이 아직 등장하지 못했던 것이다. 그래서 민영환(閔泳煥)은 정세 외에 잡세라 할 수 있는 삼세(蔘稅), 광세(鑛稅) 등의 상공세를 군수에게 맡기지 말고 국가가 직접 수세할 것을 건의하였다.[124]

---

122) 『秘書院日記』, 光武 2년 10월 26일, 高宗 13책, 937쪽.
　　‘物膳進上及場市收稅言之 朝家以爲革祛者 而郡縣如前責捧 以爲該邑需用之資
　　朝家革祛之本意 果安在哉…然收而聚之 則其數巨萬 而民無損益 國有補添矣
　　此亦財富之道也’
123) 『皇城新聞』, 光武 3년 3월 3일.
　　『皇城新聞』, 光武 3년 9월 1일.
124) 『閔忠正公遺稿』 2, ‘千一策’.

광무 연간 내장원이 이러한 재원을 총관리하여 식산흥업의 기반으로 활용했던 것이 이러한 취지에서 나온 것이라 하겠다.[125] 그 결과 지방 경비분이 고정되거나 축소되었다.

광무정권은 이처럼 황실 주도로 자본을 축적하고 군비를 확충함으로써 대내적으로 국내주권을 확립하여 국가권력의 일원화를 꾀하는 한편 대외적으로 국외주권을 확보하여 러·일 열강으로부터 국가를 보전하고자 하였다. 그것이 대한제국기 주권국가 건설의 방향이었다. 그리고 주권국가정체로서의 전제군주정은 이렇게 해서 탄생했던 것이다.[126] 아울러 지방경비 운용에 대한 기존의 방침을 재확인하면서 지방행정조직의 관료화·집권화를 강력하게 추진하였던 것이다. 그 주된 목표는 결호전 제도에 입각하여 지방재정을 국가재정에 통합시켜 중간 수탈을 제거하고 지방행정을 개혁하려는 것이었다.

정부의 이러한 방침은 이후에도 지속되었다. 읍속배가 수미(需米)라든가 읍공용(邑公用), 향중소용(鄕中所用)이라 칭하고 민결(民結)에 배렴한다든가 장세(場稅) 등의 무명잡세를 수세하면, 해당 향리를 압상(押上)하여 엄감(嚴勘)했으며, 각 면리임장(面里任長)이 면내 공용과 허다한 용비를 결호에 부가하여 자의로 배렴하면 이도 엄징하였다.[127]

---

125) 내장원의 식산흥업 활동에 관해서는 李榮昊, 「대한제국시기 내장원의 외획운영과 상업활동」, 『역사와 현실』 15, 1995; 楊尚弦, 「大韓帝國期 內藏院 財政管理 研究—人蔘·鑛山·庖肆·海稅를 중심으로—」, 서울大學校 大學院 博士學位論文, 1997 참조.

126) 主權國家 성립 문제는 정부를 누가 장악하는가에 따라서 규정되는 것이 아니라, 그것은 일정한 영토에서 대내적으로는 國家權力의 最高性을, 대외적으로는 國家權力의 獨立性을 실현할 수 있느냐에 달려 있다. 그런 점에서 專制君主政도 근대국가의 정체인 것이다. 兪吉濬의 경우도 영국식 立憲君主政을 선호하나 현실적으로는 국민의 풍속과 나라의 형편에 따라 그 밖의 정체도 고려하였다(『西遊見聞』 제3편, 邦國의 權利).

127) 『全南隨錄』, 訓令 各郡, 光武 7년 10월 5일.

그리고 소위 시찰관, 봉세관(捧稅官), 위원, 파원(派員)이라는 것은 정부에서 훈령을 내려 소환하고 무명잡세는 모두 혁파하여 오직 행할 만한 것과 정지할 만한 것을 헤아려서 폐단을 제거하고자 하였다.[128] 그리고 광무 7년(1903) 11월 10일 관세사(管稅司) 및 징세서(徵稅署)의 징수 기능을 부활시켰다.[129] 즉 관세사장(管稅司長)은 관찰사와 대등 조회하고, 부윤 및 군수에게는 훈령 지령하며, 징세서장은 각 군수와 대등 조회하도록 하였다.[130] 그리고 관세사장 연봉은 1,400원, 징세서장 연봉은 1,000원, 주사 연봉은 420원으로 규정하였다.[131]

광무 연간 정부의 지방경비 운용방책은 이후에도 보완되었다. 비록 통감부 설치를 앞둔 1905년 시점이지만 양전 사업 감리를 역임했던 김성규(金星圭)가 강원도 순찰사로서 읍폐민막교혁(邑弊民瘼矯革)의 칙명을 받고 각 군에 내린 각종 절목과 장정이 그 대표적인 예이다.[132]

① 소위 전일 진배(進排)의 각고(各庫) 명색을 모두 시행하지 말고 군수소용(郡守所用)의 식료의차어육유청목물도기(食料衣次魚肉油淸木

---

128) 『奏本』69, 光武 8년 1월 12일.

129) 『舊韓國官報』2666호, 「管稅司及徵稅署官制 並 各邑賦稅所章程 施行의 停止에 관한 件 改正」, 光武 7년 11월 10일.
   정부의 이러한 부활 노력은 광무 2년(1898)부터 준비하여 광무 7년(1903)에 이르러 결실을 맺었던 것이다(『日本外交文書』29, '起國債議').

130) 『舊韓國官報』2666호, 「管稅司及徵稅署官制 改正」, 光武 7년 11월 10일.

131) 위와 같음.

132) 金星圭는 光武改革期 量田地契事業을 비롯하여 각종 개혁사업의 중추적이고 실무적인 역할을 담당하였다. 여기에는 地方經費方策과 鄕村自治改善論도 물론 포함되어 있다. 그래서 김용섭은 김성규를 광무개혁의 이념을 사회경제 면에서 창출하려고 노력한 인물로 평가하고 있다.
   金容燮, 「光武改革期의 量務監理 金星圭의 社會經濟論」, 『亞細亞研究』48, 1974(『增補版 韓國近代農業史研究―農業改革論·農業政策―』下, 1984 所收) 참조.

物陶器)로부터 범백물종(凡百物種)에 이르기까지 수서기(首書記)로 하여금 시가(時價)대로 시상(市上)에서 무용(貿用)하고 종전의 헐가 복정(歇價卜定) 등 탐오의 폐단은 영원히 혁제(革除)할 일[133]

② 소위 관수물종(官需各種)은 관정(官庭)에서 시가대로 시상에서 무용하고 전일 대두헐가(大斗歇價)와 늑색촌간(勒索村間)의 폐는 영원히 혁제할 일[134]

③ 소위 관수모창(官需牟刱)은 근년부터 탐관(貪官)부터라고 하니 국율(國律)을 범하고 민산(民産)을 해침이 이보다 심한 게 없으니 지금 이후로는 영원히 논하지 말 일[135]

④ 군수여행 시 교마세(轎馬貰)는 공행(公行)인즉 경비전(經費錢) 여비조(旅費條)에서 입용(入用)하고 사행인즉 봉전(俸錢)에서 입용하야 조령(朝令)을 늠준(懍遵)하며 전일 노령(奴令)의 교마고가체당(轎馬雇價替當)의 폐는 영원히 시행하지 말 일[136]

⑤ 본군관리의 공행여비(公行旅費)는 경비전(經費錢) 여비조(旅費條)로 입용하고 사행(私行)인즉 각기 관리가 봉전(俸錢)에서 스스로 감당하고 민간 수렴의 폐와 사령(使令)의 교복정(轎卜定)의 역은 영원히 혁파할 일[137]

⑥ 탐관시(貪官時) 소위 관용판재(官用板材)와 민력수운(民力輸運)은 더욱 이치에 가깝지 않으니 군수가 소용한 바가 있으면 한결같이 시가대로 무용하고 만일 수운(輸運)하고자 한다면 고수운(雇輸運)에 준해 지급하되 군수된 자가 무물출경(貿物出境)이 국유상헌(國有常

---

133) 『草亭集』 10, '民弊民瘼矯革章程'(寧越郡), 23~24쪽.
134) 위와 같음.
135) 위와 같음.
136) 위와 같음.
137) 위와 같음.

憲)하니 군수가 양심이 있으면 관판출경(官板出境)을 스스로 없게 할 수 있을 일[138]

⑦ 본군 관청전 1,200량과 서기청 예납전 300량은 영원히 시행하지 말 일[139]

⑧ 본군에서 납입하는바 찬수조(饌需條)와 각청유화조(各廳油火條)는 시행하지 말 일[140]

⑨ 노령청 모곡(毛穀)을 영영 혁파하야 일합곡(一合穀)이라도 다시는 거론하지 말 일[141]

⑩ 행상의 춘추수전(春秋收錢)과 작당자폐(作黨滋弊)를 본군에서 엄금하고 소위 관납전(官納錢)은 일문전(一文錢)이라도 다시는 거론하지 말 일[142]

⑪ 시상각항물종수세(市上各項物種收稅)는 일절 시행하지 말 일[143]

이전의 각고 명색, 관수물종 및 각종 잡역을 혁파하고 대신 시가대로 무용하거나 고가(雇價)를 지급하도록 규정하고 있다(①, ②, ③). 또 지방관의 여비는 각 군 경비 규정에 따라 지출하고 그 외 경비나 수령의 사적 경비는 본인이 지출하도록 했으며, 더군다나 관속과 민에게 전가하지 않도록 하였다(④, ⑤, ⑥). 끝으로 이전의 관청전 및 시장세 등 각종 무명잡세 수세의 관행을 혁파하였다(⑦, ⑧, ⑨, ⑩, ⑪). 정부의 지방재정개혁에도 불구하고 일부 군에서 여전히 자행되고 있는 구례를

---

138) 위와 같음.
139) 『草亭集』 10, '民弊民瘼矯革章程'(三陟), 27쪽.
140) 위와 같음.
141) 『草亭集』 10, '民弊民瘼矯革章程'(蔚珍), 34쪽.
142) 『草亭集』 10, '民弊民瘼矯革章程'(蔚珍), 35쪽.
143) 『草亭集』 10, '民弊民瘼矯革章程'(三陟), 36쪽.

전면 부인하고 재차 정부의 지속적인 개혁 노력을 보여준다 하겠다.

김성규는 향촌자치기구의 강화에도 진력하였다. 그것은 민의 성장을 도모하고 향촌 여론을 활성화함으로써 지방관리의 전횡과 수탈을 방지할 수 있다고 보았기 때문이다. 우선 관권의 비대와 관련하여 다음과 같이 설명하였다.

> 우리 강원도 내 대소민인은 그 각각 내 말을 명청(明聽)하라. 우리나라 관권이 매우 무겁고 민교(民敎)가 밝지 못해 진실로 믿는 바가 있으면 부당하게 행하는데도 행하고 만약 믿는 바가 없으면 부당하게 받는데도 받으니 하학(荷虐)의 정치가 위에서 이루어지고 죽같이 문드러진 형상이 아래에서 보임에 이르러 쌓이고 또 쌓이니 백성인즉 용감함이 춘추전국시대의 용사인 맹분(孟賁)·하육(夏育) 같더라도 스스로 여대(輿儓)를 달게 받아 벌벌 떨며 죄가 없는데도 죄가 있는 것처럼 하고 관(官)인즉 일물(一物)도 없는데도 기고(氣高)가 천 길이어서 높은 듯이 난쟁이가 거인이 되어 관이 하고 싶은 바를 백성들이 감히 따르지 않을 수 없고 관이 명령하는 바를 백성들은 감히 아니라고 말 못하니 슬프도다. 금일 국세(國勢)가 깃에 달린 술같이 위험함과 민생이 도탄에 빠진 것이 모두 여기서 나왔을 뿐이라.[144]

이 시기 국권이 약화하고 민생이 도탄에 빠진 것이 전적으로 거기에 있는 것임을 지적한 것이다. 그리고 향촌사회운영의 근간을 향약에서 구하되 군뿐만 아니라 면과 리에도 설치하고, 군향약에는 도약장 1원을, 면향약에는 면약장 1원과 면임 1인을, 리향약에는 두민 1인과 존위 1인을 두도록 하였다. 그리고 향회와 도향회(都鄕會), 대향회

---

144) 『草亭集』 10, '告示各郡大小民人文', 光武 8년 12월, 5쪽.

(大鄕會)를 설치하였다. 향회에는 도약장과 각 면약장이 회동하며, 도향회에는 도약장과 각 면·리의 두민·존위가 회동하며 대향회에는 도약장과 각 면 약장과 각 면·리 두민·존위와 각 리 중 해당 사민인 (社民人)이 회동하도록 규정하였다.[145]

그 기능은 다음과 같다. 우선 향회는 경내 조관(朝官) 유사(儒士) 중 해사외법자(解事畏法者)로 향장 후보 3인을 추천하고 군수가 이 중에서 1인을 임명하도록 하였다.[146] 그리고 이교 중 근신외법해사자(勤愼畏法解事者)로 각각 3인을 추천하고 군수가 이 중에서 1인을 임명하도록 하였다. 단 수뢰청촉(受賂請囑)의 폐단을 방지하기 위해 수교(首校)와 수서기가 그 무리를 모아 권점법(圈點法)으로써 정식 차출하도록 단서를 붙였다. 다음은 이에 관한 규정이다.

수순교(首巡校)와 수서기와 호장서기(戶長書記)는 근신해사지인(勤愼 解事之人)으로 향회에서 삼망(三望)을 준비하여 군수에게 천보(薦報)한 후에 군수가 비로소 차첩(差帖)을 만들어 출차(出差)할 수 있으며 이하 제 순교제서원(諸巡校諸書員) 등의 소임은 수순교 서기가 제리제교(諸吏諸 校)와 회동하여 권점법(圈點法)으로써 정식 차출하며 전일 탐오배수청촉 (汚輩受賂請囑)의 폐단을 영원히 혁제할 일[147]

이러한 규정은 광무정권이 취한 지방제도 개혁 방향에 자치적 경향을 가미한 것으로 향회의 기능을 더욱 강화한 것이라 하겠다. 이런 향

---

145) 『草亭集』 10, '民弊民瘼矯革章程'(蔚珍), 33쪽.
146) 『草亭集』 10, '民弊民瘼矯革章程'(蔚珍), 34쪽.
    '鄕長은 以有知識有德望之人으로 自鄕會中備三望薦報於郡守한 후에 군수가 始 可成差帖差出할 事'
147) 『草亭集』 10, '民弊民瘼矯革章程'(蔚珍), 34쪽.

회는 군수와 수서기 등의 지방관리들을 견제할 수 있는 권한을 부여
받고 있다.

　군수와 서기, 순교 등이 만약 한 터락이라도 상항제조(上項諸條)를 위
배(違背)하거나 결전호전탁지부원납(結錢戶錢度支部元納)과 절목 중 허
락한바 서원연례조(書員年例條) 외 만약 한 푼의 돈이라도 가렴의 폐단이
있거나 탁오혼외(濁汚昏聵)의 군수가 뇌물을 받아 정치를 잘못하거나 아
래에 손해를 끼치고 위에 이익을 주거든 도약장과 각 면 약장이 향회를 열
어 소장(訴狀)을 만들어 관정(官庭)에 제출하여 지성으로 간고(懇告)하여
귀정(歸正)을 기약하고 만약 청구하지 못하거든 대향회를 열어 종전대로
관정에 간고하되 한결같이 미혹하여 알아서 고치지 않거든 대향회에서 거
원(擧員)을 정해 기송(起送)하여 본도 관찰사와 내부 의정부 평리원(平理
院) 법부(法部)에 이르기까지 상소하여 상사(上司)에게 처분을 받을 일. 미
진한 제조(諸條)는 향회에서 임시로 의정할 일[148]

　이에 따르면 도약장과 각 면 약장이 향회를 열어 군수와 서기, 수
교 등의 위법을 관정에 고할 수 있으며 그래도 시정이 안 될 경우에는
대향회를 열어 관정에 다시 고하고 그래도 시정이 안 되면 관찰사와
내부, 평리원까지 상소하도록 하였다. 특히 주목할 것은 군수의 관여
를 애초부터 봉쇄하여 자치의사기구로서의 역할을 수행할 수 있도록
한 점이다. 갑오개혁기 「향회조규(鄕會條規)」의 경우, 향회에 해당하는
군회는, 군수가 참여하고 있어 사실 군수의 행정집행을 보조하는 데
그치지만 이 경우에는 군수의 행정집행을 감독하고 군수의 횡포를 견

---

148) 『草亭集』 10, '民弊民瘼矯革章程'(寧越).

제하는 의사기구로서의 역할에 비중을 두고 있다. 뿐만 아니라 갑오개혁기의 대회는 군회 그 자체로 군수 외 각 면집강, 각 면 공거인 2인만이 참여할 수 있어 관권을 견제하는 데 많은 한계가 있었던 데 반해 이 대회는 도약장, 면약장, 각 면·리 두민·존위 등이 참여할 수 있어 향촌의 여론을 광범하게 수렴하여 관권을 효율적으로 견제할 수 있었다.[149] 물론 「향회조규」와 달리 리민(里民)들이 매호 1인씩 참여할 수 있는 리회를 두고 있지 않다. 리회가 당시 민란의 조직으로 전화할 수 있으며 더 나아가 국가의 위기를 야기할지 모른다고 우려했기 때문이었다.[150] 다른 한편 「향회조규」의 경우, 리회를 두어 리민(里民)의 참여를 보장하고 있어 바람직한 자치형태라 하겠다. 그러나 대회인 군회가 군수의 행정보조기구에 불과하였으므로 리민의 실질적인 발언은 봉쇄되어 있다 하겠다. 결국 「향회조규」의 경우는 리회를 적극 향촌자치기구로 수렴하지 못하고 오히려 민과의 갈등을 조장할 수 있는 반면에 김성규의 안은 비록 일반민의 참여 공간을 축소하였지만 각 면·리의 두민과 존위 등의 발언을 적극 수용하여 관권을 견제하고 향촌사회의 안정을 도모할 수 있었다. 참고로 갑오개혁기의 「향회조규」 및 「향약판무규정」과 비교하여 각급 향회의 구성원과 기능을 나타내면 〈표 15〉 및 〈표 16〉과 같다.

---

149) 물론 행정단위의 각급 鄕會가 존재하였다. 가령 향회는 군 단위의 郡會이기도 하여 都約長을 천발하였으며, 면 단위의 面會는 面約長을 천발하였다. 그러나 김성규의 향촌자치론을 보면, 이런 행정단위에 따른 郡會·面會·里會보다는 참여 규모에 따른 鄕會, 都會, 大會에 더 큰 비중을 두고 있음을 알 수 있다[『草亭集』10, '民弊民瘼矯革章程'(蔚珍), 33~34쪽].

150) 김성규는 興德을 비롯한 민란이 民會를 배경으로 비합법적인 폭력 투쟁으로 나아가는 사례를 목도하는 가운데 민이 모두 참여할 수 있는 里會를 부정적으로 인식한 게 아닌가 한다.
金容燮, 앞 논문, 1974, 148~149쪽 참조.

〈표 15〉 **甲午改革期 鄕會의 구성원과 기능**

각급	구성원	기능
小會 (里會)	尊位, 里내 每戶 1인	尊位, 書記, 頭民, 下有司 선출, 안건 의정 행정 감독
中會 (面會)	面執綱, 各里 尊位, 各里 公擧 2인	執綱, 書記, 下有司, 面主人 선출, 안건 의정, 행정 감독
大會 (郡會)	郡守, 各面 執綱, 各面 公擧 2인	안건 의정 행정 감독

출전: 「鄕會條規」, 「鄕約辦務規程」

이와 같이 광무개혁기의 향회는 군 행정의 보조기구나 하부기구가
아니라 관권을 견제하고 지방민의 발언을 보장하고 있다. 비록 이 향
회에 모든 향촌민이 참여할 수 없고 도약장 등의 대민이 주도하지만,
향장 이하 지방관리를 천망하고 심지어 군수를 포함한 지방관리의 비
위를 규찰하고 대회 등을 거쳐 상급 기관에 상소할 수 있었다.

이렇게 보면 광무정권은 소기의 두 가지 목적을 달성하려 했음을
확인할 수 있다. 무엇보다도 정부는 각 군 경비 배정제도에 근간하여
지방경비를 절감할 뿐만 아니라 지방경비의 운용을 감독하고 통제하
려 하였다는 점이다. 다음으로 정부는 이러한 지방재정개혁을 실현
하기 위해 지방행정의 개혁과 정치적 통합체계의 확립에 진력하였다.
즉 수령·이서층의 부정을 방지하고 지방경비를 효율적으로 운용하
는 동시에 내부-관찰사-군수-면임-리임이라는 지방행정조직을 체
계화하고 일원화하려 하는 한편 국가 차원에서 향회-도향회-대향회
라는 각급 향회를 설치하여 향촌민의 성장을 체제 안으로 적극 끌어
들이는 동시에 기존 재지 지배층의 무단을 방지하는 것이었다. 물론
이러한 방안은 일부 지역에서 이향층의 반발 및 지방 장악력의 약화
를 초래하였으며 심지어 러일전쟁으로 말미암아 실현 여부가 불투명

〈표 16〉 光武改革期 鄕會의 구성원과 기능

각급	구성원	기능
大鄕會	都約長, 面約長, 各面 各里 頭民·尊位, 各里 中 解事民人	지방관리 규찰·上訴 행정 감독
都鄕會	都約長, 面約長, 各面 各里 頭民·尊位	지방관리 규찰·上訴 행정 감독
鄕會	都約長, 面約長	鄕長, 書記, 巡校 선출, 행정 감독 지방관리 규찰·上訴

출전: 『草亭集』 10, '民弊民瘼章程'
비고: '民弊民瘼章程'에서 각급 향회의 등급은 구성원의 참가 범위에 맞추어 재조정됨

해졌다. 그러나 이 방안이 지방행정의 근대화를, 나아가 농촌사회의 안정 및 국권의 확립을 목표로 마련되었다는 점에서 광무정권이 취한 주권국가의 건설 방향을 적극적으로 검토할 필요가 있다.

5

통감통치기
지방세제 시행과
한국인의 동태

1

일제의 지방세 제도 강행

1) 지방재원의 장악 구상과 「지방세규칙」

일제는 1906년 1월 통감부를 설치하면서 '재정정리(財政整理)'를 단행함과 동시에 지방재정 문제를 논의하기 시작하였다. 그것은 그간 갑오·광무정권이 추진했던 지방행정의 일원화 방침을 견지하는 한편 향회제도 및 향장제 등의 지방자치제를 압살하고 조세 수탈을 위한 기반을 조성하는 데 주안을 두었다. 기존 지방경비 배정제도의 폐지와 지방재정의 제도화는 이러한 의도하에 진행되었다. 그런데 지방재정의 제도화는 단지 지방재정을 국가재정으로부터 분리한다는 방침만을 의미하지 않는다. 그것은 국가재정과 별개로 설정되어 있지만 국가 법률을 통일적으로 적용받는 근대적 지방재정을 창출하는 것이었다. 그러나 재정권이 한국 정부나 지방자치단체가 아니라 통감부에 귀속되어 조세 수탈의 근간으로 활용되었다는 점에서 일제가 지방재정을 제도화하려는 시도는 그들의 한국 통치를 지방 차원에서 물질적으로 뒷받침하는 지방재정을 구축하는 데 목표를 둔 것이었다.

통감부는 이러한 목표를 달성하기 위해 두 가지 방안을 강구하였다. 하나는 지방제도의 개정을 통해 일반 행정비를 줄이고 여타 필요 경비를 늘리는 방안이었다. 또 하나는 지방세 제도를 마련하여 추가 재원을 확보하는 방안이었다.

우선 1906년 2월 통감부는 내부에 '지방군현의 폐합안'을 작성해서 보고하도록 하달하였다.[1] 당시 내부에서 작성한 폐합안을 보면 한국 정부가 이전에 마련한 군합병안을 한층 강화했음을 알 수 있다. 즉 내부는 13도를 9성으로 하고 관찰부를 도내의 중앙군(中央郡)으로 이설하는 한편 3, 4개 군 또는 2, 3개의 군을 1개 군으로 만들어 345군을 170군으로 통폐합하는 안을 작성하였던 것이다.[2] 인구 · 호수의 불균(不均), 전토 결세의 「부제」(不齊), 산천도로의 부적중(不適中) 및 무역 · 교통의 불편 등이 당시 큰 문제로 부각되었고, 지방재정과 관련해서도 군현의 대소와는 상관없이 군청의 수보, 군수의 봉급 및 청역(廳役)의 요름(料廩) 등의 제반 경비가 호번했기 때문이다.

나아가 통감부는 이 문제를 본격적으로 검토하기 위해 1906년 4월 7일 조사위원을 뽑아 지방제도조사소(地方制度調査所)를 구성하였다.[3] 내부 지방국장 최석민(崔錫敏), 탁지부 사세국장 이건영(李建榮), 종2품 오상규(吳相奎), 삼화감리(三和監理) 이원경(李原競), 정3품 박희

---

1) 『大韓每日申報』, 光武 10년 3월 2일, '地方改革'.
2) 지방제도 개정안은 이미 1904년 12월 중앙관제 감축안과 함께 신문에 보도되기도 하였다. 이 안에 따르면 일본인 재정고문관 目賀田種太郞가 참여하는 官制釐正所에서 360개 군을 150개 군으로 감축하고 관찰부는 동, 서, 남, 북, 중앙으로 설치하는 것이었다(『大韓每日申報』, 光武 8년 12월 7일).
3) 『舊韓國官報』 3424호, 光武 10년 4월 11일.
  『大韓每日申報』, 光武 10년 4월 7일; 4월 25일.
  『皇城新聞』, 光武 10년 4월 10일.

로(朴羲老), 전 참서관(參書官) 홍재기(洪在箕), 내부 경무국장 유성준 (俞星濬) 등의 7인을 조사위원으로 임명하고 그 외 일본인 가메야마리 (龜山理平太) 경시(警視)와 시오카와(鹽川一太郎) 통역관을 촉탁으로 삼았다.[4] 지방제도 관련 부서의 주요 관리들이 망라된 셈이다. 특히 일본인을 참여시켜 진행 상황을 고무했다는 점에서 통감의 의도를 여실히 드러낸다 하겠다. 지방제도조사소는 7월에 '지방제도 개정청의서 (地方制度改正請議書)'를 각의에 제출하였다.[5] 도계(道界)는 기존대로 13개로 그대로 두고 부군(府郡)은 219개로 줄이는 안이었다.[6]

그러나 군폐합을 포함한 지방제도의 이러한 개정에 대해 당시 여론은 호의적이지 않았다. 신문에서는 군폐합으로 인해 군민 간의 대립이 야기된다거나 향리가 반발할 것을 우려하였다.[7] 그 결과 통감부는 1906년 7월 23일 통폐합안을 철회하였다.[8] 통폐합 문제가 제기된 지 겨우 4개월이 지난 시점이었다. 통감 이토는 지방제도의 개정 필요성을 재정 면에서 구하면서도 그런 우려를 불식시킬 수 없었던 것이다.[9] 그래서 내부는 7월 25일 13도에 다음과 같은 훈령을 내려보내 지방관

---

4) 俞星濬의 경우, 4월 21일자로 임명받아 나중에 합류하였다(『舊韓國官報』 3436호, 光武 10년 4월 25일).

5) 『地方制度調査』(1906), '地方制度改正請議書'.

6) 合減郡의 수효는 지방제도조사소의 최초안에서는 112개 군인 반면 통감부 수정안에서는 182개 군이었다(『皇城新聞』, 光武 9년 7월 17일, '合郡數爻'). 그리고 최종안에서는 府와 郡을 합쳐 219개 부군이었다.

7) 『皇城新聞』, 光武 10년 7월 23일, 7월 24일, 논설 '合郡이 不當其時'. 이후에도 『황성신문』 계열은 시기상조를 이유로 합군을 반대하였다(『皇城新聞』, 光武 10년 9월 6일, '再論地方制度改正').

8) 郡 통폐합은 1914년에 가서야 일제의 의도대로 되었다.
이정은, 「일제의 지방통치체제의 수립과 그 성격」, 『한국독립운동사연구』 6, 1992, 32~33쪽.

9) 의병들의 항일전쟁으로 말미암아 일제가 지방을 장악하지 못한 상황이 주요 요인으로 보인다(『大韓每日申報』, 光武 10년 7월 25일).

과 이속들의 반발을 무마하려 하였다.[10]

> 近以 地方合郡等說로 傳說狼藉ᄒ야 爲郡守者는 皆懷患失ᄒ고, 所屬
> 吏屬은 廬絶料賴에 煽動浮言ᄒ야 以致民心滋惑ᄒ니 誠極駭歎이라 大抵
> 合郡事件은 自政府로 初無定說이거늘 今此訛說이 從下傳播인지 賢茲外
> 郡 形便은 人志가 未定이거늘 以其無據로 煽惑輿情이기로 茲庸發訓ᄒ
> 노니 致卽另飭管下各郡ᄒ야 傳爲字牧者로 安心察職ᄒ고 吏屬及庶民으
> 로 開悟安業케 함이 爲宜事[11]

내부는 지방관 및 관속배의 반발에 당황하여 이처럼 각 군 통폐합
방침을 와전으로 돌리면서 이전 방침을 철회했다. 대신에 9월 24일
공포된 「지방구역정리건」에서는 각 군의 경계를 교정하여 이거면(移去
面), 내속면(內屬面), 주입지(駐入地), 비입지(飛入地) 등 4종으로 구별
한 후, 해당 지방구역을 정리하였다.[12]

그러나 일제는 지방경비를 종래의 수준으로 책정할 수는 없었다.
당장 의병을 비롯한 한국인들의 대대적인 항일 투쟁을 효과적으로 제
압하기 위해서 지방관제 개정을 비롯한 지방통치기구의 확충을 서둘
렀기 때문이다. 1906년 9월 28일 「지방관관제」의 개정에 따라[13] 조정
된 일반 행정비와 광무 연간의 지방경비 배정액을 비교하면 전자는

---

10) 물론 통감부의 지방제도 개정 방안이 완전히 철회된 것은 아니다. 이후에도 지방제
   도가 개정되면 군수의 월봉이 오른다고 회유하기도 하고 재정고문관 등이 군수회
   의에 참여하여 통폐합을 지속적으로 독려하였다(『大韓每日申報』, 光武 10년 9월 4
   일).
11) 『皇城新聞』, 光武 10년 7월 26일.
12) 『勅令』17, 勅令 제49호 「地方區域整理件」, 光武 10년 9월 24일.
   『大韓每日新聞』, 光武 10년 9월 28일.
13) 『勅令』17, 勅令 제50호 「地方官官制 改正」, 光武 10년 9월 24일.

1,027,772원이고, 후자는 710,111원으로 317,661원이 증가하였다.[14] 특히 일본인 참서관, 사무관 및 통역관이 부, 도에 각각 배치되어 일반 행정비가 증가하였다. 또한 통감부는 군에도 사무관을 배치하려고 하였다. 그러나 이에 필요한 재원을 확보할 수 없었다. 일본인 관리들의 주장에 따르면 지방행정 및 경찰행정을 수행하기 위해 참여관과 사무관 등의 직원을 두어야 함에도 불구하고 지방세(地方稅) 제도를 마련하지 못해 그 비용을 충당할 수 없다는 것이다.[15] 즉 일본인들은 지방세 제도를 한국의 지방 장악을 위한 재정제도로서 파악하였다.

그리고 통감부의 예상대로 지방행정비가 급속하게 증대하였다. 통감부로서는 어떠한 방법을 동원하더라도 이를 충당할 재원을 확보해야 했다. 〈표 1〉은 1905년부터 1910년까지 국고에서 지출된 지방행정비의 내역이다.

지방행정비가 계속 증가하는 추세였으며 특히 1907년도에 이르면 1905년 지방행정비의 3배 이상에 달할 정도였다. 또한 매년 지방행정비의 증가율이 전체 세출예산 증가율을 훨씬 상회하여 1908년도에는 총예산에서 차지하는 비율이 15%를 초과했으며 심지어 1910년도에는 20%를 상회하였다. 당시 신문에는 1907년의 내부예산이 1906년도의 세출예산과 비교했을 때 무려 3배나 증가한 것으로 보도되었다.[16]

---

14) 『勅令』17, 勅令 제51호 「地方官官等 俸給令」, 光武 10년 9월 24일.
　　統監府編, 『韓國施政一班』, 1906, 155~159쪽.
15) 統監府, 『韓國施政年譜』, 1906, 56~57쪽.
　　'관찰사의 권한은 종래 매우 광범하여 兵事, 收稅, 鑛業, 度量衡 등에 관한 사무를 삭제하여 이것을 적당히 한정하고, 道書記官, 事務官과 主事로 하여금 일반 내무행정을 맡게 하고 경찰사무는 상기와 같이 警視以下로 하여금 맡게 하고 府郡에서는 종래와 큰 차 없이 그 직원 중 府에는 參與官을 두고 필요에 따라서는 府郡에 事務官을 둘 수 있도록 할 것…등등인데 目下 地方稅의 制度가 없음에 따라 그에 관련한 사항(일반 행정과 경찰행정)을 삭제할 것'

〈표 1〉 1905~1910년 國庫에서 지출된 地方行政費

단위: 圓

구분＼연도		1905	1906	1907	1908	1909	1910
지방 행정비 (A)	금액	705,465	1,076,636	2,189,791	3,851,350	4,500,145	4,926,348
	對比	100	153	310	546	638	698
총세출 예산 (B)	금액	9,556,836	7,967,388	17,375,951	23,352,857	29,227,549	23,765,594
	對比	100	83	189	244	306	249
A/B(%)		7.4	13.5	12.6	16.5	15.4	20.7

출전: 荒井賢太郎, 『韓國財政施設綱要』, 1910, 25~26쪽
비고: 對比는 1905년 금액에 대한 각 연도 금액의 비율(%)을 산출한 것임

그만큼 지방행정비가 국가재정에 부담을 주고 있었다. 또한 농상공부의 경우도 내부의 경우와 마찬가지로 3배나 증가하고 있었다.[17] 재원의 추가 확보는 통치체제를 강화하고 수탈을 위한 제반 기반을 조성하는 데 매우 절실했던 것이다.

한편 당시 일본 국내의 재정정책도 지방재정 부활의 주요 요인으로 작용하였다. 일본 정부는 재정을 비롯한 경제 상황이 러일전쟁 이후 공황으로 말미암아 전반적인 위기 속에 빠져 있어 통화 증발을 억제하는 등의 디플레 재정정책을 수행하고 있었던 것이다.[18] 특히 일본 대장성은 1908년 예산 편성부터 적극 재정에서 긴축 재정으로 전환하였다.[19] 따라서 일본의 대한차관(對韓借款) 역시 물가상승률에 비해 상대적으로 그 비율이 종전보다 떨어지고 있었다. 〈표 2〉 1906~1910년

---

16) 『大韓每日申報』, 光武 10년 9월 21일.
17) 위와 같음.
18) 楫西光速, 加藤俊彦, 大內力, 大島淸 편, 『日本資本主義の發展』 Ⅱ, 東京大學校出版會, 1967, 310~315쪽.
19) 石井寬治・原 郎・武田晴人 編, 『日本經濟史 2 産業革命期』, 東京大學出版會, 2000, 84쪽.

〈표 2〉 1906~1910년 일본의 對韓投資

단위: 千圓

구분 연도 및 금액		일본 정부가 지출한 한국 경영비			한국 정부 세출 합계
		총액	군사비	행정비 및 사업비	
1906	금액(지수)	30,201(100)	14,872(100)	15,330(100)	7,957(100)
	구 성 비	100.0	49.2	50.8	–
1907	금액(지수)	26,926(89)	10,224(69)	16,702(109)	17,376(218)
	구 성 비	100.0	38.0	62.0	–
1908	금액(지수)	31,121(103)	15,441(104)	15,680(102)	23,353(298)
	구 성 비	100.0	49.6	50.4	–
1909	금액(지수)	21,207(70)	10,358(70)	10,849(71)	29,228(367)
	구 성 비	100.0	48.8	51.2	–
1910	금액(지수)	25,837(86)	10,194(69)	15,643(102)	23,766(298)
	구 성 비	100.0	39.5	60.5	–

출전: 水田直昌, 『統監府時期の財政』, 1975, 202쪽

비고: 구성비는 해당 費目이 '한국 경영비' 총액에서 차지하는 비율임

일본의 대한투자(對韓投資)는 이를 잘 보여주고 있다.

〈표 2〉에 따르면 투자금액이 줄어드는 반면 행정비 및 사업비는 1909년을 제외하고는 줄어들지 않고 있다. 더욱이 한국 정부의 총세출도 늘어나는 추세여서 늘어나는 행정비 및 사업비에 소요되는 재원은 별도로 확보해야 했다. 따라서 일제는 차관금에 대체할 이러한 재원을 한국 국내에서 찾아내어 이 비용을 충당하고자 하였다.

이에 일제는 재원을 확보하기 위해 지방세제의 제정에 주력하였다. 그 결과 1906년 4월 7일 지방제도조사소가 보고한 「지방제도조사(地方制度調査)」에서 지방세의 종목이 구체적으로 언급되기에 이르렀다.[20] 즉 조사소는 '지방세유사자(地方稅類似者)'라는 항목에 종래 탁지부 내지 내장원에 이속되었던 시장세, 포구세 등의 잡세를 포함시

---

20) 『地方制度調査』(1906); 『大韓每日申報』, 光武 10년 4월 7일.

컸던 것이다.

1906년 8월 15일 제10회 '한국시정개선(韓國施政改善)에 관한 협의회'에서 통감부는 지방제도의 개선을 구실로 지방세 문제를 거론하였다.[21] 여기서 통감 이토는 지방세 부과의 필요성을 강조하는 탁지부대신 민영기(閔泳綺)의 언급에 동의를 표하면서도 징수의 편의를 이유로 부가주의(附加主義)를 채택할 것을 종용했다. 그리고 민영기도 지방제도의 개정과 함께 지방세제의 시행에 역점을 두고 이를 적극 추진하려 하였다. 지방세제의 실시는 1906년 9월 「지방관관제」를 개정하면서 기정 사실화하였다.[22]

지방세의 종목은 1906년 11월 16일 제12회 '한국시정개선에 관한 협의회'에서 거론되었다.[23] 여기서 탁지부대신 민영기는 관찰사가 관내각 관찰부에서 부과 징수할 지방세의 종목, 세율 및 세액을 예정하여내부, 탁지부 양 대신의 인허를 받는 지방세제안을 제시하였다. 이러한제안은 통감부의 부가주의 방식과는 다른 독립주의 방식으로 도 이하지방기관의 자율성을 최소한이나마 보장하기 위한 방안으로 보인다.

이에 반해 일제는 대한제국 관료들의 요구대로 독립주의 방식을 수용하되 관찰사가 지방세 종목 등을 개별적으로 정하는 것에 대해서는회의적인 태도를 보이고 부과의 표준을 일률적으로 적용할 것을 강조

---

21) 金正明, 『日韓外交資料集成』 6-上, '韓國施政改善에 關한 協議會 第10回'.
   이토는 이 회의에서 지방세제 시행을 본격적으로 거론하기에 앞서 외국인의 토지소유를 합법화할 것을 주장하는 가운데 토지 소유 대가로 외국인에게도 지방세를부과하자고 제안하였다. 지방세 부과를 빌미로 일본인의 토지 소유를 합법화하고자 하는 의도를 엿볼 수 있다. 이와 관련하여 崔元奎, 「韓末 日帝初期 土地調査와土地法 硏究」, 延世大學校 大學院 博士學位論文, 1994, 155쪽 참조.
22) 『舊韓國官報』 3570호, 勅令 제50호 「地方官 官制改定」, 光武 10년 9월 28일.
   여기서 지방관에게 지방세를 징수할 수 있는 권한을 부여하였다.
23) 金正明, 『日韓外交資料集成』 6-上, '韓國施政改善에 關한 協議會 第12回'.

하고 있다. 이와 같이 일제는 지방세제의 시행상 한국인 관리들의 협조를 구하기 위해 독립주의 방식을 마지못해 수용하면서도 도 이하 지방기관의 자치 기능을 애초부터 봉쇄하고 중앙정부에 예속시켜 지방통치의 효율성을 제고하려 하였다.[24]

이후 이토의 주문에 따라 메가다(目賀田種太郎)와 한국인 관리 간에 지방세에 관한 협의가 본격화하였고 11월 28일에는 정부회의에서 지방세규칙을 의정하기 위해 조사위원을 차정하였다.[25] 이때 차정된 한국 측 내부 및 탁지부 고위 관리는 내부협판 최석민(崔錫敏), 탁지협판 유정수(柳正秀), 지방국장 유성준, 탁지부 사세국장 이건영 등이었으며, 일본 측에서는 내부 참여관 촉탁 가메야마리(龜山理平太), 시오카와(鹽川一太郎), 재정고문부 고바야시(小林重), 쿠바(久芳直介) 등이 참여하였다.[26] 이와 같이 조사위원회가 구성되자 이 조사위원들은 재정고문과의 긴밀한 관계 속에서 지방세에 관한 각종 사항을 협의한 것으로 보인다. 그 결과 조사위원회에서는 12월 6일경에 한 차례 회의를 거친 뒤 14일경에 지방세 징수 종목을 결정하였다. 그 내용을 보면 〈표 3〉과 같다.

〈표 3〉에서 보듯이 장시 거래 물품을 비롯하여 손수레까지 부과 대상으로 올렸다. 세원이 될 수 있는 것이라면 무엇이든지 잡세의 세목으로 설정하였다. 그리고 일제는 한국인들에게 이 「지방세규칙」이 각국의 사례를 따라 각 군청의 경비를 해당 지역에서 걷히는 지방세로 충용하기 위해 마련되었다고 선전하였다.[27]

---

24) 일제의 이러한 의도는 1906년 9월 鄕長制의 폐지와 함께 鄕會 解體 노력에서 잘 드러난다. 이에 관해서는 주 32) 참조.
25) 『皇城新聞』, 光武 10년 11월 29일.
26) 『皇城新聞』, 光武 10년 12월 1일.
27) 『皇城新聞』, 光武 10년 11월 19일.

〈표 3〉 1906년 10월 地方稅 徵收 種目과 賦課 方式

종 목	부과 방식	종 목	부과 방식
場市稅	放賣價格의 2/100	人力車稅	1輛에 2원
浦口稅	通關貨物價格의 5/1000	自轉車稅	1輛에 3원
旅閣稅	取扱諸物價格의 5/1000	荷車稅	1輛에 3원
店稅	陶鑄器製造預定價格의 1/100	손수레稅	1輛에 1원
紙筒稅	制紙豫定價格의 1/100	花稅(妓/娼)	36원/24원
轎稅	1대에 2원		

출전: 『皇城新聞』, 光武 10년 12월 14일

지방세제의 제정에 필요한 준비가 이처럼 모두 갖추어지면서, 통감부는 대한제국 내각의 이름을 빌려 1906년 12월 29일에 칙령 제81호로 「지방세규칙」을 공포하였다.[28] 내용의 요지는 다음과 같다.

첫째, 토목, 교육, 권업, 위생 및 행정 등의 경비 내역을 규정하고 있다. 둘째, 지방세 종목을 상세하게 규정하고 있다. 여기에는 시장세, 포구세, 여각세(旅閣稅), 교세(橋稅), 인력거세, 자동차세, 하거세(荷車稅) 및 화세(花稅) 등이 포함되었다. 끝으로 한성 부윤과 각 도 관찰사가 지방수입지출에 관한 매년 예산을 편성하고 내부 및 탁지부대신에게 제출하여 인허를 받는다고 규정하였다. 이 법령은 지방관청의 지출 내역, 지방세 종목 및 회계 방식을 이처럼 규정하고 있어 지방관청의 재정 기반을 마련하고 있다.

내부는 법령의 제정과 동시에 각 도와 각 군에 응세 종목을 조사하여 1907년 2월 30일까지 보고할 것을 하달하였다.[29] 조사 내용의 양

---

28) 『勅令』 18, 勅令 제81호 「地方稅規則」. 全文은 〈부록 3〉.
29) 『訓令謄錄』(奎古 4255-10), 觀察道 訓令 제20호, 光武 11년 2월 8일.
　　이때 내부는 지방세와 관련된 포구 지명과 포구를 통과하는 화물의 종류, 객주 소

〈표 4〉 1907년 地方稅 應稅 種目 調査 內譯 樣式

종 목	조 사 내 역
市 場	地名, 開市日字, 放置物品種類, 媒介者姓名
浦 口	地名, 通過貨物種類
旅 閣	所在地名, 閣主姓名, 售賣物品種類
轎	轎主姓名과 居住
人力車	車主姓名과 居住
自轉車	車主姓名과 居住
荷 車	車主姓名과 居住
娼 妓	姓名과 居住

출전: 『訓令謄錄』(奎古 4255-10), 觀察道 訓令 제20호, 光武 11년 2월 8일.

식은 〈표 4〉와 같다.

〈표 4〉에서 시장에서 창기에 이르기까지 조세가 부과될 만한 대상을 찾아 지명, 화물 종류, 성명 및 거주지 등을 상세히 파악하려 했음을 알 수 있다.

곧이어 탁지부는 2월 22일에 부령(部令)으로 「지방세규칙시행세칙(地方稅規則施行細則)」을 공포하였다.[30] 이 규칙에서는 부과 방법과 징수 방식이 구체적으로 규정되었다.

첫째, 시장세의 경우 개시일(開市日)마다 징수원이 해당 시장 물품 방매자와 그 매개자로부터 징수하고 즉시 영수증을 교부하도록 하였다. 둘째, 포구세의 경우, 매 포구의 징수원이 화물 통과 때마다 징수하고 영수증도 교부하도록 하였다. 이때 징수원은 세무관 또는 군파

재지, 객주 성명 등을 1907년 1월 30일까지 보고하도록 지시하였다(『皇城新聞』, 光武 11년 1월 30일).

30) 『舊韓國官報』 3696호, 度支部令 제6호 「地方稅規則施行細則」, 光武 11년 2월 22일.

주(郡派駐) 세무주사가 해당 시장 또는 포구 부근에 사는 부요자(富饒者) 중에 적당하다고 인정되는 자로 선정하였다. 아울러 징수원은 매월 15일과 말일에 지방세를 출납하는 은행에 납부하되, 납부액의 2/100를 수수료로 교부받았다. 셋째, 여각의 주인은 매년 1월 31일 내로 1년간에 있을 수매 물품의 가격을 예정하여 해당 지역을 관할하는 세무관 또는 군파주 세무주사에게 보고하도록 하였다. 넷째, 인력거, 자전거, 우거, 마차와 수만거(手挽車)를 소유하고 있는 사람은 객주와 마찬가지로 세무관 또는 군파주 세무주사에게 보고하도록 하였다. 다섯째, 기(妓)나 창(娼)이 되고자 하는 사람은 친척이나 인족(姻族)의 보증인과 연서하여 소관 세무관 또는 군파주 세무주사의 인허를 받도록 하였다. 끝으로 납세의무자는 광무 11년(1907) 2월 말까지 성명, 거주 및 납세의무를 갖는 사람을 관할 세무관 또는 군파주 세무주사에게 보고하도록 하였다. 또한 각 도·군에 예산양식을 하달하여 지방세수입예산 조사서 및 지방경비지판예산명세서(地方經費支辦豫算明細書)를 3월 말까지 보고하도록 지시하였다.

일제는 이처럼 「지방세규칙」의 제정과 관련하여 세칙 마련과 훈령을 통해 지방세 징수에 필요한 사전 준비를 완료하였다. 그리고 이런 지방세는 각 도·군 예산에 반영되어 지방경비에 충당하도록 규정하였다. 즉 법령의 취지와 예산 편성에서 국가재정과 지방재정의 분리 및 지방재정의 제도화 등 지방재정의 근대적 형식을 갖추었다.

그러나 「지방세규칙」 제정의 궁극적인 목표는 오로지 조세 증수에 있을 뿐 지방자치제의 시행과는 전혀 관계가 없었다. 우선 일본 국내의 경우 메이지정부는 「지방세규칙」과 함께 지방세에 관한 사항을 논의하고 과세액을 승인하는 부현회의 설치 근거를 「부현회규칙」에서 마련하였다. 이에 반해 통감부는 「지방세규칙」에 후속하여 이러한 지방세의 종류와 액수를 의결할 수 있는 지방자치제의 법적 근거를 전혀 마련하지 않고 오히려 지방재정을 국가재정으로부터 분리시켜 각종 경비를 지방재정에 전가하려 하였다. 비록 경비의 출납이 관찰사의 명령에 따라 집행된다 하더라도 단지 중앙정부의 권한을 위임받아 집행된 데 불과했다. 또한 지방세 징수 자체가 지방기관과는 별개로 중앙 징수기구인 세무감에 의해 이루어지므로 지방기관의 자치적 기능은 애초부터 봉쇄되어 있다 하겠다.[31] 더군다나 재정권도 통감부가 완전 장악한 현실을 감안할 때, 통감부의 방침은 예속적 지방재정체계의 수립이었던 것이다.

따라서 일제는 이러한 지방재정의 운영을 위해 기존의 향장제를 폐지하고 군주사를 임명하여 지방 사무를 담당하도록 하였다.[32] 물론 군주사는 기존 향장이나 서기에서 선택하기도 하였다.[33] 그러나 주사 선발은 대부분 향회의 추천을 거치지 않고 통감부 당국에 의해 일방적으로 이루어졌다. 일제가 언급한 대로 "각 군에 향장지임(鄕長之任)을 폐지하고 주사지직(主事之職)을 설치함은 관정(官政)을 보좌하고 민정(民情)을 순하게 하려고 했기 때문"이었다.[34] 나아가 내부에서는 법적으로 군주사의 기능을 규정하여 지방행정기구의 자치 성향을 말

31) 『勅令』17, 勅令 제54호 「管稅官官制」, 光武 10년 9월 24일.
　　『勅令』18, 勅令 제60호 「租稅徵收規程」, 光武 10년 10월 16일.
32) 1906년 9월 24일에 공포한 勅令 제50호 「地方官官制 改正」의 내용을 보면 鄕長을 빼고, 주사를 새로 넣었음을 확인할 수 있다(『勅令』17, 勅令 제50호 「地方官官制 改正」). 그리고 內部訓令을 통해 鄕長을 폐지하고 府郡主事를 敍任하였음을 명시하였다(『訓令謄錄』3, 訓令 제199호, 光武 10년 11월 3일).
　　李相燦, 「1906~1910년의 地方行政制度 변화와 地方自治論議」, 『韓國學報』42, 1986, 62~64쪽.
33) 『訓令謄錄』3, 內部 訓令 제1호, 光武 10년 10월 2일.
　　『訓令謄錄』3, 訓令 175호, 光武 10년 10월 12일.
34) 『訓令謄錄』4, 觀察使 訓令 제10호, 光武 11년 1월 22일.

살하려 하였다. 1906년 12월 내부에서 마련한 「군주사명심규칙(郡主 事銘心規則)」과 「군주사세칙(郡主事細則)」의 내용은 이를 잘 보여준다.

우선 군주사가 기존의 좌수 및 향장과 달리 오로지 군수의 명령에 만 복종하도록 규정함으로써 지방행정에서 지방민의 의견 반영을 원 천적으로 배제했음을 보여주고 있다.[35] 이는 광무개혁기의 향회제도 및 향장제를 전면 폐지하고 지방사회를 장악하려 한 것이 틀림없다. 비록 제3조에서 군주사가 민정을 수렴하여 사무에 반영한다고 규정 하고 있으나[36] 그것은 단지 군주사의 개별적인 판단에 맡겨져 있고, 제도적으로는 지방민의 의견을 반영할 수 있는 장치가 완전히 배제되 고 말았던 것이다. 그리고 당시 군주사가 일본인으로 점차 채워지고 있는 현실을 감안할 때,[37] 지방행정기구는 일제통치의 하부기구로 전 락한 셈이다. 그래서 「군주사세칙」에는 "주사의 처변(處辦)을 부(付)치 아니흔 사건은 군수가 처결흠을 부득(不得)흠이라"라 규정하기까지

---

35) 『皇城新聞』, 光武 10년 12월 12일, '郡主事銘心規則'.
   『訓令謄錄』, 訓令 제238호, 光武 10년 12월 12일.
   '제1조 郡主事는 郡守를 補佐하되 持心을 勤慎히 하고 處事를 公平히 하야 政務 의 刷新하는 主旨를 認眞實踐홀지며 前日에 座首와 鄕長의 鄙陋흔 心法과 行動 을 一切 革祛홀 事'
   '제3조 事務를 執行하는 時에 郡守의 指揮를 服從홀지나 若或命令이 法規에 抵觸 하거나 民情에 不合흠으로 思考하는 時는 其理由를 郡守에게 一應具申하야 其抵 觸과 不合한 事가 無흠을 明示하야 執行을 仍命하는 時에 從흠이 可홀 事'
   '제8조 郡守의 許可를 不得호면 執務時間에 隨意行動흠이 不可흘 事'
36) 위와 같음.
   '제3조 事務를 執行하는 時에 郡守의 指揮를 服從홀지나 若或命令이 法規에 抵觸 하거나 民情에 不合흠으로 思考하는 時는 其理由를 郡守에게 一應具申하야 其抵 觸과 不合한 事가 無흠을 明示하야 執行을 仍命하는 時에 從흠이 可흘 事'
37) 『舊韓國官報』 4414호, 隆熙 3년 6월 28일.
   『皇城新聞』, 隆熙 3년 1월 8일.
   李相燦, 앞 논문, 1986, 63쪽.

하였다.[38] 또한 향장제와 함께 자치조직의 근간을 이루는 기존의 집강, 존위 등의 직임을 폐지하였다. 대신에 면장, 동장, 호수 등의 일제 관치행정을 대행할 수 있는 직임만 남겨두었다.[39] 따라서 일제의 이러한 움직임에 대한 지역민의 반발도 적지 않았다. 일부 지역에서는 주민들이 기존 향장을 '민권향장(民權鄕長)'이라 부르며 월료(月料)를 마련하여 유임케 하였다.[40] 또 일부 군수는 향장을 산거(刪去)하면 민권사상이 다시 기댈 곳이 없다고 판단하였다. 이에 군회(郡會) 규정을 만들고 면촌제도를 조직하기도 하였다.[41] 나아가 새로 만든 규범을 확립하여 민인들이 '지방정체'를 잘 알고 자치사상을 점차 깨닫게 하여 군회 회장을 군의원으로서 관제에 편입시키면 백성들의 국가를 향한 정성이 진흥할 수 있다고 전망하였다.[42] 그럼에도 일제의 「지방세규칙」은 지역민의 지방자치 노력을 도외시하는 가운데 제정되었던 것이다.

다음 일제가 국가재정에서 많은 비중을 차지하고 있는 한국 경영비를 지방재정이라는 명목으로 전가할 뿐만 아니라 증징을 위한 구실로 활용하고자 했다는 점이다.[43] 우선 대만(臺灣), 가라후토(樺太, 사할린), 관동주(關東州) 등의 타 식민지에서는 1930년까지도 아직 지방세제를 시행하지 않았음에도 불구하고[44] 유독 한국에 대해서는 통감부 설치 초기부터 이를 시행하려 노력했기 때문이다. 또한 비록 지방세제가 본격적으로 실시되는 1910년대 이후이지만 제6장에서 서술하는 바

---

38) 『訓令謄錄』 3, 訓令 제238호 「郡主事細則」 제3조, 光武 10년 12월 12일.

39) 『訓令謄錄』 3, 訓令 제177호, 光武 10년 10월 13일.

40) 『皇城新聞』, 光武 10년 12월 11일.

41) 『皇城新聞』, 光武 10년 11월 1일.

42) 『大韓每日申報』, 光武 10년 10월 4일.

43) 統監府, 『韓國施政年報 一次』(1906-1907), 189쪽.

44) 강동진, 앞 책, 1980, 317쪽.

와 같이 1910~1920년 사이에 지방세출이 엄청나게 증가하였기 때문이다. 즉 중앙세출이 1910년도에 1,800여 만 원이었던 금액이 1920년도에는 1억 1,400여 만 원으로 6배 이상 팽창한 데 반해, 지방세출은 205여 만 원이었던 금액이 4,250여 만 원으로 무려 20배 이상 팽창되었다.[45] 그리고 지방세출이 중앙세출과 비교할 때, 그 비율이 '같은 기간에 11.2%에서 37.1%로 증가하였다는 사실이다.[46] 또한 그 세출 내역을 보면, 일제의 정치경제적 요구에 맞추어 지방관청의 청사 및 수리에 관한 경비와 토목 건설뿐만 아니라 예속적 농업구조의 창출, 일본화 교육의 육성 등 제반 사업을 추진하기 위한 재원으로 조달되었음을 확인할 수 있다.[47] 이 사업을 담당하고 경비를 집행한 자는 일본인 군주사였다.[48]

일제는 이러한 의도 아래 지방세제를 시행하려 했음에도 불구하고 초기에는 소기의 성과를 거두지 못하였다. 즉 1907년 1월 1일을 기해 지방세를 징수하려 했으나 그때까지도 징수 내역조차 제대로 파악하지 못함으로써 4월로 지방세제 시행을 연기해야 했다.[49] 여기에는 두

---

45) 金玉根,『日帝下朝鮮財政史論攷』, 一潮閣, 1994, 283~284쪽.

46) 위와 같음.

47) 金玉根, 앞 책, 1994, 284~286쪽.
    1910년도의 경우, 토목비가 기타비를 제외하고 지방세출에서 제일 높은 비율을 차지하며 다음으로 교육비, 사무비순으로 비율을 차지한다.

48) 1909년에 11부와 44군에 일본인 주사가 각 1인을 임용 배치하기 시작하여 道에 각 3명을, 곧이어 土木, 勸業, 教育 등과 관련한 사무의 증가에 수반하여 다시 각 3명을 증원하였다(統監府,『第3次 韓國施政年報』, 1909, 40쪽).

49)『訓令謄錄』4, 税務監 訓令 제5호, 光武 11년 3월 16일.
    '現承度支部訓令內開에 地方税規則及細則을 以本準一月一日爲始實施事로 業行頒布인 바 其所收納을 不容暫緩이기 另玆發訓ᄒ니 訓到卽時에 該税額을 一依章程이되 四月一日內로 火速實行開捧ᄒ고 施行情形을 先卽馳報事等因인 바 玆庸訓飭ᄒ니 到卽將此訓辭ᄒ야 揭示坊曲에 使境內人民으로 咸須知悉케 홈이 可ᄒ 事'
    그 외 荒井賢太郎,『韓國財政施設綱要』, 1910, 189쪽 참조.

가지 문제가 따랐다. 우선 징수기구의 장악 여부였다. 1906년 현재 일제는 아직 징수기구를 장악하지 못했을뿐더러 여러 계층의 반발을 효과적으로 제어할 수 있는 치안 능력과 통치기구를 제대로 갖추지 못한 상황이었다. 종래 징수권을 가지고 있던 군수, 부윤과 징세사무를 담당하던 이서, 향임층의 반발 및 민중의 납세 거부 움직임이 만만치 않았기 때문이다. 특히 장성, 노성, 밀양 등의 일부 지역에서는 향회가 조세 거납 운동의 주체가 되어 결가 인하를 요구하는 균세(均稅) 운동을 전개하기도 하였다.[50] 따라서 일제는 재정지출만 통제했을 뿐이었다. 이처럼 징세기구를 장악하지 않고는 지방세 징수가 원만하게 이루어질 수 없었던 것이다.[51]

다음 지방세의 주요 종목인 포구세, 시장세 등의 경우,[52] 그 징수 권한이 내장원에 있기 때문에 내상원 경리를 먼저 해체해야 했다. 당시 내장원은 황실 재정의 근간이었기 때문에 일제가 징수행정을 장악하는 데는 여타 조세의 경우보다도 더 많은 시일이 걸렸다. 따라서 지방세제의 실시는 내장원의 후신인 경리원(經理院)의 독자적인 경리 기능이 점차 약화되는 1907년 후반에 들어서야 본격화될 수 있었다.[53]

---

50) 이상찬, 앞 논문, 1986, 55~56쪽.
   金惠貞, 「舊韓末 日帝의 葉錢整理와 한국인의 抗稅運動」, 『東亞硏究』 17, 西江大, 1989.
   이영호, 앞 논문, 1992, 306~312쪽.
51) 일제 측의 표현에 따르면 "당시 재정은 문란이 극에 달해 그 정리에 급급함으로써 지방공공사업에 여유를 둘 수가 없었기 때문"이다. 荒井賢太郎, 『韓國財政施設綱要』, 1910, 80쪽.
52) 시장세의 경우, 전체 세입액을 파악할 수는 없지만 포구세의 경우, 1902년 내장원의 수입 내역에서만 8% 이상을 차지하였다. 이윤상, 앞 논문, 1996, 160~163쪽.
53) 『韓末近代法令資料集』Ⅵ, 「經理院收租官을 廢止하고 驛屯土, 各宮田 畓園林을 派員調査하고 今年度 收租는 度支部에 委託하는 件」, 1907년 11월 5일; 「經理院 所管 雜稅處理에 관한 件」, 1907년 12월 4일.

통감부는 1907년 이후에도 지방세를 원활하게 징수하지 못했다. 가령 평안북도 의주에서는 일진회(一進會)가 통감부 권력을 등에 업고 앞장서 파원배를 몰아낸 대신 토색을 자행하고 있었다.[54] 또는 산해회사(山海會社)를 설립하여 어물을 매매하는 시장에서 일정 단위로 늑봉(勒捧)·침탈한다거나 진흥회사(進興會社)라 칭하고 상민들에게 10원씩 받아내기도 하였다. 특히 제주 군수는 지역 사정으로 인해 인력거, 자전거, 교자 등이 없으며 시장과 여각도 별로 존재하지 않는다는 점을 들어 지방세제 시행의 연기를 건의하였다.[55] 그래서 통감부가 포구세와 시장세 징수를 잠시 중단하였다는 소식이 나돌 정도였다.[56]

지방세 징수가 이처럼 어려움에도 불구하고 1906년 칙령 제54호 「관세관제(管稅官制)」가 발효되면서 일부 지역에서는 지방세 징수가 서서히 이루어졌다. 이때의 징수 상황을 보면 〈표 5〉와 같다.

〈표 5〉를 통해 주로 서울 부근이나 교통의 요지 및 일본군 주둔지에 근접한 지역들에 한정되지만, 지방세가 징수되었음을 확인할 수 있다. 하지만 징수 내역의 경우, 주로 시장세에 편중되어 있다. 이 점이 지방세 징수의 부진을 보여주는 것이다. 그것은 일제가 징수기구를 장악하지 못했을 뿐만 아니라 지방세 종목이 현실과 부합하지 않았기 때문이다. 〈표 6〉은 1909년 당시 통감부가 이러한 부진을 타개하기 위해 당시 지방관 및 이서들에 의해 징수되던 지방세의 구체적인 실상을 조사한 내용이다.

〈표 6〉에 따르면 징수 담당자는 군주사, 군서기, 면장 및 상납권을 가진 특정인 등이며 징수 방법, 징수 세목도 각 지방마다 매우 다양

---

54) 『大韓每日申報』, 光武 11년 3월 26일.
55) 『皇城新聞』, 光武 11년 4월 30일.
56) 『大韓每日申報』, 光武 11년 5월 5일.

〈표 5〉 地方稅 實施 當時 同稅徵收金額과 國庫納入額

단위: 元

감독국명	군명	세목	금액	취급소명	세입액연월일
한성	수원	시장세	2,790	수원우편국	1908.6.10
	〃	화세	3,000		1908.5.30
	용인	시장세	2,500	양지우편취급소	〃
	〃	〃	10,160		〃
	강릉	시장세	41,863	강릉우편국	1907.8.10
	〃	〃	36,000		1908.5.10
	삼척	〃	30,054	〃	1907.8.10
	계		126,327		
대구	충주	시장세	2,725	충주우편국	不詳
	청주	〃	3,500	청주우편국	〃
	계		6,225		
평양	영변	시장세	28,519	영변우편국	1907.8.30
	의주	〃	31,170	의주우편국	1908.1.10
	계		59,689		
전주	김제	시장세	1,200	김제우편국	1908.4.7
	남원	〃	32,660	남원우편국	1908.4.14
	순천	〃	8,180	순천우편국	1908.4.14
	임피	〃	1,600	군산지금고	1908.6.29
	계		44,640		
누계			236,881		

출전: 度支部 司稅局, 『財務週報』 제65호(1908년 7월 24일)

하다. 즉 국세인 결호세 징수의 경우, 재무서와 면장으로 연결되는 징세구조에 의거하여 징수하는 데 반하여[57] 지방세의 경우, 중앙의 통제 없이 여전히 지방 차원에서 별개로 징수하였던 것이다. 물론 이런 현상은 일차적으로 중앙이 징세 행정을 장악하지 못한 결과이기도 하다. 그러나 지방재정에 대한 중앙정부의 방안이 확고하지 않을뿐더러 현실과 동떨어져 마련되었다는 점이 더 중요한 이유이다.

우선 「지방세규칙」에서 명시한 지방세 종목의 적합성 여부가 논란

---

57) 통감부 시기의 징수 구조에 관해서는 田中愼一, 「韓國財政整理에 있어서 徵稅制度 改革에 대하여」, 『社會經濟史學』 39-4, 1974 참조.

〈표 6〉 1909년 각 지역 地方稅 徵收(漢城地域)

稅 目	課稅物	單 位	稅 率	徵收者	備考(擔稅者, 時期, 支出)
市場稅	露店 牛	開店 頭	放賣價格 1/100 20~30錢	郡主事 郡書記	每月 開市 當日, 露店主
結戶債	結數 戶數	1結 1戶	1~5圓	面 長	面長費用
考卜債	結數	1結	1圓이내	面 長	地主 혹 小作人
花稅	妓娼	1人	1~1圓 50錢		每月 樓主
米稅	米賣買	1石	米 5 合	특정인	年額金 60圓을 郡衙에 상납하고 徵收權을 획득한 특정인이 市場開市當日 賣主로부터 징수
木稅	松材 板	20~50 20	1 本 1 枚	특정인	年額金 25圓 同上
煙草稅	煙草	1把	5 厘	특정인	年額金 21圓 同上
魚果稅	明太魚 大全鰒 甘藿 白紙	100快 10尾 100枚	20錢 4 錢 20錢		年額金 26圓 同上
布稅	百匹	各匹	3 錢		年額金 50圓 同上
木綿稅	木綿	1匹	2 錢 5厘		年額金 5圓 同上
綿稅	綿	10斤	3 錢		年額金 5圓 同上
雜稅	商人	1人	1 錢		年額金 10圓 同上
舟船稅	牛, 物貨		1~5錢		年額金 8圓 同上
浦口稅	雜穀, 薪	1石 1隻	2 錢 1 圓		年額金 21~80圓
柴稅	柴	每馱	5 厘	郡의 使喚	賣主
市場稅	牛 南草 白米	1頭 1馱 1馱	30錢 50錢 6 錢	普通學校 敎員	學校經費

출전: 度支部 司稅局, 『地方稅에 關한 調査』(延世大 소장), 1909

의 대상이었다. 지방세 종목의 대부분이 지역 현실에 부합하지 못하였기 때문이다.[58] 즉 각 지방의 사정을 면밀하게 조사하지 않고 단지 일본 메이지 초기에 주로 채택된 내용에 의거하였던 것이다.[59] 이러한 사정은 일본인 자신들도 잘 알고 있었다. 일본인 내부차관 기우치(木內重四郎)는 지방세가 현실에 부합한가를 알기 어렵다고 회의하면서 지방 정세를 잘 아는 각 관찰사와 상의해야 한다고 주장할 정도였다. 제주도의 경우는 더욱 그러하여 그 사정이 신문에 보도되기도 하였다.[60] 이후 이 법령을 주도했던 내부 자체가 「지방세규칙」의 현실 부적합성을 공개적으로 인정하였다.[61]

그러므로 일제는 1908년 5월 이전부터 중단 여부를 둘러싸고 논란을 거듭한 「지방세규칙」의 시행을 보류하였다.[62] 1908년 5월에 관찰사 회의에서 탁지부는 지방세제를 실시하지 않고 국세의 세입 부족을 이유로 종전대로 국세를 배가하는 방안도 제시하였던 것이다. 이에 대

---

58) 『觀察使會議』(奎 15252) 제3회, 1908년 5월 27일 內部次官 木內重四郎의 발언.
　　'國家稅는 國內에 普通賦稅어니와 地方稅는 市稅, 官般稅, 庖肆稅, 人力車稅, 自轉車稅, 浦口稅니 각 지방에 道路 修治와 備品改繕 등 諸般費用을 不可不 人民에게 收斂홀지니 비록 適當치 못ᄒ여도 收斂ᄒ고 또 監獄, 警察, 敎育上所用도 地方稅를 待홀지니 如此흔 收稅가 다 人民에 適當홀지 知키 難ᄒ거니와'

59) 일본의 「地方稅規則」에서는 地租 5분의 1, 人力車稅 등을 비롯한 營業稅 및 雜種稅 그리고 戶數割 등을 지방세의 종목으로 선정하였다(藤田武夫, 앞 책, 77~79쪽). 다만 한국의 「지방세규칙」에서는 附加主義를 채택하지 않았기 때문에 지조, 호수에 부가하는 조세는 제외되었다.

60) 『大韓每日申報』, 光武 11년 5월 1일.
　　'…道訓令內開에 現承府訓令內開 地方稅規則을 不容不可 刻期 實施니 道內地方稅調査表를 罔夜上送等因이기 玆以訓令ᄒ니 訓令이 到着ᄒ지 3일 內에 報告할 일이시온바 本鄕이 海中僻島로 石多島險ᄒ여 市場稅는 待其興旺完全然後에 人力車稅, 浦口稅 等이 不可能ᄒ여…'

61) 內部, 『漢城府事務官及各道書記官會議要錄』(國立圖書館 소장), 1909, 6~11쪽.

62) 『皇城新聞』, 光武 11년 4월 11일; 『大韓每日申報』, 光武 11년 5월 15일; 『大韓每日申報』, 光武 11년 5월 11일.

해 관찰사 대부분은 지방세제의 시행을 주장하면서, 국세의 경우와 달리 지방세의 징세권을 관찰사에게 환원시킬 것을 요청하고 있다.[63] 그들 대부분이 지방자치제가 실시되어야 한다는 목표 아래 지방세를 지방자치단체의 재원으로 여겼기 때문이다.[64] 다시 한 번 지방세제의 시행을 확인한 셈이다.

다음, 이 자리에서 관찰사들은 「지방세규칙」에서 규정한 어기세(漁基稅), 호세(戶稅), 연초세(煙草稅), 시장세, 화세, 인력거세 등의 세목과 함께 국세에 포함되어 있는 세목까지도 검토하였다. 관찰사들이 제시한 지방세 종목과 배경 설명은 〈표 7〉과 같다.[65]

〈표 7〉에 따르면 관찰사들이 해당 지방의 자연적 조건이라든가 상품화폐 발달상의 차이 등을 고려한 나머지 제각기 다른 지방세제 방안을 제시하고 있다. 시장이 많은 지대에서는 시장세를 주요 지방세로 상정하고, 미곡 지대에서는 지세에 부가하는 방식을 취하는 등 지방마다 지방세 종목과 부과 방식이 다양하였다. 지방세 종목의 선정이 여전히 난제로 남아 있었던 것이다. 더군다나 한국민의 반발도 우려할 정도로 심각하였다.[66]

한편 일제는 1907년 5월 지방자치를 명분으로 내세워 지방위원회

---

63) 『觀察使會議』 제2회, 1908년 5월 26일.
64) 위 책, 제1, 2, 3, 4회.
　　地方官들의 地方自治制 구상과 地方稅制 인식은 5장 2절 1항 참고.
65) 위 책, 제4회, 1908년 5월 28일.
66) 위와 같음.
　　평남 관찰사는 "此(地方稅規則) 實施홈에 當ᄒ야ᄂ 徵收及支用의 方法을 皆文明國에 依倣할지나 漢城及十三3道가 情形이 各殊ᄒ즉 此를 適宜케 홈은 甚히 困難ᄒ 事오 又徵收ᄒᄂ 時에ᄂ 민심이 大搖하여 各官門前에 幾百幾千의 聚集을 未免ᄒ리니 此를 因ᄒ야 中止ᄒ기 易ᄒ즉 더욱 注意할 바오"라 하여 지방세 종목 선정의 어려움을 지적하는 동시에 지방세 징수가 한국민의 많은 반발을 야기할 것이라고 예상했던 것이다.

〈표 7〉 1908년 地方官의 地方稅 選定 建議

지방관	건의 내역
한성 부윤	· 부가세 – 戶稅(혹은 戶稅附加稅), 戶稅半分 · 독립세 – 屠殺營業, 魚基, 煙草, 船稅
경기 관찰사	· 市場稅, 漁基, 水産, 鹽田, 호전, 酒稅, 煙草, 庖肆稅, 旅閣, 花稅 * 森林稅, 人力車稅는 현금 징수가 어려움
충북 관찰사	· 米, 太, 酒, 麥, 煙草, * 區域稅도 징수 가능
평남 관찰사	· 牛粉, 煙草, 漁基, 牛皮, 疱肆稅, 屠畜場稅, 娼妓
전북 관찰사	· 12군 – 곡창지대라 따로 수세 * 나머지 15, 16군 – 지방세로 거둘 게 없음
전남 관찰사	· 旅閣, 水産, 典當鋪, 庖肆稅, 酒稅 * 市場稅 – 大處가 없어 수세해도 많지 않음 * 戶稅 – 2년 후에나 가능
경북 관찰사	· 交付金(面洞長의 수수료), 考卜債, 營屯稅, 屠獸稅, 酒稅, 煙草稅 水産稅, 場稅 * 명목신설은 민심을 동요시킬 우려가 있음
경남 관찰사	· 戶布, 庖肆, 船稅, 水産稅, 綿稅 * 市場稅 –牛廛, 煙草, 麥子 등 세는 지정하기에 잠시 어려움 * 浦口稅 – 疊收의 폐가 우려, 조사 질정할 것 * 銅鑛稅 – 조사 질정할 것 * 酒稅 – 상표가 없어 다 걷지 못했음
황해 관찰사	· 過涉稅, 戶稅, 水産稅, 漁箭, 漁基, 宮屯 * 호세 – 조사 중
강원 관찰사	· 戶布, 鹽田, 庖肆, 市場, 津渡, 釀造稅, 麵子, 海産, 煙草, 旅閣, 車, 森林, 豚 犬稅, 墳墓稅 * 결세의 부가는 절대 불가임, 폭도가 일어날 우려가 있음
충남 관찰사	· 市場, 浦口, 戶布, 水産, 鹽, 屠獸場, 酒, 煙草, 牛皮都賣, 苧布稅
평북 관찰사	· 市場稅 (시장이 많기 때문), 水産, 庖肆, 酒, 煙草稅, 戶布, 戶籍錢價 * 國債 모집
함남 관찰사	· 場市, 旅閣, 浦口, 北魚, 藿岩, 牛皮代錢, 狀稅, 松田, 戶, 庖肆, 水産, 檀木, 鹽, 戶布, 屠獸場
함북 관찰사	* 帽債, 호포이속 요망

출전: 『觀察使會議』 제4회, 1908년 5월 28일

를 설치했다.[67] 한국민의 저항을 효과적으로 제압하고 결세(結稅), 호전(戶錢) 등의 조세를 원활하게 징수하기 위한 조세 징수의 보조기구에 불과하지만,[68] 일제로서는 지방자치를 내세울 만큼 절박하였던 것이다. 예컨대 통감 이토는 1907년 5월 지방위원회 설치를 앞두고 기존 향회를 관리의 자유에 의해 조종될 수밖에 없었던 반면 지방위원회는 명실상부 인민이 정치에 참여하는 단서라고 역설하였다.[69] 또한 이토는 "금일은 한국 인민에게 자치 방법을 가르칠 공부를 하지 않으면 안 된다"[70]라 하여 자치제 실시의 준비 단계로 규정짓거나 심지어는 지방세를 징수할 때는, 지방위원회가 지방의회로 될 것이라 공언하기까지 했다.[71] 또한 실무자인 일본인 재무 관리들도 '자치제의 창시, 모체, 전신', '문명국의 대의기관' 및 '민권의 공인'이라 선전하였다.[72] 그러나 지방위원회는 통감부의 세정을 보완하기 위한 관치보조기구로 한국민의 의향과 무관하게 통감부 재무국이 각 군에서 선정한 자산가의 위원회에 불과하였다.[73]

일제는 이처럼 「지방세규칙」에서 드러난 세목상의 부적합성과 징세 장악력의 한계를 일소하기 위해 세목 문제를 집중적으로 논의하는 한편 지방위원회를 설치하여 향회 혁파와 조세 징수에 따른 한국민의 반발을 무마함으로써 조세 수탈의 기반을 조성하려 했던 것이다. 그

---

67) 『勅令』 19, 勅令 제31호 「地方委員會規則」, 光武 11년 5월 13일.

68) 이상찬, 앞 논문, 1987, 64쪽.

69) 『日韓外交資料集成』 6-上, '韓國施政에 關한 協議會 第15回', 1907년 5월 4일, 428쪽.

70) 위와 같음.

71) 위와 같음.

72) 『財務週報』 13호, 報告及統計, '平壤地方委員會 開催報告'.
『財務週報』 15호, 報告及統計, '全州地方委員會 發會式 狀況報告'.

73) 이상찬, 앞 논문, 1986, 63~66쪽.

러나 일제의 이런 방침은 한국인들의 의병전쟁과 황실의 완강한 저항
을 폭력으로 제압하는 1909년에 가서야 본격화될 수 있었다.

2) 「지방비법」의 시행과 재정 수탈의 기초 마련

통감부는 1909년 2월에 「지방세규칙」을 정식으로 폐지하고 대체 법
규를 제정하고자 하였다.[74] 이는 그간 지적된 「지방세규칙」에서 보이
는 세목상의 부적합을 해소하여 소기의 목적을 관철시키려는 의도였
다. 그래서 통감부는 내부가 법안을 기초하고 탁지부대신과 협의해
각의에 제출토록 하였다.[75] 재차 지방세 논의를 시작한 것이다. 이는
지방재정의 제도화를 목표로 지방세제를 다시 세징힘을 의미한다. 그
리하여 1909년 4월 내부대신 송병준(宋秉畯)과 탁지부대신 임선준(任
善準)은 내각회의에 다음과 같은 청의서를 제출하였다. 장문이지만
통감부의 「지방비법(地方費法)」 제정 취지를 잘 담고 있어 인용하였다.

지방공공사업에 관한 경비를 지변하기 위하여 광무 10년 칙령 제81호
로써 「지방세규칙」을 제정 공포하였으나 이때 지방 사정이 해당 규칙을 시
행할 시기에 적합하지 못한 것이 있어 현금까지 이를 실시하지 못한지라.
그러나 지금에는 대정(大政) 유신(維新)하고 제반의 제도가 장차 확립함을
맞아 지방행정에 대하여도 역시 그 완비(完備)를 기하고 지방의 발달을 도
모함은 실로 각하의 급무라. 이런 까닭에 종래의 지방세칙을 개정하고 새
로이 「지방비법」을 제정하며 또 현재 지방에 존재한 공공재산 중에 지방비

---

74) 『大韓每日申報』, 隆熙 3년 2월 18일.
75) 위와 같음.

에 편입할 수 있을 만한 것은 이를 지방비에 편입하여 지방공공사업에 관계한 시정의 용도에 충당할 수 있는 길을 열고 아울러 지방경제의 기초를 공고케 함으로 인하여 이에 지방비법안과 공익을 위하여 설정한 지방재산에 관한 법률안을 갖추어 각부관제통칙(各部官制通則) 제3조에 따라 내각회의에 제정(提呈)한다.[76]

일제는 이미 언급한 바와 같이 탁지부 재정을 장악하고 내장원을 해체함으로써 「지방비법」의 시행을 위한 제반 여건을 갖추었음을 강조하고 있다. 나아가 지방공공사업의 발달과 지방경제 기초의 공고화를 내세워 한국의 지방재원과 공공재산을 지방비에 편입시킴으로써 한국의 지방재정을 장악하겠다는 의지를 드러내었다. 즉 지방재정의 이러한 제도화는 일제의 지방재정 장악을 수반하고 있었던 셈이다.

이에 통감부는 가장 논란이 많았던 지방세 종목의 적합성 여부를 타진하고 징수 방법을 결정하기 위해 1909년 1월 각 지역의 재무감독국장에게 기존의 지방세를 조사하게 하는 한편 지방세로 선정할 종목에 관해서 재무감독국장들의 의견을 수렴했다. 〈표 8〉은 이를 정리한 것이다. 이에 따르면 지방세 종목이라든가 징수 방법 등이 관찰사들의 보고와 마찬가지로 도별로 각양각색이다. 이 역시 해당 지역의 사정들이 반영되었던 것이다.

한편 「지방세규칙」과 비교해 볼 때, 「지방세규칙」에서 견지한 독립주의 방식에서 후퇴하여 지세부가세(地稅附加稅), 호세부가세(戶稅附加稅) 등을 새로 포함시켰다. 그것은 재무감독관들이 국세에 부가하여 지방세를 징수함으로써 지방재정을 원활하게 운영할 수 있다고 판단했기 때문이다. 다음으로 일제가 자국 상업의 침투를 지원하고 조

76) 『奏本』 148, 隆熙 3년 4월 1일.

〈표 8〉1909년 地方稅 種目 선정을 둘러싼 各道 財務局長의 의견

각도재무국장	의 견
漢城財務監督局	· 結戶債, 考卜債는 面財政의 기초이므로 不可. 渡船稅, 柴稅는 양이 적어 적합하지 못함 · 浦口稅는 자의적 수탈이 온존하므로 징수 불가 · 市場稅 대신에 營業稅, 雜種稅를 지방세로서 징수 요망 　그러나 그 전에는 시장세를 징수함 · 船稅, 庖肆稅, 典當鋪稅를 지방세로 이부 요망 ＊ 지방세의 세목과 세율은 전국이 반드시 일률적일 필요가 없음 　富의 정도, 民智 발달의 상황 등을 참작하여 각도에서 취사선택
大邱財務監督局	· 市場稅, 校卜稅, 繩錢, 考卜債, 地稅附加稅, 戶稅附加稅, 面長料, 　洞長料, 洞令料 등 현재 징수중. 그러나 대부분 지세, 호세부가세 　로서 부담의 균일을 요망. 이 중 적합한 것은 시장세, 지세부가세, 　호세부가세임
平壤財務監督局	· 浦口稅, 旅閣稅, 市場稅, 入山稅, 屠獸稅, 娼女稅 등임 · 庖肆稅, 典當鋪稅를 지방세로 이속 요망
全州財務監督局	· 市場稅는 각 시장에 세무원 같은 자를 두고 징수함 · 營業稅는 여각세 대신으로 점포를 갖고 물품판매 및 제조판매를 　하는 것에 부과함. 매상고의 5/100 ＊ 시장세는 점포가 없는 자에 한정해서 징수함 　貸付業者에게는 자본액의 10/100을 징수함 · 花稅, 地稅附加稅, 戶稅附加稅가 적합함.
元山財務監督局	· 市場稅, 浦口稅, 旅閣稅, 轎稅, 人力車稅, 自轉車稅, 荷車稅, 花 　稅 등이 적합함 ＊ 지방세규칙에 충실히 할 것
公州財務監督局	· 旅閣稅, 市場稅

출전: 度支部 司稅局, 「地方稅ニ關ルス調査」, 1909

장하는 데 방해가 된다고 파악했던 포구세 등이 누락되어 있다.[77] 마지막으로 지방재원을 확대하기 위해 종래 국세에 들어 있던 포사세,

---

77) 일본은 자국 상품의 침투를 위해 일찍부터 자유로운 항행을 요구하였다. 그러한 점
　에서 浦口稅는 都賈權과 함께 일본이 혁파하고자 했음은 당연했다. 대표적인 예로
　1907년 10월 晉州의 都客主를 해체시키는 조치를 들 수 있다(『大韓每日申報』, 隆
　熙 2년 7월 20일). 이와 관련하여 柳承烈, 「韓末·日帝初期 商業變動과 客主」, 서
　울大學校 大學院 博士學位論文, 1996, 136~142쪽 참조.

전당포세 등을 지방세로 이속하였다. 이러한 조처는 지방세의 종목을 확대하여 재원을 추가로 확보하기 위한 것이다. 그 밖에 징수 자체가 불가능한 자전거세, 인력거세 등은 대거 누락되었다. 결국 「지방세규칙」에서 취했던 독립주의 방식에다 지세부가세, 호세부가세 등의 부가주의 방식을 가미한 일종의 절충주의 방식이라 하겠다.[78] 그리고 이러한 방식은 이후에도 관철되었다.

지방세제의 기초작업이 이처럼 일단락되자 곧 탁지부에서는 법안을 마련하여 1909년 3월 4일 내각회의에서 「지방비법」을 의결하였다.[79] 그에 따라 「지방비법」은 1909년 4월에 법률 제12호로 반포되고 동년 10월부터 시행되었다.[80]

전문 14조로 구성되어 있는 동법은 제1조에서 '공공사업을 위한 것'이라고 명시하고 있듯이 지방 '공공사업'에 필요한 재원을 염출하는 법적 근거로서 제정되었다. 조항별로 분석하면 다음과 같다.[81]

제1조는 지방비 설치의 목적과 함께 지방비의 염출 대상을 규정하고 있다. 즉 염출 대상에는 지방비에 속한 재산 및 그 수입 그리고 지방비 지변(支辨)의 사업에 속한 수입과 부과금이 포함되었다. 이는 국세와 별개로 부도(府道) 자체에서 재원을 마련하도록 규정한 것이다. 결국 지방재정을 국가재정으로부터 분리하여 국가재정의 부담을 경

---

78) 이러한 부가주의를 가미한 것은 큰 의미를 가지고 있다. 즉 원래 부가세는 정확 단순하며 징수의 비용이 가장 적다는 장점을 가지고 있지만 부가세는 국세의 상황에 좌우되어 지방단체의 수요에 따른 屈伸力이 없는 단점을 가지고 있다. 따라서 이러한 방식은 재정상의 中央集權主義의 片影이며 지방단체로 하여금 중앙의 一擧手 一投足에 영향을 받는 불안이 있다(宮永文一, 「地方財政の見地より」, 『朝鮮』 1921년 10월호).

79) 『大韓每日申報』, 隆熙 3년 3월 5일.

80) 『舊韓國官報』 4340호, 法律 제12호 「地方費法」, 隆熙 3년 4월 2일.

81) 全文은 〈부록 4〉.

감시킬 수 있는 법률적 근거를 마련했다 하겠다.

제2조는 지방비로서 지변해야 할 사업이 거의 지방 고유사무라기보다는 국비 소요 사업에 가깝다. 일제가 한국 통치에 필요한 제반 재원을 추가로 확보하려는 의도를 보여주고 있다. 특히 지방비 소요 사업과 국비 소요 사업의 구분을 지방주민의 의견과는 무관하게 내부대신과 탁지부대신이 임의적으로 조정할 수 있게 되어 있다. 지방비는 국비의 일종이라 하겠다. 이런 방식은 이후에도 '지방공공사업'의 이름 아래 지속되었다.[82]

제3조, 제4조는 지방비에 충당하는 부과금의 종류를 언급하는 데 그치고 그 대상을 상세히 밝히지 않았다. 다만 종래 지방에서 징수한 제세 중에서 취하여 정한다고 규정하는 한편 그 과목(課目), 과율(課率), 납기(納期), 기타 부과에 관한 필요 규정은 내부대신 및 탁지부대신의 인가를 받아 부령 또는 도령으로 정한다고 규정하고 있다. 그것은 아직 이에 대한 규정을 마련하지 못하고 부도(府道)의 시행 세칙에서 마련할 것임을 시사한다 하겠다. 다만 이 과정에 중앙정부의 감독과 통제가 수반됨을 명시하고 있다.

제5조는 지방비의 징수는 국세의 경우와 마찬가지로 일본인이 대부분 재임하고 있는 재무서장이 담당하고 있다. 이것은 지방비 징수가 지방장관의 감독을 배제한 채 이루어지고 있음을 보여준다. 당시 지방 실무자와 논란이 되었던 것으로 보인다. 따라서 각 지방사무관의 지방비를 운용함에 재무감독국장과의 원만한 교섭이 요구되고 있다.

제6조, 제7조는 지방비 부과금 외에 무상으로 동원할 수 있는 부역이라든가 현품과 기부금을 부과할 수 있는 근거 조항이다. 그리하여

---

82) 朝鮮總督府, 『朝鮮施政ノ方針及實績』, 1915, 60~63쪽.

이후 일제는 하급 지방기구라 할 면·동에서 무상으로 한국인의 노동력을 동원하거나 기부금과 현품을 받을 수 있었다.

제9조, 제10조, 제11조 및 제12조는 내부대신이 지방재정에 깊숙이 관여하여 부도재정을 중앙에 철저히 예속시키려는 저의를 보여준다. 한성 부윤과 관찰사는 내부대신에게 세입세출결산을 보고해야 할 뿐만 아니라 심지어 세입세출예산은 인가를 받아야 했던 것이다. 이는 부현회의 의결을 거쳐 부지사·현령이 내부경(內部卿)과 대장경(大藏卿)에게 보고하도록 규정한 일본 국내의 「지방세규칙」의 내용과는 판이하다.[83]

제정 취지와 내용을 보면 1906년에 공포된 「지방세규칙」과 다르지 않다. 다만 「지방세규칙」과 달리 지방세 종목이 확정되지 못해 빠져 있다는 정도이다. 「지방비법」의 취지는 두 달 뒤인 1909년 6월 통감부에서 한성부 사무관 및 각 도 서기관을 소집하여 개최한 회의 내용에 상세하게 나타나 있다. 이 회의는 통감부가 「지방비법」의 실시를 앞두고 취지를 설명하고 지방 실무자의 자문을 받아 지방세 종목의 선정을 매듭짓기 위해 마련된 것이었다.[84]

일제의 제정 의도는 「지방비법」이 공포된 지 두 달 뒤이지만 내부 지방국장이 「지방비법」의 취지에 대한 설명에서 분명하게 드러난다.[85] 즉 한국에서도 일본과 마찬가지로 한성부 및 13도를 중앙행정 전달

---

83) 「地方稅規則」의 내용은 藤田武夫, 『日本地方財政制度の成立』, 岩波書店, 1941, 76쪽에서 재인용.

84) 한성부 및 각도서기관회의는 1909년 6월 2일부터 18일까지 4회에 걸쳐 개최되었다. 이 회의에서는 지방재정 문제를 비롯한 당시 지방 문제가 광범위하게 논의되었다〔內部, 『漢城府事務官及各道書記官會議要錄』(國立中央圖書館 소장), 1909, 6~11쪽〕.

85) 위 책, 6~11쪽.

기관이 아닌 공법상의 법인으로 인정하고 '지방의 개발'을 계획할 목적으로 제도를 확립한다는 취지를 밝히는 한편 지방자치제에 의하지 않고 지방행정을 집행할 수 있는 방법을 강구해야 한다고 역설하였던 것이다. 이는 조세를 증수하기 위해서는 지방행정의 개혁을 명분으로 내세우면서도 한국인들의 지방정치 참여는 봉쇄하겠다는 의지를 잘 반영한다 하겠다. 구체적으로 살펴보면 다음과 같다.

첫째, 당시 일본 관리들은 대한제국의 지방재정을 중앙에 완전히 예속되어 있다고 간주한 뒤 지방세 징수의 명분을 획득하기 위한 방편으로 지방기관이 단순히 중앙정부로부터 행정을 위임받아 대행하는 기관에 머물지 않고 법인으로서 나름대로 독자적인 기능을 갖추고 지방을 개발하는 주체라고 설명하였다.[86]

둘째, 그러면서도 이들은 당시 일각에서 제기되었던 지방자치제의 실시 요구를 시기상조라는 이유로 노골적으로 거부하였다. 이러한 태도 표명은 1906년 지방관제를 개편하여 향장을 폐지하고 대신 군주사를 설치한 이래 일관되게 추진한 방침을 잘 보여주는 것이다. 또한 구체적인 물리력을 통해 민회를 단속할 법령을 제정하여 민회 신설을 서둘러 제한하는 형태로까지 나타나기도 하였다.[87] 그래서 지방세라든가 잡세라는 용어를 피하고 '제세(諸稅)'라는 용어를 사용하였다.[88]

---

86) 위 책, 6쪽.
　일본인들이 대한제국의 지방재정을 중앙에 완전히 예속된 형태로 간주했음은 후기 정리자료이지만 京城府, 『京城府史』, 1926, 39~40쪽에도 잘 나타나 있다.
87) 『皇城新聞』, 隆熙 3년 6월 18일.
　이상찬, 앞 논문, 1986, 65~66쪽.
88) 내부, 앞 책, 8쪽.
　'地方稅라는 용어를 사용할 경우 인민에게 新稅를 부과하고 있는 듯한 감상을 불러일으킬 혐의가 있기 때문이다. 또한 諸稅의 경우, 일단 징수를 금지시킨 잡세의 명칭을 사용하는 온당치 못함을 피하기 위해서이다'

심지어 법령도 「지방비법」이라 하여 '지방세(地方稅)'라는 용어를 쓰지 않았다.[89] 그것은 지방자치제의 재원이라는 인상을 주지 않으려 했기 때문이다.[90]

한편 이 실무자회의에서 관찰사회의 및 재무국장회의와 마찬가지로 지방세 종목 선정에 관한 논의가 집중적으로 이루어졌다. 「지방비법」에서 지방세 종목이 누락되었기 때문이다. 따라서 통감부는 각 지방에서 지방세 종목을 선정하는 데 유의해야 할 사항들을 하달하였다. 즉 지방비 징수상 종래 국세였던 전당세 및 도축세 같은 경우, 기존 법률에 근거하여 징수되고 있어 폐해가 적다고 판단했지만[91] 시장세, 보세(洑稅), 기타 제세의 경우처럼 관련 법률이 아직 제정되지 않은 신규 세종(稅種)의 경우는 신중을 기해야 했던 것이다.[92] 왜냐하면 지방비 부과금의 징수에서 효율성과 안정성은 늘 일차로 고려해야 할 요건이기 때문이다. 결국 통감부는 이전의 「지방세규칙」과 같이 지역적 적합성을 따지지 않고 징수하기보다는 기존 지방잡세의 폐단 여부를 가려 징수액은 근소하더라도 징수하기에 간편하고 용이한 특정 지방잡세를 지방세로 선정하여 확실한 수입의 기초를 세운 뒤 점차 수입을 증가시키는 방식을 취했던 것이다.[93] 이러한 일제의 방침은 종래 지방잡세의 종목과 징수 방식으로는 한국민들의 즉각적인 반발을 야

---

89) 본서에서도 일본인 관리들의 용어 정의에 유의하여 地方費와 地方稅를 구분하여 사용하고자 한다. 다만 지칭 대상이 불분명하거나 유사한 성격의 조세를 凡稱할 경우에는 '地方的 租稅'라는 용어를 사용한다. 이 용어는 일본인 관리들이 자주 사용하던 용어이기도 하다. 朝鮮總督府, 『朝鮮ニ於ケル國稅及地方的租稅負擔額』, 1921 참조.

90) 주 78)과 같음.

91) 도축세는 庖肆稅 이름으로 이미 징수되고 있었으며 전당세 역시 그러했다.

92) 『漢城府事務官及各道書記官會議要錄』, 35쪽.

93) 위 책, 25~35쪽.

기할 것이라는 우려와 함께 세원을 장기적으로 안정되게 확보하고자
한 의도에서 비롯했다.

　통감부는 이처럼 지방세를 선정하는 기준을 제시한 뒤, 부가세의
경우는 호세와 지세에 각각 1/10을 부가하는 호세부가세(戶稅附加稅)
및 지세부가세(地稅附加稅)를, 독립세의 경우는 도상세(屠商稅), 전당
세, 시장세, 주점세, 객주세, 제모세(製帽稅) 등을 지방세 종목으로 선
정하였다.[94] 다만 부과 명칭은 내각회의로 넘어갔다.[95] 이후 6월 19일
도서기관회의(道書記官會議)에서는 세목을 다음과 같이 결정하였다.[96]

> ① 지세부가세는 도부(道府)에서 본세(本稅)의 30/100 이하로 할 일
> ② 호세부가세는 도부에서 가호마다 15전 이하로 할 일
> ③ 시장세는 그 등급을 각 군의 상황에 따라 부와 각 도에서 결정할 일
> ④ 포사세(庖肆稅)는 1원 50전 이하로 하고 그 징수 방법은 도에서 적
>   당히 결정할 일
> ⑤ 돈도세(豚屠稅), 도선세(渡船稅), 주막세, 객주세는 관례대로 할 일

　이에 따르면 지세부가세를 비롯하여 각종 상공세가 포함되었다. 즉
지세부가세 및 호세부가세로 대표되는 부가주의 방식과 시장세, 포사
세, 돈도세 등으로 대표되는 독립주의 방식이 절충되었던 것이다.

　일제는 이런 준비를 거쳐 「지방비법」의 취지를 설명하고 내용을 선
전하였다. 이러한 지방세가 9월 1일부터 본년도 예산에 편성되어 도

---

94) 『皇城新聞』, 隆熙 3년 6월 17일.
95) 『大韓每日申報』, 隆熙 3년 6월 17일.
96) 『皇城新聞』, 隆熙 3년 6월 19일.
　　『大韓每日申報』, 隆熙 3년 6월 19일.
　　『大韓每日申報』, 隆熙 3년 6월 29일.

로 및 교량수축, 산업장려, 교육과 위생 등에 투자되리라고 상세하게 보도될 정도였다.[97] 그리고 지방비 중에서 중요한 세목인 시장세는 등급에 따라 결정된다는 보도도 나왔다.[98] 「지방비법」은 1910년부터 본격적으로 시행되었다.[99]

당시 이러한 중앙 차원의 협의가 이루어진 뒤, 경기도를 시작으로 「지방비 부과금규칙(地方費賦課金規則)」이 점차 마련되었다.[100] 한성부의 경우, 종래에 자주 거론되었던 시장세, 도축세, 지세에 10/100을 부가하는 지세부가세 대신 토지가옥소유권취득세(土地家屋所有權取得稅)를 시장세 및 도축세와 더불어 지방비 부과금으로 채택하였다.[101] 납기는 시장세의 경우, 매월 10일로 하고 나머지는 수시로 납부하고 지세부가세의 경우는 지세수입 규정에 따르기로 하였다.[102] 물론 부도 차원에서 지방세의 세율 등이 조정되었다.[103] 지세부가세율의 경우, 다른 도가 지세의 5/100인 데 반해 평안남북도와 함경남도는 10/100이었다.[104] 그러나 이는 부도의 자체 결정에 따르기보다는 「지방비법」의 규정대로 내부대신과 탁지부대신의 인가를 받아 이루어진 것이었

---

97) 『皇城新聞』, 隆熙 3년 7월 21일.
　　『皇城新聞』, 隆熙 3년 7월 22일.
　　『皇城新聞』, 隆熙 3년 7월 24일.
98) 『大韓每日申報』, 隆熙 3년 9월 1일.
99) 『皇城新聞』, 隆熙 3년 9월 26일.
100) 『韓末近代法令資料集』 Ⅷ, 京畿道令 제2호 「地方費賦課金賦課規則」, 1909년 9월 27일.
101) 『舊韓國官報』 4503호, 府令 제2호 「地方費賦課金規則」, 隆熙 3년 10월 13일.
102) 위와 같음.
103) 1909년 9월·10월에 경기도를 시작으로 전국 道府에서 「地方費賦課金賦課規則」을 공포하여 시행하였다. 경기도의 경우, 『韓末近代法令資料集』 Ⅷ, 京畿道令 제2호 「地方費賦課金賦課規則」, 1909년 9월 27일 참조.
104) 道府 賦課金課率의 현황에 관해서는 度支部 司稅局, 『韓國稅務統計 第1回』, 1910, 131쪽 참조.

다. 타 도의 세율이나 부과 방식이 거의 동일하였음은 당연하였다.

「지방비법」의 시행은 재정제도와 지방제도에 많은 변화를 가져왔다. 우선 「지방비법」은 종래 군수, 면장 등이 구관에 따라 시장세, 고복채(考卜債), 호적채(戶籍債) 및 그 외 각종 명목의 잡세를 불법적으로 징수하여 각종 경비에 충용하거나 중간 수탈하던 방식을 폐기하고 국가 차원에서 국가법령 내지 관련 하위 법규에 근거하여 이들 잡세를 지방세로 전환하여 지방행정비에 충당할 수 있는 여건을 조성하였다. 이 점에서 대한제국 정부가 추진했던 조세 징수의 일원화를 실현했다고 하겠다. 특히 지방잡세 중에서 가장 큰 문제가 되었던 시장세의 경우는 더욱 그러하다. 즉 종래 시장세는 파원배(派員輩), 도장(都將) 및 특정인에 의해 청부제(請負制) 방식으로 징수되고 있었던 데 반해[105] 「지방비법」 시행 이후는 재무감독국장의 승인을 얻은 시장관리인이 재무서에서 납부고지서를 발급받은 뒤 시장 상인으로부터 징수하여 재무서에 납부하도록 규정하였다.[106] 아울러 시장관리인은 면장이 받는 면교부금과 동일한 방식으로 시장세의 2/100에 해당하는 교부금을 받고 있었으며, 다른 한편으로는 시장관리인이 사소한 잘못을 저질러도 체납 처분이 집행되었다. 이는 효율적인 조세 징수와 재정 관리를 위한 조치였다.

그러나 「지방비법」은 한국인 일반 대중 및 빈민들의 조세 부담을 가중시켰다. 비록 부과 방식의 개편을 통해 징세행정을 개혁하였지만 빈민 대중마저도 징수 대상이었다는 점에서 가혹성을 면치 못하였다.

---

105) 金星圭, 『草亭集』 7, 江原道巡察使 復命上奏文(光武 9년 2월 3일).
　　 本田幸介・本田幸介・鈴木重禮, 『韓國土地農産調査報告書』 上・中・下, 各道 雜稅項, 東京帝國大學 農科大學, 1905.
106) 度支部 司稅局, 『度支部公報』 106호, 隆熙 3년 10월 11일.

〈표 9〉 1909년 地方稅 歲入 豫算(4/4분기)

단위: 圓

賦課 稅目	賦課額	比率(%)
地稅附加稅	30,273	26.2
屠 場 稅	31,118	26.9
市 場 稅	63,170	54.7
其他 諸稅와 雜收入	905	0.8
總 額	115,466	100

출전: 統監府, 『第3次 韓國施政年報』, 1909, 43쪽.
朝鮮總督府, 『朝鮮施政ノ方針及實績』, 1915, 60~63쪽.
水田直昌, 『統監府時代の財政』, 1973, 57쪽.

일제는 증수를 위해서 가장 열악한 빈민들에게서도 조세를 수탈하였던 것이다.[107] 시장세의 징수는 빈민과세(貧民課稅)의 전형이라 하겠다. 또한 부과 방식도 매우 불합리하였다. 시장세의 경우, 같은 물품을 두고 여러 시장에서 중복하여 부과하였던 것이다.[108] 그래서 시장세가 도의 수입에서 차지하는 비율이 매우 높았다(〈표 9〉).

〈표 9〉에 따르면 비록 4/4분기에 국한되지만 부과금 총액 중에서 시장세가 차지하는 비율은 50%를 웃돌고 있다.[109] 심지어 충청북도의

---

107) 善生永助, 『朝鮮の市場經濟』, 1929, 273쪽.
'장날마다 백성이 수십 리 길을 날라온 한 짐의 야채, 한 마디의 땔나무, 가난한 노파가 이고 돌아가고 한 되의 소금, 한 마리의 건어에도 빠짐없이 매매고의 1/100 이라는 중세를 부과하는 것이었다'
108) 『大韓每日申報』, 隆熙 4년 3월 23일.
'元來 此市場稅는 重複의 稅를 課홈이니 卽 市場 매매는 生産者 消費者의 매매 쑨만 아니라 營利를 目的홈이 多ᄒ야 一物品으로 數市場에 輾轉하거늘 此를 每市課稅하면 卽 一物品에 對ᄒ야 甲市場에서도 課稅하고 又 其物品이 乙市場에 入ᄒ면 乙市場에서도 課稅하고 又 丙市場에 入ᄒ면 丙市場에서도 과세하고…'
109) 참고로 地稅附加稅는 地稅 納期日인 매년 2월과 12월(서북지방은 11월)에 납부하며, 屠獸稅와 市場稅는 매달 취집·징수하여 재무서에 납부한다. 따라서 이러한 예산 내역은 지방세의 납기일과 무관한 것으로 시장세에 비중을 두고 편성된 것으로 보아야 한다. 『韓末近代法令資料集』 Ⅷ, 勅令 제20호 「地稅及 戶稅의 納期에 關한 件」, 1909년 2월 26일; 동 京畿道令 제2호 「地方費賦課金賦課規則」,

경우, 시장세 징수액이 전체 지방세 징수액에서 차지하는 비율이 67%를 넘을 정도였다.[110] 이러한 비율은 당시 시장세를 부담하는 영세상인, 소상품 생산자의 처지에서는 가혹한 부과였다. 이런 사정은 지세부가세의 경우도 마찬가지였다. 당시 조선 농민의 70~80%가 고율 소작료를 부담할 뿐만 아니라 지세 등의 공조공과(公租公課)를 전가받는 지주소작제하의 소작농 내지 자작 겸 소작농이었음을 감안한다면,[111] 지세의 5/100 내지 10/100을 차지하는 지세부가세는 이들의 부담을 가중시킨 셈이다.[112]

또한 「지방비법」은 기존의 「지방세규칙」과 결부되어 문명계몽론자들이 기대하였던 지방자치제의 시행을 완전히 배제하고 조세를 증수하는 법적 근거였다. 1909년을 전후로 일제가 취한 민회 탄압과 혁파는 이를 잘 보여준다.[113] 이와 같이 일제는 대한제국의 주권을 강탈했을 뿐만 아니라 한국 주민의 지방정치 참여를 근저에서부터 봉쇄하였던 것이다.

한편, 일제는 「지방비법」의 제정을 계기로 방회·동계의 기부금, 동리유재산, 시장세 및 포구의 구전 등 공과적 수입이라 할 민립학교 재

1909년 9월 27일. 그 외 각 도 관련 道令 참조.

110) 충청북도의 지방세 세입예산은 市場稅와 屠場稅에 한정되어 편성되었는데 각각 3,112엔과 1,530엔이었다(『韓國忠淸北道一班』, 157쪽).

111) 朴慶植, 『日本帝國主義의 朝鮮支配』(청아출판사 역), 1986, 88~89쪽.

112) 다만 소작농의 경우, 시장 상인들의 경우와 달리 지세부가세가 지세와 합쳐 부과되기 때문에 이 문제는 地方稅制보다는 당시 農業問題 및 地主小作關係와 관련하여 제기될 사안임을 유의할 필요가 있다.

113) 일제는 地稅 등을 증징하면서 한국인을 무마하기 위해 1907년 5월에 재정침탈·협조기구로 地方委員會를 설치하였다. 이에 지방사회에서는 民會를 중심으로 자치운동과 均稅運動을 통해 이를 저지하려 하였고 일제는 민회를 탄압·해체시키기 위해 민회단속규칙 등을 제정하려 했다. 이에 관해서는 이상찬, 앞 논문, 1986, 62~66쪽 참조.

원을 박탈할 수 있게 되었다.[114] 즉 민립학교를 지탱해준 재원들이 「지방비법」의 세목에 편입됨으로써 종전에 지방관과 지역 주민들의 지원으로 지역 공공 차원에서 설립된 한국인들의 민립학교가 재정적 기반을 상실하게 되었다.[115] 당시 일본인 학부 차관마저 다음과 같이 연설하였다.

원래 한국 사립학교의 다수는 그 경영의 기초가 공고한 것이 아니어서 대다수는 학전(學田)·도함세(渡艦稅)·시장세와 같은 공과적 수입 또는 기부금과 같은 타인의 재화에 의뢰하여 설립하는 것이었던바 지금 일면에서 「지방비법」이 발포되어 그 재정의 대부분을 수상(收上)하고 「기부금품모집취체규칙(寄附金品募集取締規則)」의 발포에 따라 기부금의 모집

---

114) 서울과 지방 곳곳에 설립된 민립학교의 대다수는 객주 등 독지가들의 義捐金과 학생들의 月謝金뿐만 아니라 坊會·洞契의 기부금, 洞里有財産, 市場稅 및 浦口의 口錢 등 公課的 收入 등으로 충당하였다. 이에 관해서는 文定昌, 『朝鮮の市場』, 日本評論社, 1941, 54쪽; 文定昌, 『軍國日本 朝鮮占領三十六年史』上, 栢文堂, 1965, 160~161쪽; 柳漢喆, 「韓末 私立學校令 以後 日帝의 私學彈壓과 그 特徵」, 『한국독립운동사연구』 2, 독립기념관 한국독립운동사연구소, 1988, 80~86쪽; 金錫禧, 「韓末 東萊府 私立東明學校의 設立과 運營」, 『韓國文化硏究』 4, 1991, 130~130쪽, 133~135쪽; 崔起榮, 「韓末 서울 소재 私立學校의 敎育規模에 관한 一考察」, 『韓國學報』 19-1, 1993, 54~60쪽; 柳承烈, 「韓末 교육 운동의 推移와 客主」, 『歷史敎育』 81, 2002, 155~163쪽.

115) 民立學校는 종래 학계에서 주로 사용하였던 私立學校를 대신하는 용어로서 官立學校(國立學校)에 대비된다. 즉 지역 주민이 교육자치 차원에서 설립한 公立學校도 여기에 포함된다. 따라서 이러한 지방 공립학교는 지방의 공공 재원을 적극 활용하여 학교 재정 기반으로 삼았다. 다만 근래에 尹琓이 宣敎系 私立學校와 대비하여 민족 선각자와 학회, 교육단체 등이 설립한 非宣敎系 私立學校를 '民立學校'라고 命名하였다(尹琓, 『大韓帝國期 民立學校의 敎育活動硏究』, 도서출판 한결, 2001, 11쪽). 그러나 이러한 학교들 중에는 지방관과 지역 주도층, 주민들의 지원 아래 지역 공공 차원에서 설립된 학교도 적지 않았다는 점에서 이러한 범주화와 명명은 재고할 필요가 있다. 추후 민립학교의 개념에 관한 본격적인 논의가 필요하다.

에 대타격을 받아 유지의 기초가 이에 위태로워 폐멸 지경에 자주 이르렀다.[116]

「지방비법」의 제정이 「기부금품모집취체규칙」과 달리 민립학교를 직접 겨냥하지는 않았지만 결과적으로는 계몽운동의 구심점으로 부각된 민립학교의 재정적 기반을 이처럼 약화시킬 수 있었다. 나아가 일제는 지방비보조를 통해 이러한 민립학교를 준관립화함으로써 한국의 교육도 장악할 수 있는 기반을 구축할 수 있는 반면[117] 한국인 지역 주민들은 그들의 자발적 참여와 운영에 근간을 둔 교육자치제를 발전시킬 수 없었다.

일제는 이처럼 「지방비법」의 시행을 통해 한국 주민의 의사를 철저히 배제한 가운데 그들의 의도대로 지방통치, 토목 건설, 농업구조의 구축 및 일본화 교육 등을 지속적으로 받쳐줄 재정 기반을 조성하기에 이르렀다. 그래서 훗날 총독부 당국자도 지방세가 국세의 일종이라고 토로할 정도였다.[118] 소상품 생산자들을 비롯한 한국인들이 일제의 이러한 수탈 재정 조성에 맞서 민족운동을 전개해야 했던 이유가 여기에 있다.

---

116) 國史編纂委員會 編, 『韓國獨立運動史』 1, 資料篇, '表學部次官演說', 1968, 916~917쪽.
117) 유한철, 앞 논문, 86~90쪽.
118) 3·1운동 이후 일제가 한국인을 무마하기 위한 일환으로 지방자치론을 거론하고 있을 때, 조선총독부 관리 李範益은 1909년 地方費法의 문제점과 관련하여 地方稅가 國稅의 일종이었다고 실토하고 있다(李範益, 「朝鮮において地方制度の今昔」, 『朝鮮』 1921년 10월호).

2

한국인의 지방세제 인식과 항세 투쟁

1) 지방세제 수용론

일제는 1906년 이래 지방세제를 입법화하려는 통감부의 시도가 1909년 「지방비법」으로 일단락됨으로써 한국에 대한 제반 수탈을 강화할 수 있는 기반을 마련하였다. 그것은 종래 국가재정이 부담해야 할 국비를 지방재정으로 전가함과 동시에 한국인의 지방정치를 봉쇄함으로써 가능했던 것이다.

이 과정에서 대다수 자강론자(自强論者)들은 여기에 적극 참여하여 지방자치제를 실현하려 노력하였다.[119] 특히 국수보전(國粹保全)보다는 문명계몽(文明啓蒙)에 비중을 두었던 문명계몽 계열의 식자층이 더

---

119) '自强論'은 박찬승의 개념규정에 따르면 '한국민족이 주체가 되어 교육과 실업을 진흥함으로써 경제적·문화적 실력을 양성하고 나아가 부국강병을 달성하여 장차 국권 회복의 토대를 마련하려는' 방법론을 가리킨다. 따라서 자강론자들은 국권 회복을 목표로 이러한 민족운동을 전개한 식자층을 지칭한다. 박찬승, 『한국근대정치사상사연구—민족주의 우파의 실력양성운동론』, 역사비평사, 1992, 29쪽 참조.

욱 그러하였다.[120] 지방자치제를 민권의 기반이며 입헌정체의 근간으로 이해했기 때문이다. 따라서 통감부의 지방세제 시행을 지방자치제의 실시와 결부하여 각별한 관심을 표명하였다.

지방자치제 논의는 단지 한국인 관리들뿐만 아니라 자강론자들을 중심으로 광범위하게 진행되었다.[121] 지방세제도 이러한 맥락에서 논

120) 박찬승은 자강운동 계열을 大韓協會系列, 皇城新聞系列, 靑年學友會系列, 그리고 大韓每日申報系列로 구분하였다(박찬승, 위 책, 1992, 제1장). 그러나 이러한 세세한 계열 구분은 신문과 단체의 인맥을 중심으로 설정된 것으로, 이 시기 민족운동의 여러 지향과 노선의 차이를 선명하게 드러내지 못할뿐더러 1907년 이후 정국 변동과 자강 계열의 분화를 연계하여 거시적으로 포착하고 있지 못하다. 따라서 이러한 여러 요인들을 고려하면서 한말 민족운동의 성격과 의미를 파악하기 위해서는 1907년 고종의 강제 퇴위 및 군대 해산 이후 자강운동의 계열을 크게 文明啓蒙系列과 國粹保全系列로 구분할 필요가 있다. 이들 두 계열이 국권 회복을 목표로 하되 그 의미와 방법을 달리 강구했기 때문이다. 전자 세 계열과 후자 『대한매일신보』 계열이 각각 文明啓蒙系列과 國粹保全系列에 해당한다. 그래서 전자는 文明開化를 달성하면 國權이 저절로 회복될 수 있다고 주장한 반면에, 후자는 문명개화의 필요성을 인정하되 國粹를 保全해야만 國權을 恢復할 수 있다고 주장하였다. 이에 관한 연구는 다음과 같다.

金度亨, 『大韓帝國期의 政治思想研究』, 제6장, 知識産業社, 1994.

具嬉眞, 「日帝强占 前半期(1905~1918)의 敎育論」, 서울大學校 大學院 碩士學位論文, 1995.

鄭崇敎, 「1904-1910년 自强運動의 國民敎育論」, 『韓國史論』 33, 1995.

拙 稿, 「근대 중국·일본의 地方自治論과 韓末의 지방자치 문제」, 『歷史敎育』 64, 1997.

鄭崇敎, 「韓末 民權論의 전개와 國粹論의 대두」, 제3장과 제4장, 서울大學校 大學院 博士學位論文, 2004.

金明久, 「韓末 일제강점기 민족운동론과 민족주의 사상」, 1장, 釜山大學校 大學院 博士學位論文, 2004.

白東鉉, 「大韓帝國期 民族認識과 國家構想」, 4장, 高麗大學校 大學院 博士學位論文, 2004.

이지원, 『한국 근대 문화사상사 연구』, 제2장 제1절, 혜안, 2007.

121) 李泰鎭, 「地方自治의 民族史的 傳統」, 『新東亞』 1988년 7월호(『朝鮮儒敎社會史論』, 知識産業社, 1989 所收).

金度亨, 위 책, 132~154쪽.

의가 활발했다. 이러한 정황은 당시 『대한매일신보』와 『황성신문』 등에 실린 기사를 통해 잘 드러난다. 1905년 10월 16일자 『대한매일신보』에는 당시 중국에서 중국인 손송녕(孫宋寧)이 지방자치제·지방세제와 관련하여 연설한 내용이 상세히 소개되어 있다. 주요 부분만 인용해보면 다음과 같다.

吾國(淸) 財政之弊ᄂ 地方稅 少하고 又 國稅와 地方稅를 不分하야 往往히 以地方稅로 支辦 國政ᄒ며⋯⋯今宜某爲國政ᄒ며 某爲地方政ᄒ고 某爲國稅ᄒ며 某爲地方稅ᄒ야 各收各用에 不相那錯ᄒ고 各以其通公之收入及支出로 爲計算ᄒ야 綱目 一定ᄒ然後에 民力之屈伸을 可稽오 然後에 可爲政治이니 是ᄂ 監督財政이 爲自治必有之道路요 硏究財政學問이 又 爲監督財政必備之公課라 總之컨대 自治의 遲速과 愚劣은 敎育과 財政 二者의 有法 無法으로以ᄒ지니 進步와 不進步ᄂ 但在吾輩責任如何라.[122)]

여기서 가장 주목할 대목은 자치를 위한 전제조건으로서 국세와 지방세의 엄격한 분리를 상정한 점이다. 이러한 그의 주장은 당시 자

---

122) 『大韓每日申報』, 光武 10년 10월 16일.
　　이 시기 중국에서 전개된 지방자치제 논의에 관해서는 다음의 글이 참고된다.
　　閔斗基, 「淸代 封建論의 近代的 變貌—淸末地方自治論으로의 傾斜와 紳士層—」, 『中國近代史硏究—紳士層의 思想과 行動—』, 一潮閣, 1973.
　　尹惠英, 「變法運動과 立憲運動」, 『講座 中國史 Ⅵ』(서울大學校 東洋史學硏究室 편), 지식산업사, 1989, 22쪽.
　　金衡鍾, 『淸末 新政期의 硏究: 江蘇省의 新政과 紳士層』, 제3편, 서울大學校出版部, 2002.
　　橫山英 편, 『中國近代化と地方政治』, 序, 1975.
　　浜口允子, 「淸末直隷省において諮議局と府議會」, 『中國近現代史論文集』, 1985.
　　馬小泉, 『國家與社會: 淸末地方自治與憲政改革』, 河南大學出版社, 2001.

강론자들에게는 지방 문제를 해결하는 대안으로 받아들여졌다. 특히 문명계몽 계열이 그러하였다. 이들은 독립협회 인사와 마찬가지로 입헌정치와 함께 지방자치제의 실현이라는 과제에 비중을 두고 지방세제의 실시에 깊은 관심을 가졌던 것이다.[123] 그만큼 지방자치제를 실시하기 위해서는 지방세의 국세로부터의 분리가 선행되어야 한다고 여겼다. 즉 중앙정부가 지방세를 설정함으로써 지방자치기관이 재원을 독자적으로 가지는 경우에는 어떠한 사정으로 재정수요가 증대할지라도 세율의 조정이나 과세표준의 재산정(再算定)을 통해 재정수요를 충당할 수 있는 것이다. 이에 반해 지방세가 국세와 중복될 경우에는 세율 인상에 있어 이 양자의 세율을 기준으로 해서 납세자의 세부담 능력을 고려해야 하기 때문에 지방자치체의 수입 능력은 폭이 좁아지게 된다. 그에 따라서 세율의 결정이나 과세표준의 산정에 있어 언제나 중앙정부 측에 주의를 기울여야 하기 때문에 그만큼 지방자치체는 제약을 받게 된다는 것이다.[124]

이 시기 자강론자들이 지방자치제를 실현하는 방편으로 지방세제에 이처럼 많은 관심을 가졌음을 알 수 있다. 그래서 지방세제 문제는 학회 기관지를 비롯하여 대다수 출판물에 자주 거론되었다. 우선 한말 대표적 정치단체인 대한자강회(大韓自强會)를 중심으로 전개된 지방자치제 논의를 통해 이러한 방안들을 구체적으로 살펴보기로 하자.

문명계몽 계열의 대표적 논객인 윤효정(尹孝定)의 경우, 자치제 논의를 입헌공화제를 수립하기 위한 방안과 결부시키면서 일본 정촌제(町村制)를 소개하고자 하였다.[125] 그리고 6회에 걸쳐 정촌제를 소개하

---

123) 獨立協會의 地方稅制案에 대해서는 3장 1절 2소절에서 언급하였다.
124) 李相熙, 『地方財政論』, 啓明社, 1985, 136쪽.
125) 『大韓自强會月報』 제4호(1906년 11월호), '地方自治制論'.

는 일본인 오가키(大垣丈夫)의 글이 『대한자강회월보(大韓自强會月報)』에 실렸다. [126] 오가키는 지방세제 문제와 관련해서 그 과세 주체가 지방자치체임을 지적하면서도 일정한 자격 요건을 기준으로 공민(公民)과 주민(住民)의 구별을 소개한 뒤 농민층이 참여할 수 없음을 강조하였다. [127] 이러한 정촌제의 한계성이 대한자강회 간부들에게 어떻게 비쳤겠는가는 차치하더라도 다른 나라의 사례보다도 일본의 경우가 조선에 적합하다는 윤효정의 지적에서 이들 문명계몽 계열의 자치제 방안이 갑오·광무개혁기의 향회제도보다도 훨씬 후퇴했음을 알 수 있다. [128]

이러한 태도는 『황성신문』의 필진도 마찬가지였다. '국가재조(國家再造)'의 첩경이라 하여 지방자치의 실시를 제일 먼저 힘써야 한다고 주장하였다. [129] 심지어는 일본의 지방자치제를 참작하여 채용할 것을 역설하였다. [130]

'今에 地方自治之制度로써 時代에 適應홀 制度라 謂홀지딘 先進文明國의 自治制度를 詳說ᄒᆞ야 讀者諸員의 參照에 供홀 必要가 有ᄒᆞ고 且我國의 自治制道ᄂᆞᆫ 先히 日本에 參考홀 必要가 有ᄒᆞ딘 本會顧問日本名士 大垣丈夫씨ᄂᆞᆫ 政治法律等 學理上에 精通홀 쑨 不是라 日本維新以來四十年間事가 蓋其經驗上熟練홈으로 日本의 自治制度ᄂᆞᆫ 同氏의 講述를 要ᄒᆞ야 左紙로부터 次號에 續載홀 터이어니와'

126) 大垣丈夫, 『大韓自强月報』 제4, 5, 6, 8, 10, 12호(1906~1907), '日本의 自治制度'.
    大垣丈夫에 관해서는 金項勾, 「大垣丈夫 硏究—大韓自强會와 大韓協會 顧問으로서의 活動을 中心으로—」, 『張忠植博士華甲紀念論叢』, 1992 참조.
127) 大垣丈夫, 『大韓自强會月報』 제4호(1906년 11월호), '日本의 自治制度'.
    大垣丈夫는 여기서 地租를 납부한 자와 營業稅 年額 2圓 이상을 납부한 자를 公民이라 칭하고 공직에 피선될 수 있으나, 이 자격을 구비치 못한 자를 단지 住民이라 칭하고 공직에 피선할 수 없다고 소개하고 있다.
128) 주 125)와 같음.
129) 『皇城新聞』, 光武 10년 11월 2일.
    '若地方之自治ᄂᆞᆫ 乃維新中 第一先務者也라…自治乎여 豈非所以再造我韓者乎아'
130) 위와 같음.

지방세제·지방자치에 대한 이런 인식은 한국인 관리들의 주장에서 훨씬 노골화하였다. 이들은 지방자치제의 실시와 함께 지방세제의 시행에만 관심을 가질 뿐[131] 정촌제가 갖는 이질성이라든가 계급적 한계성은 전혀 고려하지 않았다. 특히 지방세제 자체가 갖는 조세 수탈이라는 정치경제적 의미를 전혀 염두에 두지 않았다. 그래서 한국인 관리들은 일본 정촌제를 원용하여 지방세의 종목 대상을 구체적으로 명시하고 있다.

〈표 10〉은 이들이 설정한 지방세의 내용을 도표화한 것이다.

이 표에서 당시 한국인 관리들과 식자층도 통감부의 방침과 유사하게 거의 부가주의를 따르고 있음을 알 수 있다. 이러한 부가주의는 지방자치기관이 중앙정부의 재정정책에 의해 많은 제약을 받을 수 있는 소지를 남겨두고 있다. 더욱이 이전부터 문제가 되었던 「지방세규칙」을 거의 수용하고 있다. 사실 이들은 지방자치의 실시에 주안을 둘 뿐 지방세제의 시행이 가지는 조세 수탈의 성격에 대해서는 전혀 관심을 두지 않았다. 여기서 문명계몽 계열이 지방자치제와 함께 지방세제의 실시를 문명계몽 및 입헌정치의 방편으로 인식하였음을 확인할 수 있다.

국수보전 계열인 『대한매일신보』의 필진들도 이런 인식에서 벗어나지 못하였다. 즉 이들은 단지 지방세 제도의 시행을 종래 지방잡세의

'日本이 自明治二十一年以後로 地方의 制度가 始備ᄒ야 歐洲의 法을 參酌施行ᄒ인즉 我國에셔 若地方自治制度를 行코져 홀진ᄃᆡ 不得不 日本의 制度를 參酌採用홈이 可홀지라'

131) 趙聲九, 『地方行政論』, 1908, 18쪽.
  한말 대표적인 행정관료인 조성구는 "自治의 定議를 設ᄒ야 曰 自治라 홈은 國法을 從ᄒ야 地方에 關혼 行政을 地方稅의 支辨에 의ᄒ야 名譽職으로써 處理ᄒᄂ 行政이라 云云"한 구나이스트의 정의를 따르고 있다.

趙聲九	市面村稅 - 國稅, 道稅의 부가세 　　　　　 직접, 간접의 특별세 郡稅 - 郡內 各面村에 分賦 道稅 - 지세(지조의 1/3), 영업세(國稅의 부과가 없는 상업 및 공업) 잡세, 　　　　가옥세, 戶數 주렴 * 日本 府縣制 轉寫
金陸生	道稅 - 地方稅規則, 道制의 규정에 따름 郡稅 - 道稅와 같이 직접으로 관내 주민에게 부과하는 일이 없고 군내 각 　　　　면에 부과, 각 면은 각기 면 예산에 편입하여 면세로써 징수하여 그 　　　　총액을 군의 금고에 수납 府面稅
閔丙斗	市面村稅 - 國稅, 道稅의 부가세, 직접 또는 간접의 특별세 郡稅 - 各面村에 分賦 * 김육생과 동일

출전: 趙聲九, 『地方行政論』, 1908
　　　金陸生, 『大韓協會會報』 1-9, 1909
　　　閔丙斗, 『畿湖興學會月報』 1908년 12월호

정리 차원에서 인식할 뿐, 지방세를 부과하고 집행하는 자치제의 운영방식이나 지방세의 종목 대상을 언급하고 있지 않다.[132] 조세 증수를 위한 제도로 이해하지 않았던 것이다. 오히려 일제의 지방세 신설을 합리화하는 성향마저 보인다. 이러한 인식은 「지방비법」이 반포되는 1909년 4월에도 아직 별다른 변화를 보이지 않는다. 1909년 5월

---

132) 『大韓每日申報』, 隆熙 2년 5월 17일.
　　'(정부에서 지방세규칙을 반포한다는 소식을 접하고)…觀察郡守가 國庫에 上納ᄒ는 稅 以外에 屠牛所와 市場에 稅額을 徵收ᄒ며 其他 學校費用으로 人民에게 徵收ᄒ는 雜稅가 있어 其 弊害가 적지 않은 故로 이들 雜稅를 一切 嚴禁한다는 論議가 있었으나 人民이 지금까지 納稅하던 것을 廢止ᄒ였다가 細則을 制定하여 徵稅할 경우에는 人民이 租稅를 納홀 양으로 認識하여 오히려 不美함이 있을지라. 故로 이때에 雜稅를 整理ᄒ고 地方稅도 納케 ᄒ면 人民의 負擔은 增加치 아니ᄒ고 地方行政의 收入을 得하리라 ᄒ여 이 方針으로 新地方稅規則을 頒布實施하더라도 新稅를 納ᄒ하는 일은 다시는 없다더라'

시장세를 부과한다는 소식에『대한매일신보』4월 10일자에서는

人民에게는 別無關係오 地方各市場에서 旣往 徵收ᄒ던 各項稅納을
徵收홀 거[133]

라 하면서 심각하게 받아들이지 않았다. 이러한 태도는 앞에서 지적
한 바와 마찬가지로 지방세제의 근대적인 형식에만 주목했을 뿐 수탈
적 성격을 간과한 결과였다. 다시 말해 경제적 공동체로서 결집되는
근대민족의 형성 속에서 제국주의의 조세 수탈이 갖는 의미를 제대로
포착하지 못했기 때문이다.[134]

따라서 통감부 당국은 자강론자들의 이러한 한계를 이용하여 지방
세제 시행을 합리화하고 이를 홍보하였다. 일제가 내심으로는 지방
자치제 논의 자체를 꺼려하면서도 이를 묵인했음은 당연한 일이었다.
특히 당시 현안 과제였던 의병전쟁 진압을 위해서도 자강론자의 지방
자치제 논의는 내심 기대한 바였다.

원래 한국인은 정치를 좋아하는 것이 식색(食色)이라면 이것을 정치 이
외로 퇴거시키는 것은 도저히 불가능한 것이며 일단 자치의 목표를 주는
것은 미명(未明)을 예측동경(豫測憧憬)하여 자포자기에 빠뜨리게 할 수 있
으며……[135]

133)『大韓每日申報』, 隆熙 3년 4월 10일.
134) 자강론자들의 이러한 한계는 당시 1907 · 1908년에 한국인들이 벌인 結戸稅 거
    납 운동을 怠納으로 비난한 데서도 잘 드러난다. 洪順權,『韓末 湖南地域 義兵
    運動史研究』, 서울大學校 出版部, 1994, 186~187쪽; 이종범,「대한제국말 일제
    의 조세 수탈과 한국인의 저항―지 · 호세문제를 중심으로」,『全南史學』10, 1996,
    278~279쪽 참조.
135) 黑龍會,『日韓合邦秘史』, 黑龍會出版部, 1930, 345쪽.

이러한 일제의 방침은 크게는 민족운동의 분열을 꾀하는 동시에 작게는 지방세제의 시행이라는 소기의 성과를 거두는 데 크게 작용하였던 것이다.[136] 따라서 이 시기에 전개된 자강론자들의 지방세제 실시에 대한 대응은 단지 자치제론을 중심으로 전개되었고 그것마저도 제국주의에 대한 인식의 부족 속에서 수용하는 태도를 취하였다. 하지만 의병운동이 격화하고 일제의 재정·경제 침탈이 가속화하는 가운데, 1909·1910년에 일어난 시장 상인들의 시장세 반대 투쟁은 자강론자를 필두로 한 한국인들의 이러한 인식을 변화시키는 계기로 작용하였다.

2) 조세 수탈론과 시장세 반대 투쟁

시장 상인들의 시장세 반대 투쟁은 지방세제가 본격적으로 시행되는 1909년 10월 이후 전개되었다. 당시 「지방비법」의 시행은 시장 상인들의 즉각적인 반발을 야기했던 것이다. 이미 10월 중순경 개성군(開城郡) 서문내(西門內) 시장 상인들이 철시 투쟁과 함께 관찰도에 신원할[137] 정도로 시장세 부과에 대한 반대여론은 비등하였다. 특히 평안남도 순천 상인들은 「지방비법」의 문제점을 조목조목 지적하였다. 첫째는 이중 과세라는 점이다. 즉 「가옥세법」에 따라 시가지 가옥과 촌락 가옥에 과세하고 또다시 시일에 상설점에 장세를 부과함은 이중

---

136) 1920년대 초반 3·1운동 이후 일제는 民族主義 右派 계열에서 제기한 自治論과 參政論을 거부하는 대신 민족운동을 분열시킬 요량으로 諮問機關의 설치를 골자로 하는 지방제도의 개편을 검토하였다.
　　姜東鎭, 『日帝의 韓國侵略政策史』, 1980, 310~321쪽.
137) 『大韓每日申報』, 隆熙 4년 10월 19일.

으로 과세하는 것이며, 상인이 시장세를 부담하는 것은 당연하나 경작상에 이미 결세를 납부한 농민이 농작물을 판매하는 데 시장세를 징수함은 가혹한 것이었다.[138] 둘째는 시장세가 일본인에게는 유익하게 사용되나 한국민에게는 도움이 되지 않으며, 매년 징세액이 증가할 것이라는 우려이다.[139] 또한 반일감정도 시장세 반대 투쟁의 요인이었다. 평안남도의 경찰부장 경시 유아사(湯淺秀富)는 이 사건을 두고 "시장세 반대라기보다는 오히려 배일열(排日熱)이 발현된 것으로 보아도 유견(謬見)이 아닐 것이다"[140]라 하여 시장세 반대 투쟁을 항일투쟁으로 파악하였다. 즉 평안도 상인의 시장세 반대 투쟁은 단지 조세저항운동에 그치지 않고 일본제국주의의 한국 강점을 반대한 반제항일 투쟁의 일환이었던 것이다.

이러한 상인들의 항일 투쟁은 『대한매일신보』의 필진 등 국수보전계열의 인사들이 지방세제의 시행을 비판하는 계기로 작용하였다. 당시 『대한매일신보』는 세 가지 이유를 들어 「지방비법」의 시행을 비판하였다.

첫째, 「지방비법」이 한국의 산업 사정을 고려하지 않고 일제의 증수를 위해 단행되었다는 것이다. 즉 이들 필진은 당시 조선의 경제사정이 매우 불리함에도 불구하고 산업 진흥책은 고려하지 않고 오히려 산업화가 일찍 이루어진 제국주의 국가와 단순 비교하여 잡세를 징수한다고 주장하면서 일제 및 문명계몽 계열의 주장을 정면으로 비판하였다.[141] 아울러 「지방비법」의 실시 이후 일제의 시장세 강징으로 말미

---

138) 『順川暴動事件綴』(國史編纂委員會 소장).
139) 『大韓每日申報』, 隆熙 4년 1월 25일, 論說 '地方稅와 民情'.
140) 주 138)과 같음.
141) 『大韓每日申報』, 隆熙 3년 10월 20일.
　　'今此 韓國은 乃者政府ᄒ셔 産業을 獎勵치 못홀 쑨만 아니라 도리혀 頹廢하며

암아 시장의 매매가 크게 줄어들고 문을 닫아 상인과 촌민이 몰락하고 있다고 지적하였다.[142]

둘째, 가옥세, 연초세, 주세 등의 이른바 삼세법(三稅法)과 함께 지방세를 잡세로 인식하였던 것이다.[143] 이 점은 기왕의 지방세제 인식으로부터 과감하게 탈피하였음을 보여준다.[144] 즉 지방세를 지방자치의 재원으로 파악하여 별다른 거부감 없이 수용하던 이전과는 달리 이 시기에 들어서는 제국주의의 조세 수탈로 인식했다는 점이다.

셋째, 이들 필진은 지방세 세입이 일제의 한국 통치비를 비롯하여 농업 기반의 조성을 위한 경비로 지출됨을 인식하고 이를 한국인에게 전가하지 말고 경비 절감을 통해 해결할 것을 주장하였다.[145]

民國이 俱空에 至ᄒ고 赤子가 餓莩에 臨ᄒ얏거늘 정부에서 救濟의 책은 無ᄒ고 도로혀 此等 誅求를 加홈은 斯民을 溝壑에 驅入홈이 아니오 何인가'

142) 『大韓每日申報』, 隆熙 3년 10월 20일.
'所謂 地方稅 實施 以後로 물론 市街 村落하고 稅金을 徵收 次로 商民을 위협ᄒ며 殘民을 毆打ᄒ여 一般人心이 益益 洶洶한 中 平陽 江東 兩郡은 市街마다 賣買人이 全無ᄒ고 撤廛廢市가 至于4,5 場 ᄒ여 村民은 주머니가 비어 飢寒이 莫甚ᄒ고 商人賣買가 永絕하여 分錢을 難得하니 民之困悴가 日益尤甚이라'

143) 위와 같음.
'課稅가 日重ᄒ야 曰 煙草稅 曰 家屋稅 曰 市場稅 曰 酒稅 曰 牛稅 曰 豚稅 等 雜稅가 俱出ᄒᄆ 所謂 財務署官吏는 其誅求가 嚴酷ᄒ고 其行悖가 層出ᄒ여 一般民情의 敖敖ᄒ 光景은 人의 目으로 忍觀치 못ᄒ깃다 云ᄒ더라'

144) 이러한 인식의 전환은 申采浩의 경우 잘 드러난다. 1910년 2월에 쓴 「20世紀 新國民」에서 제국주의 강대국이 후진약소국에 대하여 군사적 제압에 그치지 않고 '경제적 장악'까지 기도한다고 주장하고 있다.
鄭昌烈, 「韓末 申采浩의 歷史認識」, 『孫寶基博士停年紀念韓國史學論叢』, 知識産業社, 1988, 866~870쪽.

145) 주 141)과 같음.
'近者 韓國에 日人官吏의 俸給金貸與金과 所謂 官廳建築費와 所謂 土地整理費, 日本의 種苗貿來ᄒ기 日本의 牛羊貿來ᄒ기 此等 費用이 甚히 巨大ᄒ나니 엇지 國家의 經費가 愈多치 아니ᄒ며 國民의 負擔이 愈重치 아니ᄒ리오 此等의 經費를 節省ᄒ야 人民의 塗炭을 拯救홈이 可하거늘 乃者 政府가 此等 賦課를

결국 이들 필진은 당시 일제가 내세운 근대화 논리의 허구성을 폭로하면서[146] 조세 부과상에 인민의 여론과 자주적인 과세결정권이 전혀 보장받지 못하는 현실을 비판하는 등[147] 일제가 드러내고자 하지 않았던 '보호국' 지배의 본질을 인식하는 단계에까지 이르렀다.

나아가 1910년 1월 시장세 반대 투쟁이 가열되면서 이들 필진이 취한 지방세제 비판의 강도도 더해갔다. 우선 당시 조세 부담이 가중되어 한국민의 파산이 속출하는 상황에서 일본 상품의 유입이 한국 상품의 가격을 하락시키고 토착 상공업의 발달을 저지하였다고 지적하면서 지방세 부과는 이런 상황을 더욱 악화시켰다고 주장했다. 당시 평안남도에서는 일본 상품의 침투로 인해 이곳의 물산인 견포류(絹布類)의 가격이 하락하면서 평안도 상인들의 고통이 커져가는 가운데[148] 삼세(三稅) 실시 이래 술, 연초가 약 2할이나 폭등한 터였다. 이제 지방세 징수 문제에 국한되지 않고 일제의 조세 수탈 전반으로 확대되었으며 특히 일제의 경제 침탈과 관련하여 인식하였던 것이다. 그리하여 조세의 정치적 의미를 제기하면서 지방세 역시 일제하 한국인

行홈은 斯民을 溝壑에 驅入함이 아니고 何인가'
146) 위와 같음.
'又 必日 只今 韓國政府에셔ᄂ 日本의 指導를 受ᄒ야 人民을 啓發코져 ᄒ며 國家를 殷富코자 ᄒ하거날 엇지 民國에 不利ᄒ 賦課를 行ᄒ리오 홀지나 然이나 今日 所謂 啓發이니 殷富니 ᄒ는 言을 余ㅣ 已知하얏노라 人民의 蕩敗가 日甚ᄒ여도 此는 不思하고 過重의 索徵을 橫加ᄒ야 그 骨髓를 甘浚홈이 啓發이며 國用의 罄竭이 日甚ᄒ야도 此는 不夢ᄒ고 無用의 廢費를 亂作ᄒ야 剝奪ᄒ 是事홈이하여 所謂 殷富인가 此가 斯民을 溝壑에 驅入홈이 아니오 何인가'
147) 위와 같음.
'文明列國에셔ᄂ 一錢稅 一分稅를 徵홈에도 반다시 人民의 輿論을 從ᄒ며 人民의 可決을 要ᄒ거날 乃者 斯民은 甘ᄒ야도 受ᄒ고 苦ᄒ야도 受ᄒ야 苦, 痛, 病, 死를 一切 他人에 任하얏스니 何處 哀訴ᄒ며 何處에 求救ᄒ리오'
148) 國史編纂委員會, 『韓國獨立運動史』1, 1965, 514~515쪽.

통치를 위한 제반 사업에 쓰일 재원이며 궁극적으로 한국민의 생존권을 위협하는 요인으로 인식하였다.[149]

한편, 국수보전 계열이 지방세제의 성격을 이처럼 인식하는 가운데 「지방비법」이 본격적으로 발효되는 10월부터 시장 상인들의 시장세 반대 투쟁이 치열해지기 시작하였다.[150] 〈표 11〉은 이 시기에 발생한 시장세 반대 투쟁 지역과 사건 개요를 정리해본 것이다.

〈표 11〉에 따르면 시장 상인들이 철시 투쟁과 대규모 집회를 통해 거납의사를 결집해나가고 있음을 확인할 수 있다. 다만 개성의 경우는 관찰도에 청원서를 제출하는 합법적인 투쟁을 전개하기도 하였다.[151] 그러나 대부분은 철시 투쟁에 의한 시장세 거납 운동을 전개했다. 평안도 지역뿐만이 아니었다. 경기도 강화, 황해도 곡산, 안악, 함경도 혜산진, 단천, 고원 이외에도[152] 비록 불발로 그쳤지만 음죽의 장호원과[153] 전주[154] 등지에서도 불만이 최고조로 달하였다.

이 중 용천 상인들의 시장세 반대 투쟁이 무역회사였던 상무동사(商務同社) 임원들의 주도 아래 전개되어 평안도 시장세 반대 투쟁의 서막을 열었다는 점에서 주목할 필요가 있다. 특히 이들 주도자 중 송

---

149) 『大韓每日申報』, 隆熙 3년 1월 25일, 논설 '地方稅와 民情'.
150) 당시 지방세의 주요 종목에는 시장세 외 庖肆稅가 포함되어 있다. 이러한 점을 감안할 때, 여러 의문을 제기할 수 있다. 대표적으로 이 시기 시장세의 경우와 달리, 포사영업자들의 대규모 반발이 보이지 않았다는 점이다. 이는 포사업의 경우, 갑오정권이 들어서마자 「庖肆稅規則」을 제정하여 부과·징수하였고, 광무정권 역시 내장원 경리의 주요 재원으로 삼았던 데 반해 시장세의 경우는 아직 조세로서 설정되지 않았다는 점과 관련된다. 이와 관련하여 楊尙弦, 「韓末 庖肆 운영과 庖肆稅 徵收構造」, 『韓國文化』 16, 서울大學校 韓國文化硏究所, 1995 참조.
151) 『大韓每日申報』, 隆熙 3년 10월 19일.
152) 『大韓每日申報』, 隆熙 4년 4월 6일.
153) 『京鄉新聞』, 隆熙 3년 11월 12일.
154) 『大韓每日申報』, 隆熙 4년 2월 23일; 『皇城新聞』, 隆熙 4년 2월 27일.

〈표 11〉 1909~1910년 市場稅 반대 투쟁

일 자	지 역	상 황
1909. 10. 19	開城	시장세 부과를 반대하여 관찰도에 伸寃
1909. 12. 20	甑山	지방 상인, 시장세 폐지 여부 확인, 청원, 경계 태세
1909. 12. 25	寧邊, 順川, 定州, 龍剛, 江西	여러 날 撤市, 시장세 징납 반대
12. 29	寧邊	경찰서, 수명 捉囚. 이에 수백 명이 경찰서 습격
1910. 1. 14	龍川	일제히 철시, 시장세 거납 결정. 재무서장, 주사, 경찰서 순사 10여 명이 이유를 탐지코자 상인 300명과 회동하여 상황을 보고 시장세 중지를 약속
1. 29	順川	시장세 부과를 반대하여 순천폭동이 일어남
2. 1	朔州	상민 철시, 이에 시장세 징수 잠시 중지
2. 2~2. 3	龍川	경찰서, 헌병대가 해산, 체포. 다음 날 600여 명 회집
2. 3	順川	趙聲九, 조사차 출발, 그간 사정을 詳問
2. 6	南浦	시장세를 반대하여 철시, 부윤이 대표와 진정서를 통해 요구하도록 주문, 헌병대 강제로 해산시킴
2. 6 2. 8	龍川	400명이 호소, 경계 삼엄, 3명 피착 6~7명 被捉, 헌병대가 500명을 해산시킴. 그러나 상인들은 체포된 상인들을 석방하라고 요구함
2. 13	中和	시장 상인이 석방 요구, 이에 경찰관리, 재무서 관리가 시장세를 시행하지 않을 것을 약속, 개시
2. 19	安州	시장세 교섭의 한계로 경찰관이 칼을 휘두르고 발사. 이로 인해 7~8인 부상, 투석전으로 확대, 경계 엄중
2. 22	泰川	시장관리인에게 사퇴를 요구하는 광고를 게시, 이로 인해 사임자 속출
	宣川	매매 총액 3,000원에 불과하여 시장세 징수가 불가능
	博川	시장세 불응, 이에 순찰 파견. 그러나 성공하지 못함. 수명 체포, 시장세 수봉
	新義州	경계 태세
4. 6	安岳 慧山, 端川 谷山, 江華	2월 이래 5회 개시, 그러나 납세 거부, 시장세 반대

출전: 『大韓每日申報』, 『皇城新聞』 관련 일자; 國史編纂委員會, 『韓國獨立運動史』 1, 1965, 505~515쪽

자현(宋子賢), 황국보(黃菊保), 황국만(黃菊晚) 등은 신민회(新民會) 비밀 회원이었다.[155] 나아가 후일 이들 주도자는 당국이 시장세를 장시에 징납할뿐더러 좌고상인(坐賈商人)에게도 징납하고자 하였으며 특히 당국이 일반 상업계가 곤란한 지경에 기존에 징수하지 않았던 장시세를 징납하고자 했음을 시장세 반대 투쟁의 이유로 들고 있다.[156]

물론 시장세는 〈표 5〉와 〈표 6〉에서 볼 수 있듯이 종래 내장원이나 각 군 또는 지역 사회에서 징수하지 않은 것은 아니다. 주도자들의 이러한 항변은 순천 시장세 반대 투쟁에서 볼 수 있듯이 일제가 시장세를 징수하는 것에 대한 불만이라고 하겠다. 그리하여 이들 임원의 주도 아래 용천 상인들은 1909년 12월 18일 용천 장시에서 시장세 반대 투쟁을 벌였다.[157] 이 점에서 시장세 반대 투쟁을 주도한 이들은 일본인 상인들이 평안도 내부까지 침투해 오는 현실을 목도하는 가운데 앞에서 언급한 바와 같이 『대한매일신보』 필진들과 마찬가지로 일제의 지방세 징수를 '지방개발'과 '지방자치'를 위한 재원으로 간주하기보다는 중소 상인들의 경제적 성장을 가로막는 수탈 행위로 인식하였던 것이다.[158] 따라서 이들 중소 상인은 일제가 강경 진압으로 주모자

---

155) 宋子賢은 용천의 무역상으로 李昇薰과 황국보의 권유로 1907년 신민회에 입회한 인물로 105인 사건으로 기소되었으며 保安法과 總督謀殺未遂罪로 징역 7년을 언도받았으나 항소 공판에서 무죄로 방면되었다. 황국보 역시 송자현과 더불어 무역회사인 商務同社에서 무역상으로 활동하면서 龍川 楊市 지역 新民會 郡監을 맡기도 하였다. 시장세 반대 투쟁 주도자로 1910년 3월 말에 피착되었다. 尹慶老, 『105人事件과 新民會 연구』, 一志社, 1990, 196쪽, 224쪽; 공훈전자사료관 http://e-gonghun.mpva.go.kr/; 『大韓每日申報』, 隆熙 4년 3월 29일; 『每日申報』, 1913년 3월 21일, 23일.

156) 『大韓每日申報』, 隆熙 4년 4월 22일; 『皇城新聞』, 隆熙 4년 4월 12일.

157) 龍川郡民會, 『龍川誌』, 1968, 145쪽. 이와 관련하여 徐紘一, 「韓末基督敎人들의 反植民運動」, 『韓國基督敎史硏究』15 · 16, 1987, 15~16쪽 참조.

158) 용천 시장세 반대 투쟁을 주도한 황국보는 殖産獎勵運動에 국한하지 않고 정치

를 체포하자 용천의 경우에서 볼 수 있듯이 주모자의 석방을 요구하
거나 경찰서를 습격하였다.

　당시 『대한매일신보』는 시장 상인들이 일제에 맞서 싸워나가는 과
정에 대해 1910년 1월 22일 '시사평론'을 통해 지방세의 문제점을 간
략하게 전한 뒤 1910년 1월 26일 기사에서는 시장세 반대 투쟁의 현
장을 다음과 같이 생생하게 묘사하였다.

　官吏가 抑制로 解散ᄒ라 ᄒ되 抵死코 不從ᄒ며 官吏가 又或 數三人
을 狀頭로 認ᄒ야 捉囚ᄒ면 數百人이 皆曰 此ᄂ 人人의 不謀而同ᄒ 事
오 狀頭가 無ᄒ다ᄒ고 一齊히 就囚ᄒᄂ 故로 官吏도 感悟ᄒ엿던지 上部
에 報ᄒ야 善爲措處ᄒ마ᄒ고 효유해산ᄒ엿으니 차ᄂ 平安南北道에 所在
有之ᄒ 事어니와……[159]

　『대한매일신보』의 필진들은 시장 상인들이 지도자의 검속에도 불구
하고 이처럼 일제 당국의 강경 진압에 맞서서 조직적으로 투쟁했음을
강조하고자 하였던 것이다.

　그러면 시장세 반대 투쟁의 정점이라 할 평안도 순천(順川) 주민의
반대 투쟁을 통해 한국인들의 시장세 반대 투쟁이 지니는 역사적 성
격과 지향을 살펴보자.[160]

　우선 시장 상인들은 당시 국세·지방세 부과 체제의 문제점과 징수
방법의 문제점을 인식하고 있었다. 그래서 이들은 다음과 같이 진변

　사회운동으로 옮아가면서 당시 평안도의 신민회를 이끌었던 李昇薰과 진로를 달
　리하였다. 이에 관해서는 윤경로, 앞 책, 104쪽 참조.
159) 『大韓每日申報』, 隆熙 4년 1월 26일.
160) 평안도 순천지역의 시장세 반대 투쟁에 관해서는 金大吉, 「1910년 平安道 順川地
　方의 市場稅反對鬪爭」, 『史學硏究』 4, 1990 참조.

(陳辯)하며 시장세 징수의 중지를 요구하였다. 내용을 요약하면 다음과 같다.

① 시장은 구역을 한정하지 않았는데 시장세의 징수는 그 구역을 한정하여 동일한 시일(市日)에 거래하는 자도 징수 구역 내에 있는 자에게는 징수함에 반해 구역 바깥에 있는 자에게는 징수를 면함은 심히 공평을 잃음

② 평양과 기타 대시장에는 아직 징세하지 않았는 데 반해 순천 기타의 소장에는 엄정하게 징세를 하니 본말을 착종하고 있음

③ 가옥세법에 따라 시가지 가옥과 촌락 가옥에 과세하는데 시장구역은 대다수가 시가지로서 중세(重稅)를 부담함에도 불구하고 다시 시일에 상설점에 시장세를 부과함은 이중으로 과세를 하는 것이니 부당함

④ 상인이 시장세를 부담하는 것은 당연하나 경작상에 이미 결세(結稅)를 납부한 농민이 농작물을 판매하는데 시장세를 징수하니 가혹함

⑤ 상인과 소비자의 매매에 관해서 과세함은 그칠 수 없으나 상인 간의 매매에 관해서 관세함은 온당하지 않음. 만일 그렇게 한다면 상품이 소비자에 매도하기까지 수차례 시장에서 거래할 경우 여러 번 과세하여 무거워지는 실마리가 되니 이 역시 부당함

⑥ 징세는 시일에 1회이기 때문에 매상고가 많은 오후에 납세를 하면 오전에 납부한 사람과는 차이가 많으므로 불공평함

⑦ 소노점의 경우, 징세원이 오면 곧 노점을 폐하고 그 후 돌아가면 이미 징세가 마친 곳에서 다시 출점하여 징세를 면하나 상설 점포 및 대노점들은 그렇지 못하기에 징세 방법이 불완전함

⑧ 닭과 달걀은 세민(細民)이 매매함에도 거기에 과세함은 하세(苛稅)

를 면치 못함[161]

　순천 상인들은 이처럼 시장세가 이중 과세일뿐더러 징수 방법이 매우 불완전하여 시장 내 상설 점포를 경영하는 중소 상인에게 매우 불리하다는 점을 인식하고 있었다. 우선 시장세의 부과 대상인 상설 점포가 가옥세의 부과 대상과 중복된다는 점에서 이중 과세였다. 이는 일제가 조세 부과의 형평성을 고려하지 않고 조세 증수에 골몰하였기 때문이다.[162] 또한 징수 실적을 올리기 위해 오후에 시장세를 징수하는 까닭에 이 역시 중소 상설 점포에게 절대적으로 불리하였다. 그 밖에 중소 상인뿐만 아니라 농업을 겸하고 있는 달걀 장사꾼 등에게마저 시장세를 부과함으로써 빈민과세로서의 성격이 농후하였다. 당시 시장세 반대 투쟁에 참가한 민인들 중에는 이러한 소상품 생산자라 할 농민들이 상인들보다 많았다.[163]

　나아가 이들은 「지방비법」의 취지를 꿰뚫고 있었다. 즉 이들은 다음과 같이 주장하였다.

　지방세(地方稅)는 교육, 도로 등의 비용에 사용한다고 운위하나 신뢰하기 어렵다. 자제의 교육은 부모가 맡아서 하며 도로는 고래로 지방에서 부역의 예대로 어느 정도 힘을 들였기 때문에 징세함이야말로 필경 미명의

---

161) 『順川暴動事件綴』 警秘收 제376호, 隆熙 4년 2월 17일.

162) 일제는 청국인들에게도 시장세를 부과함으로써 청국 상인들의 異意 提起와 不納에 직면하기도 하였다. 예컨대 경상북도 경산군과 선산군 등지의 장시에서 청국 상인들이 시장세를 불납하기도 하였다. 이에 관해서는 朝鮮總督府 總務部 外事局, 『朝鮮管內 各國 居留地 關係』(국가기록원 소장 CJA0002264, 1910~1911), 「市場稅 不納에 관한 件」, 「市場稅의 件」, 「淸國人市場稅 未納의 件」, 「外國人에 對한 地方費稅賦課의 件」, 「淸國人에 對한 地方費課稅金의 件」 참조.

163) 國史編纂委員會, 앞 책, 511쪽.

자구(藉口)이고 일본인들의 이익을 계산한 것에 지나지 않다.[164]

이들은 일제가 「지방비법」의 취지로 내세우는 교육의 보급과 도로의 건설 등 '지방의 개발'이 한낱 조세 증징을 위한 구실에 불과함을 인식하였다. 이러한 인식은 단지 이들 상인에 국한되지 않고 당시 일제의 「지방비법」 실시에 관심을 가진 민인이라면 충분히 간파한 데서 비롯되었다. 그만큼 일제가 추진하는 조세·재정 정책의 방향과 성격을 예의주시하고 있었던 셈이다.

따라서 이중 과세에서 비롯된 조세 부과의 형평성 문제에다 징수 방법의 불완전성에 따른 피해를 당한 가운데 「지방비법」의 수탈적 성격을 인식하면서 시장세 반대 투쟁에는 중소 상인들을 비롯하여 수공업자, 농민들도 참여하였다. 이는 당시 기소된 인물들의 직업 분포에서 확인할 수 있다. 즉 이 사건으로 기소된 인물은 총 26명이었는데 이 중 포목상, 염료상, 곡물상, 연초상, 잡화상, 과자상, 보상(褓商) 등의 소상인이 15명이며, 농업 및 곡물상 겸업자가 1명, 화공(靴工), 활판업자, 거장(鋸匠), 목수, 재봉업자 등 수공업자가 4명이고 그 밖에 농민, 학생, 부녀자가 각각 2명, 2명, 1명이다.[165] 이중 과세를 부담해야 하는 중소 상인, 수공업자, 농민이 대부분을 차지하고 있다.

다음 이들 가담자는 단지 징수자인 시장관리인에 그치지 않고 경찰서, 재무서, 재무주사 및 지방금융조합 등 일제의 수탈 기구를 공격하였다.[166] 심지어 이들은 일본인 점포까지 공격하여 소각시키고 다수의

---

164) 『順川暴動事件綴』 警秘收 제376호, 隆熙 4년 2월 17일.

165) 『順川暴動事件綴』 平安南道 警秘發 제58호, 隆熙 4년 3월 17일; 『皇城新聞』, 隆熙 4년 3월 25일.

166) 재무사 주사 2명, 우편국취급소장, 農事試作場主任 및 상인 4명이 사망하였으며 그 외 재무서장, 군주사, 교사, 순사 등이 부상을 입었다(『順川暴動事件綴』, 細野

일본인을 살상하였다.[167] 이 점에서 시장 상인의 항일 투쟁은 한말 의병전쟁의 연속선상이기도 한 것이다.[168] 이에 대해 일제는 사태의 원인을 단지 재무주사에 대한 상인들의 원한에서 찾고 있지만[169] 실상은 1905년 외교권 강탈 이후 대한제국 내지까지 일본 상인들이 정주함에 따라 일본 상품의 침투가 가속화하는 가운데[170] 시장세 부과가 도화선이 된 것이었다. 더욱이 시장세가 일본인에 의해 징수되며 한국인에게는 아무런 이익이 없다는 인식이 깔리면서 민족 간의 문제가 전면으로 부각되었다.[171] 즉 이들은 주세, 연초세, 가옥세 등으로 징수한 세금 모두가 일본 정부의 수중으로 들어갈뿐더러 고급 일본인 관리들의 봉급으로 충당되어 피징세자인 한국인들은 불행히 이런 혜택을 입지 못한다고 하였다.[172] 그리하여 반일 격문을 돌리며 대대적인

警部 報告書, 隆熙 4년 2월 2일).

167) 『皇城新聞』, 隆熙 4년 2월 2일.
　　이 기사에 의하면, 경찰순사, 재무주사, 그 외 거류민 등 수백 인이 살상된 것으로 보도되고 있다.

168) 평안도 시장세 반대 투쟁에 참가한 개신교 신자들의 활동과 일제 측의 주장을 근거로 당시 시장세 반대 투장과 평안도 개신교를 연계시킬 수 있다. 그러나 시장세 반대 투쟁은 당시 政教分離를 엄격하게 적용하는 미국 북장로회 소속 선교사의 福音主義와 정면으로 배치되었고 개신교 조직과 무관하였기 때문에 이러한 연계를 선교 영향과 동일시할 수 없다(한국기독교사연구회, 『한국기독교의 역사』1, 반포교문사, 267~276쪽; 강돈구, 「한국 초기 기독교와 민족주의 한국 기독교는 민족주의적이었나」, 『역사비평』 29, 1994, 325~326쪽; 김상태, 「평안도 기독교 세력과 친미엘리트의 형성」, 『역사비평』 45, 1998, 178~181쪽). 따라서 시장세 반대 투쟁의 기본 요인은 일제의 경제 침략과 그 수탈에 있었다(國史編纂委員會, 앞 책, 1965, 514쪽).

169) 주 161)과 같음.

170) 李炳天, 「開港期 外國商人의 侵入과 韓國人의 對應」, 서울大學校 博士學位論文, 1985, 183~229쪽.

171) 『順川暴動事件綴』, 隆熙 4년 2월 15일.

172) 『順川暴動事件綴』 警秘收 제376호, 隆熙 4년 2월 17일.

투쟁에 들어갔던 것이다.[173]

순천의 시장세 반대 투쟁은 단순히 시장세 부과를 반대하는 투쟁에 머무르지 않고 이처럼 제국주의의 조세 수탈이라는 인식 아래 일제의 통치를 원천적으로 부정하는 형태로 나아갔다. 그리고 이미 의병전쟁과 활빈당 투쟁에서 농촌 소상인들이 대거 참여하여 조세 거납 운동을 벌이고 재무서를 공격하였다는 사실과 관련지어 볼 때,[174] 이 시기에 일어난 시장세 반대 투쟁은 자립적 국민경제를 수립하려는 소상품 생산자들의 반제 투쟁이라 할 수 있다.

한편, 『대한매일신보』의 필진을 비롯한 국수보전 계열의 인사들도 시장세 반대 투쟁을 적극 옹호하였다. 1910년 1월 26일자 『대한매일신보』에서 이들 인사는 다음과 같이 시장 상인들의 전국적인 봉기를 촉구하였다.

　　東南各地(평안도를 제외한 나머지 지역)의 同胞여 何其柔弱ᄒ며 何其勇敢心이 缺ᄒ며 何其團結力이 乏흔가.… 差等無名의 徵求에 對ᄒ야 아모죠록 官吏의 反省을 促ᄒ며 萬一 不聽ᄒ거던 西北의 同胞를 效則ᄒ여야 萬分一의 生路가 有ᄒ려니와 苟或不然ᄒ야 石間에셔 狗ᄀᆺ치 生命을 保ᄒ랴다가ᄂᆫ 益益히 自殺穴에 入홀 쑨이니 戒홀지어다.[175]

지방세제를 지방자치제의 재정 기반으로 이해하지 않고 제국주의

173) 國史編纂委員會 編, 『韓國獨立運動史』 1, 자료편, 1965, 971쪽.
174) 朴贊勝, 「活貧黨의 活動과 그 性格」, 『韓國學報』 35, 1984.
　　金度亨, 「韓末 義兵戰爭의 民衆的 性格」, 『韓國民族主義論』 3, 創作과 批評社, 1985.
　　金順德, 「경기의병의 현실인식과 지향」, 『역사연구』 13, 2003.
175) 『大韓每日申報』, 隆熙 4년 1월 26일, 論說 '雜稅를 苦ᄒᄂᆫ 地方同胞에게 告홈'.

의 증수 정책에서 비롯된 조세 수탈로 인식하고 평안도 시장 상인들의 투쟁을 본받아 전국의 시장 상인들이 대대적으로 항세 투쟁을 벌이도록 고무하고 있는 것이다. 이어서 같은 날 신문 기사난에 이규섭(李奎燮)이란 인물이 지방세 실시로 인해 평양군과 강동군의 상업이 쇠퇴하고 주민들이 도탄에 빠졌음을 통탄하는 글이 실렸다.[176] 이 역시 『대한매일신보』 필진들이 의도적으로 이러한 투고글을 게재하여 지방세 실시의 부작용을 홍보하고 시장세 반대 투쟁 분위기를 조성하고자 했음을 보여준다. 아울러 순천 상인들의 시장세 반대 투쟁을 '도적의 요란'이라고 비판한 『시사신문』을 두고 망령된 말을 늘어놓았다고 비난하였다.[177] 또한 태천군 상인들이 한국인 시장세 징수 관리들을 위협하는 활동을 보도하면서 간접적으로 시장세를 징수하는 한국인 관리들의 사직을 권유하기도 하였다.[178] 심지어는 일제 당국이 순사 수 명을 파송함에도 불구하고 박천군 상인들로부터 시장세를 징수하지 못했음을 보도하였다.[179] 이러한 보도는 타 지역에서도 박천군 상인들의 시장세 거납 운동에 고무되어 동참하기를 바라는 의미를 담고 있다고 하겠다.

그 밖에 『황성신문』과 기타 신문은 시장세 반대 투쟁을 사실의 간략한 보도 차원에서 다루었다. 이는 시장세 반대 투쟁에 대한 논설 빈도에서 『대한매일신보』의 경우와 확연한 차이를 보인다. 즉 『대한매일신보』의 경우는 이미 언급한 바와 같이 굵직굵직한 논설을 게재한 데

---

176) 위와 같음.
177) 『大韓每日申報』, 隆熙 4년 2월 3일.
　　『時事新聞』은 일본 東京에서 발행된 신문으로 추정된다(『皇城新聞』, 隆熙 3년 11월 23일).
178) 『大韓每日申報』, 隆熙 4년 2월 20일.
179) 위와 같음.

반해 『황성신문』과 기타 신문의 경우는 거의 게재하고 있지 않다.

이후 시장세 반대 투쟁은 평안도 외 지역으로 확산될 조짐을 보였다. 충청남도 회인군 동면 차령리의 경우, 2월 18일 민인 200여 명이 장시세 사건으로 모였다.[180] 비록 회인(懷仁), 보은(報恩) 양군의 헌병 분견소, 청주 일본 헌병 및 경찰 관리 12명이 급히 파견됨으로써 이 지역 민인들의 시장세 반대 투쟁은 조기에 진압되었지만 이 모임은 평안도 시장세 반대 투쟁의 여파가 적지 않았음을 보여준다.

일제는 순천을 비롯한 각 지역의 시장세 반대 투쟁을 폭동으로 규정하고 헌병대를 동원하여 대대적인 유혈 진압을 벌였다. 순천의 경우, 상인들의 살상 숫자가 무려 20명이나 되었으며[181] 체포·구속된 자 역시 96여 명이나 되었다.[182] 다른 지역 역시 일제는 무력 진압을 감행하였다.[183] 안주의 경우만 보더라도 경찰관이 칼을 휘두르고 총을 발사하는 사태가 벌어졌다.[184] 아울러 일제는 시장세 반대 투쟁이 전국으로 확산되는 것을 막기 위해 총력을 기울였다.[185] 시장세 징수를 중지한다고 회유하거나[186] 상인들의 원성을 산 시장관리인을 해고하고 재무주사가 직접 징수하는 형태로 바꾸기도 하였다.[187]

이러한 사정에도 불구하고 일제는 시장세 반대 투쟁의 원인을 시

---

180) 『大韓每日申報』, 隆熙 4년 2월 23일.
181) 『大韓每日申報』, 隆熙 4년 2월 3일.
182) 『大韓每日申報』, 隆熙 4년 3월 2일.
183) 拙稿, 앞 논문, 1990, 147~152쪽.
   金大吉, 「1910년 평안도지방의 市場稅 반대운동」, 『中央史論』 7, 1991.
184) 『大韓每日申報』, 隆熙 4년 2월 19일.
185) 통감부는 시장세 시행상의 주의 사항을 평안남북도 관찰사, 재무국뿐만 아니라 他道에도 내려보냈다(度支部, 『韓國財務經過報告 第5回』, 1910, 104~107쪽).
186) 용천의 경우가 대표적이다(『大韓每日申報』, 隆熙 4년 2월 2일).
187) 『大韓每日申報』, 隆熙 4년 2월 12일.

장세 부과에서 드러나는 기술상의 미숙으로 간주하였다. 그래서 시장 상인들의 의견을 물어 세액을 정한다든가 해당 관청과 협의하여 점주 중에서 위원을 선치(選置)하여 시장세를 부과함에 우선 평안남북도와 황해도부터 실시하고자 하였다.[188] 또 시장 상인들과 직접적인 마찰을 피하기 위해 일일이 시장세를 징수하지 않는 대신 미리 매시(每市) 거래가격을 추정하여 그 세액을 정해 각 시장에 부과하고 시장관리인이 출시(出市) 상인에게 배부(配賦)하도록 조치를 취하였다.[189] 일종의 총액제라 하겠다. 그러나 이는 임시 미봉책에 불과하였다. 오히려 한국 통치에 필요한 재원을 조달하기 위해 일제는 여타 조세와 마찬가지로 지속적으로 시장세 증수에 진력했기 때문이다. 시장세 수입이 1910년에는 138,000원이었는데 1914년에는 205,000원으로 무려 50% 가까운 증가율을 보였던 것이다.[190]

이에 『대한매일신보』 필진들은 1910년 지방비 예산을 소개하면서 시장세 총액이 지세부가세 총액 353,859환의 73% 이상임을 보도하였다.[191] 또한 시장세가 상품이 유통되는 과정에서 중복으로 과세하는 조세임을 강조하였다.[192]

시장세 반대 투쟁을 둘러싸고 이처럼 전개된 시장 상인과 일제의 대립 양상은 이 시기 『대한매일신보』의 필진을 중심으로 한 국수보전 계열이 민족 문제를 경제적 관계에서 인식하는 계기로 작용하였다. 나아가 시장 상인들이 단순히 봉건적 수탈을 극복하는 데 그치지 않고 제국주의 조세 수탈에 대항해 나가는 여건을 마련하였다.

---

188) 『大韓每日申報』, 隆熙 4년 2월 22일.
189) 度支部, 『韓國財務經過報告 第5回』, 1910, 104~107쪽.
190) 朝鮮總督府, 『朝鮮地方財政要覽』(1940), 1941, 29~34쪽.
191) 『大韓每日申報』, 隆熙 4년 2월 3일.
192) 『大韓每日申報』, 隆熙 4년 3월 23일.

6

강점 초기 조선총독부의
지방재정정책과
세출입의 추이

1

지방재정정책의 조정과 세출입의 특징
(1910~1914)

1) 지방재정정책의 조정과 지방통치기구의 법인화 시도

일제는 1910년 8월 대한제국을 강점한 뒤 통치체제의 기초를 구축하고 일본 자본주의의 발전에 기여하기 위해 중앙통치기구를 개편함은 물론 지방통치기구를 재편하고자 하였다. 즉 장차 조선이 식량·원료의 공급지이자 상품시장으로서의 기능을 원활하게 수행하려면 사회간접자본시설의 투자와 더불어 지방통치의 안정이 뒤따라야 했다. 나아가 이러한 여건의 조성은 일본 자본의 유입과 일본인 식민(殖民)의 전제이기도 하였다. 그런데 이러한 지방통치기구를 지속적으로 유지하는 데는 재정 기반의 확보가 선결 과제였다. 이러한 재정 기반을 확보하지 않고는 지방을 효율적으로 장악하지 못할뿐더러 사회간접자본시설투자에 필요한 추가 재원을 조달할 수 없기 때문이었다.

이에 일제는 조선 국내의 취약한 세원(稅源)을 확충하기 위해 증세정책을 추진하는 한편 조선총독부 재정을 일본 본국 재정에 편입시킨 뒤 일본 본국의 예산에서 배정된 '보충금(補充金)'을 제공하는 방식을 구사하였다. 이러한 정책은 1910년 8월 강점 이전에 구사했던 차관 공여 정책과 달랐다.

우선 일제는 1910년 9월 30일 칙령 제354호로 「조선총독부관제」를 공포한 뒤[1] 조선총독부 회계를 본국 회계로부터 분리하기 위해 칙령 제406호 「조선총독부특별회계에 관한 건」을 제정하여 조선총독부의 회계를 특별회계로 설치하였다. 이어서 같은 날 칙령 제407호 「조선총독부특별회계규칙」을 공포하여[2] 예산의 운용과 관련된 대강의 절차를 마련하였다. 이러한 일련의 조치는 특정한 세입으로 특정한 세출을 충당한다는 점에서 특별회계의 성격을 지니고 있다고 하겠다.[3] 물론 일반회계의 보충금으로써 그 세출을 충당한다는 점에서 일본 본국의 감독과 통제 아래에 놓였다. 특히 예산이 일본 본국 대장성 예산에 편성되어 있다는 점에서 그러하다. 이는 대한제국 재정이 해체되고 일본제국주의 재정에 편입되었음을 말해준다. 그러나 특별회계에 편성되어 있다는 점에서 조선총독부 재정이 독립 재정으로 운영될 수 있는 여지를 열어놓고 있었다.[4] 즉 조선총독부 세출은 본부 세입으로써 충당하되 부족할 경우에는 일본 정부 일반회계 보충금으로써 충당하였다. 이렇게 한국의 재정을 일반회계가 아니라 특별회계로 분리한 것은 일본의 식민지로 먼저 편입된 대만과 마찬가지로 가능한 한 조

---

1) 『朝鮮總督府官報』 28호, 勅令 제354호 「朝鮮總督府官制」, 1910년 9월 30일.
2) 『朝鮮總督府官報』 28호, 勅令 제406호 「朝鮮總督府特別會計에 관한 건」, 1910년 9월 30일; 『朝鮮總督府官報』 28호, 勅令 제407호 「朝鮮總督府特別會計規則」, 1910년 9월 30일.
3) 金大濬, 『財政學』, 日新社, 1987, 81~82쪽.
4) 토지조사사업을 총괄하였던 和田一郎은 이를 '集權財政'에서 '特別財政'으로 가는 길이라고 언급하였다(和田一郎, 「朝鮮の財政」, 『朝鮮』 1923년 6월호).

기에 일본 정부 일반회계에서의 경비지출을 폐지하여 조선총독부의 재정을 '독립'시키기 위한 것이었다.[5] 아울러 그 처리가 매우 시급하다고 판단하여 제국의회에 부의(附議)하지 않고 메이지 헌법 제8조와 제70조에 의거하여 긴급칙령 제330호로써 1910년 10월 1일부터 시행하도록 규정하였다.[6]

또한 일제는 특별회계를 설치함과 함께 관업(官業)과 기타 수입을 통해 재정 세입을 증대하려고 하였다. 그리하여 관업경영을 1910년 10월 조선총독부특별회계 설치와 함께 동 특별회계에 편입시켰고, 1911년부터는 철도 수입 및 우편전신전화 수입도 동 특별회계에 편입시켰다.[7]

그러나 조선총독부의 이러한 재원 확보 노력에도 불구하고 일제 당국은 특별회계의 취지를 충족시킬 수 없었다. 우선 재판 및 감옥비, 경찰비 등의 통치비를 비롯한 통신·철도 사업비의 합계는 세출 총액의 69%를 상회하였고 이후에도 이러한 추세는 수그러들지 않았다.[8] 반면 도로, 항만, 수도 등 사회간접자본시설 조성에 투입되는 사업비나 교육, 위생, 근로 등에 대한 보조비는 통치비보다 낮아 사회간접자본시설에 대한 수요를 충족시킬 수 없었다. 그럼에도 재원에 대한 일제 당국의 파악이 아직 미비한 데다가 공채 원리금 상환에 충당되는

---

5) 이에 관해서는 堀和生, 「朝鮮における植民地財政の展開」, 『植民地期朝鮮の社會と抵抗』, 未來社, 1982, 198~200쪽; 禹明東, 「日帝下의 우리나라 財政分析(其一)」, 『誠信研究論文集』 24, 1986, 68~70쪽; 金玉根, 『日帝下 朝鮮財政史論攷』, 一潮閣, 1994, 50~54쪽 참조.

6) 朝日新聞社, 『日本經濟統計總觀』, 1930, 46쪽.

7) 小田忠夫, 「倂合初期に於ける朝鮮總督府財政の發達」, 『朝鮮經濟の研究』 第三, 京城帝大 法學部, 1938, 314~315쪽; 朝鮮總督府, 『施政三十年史』, 1940, 30쪽; 金玉根, 앞 책, 7~10쪽.

8) 財務部, 『韓國稅制史』 上, 1979, 36~37쪽.

지출은 1910년 이후 1918년에 이르기까지 대세입총액(對歲入總額) 대비 5.7~21.3%에 달하였다.[9] 이에 일제는 본국의 보충금을 필요로 하지 않는 '자립·자영'의 상태에 이르게 한다는 이른바 재정독립계획을 수립하였음에도 불구하고 이를 단기적인 목표가 아니라 장기적인 목표로 설정하고 이것을 실현할 수 있는 정책들을 추진해야 하였다.[10] 물론 일제의 지방재정정책도 여기에 수렴되었다.

한편, 이는 일제가 통치체제의 불안정성을 조기에 해소하기 위해 「조선총독부관제」와 함께 1910년 9월 30일 「조선총독부지방관제(朝鮮總督府地方官制)」를 칙령 357호로 공포하였다.[11] 여기에는 하부통치기구 및 조직의 정비 강화에 중점을 두겠다는 의지가 담겨 있다.

우선 일제는 최하급의 지방기관인 면을 행정구역으로 파악한 뒤, 「조선총독부지방관제」에 면장을 두고 면장의 수당 및 그 사무집행에 요하는 경비를 확보할 수 있다는 법적 규정을 포함시켰다.[12] 종래 면장 직제에 관한 규정이 단지 「국세징수법(國稅徵收法)」(1909. 2), 「민적법(民籍法)」(1909. 3), 「토지건물증명규칙(土地建物證明規則)」(1907. 11) 등의 규정에만 포함되어 있을 뿐 일반적인 규정이 없었기 때문이다.[13] 물론 일제는 강점 이전에도 면장직제를 제정하고자 하였다.[14] 그러나

---

9) 水田直昌, 『總督府時代の財政』, 1974, 150~153쪽; 朝鮮總督府, 『施政三十年年史』, 1940, 30~32쪽; 禹明東, 「日帝下 朝鮮財政의 構造와 性格」, 高麗大學校 博士學位論文, 1987, 22~23쪽, 47~49쪽; 정태헌, 『일제의 경제정책과 조선사회—조세정책을 중심으로—』, 역사비평사, 1996, 56쪽.

10) 大藏省 『明治大正財政史』, 財政經濟學會, 1936~1939, 18~20쪽.

11) 『朝鮮總督府官報』 28호, 勅令 제357호 「朝鮮總督府地方官制」, 1910년 9월 30일.

12) 위와 같음.

13) 朝鮮總督府, 『朝鮮總督府施政年報』, 1910, 73쪽.

14) 일제는 1909년 5월에 面長職制 규정을 내각에서 회의할 정도로 면장에 관심을 기울였다. 그러나 한국인들의 반발로 연기해야 했다. 즉 한국인의 의병운동을 비롯한 정국의 변동과 지역 주민들의 民願으로 인해 1910년 8월 이전에는 본격적으로 추

의병전쟁을 비롯한 정국의 급격한 변동과 한국인들의 민원으로 인해 추진하지 못한 터였다. 이어서 일제는 1910년 9월 30일 부령 제8호로 「면에 관한 규정」을 공포하였다. 주요 조항은 다음과 같다.

> 제1조 면의 명칭과 구역은 종전의 예에 따른다. 면의 명칭과 구역의 변경은 조선총독의 인가를 얻어 도장관이 정한다.
> 제3조 면장의 수당과 사무집행에 요하는 비용은 면의 부담으로 한다. 전항 경비의 지출과 부담의 방법은 도장관의 인가를 얻어 부윤 또는 군수가 정한다.[15]

이 조항은 면에 관한 기본규정으로서 이전까지 면이 자율적으로 경비를 조달하던 방식에서 조선총독부의 통제 아래 면장의 수당과 사무집행에 필요한 비용을 조달하는 방식으로 바뀌었음을 보여주고 있다. 물론 면에는 도·부·군과는 달리 국고지변이 없었기 때문에 이러한 경비는 면 자체에서 마련해야 하였다. 즉 도·부·군의 경비는 국고에서 지변하는 지방청 비목에 설정되어 있으나, 면 경비는 국고지변 없이 전액을 면에서 부담하도록 하되 주로 국세징수 수수료 수입으로 충당하였다.

그러나 이러한 방식으로는 면 지출에 필요한 재원을 안정적으로 확보할 수 없었다. 이에 1910년 12월 내무부는 통첩 형식으로 각 도장관에게 면 경비를 마련할 수 있는 지침을 전달하였다.[16] 이 지침에 따

진하지 못하였다. 이에 관해서는 박성연, 「統監府 시기 面, 里洞制 연구: 東萊府의 사례를 중심으로」, 서울大學校 大學院 碩士學位論文, 2010, 39쪽 참조.
15)『朝鮮總督府官報』29호, 朝鮮總督府令 제8호 「面에 關한 規定」, 1910년 10월 1일.
16)朝鮮總督府,『朝鮮總督府施政年報』(1910), 75쪽.

르면 면 경비를 국세 및 지방비 부과금의 징수 수수료, 면 소속 재산 수입으로 충당토록 하되, 부족한 경우에는 면민에게 지세 또는 호세를 과표의 기준으로 삼아 부과하여 면장의 수당 및 사무비를 지변토록 하며, 지출 및 부과 방법을 도장관의 인가를 받아 부윤, 군수가 확정토록 하였다. 이제 면 경비는 ① 국세 및 지방비 부과금(도세 등)의 징수에 의한 교부금(징세액의 100분의 2) ② 면유재산(面有財産, 임야 등) 등의 수입 ③ 잡수입 ④ 기부금으로 충당하는 외에 면민이 부담하는 부과금의 일종인 호별할(戶別割), 지세할(地稅割), 단별할(段別割), 가옥세할(家屋稅割), 현품부과(現品賦課), 부역(夫役) 등으로 충당하였다.[17] 특히 부역의 경우, 도 차원에서는「지방비법」에 근거를 두면서도[18] 면과 동리 차원에서는 관행이라는 명분으로 면·동리 주민들의 노동력을 무상으로 동원하였다.[19]

그런데 이러한 부역은 도로의 유지와 수선 등 지방비의 토목비 항목에 산입되지 않았다.[20] 즉 도에서는 도로 부설에 공비(工費)의 일부

---

17) 朝鮮總督府,『朝鮮總督府施政年報』(1910); 河村雅亮,「地方制度三十年略史」,『朝鮮行政』1942년 10월호.

18) 박이택,「植民地期 赴役의 推移와 그 制度的 特質」,『經濟史學』33, 2002, 37~39쪽; 金載昊,「植民地期의 財政支出과 社會間接資本의 形成」,『經濟史學』46, 2009, 97~100쪽.

19) 일제는 도로 개수 사업에 지방민들의 부역을 동원하면서 늘 '慣行'과 '美風'을 내세웠다. 그러나 이러한 주장은 조선후기 治道事業過程에 비추어 보았을 때 사실과 전혀 부합하지 않는다. 즉 동리 내의 도로와 교량을 제외한 동리 밖 도로와 교량의 경우, 관에서 일정한 경비를 대어 품삯을 치렀다. 예컨대 조선후기 南泰嶺 길을 비롯한 여러 신작로를 닦는 일에 관의 재정을 활용하였다(『備邊司謄錄』177, 正祖 14년 10월 24일, 17책, 671쪽; 正祖 14년 11월 27일, 17책, 678쪽;『備邊司謄錄』178, 正祖 15년 正月 21일, 17책, 712~713쪽). 심지어는 품삯 지출을 줄이기 위해 雇牛하는 쪽을 택하기도 하였다. 徭役制의 변화에 관해서는 윤용출,『조선후기의 요역제와 고용노동』, 서울대학교출판부, 1998, 216~217쪽 참조.

20)『朝鮮總督府官報』105호, 朝鮮總督府訓令 제25호,「道路維持修繕規定」, 1912년

만 지방비로 지출하고 나머지는 해당 면 주민들의 부역으로 동원하였다.[21] 또는 면장회의에서 도로와 교량은 일정 간격으로 관련 동리민(洞里民)이 출자하여 수리하기로 결정하기도 하였다.[22] 『매일신보』는 지방비 토목사업비에 통계로 산정되지 않는 부역을 합치면 그 금액이 현저히 증가한다고 보도할 정도였다.[23] 당시 부역의 전국적 규모를 정확하게 계량할 수는 없지만, 1910년부터 9월부터 1912년 12월까지 지방청이 개수한 1·2등 도로의 연장 길이가 2,283km인데 이 중 79%의 연장 길이를 지방민의 부역만으로 개수하였다.[24] 또한 1913년 경기도 토목비의 경우, 국고보조금, 지방비, 부비(府費)와 함께 부역을 돈으로 환산한 부역 환산금 등이 투하되었는데 이 중 부역 환산금이 전체 토목비 지출에서 89.5%를 차지하였다.[25]

한편, 지출 및 부담 방법은 면장의 자의적인 운영을 방지하기 위해 부윤, 군수가 도장관의 인가를 얻어 정하도록 하였다. 이처럼 강점 초기에 면 경비는 추가적으로 조세를 부과하는 것에 대한 한국인의 반발을 우려한 나머지 규준에 근거하여 면민의 부담을 늘리지 않는 방향으로 책정되었다.

12월 5일. 이와 관련하여 小林拓矢, 「일제하 도로 사업과 노동력 동원」, 서울대학교 대학원 석사학위 논문, 2010, 16~19쪽 참조.

21) 1913년 평안남도에서는 平壤甑山間 및 漢川院場 사이 도로 개수 공사에 지방비 200엔을 지급하고 평양부 주변 8개 면의 주민에게 부역을 부과하였다(『每日申報』, 1913년 9월 23일).

22) 이미 1911년 1월에 高陽郡 面長會議에서는 도로와 교량은 매년 3월, 8월, 1월 3회에 관계 洞里民이 출자하여 수리하기로 결의하였다(『每日申報』, 1911년 1월 21일, '高陽郡面長會議').

23) 『每日申報』, 1913년 1월 11일.

24) 朝鮮總督府, 『朝鮮總督府施政年報』(1912), 194쪽. 이와 관련하여 박이택, 앞 논문, 41쪽 참조.

25) 京畿道, 『朝鮮總督府京畿道統計年報』(1916), 274~277쪽 참조.

일제의 이러한 방침은 면민의 부담을 가중시키지 않았을지언정 면장직을 기피할 정도로 면 경비의 부족 사태를 야기하였다.[26] 더욱이 강점 이후에 이르러서도 별도의 법령을 제정하지 못하고 내무부장관이 이처럼 각 도장관에게 보내는 통첩에 근거하여 면 경비를 마련하도록 하였다는 점에서 당초부터 한계를 지니고 있었다. 특히 산업, 토목, 위생 부분에 따르는 각종 경비를 국고와 지방비로만 충당할 수 없는 현실에서 이러한 규정은 일제가 꾸준하게 추진해왔던 증세 정책을 충족시킬 수 없었다.[27] 즉 이러한 사업은 주지하다시피 조선 통치와 산업 개발을 뒷받침하는 사회간접자본시설로서 속히 구축해야 함에도 당시 본국의 재정 위기와 국세 및 지방비의 부족 속에서 불가능하였기 때문에 부나 면에서 이러한 재원을 확보하고자 하였던 것이다.

이에 일제는 면 따위의 하급지방통치기구에 국한하지 않고 여타 지방통치기구에서도 지방 사업을 경영할 수 있는 법적 근거를 마련하는 데 힘을 기울였다. 즉 지방비〔道〕, 부(府), 면(面)에 사업을 경영할 수 있는 법인의 자격을 부여하여 스스로 재원을 조달할 수 있도록 법령을 제정하는 것이었다. 1911년 후반기에 내무부가 마련한 '지방제도 개정안(地方制度改正案)'은 지방비의 법인화 및 「부제」와 「면제」의 제정 의도를 잘 보여준다.[28] 이후 이러한 내무부안은 1912년 9월 24일부터

---

26) "과거에는 면장, 동장이 結戸錢上 幾分을 加斂했으나, 세무서 설치 이후 革罷此規하매 이장은 幾斗料所得或有하나 면장은 全無所額하고 面內所費도 無可辦之道하며"(警務局, 『觀察使會議關係諮問事項書類』(국가기록원 소장 CJA0002391), 1908.

27) 宇佐美勝夫, 「面制について」, 『朝鮮彙報』 1917년 7월호. 이와 관련하여 염인호, 「日帝下 地方統治에 관한 硏究— '朝鮮面制'의 형성과 운영을 중심으로—」, 연세대학교 대학원 석사학위 논문, 1983, 11쪽 참조.

28) 도의 경우, 법인화를 추구하면서도 지방비를 '國庫 經濟의 一部'라고 간주하여 府

420 한국근대 지방재정 연구

30일에 이르는 기간에 걸쳐 여타 기관과 조율하면서 윤곽을 드러냈다.[29] 그리고 이 중 「부제」와 「면제」를 동시에 시행하고자 하였다.[30]

무엇보다 조선총독부가 가장 관심을 기울인 대상은 면이었다. 한국인의 90% 이상을 차지하는 농민 대다수가 거주할뿐더러 지세를 비롯한 각종 조세를 부담하는 중요 재원 단위 지역으로서의 면에 대한 통치 방식의 확립이 긴급 과제였기 때문이다. 이에 내무부는 면제안이 마련되기 전에 「면제」가 담아야 할 기본적 내용과 법적인 형식을 검토하여 1911년 말경 조선총독에게 보고하였다.[31]

이에 따르면 일제는 우선 면의 통폐합에 앞서 전술한 바와 같이 「부제」와 함께 「면제」를 시행하고자 하였다.[32] 이 역시 부와 마찬가지로 면에 재산을 경영할 수 있는 재정권을 부여함으로써 국고나 지방비의 비중을 축소하는 한편 토목비, 위생비, 권업비 등의 각종 비용을 면 자체에서 조달하고자 하였기 때문이다.[33]

또한 일본인이 다수 거주하는 1급 면에 자문기관으로서 면참여(面

및 面과 달리 의결기관이나 자문기관을 설치하려 하지 않았기 때문에 법령 명칭을 '地方費令'이라 불렀다. 朝鮮總督府 內務部, 『朝鮮地方制度改正ニ關スル意見』, 1911, 9~11쪽.

29) 朝鮮總督府 內務局, 『府制案 關係書類』(국가기록원 소장 CJA0002541). 여기에는 '朝鮮地方費令', '府制', '學校組合令', '朝鮮面令'이 포함되었다.

30) 朝鮮總督府, 『朝鮮總督府道郡島書記官講習會講演集』, 1918, 1~2쪽.

31) 朝鮮總督府 內務部, 『朝鮮地方制度改正ニ關スル意見』, 1911, 11~28쪽. 내무부의 지방제도 개정에 관한 분석은 姜再鎬, 『植民地朝鮮の地方制度』, 東京大學出版會, 2001, 123~143쪽; 윤해동, 『지배와 자치: 식민지기 촌락의 삼국면구조』, 역사비평사, 2006, 90~94쪽 참조.

32) 일제가 면을 통폐합하는 작업에 앞서서 「면제」를 먼저 시행하고자 했던 이유는 명확하지 않다. 이는 사회간접자본시설 투자에 소요되는 재원을 면 자체에서 속히 구하고자 했다는 일제의 적극적인 재정 전략에서 비롯된 것으로 보인다. 그러나 이러한 방식은 후술하는 바와 같이 면 행정의 현실에 부딪히면서 최우선 현안에서 밀려났다.

33) 위 책, 7~9쪽.

參與)를 둘 수 있도록 하였다.[34] 특히 면은 면세(面稅)를 징수할 수 있도록 하였다. 이러한 면세에는 결수할(結數割), 호별할(戶別割) 또는 가옥세할(家屋稅割) 등이 포함되었으며, 필요한 경우에는 인가를 받아 특별세를 부과할 수 있도록 하였다. 이러한 조치는 「면에 관한 규정」 및 내무부 통첩과 크게 다르지 않지만, 특별세를 부과할 수 있는 길을 열어놓은 셈이다. 요컨대 이러한 계획안은 면의 법인화 방향을 단적으로 보여준다. 그리고 이는 1913년 4월 1일부터 시행할 예정이었으며 실제로 이 안에 근거하여 면제안이 마련되기도 하였다. '면제안' 중 1조는 다음과 같다.

> 면은 법인으로서 관의 감독을 받으며 그 공공사무를 처리한다.
> 전항 공공사무의 범위는 조선총독이 정한다.
> 면의 구역은 행정구역인 면의 구역에 따른다.[35]

이제 면은 법령상 법인으로서의 자격이 부여될 예정이었다. 물론 공공사무의 범위는 조선총독이 정한다는 점에서 면의 자율성을 보장하기보다는 재원을 추가적으로 확보하고자 하는 일제의 의도를 담고 있다. 특히 면장의 임면권(任免權)이 부윤과 도지사에게 부여되었기 때문에 이러한 의도는 뚜렷하였다.

그러나 일제는 「면제」 시행을 유보해야 하였다. 그것은 다음과 같은 사정 때문이었다.[36] 첫째, 토지조사사업이 완료되지 않아 면의 면

---

34) 위 책, 22쪽.

35) 朝鮮總督府 內務局 地方課, 『朝鮮面制制定の件』(국가기록원 소장, CJA0002542), '地方費令及面制度에 關한 仰裁意見', 1912년 10월 29일.

36) 宇佐美勝夫, 「面制に就て」, 『朝鮮彙報』 1917년 7월호.

적을 정확하게 파악하지 못한 상태에서 면에 재산을 관리하고 사업을 운영할 수 있는 재정권을 부여할 수 없었다.[37] 둘째, 일제가 조선을 통치하는 데 활용할 만한 면장을 구할 수 없었다.[38] 그들의 언급대로 적합한 인물을 구하지 못하면 통치 효과를 거두기가 어려울뿐더러 오히려 일제의 통치 운용에 지장을 초래할 우려가 있다고 판단하였다. 일제 관리의 표현에 따르면 '면제를 운용할 능력이 있는가'에 대한 의문 때문이었다.[39] 그래서 일제는 재래의 「면제」를 둔 채, 면장을 임명하고 군수, 도사(島司)의 사무를 보조적으로 집행하는 데 그쳤다. 대신에 새로이 조합 또는 계(契) 등을 설립·경영하여 재원을 마련하는 고식책을 구사하여야 했다.[40]

이어서 일제는 면 폐합을 단행해야 했다. 물론 애초에는 면 폐합에 앞서 「면제」를 시행하고자 하였다. 그러나 이 역시 기존의 면수를 그대로 가져가면 여기에 소요되는 행정비가 만만치 않아 「면제」의 효과가 반감되리라고 판단하였다. 더욱이 각 면의 면적과 인구상에서 보이는 불균등성이 매우 두드러져 이에 대한 조정이 선행되어야 했다.

한편, 면 폐합을 단행할 수 있는 여건이 마련되고 있었다. 당시에 진행되고 있었던 토지조사사업은 면의 구역과 면적을 정확하게 파악할 수 있는 계기가 되었다.[41] 역으로 군과 면의 구역을 폐합해야만 토

37) 崔元奎, 「韓末 日帝初期 土地調査와 土地法 研究」, 延世大學校 大學院 博士學位論文, 1994, 287~293쪽.
38) 염인호, 앞 논문, 9~13쪽 참조.
39) 朝鮮總督府, 『朝鮮總督府道郡島書記官講習會講演集』, 1918, 2쪽.
40) 朝鮮總督府, 『面制說明書』, 1917, 578쪽; 姜再鎬, 『植民地朝鮮の地方制度』, 東京大學出版會, 162~164쪽.
41) 물론 1914년 이전에도 일제는 면 폐합을 시도하였다. 그러나 사전 조사가 수행되지 않은 까닭에 효과를 거두지 못했다. 즉 1912년에 면수가 4,341면에서 단지 4,337면으로 줄어드는 것으로 그쳤다(朝鮮總督府, 『面經費に關する調査書』, 1912). 이

지조사사업을 마감할 수 있었다. 이처럼 토지조사사업과 군면 통폐합은 상호 영향을 미치면서 진행되었다.[42] 또한 일제에 적극 협력할 면장과 면리원(面里員)을 확보할 수 있는 규정들을 마련해둔 터였다.[43] 예컨대 1913년 7월의 「면직원임면규정」은 이를 잘 말해준다.[44] 즉 면장의 경우, '학식, 명망, 자산, 일본어 이해'를 선발의 기준으로 내세웠다. 이는 면내에서 영향력을 행사하면서 면 행정을 주도하고 일제의 통치에 적극 협력할 수 있는 인사를 확보함으로써 조선 통치의 하부기구를 장악할 수 있는 여건을 조성하였음을 의미한다.

이에 일제는 면의 법인화 시도를 중단하는 대신 「면제」 시행을 위한 제반 여건을 조성하는 데 힘을 기울였다. 이는 면비 확보 노력에서 드러났다. 우선 면비의 부과 징수에 관한 법적 근거를 마련하고 면 경비방식을 표준화하는 데 진력하였다. 1913년 3월 총독부령 제16호로써 공포되고 1913년 4월 1일부터 시행하게 된 「면경비부담방법」은 이를 잘 말해준다.[45] 내용을 요약하면 다음과 같다.

① 면 경비는 재산으로부터 발생한 수입, 면교부금, 기타 면에 속한 수입으로써 충당하며 부족할 때는 면 부과금을 부과 징수할 수 있다.

에 관해서는 김익한, 「일제의 초기 식민통치와 사회구조변화」, 『일제식민통치연구1: 1905~1919』(한국정신문화연구원 편), 백산서당, 1999, 166쪽 참조.

42) 토지조사사업과 군면 통폐합의 관계에 관해서는 宮島博史, 『朝鮮土地調査事業の研究』, 東京大學出版部, 1991, 506~510쪽 참조.

43) 이에 관해서는 염인호, 앞 논문, 14~19쪽: 홍순권, 『근대도시와 지방권력―한말·일제하 부산의 도시 발전과 지방세력의 형성』, 보론 '일제초기의 면 운영과 '조선 면제'의 성립', 선인, 2010, 304~314쪽 참조.

44) 平安南道, 『地方行政區域名稱變更書類』(국가기록원 소장), '面職員任免規定(平安南道)', 1913.

45) 『朝鮮總督府官報』 호외, 朝鮮總督府令 제16호, 「面經費負擔方法」, 1913년 3월 6일; 李範益, 「朝鮮に地方制度の今次」, 『朝鮮』 1921년 10월호.

② 면 부과금으로써 부과해야 할 종목과 제한

　　호별할 평균 1호에 관해서는 30전 이내

　　지세부가금 본세 1엔에 관해 평안남북도, 강원도, 함경남북도에서는

　　40전 이내, 기타에 있어서는 20전 이내

③ 지방의 사정에 따라 특별의 필요가 있을 때는 도장관의 허가를 얻어

　　제한을 초과하여 부과할 수 있다.

④ 호별할은 면내에 주거하고 독립의 생계를 영위하는 자에 대하여 소

　　득 또는 자산을 표준으로 하여 등급을 설정하고 부과한다. 다만 부

　　윤, 군수의 허가를 받아 균일의 부과를 할 수 있다.

⑤ 면주인, 면하인(面下人)의 수당, 급료에 충당할 필요가 있을 때는 부

　　윤, 군수의 허가를 얻어 부과금 외 현품을 부과할 수 있다.

　이는 면비가 비부과금 위주에서 부과금 위주로 바뀔 수 있음을 예고한다. 물론 첫 조항이 재산으로부터 발생한 수입과 면교부금을 규정하고 있는 점에서 알 수 있듯이 이들 재원이 주요 재원임은 분명하다. 그러나 부과금을 항목으로 규정하였다는 점에서 이전과 달리 이후 부과금을 통한 재원 확보의 가능성을 열어놓은 것이다. 특히 강점 초기 내무부장관 통첩으로 공포된 해당 규정을 총독부령의 규정으로 승격시킴으로써 부과금이 지니는 법적 효력이 더욱 강해졌다. 반면에 부역 규정이 이전 규정과 달리 삭제되었다. 아울러 부속하여 조선총독부훈령 제10호로써 「면재무취급심득」이 제정되어 공포되었다.[46] 이제 면재무는 회계연도에 맞추어 예산을 편성하고 집행하게 되었다. 그 결과에 따라 집행된 면 세입의 변화는 〈표 1〉과 같다.

---

46) 『朝鮮總督府官報』 호외, 朝鮮總督府訓令 제10호 「面財務取扱心得」, 1913년 3월 6일.

〈표 1〉 1912 · 1913년 面 歲入 내역

단위: 圓

面 歲入 種類別		1912	1913
	합계	2,556,338	3,195,786
	부과금	2,316,519	2,896,646
賦課金	호수할	1,020,110	749,671
	결세할	726,578	–
	결수할	451,814	–
	지세부가금	–	2,133,101
	단별할	–	6,918
	가옥세할	16,146	–
	현품부과	99,553	6,956
	부역	2,318	–
	부과 외	239,819	299,140
賦課外	재산에서 발생한 수입	7,528	–
	교부금	180,882	191,712
	전년도 조월금	20,927	71,728
	재산수입	–	23,238
	기부금	–	8,841
	잡수입	30,482	3,621

출전: 朝鮮總督府 內務局, 『面經費に關する調査書』, 1919

1913년의 면 세입과 1912년의 그것을 비교하면, 전자가 「면경비부
담방법」에 입각하여 대폭 증가했음을 확인할 수 있다. 이는 지세부가
금을 비롯한 각종 부가금의 증가에서 연유하였다. 무엇보다 과세지견
취도(課稅地見取圖) 작성에 지출된 결수할과 결세할이 지세부가금으
로 통합되었을뿐더러 토지조사사업 결과에 따른 결수가 증가함으로
써 지세부과금이 대폭 늘어났다.[47] 그 결과 지세부과금이 1913년부터

---

47) 課稅地見取圖의 작성 작업은 1912년 3월부터 시작되어 같은 해 7월 말에 완료할

는 면비로서 5할 내지 3할 5푼으로 증가하였다.[48]

한편, 부역은 단지 이 법령에서 삭제되었을 뿐 실제로는 「지방비법」과 함께 「도로유지수선규정」에 입각하여 광범하게 이루어졌다.[49] 왜냐하면 조선총독부 토목국장 모치지(持地六三郎)가 고백하고 있듯이 조선총독부가 도로 개수 사업에 투입할 예산이 부족하였기 때문이다.[50] 그리하여 면 부역으로 인해 "국비 및 지방비의 지출에 대한 효과가 현저"하다고 할 정도였다.[51] 반면 이 과정에서 부역에 동원된 주민들이 태형령에 따라 매를 가장 많이 맞았다.[52] 그리고 면장이 부역을 동원하고 관리하며 상부에 보고하였다.[53] 이 점에서 부역은 매년도 지방비 세입 항목에서 누락되었을 뿐 실제로는 면민의 부담을 가중시켰음에

예정이었다. 이때 여기에 따르는 경비는 종래 관례대로 考卜債를 인상하여 지불하거나 結數割이나 戶數割, 里洞의 貯蓄 등의 방법으로 토지 소유자가 부담하는 것을 원칙으로 하였다(『朝鮮總督府官報』 466호, 「課稅地見取圖取扱手續」 제5장 經費, 1912년 3월 19일; 朝鮮總督府, 『課稅地見取圖調製經過報告』, '忠淸北道忠淸南道 課稅地見取圖調製實況視察復命要領', 各郡 經費, 1911). 이와 관련하여 최윤규, 「일제초기 창원군 과세지견취도의 내용과 성격」, 『한국민족문화』 40, 2011, 305쪽 참조.

48) 全羅南道 求禮郡 土旨面에서는 지세부가금이 1913년에는 1,000분의 223, 1913년에는 1,000분의 358이나 되었다. 이에 관해서는 李鍾範, 「韓末·日帝初期 '面里自治'의 성장과 변질─求禮縣 賦稅運營을 중심으로」, 『金容燮教授停年紀念韓國史學論叢』 3, 1997, 296쪽 참조 참조.

49) 『朝鮮總督府官報』 220호, 江原道令 제9호, 「道路維持修繕規定」, 1913년 4월 28일; 『朝鮮總督府官報』 369호, 官通牒 제332호, 「1,2等道路維持修繕의 件」, 1913년 10월 22일. 이와 관련하여 小林拓矢, 앞 논문, 18쪽 참조.

50) 持地六三郎, 「朝鮮に於ける土木事業」, 『朝鮮及滿洲』 1913년 3월호.

51) 『朝鮮總督府官報』 369호, 官通牒 제332호 「1,2等道路維持修繕의 件」, 1913년 10월 22일.

52) 文定昌, 『軍國日本 朝鮮强占 36年史』 上, 柏文堂, 1967, 83쪽.

53) 『朝鮮總督府官報』 28호, 朝鮮總督府 平安南道令 제4호, 1912년 9월 30일; 『朝鮮總督府官報』 60호, 朝鮮總督府 黃海道令 제5호, 1912년 10월 11일; 『朝鮮總督府官報』 83호, 朝鮮總督府 京畿道令 제2호, 1912년 11월 8일; 『朝鮮總督府官報』 220호, 江原道令 제9호, 1913년 4월 28일; 小林拓矢, 앞 논문, 18쪽.

유의할 필요가 있다.

이어서 일제는 1913년 3월 20일 「면경비지출방법준칙」을 공포하였다.[54] 여기서는 면 경비로서 지출할 수 있는 종목으로서 면장 수당, 면리원 급료, 용인 급료, 여비, 사무소비(수용비, 건물비, 잡비)를 규정하였다. 이로써 일제는 면사무소의 지출 운영을 통제할 수 있는 근거를 마련할 수 있게 되었다. 그러나 이러한 규정은 면의 기능을 지방통치 하부기구로서 상급 기관의 명령을 전달하는 행정 역할에 국한시켰을 뿐 경영 주체의 단위로서 독자적으로 사업을 추진할 수 있는 역할을 설정하지 않았음을 의미한다. 그 결과 1913년 4월부터 시행(예산연도 시점)할 수 있게 되었다. 〈표 2〉는 1912년과 1913년 각각 면 세출의 현황을 보여준다.

우선 기준 외 정기 또는 수시로 지급되는 수당 항목이 없어지고 정식 급료가 지출 항목으로 설정되어 면 직원들에게 지급되었음을 확인할 수 있다.[55] 이는 면리 직원의 급여를 정식 급료체제에 편입시킴으로써 면 행정체계를 정비하는 한편 일제가 면 행정을 장악할 수 있는 근간을 마련하였음을 보여준다. 특히 면 행정의 실무 장소인 면사무소가 대거 건축되면서 면 행정의 안정성을 도모할 수 있게 되었다.

다만 1911년 11월 기본재산의 산감(散減)을 방지한다는 명분으로[56] 동

---

54) 『朝鮮總督府官報』194호, 朝鮮總督府忠淸北道訓令 제5호 「面經費支出方法準則」, 1913년 3월 27일.

55) 일각에서는 면장의 봉급을 舊慣대로 면의 비용으로 지급함으로써 야기되는 폐단을 줄이기 위해 보통 관공리와 같이 국고로부터 봉급을 지급할 것도 고려하였다. 물론 이러한 방식은 폐단을 우려한 나머지 국고 지원을 구상했던 것이고 실상은 지방세로서의 면비를 설정하는 데 주안을 두었다(『每日申報』, 1911년 2월 4일).

56) 朝鮮總督府, 『朝鮮總督府施政年報』(1911, 1912), 34쪽.

〈표 2〉 1912년과 1913년의 面 歲出 현황

단위: 圓

항목	1912	1913
세출금 합계	2,522,521	3,187,194
수당 및 봉급 계	1,966,450	2,535,061
面長級(手當)	434,149	472,491
公錢領收員給(手當)	184,648	–
面里員給料		1,574,292
庸人給料	–	437,318
旅費	–	50,960
面書記級(手當)	283,064	–
洞里長級(手當)	690,385	–
面主人級(手當)	197,942	–
面下人級(手當)	164,076	–
里小使給(手當)	12,186	–
會計員俸給	–	–
面書記俸給	–	–
洞里長俸給	–	–
雜給	–	–
수당외 세출 계	556,071	652,130
面事務所費(需用費)	466,613	355,630
面事務所 建築費(建物費)	8,131	97,981
課稅地 見取圖作制費	60,580	59,792
臨時費(雜費)	10,899	2,964
豫備費	9,848	135,763
事務所費	–	–
雜支出	–	–
1면 평균	581	735

출전: 朝鮮總督府 内務局, 『面經費に關する調査書』, 1919

리유재산(洞里有財産)을 면유재산(面有財産)으로 돌리려던 계획은 변경되어야 했다. 이러한 노력이 동리민들의 저항에 막혀 좌절되거나[57] 토지조사사업이 아직 완료되지 않는 가운데 동리민들이 불안한 나머지 이를 은닉하였기 때문이다.[58] 특히 일부 지역에서는 일제의 재산조사를 재산 탈취로 인식하고 동유재산을 미리 처분하기 위해 동계를 해산하는 일이 벌어졌다.[59] 그리하여 일부 지역에서는 동리유재산에서 발생한 수익은 부윤과 군수의 인가를 받아 동리 내 공공의 비용으로 충당할 수 있게 하였다.[60] 결국 1912년 10월 25일 관통첩 제106호「면동리재산관리에 관한 건」에서는 면유재산과 함께 동리유재산도 면장이 관리하지만, 동리유재산에서 발생하는 수입은 부윤, 군수의 인가를 얻어 동리민 공동의 이익에 충당하기로 하였다.[61] 물론 함경남도의 경우, 원칙상 면과 동리유재산에서 발생하는 수입은 면 세입 항목

---

57)『每日申報』, 1912년 6월 23일.

58) 朝鮮總督府 內務局 地方課,『朝鮮面制制定ノ件』(국가기록원 소장 CJA0002542). 이와 관련하여 강재호, 앞 책, 158~159쪽 참조. 1917년「면제」실시 이후에도 일부 지역의 동리유재산은 여전히 관에게 파악되지 않아 동리유재산으로 남아 있기도 하였다. 이에 관해서는 李庸起,「19세기 후반~20세기 중반 洞契와 마을자치─全南 長興郡 蓉山面 語西里 사례를 중심으로─」, 서울大學校 大學院 博士學位論文, 2007, 172~173쪽 참조.

59) 일제는 강점을 전후하여 벌인 洞契 조사에서 洞里有財産의 성격을 파악하는 데 초점을 맞추었다. 대표적인 조사보고서로 朝鮮總督府,『韓國舊慣調査報告書』, 1910; 金漢睦,『慶尙南道・慶尙北道 管內契親族關係 財産相續의 槪況報告』(國史編纂委員會, 中B16BBC-7), 中樞院, 1911; 朝鮮總督府,「面及洞に關する制度舊慣調査」,『朝鮮總督府月報』1911년 9~10월호. 이와 관련하여 이용기, 앞 논문, 142쪽; 이용기,「일제의 동계(洞契) 조사와 식민주의적 시선」,『史林』31, 219~227쪽 참조.

60)『朝鮮總督府官報』551호, 朝鮮總督府平安南道令 제6호「面有及洞里有財産管理規定」, 1912년 6월 28일.

61)『朝鮮總督府官報』71호, 官通牒 제106호「面洞里有財産管理에 關한 件」, 1912년 10월 25일; 朝鮮總督府臨時調査局,『朝鮮土地調査事業報告書』, 1918, 171쪽.

에 편입시켰다.[62] 또는 충청북도와 같이 동리유재산을 동리민 공동의 이익뿐만 아니라 면 경비에 충당할 수 있는 길을 열어놓기도 하였다.[63] 그러나 이 역시 동리유재산에서 발생하는 수입은 부윤 또는 군수의 인가를 받아 적립하거나 기(旣) 동리 내 공공의 비용으로 충당할 수 있게 하였다. 또한 이러한 수익을 그 동리의 기본재산으로 하여 적립할 수도 있었다.[64] 그리하여 면동리유재산을 조사할 때는 으레 면유재산과 동리유재산을 구분하여 내역을 기재하였다. 아울러 여기에 근거하여 1913년 3월 말 기준으로 면동리유재산액을 조사하는 것으로 마무리하였다.[65] 이 조사에 따르면 면유재산에서 발생하는 수입은 15,780,878엔인 데 반해, 동리유재산에서 발생하는 수입은 92,018,633엔이었다.

이처럼 「면제」 제정을 위한 재정 기반을 조성하는 과정에서 차질을 빚자, 1913년 3월 조선총독부는 「면제」 제정을 유보하였다.[66] 이는 차

---

62) 『朝鮮總督府官報』 107호, 咸鏡南道令 제2호 「面及洞里有財産管理規程」, 1912년 12월 7일.

63) 『朝鮮總督府官報』 147호, 忠淸北道令 제1호 「面及洞里有財産管理規程」, 1913년 1월 29일.

64) 『朝鮮總督府官報』 135호, 忠淸南道令 제1호 「面及洞里有財産管理規程」, 1913년 1월 15일.

65) 『朝鮮總督府官報』 807호, 「面洞里有財産調」, 1915년 4월 15일.

66) 朝鮮總督府, 『朝鮮統治三年間成績』, '各道長官에 對한 訓示'(1913년 4월 26일), 1914, 70쪽. 이와 관련하여 姜再鎬, 「植民地朝鮮の地方制度」, 東京大學 大學院 博士學位論文, 1999, 192쪽 참조. 물론 「면제」 제정의 유보는 단지 재원 파악의 미비에서만 비롯되지 않았다. 여기에는 당시 내무부장관이었던 宇佐美勝夫이 언급한 대로 「면제」를 운용함에 적합한 사람을 얻지 못하면 그 효과를 거두기가 곤란할뿐더러 오히려 폐해를 양성할 우려가 있다는 판단이 작용하였다[(宇佐美勝夫, 「面制に就て」, 『面制制定ノ件』(국가기록원 소장, 1913)]. 그러나 당시 일제가 지방통치에 적극 협력할 면장과 면리원의 확보에 힘을 기울여 본문에서 언급한 바와 같이 어느 정도의 수준에 오르고 있는 현실을 감안할 때, 「면제」 시행의 유보는 무엇보다 재원에 대한 장악이 수반되지 않은 여건에서 비롯되었다고 보겠다.

후 도로, 교량, 도선(渡船), 위생 등에 관한 시설을 설치하고 운영할 수 있는 재정을 확보할 수 없음을 의미하였다.[67]

다음 일제는 「부제」도 실시하고자 하였다. 이는 원래 강점 직후에 실시하고자 하였다. 실상 대한제국이 소멸되었기 때문에 일본인을 비롯한 외국인 거류지를 유지할 필요가 없었다.[68] 그러나 거류지 폐지는 당장 영국, 독일, 미국 등을 비롯한 서양 열강과 협의하여 처리해야 하는 사안이었다.[69] 이는 관세와 마찬가지로 이전에 서구와 맺은 불평등조약을 개정해야만 가능한 일이었다.[70] 그리하여 서구 열강과 협의할 시간이 필요하였다. 한편, 외국인 거류지를 계속 존속시킬 수는 없었기 때문에 부제 계획을 수립하였다. 특히 일본인 거류민단은 강점 이전에는 외국인 지위에 있는 일본 국민으로서 조직된 까닭에 일제의 병합과 동시에 자연스럽게 지방행정기관에 편입되어야 했다.[71]

그러나 이 역시 많은 난관에 부딪혔다. 그것은 외부가 아니라 내부에서였다. 이 중 일본인 거류민단이 「부제」의 실시에 가장 크게 반발

---

67) 일제는 이러한 재원을 확보하기 위해 組合, 契, 協議會를 이용하여 여기서 재원을 마련하여 이러한 시설을 설치하고 운영함으로써 「면제」 미비의 문제점을 해소하고 자 하였다. 그러나 이는 면민의 자발에 의한 것도 아닐뿐더러 의제적인 지방단체여서 매우 불안하였다(강재호, 앞 책, 2001, 162쪽). 그리고 실제로 일제의 의도대로 지출될 수도 없었다.

68) 1910년 8월 29일 『朝鮮總督府官報』에서 '居留民團은 원래 외국에 주거하는 제국 신민이 설립한 단체로서 조선이 제국의 판도로 돌아온 이상 자연 지방행정기관으로 편입해야 한다'는 점을 밝히고 있다(『朝鮮總督府官報』 1호, 統監府訓令 제16호, 1910년 8월 29일).

69) 일제는 대한제국을 병합하면서도 거류지의 행정사무는 경찰에 관한 사항을 제외하고는 당분간 종전대로 유지하기로 하였다(『朝鮮總督府官報』 1호, 제령 제2호, 1910년 8월 29일).

70) 일제와 서구 열강의 關稅 改定 問題에 관해서는 송규진, 「조선의 '관세문제'와 식민지관세법의 형성」, 『史學研究』 99, 2010, 206쪽 참조.

71) 朝鮮總督府, 『朝鮮總督府施政年報』(1910), 70~71쪽.

하였다. 1910년 9월 말 거류민단은 「부제」의 실시로 말미암아 거류민단이 누려왔던 자치 기능을 잃게 된다고 우려하면서 자치기관의 존속을 희망하는 청원서를 총독 데라우치에게 제출하였다.[72] 이에 내무부는 이러한 반발을 무릅쓰고 일본인회는 하나의 협의 단체에 지나지 않으며 실제 행정 사무를 처리할 수 없다고 판단하고 「부제」를 강행하고자 하였다.[73] 아울러 이러한 반발을 무마하기 위해 1911년 8월 내무부는 「부제」 등을 담은 지방제도 개정안에서 부(府)를 법인(法人)으로 만들어 재산 능력을 갖게 하는 동시에 부의 자문기관이라 할 부참여(府參與)를 부 주민 중에서 선택하도록 하였다.[74] 또한 거류민단재산 중 교육에 관한 재산은 학교조합으로 승계하되 그 외 사무는 부에 인계하기로 하였다. 이처럼 일제는 거류민단의 자치권을 박탈하는 대신 그들 스스로 재성을 운영할 수 있도록 하였다. 특히 교육 사무를 일본인 학교조합에 승계하였다. 부채가 많은 시설은 부가 떠안은 반면 자산이 많은 교육 재정은 일본인 학교 조합이 승계한 셈이다. 따라서 일제는 「부제」를 실시할 수 있는 여건을 확보하면서 후속 작업을 원만하게 추진할 수 있게 되었다.

일제의 이러한 방침에는 제국 일본의 식민정책에 맞추어 일본인의 이익을 보장하려는 의도가 깔려 있었다. 주지하다시피 조선에 거주하는 일본인들은 일제가 조선을 통치하는 데 식민의 첨병인 동시에 조

---

72) 이미 1910년 9월 28일 京城府 居留民團을 필두로 1911년 7월에는 釜山民團도 경성부 민단에 이어 자치제 존속을 요구하는 진정서를 데라우치 총독에게 제출하였다. 또한 1912년 6월에는 내각수상, 국무 각 대신, 척식국 총재, 貴衆兩院 의장 등에게 진정서를 제출하였다(元山府, 『元山發展史』, 1916, 684~685쪽; 京城府, 『京城府史』, 제2권, 1934, 897~900쪽; 『讀書新聞』 1912년 7월 12일). 이와 관련하여 홍순권, 앞 책, 192~193쪽 참조.

73) 朝鮮總督府 內務部, 『朝鮮地方制度改正ニ關スル意見』, 1911, 42~45쪽.

74) 위 책, 11~13쪽.

선 지역을 영구히 일본 영토로 유지하는 데 창구 역할을 해야 하므로 이들 이주 일본인을 적극 지원하고 보호하고자 하였다.[75] 그것은 일본인의 부담을 최대한 줄여보겠다는 의도에서 잘 드러난다. 다음 기사는 강점 이전 일본 정부의 대일본인 정책을 잘 보여준다.

> 금후 더욱 증가할 한국의 제반 경비를 부담함에 있어 이를 우리 국민(일본인, 필자 주)에게 부과하는 것은 결코 장계(長計)가 아니다. 따라서 한국 인민으로 하여금 그 자력(資力)을 증진시키고 한국 경영을 가급적 한국 인민이 스스로 그 비용을 부담하도록 하는 방도를 강구할 필요가 있다.[76]

일제가 강점 이전부터 재정독립정책이라는 기조 아래 재조선 일본인의 부담을 줄이고 한국인의 부담을 늘리려는 기본 방침을 세우고 있음을 확인할 수 있다. 이러한 방침은 학교조합의 설립 의도에서 그대로 드러났다. 다만 부의 행정구역은 거류민단 구역뿐만 아니라 현재 주변 지역과 장래 주변이 될 지역도 포함되었다.

그러나 조선총독부의 이런 조치만으로는 일본인 거류민단의 불만을 잠재울 수 없었다. 거류민단은 여전히 자치권 문제를 지속적으로 제기하였다. 특히 일본인들은 한국인의 민도가 낮음을 들어 이들과

---

75) 朴殷植은 일제의 이러한 자국민 지원책에 대해 다음과 같이 논하였다.
"대체로 동양척식회사의 이민 분배지에 관한 곳과 상업이 번화한 지구의 군수·면장은 반드시 일본인을 임용한다. 모든 시설은 오직 저희 백성들의 이주의 편리만을 위주로 한다. 그러므로 우리 한국은 저절로 그들의 박해를 입어 생활의 근거를 보존하지 못한다"(『韓國獨立運動之血史』, 上篇 제16장, 上海 維新社, 1920)
76) 『駐韓日本公使館記錄』, '發送電信控—來電'(1906년 1월 31일). 이와 관련하여 최병택, 「강제병합 전후 일제의 '농업 개량' 방침」, 『역사와 현실』 78, 2010, 397쪽 참조.

함께 자치제를 실시하는 것을 반대하였다.[77] 이에 조선총독부는 부의 구역을 현재의 일본인 거류민 지역으로 한정함으로써 자치제 제한에 따른 일본인의 불만을 일부나마 해소할 수 있었다.[78]

또한 내무부는 지방비 관련 법률도 개정하고자 하였다. 왜냐하면 1910년 8월 이전에 제정된 「지방비법」은 일제 스스로 언급한 바와 같이 자치권이 보장되어 있지 않았기 때문이다. 그리하여 조선총독부는 무엇보다 도에 자치권을 부여하여 법인으로 전환함으로써 재원을 늘리고 제국의회의 간섭을 받지 않고자 하였다.[79] 우선 「지방비법」을 개정하여 명문(明文)으로써 도에 해당되는 지방비에 법인의 지위를 부여하려 하였다. 그러나 지방비의 개정은 「면제」 제정 시도와 마찬가지로 한국인에게 자치권을 부여한다고 판단한 본국 법제국의 반대로 인해 이루어질 수 없었다.[80] 물론 조선총독부도 지방비의 미미한 규모에 비추어 의결기관이나 자문기관을 설치할 필요는 없다고 판단하였다. 다만 이러한 재정 사정에 비추어 보았을 때, 세목(稅目)과 과율(課率)은 종래 관례를 따를지라도 장래 지방의 발전에 따라 서서히 확장하여 점차 재원을 확충하기 위해 지방비의 법인화를 이런 장기적 목표로 설정하고 추진하였다.[81]

끝으로 군에는 재산 소유와 사업 경영의 주체로 인정받는 이른바

---

77) 京城府, 『京城府史』 제2권, 1934, 897~900쪽; 仁川府, 『仁川府史』, 1933, 575~576쪽. 이와 관련하여 홍순권, 앞 책, 190~194쪽 참조.

78) 朝鮮總督府 內務部, 『朝鮮地方制度改正ニ關スル意見』, 1911, 10쪽, 42~45쪽; 朝鮮總督府 內務部, 『府制案關係書類』(국가기록원 CJA0002541), '府制案'.

79) 朝鮮總督府 內務部, 위 책, 1911, 9~10쪽.

80) 위 책, 30~32쪽; 朝鮮總督府 內務局 地方課, 『朝鮮面制制定ノ件』(국가기록원 소장 CJA0002542), '面制에 對한 意見'(阿部參事官).

81) 朝鮮總督府 內務局 地方課, 『朝鮮面制制定ノ件』, '地方費令及面制度에 關한 仰裁意見'.

법인으로서의 자격을 부여하지 않으려고 하였다. 여타 단체와의 형평상 일종의 단체로 인식될 수 있을지라도 실제에서는 군이 경영할 만한 하등의 사업이 없을뿐더러 그 결제 능력이 없는 한편 이러한 사업은 지방비의 사업으로 하거나 면의 공동사업으로 하여도 불편한 점이 없다고 판단하였기 때문이다.[82] 나아가 일제는 인건비와 운영비 위주의 지방청비를 지변함에 강점 이래 도·부의 경비와 달리 군의 경비는 현상 유지하는 수준으로 묶어놓았다.[83] 즉 도와 부의 경우, 일반 행정직의 정원은 물론 농업기사, 토목기사 등 기술직의 정원을 증원한 데 반해, 군의 경우는 이러한 증원이 뒤따르지 않았다.[84] 이처럼 일제는 기존의 군보다는 상급 행정기관인 도와 하급 기관인 면의 기능을 확충함으로써 한국인에 대한 통제를 강화함과 동시에 사회간접자본시설의 확충에 필요한 인적 기반을 확대하고자 하였다.[85] 그렇다고 해도 일제는 일본 본국의 지방행정체계와 달리 군을 폐지하려고도 하지 않았을뿐더러 면을 감독하거나 계, 조합, 지주회(地主會) 등 각종 단체를 감독할 수 있는 권한을 부여하기까지 하였다. 그것은 「면제」가 아직 시행되지 않고 재정이 부족하여 각종 사업을 벌이지 못하는 단계에서 군이 지역 사회 주도층의 협력을 받아 과도기적으로 교

---

82) 朝鮮總督府 內務部, 『朝鮮地方制度改正ニ關スル意見』, 1911, 3쪽.

83) 朝鮮總督府, 『朝鮮總督府施政年報』(1911), 30~32쪽; 朝鮮總督府, 『朝鮮總督府施政年報』(1912), 34~36쪽.

84) 도의 경우, 사무관 13인을 비롯하여 서기 39인, 농업기사 8인, 농업기수 3인, 토목기수 12인, 임업기수 8인, 축산기수 2인, 도량형 기수 3인을 늘렸다. 부의 경우, 서기 4인을 추가로 배치하는 외에, 여비, 雇員給, 수도사업비 등을 증액하였다. 반면에 군의 경우, 이러한 조치들이 취해지지 않았다〔朝鮮總督府, 『朝鮮總督府施政年報』(1912), 30~32쪽〕.

85) 李泰鎭, 『朝鮮儒教社會史論』, 지식산업사, 1989, 269~270쪽; 윤해동, 앞 책, 103~117쪽.

육, 토목, 산업, 위생 등의 사업을 추진할 필요가 있었기 때문이다.[86] 그러는 한편, 행정 경비를 절약하기 위해 군의 수효를 줄이려고 하였다.[87] 그러나 이 역시 충분한 조사가 수반되지 않았기 때문에 난관에 봉착하였다. 당시 군의 경우, 1910년부터 1914년 사이에 아무런 변화가 없었다.[88]

일제는 이처럼 추가 재원을 확보하기 위해 도·부·면 등 각각의 지방통치기구를 법인으로 만들어 재산 능력을 갖게 하고자 하였다. 따라서 이는 중앙재정과 지방재정의 관계, 각급 지방공공단체 재정의 위상 등을 변화시켰다.

2) 지방재정 내역의 특징과 지방비 세출입

1910년 8월 일제의 대한제국 강점 이래 1914년 「부제」가 시행되기 이전 시기에는 지방제도상에서 큰 변화가 없었다. 그러나 일제가 지방통치의 재정적 기반을 강화하려는 노력이 점차 가시화되면서 국가재정과 지방재정의 관계가 조정되는 가운데 차후 지방제도의 변화가 지방비에 미칠 영향들이 서서히 드러나기 시작하였다.

우선 면비의 징수는 지방재정 세입의 급증을 초래하면서 중앙재정과의 관계를 조금씩 변화시켰다. 〈표 3〉은 이러한 현황을 잘 보여준다.

---

86) 『齋藤實文書』 2, '朝鮮에서 參政에 關한 制度의 方策, 第六 附記 郡島制에 關한 考察'; 『每日申報』, 1911년 1월 21일; 6월 1일.

87) 1910년 8월 29일 강점 공포 직전에도 이미 신문에는 일제가 330여 군을 통폐합하여 반으로 감축시키려고 한다는 보도가 나왔다(『大韓每日申報』, 隆熙 4년 8월 28일).

88) 『朝鮮總督府施政年報』, 해당연도 317군(1910), 1911년, 1912년, 1913년 동일.

<표 3> 1912~1913년 朝鮮總督府 및 지방공공단체 세출

단위: 千 圓

	국비세출		지방단체경비 세출					전체	
	조선총독부	지수	지방비	부	면	계	지수	총계	지수
1911	46,172 (97.96)	100	1,446 (3.04)			1,446	100	47,618	100
1912	51,781 (91.36)	112	2,338 (4.13)		2,556 (4.51)	4,894	338	56,675	119
1913	53,454 (90.53)	116	2,396 (4.06)		3,196 (5.41)	5,592	387	59,046	124

출전: 朝鮮總督府 財務局, 『朝鮮金融事項參考書』, 1923; 溝口敏行, 梅村又次, 『舊日本植民地經濟統計―推計와 分析』, 東洋經濟申報社, 1988 결산에 근거

비고: 1910년은 회계 기간이 1년 미만이어서 제외
괄호 수치는 총계에서 차지하는 비율(%)임.

〈표 3〉에 따르면 면비의 징수로 인해 중앙재정인 조선총독부 재정의 비중이 감소한 데 반해 지방재정의 비중이 급속하게 증가하였다. 물론 1913년 현재까지 중앙재정의 비중이 여전히 90%를 넘었다. 그러나 1911년 대비 1913년 지수를 비교하면 중앙재정과 지방재정이 각각 116과 387이다. 이는 지방재정 세출이 중앙재정에 비해 급속하게 증가하고 있음을 보여줄뿐더러 차후 일제가 사업비에 필요한 재원을 국세 등의 중앙재원과 함께 점차 지방비, 면비 등의 지방재원에서 확보하여 지출할 가능성이 높아짐을 의미한다고 하겠다.

그런데 지방비 세출의 증가는 지방비 세입의 증가를 전제한다는 점에서 이러한 세입 증가를 초래한 요인을 살펴볼 필요가 있다. 〈표 4〉는 1910~1913년 지방비 세입의 추이를 보여준다.

이 시기에 지방비 세입이 1912년에 증가하였다가 1913년에 감소한 것으로 보인다. 그러나 이는 이월금이 급격하게 감소한 데 따른 결과로 이월금을 제외하여 산정하면 오히려 세입이 244,000엔으로 증가한 셈이다. 그런데 여기에서 도로 수축 등에 동원된 부역을 환산하여

〈표 4〉 1910~1913년 地方費 歲入 현황

단위: 圓

歲入	1910		1911		1912		1913	
	금액	비율	금액	비율	금액	비율	금액	비율
地稅附加稅	605,427	60.5	362,105	44.4	365,944	40.6	382,768	38.7
市場稅	137,535	13.7	143,208	17.6	166,366	18.5	196,753	19.9
屠畜稅及屠場稅	241,347	24.1	277,962	34.1	342,679	38.0	391,951	39.6
土地家屋所有權取得稅抵當權取得稅	16,406	1.6	31,734	3.8	26,492	3.0	17,402	1.8
合計	1,000,715	100	815,009	100	901,481	100	988,874	100
前年度繰越金	56,390		578,013		776,923		451,731	
國庫補助金	235,427		729,938		1,068,196		1,184,118	
其ノ他	17,237		98,986		44,221		72,834	
歲入總計	1,309,769		2,221,946		2,790,821		2,697,557	

비고: 1910년 예산은 9월 1일부터 1911년 3월 31일까지 해당됨
출전: 朝鮮總督府, 『朝鮮總督府統計年報』, 해당연도 ; 朝鮮總督府 財務局, 『朝鮮金融事項參考書』, 1923에 의거하여 작성

가산하면 지방비 세입은 훨씬 많다.[89] 전국 단위에서 동원된 부역의 규모를 화폐로 환산한 액수를 확인할 수는 없지만 『경기도통계연보(京畿道統計年報)』에는 부역 환산액이 기재되어 있다.[90] 〈표 5〉는 1913년도 경기도의 토목비에 포함된 부역 현황이다.

---

89) 일제 스스로가 인정하고 있듯이 1910년대 제1기 治道計劃을 달성하기 위해 3등 도로의 경우, 지방비로 충당하기 어려운 부족한 재원의 대부분을 지방민의 노동력으로 감당하였다. 아울러 이러한 도로의 유지와 수선을 위해서 경찰과의 협력 아래 修路工夫와 道路 監視員을 배치하였다. 朝鮮總督府, 『朝鮮の道路』, 1921, 6~7쪽; 朝鮮總督府, 『道路要覽』, 1917, 32쪽.

90) 조선총독부가 부역 환산금을 산출한 이유는 정확하게 확인할 수 없다. 다만 부역 통보를 받은 자가 출역하지 않는 경우에는 1인 1일 40전 이하의 부역 貸納金을 징수하기 위해 부역 환산금을 산출한 것으로 추정된다. 그 밖에 『黃海道統計年報』에서도 夫役現品과 用地寄附換算額이 표기되어 있다. 부역 대납금에 관해서는 小林拓矢, 앞 논문, 18~19쪽 참조.

〈표 5〉 1913년 경기도 土木費 支出 내역

단위: 圓

		河川	道路	橋梁	下水	雜支出	合計
國庫補助	통상		25,262	25,341			50,603
	재해		3,122	16,272			19,394
地方費	통상		49,801	23,469			76,030
	재해		199	4,806			5,005
寄附金	통상			1,025			1,025
寄附物件 見積金	통상			146			146
	재해			80			80
補助金	통상		1,725	1,237			2,962
夫役換算金	통상		452,457	9,648			462,105
	재해	760	4,156	685			5,601
民團費	통상		3,022	947	4,098	472	8,539
合計	통상		532,267	61,813	4,098	3,232	601,410
	재해	760	7,477	21,844			30,080
	계	760	539,744	83,657	4,098	3,232	631,490

출전: 京畿道廳, 『朝鮮總督府京畿道統計年報』, 1913

〈표 5〉를 통해 알 수 있듯이 1913년 경기도 토목비의 합계는 631,490엔이며 이 중 부역 환산금은 467,706엔이다. 그러나 『조선총독부통계연보』나 『지방비예산급사업개요(地方費豫算及事業槪要)』에서는 이러한 부역 환산금을 세입으로 잡고 있지 않다.[91] 예컨대 『경기도통계연보』에서는 부역 환산금이 제외된 토목비 금액과 『지방비예산급사업개요』의 토목비 금액이 동일하다.[92] 이는 여타 도의 경우도 마찬

---

91) 『黃海道統計年報』에도 현금지출액과 별도로 夫役現品과 用地寄附換算額 항목이 설정되어 있다.

92) 지방비의 이러한 토목비 금액은 『朝鮮總督府統計年報』에서도 동일하다. 따라서 『朝鮮總督府統計年報』에서도 부역 환산금이 포함되지 않았음을 추정할 수 있다.

〈표 6〉 1910~1913년 夫役 收入이 地方費 歲入에서 차지하는 비율

단위: 圓

歲入	1910		1911		1912		1913	
	금액	비율	금액	비율	금액	비율	금액	비율
地稅附加稅	605,427	52.5	362,105	32.0	365,944	26.3	382,768	26.4
市場稅	137,535	11.9	143,208	12.6	166,366	11.9	196,753	13.5
屠畜稅及屠場稅	241,347	20.9	277,962	24.5	342,679	24.6	391,951	27.0
土地家屋所有權取得稅抵當權取得稅	16,406	1.4	31,734	2.8	26,492	1.9	17,402	1.2
夫役收入	151,732	13.2	317,445	28.0	492,029	35.3	463,356	31.9
合計	1,152,447	100	1,132,454	100	1,393,510	100	1,452,230	100

출전: 〈표 4〉를 기준으로 삼아 재작성함
비고: 부역 수입은 도로 수축 등에 동원된 부역을 화폐로 환산한 액수로 지방 공공단체 토목비의 50%에 해당함

가지이다. 따라서 전국의 부역 환산금을 추산하기 위해서는 경기도에서 부역 환산금과 지방비, 토목비의 비율을 구할 필요가 있다. 그 결과 1913년에는 부역 환산금이 국고보조금 등을 포함한 토목비의 64%를 차지한다. 따라서 실제로 토목비 지출로 들어간 전체 경비는 공식적인 토목비의 164%에 해당한다. 그러나 이러한 비율이 경성부를 비롯한 통치기구의 중심이라 할 경기도라는 점을 감안한다면, 여타 지역에서는 부역 환산금이 해당 지방 토목비의 50여 %를 차지할 것이다.[93] 따라서 지방비 세입에 이러한 부역 환산금을 포함시켜 전체 세입액을 산출하면 〈표 6〉과 같다.

〈표 6〉에서 알 수 있듯이 세입이 1911년 이후 매년 증가하고 있다. 그 요인을 살펴보면 다음과 같다.

우선 지세의 비중이 감소한 데 반해 대중과세(大衆課稅)라 할 시장세의 비중이 급속하게 증가하였음을 확인할 수 있다. 이는 일제의 시

---

93) 1918년의 경우, 부역 환산금이 지방토목비의 5할 이상이었다는 주장은 신뢰할 만하다(朝鮮總督府, 「昭和五年度中の土木費」, 『朝鮮』 1931년 12월호, 136쪽).

장에 대한 장악력이 제고되면서 시장세 징수율이 높아졌음을 의미한
다.[94] 예컨대 경기도의 경우, 시장수는 83개에서 88개로 증가하였는
데 세액은 19,543엔에서 24,806엔으로 증가하였다.[95]

또한 도축세, 도장세의 비중 역시 높아지고 있다. 이도 마찬가지로
일제의 세원 장악력 제고에서 연유한다. 다만 당시 제1차 세계대전의
영향으로 우피(牛皮) 등에 대한 수요가 급증하면서 시장세와 달리 생
산량의 급증에서 연유하였다는 점에 유의할 필요가 있다.[96] 그래서 경
기도의 경우, 도장(屠場)과 도축장이 감소했음에도 불구하고 세액은
55,679엔에서 79,067엔으로 증가하였다.[97] 이러한 현상은 여타의 지
방도 마찬가지였다.

다음 부역 수입이 지세부가세 다음으로 많은 비중을 차지하고 있
다. 심지어 1913년에는 부역 수입이 지세부가세 수입보다 많다. 이는
지방비를 비롯한 많은 지방적 조세가 면에 거주하는 한국인에게 부역
형태로 부과되었음을 짐작할 수 있다. 아울러 일제가 도로 등 사회간
접자본시설을 구축하는 데 지방에 거주하는 한국인들의 노동력을 무

---

94) 1911년과 1913년 전국 장시의 숫자를 보면 각각 1,084개와 1,143개로서 증가폭이
높지 않다. 따라서 시장세의 증가는 시장의 증가보다는 시장세 징수와 관리 체계의
변화에서 연유했다. 즉 대한제국기에 시장세는 부윤이나 군수가 관리하고 징수하
였으나 강점 직전인 1909년 9월 이전 시기에 탁지부가 전국 각 부군에 소재하고 있
는 시장의 분포, 거래 품목, 거래량 등 시장의 현황을 조사하였으며, 이어서 도장관
이 시장의 허가와 관리에 관여하였다는 점에서 그 이유를 추론해볼 수 있다. 이는
일제가 시장 현황을 좀 더 철저하게 파악함으로써 관리에 만전을 기함은 물론 시장
세 징수에 필요한 기본 정보를 확보할 수 있었음을 의미한다. 이에 관해서는 度支
部 司稅局, 『韓國各府郡市場狀況調査書』, 1909; 허영란, 『일제시기 장시 연구』, 역
사비평사, 2009, 47~48쪽, 62~63쪽 참조.
95) 京畿道廳, 『京畿道統計年報』, 해당연도, 商業及工業, 財政.
96) 鎭南浦 稅關, 「牛皮の輸移出」, 『朝鮮彙報』 1916년 2월호.
97) 京畿道, 『京畿道統計年報』, 해당연도.

상으로 적극 활용하였음을 보여준다. 당시 일제의 부역 동원은 일반 농민은 물론 양반 출신마저도 부역에 동원해 농업 경영의 부실이 우려될 정도였다.[98]

요컨대 지주와 관련된 지방적 조세의 비중이 감소되거나 정체된 데 반해 중소 상인이나 소농민과 관련된 시장세와 부역 세입은 증가되고 있었다. 이는 일제의 과세 정책이 지주 편의에 중점을 두고 있음을 보여준다.

끝으로 1910년대 중반으로 갈수록 국고보조비가 증가하고 있다. 이것은 국비로 경영하던 임업, 묘포, 종묘장, 실업학교 등을 1912년도에 도로 이관하면서 국고보조금으로 교부하였기 때문이다.[99] 그런데 이러한 사업경비는 토목보조금과 권업보조금, 교육보조금 등으로서 지방 고유업무에 수반한 경비라기보다는 중앙사무업무를 지방사무업무에 위탁한 조치에 따른 경비라고 하겠다.

다음 지방비 세출 결산액 현황을 살펴보면 〈표 7〉과 같다.

1912년도의 지방비 세출은 교육비의 급증으로 1911년도에 비해 크게 늘어났다. 토목비와 권업비의 경우, 이전 시기와 마찬가지로 사회 간접자본시설에 투여되었다. 그런데 〈표 7〉에서 보여준 바와 같이 토목비에 부역 환산액을 포함시키면 1910년대 전반 경기도의 경우에서 볼 수 있듯이 토목비가 전체 지방비 세출에서 차지하는 비중은 50% 전후이다. 아울러 교육비의 경우도 크게 늘어났다. 이는 공립보통학교의 증설, 간이농업학교의 신설 또는 증설에 수반한 보조금의 증가에서 연유하였다.[100]

---

98) 朴晃鎭, 『渚上日月』(朴成壽 註解), 1913년 7월 24일, 9월 3일, 민속원, 2003, 431쪽.
99) 朝鮮總督府, 『朝鮮總督府施政年報』(1911), 33쪽.
100) 朝鮮總督府, 『朝鮮總督府施政年報』(1912), 425~428쪽.

제6장 강점 초기 조선총독부의 지방재정정책과 세출입의 추이 443

〈표 7〉 1911~1913년 地方費 歲出 현황

단위: 圓

항목\연도	1910		1911		1912		1913	
	금액	비율	금액	비율	금액	비율	금액	비율
土木費	455,196	50.7	952,335	54.9	1,476,087	52.2	1,390,074	48.6
衛生費	35,281	3.9	81,485	4.7	89,739	3.2	86,763	3.0
救恤及 慈善費	3,600	0.4	6,440	0.4	12,609	0.4	6,839	0.2
勸業費	104,458	11.6	205,653	11.9	555,779	19.6	613,494	21.5
敎育費	164,238	18.3	414,901	23.9	636,347	22.5	697,128	24.4
其他	135,265	14.7	102,554	5.9	59,596	2.1	65,132	2.3
歲出總計	898,038	100	1,733,368	100	2,830,157	100	2,859,430	100

출전: 朝鮮總督府 財務局, 「朝鮮金融事項參考書」, 1923; 朝鮮總督府, 「朝鮮總督府統計年報」 각 연도에 근거
하여 작성함
비고: 토목비와 세출 총계는 부역 환산액을 포함시켜 산출하였음

지방비 위주의 지방재정 내역은 이처럼 면 경비의 설정으로 인해 변화하기 시작하였다. 아울러 지방적 조세들은 한국인의 무상 부역과 빈민과세 등에 크게 의존하였다.

3

지방제도의 개편과 세출입의 추이
(1914~1917)

1) 지방재정의 긴축적 운용과 지방행정구역의 통폐합

조선총독부 재정이 특별회계로 처리됨에도 불구하고 일본 본국의 재정에서 보충금이 제공된다는 점에서 일본 본국의 재정 상황은 조선총독부 재정운영에 커다란 변수로 작용하였다. 그런데 1910년대에 들어와도 일본 본국 재정의 사정이 나아지기는커녕 오히려 악화되었다. 1914년 7월 말 현재 일본은 대외채권(對外債券)이 4억 5,000만 엔에 불과한 데 반해 대외채무는 19억 6,000만 엔에 달하였는데도 불경기로 말미암아 대외채무의 변제는 고사하고 매년 이자의 지불도 곤란한 상태였다.[101] 이러한 불경기는 제1차 세계대전 발발 후 얼마 동안 일시적으로 무역이 두절되고 해운이 침체되자 국내적으로 물가가 하락함으로써 더욱 격화된 결과였다. 이 같은 상태가 계속된다면 일본 경

---

101) 金宗炫, 『近代日本經濟史』, 比峰出版社, 1991, 141쪽.

제는 대외적으로 파산 상태에 빠지고, 금본위제의 유지도 거의 불가능해질 것이 분명하였다. 이 때문에 긴축정책을 강력하게 추진할 필요가 있어 공정이자율을 인상시켰다.[102] 심지어 1913년에는 북동지방의 대흉작에 휘말리기도 하였다.[103]

그리하여 1913년 일본 본국의 예산 편성에서는 여타 부문을 조정하여 합계 28,720,000엔을 절감하였다.[104] 특히 이 가운데 조선총독부 보충금이 포함된 특별회계의 경우 5,920,000여 엔을 절감하였다. 이는 본국 정부의 끈질긴 요구로 보충금 및 공채·차입금 등이 감액되었기 때문이다. 나아가 1차 세계대전의 발발로 호황 국면에 들어갔음에도 불구하고 1914년에도 이러한 추세가 유지되었다.[105]

한편, 일본 본국의 관료들과 정치가들은 이후 토지조사사업의 성과라든가 전매사업 등을 들어 조선 재정의 잠재력을 강조하면서 조선 재정 독립의 가능성을 부각시켰다.[106] 또한 『매일신보』는 1912년 12월 6일 논설을 통해 조세 부담상에서 드러나는 일본 모국인과의 격차를 좁히고 조선 거주자들이 추가로 부담하도록 하기 위해 조선의 조세법을 개정할 것을 역설하였다.[107]

이에 조선총독부는 본국의 이런 재정 사정에 비추어 재정독립계획

---

102) 서정익, 『日本近代經濟史』, 혜안, 2003, 186쪽.
103) 미와 료이치, 권혁기 옮김, 『근대와 현대 일본경제사』, 보고사, 2005, 153쪽.
104) 坂入長太郎, 『明治後期財政史』, 酒井書店, 1988, 397~398쪽; 石井寬治·原郎·武田晴人 編, 『日本經濟史2 産業革命期』, 東京大學出版會, 2000, 87~88쪽.
105) 朝日新聞社, 『日本經濟統計總觀』, 1930, 128쪽.
106) 若規禮次郎, 「朝鮮の財政と帝國の一般財政との關係について」, 『經濟』15, 1910; 安達謙藏, 「朝鮮財政問題と鮮人同化策」, 『經濟』15, 1910〔琴秉洞 편집·해설, 『資料雜誌に見する日本の朝鮮認識』(제4권) 所收, 綠陰書房, 1999〕. 이와 관련하여 文明基, 「대만·조선총독부의 초기 재정 비교연구― '식민제국' 일본의 식민지 통치역량과 관련하여」, 『中國近現代史研究』44, 2009 참조.
107) 『每日申報』, 1912년 12월 6일, '內鮮人의 課稅負擔額'.

을 입안하고자 하였다. 1913년 4월 26일 조선총독은 각 도장관에 대한 훈시에서 다음과 같이 언명하였다.

　아국은 전후 상접하여 두 번의 전역(戰役)을 맞아 국위를 갑자기 선양함에 수반하여 국가의 부하(負荷)도 역시 갑자기 격증함에 비추어 중앙정부는 금일로써 마땅히 긴축조절(緊縮調節)을 계획해야 할 적당한 때〔時機〕라고 인식하여 일반의 행정과 재정의 정리를 수행하는 것으로 결정함에 따라 본부(총독부)에서도 경비절약 및 사업순연(事業順延)을 실행하는 것으로 하며 그 세목은 본년도 실행예산에 둔다. (중략) 지금 일반회계보충금액의 삭감에 대해서는 보통경비의 절약을 행하는 데 그치고 일반사업비에 절약을 가하게 해서는 안 됨은 조선의 개발상 필요한 시설에 지장을 주지 않기 위해서이다. 지금 제반의 사무가 날로 번다로 가는 때에 맞아 오히려 경비의 절약 삭감을 행함은 통심(痛心)이 이르는 바일지라도 대국에 비쳐서는 진실로 하지 않을 수 없다.[108]

일본 본국의 긴축재정정책에 따라 조선총독부도 경비를 절약하고 사업을 순연시켜야 했다. 그러면서도 행정비가 아닌 일반사업비는 조선의 개발에 필요한 시설물 구축에 투여되는 경비여서 절약할 수 없었다. 조선총독부는 1913년 이러한 의도 아래 '재정독립계획(財政獨立計劃)'을 세웠다.[109] 그 요지는 1914년부터 1918년까지 5년간에 걸쳐 본국으로부터의 보충금을 매년 100만 엔씩 줄여가면서 5년 뒤에는 보

---

108) 朝鮮總督府, 『朝鮮統治三年間成績』, '各道長官에 대한 訓示', 1914, 68쪽.

109) 朝鮮總督府, 『朝鮮總督府施政年報』(1914), 85~89쪽. 이에 관해서는 小林忠夫, 앞 책, 209~210쪽; 최태호, 「조선총독부의 재정정책」, 『한국독립운동사연구』 6(인터넷판), 1991, 2쪽; 文明基, 앞 논문, 101쪽 참조.

〈표 8〉 1910년대 補充金 제공 내역

단위: 千 圓

	1911	1912	1913	1914	1915	1916	1917	1918	1919
조선총독부세입(a)	52,284	62,127	63,093	62,048	62,722	68,202	74,903	199,112	125,804
보충금(b)	12,350	12,350	10,000	9,000	8,000	7,000	5,000	3,000	0
비율 (b/a, %)	23.6	19.9	15.8	14.5	12.8	10.3	6.7	1.5	0

출전: 大藏省官房文書課, 「大藏省年報」, 해당연도; 朝鮮總督府 財務局, 「朝鮮金融事項參考書」, 1923, 288쪽;
朝鮮總督府, 「施政二十五年史」, 1935, 62~63쪽
비고: 각각의 금액은 결산액 기준

충금 제도를 폐지하는 한편,[110] 이러한 보충금 삭감분을 지세, 주세, 연초세의 증세와 역둔토 소작료의 인상을 통해 보전하는 것이었다. 이후 이러한 계획(안)에 따라 보충금이 단계적으로 축소되었다. 〈표 8〉은 1911년부터 1920년까지 일본 본국이 제공한 보충금의 내역이다.

〈표 8〉을 통해 알 수 있듯이 1913년에는 보충금으로 10,000,000엔을 제공한 뒤 매년 일정 금액을 체감한 끝에 1919년에는 보충금 제도를 폐지하겠다는 목표를 담고 있다. 이는 단지 보충금 규모의 축소에 그치지 않고 보충금이 조선총독부 재정에서 차지하는 비중의 급격한 저하로 나타났다. 특히 1913년에는 조선총독부 예산이 조금 증가했음에도 보충금의 비중은 급격하게 줄어들었다. 이러한 현상은 일본인 관리의 조선 근무수당으로 지급된 보충금을 본국에서 제공하지 않는 대신 조선총독부 재정으로 충당하겠다는 의지를 보여준다.[111] 나아가 이는 재정독립계획을 실현하려는 일본 본국과 조선총독부의 의도이

110) 朝鮮總督府, 「財政獨立計劃書 大正 3年度 以降獨立計劃施行狀況」(국가기록원 소장, CJA0003910), '歲入不足補塡計劃'.
111) 정태헌, 『일제의 경제정책과 조선사회—조세정책을 중심으로—』, 역사비평사, 1996, 50~52쪽.

기도 하였다.

이에 조선총독부는 임시 세입 증가에 의존하여 수지의 균형을 유지하는 수단을 피하고 늘 지속적이고 안정적인 수입 증가에 의존하려고 하였다. 그것은 경상수입을 증가시키는 방향을 의미했으니 이후 조선총독부는 조세를 증징하거나 관업을 진흥시키는 방향을 취했다. 그중 가장 주된 세원으로 지세, 주세, 연초세, 역둔도세(驛屯賭稅) 등을 설정하여 부족한 재원을 보전하려고 하였다.[112]

우선 1914년 3월 제령으로써 「지세령」, 「시가지세령」과 「연초세령」을 공포하였다.[113] 지세의 경우, 이전에는 1결당 최고와 최저를 각각 8엔과 20전으로 설정하였는데 이후에는 각각 11엔과 2엔으로 인상하였다. 시가지세의 경우, 일반 토지와의 균형을 맞춘다는 구실 아래 중요 시가지에 부과하는데 세율은 시가의 1/1,000이었다. 연초세의 경우, 1910년 이래 새로이 제조세 및 소비세를 부과하였다. 그 밖에 국내세로서는 1915년 12월 「조선광업령(朝鮮鑛業令)」을 개정하고[114] 1916년 3월 「조선등록세령(朝鮮登錄稅令)」을 개정하여 여러 종의 등록세 징수를 통일하여 편익을 도모하고자 하였다.[115] 주세는 재정독립계획에 따라 1916년 7월에 제정된 「주세령」에 근거하여 부과하였다.[116] 이처럼 일제는 신세(新稅)를 제정하고 세율을 올려 재정 세입을 늘리고자 하였다.

---

112) 朝鮮總督府, 『財政獨立計劃書 大正 3년도 以降獨立計劃施行狀況』(국가기록원 소장), '歲入不足補塡計劃'.

113) 『朝鮮總督府官報』 호외, 制令 제1호 「地稅令」; 制令 제2호 「市街地稅令」; 制令 제5호 「煙草稅令」, 1914년 3월 16일.

114) 『朝鮮總督府官報』 1018호, 制令 제1호 「朝鮮鑛業令」, 1915년 12월 24일.

115) 『朝鮮總督府官報』 1088호, 制令 제1호 「朝鮮登錄稅令」, 1916년 3월 23일.

116) 『朝鮮總督府官報』 1193호, 制令 제2호 「酒稅令」, 1916년 7월 25일; 井賢太郎, 「酒稅令の要旨」, 『朝鮮彙報』 1916년 9월호.

또한 관업과 기타 수입을 통해 재정 세입을 증가시키려고 하였다. 그리하여 철도 수입 및 우편전신전화 수입 이외에 1916년도에는 조선삼림특별회계(朝鮮森林特別會計)를 폐지하여 영림창(營林廠) 수입도 조선총독부 예산에 편입시켰다.[117] 그 결과 1911년에서 1919년 사이에 관업 및 관유재산 수입, 기타 수입은 2배가량 증가하였으며 그 금액은 총 재정수입의 24.5%로 조세 수입 다음가는 자리를 차지하였다.[118]

이처럼 일제는 증세와 관업 수입을 통해 산업 개발에 필요한 자금을 확보하고자 하였다. 그 결과 1911년에서 1918년 사이에 세입이 2배 가까이 증가하였다. 이러한 추세는 당시 재정독립 낙관론자들에게 유리한 근거가 되었다.[119] 그리고 이를 산업개발에 투자함으로써 세원을 확대하고 지속적으로 확보할 수 있었다.[120]

그러나 이러한 재원 증가책은 보충금을 대신하여 세입 부족을 충당할 수 있을지언정 이른바 조선의 개발에 필요한 자금을 원만하게 조달할 수는 없었다. 평양광업소, 중앙시험소, 체신비, 철도작업비, 수선비 등에 들어가는 세출의 증가분은 이전과 마찬가지로 모두 중앙재정에서 감당하지만, 지방청, 여러 학교, 권업모범장, 토목비 등에 소요되는 세출의 증가분은 이전과 달리 지방비를 비롯한 지방재정으로 전가하고자 하였다.[121]

---

117) 朝鮮總督府, 『朝鮮總督府施政年報』, 1916, 130~131쪽.
118) 우명동, 앞 논문, 106쪽; 최윤규, 『근현대 조선경제사』, 갈무지, 1988, 252쪽.
119) 鈴木 穆, 「朝鮮獨立財政の完成」, 『朝鮮公論』17, 1919.
120) 友邦協會, 『總督府時代の財政』, 1974, 214쪽.
121) 이에 관해서 조선총독부는 명시적으로 밝히고 있지 않지만 10개년 계획과 당시 각 년도 예산편성 내역을 통해 해당 비목의 세출예산의 비중이 낮아지고 있는 데서 확인할 수 있다. 朝鮮總督府, 『財政獨立計劃書 大正 3年度 以降獨立計劃施行狀況』(국가기록원 소장), '財政獨立計劃의 年度 豫算 狀況';『朝鮮總督府統計年報』각 년도 세출예산; 朝鮮總督府 財務局, 『朝鮮金融事項參考書』, 1923, 276~278쪽.

한편, 이러한 증세 정책은 지방통치의 안정화 정책과 충돌할 여지가 컸다. 조선 경제의 수준에 부합하지 않을뿐더러 한국인은 물론 재조선 일본인의 조세 저항도 만만치 않았기 때문이다.[122] 이는 지방통치체제 동요로 이어질 사안이었다. 이에 일제는 세출의 증가를 억제하면서도 일제의 통치에 적합한 지방제도를 만들고자 하였다. 지방제도의 개편 시도가 그것이다.

우선 일제는 지방행정경비를 절약하기 위해 재차 지방행정구역을 통폐합하고자 하였다.[123] 이러한 계획은 1910년 이전부터 추진해왔지만 지역 사회 주도층들의 반발과 의병의 활동으로 미루어온 사안으로서,[124] 지방행정비의 절감에 대한 필요성이 제기된 가운데 토지조사사업 과정에서 작성된 과세지견취도 등을 활용할 수 있었기 때문이었다.[125] 즉 과세지견취도에는 각 필지별로 소유자, 지목, 면적 등을 조

---

122) 牧山耕藏, 「朝鮮財政の獨立と增稅」, 『朝鮮公論』 2-3, 1914; 大村友之丞, 「負擔力の有無と增稅反對の理由」, 『朝鮮公論』 2-3, 1914; 一記者, 「朝鮮增稅防止運動の經過」, 『朝鮮公論』 2-3, 1914.

123) 朝鮮總督府, 『朝鮮總督府施政年報』(1914), 18~19쪽; 朝鮮總督府, 『朝鮮統治三年間成績』, 1914, 7쪽.
그러나 이러한 통폐합 조치의 목표는 단지 행정비의 절감에만 있지 않았다. 일제 스스로가 '시정상의 편의'를 강조하고 있듯이 이러한 행정구역 통폐합 조치는 기존의 자치적 지역운영구조를 해체시킴으로써 일제의 통치에 적합한 지역구조를 만들기 위한 노력으로 이해할 수 있다. 이에 관해서는 김익한, 「일제의 면 지배와 농촌사회구조의 변화」, 『일제 식민지 시기의 통치체제 형성』(김동노 편), 2006, 76~81쪽 참조.

124) 물론 이러한 노력은 1910년 이전부터 진행되었다. 우선 1908년 관찰도 이전과 군의 廢置分合에 착수하였다. 이어서 1909년 6월 행정구역과 명칭 정리 수속을 통일시키고자 하였다. 그러나 지역 사회 주도층의 반발과 의병운동을 비롯한 정국의 변동으로 인해 이를 연기하고 各郡을 廢合하지 않기로 결정하였다. 그러나 내부적으로는 조사 사업을 벌이고 검토에 들어갔으며 다시 강점을 앞두고 본격적으로 추진하였다. 이에 관해서는 박성연, 앞 논문, 39쪽 참조.

125) 당시 이 작업에 참여한 林茂樹의 경우, 土地調査事業이 완료되지 않은 시점이었

사 기록했을뿐더러 전체 동리의 형상 및 지물(地物)을 표기하고 있어 행정구역 개편에 매우 긴요한 참고자료였다.[126] 이에 조선총독은 1913년 1월 각 도 내무부장회의에서 지방행정구역 개편을 지시하면서 지방행정구역의 통폐합의 배경과 필요성을 다음과 같이 열거하였다.[127]

군이든 면이든 구역의 면적과 호구의 편차가 매우 심하였다는 점이다. 군 면적의 경우, 최대 500만 평방리가 있는가 하면 최소 3만 평방리가 있기도 하였다. 호구의 경우도 사정은 마찬가지여서 최대의 경우 28,000여 호인 데 반해 최소의 경우 1,300여 호였다. 이는 지세적부(地勢適否)와 교통의 편부 등의 요인에서 비롯되었다기보다는 재지세력의 정치적 영향력에서 빚어진 문제였다. 특히 타 군 지역에 월경(越境)한 경우도 만만치 않았다. 그리하여 일제는 부군(府郡)의 대소를 완화하고 경계의 정리를 도모하여 행정상 불편을 교정하는 한편 주민의 편익을 증진케 한다는 명분 아래 1911년 가을부터 지방행정구역 조사에 착수한 뒤 1914년 3월에 시행하기로 하였다.

아울러 지방행정구역 통폐합의 기준을 제시하였다. 군의 경우, 면적 약 40만 평방리와 인구 1만 명 정도로 하여 그 이하의 것은 인접 군에 병합시켰다. 면의 경우, 대체 호수 800호, 면적 약 4방리(方里)를 표준으로 삼아 그것을 초과하는 구역은 옛것에 따라 존속시키고 이 표준에 도달하지 못하는 구역은 다른 곳에 병합하였다. 그 결과 부군

지만 헌병의 實地踏査圖와 세무관리의 見取圖를 중심으로 이 작업을 수행하였음을 밝히고 있다. 「大正二年府郡廢合事情の追憶」, 『朝鮮』 1931년 1월호, 34~35쪽.
126) 朝鮮總督府, 『課稅地見取圖調製經過報告』, 27~29쪽. 이와 관련하여 최원규, 「일제초기 창원군 과세지견취도의 내용과 성격」, 『한국민족문화』 40, 2011, 313쪽 참조.
127) 朝鮮總督府, 『朝鮮總督府施政年報』(1914), 18~19쪽; 朝鮮總督府 土地調査局, 『土地調査例規』 3, 283~284쪽. 이와 관련하여 金翼漢, 「植民地期朝鮮における地方支配體制の構築過程の農村社會變動」, 東京大學 大學院 博士學位論文, 1996, 62~67쪽 참조.

〈표 9〉 1910년대 전반 地方行政區域 개편 현황

	道	府	島	郡	(邑)面	町洞里
1912	13	12	-	317	4,341	61,473
1913	13	12	-	-	4,337	-
1914	13	12	2	220	2,522	58,467
1915	13	12	2	218	2,519	44,648
1916	13	12	2	218	2,517	28,383

출전: 朝鮮總督府, 「朝鮮總督府施政年報」, 해당연도

의 폐합은 1914년 3월 1일부터 실시하고 면의 폐합은 동년 4월 1일부터 도장관으로 하여금 시행케 하였다. 이러한 조치는 결국 지방행정비의 절감을 끌어내는 동시에 각 군·면마다의 지세(地勢)와 호구 규모의 차이에 따른 불균형을 시정한다는 의미를 지녔다.

그 결과 〈표 9〉와 같이 지방제도가 개편되었다. 이는 지방행정제도 개편의 추이를 보여준다.

군의 경우, 317군 중 97군이 통폐합되어 220군으로 줄어들었고, 면의 경우 4,341면 중 1,800면이 통폐합되어 2,522면으로 줄어들었다. 또한 동리는 44,648개에서 28,383개로 감축되었다. 다만 부는 시가지세령 시행 지역과 일치시키기 위해 그 구역을 감축하였을지라도 그 수는 종전과 같이 12부이며 명칭과 위치도 변경하는 바가 없다.

지방행정구역의 개편은 이처럼 「부제」보다는 군과 면의 행정비를 감축시키겠다는 의도에서 시작되었음을 확인할 수 있다. 물론 군청 또는 면사무소의 위치에 관해 다소 불평을 호소하는 자도 있었다.[128] 하지만 군과 면 공히 명칭과 위치를 다수 변경시켰음에도 불구하고

---

128) 『每日申報』, 1913년 1월 18일, '府郡廢合과 民心'; 『每日申報』, 1913년 1월 21일, '府郡廢合과 民情'.

〈표 10〉 1910년대 地方廳 경비의 추이

단위: 千 圓

각급 기관 \ 연도		1911	1912	1913	1914	1915	1916	1917	1918	1919
지방청 (a)	도	1,293	1,488	1,507	1,557	1,571	1,583	1,637		
	부	231	246	252	302	286	300	306		
	군	2,709	2,486	2,545	2,256	2,309	2,391	2,340		
	합계	4,233	4,220	4,305	4,116	4,166	4,274	4,282	4,979	5,713
조선총독부(b)		48,747	52,892	57,990	59,413	62,131	59,849	62,642	64,498	77,561
비율(a/b, %)		8.7	8.0	7.4	6.9	6.8	7.1	6.9	7.7	7.4

출전: 朝鮮總督府, 『朝鮮總督府統計年報』, 해당연도

일제는 부군면 폐합에 대한 민심의 동향은 대체로 양호하고 적절한 조치로 인지되었다고 판단하였다.[129] 그 결과 일제의 의도대로 지방행정비가 대폭 감축되었다. 〈표 10〉은 지방청비의 예산액과 그 비중을 보여준다.

우선 1913년 지방청비가 4,304,000여 엔에서 1914년에는 4,116,000엔으로 감소하였는데 그 차액이 188,000여 엔이었다. 그것은 군의 경비가 도 및 부와 달리 감소한 데서 비롯되었다. 그리하여 당시 일제의 시정연보에 따르면 군의 경우, 이 기간에 171,773엔을 절감하였다.[130] 따라서 당시 지방청비의 대다수 감액분은 군 통합에 따른 경비의 감소에서 비롯되었음을 확인할 수 있다. 특히 일제가 내무부 안에서 이미 구상한 방향대로 군의 위상을 약화시키는 반면에 도와 부, 면 위주의 행정체계로 개편하고자 하였기 때문이다. 아울러 이 과정에서 일제의 지방통치에 비협조적인 군수들을 무능하고 부적격하다는 이

---

129) 朝鮮總督府, 『朝鮮總督府施政年報』(1913), 18~19쪽.

130) 朝鮮總督府, 『朝鮮總督府施政年報』(1914), 30쪽. 이와 관련하여 최재성, 「식민지 조선과 『매일신보』」, 『식민지 조선과 매일신보』(수요역사연구회 편), 신서원, 60쪽.

유로 해당 자리에서 축출하였다.[131]

한편, 면이 거의 반으로 줄어드는 가운데 통감통치 시기부터 재직해오던 면장 중 97%가량이 탈락되었다.[132] 이는 조선총독부가 '덕망, 자산, 세력'을 기준으로 삼아 새로운 자격을 갖춘 면장을 확보했기 때문이다.[133] 그리하여 일제는 신분상, 경제상으로 열악하였던 종래 면장을 거의 몰아내고 그 자리에 전직 관료, 면내에서 세력 있는 자를 임명함으로써 면장을 매개로 조선 농촌을 장악할 수 있는 기틀을 마련하였다.[134]

또한 1913년 3월 면의 통폐합을 앞두고 면의 자력(資力)이 증가하고 내년도 지세 증가를 감안하여 과율을 낮추는 한편[135] 1914년 5월 28일 조선총독부가 제정한「면처무규정(面處務規程)」을 반포하였다.[136] 여기에 수록되어 있는 문서의 취급 규정은 면 경비를 비롯하여 인사, 권업, 교육, 토목, 위생, 통계 등 면 업무 전반에 걸쳐 있다. 이러한 규정은 면 행정이 중앙 상급 기관의 업무를 위임받아 업무를 처리하였음을 보여준다. 나아가 면 행정이 중앙집권적 통치체제에 완전하게 편입되었음을 보여준다.

한편, 일제는 면의 기본재산을 증대시키기 위해 동리유재산을 면유재산으로 전환하는 데 힘을 기울였다. 그것은 부과금의 대부분이 국비나 지방비의 세금에 부가되어 상급재정 주체와의 재원 충돌 및 면

---

131) 홍순권,「일제시기의 지방통치와 조선인 관리에 관한 일고찰」,『國史館論叢』64, 1995.

132) 염인호, 앞 논문, 16쪽.

133) 吉村 傳,『面行政指針』, 1916, 14~15쪽.

134) 염인호, 앞 논문, 18쪽; 홍순권, 앞 책, 310~314쪽.

135)『朝鮮總督府官報』호외,「面經費負擔方法改正에 관한 件」, 1914년 3월 16일.

136)『朝鮮總督府官報』545호,「面處務規程」, 1914년 5월 28일.

민의 부담 가중을 초래하는 반면 면유 기본재산은 이런 부작용을 피할 수 있는 재원이기 때문이다.[137]

면유재산 확보의 방향은 크게 두 가지이다. 하나는 면 경비에서 일부를 떼어내어 조성하는 방법이다.[138] 또 하나는 동리유 혹은 계 등의 단체 소유의 재산을 면으로 강제 편입시키는 방법이다. 이 중 후자가 주된 방법이었다. 그리하여 면유재산은 1917년을 기점으로 해서 비약적으로 증가하였다.[139] 우선 동과 리의 하부 단위라 할 이른바 소부락 재산의 경우, 증명을 받을 수 없다는 근거를 들어 면 또는 동리유재산으로 편입 정리하고자 하였다.[140] 이어서 행정구역의 통폐합이 완료된 이후인 1914년 5월에는 내무부장관이 각 도장관에게 통첩을 보내 면동리 폐합 시 발생하는 구 면동리유지(面洞里有地)를 새로이 관리할 면의 소유로 전환할 것을 지시하였다.[141] 그 결과 동리유재산의 규모는 정체되거나 감소한 반면 면유재산은 증가하였다. 면유재산의 경우, 1913년 15,780엔에서 1916년 26,108엔으로 증가한 데 반해 동리유재산은 92,019엔에서 단지 105,791엔으로 증가하는 데 그쳤다.[142] 이는 무엇보다 1914년 이래 일제가 60,000여 개의 동리를 꾸준히 통

---

137) 조선총독부는 各道, 郡, 島의 담당 지방관리에게 이러한 재원 충돌이나 면민의 부담 가중을 피하는 방법으로 면유 재산 확보에 진력할 것을 강조하였다(朝鮮總督府, 『朝鮮總督府道郡島書記官講習會講演集』, 1914, 39쪽).

138) 염인호, 앞 논문, 22쪽.

139) 朝鮮總督府, 『面經費に關する調査書』, 1912~1928. 이와 관련하여 염인호, 앞 논문, 22쪽 참조.

140) 『朝鮮總督府官報』 235호, 官通牒 제142호 '部落有財産整理에 關한 件', 1913년 5월 15일.

141) 帝國地方行政學會, 『地方行政例規』, '各道長官 앞 內務部長官, 面洞里 廢合의 경우 舊 面洞里有地 整理에 관한 件'(1914년 5월 地1 제612호), 518~519쪽.

142) 『朝鮮總督府官報』 1405호, 1406호, '面洞里有財産調', 1916년 4월 13일, 4월 14일; 『每日申報』, 1917년 4월 13일.

폐합하여 28,000여 개로 감축하는 가운데 동리유재산을 1914년 내무부 통첩대로 면유재산으로 전환시킨 결과였다. 이는 결국 동리유재산을 기반으로 운영하던 한국인들의 상호부조적 마을 질서를 약화시키는 한편 면 위주의 하부지방통치기구를 강화하여 중앙집권적 통치구조를 구축하고자 하는 일제의 시도에 일조했음을 보여준다.[143]

그리하여 면의 경우, 이후 면 통폐합을 시행하여 그 구역을 정리할 것을 계획하였다.[144] 또한 면리원을 훈련시켜 집무의 방법을 계도하였다. 그런가 하면 면 경비를 절약하여 후일의 용도에 대비하였다. 이는 후일 「면제」 시행을 염두에 둔 준비였다. 아울러 「부제」 시행에도 관심을 기울이기 시작하였다.

일제가 면 폐합에 노력한 결과 그들의 의도대로 경비 절감의 효과를 가져왔다. 우선 〈표 11〉은 세입 면에서 거둔 효과를 보여준다.

세입의 경우, 1913년과 1914년을 비교하면 각각 3,195,786엔과 2,859,289엔으로 33만 여 엔이 줄어들었다. 그런데 부과 외 수입인 국세와 지방비징수교부금, 전년도 이월금, 재산수입, 잡수입은 오히려 증가하였음을 감안한다면 면민이 직접 부담하는 부과금은 훨씬 더 감소하였는데 그 감소액은 무려 55만 엔에 이른다. 이는 면민 주민들의 호당 면비 부담액이 낮아졌음을 보여준다. 즉 지세 증가에도 불구하고 지세할과 호별세가 각각 줄어들어 인민의 부담이 평균 1호당 21전이 감소했다. 이는 20% 이상 줄어든 것이다.

다음 〈표 12〉는 세출 면에서 거둔 효과를 보여준다.

면 전체의 세출이 1913년에는 3,187,194엔인 데 반해 1914년에는 2,859,286엔으로 줄어들었다. 1915년에도 이러한 추세는 지속되었다.

---

143) 최원규, 앞 논문, 286~287쪽.
144) 宇佐美勝夫, 앞 글.

<표 11> 1910년대 전반 面 歲入 내역

歲　入	1912 圓	1913 圓	1914 圓	1915 圓
賦課金				
戶別割	1,020,110	749,671	682,765	678,426
地稅割	1,178,391	2,133,101	1,633,289	1,557,773
反別割		6,918	6,601	7,209
家屋稅割	16,146			
現品賦課	101,872	6,956	9,178	6,047
計	2,316,519	2,896,646	2,331,833	2,249,455
財産收入	7,528	23,238	21,698	21,832
使用料				
手數料				
交附金	180,882	191,712	258,222	272,422
雜收入	30,482	3,621	51,722	38,970
前年度繰越今	20,927	71,728	189,554	257,306
補助金				
寄附金		8,841	6,260	16,170
過年度收入				
財産繰入				
借入金				
電氣收入				
合　計	2,556,338	3,195,786	2,859,289	2,856,155

출전: 朝鮮總督府, 『面經費に關する調査書』, 1912~1914

이는 동리장의 사무를 면에 집중하여 가능한 한 동리면장에게 지급해
야 할 수당을 감축했기 때문이다.[145] 1915년 현재 감축액이 121,000
엔에 이른다. 반면 면의 총수가 줄어들었기 때문에 면당 평균 경비는

---

145) 朝鮮總督府, 『朝鮮總督府施政年報』(1915), 46~48쪽.

<표 12> 1910년대 전반 面 歲出 내역

단위: 圓

항목	1912	1913	1914	1915
세출금 합계	2,522,521	3,187,194	2,859,286	2,856,155
수당 및 봉급 계	–	–	2,071,246	2,101,333
면장급(수당)	434,149	472,491	351,734	353,684
공전령수원급(수당)	184,648	–	–	–
면이원급료	–	1,574,292	–	–
용인급료	–	437,318	–	–
여비	–	50,960	–	–
면서기급(수당)	283,064	–	–	–
동리장급(수당)	690,385	–	–	–
면주인급(수당)	197,942	–	–	–
면하인급(수당)	164,076	–	–	–
리소사급(수당)	12,186	–	–	–
회계원봉급	–	–	28,604	24,126
면서기봉급	–	–	499,774	617,334
동리장봉급	–	–	793,059	671,814
잡급	–	–	398,075	434,375
수당 외 세출 계	–	–	–	754,822
면사무소비(수용비)	466,613	355,630	–	–
면사무소 건축비(건물비)	8,131	97,981	–	–
과세지 견취도작제비	60,580	59,792	–	–
임시비(잡비)	10,899	2,964	–	–
예비비	9,848	135,763	266,082	204,031
사무소비	–	–	493,048	534,321
잡지출	–	–	28,910	16,470
1면 평균	581	735	1.135	1,133.00

출전: 朝鮮總督府, 『面經費に關する調査書』, 1912~1914

<표 13> **最高面과 最低面의 주요 面稅 負擔 內譯**

단위: 圓

年度	賦課戶數	戶別割			地稅割			
		最高面	最低面	平均	本稅額	最高面	最低面	平均
	戶	厘	厘	厘	圓	厘	厘	厘
1912	—	6,000	13	425	—	—	—	—
1913	2,680,496	1,400	20	312	6,674,313	1,575	85	318
1914	2,756,533	750	30	247	9,699,579	463	50	168
1915	2,817,045	720	40	240	9,969,581	400	10	159
1916	2,871,118	700	30	233	9,776,692	400	20	160

출전: 朝鮮總督府, 『面經費に關する調査書』, 1912~1914

735엔에서 1,135엔으로 증가하였다. 이는 면의 자력이 풍부해져 면 운영 체제의 개선에 이바지하리라 판단하였기 때문이다.[146]

한편, 면 사이의 편차도 많이 줄어들었다. 〈표 13〉은 이를 잘 말해 준다.

최고 면과 최저 면의 차이가 1910년대 전반에는 두드러졌지만 후반으로 갈수록 차이가 줄어들고 있음을 볼 수 있다. 이는 면세(面勢)가 점차 균질화되고 있음을 말해준다.

이러한 추세는 그대로 이어져 1916년 면비 총액이 1915년의 그것에 비해 38,000엔이나 감소하였다. 그리고 1호당 부담액도 75전으로 떨어졌다.[147] 반면 일제의 꾸준한 노력으로 면유재산은 오히려 증가하였다. 그리고 면서기의 증원으로 말미암아 급여액 등이 증가했을지라도 부락유재산의 편입과 동리장 등에 지급되는 각종 경비의 절약으로 인해 면 경비가 절감되었다.

그리하여 이러한 여건의 성숙에 힘입어 1917년 6월 제령으로써 「면

---

146) 朝鮮總督府, 「面廢合の面經費にする影響」, 『朝鮮彙報』 1915년 3월호.
147) 朝鮮總督府, 『朝鮮總督府施政年報』(1916), 363~364쪽.

제」를, 부령(府令)으로써 「면제시행규칙」을 제정 발포하였다.[148] 1917년 10월 1일부터 시행하여 지방통치의 근간으로 삼으려고 하였다.

그 결과 면은 종래 사무 행정에서 벗어나 도로, 교량, 도선, 하천, 제방, 관개, 배수, 시장, 조림, 농사, 양잠, 축산, 기타 산업의 개량 보급, 해조충(害鳥蟲) 구제, 묘지 화장, 도장(屠場), 상수·하수, 전염병 예방, 오물의 처치, 소방, 수방 시설 등등의 사회간접자본시설에 자금의 대다수를 투자할 수 있는 근거를 법령상에서 확보할 수 있게 되었다. 이는 국고에서 지원해야 할 자금을 면비에 전가함을 의미한다. 물론 면민의 갑작스러운 조세 부담 증가를 완화하기 위해 부과금보다는 면유재산 추가 확보에 힘을 기울였다. 그 결과 면은 종래와 같이 지세할, 시가지세할(市街地稅割) 및 호별할 등의 면 부과금을 부과하는 외에도 총독의 인가를 거쳐 특별부과금을 징수할 수 있는 권한을 부여받았다. 물론 면 단위 사업이 면 재정으로 귀결되면서 각종의 조합비 또는 협의비 등과 같은 경비는 대폭 절감되었고 면민의 부담이 줄어들 수 있었다. 그러나 이러한 조치는 한국인 면민 스스로가 면 단위 사업을 운영하면서 확보한 자율성을 제약하는 동시에 재원을 면에 집중시키겠다는 의도를 보여준다고 하겠다.

일제는 이처럼 군·면 단위에서의 통폐합을 통해 지방경비를 줄이는 한편 여기서 발생하는 절감 비용을 이전 시기와 마찬가지로 사회간접자본시설에 투입하였다. 아울러 면 행정 기능의 분화 역시 이러한 업무의 위탁과 밀접하였다.

---

148) 『朝鮮總督府官報』 제1454호, 制令 제1호 「面制」; 府令 제34호, 「面制施行規則」.

2)「부제」의 시행과 부 재정의 운영

조선총독부는 1913년 이전부터 지방행정의 일원화를 내무부 계획안에 입각하여 강력하게 추진하였다. 이때 내세운 명분이 한국인과 일본인의 융화, 일본인 자치회의 분쟁 해소, 외국인 거류지 해체를 통한 주권 행사 등이었다. 이 중 '조선인과 일본인의 융화'는 궁극적으로 한국인을 철저하게 동화시킴을 뜻한다.[149] 다음 조선총독부는 일본인 자치회 내부의 분쟁을 빌미로 이들 단체에 대한 통제를 하고자 하였다. 특히 주권 행사의 경우, 신동공사(紳董公司)의 실권을 구미인이 장악하고 있었던 인천부에서 볼 수 있듯이 외국인 거류지에서 주권 행사가 어려웠기 때문에 이러한 거류지를 조속히 폐지하고자 하였다.[150] 나아가 이러한 방침은 「부제」에만 한정하여 추진할 수는 없었다. 여기에는 군의 행정구역, 면의 행정구역도 동시에 포함되었다.[151]

그러나 일제는 일본인의 척식 활동 거점을 법제적으로 확보하기 위해 무엇보다 「부제」를 실시하고자 하였다. 특히 거류지 지역은 기존의 군면과 달리 행정구역 개편의 필요성이 높지 않아 「부제」를 손쉽게 설정할 수 있는 여건이 조성되어 있었다.

이에 일제가 가장 먼저 제정하려 했던 지방행정제도는 「부제」였다. 기본 방향은 크게 두 가지였다. 하나는 행정구역의 개편이었고 또 하나는 부 재정의 확보였다.

---

149) 1913년 11월 「부제」 발표 직후 『每日申報』는 사설 '府制令發布'에서 일본인 거류지를 폐지하지 않고는 韓日人의 同化를 이룰 수 없음을 역설하였다(『每日申報』, 1913년 11월 4일).

150) 신동공사에 관해서는 민윤, 「開港期 仁川 租界地 社會의 葛藤과 社會問題」, 서강대학교 석사학위 논문, 2009 참조.

151) 조선총독부, 『朝鮮總督府施政年報』(1914), 18~19쪽.

우선 군면과 달리 새로 행정구역을 설정하기보다는 일본인 거류지를 중심으로 획정하였다. 이는 「부제」가 지방행정구역 개편과 매우 밀접한 토지조사사업의 추진 일정에 크게 영향을 받지 않음을 의미한다. 더욱이 개항장마다 일본 거류민단이라는 법인이 설립되어 있었기 때문에[152] 「부제」 실시에 이를 적극적으로 활용할 수 있었다. 물론 「부제」의 실시는 일본인 거류 구역을 대상으로 하기 때문에 자연스럽게 일본인의 활동을 지원할뿐더러 통제하기도 하였다.

또 하나는 부 재정의 확보 문제였다. 자치권 회수에 대한 재조선 일본인들의 반발이 적지 않았기 때문이다. 일본인 거류민단은 「부제」 실시로 조세 부담이 증가할 것이라고 우려하였다.[153] 그래서 일본인 거류민단은 1913년에 들어와 다음과 같이 요구하였다.

현유 민단재산은 가능한 한 많이 후계 학교조합으로 옮긴다.

부에 양도하는 물건에 대해서 부로부터 어느 정도의 보상을 얻고 그것을 학교조합의 기본재산에 첨가한다.

민단채(民團債)는 국가가 그것을 인수한다.[154]

---

152) 재조선 일본인들의 자치기구 법인화운동에 따라 1905년 3월 제21회 제국의회에서 거류민단법이 가결되고 1906년 7월 거류민단법 시행규칙이 공포됨으로써 거류민단이 설립된 터였다. 그리하여 거류민 자치기구는 거류민단이 됨으로써 재정적 기반을 확보할 수 있게 되었다. 이에 관해서는 山中麻衣, 「서울 거주 日本人 自治機構 研究(1885~1914)」, 가톨릭대학교 대학원 석사학위 논문, 2001, 23~26쪽; 박양신, 「통감정치와 재한 일본인」, 『역사교육』 90, 2004, 171~176쪽; 방광석, 「한국병합 전후 서울의 '재한일본인' 사회와 식민권력」, 『역사와 담론』 56, 2010, 186쪽 참조.

153) 거류민단 일각에서는 거류지가 폐지되면서 종전에 부담하지 않았던 국세인 지세와 가옥세를 새로이 부담한다는 사실에 불만을 품었다. 그러나 일제의 강점으로 일본인 거류지가 폐지되는 이상 이러한 불만은 매우 편파적인 인식의 산물이라 하겠다. 사안의 핵심은 조세 부담의 여부가 아니라 조세 부담의 공정성 여부이다.

이는 가능한 한 거류민단의 자산을 자율적으로 운영할 수 있는 학교조합에 넘김으로써 일본인 자녀 교육의 여건을 개선하는 한편, 거류민단의 부채를 부가 승계함으로써 일본인 자신들의 부채 부담을 청산하겠다는 의도를 담고 있다.

이에 조선총독부는 이런 요구를 적극적으로 수용하였다. 그것은 이미 내무부 지방제도 개정안에서 제시하고 있듯이 일본인의 부담을 줄이는 방향에서 「부제」를 실시하겠다는 의도를 처음부터 가지고 있었기 때문이다. 아울러 1912년 후반기에는 「부제」를 거류민단 구역에 한정시킨 가운데 부에서 빠져나가 군에 분속되는 나머지 지역의 행정 경비를 면밀하게 산정하였다.[155] 그에 따르면 민단의 폐지에 수반하여 부 경비가 증액될뿐더러 군 경비 역시 증액될 것임을 추정하였다.[156] 부와 군의 추가 경비는 각각 46,953엔, 75,455엔이었다. 이때 부에 편입되지 못하는 잔여 구역은 인근 군에 병합시켰다. 이는 청사의 차가료(借家料), 수선비와 군수, 군서기의 증치를 요하는 비용을 절약하고자 하였기 때문이다. 나아가 거류민단의 요구 사항을 적극 고려하여 내무부안과 달리[157] 부를 거류민단 거주 구역으로 한정하되 한국인들에게도 부세를 부담하게 하도록 하였다.

그 밖에 교육재산 외에도 민단의 일부 재산도 학교조합으로 넘기기도 하였다. 경성부의 경우, 신정(新町), 길야정(吉野町)의 대지(大地),

---

154) 仁川府, 『仁川府史』, 1933, 632~633쪽.

155) 朝鮮總督府, 『府制案關係書類』(국가기록원 소장, CJA0002541), 1912, '府制施行을 위한 現府의 殘地域을 분석시키는 郡及併合郡의 面積戶口表'.

156) 위와 같음.

157) 내무부 계획안에 따르면 조선인은 부세를 부담하지 않는 대신 자치권을 부여하지 않으려고 하였다. 그런데 이후 「부제」에는 부세는 부담하면서도 제한된 선거권을 주고자 하였다.

연(烟), 택지(宅地) 등의 재산이 학교조합으로 인계되었다.[158] 이는 일제가 1910년 강점 이전부터 견지해온 원칙이었다. 다만 일본인 거류민단의 자치권을 약화시킬 필요가 있어 거류민단의 부담을 덜어주는 대신 부회(府會)를 막았던 것이다. 거류민 역시 자치권이 약화되는 것에 대해 반발하면서도 거류민단의 재정 상황이 호전되기 때문에 조선총독부의 「부제」안(府制案)을 받아들였다. 일제는 재조선 일본인들을 척식 정책의 첨병으로 삼는 가운데 감독과 지원을 병행하였으며 재조선 일본인도 이러한 정책을 수용한 셈이다.

그리하여 1913년 10월 30일자 제령 7호로써 「부제」를 공포하였다.[159] 부 재정과 관련된 조항은 다음과 같다.

> 제1조 부는 법인으로 한다. 관의 감독을 받아 그 공공사무와 법령에 따라 부에 속한 사무를 처리한다.
>
> 제17조 수익을 행하는 부의 재산은 기본재산으로 삼아 이를 유지한다. 부는 특정한 목적 때문에 특별한 기본재산을 두거나 금곡(金穀) 등을 적립할 수 있다.
>
> 제18조 부는 영조물의 사용에 대하여 사용료를 징수할 수 있다. 부는 특히 일개인을 위하여 하는 사무에 대하여는 수수료를 징수할 수 있다.
>
> 제19조 부는 그 공익상 필요가 있는 경우에 기부 또는 보조할 수 있다.
>
> 제20조 부는 그 필요한 비용과 법령에 따라 부의 부담에 속한 비용을 지판할 의무를 진다.
>
> 부는 그 재산으로부터 발생하는 수입, 사용료, 수수료, 기타 부

---

158) 京城府, 『京城府史』 2, 1934, 958~959쪽.
159) 『朝鮮總督府官報』 號外, 制令 제7호 「府制」, 1913년 10월 30일.

에 속한 수입으로 전항의 지출에 충당하고 이에 부족이 있을 때
는 부세(府稅)와 부역현품(夫役現品)을 부과 징수할 수 있다.

제27조 부는 그 부채를 상환하기 위하여 부의 영구의 이익이 될 만한
지출을 하거나 또는 천재사변 때문에 필요가 있는 경우에만 한
하여 부채를 기(起)할 수 있다.

부는 예산 내의 지출을 하기 위하여 일시 차입금을 행할 수 있
다. 전항의 차입금은 그 회계연도 내의 수입으로 상환함이 가
하다.

제30조 부는 특별회계를 둘 수 있다.

제34조 거류민단, 각국거류지회 및 한성위생회에 관한 법령은 이를 폐
지한다.

제35조 거류민단의 사무 및 권리의무로 교육에 관한 것은 학교조합이
이를 승계하고 기타는 부가 이를 승계한다. 각국거류회의 사무
와 권리의무는 성진각국거류지회를 제하고 부가 이를 승계한다.
<u>단 각국거류지회 내에 있는 외국인 묘지 및 인천각국거류지회의</u>
<u>적립금은 이 한도에 있지 않다.</u>[160]

한성위생회의 사무와 권리의무는 경성부가 이를 승계한다.

전 4항에 규정한 것 외에 재산 및 부채의 처분을 요하는 때는
도장관은 조선총독의 허가를 받아 그 처분 방법을 정한다.

우선 부가 중앙의 감독을 받는다는 단서를 달고 있음에도 부세를
비롯한 각종 부과금을 징수하여 세입을 확보하며 사업 경영에 필요

---

160) 밑줄 친 구절은 1913년 10월 30일 「부제」 공포 이후 시행하기 전에 새로 추가된 규
정이다. 이 기간에 조선총독부와 거류민단 사이에 이 조항을 둘러싸고 논란이 빚
어지자 새롭게 들어간 규정으로 보인다.

한 경비를 세입으로 지출할 수 있는 법인임을 분명하게 규정하고 있다. 특히 부는 기채(起債)하거나 차입할 수 있는 권리를 부여받았다. 이처럼 부의 경비는 재산 수입, 사용료, 수수료 등으로써 지변함을 원칙으로 삼았다고 하더라도 실제로는 이러한 금액이 초기에는 매우 미미하기 때문에 부의 재정은 대부분 부세와 부역 현품 등에 의존하였다.

그러나 부가 이처럼 법인화하는 과정에서 기존의 일본 거류민단이 빌렸던 부채는 재정 부담으로 돌아왔다. 즉 1914년 4월 현재 거류민단이 상환해야 할 부채 원리금 4,907,234엔 중 아직 상환하지 못한 금액이 3,093,808엔으로 전체 부채의 63%를 차지하고 있었다.[161] 이 중 부가 승계한 부채는 전체 부채의 85.6%에 해당하는 2,677,156엔이었다.[162] 그리하여 이 금액은 부가 번제할 부채 원리금 전체의 30%를 넘을 정도로 부 재정에 압박을 가했다. 「부제」 시행 직후인 1915년 부 세출예산에서 최다액을 차지하는 비목은 부채 상환비였다.[163] 이는 일본인 거류민단이 부담해야 할 부채를 부에 전가함으로써 야기된 비용이었다.

그런데 이러한 부채는 대부분 수도공사비를 비롯한 일본인 거주민의 도시편의시설을 설비하는 데 지출되었다. 〈표 14〉는 1921년 3월 31일 현재 부에서 갚지 못하고 남아 있는 부채의 현황으로 대부분 일본인 거주민들의 도시편의시설에 지출되었음을 보여준다.

기채 목적 중 가장 높은 비중을 차지하는 부채는 수도 시설 설비

---

161) 朝鮮總督府, 『朝鮮總督府施政年報』(1914), 44~45쪽. 1921년 3월 31일 현재에도 부에서 상환해야 할 부채는 464,525엔 25전이었다(朝鮮總督府, 『府財政狀況要覽』, 1921, 16~17쪽).

162) 朝鮮總督府, 『朝鮮總督府施政年報』(1914), 27쪽.

163) 朝鮮總督府, 『朝鮮總督府施政年報』(1915), 38쪽.

<표 14> 府에서 승계한 居留民團 負債

단위: 圓

府	起債目的	償還年次	利子率	未償還
京城	舊債整理	1922	연7푼	20,015,280
仁川	舊債整理	1926	연7푼	74,123,999
群山	水道敷設費	1929	연7푼	94,718,730
木浦	水道工事費	1930	무이자	30,000,000
木浦	水道擴張工事費	1930	연7푼	90,752,510
元山	病院新築, 屠場新築, 小學校設備	1930	연7푼	5,893,441
元山	水道敷設費	1930	연7푼	149,021,290
				464,525,250
	전체 부채액(1921.3.31)			1,461,058,94
	거류민단에서 넘어온 부채 비율			31,80%

출전: 朝鮮總督府, 「府財政狀況要覽」, 1921, 16〜17쪽

와 관련된 경비이다. 군산부의 경우, 수도 시설 부설공사는 일본인 거류민단이 계획한 사업으로 1912년 6월에 기공하고 1915년 3월에 준공되었는데 이 중 부비(府費)에서 지급된 131,900여 엔이 부의 채무였다.[164] 이러한 편의시설은 주로 일본인 급수를 위해 설비되었는데 후일 부에서 감당해야 했다.

그러나 이처럼 일본인 거주민의 도시편의시설에 지출된 부채는 '일선공유세(日鮮共有稅)' 논리에 입각하여 거류민단 출신의 일본인뿐만

___

164) 수도 설비에 투여되는 總工費는 281,000여 엔으로 이 중 150,000엔이 국비에서 보조되었지만 「부제」 시행으로 나머지 131,000여 엔은 府費에서 지출되었다. 결국 군산수도시설은 애초에 거류민단의 재산시설이었음에도 거류민단의 채무나 다름없는 국고보조금과 함께 府費의 지원 등을 받아 준공될 수 있었다. 그리고 이는 1921년 3월 현재에도 부의 채무로 남게 되었다(朝鮮總督府, 「朝鮮土木事業誌」, 1930, 1148쪽; 群山府, 「群山府史」, 1935, 227쪽).

아니라 여기에 거주하는 한국인들도 부담해야 했다.[165] 이는 일본인의 부채를 일부 한국인들에게 넘길뿐더러 국고를 통해 보조해준다는 점에서 여타 한국인들에게도 부채를 전가한 셈이다.

　반면 일본인 자녀들의 교육을 위해 설치한 학교조합이 상환해야 할 부채는 단지 416,652엔이었다.[166] 따라서 이러한 부채액은 전체 부채액의 13.55%에 지나지 않았다. 특히 기채액이 가장 많은 부산부의 경우, 1914년 3월 말 현재 1,854,000엔 중 1,773,021엔이 부산부로 승계된 반면 나머지 80,979엔은 학교조합에 승계되었다.[167] 부의 전체 부채액 중 4.37%만을 학교조합이 부담했던 것이다. 그런데 학교조합이 변제해야 할 부채는 대부분 학교 부지와 교사(校舍)를 비롯한 수익재산으로서 학교조합의 자산이 된다는 점에서 부채라고 볼 수 없다.[168] 또한 민단재산 중 특정의 목적으로 제공되지 않은 수익재산은 학교조합으로 인계되었다.[169] 심지어는 학교조합을 유지하기 곤란한 경우에는 국고에서 매년 상당의 교육비가 보조되었으며 그 액수가 매년 증가하였다. 아울러 국고보조금이 기채 상환 및 기본재산 조성을 위해 매년 증가하였다.[170] 그 밖에 「부제」 시행과 맞물려 「학교조합령

---

165) 손정목, 앞 책, 149~151쪽.

166) 朝鮮總督府, 『朝鮮總督府施政年報』(1914), 27쪽. 그런데 『府制案關係書類』 (CJA0002541, 1912)에 따르면 학교조합이 승계한 부채는 650,223엔에 이르렀다. 負債 起算 時點이 달라 상이한 수치가 기재된 것으로 보인다.

167) 朝鮮總督府, 『朝鮮總督府統計年報』(1915), 895~896쪽; 慶尙南道, 『朝鮮總督府 慶尙南道統計年報』, 1913, 528쪽; 慶尙南道, 『朝鮮總督府慶尙南道統計年報』, 1914, 540쪽. 이와 관련하여 김대래 · 김호범, 「부산일본거류민단 재정 연구(1907-1914): 부산부재정의 성립과 관련하여」, 『지방정부연구』 10-2, 2006, 199쪽 참조.

168) 손정목, 앞 책, 144~148쪽.

169) 朝鮮總督府, 『朝鮮總督府施政年報』(1914), 44~45쪽.

170) 朝鮮總督府, 『朝鮮總督府施政年報』(1914), 45~46쪽. 1913년 「학교조합령」 개정 배경과 내용에 관해서는 조미은, 「일제강점기 재조선 일본인 학교와 학교조합 연

(學校組合令)」을 개정하면서도[171] 수도, 공동묘지, 도수장 및 화장장을 경영하던 일부 학교조합에 대해서는 사업을 갑자기 폐지하기 어렵다는 이유를 내세워 이러한 사업 경영을 인정하였다.[172] 그 결과 학교조합에 소속된 일본인 조합원은 1호당 평균 조합비 부담액에서 67전이 경감되었다.

인천부의 경우, 미상환금액 143,348엔 26전 중 학교조합과 부는 각각 13,379엔 17전 9리와 129,969엔 8전 9리를 승계하였다. 대신 민단의 재산 중에서 공회당, 인천 병원 등 성격상 학교조합으로는 갈 수 없는 재산과 일본인 공동묘지, 화장장, 그리고 일본 신사를 건립해주었던 동공원(東公園)만은 부에 이관하고 인천부 내에서 가장 요지인 3만 평의 수익적 재산을 포함함으로써, 재산가치로 보아서 부에 이관한 것보다 몇 백 배에 달하는 재산을 학교조합으로 이관하였다.[173] 즉 부는 일본인 교육을 위해 투자된 부채는 떠안는 반면 학교조합은 부채를 전혀 떠안지 않는 가운데 각종 학교 재산을 넘겨받았다. 나아가 일본인들은 부담이 오히려 줄어든 측면이 많았다.[174] 예컨대 「부제」 실시 이후 경성부 거주 일본인의 부담액은 경성 전체의 시가지세 210,000엔 중 일본인의 소유지 1/3에 따른 70,000엔, 가옥세 11,000엔, 부세 93,000엔, 학교조합비 150,000엔, 합계 324,000엔으로 종래의 민단세 총액 300,000엔에 비해 겨우 24,000엔의 부담 증가에 불과하였다.[175]

구」, 성균관대학교 대학원 박사학위 논문, 2010, 98~102쪽 참조.
171) 『朝鮮總督府官報』 호외, 制令 제8호 「學校組合令」, 1913년 10월 30일.
172) 朝鮮總督府, 『朝鮮總督府施政年報』(1914), 45~46쪽.
173) 인천부, 앞 책, 634~636쪽.
174) 오동석, 「일제하 '지방자치' 관련 법제의 변화」, 『法史學研究』 30, 2004, 18~21쪽.
175) 『大阪每日新聞』, 1914년 2월 2일, '朝鮮の增稅問題 上'.

따라서 한국인들은 일본인들과 달리 일제의 이러한 「부제」 시행에 불만을 품었다. 그러나 일제 무단통치의 위압에 눌려 조세 저항으로 나아가지 못했다. 당시 재미 한인동포의 기관지인 『국민보(國民報)』는 이러한 사정을 다음과 같이 전하고 있다.

……일본 국고는 점점 빈탕이 되는데 또 저의 백성들은 생명을 내어놓고라도 기어코 세납을 감하고자 하매 이 기회를 밝히 아는 일본 당국자는 만만하고 부들부들한 조선인종에게 그 짐을 넘기기 시작하여 우선 금년도 예산에 조선에 대한 경비는 700만 원을 줄이고 수입할 세납은 버썩 늘여 놓았으니 슬프다. 사농공상에 각각 업을 잃고 백척간두에 오른 조선민족으로 하여금 부득불 피라도 짜내고 기름이라도 긁어내어 저 일본의 헌 뒷구멍을 합창시켜 주게 되었도다.[176]

한국인들은 이처럼 국세는 물론 부세와 지방비 등이 증세되었음에도 불구하고 무단통치 아래에서 불만을 표출할 수 없었다.

물론 이즈음에 재조선 일본인들의 조세 부담도 늘어났다. 조선총독부가 당시 일본 본국의 재정 부담을 줄이기 위해 재조선 일본인의 부담마저 늘리려고 하였던 것이다. 특히 일제의 이러한 방침은 대만 통치 초기 막대한 군사비 지출에 따른 재정 부담을 이미 경험했기 때문이다.[177] 이에 1914년에 들어와 재조선 일본인들은 '재정독립계획'의 실행에 반발하였다. 심지어 재조선 일본인들은 재정독립계획의 폐기를 주장하였다.[178] 그러나 「부제」 시행에 대해서는 자치권 문제에 초점

176) 『國民報』, 1914년 2월 21일, '조선에 세납을 늘리기로 결정'.
177) 문명기, 「대만 · 조선총독부의 초기 재정 비교연구—'식민제국' 일본의 식민지 통치 역량과 관련하여—」, 『中國近現代史研究』 44, 2009, 95~96쪽.

을 두었을 뿐 부세 증가에 따른 부담에 관해서는 직접적으로 불만을 제기하지 않았다. 이는 다음과 같이 조선총독부 사세국장이 발언한 내용에서도 감지된다.

경성부의 경우, 종래 다른 민단 소재지에 비해 토목, 수도, 위생 등의 부담 없이 지세의 부담 저렴에 드는 것으로서 결코 과중한 부담을 강요하는 것이라고 말할 수 없다.[179]

이 점에서 1914년 초 일본인들의 반발은 「부제」 실시 자체에 대한 반발이라기보다는 '재정독립계획'의 실행에 따른 일본인 조세 부담의 증가에 대한 우려에서 비롯되었다고 하겠다.

그 결과 일본인들의 조세 부담은 경감되는 데 반해 한국인들의 조세 부담은 오히려 증가하였다. 〈표 15〉는 이를 잘 보여준다.

〈표 15〉에 따르면 부에 거주하는 일본인은 117,929엔이 경감한 데 반해 한국인은 7,184엔이 증가하였다. 결국 「부제」의 실시는 일본인의 조세 부담을 경감시키는 데 반해 한국인의 조세 부담을 증가시켰다. 즉 이전에는 일본인 거류민단에서 일본인 민단회원들로부터 경비를 모금하여 수도, 위생, 토목 등 각종 사업에 지출하였는데, 거류민단의 업무가 부로 넘어가고 그 업무를 위한 경비를 부내에 거주하는 모든 거주민으로부터 세금을 징수함으로써 한국인들과는 관계없는 사업의 경비를 한국인들이 부담하도록 한 것이다.[180] 「부제」 실시의 본질은 여

---

178) 『東京朝日新聞』, 1914년 2월 2일, '朝鮮增稅問題'; 『中外商業申報』, 1914년 2월 2일, '朝鮮增稅反對運動'; 牧山耕藏, 「朝鮮財政の獨立と增稅」, 『朝鮮公論』 2-3, 1914년 3월호; 大村友之丞, 「負擔力の有無と增稅反對の理由」, 『朝鮮公論』 2-3, 1914년 3월호; 一記者, 「朝鮮增稅防止運動の經過」, 『朝鮮公論』 2-3, 1914년 3월호.
179) 『大阪每日新聞』, 1914년 2월 2일, '朝鮮の增稅問題 上'.

〈표 15〉 **1914년 府制 실시 전후 府居住 한국인과 일본인의 부세 부담**

단위: 圓

	「부제」 시행 이전	「부제」 시행 이후	증감	비고
한국인	124,159	131,343	+7,184	부세 외에 학교조합 부담금 포함
일본인	875,278	757,349	-117,929	
외국인	12,220	19,467	+7,247	
합계	1,011,657	908,159	-103,498	

출전: 『每日申報』, 1914년 11월 20일, '府制와 負擔額'

기에 있다.

이러한 경향은 인천부의 경우도 마찬가지여서 전체 일본인의 부담액과 1인당 부담액이 각각 68,770엔과 146엔 38전에서 35,070엔과 46엔 70전으로 감소한 데 반해 한국인의 경우, 각각 5,119엔과 2엔 33전에서 7,343엔과 13엔 85전으로 증가하였다.[181] 경성부의 경우도 사정은 마찬가지였다. 1914년에는 한국인과 일본인의 가호당 부담액(학교조합비 제외)이 각각 2엔 9전 2리와 9엔 72전 3리였는데 1916년에는 예산 편성에서 양 민족이 부담해야 할 가호당 부세 금액은 각각 2엔 31전 1리와 8엔 48전 5리였다.[182] 한국인의 경우, 부세 부담액이 증가한 데 반해 일본인의 경우는 오히려 감소하였다.

또한 이는 인천부의 경우에서 볼 수 있듯이 한국인과 일본인의 실제 수입과 비례하는 1인당 국세 부담에 대한 1인당 부세 부담의 비율을 비교할 때, 한국인과 일본인의 경우, 각각 5.38과 1.63이었다.[183]

---

180) 손정목, 앞 책, 139~140쪽.
181) 仁川府, 『仁川府史』, 1933, 638~641쪽.
182) 『每日申報』, 1914년 11월 20일; 1916년 4월 22일. 1914년 경성부 일본인의 府稅 부담액은 당시 각부 전체 학교조합 부담금이 포함된 각부 거주 일본인 부담액의 51%임을 감안하여 산출하였다.

이는 수입과 비례하여 부과되었다기보다는 「부제」의 시행으로 말미암아 한국인들의 부담이 전체 수입에 비례하지 않고 오히려 증가하였음을 보여준다. 이처럼 부세 부담 비중이 한국인에게 가중되고 있음을 확인할 수 있다.

이에 한국인들은 일본인과 비교하여 부세 부담의 증가를 근심하면서 탄식한 반면 『매일신보』는 1914년 11월 20일 사설을 통해 '반자치(半自治)'로 나아가는 문명화 과정에서 국민으로서 당연히 치러야 할 과정이라고 비판하면서 일제의 「부제」 시행을 적극 옹호하였다.[184] 특히 비록 한국인의 부세 부담이 증가하였을지라도 일본인이 납부해야 할 부세 부담액의 1/6에 불과함을 강조하는 한편, 당시 한국인들의 경제 사정을 고려하지 않은 채 반자치 권리를 획득하고자 하거든 반드시 부담해야 할 의무라고 강변하였다.

조세 부담상 양 민족의 차이가 어디에서 연유하는가를 구체적으로 살펴보기 위해 인천부의 경우이지만 한국인과 일본인의 부세 부담률을 국세 부담률과 비교하면, 〈표 16〉과 같다.

〈표 16〉을 통해 1인당 국세 부담액을 기준으로 각각 한국인과 일본인의 부세 부담액을 산정하면, 일본인의 1인당 국세에 대한 부세의 비중이 한국인의 비중보다 훨씬 낮음을 확인할 수 있다. 이는 부세가 한국인에게 오히려 엄격하게 부과되고 있음을 보여준다. 특히 한국인의 잡종세 부담은 일본인과 달리 그 비중이 매우 높다.

이러한 잡종세는 영업세, 호별세와 함께 1910년 일제의 강점을 전후하여 일본인 거류민단이 제정한 「거류민단세규칙(居留民團稅規則)」에 의거하여 설정되었다.[185] 인천부의 경우, 1912년 4월 이전에 제·개

---

183) 仁川府, 『仁川府史』, 1933, 639쪽.
184) 『每日申報』, 1914년 11월 20일, '府制와 負擔額'.

<표 16> 仁川府 韓・日 兩民族의 國稅・地方費・府稅 負擔 現況

단위: 圓・錢

조세 종목 민족별 조세 부담	國稅			地方費			府稅				합계
	시가지세	가옥세	계	(시가지) 부가세	시가지 부가세	가옥세 부가세	영업세	호별세	잡종세	계	
한국인	1인당 조세 부담액(a)	2-120	0-729	2-849	0-106	1-059	0-364	2-986	1-586	9-337	15-332	18-287
	비율(%)	11.59	3.99	15.58	0.58	5.79	1.99	16.33	8.67	51.06	84.11	100
일본인	1인당 조세 부담액(b)	25-235	7-179	32-314	1-257	12-568	3-589	14-462	4-056	8-615	43-290	75-604
	비율(%)	33.37	9.50	42.74	1.66	16.62	4.74	19.13	5.36	11.39	57.26	100
한국인에 대한 일본인의 비율(b/a)		11.90	9.85	11.34	11.86	11.87	9.86	4.84	2.56	0.92	2.82	4.13

출전: 仁川府, 『仁川府史』, 1933, 639쪽

정된 내용을 보면, 영업세는 과율을 제한하여 징수하였으며 잡종세는 선(船), 차(車)(이상 연세), 상박(相撲), 배우(俳優), 예기(藝妓), 중거(仲居), 작부(酌婦), 방간(幇間), 유예사장(遊藝師匠), 유예가인(遊藝稼人)(이상 월세), 임시시장, 임시유람소, 임시유기장(臨時遊技場), 흥행, 도축우(屠畜牛) 등을 대상으로 징수되었다.

잡종세의 이런 특징은 「부제」 공포 이후 3개월 가까이 되어서 공포된 1914년 1월 25일 총독부령 제3호 「부제시행규칙」에서 다시 한 번 드러났다.[186] 여기서는 협의회 정원 규정과 함께 부세부과 등을 규정한 42조를 공포하였다. 관련 조항은 다음과 같다.

제3조 부세로 부과할 수 있는 것은 다음과 같다.

一. 시가지세의 부가세

二. 가옥세의 부가세

三. 특별세

부가세는 균일의 세율로 부과한다. 다만 제10조에 따라 허가를 받을 경우에는 여기에 한정되지 않는다.

제10조 수인(數人) 또는 부의 일부에 대하여 특히 이익이 있을 사건에 관해서는 조선총독의 허가를 받아 부는 불균일의 부과를 행하거나 수인 또는 부의 일부에 대한 부과를 행할 수 있다.

여기서 지칭하는 특별세는 잡종세로서 거류민단에서 부과하던 세 종목을 그대로 가져왔다.[187] 그 결과 이러한 잡종세가 이전에는 부

185) 인천부, 앞 책, 597~600쪽.
186) 『朝鮮總督府官報』 호외, 朝鮮總督府令 제3호 「府制施行規則」, 1914년 1월 25일.
187) 법률이나 시행세칙에서는 특별세에 관한 구체적인 규정이 없다. 그러나 이후 신문

과되지 않았던 한국인들에게도 확대 적용되었다.[188] 경성부의 경우,
1914년도 잡종세 수입액이 영업세 수입액의 68%에 이르렀다.[189] 예기
치옥업(藝妓置屋業)과 계절영업에 부과하였을뿐더러 예기마다 개별적
으로 잡종세를 부과하였다. 또한 방간, 유예사, 유예가인, 상박, 배우
등의 개인에게 부과하는 한편[190] 제흥업유람소, 마차, 자동차, 하적우
거마(荷積牛車馬), 농업용 우거마(牛車馬), 하적거(荷積車), 농업용 하적
거(荷積車), 말, 승마, 개 등을 부과 대상으로 삼았다. 이처럼 일제는
세금을 징수할 수 있는 대상은 모두 찾아내어 잡종세란 이름으로 부
과하였다.

더욱이 잡종세가 누진세 방식으로 부과하지 않는 데다가 면세점을
고려하지 않고 빈부 가릴 것 없이 과세함으로써 이와 유사한 형태의
영업세와 달리 역진적(逆進的)인 성격이 매우 강하였다. 인천부의 경우
에서 볼 수 있듯이 한국인들의 부세 전체 부담액 중에서 50%를 넘을
정도로 막대한 금액이었다. 조선총독부는 이를 염두에 두고 예산을 산
정하였던 것이다. 그런데 이러한 잡종세의 비중이 여타 부에서도 결코
적지 않았다. 1919년에 이르면 부세 중에서 차지하는 비율이 20%를
넘기도 하였다.[191] 부산부의 경우, 그 비율이 27%를 넘기도 하였다.[192]

이처럼 잡종세는 납세자의 소득 수준이나 영업 규모를 감안하지 않

이기는 하지만 특별세는 잡종세를 가리켰다(『東亞日報』, 1927년 2월 19일).

188) 차병권, 앞 책, 57쪽. 1920년대 경성부의 경우, 잡종세에는 職工稅, 直藝稼人, 遊
藝師匠, 電柱稅 등을 들고 있다(『東亞日報』, 1927년 2월 4일; 1927년 3월 27일).

189) 朝鮮硏究會, 『京城案內記』, 1915, 18~20쪽.

190) 이러한 잡종세는 거류민단이 자체의 재원을 확보하기 위해 유흥지대를 설정하면
서 부과될 수 있었다. 이에 관해서는 京城居留民團役所 編, 『京城發達史』, 1912,
140~145쪽 참조.

191) 朝鮮總督府 內務局, 앞 책, 1921, 26쪽.

192) 위 책, 22쪽.

는 무차별적 단순 비례세로서 한국인 영세민들에는 역진세 방식으로 부과되었다. 그리하여 이는 영세 영업으로 생계를 영위하는 한국인 도시 빈민들의 부담을 가중시켰다.

이어서 1913년 12월 29일 총독부령 제111호 「도의 위치, 관할 구역 및 부군의 명칭, 위치, 관할구역」, 1914년 1월 25일 총독부령 제2호 「부제 및 학교조합령 시행에 관한 건」, 제3호 「부제시행규칙」, 3월 31일 총독부령 제28호 「부제 및 학교조합령 시행기일」 등의 법적 조치가 잇달아 취해지면서[193] 「부제」를 시행할 수 있는 법률적 조건이 구비되었다. 1914년 4월 1일 현재 부의 거주자는 한국인 330,522명, 일본인 142,733명, 외국인 7,187명이었다.[194] 조선 지역에 소재하는 부임에도 일본인이 거의 태반에 육박하였다.

그리하여 「부제」의 실시와 함께 부 구역의 범위가 종전에 비해 축소되면서 일본인이 많이 거주하는 시가지 지역에 한정되었다. 나아가 한국인이 많이 사는 지역의 경우, 면지역은 군의 관할로 들어가면서 개성이나 전주 등의 전통적인 도시들이 부가 되지 못하였다. 이 점에서 「부제」의 실시는 일본인의 척식 거점인 개항장 도시에 사회간접자본시설을 설치하여 신도시로 개발하는 동시에 일본인의 사회경제적 처지를 개선하는 가운데 이에 따른 재정 부담을 한국인에게 전가하려는 의도의 결과라 하겠다. 〈표 17〉은 「부제」 시행 이래 1916년까지의 「부제」 세출입을 보여준다.

우선 1915년 부 세출입은 「부제」 시행 첫해인 1914년에 비해 197,000엔이 감소하였으며 이후에도 사정은 마찬가지이다. 다만 1910년대 후반으로 갈수록 경상부 세입의 비율이 높아지고 임시부 세

---

193) 『朝鮮總督府官報』, 해당일자.
194) 朝鮮總督府, 『朝鮮總督府施政年報』(1914), 25쪽.

<표 17> 1914~1916년 府 세출입 예산의 추이

단위: 圓

부 세입·세출	항목	1914		1915		1916	
		금액	비율	금액	비율	금액	비율
세입	합계	2,154,831	100	1,957,599	100	1,828,485	100
	경상부	814,695	37.8	936,014	47.8	946,922	51.8
	임시부	1,340,136	62.2	1,021,585	52.2	881,563	48.2
세출	합계	2,154,831	100	1,957,599	100	1,828,485	100
	경상부	793,380	36.8	757,078	38.7	759,364	41.5
	임시부	1,361,451	63.2	1,200,521	61.3	1,069,121	58.5

출전: 朝鮮總督府, 「朝鮮總督府統計年報」, 해당연도.

입의 비율이 낮아지고 있다. 1916년에는 경상부 세입이 임시부 세입을 초과하였다. 이러한 추세는 부 재정이 점차 부세 위주로 운영되면서 안정성이 강화되고 있을뿐더러 부민의 부세 부담이 증가하고 있음을 반영한다. 그러나 당시 부의 인구 증가율을 감안한다면, 1호당, 1인당 부담액은 급속하게 증가하지 않는 셈이다. 오히려 경성부의 경우, 1인당 부세 부담액은 1915년 99전 1리에서 98전 3리로 하락하였다.[195] 이는 임시부 세입 전체가 감소함에도 불구하고 국고보조금, 지방비보조금 등의 임시부 세입은 감소하기는커녕 오히려 증가하였기 때문이다. 1915년에 268,580엔이었는데 1916년에는 285,860엔으로 증가하였다.[196] 이는 일제가 명분으로 내세운 '재정독립계획'의 취지와 달리 부에 거주하는 다수의 일본인들의 편의와 복리를 지원하기 위한 조치로 보인다.

다음 부 세출은 임시부 세출의 비율이 낮아지고 있음에도 여전히

---

195) 朝鮮總督府, 「朝鮮總督府統計年報」, 부 세입세출예산 해당연도.
196) 朝鮮總督府, 「朝鮮總督府統計年報」, 해당연도.

높은 비율을 유지하고 있다. 이는 부채 상환비가 세출 중에서 차지하는 비중이 가장 높을 정도로 많기 때문이다. 1915년의 경우, 부채 상환비가 557,168엔으로 수도비(544,680엔), 오물청소비(208,809엔), 토목비(193,799엔) 등을 제치고 가장 많다.[197] 이러한 세출 현황은 1916년에도 마찬가지였다. 결국 「부제」가 시행되면서 일본인 거류민단이 변제해야 할 부채가 고스란히 부에 승계되면서 세출에 압박을 가하였음을 보여준다. 그리고 이러한 부채는 일본인뿐만 아니라 한국인에게도 전가되었던 것이다.

일제는 「부제」의 경우, 지방비·면 부과금의 경우와 달리 이처럼 일본인 위주의 척식에 목표를 두고 일본인의 경제·경제 활동을 지원하였다. 이러한 방침은 한국인들의 부담을 증가시키는 요인으로 작용하였다.

3) 지방재정 내역의 추이와 지방비 세출입

1914년 「부제」의 시행은 재원을 둘러싼 중앙재정과 지방재정의 배분 비율을 변화시켰다. 〈표 18〉은 이러한 현황을 잘 보여준다.

우선 중앙재정인 조선총독부의 세출이 증가하였지만 면비의 감소에도 불구하고 그 비중은 90% 이하로 떨어졌을뿐더러 지수도 별로 증가하지 못하였다. 반면에 지방공공단체 경비세출의 지수는 1.3배로 높아졌다. 이는 「부제」가 실시되면서 부 세출이 발생하였기 때문이다. 그러나 「부제」 실시 이후 부의 세출이 더 이상 급증하지 않고 현상 유

---

197) 朝鮮總督府, 『朝鮮總督府施政年報』(1915), 28~29쪽.

〈표 18〉 1914~1916년 朝鮮總督府 및 地方公共團體 세출

단위: 千 圓

	국비세출		지방공공단체 경비세출					전체	
	조선총독부	지수	지방비	부	면비	계	지수	총계	지수
1911	46,172 (97.96)	100	1,446 (3.04)			1,446	100	47,618	100
1913	53,454 (90.53)	116	2,396 (4.06)		3,196 (5.41)	5,592	387	59,046	124
1914	55,100 (87.99)	119	2,510 (4.01)	2,155 (3.44)	2,859 (4.57)	7,524	520	62,624	132
1915	56,870 (88.14)	123	2,839 (4.40)	1,958 (3.04)	2,856 (4.43)	7,653	529	64,523	136
1916	57,563 (88.36)	125	2,941 (4.51)	1,828 (2.81)	2,817 (4.32)	7,586	525	65,149	137

출전: 朝鮮總督府 財務局, 『朝鮮金融事項參考書』, 1923; 溝口敏行, 梅村又次, 『舊日本植民地經濟統計―推計와 分析』. 東洋經濟申報社, 1988 결산에 근거함
비고: 1911년은 기준 시점이어서 제시함
　　　괄호 수치는 총계에서 차지하는 비율(%)임

지를 보임으로써 중앙재정과 지방재정의 배분 비율은 안정된 국면을 보이고 있다. 다만 지방비는 부세나 면부담금과 달리 규모가 증가할 뿐더러 비중도 증가하고 있다. 그 내역은 〈표 19〉와 같다.

　우선 지세부가세가 산업화 과정에서도 결코 줄지 않고 있다. 이는 1914년 지세령 개정에 따른 지세부과율의 인상에서 비롯되었다. 즉 1914년도의 세입을 1913년과 비교할 때 가장 두드러진 변화는 지세부가세의 급증과 시가지세의 신설이다. 즉 1914년 지세령이 공포되어 결당 최고액과 최저액이 각각 11엔과 2엔으로 책정되면서 자연히 지세부가세의 세율도 인상되었으며 시가지세령 역시 이 시기에 공포 신설되면서 시가지부가세도 새로이 부과되었다.[198] 아울러 지방비에 속

---

198) 재무부, 앞 책, 48~49쪽.

〈표 19〉 1913~1916년 地方費 歲入 현황(決算)

단위: 圓

歲入	1913		1914		1915		1916	
	금액	비율	금액	비율	금액	비율	금액	비율
地稅附加稅	382,768	26.4	550,735	32.7	549,883	28.5	534,412	28.3
市街地稅附加稅	—		17,141	1.0	18,067	0.9	17,890	0.9
市場稅	196,753	13.5	204,802	12.1	224,129	11.6	240,575	12.8
屠畜稅及屠場稅	391,951	27.0	511,613	30.3	670,131	34.7	568,349	30.1
土地家屋所有權取得稅抵當取得稅	17,402	1.2	—	0	—	0	—	0
夫役收入	463,356	31.9	402,179	23.8	466,673	24.2	525,110	27.8
合計	1,452,230	100	1,686,470	100	1,928,883	100	1,886,336	100
前年度繰越金	451,731		301,442		420,558		527,684	
國庫補補金	1,184,118		1,273,534		1,414,195		1,369,933	
其ノ他	72,834		71,496		70,189		92,609	
歲入總計	3,160,913		3,332,942		3,833,825		3,876,562	

출전: 朝鮮總督府 財務局,『朝鮮金融事項參考書』, 1923

비고: 부역 수입은 〈표 4〉와 같은 산출 방식으로 부역을 화폐로 환산한 액수로 지방 공공단체 토목비의 50%로 계상함

한 제세(諸稅)의 세율도 올라갔다. 이는 지방비에 속한 제세가 부가주의에 입각하여 제정된 세종(稅種)이었기 때문이다. 우선 지세율이 증가하면서 지방비와 면비의 지세부가도 인상되었다. 전자는 지방비의 1할에 해당되었고 후자는 5할 내지 3할 5푼을 차지하였다.[199]

다음 시장세는 비중이 줄고 있음에도 규모는 지속적으로 증가하고

199) 『東京朝日新聞』, 1914년 2월 2일.

있다. 시장수의 증가와 함께 세원 파악이 좀 더 촘촘해지면서 징수액이 증가한 것으로 보인다.

또한 도축세와 도장세는 끊임없이 증가하고 있다. 이는 당시 제1차 세계대전의 전개에 따른 우피 등 소와 관련된 제품의 수이출 증가에서 비롯되었다.[200] 또한 이월금 역시 전년도 도장세와 도축세에서 보인 다액의 증수에서 기인하였다.

끝으로 부역수입은 많은 폐단에도 불구하고 지속적으로 증가하고 있다. 당시 조선총독부가 도로, 다리 등 사회간접자본시설에 대한 투자가 증가하면서 지방민의 노동력을 대거 동원한 데 따른 결과다. 나아가 1915년 「도로규칙」이 개정되면서 종래 제외되었던 도내 1·2등 도로에서도 부역을 동원할 수 있게 되면서 부역 비중 역시 지속적으로 증가하고 있다.[201]

다음 지방비 세출 결산액 현황을 살펴보면 〈표 20〉과 같다.

1914년도의 지방비 세출은 1913년도에 비해 증가하였다. 위생비, 구휼 및 자선비, 권업비, 교육비의 증가 때문이다. 그런데 이듬해인 1915년에는 토목비가 회복하면서 비중이 높아졌다. 이어서 1916년에는 금액과 함께 비율도 높아졌다. 그것은 종래 권업비로 계상되어 있었던 관개사업비가 토목비로 편입되었을뿐더러 미개수제언보(未改修堤堰洑) 등의 추진 경비가 증액되었기 때문이다.[202] 반면 위생비, 자휼 및 자선비, 권업비가 감소하면서 비중도 낮아졌다. 또한 교육비는 전자와 달리 꾸준히 증가하였다. 이는 일제가 이전 시기와 마찬가지로 보통공립학교 설립, 간이농업학교의 신설 또는 증설에 따른 보조금을

---

200) 朝鮮總督府, 『朝鮮總督府施政年報』(1915), 42쪽.

201) 『朝鮮總督府官報』 972호, 「道路規則」, 1915년 8월 1일.

202) 朝鮮總督府, '大正5年 地方費豫算의 梗概', 『朝鮮彙報』 1916년 7월호.

〈표 20〉 1913~1916년 地方費 歲出 현황

단위: 圓

歲出	1913 금액	1913 비율	1914 금액	1914 비율	1915 금액	1915 비율	1916 금액	1916 비율
土木費	1,390,074	48.6	1,206,536	41.4	1,400,018	43.4	1,584,632	45.6
衛生費	86,763	3.0	101,077	3.5	88,636	2.7	104,021	3.0
救恤及慈善費	6,839	0.2	8,450	0.3	8,456	0.3	8,954	0.3
勸業費	613,494	21.5	762,155	26.2	796,916	24.7	768,401	22.1
教育費	697,128	24.4	748,434	25.7	834,326	25.8	922,890	26.6
地方費取扱費	—	0	—	0	—	0	77,573	2.2
共進會費	—	0	—	0	85,401	2.6	—	0
其ノ他	65,132	2.3	85,822	2.9	92,376	2.8	8,925	0.3
歲出 總計	2,396,074	100	2,912,474	100	3,306,129		3,475,396	

출전: 朝鮮總督府 財務局, 『朝鮮金融事項參考書』, 1923; 朝鮮總督府, 「朝鮮總督府統計年報」 각 연도에 근거하여 작성함

비고: 토목비와 세출 총계는 부역 환산액을 포함시켜 산출하였음

지급하였기 때문이다. 그리고 1915년 경성부에서 물산공진회가 개최되는 까닭에 각 도의 지방비가 여기에 투입되었다. 이러한 지방비는 경성부에서 개최했지만 실제로는 조선총독부 중앙에서 계획하고 집행한 사업이어서 국비로 충당해야 했다.[203] 그러나 일제는 이 사업에 필요한 비용을 지방비에 전가하여 행사를 치렀던 것이다. 국비로 지출해야 할 사업을 지방비의 일부로 지출한 셈이다.

지방재정 내역과 세출입의 현황은 이처럼 한국인이 주로 부담하는 면부담금의 증가를 잘 보여준다. 심지어 1915년 물산공진회의 경우와 같이 국고에서 부담해야 할 경비의 일부를 지방공공단체에서 감당해야 했다. 이는 한국인의 개별 부담으로 돌아왔다.

―――――――――
203) 1915년 물산공진회 개최의 배경과 규모에 관해서는 拙稿, 「1915년 京城府 物産共進會와 日帝의 政治宣傳」, 『서울학연구』 18, 2002 참조.

3

「면제」의 실시와 지방재정 세출입의 변화
(1917~1919)

1)「면제」의 실시와 면 경비 제도의 개편

1910년대 중반을 앞두고 통치의 안정과 토지조사사업의 성과에 힘입어 「면제」도에 대한 조사 작업이 진척된 데다가 1914년 면 통폐합이 이루어지면서 「면제」 시행에 관한 논의가 본격화되었다. 특히 일제는 자신들이 필요한 사무에 익숙한 면장과 면리원을 확보하면서 「면제」를 시행할 수 있는 여건이 조성되었다고 판단하였다.[204] 이는 「면제」 시행 여건이 조성되지 않아 연기하였던 1911년 내무부 '지방제도 개정안'을 비롯한 여러 면제안을 유보케 하였던 여러 사정이 달라졌음을 의미한다.

이미 언급한 대로 일제가 「부제」와 함께 「면제」 시행에 힘을 기울였던 이유는 면을 법령상 법인으로 만들어 사업 경영 자격을 부여함으

---

204) 朝鮮總督府, 『朝鮮總督府施政年報』(1916), 353~354쪽.

로써 산업, 토목, 위생 등 사회간접자본시설에 필요한 자금을 확보하는 데 있었다.[205] 따라서 「면제」 제정은 조합, 계 등을 통해 단발적으로 군내 농업 개발과 토목사업 등을 추진하는 방식에서 벗어나 통일적이고 지속적으로 이러한 사업을 추진하고자 했음을 보여준다.

그러나 면제안의 시행은 애초부터 일제 당국 내부에서 논란이 제기된 바와 같이 법인화 문제, 즉 자치제 문제를 동반하는 사안이므로 일제 당국은 매우 신중하게 접근하였다. 우선 조선총독부도 한국인이 대다수 거주하는 일반 면에서는 한국인의 면자치를 허용하지 않는 반면 일본인의 자치를 염두에 두고 지정(指定)하는 소수의 면에는 민간인 가운데서 선발한 상담역(相談役)을 두어 면 운영의 협의 대상으로 삼고자 하였다.[206] 즉 조선총독부의 「면제」 제정 방향은 「면제」 시행의 취지대로 사회간접자본시설에 필요한 재원을 면 자체에서 조달하면서도 한국인의 자치제를 철저하게 제한한다는 방침을 잘 보여준다. 이에 본국 법제국에서는 이러한 취지를 받아들이면서도 "조선의 「면제」는 식민통치의 근본에 관한 중요한 것이고, 유독 조선만의 문제로 그치지 않고 다른 식민지에도 미칠 것이기 때문에 신중하게 고려하지 않으면 안 된다"고 하여 '자치제'의 인상을 주지 않도록 하면서도 사회간접자본시설에 필요한 자금을 확보할 수 있는 제도를 선택할 것을 권유하였다.[207] 나아가 법제국 참사관 아베(阿部)는 면제안이 한국인에게 끼칠 영향을 다음과 같이 우려하였다.

---

205) 위와 같음.

206) 朝鮮總督府, 『面制關係書類』(국가기록원 소장, CJA0002572); 염인호, 앞 논문, 24~25쪽; 홍순권, 앞 책, 325~328쪽.

207) 朝鮮總督府, 『面制關係書類』, '面制에 대한 의견(阿部 참사관 의견)'. 면제안을 둘러싸고 조선총독부와 일본 본국의 법제국 사이에서 전개된 의결 조율 과정에 관해서는 강재호, 앞 책, 2001, 165~168쪽 참조.

무릇 신부(新附)의 민(民)을 다스리는 일은 매우 어렵고 극히 신중을 기하지 않으면 안 된다.……민족의 자각은……식민지로 하여금 모국으로부터 괴리시키는 것이므로 천백동화 방침도 이를 어찌할 수 없으니……식민지에서는 힘써서 민족의 자각심을 자극하는 시설을 피하고……이러한 시설(「면제」, 필자 주)은 민에게 오히려 부담감을 안겨주고, 타일 조선인의 민도(民度) 향상과 함께 지방의 자치를 요구하거나 의회선거를 요구하여 마침내 독립자치를 요구하기에 이르지 않을 수 없다고 보장하기는 어렵다.[208]

본국 법제국의 이러한 반대는 제국 바깥의 영토에 거주하는 주민들의 자치 요구를 애초부터 봉쇄하려는 방침에서 비롯되었다. 대신 법제국은 기존의 '지방비'와 유사한 '면비령(面費令)'안을 제시하였다.

그러나 조선총독부의 방침은 면장 임명제에서 볼 수 있듯이 한국인의 자치를 허용하지 않을뿐더러 상담역에게도 아무런 권한을 부여하지 않을 것임을 강조하면서 면이 독자적으로 재정을 운영하고 재산을 소유하며 사업할 수 있는 권한을 부여해줄 것을 강력하게 요청하는 것이었다. 반면에 기존의 조합이나 계는 면민들의 부담을 줄이고 지방사무를 통일한다는 명분을 내세우며 기존의 조합과 계 대부분을 무력화시켰다.[209] 특히 면동리유재산의 처리를 통하여 종래 재산 소유의 주체였던 동리 내의 계 등이 소유 주체에서 배제됨으로써 그 자치적인 기능을 상실하게 되었다.[210] 그런데 이런 단체 중 일부는 「면제」

---

208) 朝鮮總督府, 『面制關係書類』, '面制에 대한 의견(阿部 참사관 의견)'
209) 朝鮮總督府, 『朝鮮總督府道郡島書記官講習會講演資料集』, 1918, 6~7쪽. 1916년 일제의 조사에 따르면 조합과 계에 대한 면민들의 전체 부담액이 71만 엔으로 면비 총액의 1/4에 이른다고 하였다.
210) 帝國地方行政學會, 『地方行政例規』, '1914년 5월 地1 제612호 각 도장관 앞 내무부장관, 面洞里 廢合의 경우, 舊面洞里有地整理에 관한 건'; 앞 책, '1919년 內1

시행 이전에 사업상 필요하여 일제가 설립한 단체도 있을 수 있으나 대부분은 한국인들이 소농민가족경영을 보완하기 위해 오랫동안 자치적으로 운영하며 부세의 공동 납부, 상호 부조, 동유재산운영, 공공관리시설 등에 진력해왔다.[211] 반면에 일본인이나 한국인 지역 사회 주도층들이 장악하고 있었던 어업조합, 축산조합, 제언계 등은 무력화시키지 않았다. 따라서 일제의 이러한 조처는 사실상 면 자치제에는 조금도 관심을 두지 않는 가운데 가능한 한 많은 재원을 면에 집중시키겠다는 의도를 드러내고 있다.

따라서 일제 본국의 면비령안과 조선총독부의 면제안은 절충될 수 있었다. 1917년 6월에 제령 제1호 「면제」와 「면제시행규칙」이 공포되고 그해 10월 1일부터 시행되었다.[212] 여기에 면 자치와 관련된 조항이 전혀 없다는 점에서 실제로는 '면비령'과 조금도 다를 게 없었다. 특히 「부제」와 달리 면을 법인으로 인정하는 조항을 설정하지 않았다.[213] 이는 일본인들이 거주하는 부와 달리 한국인 대다수가 거주하는 면에서는 일체의 자치를 허용치 않겠다는 일본 본국과 조선총독부의 의지를 담고 있다고 하겠다. 나아가 법제상으로는 규정하지 않았지만 조선총독부는 내부 방침상 면장을 일본인으로 채용하고자 하였다.[214] 다만 이전과 달리 법률명이 「면제」라는 점에서 이후 면이 법

제202호 內務部長官 앞 黃海道長官, 里有財産收入에 의한 戶稅와 戶別割 納付의 慣行에 관한 건'.

211) 李覺鍾, 『契に關する調査』, 中樞院, 1923, 1~3쪽; 金炅一, 「朝鮮末에서 日帝下의 農村社會의 「洞契」에 관한 研究」, 『韓國學報』 10-2, 1984, 162~165쪽; 김필동, 「조선 시대 말기의 계의 변모」, 『사회와 역사』 11, 1988, 133~138쪽; 129~142쪽.

212) 『朝鮮總督府官報』 1454호, 制令 제1호 「面制」; 朝鮮總督府令 제34호 「面制施行規則」, 1917년 6월 9일.

213) 第1條 面은 法令에 依하여 面에 屬하게 한 事務를 處理함

214) 朝鮮總督府, 『朝鮮總督府道郡島書記官講習會講演資料集』, 1918, 9쪽.

인으로서 면 사업을 벌일 수 있는 관련 근거를 확보할 수 있게 되었
다. 즉 이전만 하더라도 면에 관한 관련 규정은 1910년 10월 제정된
「면에 관한 규정」으로서 총독부령에 지나지 않았다면 이는 제령으로
서 면 행정의 법률적 근거는 물론 이 사업에 소요되는 각종 재원을 확
보할 수 있는 법률적 근거가 되었다. 대신에 오랫동안 면 경비 지출의
근거였던 「면경비지출방법준칙」은 폐지되었다.[215]

이에 「면제」의 하위 규정이라 할 「면제시행규칙」의 대부분은 「면제」
의 이런 취지를 살려 면 경비와 관련된 조항들을 규정하고 있다. 〈표
21〉은 1917년 「면제」 제정 이전의 「면에 관한 규정」, 「면경비부담방법」,
그리고 「면제」 제정 이후의 「면제」와 「면제시행규칙」에서 면 경비 관련
조항을 추출한 내역이다.

면의 사무가 「면제」 제정 이전에는 국세 징수를 보조하는 기능에 국

〈표 21〉「面制」 제정 前後 面에 관한 規定의 變化

「면제」 제정 이전		「면제」 제정 이후	
면에 관한 규정	면 경비부담방법	「면제」	「면제」시행규칙
	면장의 수당과 사무집행에 요하는 비용은 면의 부담으로 함		면사무 : - 별도 규정 - 道路橋梁渡船, 河川堤防, 灌漑排水 - 市場, 造林, 農事養蠶業, 畜産, 其他 産業의 改良普及, 害鳥蟲 驅除 - 墓地, 火葬場, 屠場, 上水下水, 傳染病 豫防, 汚物의 處置 - 消防, 水防

215) 경기도의 경우, 1917년 10월 15일을 기준으로 폐지되었다(京畿道, 『京畿道報』, 京
畿道訓令 제12호 「府·面經費支出方法準則이 廢止되는 件」).

	사용료 수수료 재산에서 발생 하는 수입 기타 면에 속하 는 수입	
재산에서 발생하는 수입 면교부금 기타 면에 속하는 수입		
면 부과금 - 호별할: 1호당 30전 이내 - 지세부가금: 본세 1엔에 평안남북도, 함경남북도는 80전 이내, 기타 도에서는 50전 이내 - 현품 부과(면주인, 면하인 수당)	면 부과금	부과금 - 地稅割: 지세 1엔에 대해 평안남북도, 강원도, 함경남북도에서는 46전 기타 도에서는 23전 / 또는 시가지세할: 시가지세 1엔에 대해 40전 - 戶別割: 평균 1인에 대해 45전 - 特別賦課金
	夫役現品	夫役現品
	차입금(指定한 面)	차입금을 하고자 하는 때는 그 차입 방법, 이율과 상환 방법을 정하고 조선총독의 인가를 받음이 가함
面費 支辨 費目 - 면장, 회계원, 면서기의 수당, 급료, 여비 - 동리장, 면주인, 면하인의 급료		- 면장과 면서기 유급 - 구장 무급 - 상담역 무급

출전: 『朝鮮總督府官報』 29호, 朝鮮總督府令 제8호, 「面に關する規定」; 『朝鮮總督府官報』 호외, 「面經費負擔方法」, 1913년 3월 6일; 『朝鮮總督府官報』 1454호, 制令 제1호 「面制」, 1917년 6월 9일; 『朝鮮總督府官報』 1454호, 朝鮮總督府令 제34호 「面制施行規則」, 1917년 6월 9일

한된 반면 제정 이후에는 토목(도로교량도선, 하천제방, 관개배수 등), 권업(시장, 조림, 농사양잠업, 축산, 기타 산업의 개량보급, 해조충 구제), 위생(묘지, 화장장, 도장, 상수·하수, 전염병 예방, 오물의 처치), 방재(소방, 수방) 등의 사업을 벌일 수 있게 되었다. 따라서 면 경비는 면장과 면리 직원의 수당을 지급하는 데 국한되지 않고 이러한 사업에 지출되었다.

그런데 이러한 사업은 면의 고유 사무라기보다는 위탁 사무에 가

까웠다. 왜냐하면 일본 정촌제와 달리 면 자체에 주민들의 의사를 반영할 수 있는 조례 제정권이 없는 가운데 중앙에서 위탁한 업무를 수행하는 것에 불과하였기 때문이다.[216]

다음 여기에 소요되는 재원을 확보하기 위해 기존의 면 수입 외에 영조물 사용에 대해 징수하는 사용료와 더불어 개인을 위해 처리하는 사무에 대해 징수하는 수수료 등이 부과되었다.

우선 재산에서 발생하는 수입을 늘리기 위해 면유재산의 조성에 힘을 기울였다.[217] 여기에는 '수익의 용도로 제공하는 재산'이 일명 '기본재산'으로서 전답, 산림, 금곡(金穀) 따위가 포함되었다.[218] 물론 이러한 노력은 강점 직후부터 진행되었다. 그러나 이러한 시도는 이미 언급한 바와 같이 동리민들의 반발로 지체되었는데 이제 「면제」 시행을 앞두고 사업비에 필요한 재원을 조달하기 위해 본격화되었다. 그리고 이는 「면제」 시행을 계기로 크게 빈번해졌다. 그리하여 1910년대 후반부터 1920년까지 면유재산과 동리유재산의 현황은 〈표 22〉와 같다.

면유재산이 이처럼 급격하게 증가하면서 1914년 대비 1919년 면유

---

216) 大和和明, 『植民地期朝鮮の民衆運動』 第5章 植民地朝鮮地方行政に關する一試論—面制の確立過程を中心に, 綠陰書房, 1994, 149쪽.

217) 1917년 7월 현재 內務部長官인 宇佐美勝夫는 사용료 및 수수료와 함께 面有財産의 조성을 강조하였다(宇佐美勝夫, 「面制について」, 『朝鮮彙報』 1917년 7월호).

218) 그 밖에 면유재산에는 '公共의 用度로 提供하는 재산'(普通財産), '公用에 제공하는 재산'(普通財産)이 포함되어 있다. 그러나 이들 재산은 「면제」 시행 이후 '基本財産'에서 분화되어 나갔다. 전자에서 발생하는 수입은 '使用料'로서 '재산에서 발생하는 수입'과 별도인 사용료에 속하였다. 후자는 면의 사무를 집행함에 필요한 재산으로서 면사무소의 건물, 부지, 비품 같은 것이며 수입을 발생시키지 않는다. 따라서 「면제」와 「면제시행규칙」에서 규정하는 '재산으로부터 발생하는 수입'은 '기본재산'에서 발생하는 수입을 가리킨다. 이에 관해서는 朝鮮總督府, 『面制說明書』, 1917, 21쪽; 平安南道大同郡研究會, 『面制提要』, 1926, 81~89쪽 참조.

〈표 22〉 1910년대 面有財産과 洞里有財産 現況

단위: 圓

연도	面有財産		洞里有財産		合計	
	금액	비율	금액	비율	금액	비율
1914	15,780	14.6	92,019	85.4	107,799	100
1915	13,729	13.1	90,929	86.9	104,658	100
1916	26,108	24.7	105,791	75.3	131,899	100
1917	33,666	26.3	94,251	73.7	127,917	100
1918	82,364	49.8	82,948	51.2	165,312	100
1919	129,044	56.3	100,125	43.7	229,169	100
1920	175,883	58.5	124,727	41.5	300,610	100

출전: 『朝鮮總督府官報』 2627호 '面基本財産調', '洞里有財産調', 1921년 5월 16일
비고: 기준은 매해 3월 말일 현재 1919년 동리유재산은 1919년 2월 말일 기준

재산의 규모가 무려 8배 이상에 이르렀다. 나아가 면유재산의 규모가 1919년에는 동리유재산의 규모를 넘어섰다. 이는 면민들이 공유하며 자치적으로 관리하던 재산이 면유재산으로 편입되었기 때문이다. 다음 동리유재산 역시 재원의 발굴과 확보의 노력으로 증가하고 있음에도 1917년 이후 면유재산의 증가율에 미치지 못하였다. 이는 면유재산으로 조성할 만한 재원을 발굴하는 방식 외에 동리유재산으로 들어간 재산을 면유재산으로 전환하였기 때문이다. 그래서 1920년대에 들어 면유재산이 높은 비율로 증가한 반면 동리유재산은 급격하게 감소하였다.[219] 이는 「면제시행규칙」 제48조에 따라 도지사의 인가를 받아 면 기본재산으로서 면유림을 확보할 수 있는 근거를 마련한 뒤 무엇보다 동리유재산 중 많은 비중을 차지하는 임야를 대거 면유림으로 전환시켰기 때문이다.[220] 결국 면유재산의 이러한 증가 추세는 면이

---

219) 任洪淳, 「我郡の面基本財産」, 『朝鮮地方行政』 1927년 1월호.
220) 조선총독부는 「면제」 시행 1년여를 앞둔 1916년 3월 초 각 도 영림서 林務주임회

동리민들의 각종 자치 사업을 경제적으로 통제할 수 있게 되었음을 의미한다. 나아가 일제는 동리민의 자치 활동을 경제적으로 뒷받침해 온 물질적 기반을 약화시킴으로써 한국인들의 자치 활동을 위축시킬 수 있게 되었다.[221]

다음 면 부과금의 경우, 1913년 「면경비부담방법」의 규정과 달리 기타 수입이 아니라 주된 수입으로서 법령상은 물론 내용상에서 그 비중이 높아졌다. 무엇보다 호세할의 경우, 과세액을 대폭 올렸다. 「면제」 시행 이전에는 1호당 30전인 데 반해 이후에는 과세 단위를 개인으로 책정하여 1인당 45전으로 부과하였다. 이는 1호당 5인 가족으로 산정한다면 7.5배 올린 셈이다. 다만 지세할은 기존의 지세 부가금에 비해 낮추었다고 하겠다. 이는 지세 과세율의 급증으로 인해 지세할이 감소되지 않는다는 점과 조세 부담자들의 반발을 피하기 위해서였다.

한편, 부역현품도 면에서 공과(公課)의 일종으로서 강제로 징수하여 경비의 재원으로 삼는다는 점에서 부과금과 다르지 않다. 다만 산간벽지의 면처럼 지형적 조건 때문에 현품을 징수하거나 도로, 교량

의에서 동리유재산으로 포함된 공용림을 적절한 시기에 완전히 면유재산으로 편입시키도록 노력할 것을 지시하였다(『朝鮮總督府官報』 1151호, 1916년 3월 6일). 이에 관해서는 西村義秋, 「朝鮮において部落有林の整理について」, 『朝鮮山林會報』 55, 1929, 90쪽; 최병택, 앞 책, 160~161쪽 참조.

221) 당시 조선총독부 관리였던 李覺鍾 자신도 「면제」 시행 이래 동계의 사업이 면으로 통일되어 그 재산은 동리재산으로서 面에 移屬되거나 洞里分合이 시행되어 洞契는 일시적으로 頹廢를 맞았다고 기술하였다(李覺鍾, 앞 책, 3~4쪽). 물론 洞契가 여러 형태로 존속하였지만 洞里自治를 재정적으로 뒷받침할 수 있는 기능을 회복하기에는 많은 제약이 따랐다. 예컨대 충청북도의 경우, 1913년에 620개였는데 1926년 조사에 따르면 81개로 감소하였다(菱本長次, 「忠淸北道の契に關する調査(1)」, 『朝鮮農會報』 1913년 7월호, 14쪽; 善生永助, 『朝鮮の契』, 1926, 151~164쪽). 이는 여타 지역도 마찬가지였을 것이다. 이에 관해서는 朝鮮總督府農林局農村振興課, 『農山漁村について契』, 1938, 4~5쪽 참조.

건설 등을 위해 부역을 부과하였다.[222] 특히 부역 조항의 경우, 1912년 12월 훈령인 「도로유지수선규정(道路維持修繕規程)」과 1915년 「도로규칙(道路規則)」에 근거하여 이른바 부락 단위에서 노동력을 동원할 수 있는 조항을 「면제」에 포함시킨 것으로 보인다.[223]

특히 「면제」 시행을 앞두고 1917년 3월 17일에 제정된 「도로축조규정(道路築造規定)」 제4조에 따르면 군에서 감당할 수 없을 때는 필요한 비용과 공사감독비를 관계 부락의 부담으로 하였을뿐더러 제5조에 따라 부역과 공사에 소요되는 비용은 면 경비 부과의 표준에 따라 도장관의 인가를 받아 군수가 그것을 부과하도록 되어 있다.[224] 이는 일찍부터 부락 주민의 노동력을 관습을 명분으로 무상으로 동원하면서도 근거 규정이 불명확하였지만, 이제는 「면제」와 「면제시행규칙」에 입각하여 동원할 수 있게 되었음을 말한다.[225] 즉 「면제」에 들어간 부역 부과 조항은 부역 동원이 「도로규칙」 차원에서 이루어지기보다는 면 재정 차원에서 이루어짐으로써 효력을 제대로 발휘할 수 있게 되었음을 의미한다. 이처럼 「면제시행규칙」 제19조에 부역부과 규정을 포함시킨 것은 부역을 면 재정 차원에서 안정적으로 부과하겠다는 의지를 보여준다. 특히 「도로축조규정」 제7조에서 부역 대납금을 1인 1일 18전으로 정한 조항은 「면제시행규칙」 제19조 '부역 현품은 금전으로써 이를 대신할 수 있다'는 조항과 관련하여 부역이 면재정 수

---

222) 朝鮮總督府, 앞 책, 1917, 27쪽; 平安南道 大同郡研究會, 앞 책, 125~126쪽.

223) 小林拓矢, 「일제하 도로 사업과 노동력 동원」, 서울대학교 석사학위 논문, 2010, 16~26쪽.

224) 『朝鮮總督府官報』 1388호, 慶尙南道令 제3호 「道路築造規定」, 1917년 3월 23일.

225) 당시 지방비에서 도로 건설 비용이 도로 길이에 비해 상대적으로 적게 들어간 것은 1913년 토목국장인 持地六三郎이 언급하고 있듯이 오로지 지방 부역을 사역하여 개수하는 데 노력한 결과였다(持地六三郎, 「朝鮮において土木事業」, 『朝鮮及滿洲』 1913년 4월호, 99쪽). 이와 관련하여 윤해동, 앞 책, 162쪽 참조.

입의 주요 부분임을 말해준다. 이러한 부역에는 도에서 부과하는 부역 이외에도 부, 군, 도(島) 등에서 부과하는 부역, 도로 사업 이외의 부역 등도 포함되었으므로 주민들의 부역 부담은 더욱더 무거웠다.[226] 또한 도로 건설에 기부 형식으로 토지를 내놓거나 부역 비용을 대는 경우도 많았다.[227]

또한 「면제시행규칙」 제13조 부과금 조항에 특별부과금을 규정하여 여러 과목을 추가로 부과할 수 있는 근거를 마련해놓았다. 즉 일제는 지세할과 호세할을 징수할지라도 면의 지출을 충당하지 못할 경우, 그 외 과목을 설정하여 특별히 부과함으로써 면 경비를 확보할 수 있게 하였다. 예컨대 영업할, 잡종할, 어업세할, 광업할, 임야할 등을 대표적으로 들 수 있다.[228] 이 중 영업할은 제조업, 판매업, 청부업, 중개업, 금전대부업, 여인숙, 요리옥업 등에 대해 그 수입금액, 청부보상금액, 매상금액, 대부금액 등을 표준으로 삼아 일정한 세율로 부과되었다.[229] 또 잡종할(雜種割)은 예창기(藝娼妓), 작부(酌婦), 자동차, 기타 여러 종류의 차(車), 축견(畜犬), 제흥행(諸興行) 및 어업, 광업자 등에게 일정한 세율로 부과되었다.[230] 대체로 부에서 부과하는 잡종세와 매우 유사하다는 점에서 부의 잡종세를 면 단위에 확대 적용한 것으로 보인다.

다음 사용료와 수수료가 이전과 달리 정식 수입 항목으로 설정되

226) 小林拓矢, 앞 논문, 20쪽.

227) 廣賴貞三, 앞 논문, 22쪽.

228) 朝鮮總督府, 앞 책, 1917, 24~25쪽; 平安南道大同郡硏究會, 앞 책, 108쪽; 前田茂助, 『面の財務監査要領』, 1930, 107~127쪽; 松田金一郎, 「道府邑面稅の賦課と徵收」, 財務硏究會, 1936, 6~7쪽; 이에 관해서는 車軒權, 『韓國地方財政硏究』, 서울大學校出版部, 1984, 57~61쪽 참조.

229) 平安南道 大同郡硏究會, 앞 책, 108쪽.

230) 平安南道 大同郡硏究會, 앞 책, 108~128쪽.

어 있다. 사용료는 인민의 편리를 도모하기 위해 설치된 시장, 화장장, 도장(屠場), 도선(渡船) 등의 영조물을 사용하는 주민으로부터 징수하는 수입을 가리킨다.[231] 또 수수료는 일개인을 위해 인감증명, 신원증명 등의 사무를 처리하면서 그 보상으로서 징수하는 수입을 가리킨다.[232]

그 밖에 「면제」 제7조 제2항 '기타 면에 속한 수입'으로서 교부금, 보조금, 기부금 등을 들 수 있다.

한편, 면비 지출 비목에서 커다란 변화는 보이지 않는다. 다만 유급의 동리장을 대신하여 명예직인 무급의 구장(區長)이 설치되었다는 점이 돋보인다. 이러한 규정은 무엇보다 자치적인 성향이 강한 동리장을 폐지하는 대신 면장에 종속적인 구장을 설치함으로써 하부지방통치를 강화하고자 하는 일제의 의도를 담고 있다.[233] 또한 동리장과 달리 구장에게 급여를 제공하지 않음으로써 면비를 절약하고 토목, 권업 등의 사업에 투입할 수 있는 재원을 확보하고자 하는 일제의 또다른 속셈이 계산되어 있었다.[234]

따라서 이러한 「면제」와 「면제시행규칙」에 따라 재원을 확보한 결과 〈표 23〉과 같이 면의 세입이 급속하게 증가하였다.

우선 부과금 중에서 부가세라 할 호별할과 지세할이 「면제」 시행 이후 급속하게 증가하였다. 본세 1엔에 대한 부과율을 높였을 뿐만 아

---

231) 朝鮮總督府, 앞 책, 1917, 21~22쪽; 平安南道 大同郡硏究會, 앞 책, 89~90쪽.
232) 위와 같음.
233) 『朝鮮總督府官報』 1488호, '第一部長에 對한 訓示', 1917년 7월 19일. 이와 관련하여 梁會水, 『韓國農村の村落構造』, 亞細亞問題硏究所, 1967, 505쪽 참조.
234) 面制의 시행을 地方支配體制의 形成過程으로 이해하면서 財政的 觀點을 부각시킨 연구로는 大和和明, 『植民地期朝鮮の民衆運動』, 제5장 植民地朝鮮地方行政に關する一試論—面制の確立過程を中心に, 綠陰書房, 1994를 들 수 있다.

〈표 23〉 1910년대 後半 面費 歲入 내역

단위: 圓

	1916	1917	1918	1919	1920
賦課金					
戶別割	668,872 (23.74)	658,317 (23.3)	1,050,303 (23.53)	1,493,980 (24.52)	3,899,251 (32.72)
地稅割	1,564,511 (55.53)	1,528,139 (54.18)	2,004,463 (44.91)	2,690,218 (44.15)	5,363,404 (45.01)
市街地稅割			16,357 (0.37)	16,893 (0.28)	25,513 (0.21)
營業割			2,270 (0.05)	19,539 (0.32)	39,380 (0.33)
雜種割			22,846 (0.51)	35,302 (0.58)	54,225 (0.46)
漁業稅割			125 (0.002)	359 (0.006)	300 (0.003)
鑛業割			114 (0.002)	114 (0.002)	114 (0.001)
林野割				55,180 (0.91)	170,338 (1.43)
反別割	7,420 (0.26)				
現品賦課	5,042 (0.18)	7,802 (0.28)			
小計	2,245,845	2,194,258	3,096,478	4,311,585	9,552,525
財産收入	36,429 (1.29)	39,969 (1.42)	92,454 (2.07)	137,661 (2.26)	209,334 (1.76)
使用料			349,094 (7.82)	462,219 (7.59)	488,516 (4.10)
手數料			31,839 (0.71)	32,310 (0.53)	43,500 (0.37)
交附金	268,817 (9.54)	270,050 (9.57)	289,240 (6.48)	337,820 (5.54)	419,504 (3.52)
雜收入	55,434 (1.97)	81,023 (2.87)	131,159 (2.94)	160,571 (2.63)	242,430 (2.03)

前年度繰越今	204,428 (7.26)	224,055 (7.94)	274,854 (6.16)	402,222 (6.60)	501,360 (4.21)
補助金			21,524 (0.48)	48,616 (0.80)	110,211 (0.92)
寄附金	6,407 (0.23)	11,041 (0.39)	130,403 (2.92)	152,166 (2.50)	267,166 (2.24)
過年度收入			17,237 (0.39)	16,068 (0.26)	16,541 (0.14)
財産繰入			19,158 (0.43)	18,778 (0.31)	28,696 (0.24)
借入金			9,500 (0.21)	13,800 (0.23)	36,800 (0.31)
小計	571,515	626,138	1,366,462	1,782,231	2,364,058
合　計	2,817,360	2,820,396	4,462,940	6,093,816	11,916,583

출전: 朝鮮總督府, 「面經費に關する調査書」, 1916~1920
비고: 괄호 수치는 합계에서 차지하는 비율(%)임

니라 이들 세종(稅種)의 부과 제한을 완화하였기 때문이다.[235] 그리하여 1918년에는 1917년 대비 각각 60%와 31% 증가할 정도로 그 비중이 적지 않았다. 특히 1920년에는 호별할의 증가 속도가 지세할의 증가 속도를 상회하였다. 인두세적인 성격이 강한 호별할이라는 점에서 이러한 추세는 조세의 역진성이 강화되어갔음을 반영한다. 또한 「면제」 시행 이래 사용료가 신설되어 많은 비중을 차지하고 있다. 그래서 호별할과 지세할이 크게 증가함에도 불구하고 비중이 크게 높아지지

---

235) 朝鮮總督府, 『道知事提出意見』(1920, 1921). 위와 관련하여 윤해동, 앞 책, 164~165쪽 참조.
　부과율 제한은 지세할의 경우, 地稅 1엔에 대하여 평남북, 강원도 함남북에서는 46전, 기타 도에서는 23전이며 호별할의 경우, 납입 의무자 평균 1인에 대해 45전이다(『朝鮮總督府官報』 1454호, 朝鮮總督府 令 제34호 「面制施行規則」, 1917년 6월 9일).

않은 것은 사용료 등 비부과금이 증가하였기 때문이다. 사용료와 수수료의 경우, 결코 높은 비중을 차지하고 있지 않지만 규모 면에서 증가 추세에 있다.

그 결과 1919년에는 면 평균 세입이 1916년 대비 2배 가까이 증가하였다. 물론 면통합을 감안한다면 주민당 면비 부담이 크게 늘어난 것은 아니었다. 그러나 과율 제한 완화는 이후 세입 증가를 초래하는 주요 요인이 된다는 점에서 그 전례를 만든 셈이다. 예컨대 1920년 호별할 부담액이 1917년 대비 약 7배였다는 점에서 호별할이 면 세입에 미친 영향도 적지 않았다.[236]

또 기부금은 면 주민들이 도로 공사 용지를 기부 형식으로 제공하면서 수입으로 잡혔다는 점에서 사실상 강요로 인해 빚어진 수입이라고 하겠다.[237] 그 밖에 지방비에 포함되어 있는 도로 부역도 실제로는 면민이 부담해야 하는 세목이었다. 전체 통계에는 나타나지 않지만 이미 언급한 바와 같이 많은 노동력이 일정 비율만큼 도로 건설에 동원되었다.

끝으로 재산 수입이 1918년에 들어와 급증하였다. 이는 면 자체에서 면유재산을 발굴하거나 동리유재산 중 많은 부분을 면유재산으로 전환하였기 때문이다.

한편, 이러한 면 경비는 〈표 24〉와 같이 급여를 비롯한 각종 경비로 지출되었다.

〈표 24〉에 따르면 급여비와 사무소비가 급증하고 있음을 확인할 수 있다. 이는 일제의 면 통치가 강화되면서 면 직원들의 증가와 면 행정 정비에 따라 인건비와 사무소 운영에 많은 경비를 지출하였기

---

236) 朝鮮總督府, 『面經費に關する調査書』, 1916~1920.
237) 기부금에 관해서는 廣賴貞三, 앞 논문, 44~45쪽 참조.

〈표 24〉 1910년대 後半 面費 歲出 내역

단위: 엔

歲出	1916	1917	1918	1919	1920
給與	2,046,138 (77.82)	1,924,698 (73.47)	2,422,629 (57.55)	3,302,232 (57.45)	7,159,148 (67.99)
事務所費	552,305 (21.01)	648,067 (24.74)	829,480 (19.71)	1,111,538 (19.34)	1,727,276 (15.62)
土木費			82,154 (1.95)	172,905 (3.01)	428,500 (3.87)
勸業費			192,533 (4.57)	281,613 (4.90)	419,970 (3.80)
衛生費			355,119 (8.44)	477,766 (8.31)	649,693 (5.87)
警備費			62,037 (1.47)	71,522 (1.24)	107,338 (0.97)
基本財産造成費			171,729 (4.08)	208,729 (3.63)	314,058 (2.84)
積立金			30,240 (0.72)	40,328 (0.70)	51,249 (0.46)
財産管理費			25,528 (0.61)	36,897 (0.64)	56,508 (0.51)
雜支出	30,781 (1.17)	47,018 (1.79)	32,188 (0.76)	39,454 (0.69)	142,392 (1.29)
報償金			5,667 (0.13)	4,911 (0.09)	2,921 (0.03)
合計	2,629,224	2,619,783	4,209,304	5,747,895	11,059,053

출전: 朝鮮總督府, 「面經費に關する調査書」, 1912~1914
비고: 괄호 수치는 합계에서 차지하는 비율(%)임

때문이다. 그러나 이러한 경비가 면 세출에서 차지하는 비중은 오히려 감소한 반면 토목비, 권업비, 위생비 등의 비중은 점증하였다.

면 세출상의 이러한 특징은 조선총독부가 면 행정을 강화하는 가운데 조선총독부 당국이 관장하던 토목, 권업, 위생 등의 국정사무를 면사무소에 대폭 위임하면서 나타난 결과이다. 그러면서도 조선총독부는 이러한 사무를 여전히 장악하였다. 즉 경비는 면에서 확보하여 지출하였지만 이에 대한 감독권은 중앙에 있었다.

아울러 기본재산조성비가 급증하였다. 이는 재산수입을 증대시키는 원천으로서 면민의 조세 부담을 줄여준다는 명분 아래[238] 일제가 면유재산을 발굴하거나 동리유재산을 면유재산으로 전환하려는 노력의 결과이다.

그리하여 일제의 이러한 지방재정운영 방향은 인건비, 사무소 운영 위주의 면비 지출에 영향을 주기 시작하였다. 이는 면이 통치 또는 조세 징수 위주의 기능에서 벗어나 사업 주체로서 각종 사회간접자본시설의 설치에 관여하기 시작하였음을 의미한다.

2) 지방재정 내역의 변화와 지방비 세출입

1917년 6월 「면제」의 실시는 지방공공단체 세출의 비중을 높이는 반면 조선총독부 세출의 비중을 낮추었다. 면이 사업 주체와 재산 소유 단위로 전환하여 사업을 확대하면서 이에 따른 비용을 지출하였기 때문이다. 〈표 25〉는 이를 잘 보여준다.

우선 「면제」 시행 직후인 1918년에 면 부과금을 비롯한 면비 수입이 크게 증가하였다. 면비액도 크게 증가하였거니와 지방재정에서 차지하는 비중 역시 큰 폭으로 증가하였다. 물론 지방재정의 규모가 아직 매우 작기 때문에 전체 재정에 큰 영향을 미치지는 않았다. 그러나 이미 지방공공단체의 재원을 발굴할 수 있는 법적 규정을 마련하였

---

238) 宇佐美勝夫, 앞의 글, 1917.

<표 25> 1916~1920년 朝鮮總督府 및 地方公共團體 歲出

단위: 千圓

	조선총독부 세출		지방공공단체 세출					합계	
	조선총독부	지수	지방비	부	면비	계	지수	총계	지수
1911	46,172 (97.96)	100	1,446 (3.04)			1,446	100	47,618	100
1916	57,563 (88.36)	125	2,941 (4.51)	1,828 (2.81)	2,817 (4.32)	7,586	525	65,149	137
1917	51,172 (84.80)	111	4,429 (7.34)	1,926 (3.19)	2,820 (4.67)	9,175	635	60,347	127
1918	64,063 (84.20)	139	5,612 (7.38)	1,946 (2.56)	4,463 (5.87)	12,021	831	76,084	160
1919	93,027 (85.30)	201	7,547 (6.92)	2,388 (2.19)	6,094 (5.59)	16,029	1,109	109,056	229
1920	122,221 (80.13)	265	14,650 (9.60)	3,749 (2.46)	11,917 (7.81)	30,316	2,097	152,537	320

출전: 朝鮮總督府 財務局, 『朝鮮金融事項參考書』, 1923; 溝口敏行, 梅村又次, 『舊日本植民地經濟統計—推計와 分析』, 東洋經濟申報社, 1988 결산에 근거함
비고: 1910년은 회계 기간이 1년 미만이어서 제외

기 때문에 이후 지방재정이 크게 증가할 수 있는 여지를 넓혔다. 반면에 각급 지방공공단체 중 일본인이 다수 거주하는 부는 세출이 다른 지방공공단체에 비해 그 증가율이 높지 않았다. 이러한 방향은 조선총독부 관리들과 일부 재야 일본인 식자층 모두 목표했던 것으로 이는 지방에 거주하는 대다수 한국인들의 지방재정 부담을 늘리겠다는 의도에서 비롯되었다. 그것은 국비의 비중을 낮추고 지방비의 비중을 늘리는 것이었다. 예컨대 일부 식자층은 관동주처럼 국비에서 지원하는 사업의 경비를 지방비에서 지변하도록 관련 규정을 개정할 것을 요구하였다.[239] 즉 국비로 지변하는 여러 학교 경비에 상당하는 경비

239) 藍波漁人, 「鮮滿の財政的比較」, 『朝鮮公論』 5-11, 1917년 11월호; 鈴木 穆, 「朝鮮財政獨立の完成」, 『朝鮮公論』 7-1, 1919년 1월호.

의 일부, 권업모범장을 비롯한 임업 수산과 시험조사비 등 권업비에 유사한 것, 위생 및 방역비에 속한 것, 수도사업, 영선 및 토목비, 광상조사비(鑛床調査費) 등을 지방비에서 지변하자는 것이었다. 이는 국비 비중이 높은 일본인들보다는 지방비(면비 포함) 비중이 높은 한국인들에게 매우 불리한 방식이었다.

그리하여 조선총독부 관리와 일본인 식자층의 이런 바람은 지방비 세입의 증가를 통해 실현되었다. 〈표 26〉은 이를 잘 보여준다.

〈표 26〉에 따르면 1917년에 임시은사금 사업 수입이 지방비에 편입되면서 지방비 세입이 급격하게 증가하였다.[240] 그리고 1918년 각 도에서는 1호당 20전 이내에서 각 호의 소득 자산이나 생계 정도에 따라 차등 과세하는 호별세를 설정하였다.[241] 이듬해인 1919년 4월에는 지세부가세와 시가지부가세의 세율 5/100를 9/100로 개정함으로써 1919년 지세부가세와 시가지부가세가 급증하였다.[242] 그 밖에 1919년 종래 국세인 호세와 가옥세를 지방세로 이양하였다.[243] 이러한 일련의 조치는 지방비를 늘려 국고의 부담을 줄임으로써 기존에

---

240) 朝鮮總督府, 「大正6年 地方費豫算의 梗槪」, 『朝鮮彙報』 1917년 6월호.
   임시은사금 사업은 일제가 강점 직후 한국인들의 불만을 잠재우고 지방통치의 안정을 기하기 위해 천황의 은사금임을 내세워 지방에서 벌인 사업이다. 주로 농업, 잠업, 기업, 수산, 축산 등에 관한 전습을 실시하고 종자와 농기구를 보급하는 등 재래산업을 개량하는 데 주안을 두었다. 그러나 1910년대 중반으로 오면서 자금 운용의 한계에 부딪히는 가운데 「면제」의 실시로 군 단위의 사업이 어려워지자 지방비로 편입시켰다. 이에 관해서는 裵民才, 「1910年代 朝鮮總督府 臨時恩賜金事業의 운영방향과 그 실제」, 『韓國史論』 55, 2009, 251~252쪽 참조.
241) 각 도에서 고시된 「地方費賦課金賦課規則」 중 대표적으로 『朝鮮總督府官報』 1681호, 忠淸北道令, 1918년 3월 16일을 들 수 있다. 이후 호별세는 농촌에서는 호세로 통합되어 폐지되는 데 반해 도시인 부에서는 家屋稅와 잠시 병존하다가 가옥세에 통합되었다. 이에 관해서는 京畿道, 『京畿道勢槪要』, 1937, 54쪽 참조.
242) 위와 같음.
243) 위와 같음.

〈표 26〉 1916~1920년 地方費 歳入 현황

단위: 圓

歳入	1916 금액	비율	1917 금액	비율	1918 금액	비율	1919 금액	비율	1920 금액	비율
地稅附加稅	534,412	28.3	540,190	27.6	541,373	19.8	941,957	19.7	3,214,882	29.2
市街地稅附加稅	17,890	0.9	17,794	0.9	18,016	0.7	32,384	0.7	104,310	0.9
戸稅	-	-	-	-	604,315	22.1	1,471,356	30.7	3,847,503	34.9
家屋稅			-		-		166,498	3.5	355,572	3.2
市場稅	240,575	12.8	304,093	15.5	436,592	16.0	532,357	11.1	475,031	4.3
屠畜稅及屠場稅	568,349	30.1	524,968	26.8	458,393	16.8	678,676	14.2	560,064	5.1
漁業稅	-		-		-		-		67,093	0.6
船稅	-		-		-		-		3,224	0.0
土地家屋所有權取得稅抵當取得稅	—	0	-	0	-	0	-	0	0	0
夫役收入	525,110	27.8	573,674	29.3	674,171	24.7	964,554	20.1	2,399,131	21.8
合計	1,886,336	100	1,960,719	100	2,732,860	100	4,787,782	100	11,026,810	100
臨時恩賜金事業收入	-		1,250,152		899,717		939,509		878,178	
前年度繰越金	527,684		410,473		543,483		995,112		1,964,883	
國庫補金	1,369,933		1,462,406		2,106,500		3,268,373		4,371,744	
其他	93,609		462,813		998,336		1,078,080		859,439	
歳入總計	2,411,446		4,195,018		4,850,231		7,686,957		19,101,054	

출전: 朝鮮總督府 財務局, 『朝鮮金融事項參考書』, 1923
비고: 부역 수입은 〈표 4〉와 같은 산출 방식으로 부역을 화폐로 환산한 액수로 지방 공공단체 토목비의 50%로 계상함. 1918년 이래 호세에 호별세가 포함됨

국고보조금이 수행하였던 토목비, 권업비 등을 지방비 세입으로 감당하려 했던 것이다. 이는 결국 재정독립 10개년 계획을 원만하게 추진하면서 마무리하려는 일제의 의도에서 비롯되었다.

또한 시장세는 시장방매가액(市場放賣價額)의 증가로 자연적으로

증가되었다.[244] 이러한 추세는 이후에도 지속되었다. 다만 도장세와 도축세는 제1차 세계대전의 영향을 받아 도우(屠牛) 수치가 증가하면서 이에 따른 소값 하락으로 감소되었다.[245] 그러나 도장세 및 도축세의 과율을 높이면서 관련 세금액이 재차 증가하였다.[246]

일제의 의도는 이처럼 지방비 세입 증대에 진력함으로써 지방공공단체가 중앙으로부터 위임받은 토목, 권업, 위생 등의 업무를 수행케 하려는 데 있었다. 반면 부역 동원이 여전히 많았지만 전체 지방비에서 차지하는 비중은 낮아졌다. 왜냐하면 부역 동원 증가율이 지방비 전체 증가율을 추월하지 못했기 때문이다.

한편, 일제는 지방비 세입을 늘리면서 지속적으로 추진해왔던 사회간접자본시설 투자에 진력하였다. 〈표 27〉은 이를 잘 보여준다.

무엇보다 토목비의 비중이 이전과 같이 높아지지는 않았지만 규모는 여전히 증가 추세에 있으며 1920년에 들어 회복하였다. 물론 여기에는 한국인의 부역 동원이 크게 이바지하였다. 위생비는 1919년을 겪으면서 급격하게 증가하였다. 3·1운동에서 많은 사상자가 발생하면서 이들의 치료에 따른 경비의 증가로 보인다. 무엇보다 권업비가 급속하게 증가하였다. 이는 일제가 이전부터 추진해왔던 산업화 방침을 강화하면서 이에 따른 추가 경비를 확보하고자 하였기 때문이다. 끝으로 수산비(授産費)의 경우, 특성상 다른 지출 비목에 비해 증가 속도가 높지 않다. 그것은 수산비가 은사금수지(恩賜金收支) 편입의 결과 새로이 설정된 과목으로서[247] 1917년에 임시은사금 사업을 지방비

---

244) 朝鮮總督府, 「大正6年 地方費豫算의 梗概」, 『朝鮮彙報』 1917년 6월호.
245) 朝鮮總督府, 「大正5年 地方費豫算의 梗概」, 『朝鮮彙報』 1916년 7월호.
246) 朝鮮總督府, 「大正6年 地方費豫算의 梗概」, 『朝鮮彙報』 1917년 6월호.
247) 위와 같음.

〈표 27〉 1916~1920년 地方費 歲出 현황

단위: 圓

歲出	1916		1917		1918		1919		1920	
	금액	비율	금액	비율	금액	비율	금액	비율	금액	비율
土木費	1,584,632	45.6	1,613,021	36.4	2,022,513	36.0	2,893,661	35.6	7,197,393	42.2
衛生費	104,021	3.0	78,592	1.8	69,212	1.2	319,185	3.9	685,139	4.0
救恤及慈善費	8,954	0.3	13,911	0.3	41,859	0.7	77,198	0.9	126,541	0.7
勸業費	768,401	22.1	877,618	19.8	1,030,501	18.4	1,591,874	19.6	3,194,925	18.7
授産費	—	0	921,135	20.8	874,011	15.6	892,526	11.0	1,064,268	6.2
教育費	922,890	26.6	1,259,637	28.4	1,628,602	29.0	2,515,378	30.9	4,182,570	24.5
道評議會費	—	0	—	0	—		—	0	60,005	0.4
地方費取扱費	77,573	2.2	73,112	1.7	90,749	1.6	124,383	1.5	263,527	1.5
恩賜金繰戻金	—	0	71,645	1.6	80,797	1.4	59,068	0.7	53,462	0.3
其/他	8,925	0.3	58,403	1.3	447,592	8.0	630,666	7.7	221,094	1.3
歲出總計	3,475,396		4,429,400		5,611,665		8,139,385		17,048,924	

출전: 朝鮮總督府, 『朝鮮總督府統計年報』, 해당연도

사업으로 이관함에 따라 임시은사금 사업의 중요 지출 항목인 수산비가 지방비의 세출로 책정되었기 때문이다. 이후 이러한 수산비는 종래 지방비 사업으로 운영되던 사업이 임시은사금 사업에 포함되면서 급증하였으며 주로 양잠 사업에 지출되었다.[248] 일제는 지방 통치의 안정 도모에서 벗어나 점차 권업의 차원으로 확대하고자 했음을 보여준다.

그렇다면 지방재정 세입에서 적지 않은 비중을 차지하는 부세와 면 부과금이 한국인과 일본인에게 미친 영향을 살펴보자. 〈표 28〉은 직접적으로 민족별 조세 부담액을 보여주고 있지 않지만 부와 면의 부담액 추이를 통해 간접적으로 민족별 조세 부담 추이를 확인할 수 있다. 즉 부세와 면 부과금은 각각 도시와 농촌의 대표적인 세금으로서

---

248) 朝鮮總督府 內務部 地方局, 『地方費豫算及事業槪要』, 30~37쪽 참조. 위와 관련하여 배민재, 위 논문, 253~254쪽 참조.

〈표 28〉 1910년대 후반 府税와 面賦課金 현황

단위: 圓

연도	府税			面賦課金		
	負擔額	一戸當	一人當	負擔額	一戸當	一人當
1915	634,089	5,247	1,241	2,267,030	756	143
1916	651,886	5,168	1,227	2,234,782	734	138
1917	684,709	5,279	1,240	2,284,379	712	139
1918	831,897	6,340	1,483	3,377,824	1,087	204
1919	981,438	7,160	1,681	5,079,614	1,628	306

출전: 朝鮮總督府, 「朝鮮における國税と地方的租税負擔額調」, 1920, 1쪽.

당시 부에 거주하는 일본인 주민의 조세 부담과 면에 거주하는 농촌 한국인 주민의 조세 부담을 간접적으로 확인할 수 있는 지표이다.

〈표 28〉에 따라 1910년대 후반기의 부 거주민과 면 거주민의 조세 부담액 증가율을 비교하면, 면 부과금의 증가율이 부세의 그것보다 훨씬 높음을 알 수 있다. 즉 부세 부담액은 4년 사이에 1.35배 증가한 데 반해 면 부과금은 이 기간에 약 2.14배 증가하였다. 이는 1인당 한국인 주민의 부담액이 금액 자체로는 일본인의 경우에 비해 훨씬 적지만, 향후 추세를 전망하였을 때 한국인의 조세 부담 증가율이 일본인의 그것에 비해 훨씬 높을 것임을 예측하게 해준다고 하겠다.

그리하여 3·1운동에서는 한반도 전국 각지에서 지방비 및 면 부과금 거납 운동이 일어났다. 당시 농민들의 처지에서는 "조선이 독립하면 부역, 세금이 필요 없고", "이제부터는 묘포일은 할 것 없고, 송충이도 잡을 필요가 없으며, 해안의 간척공사를 하지 않아도 좋기" 때문이었다.[249] 한국인 농민들은 부역과 면 부과금 등의 세금이 없는 그

---

249) 獨立運動史編纂委員會, 『獨立運動史資料集』, 1971, 299쪽. 이지원, 「경기도 지방의 3·1운동」, 『3·1민족해방운동연구』(한국역사연구회, 역사문제연구소 엮음), 청

러한 국가를 원했던 것이다. 이 중 도로 개수 부역은 일본인들도 인정하고 있듯이 3·1운동 발발의 주요 원인이었다.[250] 그만큼 한국인들에게 이러한 지방세 제도는 고역의 원천이었다. 그리하여 시장세의 경우, 황해도 연안군의 석달시장(石達市場)에서 시장세의 징수에 항의하는 납세 거부 운동이 일어났다.[251] 평안북도 용천군(龍川郡)에서도 도장세, 시장세의 납부를 거부하여 이를 징수하지 못하였다.[252] 1910년 시장세 반대 투쟁이 재연된 것이다. 그리고 부역의 경우, 평안남도 대동군(大同郡)에서는 부역 동원을 기피하였다.[253] 또 황해도에서는 부역 출역이 감퇴하거나 그 능률이 떨어지기도 하였다.[254] 특히 면 부과금의 징수 담당기관이었던 면사무소가 공격 대상이 되었다. 경기도의 경우, 면 주민들의 공격으로 35개소의 면사무소가 파괴되었다.[255]

요컨대 이 시기에 일제가 지방통치체제의 강화와 사회간접자본시설의 확충을 위해서 단행한 일련의 지방제도·지방재정제도의 개편은

년사, 1989, 344쪽 참조.

250) 당시 3·1운동 직후 조선을 방문했던 衆議院議員 守屋此助는 조세 측면에서 細民에 대한 세금 강징과 함께 도로 개수 부역을 3·1운동의 주요 원인으로 지목하였다(守屋此助, 「朝鮮の異動と植民地統治策」, 『朝鮮及滿洲』1919년 6월호).

251) 朝鮮總督府, 『騷擾事件報告臨時報』 19, 1919년 5월 13일, 황해도 편. 이와 관련하여 조경준, 앞 논문, 73쪽 참조.

252) 國史編纂委員會, 『韓國獨立運動史』 2, 1979, 852~853쪽.
日本 陸軍省, 『朝鮮騷擾事件關係書類』, 1919년 4월 25일, '騷擾事件報告旬報 第二, 逍遙의 影響', 地方行政及産業經濟, 1921.
이와 관련하여 이윤상, 「평안도 지방의 3·1운동」, 『3·1민족해방운동연구』(한국역사연구회, 역사문제연구소 엮음), 청년사, 1989, 296쪽 참조.

253) 위와 같음.

254) 日本 陸軍省, 『朝鮮騷擾事件關係書類』, 1919년 4월 25일, '騷擾事件報告旬報 第二, 逍遙의 影響', 地方行政及産業經濟, 1921.

255) 이지원, 「경기도 지방의 3·1운동」, 『3·1민족해방운동연구』(한국역사연구회, 역사문제연구소 엮음), 청년사, 1989, 339쪽.

이처럼 각급별 지방공공단체의 세입출을 규정함은 물론 조세수취 문제와 연결되면서 지방세제의 모순과 함께 한국인의 반발을 야기하였다. 이에 일제는 3·1운동 이후 '재정독립계획'을 사실상 포기한 가운데 이러한 문제를 수습·무마하는 과정에서 여러 방책을 강구하였다.

우선 지방세제의 체계를 수립하여 '국민 부담의 권형(權衡)'을 도모하고 '세원(稅源)의 분배를 원활하게' 한다는 목표 아래 국세와 함께 지방적 조세 관련 법령을 개정하여 지방세 체계를 부분적으로 수정하였다.[256] 그 결과 지방적 조세는 국세에 대한 부가세 및 특별세 병용의 방침을 채택하였다. 이러한 방침은 이전 시기와 크게 다를 게 없다. 그런데 국세가 소득세 계통에 속하는 세종(稅種)을 중추로 삼는다는 점에서 지방세 체계는 큰 변화를 예고하였다. 나아가 이러한 조치는 국세의 경우와 마찬가지로 현대적 조세체계 성립의 단서를 열어준다고 하겠다.[257] 빈민 위주의 대중과세 성격이 완화될 수 있는 여지를 마련해준 셈이다. 즉 과세 원칙에서 능력세에 의존하려 하였다는 점에서 조세 부담의 공평화에 다가가려 했음을 보여준다. 1929년 소득세부가세의 신설과 함께 1926년 시장세의 폐지 및 1933년 특별시장세의 폐지는 이를 잘 보여준다.[258]

---

256) 1920년대에 일제는 과세 대상의 중복, 지방세의 난립, 빈민과세 등 조세체계의 불완정과 세원 배분의 부적절성을 들어 지방세제를 조정하고자 하였다. 이에 관해서는 松田金一郎, 『道府邑面稅の賦課と徵收』, 財務硏究會, 1936, 7~19쪽; 조경준, 앞 책, 제3장 참조.

257) 1920년대 후반 이래 일제와 일본 독점자본주의는 자국 자본주의의 모순을 해소하고 대륙 침략에 필요한 사회간접자본시설의 전면적인 확충을 위해 빈민 위주에서 벗어나 지주를 비롯한 전 국민을 대상으로 징수할 수 있는 세원(稅源)의 확장이 절실하였다. 이에 관해서는 정태헌, 앞 책, 431~433쪽; 우명동, 『지방재정론』, 해남, 2001, 263~270쪽 참조.

258) 조경준, 앞 책, 176쪽.

다음 지방공공단체에 자치적 성격을 제한적이나마 부여하여 한국인 지역사회 주도층을 도·부·군·면 각급별 지방행정기구와 이른바 공공사업에 적극 끌어들이는 방책을 구사하기 시작하였다.[259] 한국인 지방사회 내부의 균열을 꾀하는 동시에 한국인 지방 주민에게 더 많은 지방적 조세를 부과하고자 하였기 때문이다. 이는 도평의회(道評議會)의 설치와 함께 1920년 7월 「조선도지방비령(朝鮮道地方費令)」의 개정에서 잘 드러난다.[260] 이 점에서 1920년대 일제의 지방재정정책은 3·1운동의 여파와 함께 자본수출 시장의 확대를 도모하는 일본 독점자본의 경제정책적 요구 속에서 내지 연장주의와 걸맞게 일본형 자치제를 이식하려는 일본 본국의 시도와 매우 밀접하였다.[261]

그러나 이러한 방책은 이전과 마찬가지로 각급 지방공공단체에서 지방적 조세와 기타 부담금을 안정적이고 지속적으로 증수할 수 있는 기제의 구축을 최우선 목표로 삼아야 했다. 또한 일제가 추구했던 소득세 계통 위주의 조세체계 수립 노력도 소기의 목표에 근접하지 못하였다. 그 결과 1920년대에는 각급 지방재정의 수입과 지출이 중앙재정에 비해 훨씬 급속하게 증가하였다. 물론 한·일 민족 간 경제력의 차이가 극심해지는 가운데 조세 부담의 불공평성은 좀처럼 좁혀지지 않았다.

---

259) 이에 관해서는 姜東鎭, 앞 책, 제3장; 姜再鎬, 앞 책, 제4장; 松本武祝, 『植民地權力と朝鮮農民』, 제2장, 社會評論社, 1998 참조.

260) 「朝鮮道地方費令」은 일제의 대한제국 강점 직전에 제정된 「地方費法」을 대체하면서 府稅, 面費와 함께 道費로서 그 위상을 자리 잡기 시작하였다. 「朝鮮道地方費令」에 관해서는 『朝鮮總督府官報』 2392호, 制令 제15호 「朝鮮道地方費令」, 1920년 7월 31일 참조.

261) 당시 수상으로서 내지 연장주의를 주장했던 하라 다카시(原敬)는 부현제·시정촌제와 같은 지방자치제를 조선 지역에 실시할 것을 고려하고 있었다(『原敬日記』, 1919년 6월 10일). 이에 관해서는 신주백, 「일제의 새로운 식민지 지배 방식과 재조 일본인 및 '자치' 세력의 대응(1919~22)」, 『역사와 현실』 39, 2001, 45쪽 참조.

조선 말부터 대한제국기까지의 지방재정을 중심으로 근대화의 역사적 기반 및 경로, 성격을 규명하면 이상과 같다.

지방재정의 근대화는 전근대 시기 향촌사회에서 자율적으로 관리하던 지방재원이 국가권력에 의해 파악되고, 지방재정제도가 법제적으로 마련되는 가운데 지방행정기관 또는 지방자치단체가 그의 존립과 활동을 위해서 지방재정을 운영할 수 있도록 지방재정의 구조와 운영방식이 개편되는 것을 의미한다. 1894년 당시 지방재원이 국가재원에 못지 않게 많은 비중을 차지한 점을 감안한다면, 지방재정의 이러한 개편이 조세 부담자인 일반 민인과 지방사회에 미친 영향은 결코 적지 않다.

그런데 지방재정의 이러한 개편 과정에서 지나온 경로와 그 성격은 국가권력과 지방사회 주도층의 관계, 지방 사회 내부의 이해관계 및 자산가층의 정치경제적 요구에 좌우되었다. 특히 이 시기에 외세인 일제가 대한제국을 강점하여 자국 자본주의 질서에 편입시키면서 지방재원 관리방식과 지방통치체제는 자본주의 수탈체제 기반의 구축과 맞물렸다. 이 중에서도 무엇보다 한국인이 부담하는 지방적 조세의 형태 및 과세 방식과 함께 각급 지방공공단체의 세출 구조는 이 시기 지방재정의 경제·사회적 성격을 단적으로 반영한다.

이제 그 내용을 종합하고 의미를 파악하여 작업을 마무리하고자 한다.

조선 국가는 토지의 생산물과 인민의 노동력에 근간하여 재원을 마련하고 재정을 운영하였다. 그것은 부세제도와 함께 군현제에 의해 뒷받침되었다. 특히 군현의 기능이 부세의 징수와 상납에 집중되어 있어 정부는 각급 지방관아의 재정에 관심을 가졌다. 중앙에서 분급하는 아록전과 관둔전의 경우가 이를 잘 말해준다.

그러나 이러한 토지에서 나오는 수입은 수령과 이에 부수하는 최소 경비에 국한될 뿐 향리의 늠봉이나 기타 경비를 충당할 수 없었다. 그것은 지방관아 재정이 현물과 노동력 수취를 통해 자급하는 재정구조를 바탕으로 군현별로, 각소별로 분립하여 운영되었기 때문이다. 또한 사회운영방식이 자연경제, 신분제 및 재지 양반 중심의 향촌 권력구조를 바탕으로 마련되었기 때문이다. 따라서 군현 자체에서는 스스로 이러한 경비에 필요한 재원을 확보하여 물자를 조달해야 하였다. 이른바 '자판지공(自辦支供)'의 원칙이다. 이는 정부가 지방관아 재정에 적극적으로 개입할 수 없음을 의미한다.

조선후기에 들어와 이러한 제반 특성은 사회경제적 변동으로 말미암아 약화되면서 새로운 성격이 자리 잡기 시작하였다. 우선 대동법을 위시하여 균역법의 시행, 요역의 모립화(募立化) 등 부세제도의 개편이 이루어지면서 지방관아 재정도 인신적인 수취 내지 현물 위주의 수취 형태보다는 화폐 위주의 수취 형태에 근간을 두고 운영되었다. 다음 집권적 관료체제의 강화와 군사력의 증대 속에서 국가재정과 감·병영(監兵營) 재정이 증가하는 한편 군현 기구의 확대·분화가 이루어지면서 군현 경비도 증가하였다. 물론 이런 제반 요인들은 17·18세기 농업생산력의 발달에 따른 부세 부담 능력의 증가, 정치 안정과 관료제의 정비 위에서 근대국가로 이행할 수 있는 기반이 될 수 있었다.

그러나 19세기에 들어와 세출이 지속적으로 증대함에도 불구하고 세입은 감소 내지 고정되기에 이르러 국가재정과 지방관아 재정을 막론하고 재정난을 초래하였다. 이는 단지 일시적인 현상이 아니라 사회체제와 관련된 구조적인 위기였다. 하지만 세도정권은 재정개혁을 통해 이 위기를 해소하려 하지 않고 오히려 국가재정의 부족분을 지방관아 재정에 전가하는 방식으로 재정난을 모면하려 하였다. 따라서 지방관아도 자체의 유지를 위해 민인으로부터 또다시 수탈하여 이들의 부담을 가중시켰다. 그 결과 이런 문제가 1811년 평안도민란과 1862년 삼남민란으로 표출되었다.

지방재정의 이런 위기를 맞아 정부 관료층을 위시하여 재야 유자들이 구폐안들을 제시하였다. 우선 정부는 대부분 기존의 읍사례를 준수하는 가운데 수령 및 이서의 과외 수탈을 억제하는 읍사례준용안(邑事例準用案)을 제시하였다. 노론 집권 관료의 경우, 지방관아 재정의 위기를 수령과 이서의 자의적인 수탈에서 원인을 구하였다. 이들은 재발을 방지하기 위해서는 관찰사의 감독 강화와 읍사례의 준용이 강조되어야 한다고 주장하였다. 이에 반해 남인 계열의 유자들은 지방제도 개혁을 주장하는 가운데 읍 경비 배정안을 제시하였다. 우선 정약용은 정전제의 시행을 염두에 두고 이서들의 늠봉을 비롯한 각종 경비를 국가에서 획정하여 지급할 뿐만 아니라 지방제도개혁을 통해 고을의 결호수(結戶數)에 비례하는 지방경비분을 설정할 것을 주장하였다. 또한 이진상도 정약용의 주장과 매우 유사한 읍 경비 배정안을 제시하였다. 다만 그의 경우는 정약용과 달리 토지개혁보다는 경무법의 실시와 세수의 정확한 파악에 중점을 두었다. 이런 구폐안들은 이처럼 각각 관인·유자들의 처지, 학문적 전통 및 현실 인식에 따라 제시된 것이며 이후 지방재정개혁에 영향을 미쳤다.

　국교 확대 전후 정부는 지방재정난 타개를 시도하였다. 지방재정난은 좌시할 수 없을 만큼 심하였던 것이다. 먼저 평안도는 칙수(勅需) 부족 사태가 심각하였다. 그것은 세도정치하 평안도 재정난에서 비롯된 문제로 기존의 대청(對淸) 관계까지 파급되었기 때문이다. 대원군 정권으로서는 시급히 해결해야 할 사안으로, 평안도의 환곡을 혁파하고 토지에 돌리는 '파환귀결(罷還歸結)'을 단행하였다. 이는 단순히 환곡의 폐단을 제거하는 데 있지 않았다. 경각사(京各司)의 불합리한 수탈 방식을 일소함으로써 평안도 재정을 안정시키는 한편 결호세를 중심으로 파악하여 세입·세출을 정액화함으로써 평안 감영이 각 군현 재정을 통제하고 감독할 수 있는 여건을 마련하였던 것이다. 이른바 '관서례(關西例)'의 시행이다.

　정부의 이런 방침은 1870·1880년대 함경도 재정개혁에도 적용되었다. 특히 러시아의 남하와 함경도민의 월경 속에서 구체화되었다. 정부는 이런 문제의 근본 원인을 함경도 재정의 파탄에서 구하였다. 1876년 김유연이 6진 환곡을 혁파하고 토지에 돌리는 '육진례(六鎭例)'를 시행한 것은 이러한 사정과 '관서례' 시행의 경험에서 연유하였던 것이다. 그리고 1883년 '계미사례'의 마련으로 지방재정개혁이 본격화되었다. 즉 어윤중이 단행한 함경도 재정개혁으로, 그 골자를 보면 환곡의 '파환귀결'을 시발로 영납(營納) 및 읍용의 정액화 및 각소별 분립운영방식의 폐기 등을 담고 있다. 이로써 그것은 환곡제 개혁에 그치지 않고 결호세를 중심으로 지방재정구조 및 운영방식을 포함한 지방재정 전반을 개혁하였던 것이다. 또한 정부의 근대화 방략 및 청·러와의 국경 문제 등이 고려된 가운데 단행되었다는 점에서 서구열강의 침략과 위기의식 속에서 근대체제에 적응하려는 노력이 본격화되었음을 보여준다 하겠다.

한편, 정부는 삼남의 경우에도 암행어사 등을 파견하여 구폐 방안의 마련에 주안을 두었다. 비록 서북의 경우와 사정이 다르나 위기의 심각성은 마찬가지였기 때문이다. 여기서는 결가의 증가와 민고(民庫)의 남하(濫下) 등이 주된 교혁 대상이었다. 그래서 정부는 지방관아 재정의 실태를 파악하여 결가를 획정하거나 수령과 이서에 대한 처벌을 강화하여 과외 수탈을 방지하려 하였다.

정부의 이런 방책에도 불구하고 군현에서는 제대로 이행되지 않아 민란이 빈발하였다. 민란은 삼정의 폐단뿐만 아니라 지방관아 재정의 위기로 야기되었던 것이다. 정부는 이러한 민란에 대응하여 삼정 문제뿐만 아니라 민고의 이정(釐整), 상정가(詳定價)의 조정 등을 통해 해결하려 하였지만, 국교 확대 이후 국가재정이 확대되어가는 속에서 실효를 거둘 수 없었다. 그러나 이러한 이정 노력은 지방재정 문제에 대한 인식을 심화하고 개혁 방안들을 강구하는 계기로 작용하였다.

정부는 갑오개혁을 전후하여 지방재정개혁을 본격화하였다. 그 방안의 하나는 재래의 읍 경비 배정안을 계승하여 기존 읍사례 위주의 지방재정을 해체하고 중앙정부에 이속시키는 것이고(1방안), 또 하나의 방안은 서구의 지방세 제도를 적극적으로 도입하여 지방재정을 개혁하는 것이었다(2방안).

　전자는 국가가 모든 재원을 장악한 가운데 지방경비를 중앙정부에서 배정하는 것이다. 이 방안은 이전부터 유형원과 정약용을 비롯한 남인학자들의 구상과 '계미사례'를 거쳐 구체화하였다. 또한 19세기 이래 농민운동의 발전과 1894년 농민전쟁에서 보인 농민군의 요구를 일부 수렴한 것이었다. 이는 지방재원을 결호에 설정하고 정액화함으로써 지방재정의 다양한 구조와 분립적인 운영방식을 불식시키고 대신 통일적인 구조와 집중적인 운영방식을 수립하고자 한 방안이었다. 이후 이것은 갑오개혁기에 어윤중, 박정양 등 온건개혁론자의 지방재정개혁 방안으로 발전하였으며 광무개혁기에는 지방재정개혁 방안의 기본으로 자리 잡았다.

　이에 대해 후자는 국가법체계에 입각하여 중앙정부의 재원과 지방관청의 재원을 세목별로 구분하여 재원의 효율적인 활용을 기하면서 국가의 지방재정에 대한 부담을 지방과 분담한다는 지방세제 방안이었다. 이는 1881년 조사시찰단(이른바 신사유람단) 파견을 계기로 국내에 소개되었고, 이후 박영효 등 급진개화론자들의 지방자치제론과 관련하여 절실하게 고려되었다. 특히 이들 급진개화론자는 지방자치제를 입헌군주제의 근간이라 여겨 많은 관심을 가졌다. 그 결과 제2차 김홍집 내각에서 내부대신 박영효의 구상을 거쳐 독립협회의 지방재정개혁 방안으로 발전하였으며 통감통치기에는 문명계몽 계열의 지방자치제론에서 적극 개진되었다.

　이 두 방안은 온건개혁론자와 급진개화론자의 노선상 갈등과 일본의 간섭 정도 등 여러 여건에 따라 시행상 차질을 빚거나 상호 착종되기도 하였다. 갑오개혁에 이런 모습이 두드러진다. 김홍집 내각에 참여한 정치세력이 다양하여 그만큼 개혁 방안도 각각이었던 것이다.

개혁 과정과 내용을 크게 세 단계로 구분할 수 있다.

1단계는 1894년 6월 일본군의 경복궁 점령 및 군국기무처 설치 이후 제2차 김홍집 내각 초반(1894년 11월~1895년 2월)까지로 어윤중 등 온건개혁론자들이 전통적인 지방경비 배정론인 1방안에 입각하여 지방재정개혁을 추진하였던 시기이다. '경기각읍신정사례'는 그 소산으로서 전국으로 확대되어 '갑오신정사례' 또는 '탁지부신정사례'로 발전하였다. 골자는 국가가 지방관청의 봉급과 경비를 배정하는 것이었다. 또한 정부의 주도하에 새로운 향회를 두어 향촌민의 성장을 보장하고 이향(吏鄕)의 수탈을 방지하려 하였다.

2단계는 이노우에가 1894년 10월 전권공사로 부임하여 조선의 '보호국'화를 획책하면서 조선 내정에 본격 간섭하다가 1895년 4월 삼국 개입을 거쳐 박영효가 일본에 망명하는 윤5월까지로 박영효가 내부대신으로서 일본의 지방제도를 본떠 23부제를 시행하면서 지방세제 방안을 구상하였던 시기이다. 2방안인 셈이다. 이때 박영효와 일본은 군현 통폐합 및 이속 도태를 통해 지방경비를 절감하는 한편 입헌군주정 및 자산가 위주의 지방자치제 시행을 염두에 두고 이 방안을 강구하였다. 이 방안은 삼국개입 이후 국왕을 비롯하여 반일세력의 기세가 고조되고 징세 기구 또한 정비되지 않아 곧바로 실행할 수 없었으나 급진개화론자 및 일본이 궁극적으로 시행하려 했던 것인 만큼 통감통치기에 전면 실행에 옮겨졌다.

3단계는 일본이 을미사변을 일으켜 세력을 만회하여 제4차 김홍집 내각을 구성한 1895년 9월부터 1896년 1월 아관파천까지의 시기이다. 이때는 비록 일본이 세력을 만회하였지만 반일 관료 세력의 존재 및 민인들의 반발에 부딪혀 이전과 달리 조선 내정에 적극 관여하지 못하였다. 그리하여 이전에 시행하려 했던 관세사(管稅司), 징세소(徵

稅所) 설치를 보류한 채 어윤중이 또다시 탁지부대신이 되어 이미 시행한 '신정사례'에 바탕하여 각 군 경비 배정제도를 시행하였다. 1895년 9월 공포된 '각 군 경비 배정'이 그것으로서 재래의 읍 경비 배정론을 계승 발전시켰다. 다시 1방안으로 회귀한 셈이다. 즉 전결수에 따라 각 군의 등급을 나누고 이에 따라 각 군의 봉급과 경비를 차등 배정하였으며 정부 차원에서 군의 관속 조직을 규정함으로써 수입과 지출을 통제할 뿐만 아니라 군 이하의 지방조직을 장악할 수 있는 여건을 조성하였다. 이는 제1차 지방제도 개혁의 가장 주요한 내용이다.

갑오개혁기의 지방재정개혁은 이처럼 정국 변동과 추진 주체의 성격에 따라 여러 갈래로 진행되었으나 결국 전통적인 개혁 방안인 지방경비 배정제도가 수립되기에 이르러 광무개혁기 지방제도 개혁의 근간이 되었다.

광무정권은 '구본신참'을 원칙으로 하여 외세 의존을 불식시키면서 주권국가를 건설하려 하였다. 일본에 의해 훼손된 황제의 권위를 세워 국권을 강화하고 근대 서양의 법과 사상 등을 적극 수용하여 개혁을 지속하려 했던 것이다. 또한 정부는 어윤중 등 온건개혁론자가 추진했던 지방제도 개혁의 방향을 그대로 이어받아 지방경비 배정제도를 확립하는 동시에 지방경비의 축소를 시도하였다. 13도제의 시행과 군(郡) 경비의 감축은 이를 잘 말해준다. 뿐만 아니라 정부는 향장제(鄕長制)를 시행하였다. 즉 향장제는 민인의 성장을 수용하여 이들 민인을 향회에 참여시키는 동시에 향장이 국가관료로서 여기에 적극 참여하여 국가의 집권력을 지방사회에 관철시키는 제도였다. 제2차 지방제도 개혁이다.

한편 정부의 이러한 지방제도 개혁은 이향층을 비롯한 보수층의 반발을 초래하였다. 그들은 징세조직에서 배제되어 기득권을 상실하였기 때문이다. 그들은 정부의 지방제도 개혁 방침을 무시하고 기존 지방관아의 각소(各所)들을 그대로 두고 지방경비를 예전대로 염출하거나 자기들의 늠료로 차지하여 지방경비 운용의 난맥을 야기하였다. 심지어 결호전 상납을 건체하거나 포흠하여 국가재정의 위기마저 가져왔다. 결국 이런 폐단은 민에게 전가되어 민란을 초래하기도 하였다.

대한제국을 둘러싸고 러시아와 일본이 각축전을 벌이고 만민공동회 등 입헌군주파가 대한제국을 타도하려는 가운데, 정부는 '구본신참'의 원칙을 고수한 채 부국강병을 실현하고자 하였다. 그리하여 내장원(內藏院) 주도의 식산흥업정책(殖産興業政策)을 추진하는 한편 원수부(元帥府) 중심의 군사력을 강화시켜 나아갔다. 또한 정부는 지방행정의 근대화에 진력하였다. 즉 군수 등 지방관리의 임면규칙(任免規則)을 제정하고, 무명잡세를 혁파하며, 향장제를 통해 향회를 통제하고, 지방경비 운용제도 등을 마련하였던 것이다. 그 결과 일종의 헌법인 '대한국 국제(大韓國 國制)'의 제정에 이르러서는 지방행정의 개혁을 법제적으로 뒷받침할 수 있기에 이르렀다.

대한제국의 이러한 개혁 노선과 노력은 일본이 러일전쟁에서 승리하면서 좌초되었다. 러일전쟁은 세계제국주의가 벌인 동아시아 분할경쟁의 종점으로 일본은 영·미의 지원을 받아 러시아를 이기고 제국주의로 발돋움하였고, 대한제국은 '보호국'으로 전락하였던 것이다. 우선 일제는 한국 통치의 정치경제적 기반을 확보하기 위해 국가재정 및 금융기구를 장악하였다. 또한 지방제도를 정리하고 지방세제(地方稅制)를 시행하고자 하였다. 그 목표는 지방행정비의 절감과 조세 수탈에 각각 두었다. 그러나 전자가 이향층을 비롯한 한국인의 반발에 부딪혀 실시되지 못하자, 후자에 초점을 맞추고 지방개발과 지방자치제 실시를 명분으로 시행하려 하였다. 1906년에 공포된 「지방세규칙」도 그러한 맥락에서 나왔다. 이러한 규칙의 실행 목표는 국가재정의 지방경비에 대한 부담을 지방으로 전가시킴으로써 국고 부담을 줄이는 동시에 지방자치제의 실시를 내걸고 수탈을 위한 제반 사회경제체제의 토대를 구축하는 데 있었다. 이에 필요한 세원은 한국 주민에게서 구했다. 이 점에서 일제의 지방세제 시행은 조세 수탈을 위한 자본주의적 재정체계의 수립이었던 것이다.

일제의 이러한 계획은 의병전쟁을 필두로 일어난 한국인들의 대대적인 반일 투쟁과 징수기구의 취약성으로 말미암아 실행되기 어려웠다. 1907·1908년을 거쳐 1909년에 가서야 일제는 의병전쟁을 압살한 위에서 징세기구를 장악하고 황실재정을 해체할 수 있었던 것이다. 더욱이 「지방세규칙」이 규정한 지방세 종목이 한국의 경제 사정과는 동떨어졌음도 주된 요인이었다. 그러나 일제는 러일전쟁 이후 자국 내 인플레를 해결하기 위한 재정긴축을 취했기 때문에 한국 경영비를 계속 투자할 수 없는 처지였던 데다 한국인들의 반일 투쟁에 맞서 통치 비용을 더욱더 증가시켜야 했다. 일제로서는 조세 증수가 절실하였다. 따라서 1909년에 들어오면 이른바 삼세정책(三稅政策)을 통해 조세를 증수하는 한편 지방세제의 시행에 진력하였다.

통감부는 1909년 4월에 「지방비법」을 공포하였다. 그리하여 「지방세규칙」의 기본 방침을 그대로 계승하면서 부가주의(附加主義) 방식을 가미함으로써 안정된 세원을 확보하게 되었다. 농촌 소상인에 부과하는 시장세에다가 지세부가세와 호세부가세 및 포사세도 포함되었던 것이다. 또한 그것은 1906년 「지방세규칙」에 다소나마 잠재했던 지방자치적 요소마저 완전히 거세하였다. 지방세는 일종의 국세였던 것이다.

한국인들은 일제의 이러한 지방세제 시행에 대해 계급·계층에 따라 노선을 달리하면서 상이한 움직임을 전개하였다. 우선 자강론자의 대부분은 지방자치론의 연장선에서 이해하여 지방자치의 재정 기반으로 인식하는 경향이 짙었다. 특히 문명계몽 계열 인사들은 이러한 인식에 기반하여 일제의 지방세제 시행을 적극 수용하려 하였다. 이런 태도는 신채호(申采浩)를 비롯한 국수보전 계열의 인사들도 당초에는 그러하였다. 그러나 그 내용은 달랐다. 전자는 문명계몽이자 입헌 군주제의 실현으로 이해하여 일본의 정촌제를 그대로 이식하고자 했던 데 반해, 후자는 문명계몽론자와는 달리 전통적인 맥락에서 자치제를 구현하려고 하였다.

그러나 이러한 추세는 「지방비법」이 발효되어 시장세 징수가 본격화하자 돌변하였다. 1909년 10월을 기점으로 하여 시장 상인들의 대대적인 시장세 반대 투쟁이 일어나면서 지방세제에 대한 인식이 바뀐 것이다. 무엇보다도 일본 상품의 침투로 한국인 소상품 생산자들이 몰락하는 가운데, 조세 수탈이 가중되고 반일의식이 고양되었기 때문이다. 평안도 순천(順川)의 경우는 시장관리인에 대한 공격에 그치지 않고 일제의 수탈 기구인 재무서, 우편국, 경찰서를 습격하고 일본인 상점을 불태울 정도였다. 국수보전 계열의 인사들은 이를 계기로 지방세제의 수탈성을 인식할 수 있었다. 즉 이들은 시장세 반대 투쟁을 목도하면서 근대주의적 인식틀을 극복하고 경제적 공동체로서의 민족을 발견하기에 이른 것이다. 조세 수탈론이 그것이다. 즉 이들 지방세는 지방자치와 무관할뿐더러 일본인의 수중에 귀속되어 한국 중소 상인을 몰락시킨다는 것이다. 그리하여 이들은 시장 상인들에게 반제 항일 논리를 제공하는가 하면 봉기를 고무하는 논설들을 실어 시장세 반대 투쟁에 적극 관여하였다. 또한 시장세 반대 투쟁에 참가한 중소 상인들도 「지방비법」의 이러한 특징을 인식하고 투쟁을 전개해나 갔다. 그러나 일제의 폭력적 탄압으로 말미암아 시장세 반대 투쟁은 1910년 4월을 마지막으로 수많은 사상자를 내고 강제 진압되었다.

일제는 1910년 대한제국을 강점한 이후에도 지방재정정책의 이러 한 기조를 유지하였다. 즉 수탈체제의 기반 구축을 목표로 삼고 각급 지방재정 세출을 지방통치의 안정과 함께 국가사무의 일종이라 할 사 회간접자본시설의 확충에 맞추었다. 이 중 지방통치비의 경우, 일제 의 통치정책에 적극 협력할 면장 등을 적극 포섭할뿐더러 면사무소의 운영에 필요한 경비가 제도적으로 확보되어야 했다. 또한 사회간접자 본시설의 경우, 농업 기반시설을 비롯한 도로, 항만, 수도 등의 설치 에 필요한 경비가 포함되었다.

따라서 도 단위의 지방비와 함께 면 단위의 재원 확보에 힘을 기울 였다. 전자가 이미 1909년에 제정된 「지방비법」이라면, 후자는 「면에 관한 규정」(1910)이었다. 나아가 일제는 부와 면의 법인화를 통해 각 급 지방공공단체의 세입을 안정적으로 확보함은 물론 재산을 소유하 고 사업을 경영할 수 있게 함으로써 이른바 사회간접자본시설 설치에 필요한 재원을 신속하게 부와 면 차원에서 발굴할뿐더러 국고 부담 을 대폭 줄이려 하였다. 물론 면의 경우는 자치권이 부여된 법인이 아 니라 중앙 업무를 위임받아 재산을 소유하거나 사업을 시행하는 권리 가 부여된 법인에 지나지 않았다. 그러나 이러한 방안마저도 본국 정 부의 반대와 조선총독부 당국의 소극적 자세로 인해 곧 폐기되었다. 90% 이상 거주하는 한국인 주민들의 참여를 제한적이라도 개방함에 따라 야기되는 한국인들의 정치사회 활동을 우려하였기 때문이다. 또 한 토지조사사업이 완료되지 않아 면세(面勢)의 불균등성이 조정되기 어렵다는 일제의 판단도 법인화를 포기하는 요인이 되었다.

그리하여 일본인이 많이 거주하는 부의 경우는 법인화를 추진하되 면의 경우는 법인화를 포기하고 「면제」 제정을 위한 기반 조성에 관심을 기울였다. 1913년 4월에 제정된 「면경비부담방법」은 「면제」 제정에 앞서 면 부과금을 제도적으로 징수할 수 있는 법적 근거였다. 이제 일제는 군 단위를 넘어 면 단위까지 장악하는 가운데 국세 및 지방비 부과금의 징수 수수료, 면 소속 재산 수입 위주의 면 재정에서 벗어나 면민에게 지세 또는 호세를 과표의 기준으로 삼아 부과할 수 있는 면 부과금 위주의 면 재정으로 나아가기 시작하였다. 아울러 일제는 일관되고 지속적으로 동리유재산을 일제의 통제가 미치는 면유재산으로 전환하였다. 이는 면 세입을 면민과 동리민으로부터 매년 안정적으로 확보하는 한편 동리 단위 사업의 경제적 기반을 해체시켜 조선 통치의 물적 기반으로 전환해갔음을 의미한다.

또한 일제는 면 주민들의 노동력을 무상으로 동원함으로써 도로 수축 사업에 필요한 많은 경비를 대폭 절감하였다. 따라서 공식적으로 잡히지 않은 노동력 동원을 도 지방비나 면 세입에 포함시킨다면, 토목비는 공식 통계상 경비의 1.5배에 달할 것이다. 이는 일제가 사회 간접자본시설을 확충하는 데 필요한 경비를 최대한 절감하기 위해 면 단위 한국인 주민들에게 전가시켰음을 의미한다.

반면 일본인이 다수 거주하는 부의 경우는 면의 경우와 달리 부세 부담이 거류민단 시절에 비해 오히려 감소되거나 비슷하였다. 심지어 1914년 「부제」를 시행하는 과정에서 거류민단의 학교 재산을 일본인 학교조합의 재산으로 전환한 데 반해 부채는 부에 승계함으로써 일본인 세대의 부담을 대폭 줄여주었다. 나아가 토목, 산업 분야에 걸쳐 사회간접자본시설이 일본인 거주 지역에 설치되면서 많은 혜택을 입었으며 이후 일본인들의 성장을 촉진하였다. 이는 일제가 강점 이전부터 자국 국민을 조선 통치의 거점으로 삼아 조선을 일본화하려는 구도 속에서 자국민의 척식 활동을 지원하고 그들로부터 지지를 끌어내려는 의도와 맞물려 있다.

한편, 일제는 본국 정부의 디플레 재정정책에 따라 보충금이 매년 체감(遞減)되자 '재정독립계획'을 수립하고 1914년부터 적용하여 1919년에는 본국으로부터 보충금을 지원받지 않는다는 방안을 마련하였다. 이에 지세를 비롯한 여러 세목의 국세를 증수하는 가운데 지방재원을 발굴하고 세수로 연결시키고자 하였다.

그 결과 1910년대 중반을 지나면서 지방비가 급증하는 가운데 부비는 「부제」의 실시에도 불구하고 감소한 데 반해 면비는 「면제」의 실시를 계기로 대폭 증가하였다. 1917년 대비 1919년 지방비, 부비, 면비를 비교하면 각각 1.70배 1.24배, 2.16배였다. 이는 일본인이 다수 거주하는 부의 부세가 점차 증가한 데 반해 한국인이 다수 거주하는 면의 부담금이 급속하게 증가하였음을 보여준다. 물론 이러한 증가율이 한국인과 일본인의 부담액 절대 크기를 반영하지는 않는다. 오히려 일본인이 자산 소유와 소득 규모 면에서 한국인에 비해 월등하기 때문에 조세 부담액이 훨씬 크다. 그러나 빈민과세적 성격의 지방적 조세와 과세방식이 부담 증가율의 측면에서 이러한 격차를 초래하는 주요 요인임을 감안할 때, 이러한 차별적 지방세 구조는 한국인의 성장을 제약하고 이후 면 부담금의 증가를 원천적으로 담보할 것임을 예고한다 하겠다.

또한 부에 거주하는 일본인들은 제한적이나마 부협의회에 참여하여 자신들의 요구를 일부 관철시킬 수 있었던 반면 대다수가 면에 거주하는 한국인들은 협의회조차 없는 가운데 조선총독부의 요구를 전달하는 면장의 영향권 아래에 있었다. 그리하여 과세 방식의 이러한 모순은 1919년 3·1운동을 통해 분출되었다.

조선 말부터 일제 강점 초기에 걸쳐 이루어진 지방재정의 근대식 개편은 이처럼 정치 주도 세력의 정치체제 구상 및 추진 방식, 대내외적 여건 등과 맞물려 시기마다 단계마다 상이하였다. 우선 근대개혁기에는 이러한 근대식 개편이 역사적 전통과 연계하여 지방제도 차원에서 자주적으로 주권국가의 물적 기반을 조성하는 과정에서 이루어졌다. 반면 1905년 을사늑약 이후에는 근대식 개편의 이러한 방향과 노력이 일제의 침략으로 부정되고 좌절되는 가운데 오로지 일제와 일본 자본주의의 자본 축적 요구를 적극 수용하여 수탈 재정구조의 토대를 구축하는 과정에서 이루어졌다. 이는 한국이 일제의 한 지방으로 전락하는 과정을 의미한다. 일제 강점기에 여러 대소 저항이 연속하고 민족운동이 폭발하는 것은 모두 전자의 선상에서 재래하는 것이었다.

근대 중국·일본의 지방자치론과 한말의 지방자치 문제

1. 서언

19세기 후반에서 20세기 초 조선, 중국과 일본은 제국주의 열강의 침략과 중화제국질서의 붕괴 속에서 국민국가 수립운동을 통해 체제 모순을 해소하고 근대사회를 건설하려 하였다. 이는 사회경제 개혁과 함께 중앙집권화의 실현 및 국민의 창출이 관건이었다.

그런데 동아시아 삼국에서 근대국가체제의 수립 방식과 내용은 정치체제의 전통, 내적 여건 및 외압의 정도 등 여러 요인에 의해 각각 달랐다. 이러한 특징은 공히 지방자치운동에도 여실히 반영되었다. 즉 정체논쟁(政體論爭)과 마찬가지로 지방자치 논의도 양상, 방향 및 역사적 위상이 달랐던 것이다. 실제 청일전쟁을 이은 러일전쟁을 계기로 조선과 청은 각각 이른바 식민지와 반식민지로 전락한 데 반해 일본은 제국주의로 성장함으로써 그 양상은 매우 판이하게 전개되었다. 즉 조선은 국권과 민권의 상실로, 중국은 군벌할거(軍閥割據)로 대표되는 집권주의와 분권주의의 대립으로, 그리고 일본은 천황제를 부지하는 지방자치제의 수립으로 나타났다.

필자는 그간 한말의 지방자치 문제를 검토해오는 과정에서 이것이 한국사 전반의 맥락 속에서 중·일 양국의 지방자치론과 연계하여 전 개되어왔음을 확인하면서 동아시아 삼국의 제반 여건과 역사 전개 과 정을 배려한 가운데 이를 정리할 필요를 절감하였다.

우선 중국과 일본에서 지방자치론이 어떤 정치이념적 기반 위에서 전개되었는지, 그리고 그 내용과 의미가 무엇인가를 검토하고자 한 다. 다음 일제에게 주권을 상실할 위기에 처했던 조선에서 지방자치 논의가 전통에 어떻게 축을 두고 중·일의 지방자치론과 연계되어갔 는지 그리고 그 귀결이 지니는 의미는 무엇인지를 구명하고자 한다. 따라서 이 문제를 소기대로 정리한다면 한말 지방자치론의 특질과 그 한계를 분명하게 드러낼 수 있으리라 본다.

다만 접근 방법상 중·일 양국의 지방자치제론과 연계하여 역사적 경험을 다루다 보니 내용상 각국이 처한 조건 및 발전 방향과 관련하 여 미처 천착하지 못하고 과도하게 일반화한 측면이 적지 않다. 이 점 은 차후 보완하여 동아시아 근대사의 전개 방향과 성격을 규명하는 일환으로 삼고자 한다.

2. 청말 변법파·입헌파의 지방자치 논의와
  신사자치론(紳士自治論)

중국에서 지방자치 논의는 청일전쟁 이후 변법파(變法派)가 중앙과 호남성(湖南省)에서 무술개혁(戊戌改革)을 추진하면서 본격화하였다.

강유위(康有爲)는 입헌군주제의 실현에 목표를 두고 새로운 중앙행정기구를 설치하는 한편 지방에 신사(紳士)가 참여할 수 있는 신정국(新政局)의 개설을 요구하였다.[1] 그것은 기존의 향권(鄕權)을 국가 차원에서 제도화함으로써 신사가 향촌사회에서 헤게모니를 장악할 수 있는 동시에 중앙정국에서 입지를 확보하고자 한 의도에서였다. 그러나 무술개혁이 변법에 목표를 두고 추진되었다는 점에서 이러한 지방자치 요구는 개혁의 일환이기도 하였다.

이러한 방안은 무술개혁 이전 강유위의 제자 양계초(梁啓超)가 호남성에서 개혁운동을 통해 이미 구체화하였다. 중심기관은 신사 주도의 남학회(南學會)로 신사의 정치 참여를 목표로 하였다.[2] 그 동인은 청일운동 후의 '과분(瓜分)'에의 위기와 '난민(亂民)'의 위협으로부터 신사의 기득권을 보위 내지 강화하려는 것이었다. 특히 호남성이 태평천국의 주요 거점이었다는 점에서 신사들의 위기의식과 타개책에 대한 고민은 더욱 두드러졌던 것이다.[3] 요컨대 양무운동(洋務運動)이 부국강병의 기치 아래 국가권력의 통일성과 효율성에 비중을 두었다면, 변법운동(變法運動)은 신사층의 정치 참여 확대와 향촌지배의 강화에 초점을 두었다 하겠다.

그런데 이러한 지방자치운동의 방향과 성격을 이해하기 위해서는 이 운동의 이념적 기반을 살펴볼 필요가 있다. 그것은 크게 두 계통으로 나누어 볼 수 있다.

---

1) 閔斗基, 『中國近代改革運動의 研究―康有爲中心의 1898년 改革運動―』, 一潮閣, 1985, 191쪽.
　尹惠英, 「變法運動과 立憲運動」, 『講座 中國史 Ⅵ』(서울大學校 東洋史學研究室 편), 지식산업사, 1989, 22쪽.
2) 閔斗基, 위 논문, 57~63쪽.
3) 위와 같음.

하나는 이 시기 서구 제도의 수용과 관련하여 입헌군주제와 지방자치론에 근간을 두었다.[4] 서양이 부강해진 방법은 (지방) 의정원(議政院)을 통해 상하의 정(情)이 통하는 데 있다고 보았음에 잘 드러난다.[5] 또한 강유위가 일본 문헌을 통해 서구의 지방자치를 접했음도 유의할 만하다.[6] 물론 그것은 이 시기 서구의 입헌군주제, 즉 군민공치제(君民共治制)를 선호한 점과 맥락을 같이했다.[7] 입헌군주제의 사회적 기반으로 여겼던 것이다.

또 하나는 중국 전통의 봉건론에 기반을 두었다.[8] 실상 신사들이 구상한 지방자치제는 이것이었다. 즉 중국 전통의 봉건지지론자라 할 황종희(黃宗羲)와 고염무(雇炎武)의 봉건론이 적극 모색되었다.[9] 황종희는 『명이대방록(明夷待訪錄)』 「원신(原臣)」에서 다음과 같이 군주와 신하가 공동으로 천하의 인민을 다스려야 한다고 역설하였다.

대저 천하를 다스리는 것은 마치 커다란 나무를 끄는 것과도 같다. 앞에 있는 사람이 '어기' 하면 뒤에 있는 사람이 '영차' 하는 것과 같다.[10]

---

4) 梁啓超, 『飮氷室文集』 四, 「商會議」, 臺灣中華書局, 1960.
   '商會者何 欲採泰西地方自治之政體 以行於海外各埠也'
5) 陳 虬, 「東遊條議」, 『治平通義』; 閔斗基, 『中國近代史研究—紳士層의 思想과 活動—』, 一潮閣, 1973, 248쪽에서 재인용.
6) 閔斗基, 앞 책, 1973, 260쪽; 李浩賢, 「淸末 地方自治의 實施背景과 財政—上海와 天津事例의 比較—」, 『中國學論叢』 18, 2004, 479쪽.
7) 鄭觀應, 『盛世危言』 1, 「議院」.
   '君主者 權偏于上 民主者 權偏于下 君民共主者 權得其平'
8) 이에 관해서는 閔斗基, 「淸代 封建論의 近代的 變貌—淸末地方自治論으로의 傾斜와 紳士層—」, 앞 책, 1973.
9) 위와 같음.
10) 『明夷待訪錄』, 「原臣」.
   '夫治天下猶曳大木然 前者唱邪 後者唱許 君與臣 共曳木之人也'

이른바 군신공치론이다. 그리고 이러한 군신공치는 집권성을 전제하면서도 그 원리는 봉건임을 주장하였다.[11] 그래서 강유위는 '대저 지방자치는 옛날의 봉건이다'라고 하였다.[12] 또한 황준헌(黃遵憲)이 '군현제의 폐해를 제거하여 봉건세가(封建世家)의 이익이 얻어져 이것을 일부(一府) 일현(一縣)에서 성(省)으로, 일성에서 천하에 미쳐 가는 것에 의해 공화(共和)의 치(治)가 실현될 수 있다'고 한 것은 이 때문이었다.[13] 당연히 자치의 주도자는 신사였다. 그런 점에서 이들 신사가 말하는 '민권(民權)'은 '신권(紳權)'이었던 것이다. 그리고 이를 역사의 법칙이고 필연이라고 하였다. 강유위가 지방자치제를 천리(天理)이자 자연의 세(勢)로 파악했음도 이 때문이었다.[14] 봉건이란 말은 이 같은 지방자치제를 함의하였다. 그런 맥락에서 양계초가 지방자치제는 서양에만 있는 것이 아니라 중국도 본디 존재하였다고 주장하였음은 당연하였다.[15]

다른 한편 이러한 자치운동을 비판하는 주장도 적지 않았다. 청류파(淸流派)의 영수인 장지동(張之洞)의 경우,[16] 민권설을 비판하면서[17]

---

11) 『明夷待訪錄』, 「原法」.
   '其所謂法者 一家之法 而非天下之法也 是故秦變封建而爲郡縣 以郡縣得私於我也'
12) 張柟·王忍之 編, 『辛亥革命前十年間時論選集』 卷一 上冊, 「公民自治編」.
   '夫地方自治 古之封建也'
13) 『湘報類纂』, 「黃公度廉察第一次 第二次講義」.
14) 주 12)와 같음.
   이와 관련하여 溝口雄三, 「中國において『封建』と近代」, 『方法としての中國』, 東京大學出版部, 1989 참조.
15) 『飮氷室文集』 四, 「商會議」, 臺灣中華書局, 1960.
   '地方自治者 民生自然之理 不獨西國有之 卽中國亦固有之'
   『飮氷室文集』 三, 「論中國人種之將來」, 臺灣中華書局, 1960.
16) 張之洞의 생애와 활동에 관해서는 馬東玉, 『張之洞大傳』, 遼寧人民出版社, 1989 참조.
17) 張之洞, 『勸學篇』, 「正權」.

의회 개설을 거부하였다.[18] 심지어 장지동은 강유위와 양계초의 무술 변법운동을 천하를 어지럽히는 난동으로 파악했다.

지금 강유위와 양계초가 쓰는 바로써 세상을 미혹하게 하는 것은 민권 이요 평등일 따름이라. 시험 삼아 묻건대 권력이 이미 아래에 많다면 나라 는 누구와 더불어 다스리며 백성이 자주할 수 있다면 임금도 무엇을 할 것 인가. 이것이 천하를 이끌어 혼란케 하는 것이다.[19]

그러나 그의 이런 주장은 단지 보수파의 견해를 대변한 것은 아니 었다. 민권이 난을 불러 일으켜 교안(敎案)을 야기함으로써 외국에게 빌미를 주어 국가를 망하게 할 것이라 우려했기 때문이다.[20] 그 역시 변법을 구상하였고 심지어 양무운동을 비판하면서 이러한 변법이 사 민의 협조를 받지 못할 경우, 실패할 수밖에 없다고 토로할 정도였 다.[21] 이런 점에서 장지동이 민권을 전면 부정한 것은 아니었다. 다만 그는 국권, 관권 아래 민간의 공론을 펴는 것을 민권의 본뜻으로 파 악하고 민이 권력을 장악하여 군권·관권에 대항하거나 어지럽히는 것을 비난하였던 것이다.

'民權之說 無一益而有百害'

18) 위와 같음.

'但建議在下 裁奪在上 庶乎收斂群衆之益 而無沸羹之弊 何必襲議院之名哉'

19) 『翼敎叢編』 4.

'今康梁所用以惑世者 民權耳 平等耳 試問 權旣下多 國誰與治 民可自主 君亦何 爲 是率天下而亂也'

20) 『勸學篇』, 內篇 「正權第六」.

21) 『勸學篇』, 外篇 「變法第七」.

이와 관련하여 張義植, 「淸末 張之洞(1837-1909)의 中體西用論과 敎育思想—『勸 學篇』을 중심으로」, 『歷史學報』 147, 143~148쪽; 姚傳德, 「張之洞의 『勸學篇』 분 석」, 『中國史硏究』 64, 2010, 134~135쪽 참조.

또한 변법파와 이후 나온 입헌파가 구래의 봉건론을 그대로 적용하지도 않았다. 그것은 제도화뿐만 아니라 통일화가 뒤따라야 했기 때문이다. 이것이 전근대 봉건론과 근대 지방자치론의 차이인 것이다. 양계초는 「상회의(商會議)」에서

> 이른바 확충의 방법은 무엇인가. 지방자치제는 우리 중국에 본래 있었던 바로 앞에서 이미 언급하였다. 그러나 서양 국가와 다른 것은 서양인들의 향부(鄕埠) 자치는 그 규칙과 제도가 모두 획일하여 일정함이 있으며 늘 다른 향부와 연계되어 하나의 기운이 되고 맥락이 관주(貫注)하여 흩어지면 백 개의 몸이 되며, 합하면 온전한 몸이 된다. 반면 중국은 그렇지 않아 규칙과 제도가 각각 상모(相謀)하지 못하며 이해가 각각 상공(相共)하지 못하므로 그 세가 나눠지고 그 정이 흩어지며 그 힘이 얇아져 이로써 스스로 보호하기를 도모하면 그 비용과 힘이 심히 들며 그 거두는 효과는 매우 적다.[22]

라 하여 서구와 비교하여 중국 전근대의 정치적, 경제적 낭비를 자치체 사이에서 빚어지는 불통일성과 불연계성에서 구했다. 그런 점에서 근대 지방자치는 중앙집권국가의 성립을 전제하였던 것이다.

따라서 이러한 자치운동이 청정(淸廷)의 탄압으로 약화되었지만 계기가 주어지면 양자 사이에서 조정될 여지가 충분히 있었다.[23] 즉 근

---

22) 梁啓超, 앞 글.
'所謂擴充之法者何也 地方自治之制 吾中國本所固有 前旣言之矣 然其所異與西國者 西人各鄕各埠之自治 其規制皆劃一有定 常能與他鄕他埠聯爲一氣 脈絡貫注 散之則爲百體 合之則爲全身 中國則不然 規制各不上謀 利害各不相共 故其勢分 其情渙 其力薄 以此而謀自保 則其費力甚多 而其收效甚小'
23) 馬小泉, 『國家與社會: 淸末地方自治與憲政改革』 六 淸政府的地方自治政策, 河

대국민국가의 실현에 목표를 둘 때 중앙에서는 통일국가의 안정을 위한 기초단위의 정착에서, 지방에서는 신사의 정치세력화라는 점에서 양자는 상호 접근할 수 있었다.

1901년 의화단사건(義和團事件)은 이러한 양자의 접근을 가능케 한 계기로 작용하였다. 즉 의화단사건과 신축조약(辛丑條約)으로 말미암아 청정은 신정(新政)을 단행해야 했던 것이다.[24] 비록 신정이 청조의 보위에 목적을 두고 전개되었지만, 이후 입헌운동이 일어날 수 있는 실마리가 되었다. 특히 러일전쟁에서 일본의 승리는 신사층들에게 입헌군주국가의 전제군주국가에 대한 승리로 비쳤다. 따라서 지방자치 논의가 다시 활기를 찾기에 이르렀다. 국회를 설립하기에 앞서 전 단계로서 지방의회의 개설이 필요하다는 판단 때문이었다.[25] 그리고 그 모델을 주로 일본에서 구하면서 선거권과 피선거권의 제한을 강조하였다.[26]

청정도 장지동과 원세개(袁世凱)를 중심으로 국내외 위기를 타개하기 위해 입헌을 추진하는 한편 향촌지배질서를 체제 내로 적극 흡수하기 위한 일환으로 여러 조정 끝에 1908년 6월 24일 「자의국장정(諮議局章程)」과 「의원선거장정(議員選擧章程)」을 발포하였으며 이에 따라 각 성에서 1년 안에 자의국을 개설할 것을 명령하였다.[27]

이러한 자의국 개설을 이론적으로 뒷받침한 지방자치론과 지방의

南大學出版社, 2001.

24) 新政에서 주요한 개혁 부문은 教育·兵制·財政改革을 들 수 있다. 新政에 관한 개략적인 소개에 관해선 尹惠英, 앞 논문과 閔斗基, 『辛亥革命史—中國의 共和革命(1903~1913)』, 민음사, 1994, 91~150쪽 참조.

25) 閔斗基, 앞 논문, 278쪽.

26) 위 논문, 277쪽.

27) 金衡鍾, 『淸末 新政期의 硏究: 江蘇省의 新政과 紳士層』, 서울大學校出版部, 2002, 350쪽.

회론은 대부분 직·간접 일본의 시군제(市郡制), 정촌제 및 부현제의 내용에서 원용되었다. 이런 점에서 자의국 개설은 일본에서 보이듯이 관치적 성격과 함께 신사층을 적극 체제 내로 포섭하려는 의도를 잘 보여준다 하겠다.[28]

이러한 성격이 단적으로 잘 드러난 것은 「자의국장정(諮議局章程)」 제3조 이하의 선거권과 피선거권의 규정이었다. 의원수 자체를 신사계층 구성의 근원인 학액(學額)을 기준으로 하였으며, 자격 요건은 공무 성적, 출신, 관계(官階), 자산을 기준으로 하고 있다. 이러한 자격 제한은 선거권의 경우, 전체 인구의 0.42%에 해당하므로 사실상 신사나 또는 신분적으로 이와 비슷한 범위를 벗어나지 않는 경우가 대부분이었을 것이다.[29] 이 점에서 자의국 개설은 신사자치제(紳士自治制)임을 잘 보여준다 하겠다. 특히 일본의 지방자치제를 원용하면서도 유권자의 자격을 재산상의 납세액에 기준을 두지 않고 신사층에 부합하는 제반 기준을 설정하는 한편 청정이 지방관의 권한을 약화시키기 위해 자의국에 예산결산의 의결권을 부여하였다는 점에서 신사층을 주요 구성원으로 포괄한 청말 지방자치의 특성을 보여준다 하겠다.[30]

그러나 이러한 '관신질서(官紳秩序)'는 중앙 차원에서는 청조의 안정과 신정의 성과에서, 지방 차원에서는 지방관과 신사의 상보(相補)에 달렸다는 점에서 매우 유동적일 수밖에 없었다. 역으로 말하면 이를

---

28) 행정기구의 말단에 법제적으로 끌어들여 자신의 지배체제를 유지하려고 하였기 때문이다. 이에 관해서는 寺木德子, 「淸末民國初年の地方自治」, 『中國の近代化と地方自治』(橫山 英 編), 勁草書房, 1985, 14~30쪽 참조.

29) 閔斗基, 앞 논문, 1973, 308~328쪽.
  金衡鍾, 앞 논문, 366~369쪽.

30) 청조의 이러한 조처는 鄕紳을 지방자치의 주체자로 승인함으로써 이들을 행정기구의 말단에 법제적으로 끌어들여 자신의 지배체제를 유지하려고 하였기 때문이다. 이에 관해서는 寺木德子, 앞 논문, 19쪽 참조.

충족시킬 조건이 마련되지 않으면 관신질서는 물론 청조 자체도 붕괴할 수밖에 없었던 것이다. 신해혁명은 후자를 말해준다. 즉 청조가 자의국을 통해 일본과 마찬가지로 중앙집권책을 강화하려고 했음에도 불구하고 신정의 실패와 함께 오히려 신사층과 갈등을 빚게 되었던 것이다. 특히 지방자치의 물질적 기반이라 할 지방공관(地方公款)을 둘러싼 중앙과 지방, 즉 경신(京紳), 상인세력(商人勢力), 향신(鄉紳) 사이의 갈등은 이 문제를 증폭시켰다.[31] 그 결과 신해혁명을 거쳐 군벌할거(軍閥割據) 시기에는 집권주의와 분권주의의 끊임없는 대립과 갈등이 야기되었다.[32]

3. 메이지 연간 일본 정부의 「삼신법」 시행과 호농자치론(豪農自治論)

일본에서 지방자치 논의는 중국, 조선과 달리 개혁보다는 메이지 정부가 추진한 위로부터의 개혁에 대한 반발에서 비롯되었다. 그것은 개국 이전 막번국가(幕藩國家)의 구조상 그러하였다. 즉 중국과 조

---

31) 直隷省 鹽利를 둘러싸고 벌어진 京紳, 鹽商과 諮議局 사이의 갈등에 관해서는 丘凡眞, 「淸末 新政期 直隷의 鹽利와 紳士層: 鐵路加價를 둘러싼 분쟁을 중심으로」, 『中國學報』 48, 2003 참조.

32) 尹世哲, 「中國에 있어서 聯省自治論—1920년대를 중심으로—」, 『歷史敎育』 23, 1978.
　　胡春惠, 『民初之地方主義與聯省自治』, 正中書局, 1983.
　　金世昊, 「軍閥統治와 聯省自治」, 『講座 中國史 Ⅶ』(서울大學校 東洋史學硏究室 편), 지식산업사, 1989.
　　주진영, 「淸末 地方自治化의 계기에 관한 고찰」, 『大佛大學校論文集(人文社會科學篇) 2, 1996.

선은 봉건을 원리로 하면서 군현제 질서가 관철되었던 집권적 봉건국가인 반면 일본은 군현제가 성립되지 않은 가운데 다이묘(大名)의 인민·토지 영유(領有)에 기반하여 막부권력이 중첩되어 있는 분권적 봉건국가였다.

따라서 개국을 전후하여 대내외의 위기가 가중되면서 개혁 무사 사이에서 가장 먼저 제기된 주장은 집권적 통일국가의 실현이었다. 양이(攘夷)에서 도막(倒幕)으로, 그리고 유신의 과정은 이를 잘 말해준다. 혼다(本田利明)의 경우, 민인의 고통을 들어 막부의 압제를 비판하면서 봉건영주의 분산할거를 폐지하고 1인의 군주하에 일본을 통일할 것을 주장하였다.[33] 그 외 무사들도 막번체제를 변혁하여 통일국가를 세울 것을 주장하였다. 존왕양이론을 훗날 오쿠마(大隈重信)는 다음과 같이 회고하였다.

그런데 그렇게 되자 국가가 봉건으로 분열되어 있으면 위험하다는 것을 알게 되었다.……그렇지 않아도 문명이 발달함에 따라 무단정치·봉건정치로는 안 된다는 것을 알게 되었으므로 자연히 통일의 시기가 도래하였음에 틀림없었다. 그러나 어떤 적절한 계기가 없으면, 무려 7백 년 동안 계속되어온 봉건정치가 하루아침에 멸망하는 그런 일은 결코 없을 것이다.……[34]

하급 무사들은 부국강병을 이루기 위해서는 정치력의 집중이 필요하다고 인식하였다. 그리하여 삼대의 제도라고 칭송되었던[35] 봉건제

---

33) 井上 淸 지음, 서동만 옮김, 『일본의 역사』, 이론과 실천사, 1989, 220쪽.

34) 國家學會, 『明治憲政經濟史論』, 1919, 102쪽; 丸山眞男, 김석근 옮김, 『日本政治思想史研究』, 통나무, 1995, 496쪽에서 재인용.

35) 田原嗣郎, 「近世中期の政治思想と國家意識」, 『日本歷史』 12, 近世 4, 岩波書店, 1976, 307쪽.

의 해체와 중앙집권적 국가체제의 수립을 구상하기에 이른 것이다.[36] 이는 판적봉환(版籍奉還)과 폐번치현으로 표출되었다.[37] 또한 개항 및 잇키(一揆)와 요나오시(世直し) 등에 접하면서 호농층(豪農層)은 농업 경영자이자 촌락지배자로서 위기의식을 절감하고 막번체제를 타도하는 데 깊이 관여했던 것이다.[38]

이에 반해 메이지유신을 추진하는 과정에서 도태되거나 권력 투쟁에서 패배한 불평(不平) 사족 및 일부 호농이 농민들의 잇키를 적극 활용하면서 민권운동을 전개하는 과정에서 지방자치를 주장하였다.[39] 즉 메이지정부가 폐번치현과 지조개정(地租改正) 등 위로부터의 개혁을 추진하면서 이에 대한 반발이 지방자치운동으로도 표출되었던 것이다. 특히 지조 증수를 목표로 단행된 1876년 지조개정은 종래 메이지정권을 뒷받침했던 호농층의 반발마저 야기하였다. 호농층의 경우, 중소농민층과 함께 그들의 경제적 위치가 정부에서 추진하는 하향식 지조개정으로 이전보다 더 많은 조세를 부담하게 되었다고 판단했기 때문이다.[40] 그 결과 이러한 반대 투쟁은 촌(村) 단위에서 점차 일국(一國) 단위, 일현(一縣) 단위까지 확대되면서 민권운동의 정치사회적 기반으로 자리 잡기에 이르렀다.

정부는 이러한 위기를 맞아 재정 확보도 중요하지만 체제 안정도

---

36) 하급 무사들이 중앙집권국가의 실현을 목표로 했던 반면 이에 대한 번주의 반발도 적지 않았다. 藩主 島津久光의 경우, 郡縣制度는 治平의 道가 아니라고 보고 정부의 시정에 반발하였다(遠山茂樹, 『明治維新』, 岩波書店, 1951, 247~248쪽).

37) 遠山茂樹, 위 책, 240~250쪽.

38) 위와 같음.

39) 民權運動과 自治運動의 관련에 대한 대표 논저는 다음과 같다. 이하 관련 기술은 여기에 의거했다.
大石嘉一郎, 『日本地方財行政序説』, 御茶の水書房, 1961.

40) 金容德, 『明治維新의 土地稅制改革』, 一潮閣, 1989, 153쪽.

중요하다고 판단하여 1878년 이른바 「삼신법」을 공포하였다.[41] 그러면 이런 「삼신법」의 내용과 특징을 살펴보면서 호농자치제가 어떻게 성립했는지, 그것이 가지는 의미는 무엇인지를 고찰하기로 한다.

「삼신법」은 세 법령으로 이루어졌다. 「군구정촌편제법(郡區町村編制法)」, 「부현회규칙(府縣會規則)」, 그리고 「지방세규칙(地方稅規則)」이 그것이다.[42] 우선 「군구정촌편제법」을 보면 한편으로는 군현제의 부활, 정촌의 자치단체화 및 호장민선제(戶長民選制)의 채용 등을, 다른 한편으로는 관료 말단기구로서의 군장(郡長) 직권의 강화, 군촌경비(郡村經費)의 절감을 특징으로 하였다. 다음 「부현회규칙」을 보면, 과세 승인기관으로서의 부현회의 권한이 명시되어 있다. 즉 지방세에 관한 예산 · 징수 방법의 심의 등 심의 범위가 규정되었던 것이다. 그러나 결산 권한이 부여되어 있지 않은 데다 발의권이 부지사 · 현령(府知事 · 縣令)에게 있고 의결사항의 인가 및 시행의 가부를 부지사 · 현령의 권한에 두고 있는 것이다.

특히 이 규칙에서 주목해야 할 조항은 선거권 · 피선거권에 관한 규정이다. 선거권은 만 20세 이상의 남자로 지조 5엔 이상을 납부한 자, 피선거권은 만 25세 이상의 남자로 지조 10엔 이상을 납부한 자로 제한되어 있다.[43] 전자는 전국 평균 약 6반보(反步) 이상, 후자는 약 1정(町) 2반보 이상의 경택지(耕宅地) 소유자이다. 이 재산제도의 규정은 다수 소작빈농층을 부현회로부터 배제함과 동시에 과격한 반정부적 언동을 가진 무산 사족층을 배제하여 사족층의 정치적 지위를 저하시키려 했음을 보여준다. 즉 호농층 위주의 부현회를 구성하고 더

41) 有元正雄, 「地租改正と地方政治」, 『岩波 日本史 講座』 近代 1, 岩波書店, 1975.
42) 大石嘉一郎, 『近代日本の地方自治』, 東京大學出版會, 1990, 20쪽.
43) 위와 같음.

나아가 민권운동에서 사족층과 호농층의 연대를 차단하려 했던 것이
다. 끝으로 「지방세규칙」은 기존의 부현세, 민비(民費) 등을 지방세로
통일·설정하여 부현재정의 기초를 공고히 함으로써 부현–군을 정책
수행의 거점으로 확보하며 구정촌(區町村)은 그 재원을 박탈하여 사
실상 국정 위임 사항을 집행하는 기관에 불과한 것으로 만들어버렸던
것이다.

「삼신법」은 이처럼 호농층을 체제 내로 흡수하여 지방통치의 안정
을 기하는 한편 지조 경감에 따른 국가의 부담을 지방에 전가하는 데
목적을 두었다. 즉 구관습 존중의 명분 아래 자주적 발전을 도모했던
정촌 조직을 공인하고, 지방분권의 명분 아래 지방의회를 허용하면서
위로부터의 근대화 추진과 관련하여 재·행정 수행을 위한 기반을 설
정하여 지방재정 수탈을 안정적으로 강화하는 데 목적을 두고 있었던
것이다.

한편, 일본 정부는 1890년 국회개설을 앞둔 1888년에 당시 독일인
위원 못세의 방안을 기초로 해서 「시제·정촌제(市制·町村制)」를 제정
하였고[44] 이어서 1890년에는 「부현제(府縣制)·군제(郡制)」를 제정·공
포하였다. 이로써 부현·군·시정촌 등 3단계의 지방단체로 구성되는
근대적 지방자치제도가 발족되었다. 그러면 일본 정부의 제정 취지를
살펴보기 위해 '시정촌제 이유'를 보면 다음과 같다.

지금 지방제도를 고치는 것은 정부의 사무를 지방에 분임하고, 주민을
여기에 참여시킴으로써 정부의 번잡을 덜고 아울러 주민의 임무를 다하는

---

44) 19세기 후반 프로이센·독일 지방자치제와 일본 지방자치제의 비교에 관해서는 山
田公平, 『近代日本の國民國家と地方自治』, 第5章 明治地方自治の比較史的考察,
名古屋大學出版會, 1991 참조.

데 있다. 그리고 정부는 정치의 대강을 장악하고, 방침을 나누어 갖고, 오로지 지방의 공익을 도모하는 마음을 가질 수 있어야 한다. 이미 주민 참정의 사상이 발달함에 따라 이를 이용해서 지방의 공사(公事)에 연습을 시키고 시정의 어려움을 알려 점차 국사를 맡길 수 있는 실력을 양성하게 하는 것이다. 이것은 장래 입헌제에서 국가 백세의 기초를 세우는 근원이 된다.[45]

이에 따르면 정부는 지방자치제의 효과가 국민이 행정에 참여하도록 하여 지식과 경험을 얻게 하고 입헌 정치 운용의 연습을 하게 하는 데 있음을 강조하고 있다. 따라서 이러한 제도는 당시로서는 상당히 진보적인 제도를 채용한 것으로 볼 수 있다. 즉 시정촌에 자치제로서의 법인격을 인정하고 조례 제정권을 부여하였으며 또한 주민의 권리와 의무를 규정하는 등 대체로 근대적 자치제로서의 형태를 갖추고 있다. 그러나 시장 후보자 3명은 내무대신이 추천하였으며 시회에서는 내무대신이 추천한 후보자 중에서 1명을 선출하여 천황에게 상주하여 재가를 받아야 했다. 또한 정촌장은 정촌회에서 선거하여 부현지사(府縣知事)가 인가하였다.[46] 그리고 국가가 지명한 부현지사가 공선의원(公選議員)으로 구성되는 부현회에 대해 우월한 기능을 가지게 하였다는 점에서 중앙집권주의적인 성격을 강하게 지니고 있다.[47]

한편, 이러한 자치제도를 추진하였던 야마가타(山縣有朋)는 원로회의에서 다음과 같이 연설하였다.

---

45) 小早川光郎 外, 『史料 日本の地方自治 第1卷 近代地方自治制度の形成』, 學陽書房, 1999, 144쪽.

46) 위 책, 113~144쪽, 180~199쪽.

47) 佐久間彊, 『日本地方自治制度』(李慶熹 譯), 文佑社, 1987, 19쪽.

자치제의 효과는 단지 주민으로 하여금 그 공공성을 성장시킴과 동시에 행정 참여의 지식경험을 얻게 하기 위해 입헌정치의 운용에 이바지하는 바가 크다는 데 있지 않고 중앙 정국 이동의 영향으로 말미암아 지방행정에 파급을 주지 않게 하는 데 있다.[48]

야마가타의 이러한 연설은 국회 개설을 앞두고 중앙 정국의 변동에도 불구하고 지방을 장악하고자 하는 메이지 관료들의 의도를 보여준다.[49] 특히 자치제 의원의 피선 요건을 보면 납세액의 다소에 따라 시회에서는 3급, 정촌회에서는 2급의 등급선거제를 적용하였다. 이는 이른바 호농을 비롯한 자산가 위주의 지방자치제도를 운영하겠다는 일본 정부의 의지를 잘 보여준다.[50] 그리고 1888년 「시제·정촌제」 제정을 전후하여 지방분권을 내세워 중앙으로부터의 위임사무와 경비를 정촌에 부담시키기 위해 정촌의 합병을 지도하고 종래의 7만여 개의 정촌을 1만 6천 개로 대폭 감축했다.[51]

이후 일본 지방자치제의 이러한 기본 방향과 성격은 메이지 연간에 거의 변하지 않았다. 즉 호농층을 체제 내로 전면 편입시켜 그들을 정치기구의 일환인 촌락의 지배자층에 정착시키기 시작했음을 보여주었다. 그리고 이는 중국과 달리 정부가 지방자치론을 체제 내로 흡수하면서 정국의 안정과 위로부터의 근대화를 추진할 수 있는 정치사회적 기반을 확보할 수 있었음을 보여준다. 즉 이는 호농자치제에 기반한 천황제의 수립·발전을 의미하였다.[52]

48) 위 책, 19쪽에서 재인용.
49) 宮本憲一, 『地方自治の歷史と展望』, 自治體研究社, 1986, 59~62쪽.
50) 藤田武夫, 『現代日本地方財政史』, 日本評論社, 1976, 5쪽.
51) 宮本憲一, 앞 책, 72~74쪽; 大石嘉一郎, 『日本近代史への視座』, 東京大學出版會, 2003, 91~94쪽.

4. 조선에서 지방자치론의 전통성과 국제성

1) 근대개혁기 지방자치 구상과 그 계통

1894년 농민전쟁과 청일전쟁은 조선 정국에 엄청난 위기의식을 가중시켰다. 그것은 단지 정치사회 부문에 국한되지 않고 국가체제 전반의 위기였던 것이다. 특히 재지 양반층이나 정부 관료층에게는 청일전쟁보다 집강소(執綱所)[53]와 도소(都所) 활동에서[54] 보인 농민들의 반관(反官) 투쟁 및 반지주·반부민(反地主·反富民) 투쟁이 위기의식을 더욱 고양시켰다.

갑오개혁은 이러한 위기의식을 바탕으로 단행된 것이다. 물론 일본의 군사적 지원 속에서 촉발된 측면을 간과할 수 없지만, 방향상 지배층이 이러한 위기 상황을 주체적으로 타개하고자 하는 의도에서 비롯되었다. 이미 청일전쟁 발발 이전인 1894년 6월 1일(양 7월 3일) 일본이 '내정개혁'을 명분으로 조선 정부의 철병 요구를 거부하고 '개전정책(開戰政策)'을 강행하자, 조선 정부는 이에 맞서 교정청(校正廳)을 설치하여 개혁을 추진하였던 것이다. 여기에는 지방의 인사, 재정 등이 포함되었다.[55] 또한 비록 일본의 경복궁 점령으로 군국기무처가 설치되었지만, 이 역시 농민군의 요구 사항에 적극 대처하면서 대내외

---

52) 大石嘉一郎, 앞 책, 1961, 415~417쪽.

53) 집강소의 활동에 관해서는 다수의 논문이 발표되어 있으므로 鄭昌烈, 「甲午農民戰爭의 全州和約과 執綱所에 대한 硏究史的 검토」, 『水邨朴永錫教授華甲紀念 韓國史學論叢』, 1992; 역사학연구소, 『농민전쟁 100년의 인식과 쟁점』, 거름, 1994 참조할 것.

54) 김양식, 『근대한국의 사회변동과 농민전쟁』, 제2부, 제3부, 신서원, 1996.

55) 『續陰晴史』(國史編纂委員會 刊) 上, 7, 甲午(1894) 6월 16일 '校正廳議政革弊條件', 325~326쪽. 이와 관련하여 拙稿, 「開港 前後~大韓帝國期의 地方財政 硏究」, 서울大學校 大學院 博士學位論文, 1997, 115~116쪽; 본서, 205~206쪽 참조.

위기를 극복하려 하였다.[56] 그것은 단지 정치, 경제 등에 국한되지 않고 민인의 성장을 체제 내로 적극 끌어들이는 것이었다. 따라서 농민전쟁이 종식된 이후에도 민심을 수습하기 위해 제반 시책이 취해졌음은 당연한 결과다. 물론 이 시기에 향약의 부활을 통해 구제의 복구를 시도하였지만, 이것은 일부 보수유생층의 경우에 해당하였다.[57] 대다수 관료와 일부나마 양반들이 개혁을 통해 위기를 해소하려 했던 것이다. 유길준(俞吉濬)이 말하고 있는 바와 같이 '상하가 일심하여 보합대화(保合大和)하지 않으면 불가'하다는 인식 때문이었다.[58]

지방자치의 시행도 이러한 맥락에서 나왔다. 향회의 시행이 그것이다. 그런데 이러한 향회 개설론은 두 계통에서 나왔다. 하나는 민인의 성장을 국가체제에 적극 수렴하여 지방사회의 안정과 개혁의 사회 기반으로 삼으려 했던 정통개혁론 계열의 지방자치론이고 또 하나는 전통봉건론에 기반하면서 서구·일본의 자치제를 수용하여 신권(臣權) 주도의 개혁을 추구했던 급진개화론 계열의 지방자치론이다.

우선 전자의 경우, 국과 민을 기축으로 삼아 전개되었는데 유형원[59]과 정약용[60]을 잇는 어윤중의 지방자치론을 들 수 있다.[61] 그는 일찍

---

56) 이에 관해서는 왕현종, 「갑오정권의 개혁정책과 농민군 대책」, 『1894년 농민전쟁연구 4—농민전쟁의 전개과정—』(한국역사연구회 편), 1995 참조.

57) 李相燦, 「1894~1895년 地方制度 개혁의 방향」, 『震檀學報』 67, 1988, 88~93쪽.

58) 『俞吉濬全書』 IV, 一潮閣, 375쪽.
　　'今日朝鮮之勢 非上下一心 保合大和則不可'

59) 吳永敎, 「朝鮮後期 鄕村支配政策의 轉化—17世紀 國家再造와 관련하여—」, 延世大學校 大學院 博士學位論文, 1992, 48~85쪽.

60) 趙誠乙, 「丁若鏞의 政治經濟 改革思想 硏究」, 延世大學校 大學院 博士學位論文, 1991, 335~348.

61) 어윤중과 近畿實學의 관계에 관해서는 현재 해명되어 있지 않다. 다만 어윤중의 조부 命能이 洪奭周에게 師事를 받아 학문 수준을 높였으며 홍석주와 교분이 있었던 정약용의 문하생이 되었다는 점에서 근기 실학과의 관련성을 추정할 뿐이다. 이

이 1881년에는 조사시찰단(朝士視察團)의 일원으로 일본의 재정, 지방제도를 조사하였을 뿐만 아니라 1883년에는 서북경략사(西北經略使)로 평안도와 함경도를 순막(巡瘼)하는 가운데 서구·일본의 자치제 현황과 조선 향촌사회 내부의 변동 모두를 목도했던 장본인이다.[62] 이 중 그는 일본 자치제보다는 조선 내재의 자치제 성장에 주목하였다. 그래서 그는 기존 향회의 기능을 약화시키고 풍헌(風憲)을 혁파한 반면 읍회(邑會) 또는 민회(民會)[63]를 제도화하여 민인의 향촌 참여를 유도하였다.[64]

또한 그 자신이 1893년 3월 동학도들의 보은집회(報恩集會)에서 이 모임을 두고 다음과 같이 언급하였다.

이 집회에서는 촌척(寸尺)의 병기도 휴대하지 않았으니 이것은 곧 민회(民會)이다. 듣기에 각국에도 역시 민회가 있어서 조정의 정령(政令) 가운데 민국(民國)에 불편한 것이 있으면 회의하여 강정(講定)한다고 한다. 이와 비슷한 일인데 어찌하여 비류(匪類)라고 지목하는가.[65]

후 연구가 요망된다. 이에 관해서는 崔震植, 「魚允中의 富强論 硏究」, 『國史館論叢』 41, 1993, 55~56 참조.

62) 이에 관해서는 졸고, 앞 논문, 1997, 64~80쪽과 101~103쪽 참조.

63) 民會는 글자 그대로 일반민의 모임으로 기존 사족 중심의 향회와 구분하여 쓰였다. '自昨冬大民屢次鄕會 但責酒食之費於民間 終未歸一 故小民以爲若朝官兩班爲狀頭 則與官家議定 尤易於生進大民…汝往民會所 以散法之意 曉諭使之退去云' (『日省錄』 199, 哲宗 13년 6월 24일, 64책, 203쪽) 民會와 관련하여 宋讚燮, 「1862년 진주농민항쟁의 조직과 활동」, 『韓國史論』 21, 1989; 김용민, 「1860년대 농민항쟁의 조직기반과 民會」, 『史叢』 43, 1994 참조.

64) 拙稿, 앞 논문, 1997, 64~80쪽.

65) 『東學亂記錄』(國史編纂委員會 편), 「聚會」. '渠等(東學徒)此會 不帶尺村之兵 乃是民會 嘗聞各國亦有民會 朝廷政令 有不便於民國者 會議講定 自是近事 豈可指爲匪類乎'

그는 다른 관료나 양반들과 달리 동학도의 모임을 비류로 지칭하지 않고 민회로 보았을 뿐만 아니라 심지어 서양의 민회에 비유하였던 것이다.

이러한 그의 인식은 1894년 7월 12일 군국기무처가 의정(議定)한 '향회설립에 관한 건'에 잘 반영되었다.[66]

도신으로 하여금 지방관을 영칙하여 향회를 설립하고 각 면 인민으로 하여금 종명(綜明)하고 노련한 각 1인을 권선(圈選)하여 향회원으로 삼고 본읍 공당(公堂)에 와서 모여 폐막을 고치는 일 등의 일을 발령하며 본읍에서 시행하여 조치할 일을 맞아 가부를 평의(評議)하여 공동으로 결정한 연후에 시행할 일[67]

여기서 말하는 향회는 기존 사족 중심의 향회와 달랐다. 각 면 인민이 참여하여 뽑은 면 대표 향원의 모임인 것이다. 더욱이 이처럼 구성된 향회는 정부의 개혁 조치와 함께 향촌 내부의 폐막을 공동 의정하여 시행케 하는 회의체였던 것이다. 즉 이 향회는 각 면 인민이 신분, 재산 규모, 학식 수준을 고려하지 않고 뽑은 향원의 의정기관이었다는 점에서 종래에 재지 사족들의 의사를 대변하거나 혹은 지방 수령을 보좌하고 전달하는 지방행정의 하부기구와 달랐다. 나아가 정부의 이러한 조치는 고을 차원에서 개별적으로 운영되던 기존 향회를

---

66) 이 의안의 첫 발안자가 누구인지 분명하지 않다. 다만 어윤중이 군국기무처회의의 중추 인물로 유길준을 수하에 두고 행정 및 재정개혁을 추진했다는 점에서 그로 추정된다. 원종규, 『조선정치제도사(3)』, 과학백과사전종합출판사, 1989, 110~111쪽.

67) 『議定存案』(奎 17236), 議案 開國 503년(1894) 7월 12일.
'令道臣 飭地方官 設鄕會 使各面人民 圈選綜明老鍊各一人 作鄕會員 來會于本邑公堂 凡發令醫瘼等事 當自本邑施措者 評議可否 共同決定 然後施行事'

전국 차원에서 제도화하였음을 의미한다.

이러한 향회는 1894년 10월 조세금납화 조치를 앞두고 군국기무처가 마련한 '결호전봉납장정(結戶錢捧納章程)'에서 더욱 구체화하였다.[68] 비록 향회의 기능이 부세 재정 기능에 중점을 두고 있지만 정부 차원에서 지방자치의 제도화를 구체적으로 추진하고자 했음을 보여준다. 즉 '결호전봉납장정'의 제5조, 제6조와 제8조를 보면 다음과 같다.

· 한 고을에 향회를 설립하고 염간인(廉幹人)을 공거(公擧)하는데 문(文)·음(蔭)·무(武)·생(生)·진(進)·유학(幼學)에 구애되지 말고 모두 향원(鄕員)이라고 칭하며 결호전(結戶錢)과 공화(公貨)를 검납(檢納)한다. 대읍(大邑)에는 3원(員), 중읍(中邑)에는 2원, 소읍(小邑)에는 1원을 공거(公擧)할 것

· 각 면에서도 염간인을 공거하며 면향원이라 칭한다. 면향원은 공화를 검납하고 읍향원이 위탁한 일을 처리하며 (세금은) 읍으로 갖다 내거나 은행에 수송할 것

· 한 고을의 1년 세출, 지방관리의 봉급, 이료(吏料)는 모두 향원이 옛 제도를 살펴 분하(分下)하도록 하고 잘못된 읍례(邑例)는 논하지 말 것[69]

장정은 조세를 징수하고 상납하는 향회의 기능에 국한되어 마련되었지만 향회를 군 단위와 면 단위로 구분하고 향원도 각각 향회에서 선출하는 것을 아울러 보여주고 있다. 따라서 7월 향회 설치와 관련하여 이를 유추하면, 향회의 제도화가 전제된 가운데 이런 장정이 마련된

---

68) 이에 관해서는 이상찬, 앞 논문, 79쪽; 鄭銀景, 「갑오개혁의 향회제도에 관한 연구」, 한양대학교 대학원 박사학위 논문, 1996, 69~74쪽 참조.

69) 『公文編案』(奎 18154) 4, 甲午 9월 1일, 京畿 嶺南主事, 忠淸 嶺南總務官.

것으로 보인다. 이는 조세의 중간 수탈을 방지할 뿐만 아니라 향회를 국가체제 내로 적극 흡수하려는 의도에서 비롯되었음을 알 수 있다.

다음 후자의 경우, 박영효의 지방자치론을 들 수 있다. 그는 한편 으로는 전통적 봉건론을 기반으로 서구 및 일본의 지방자치제를 조선 에 적극 적용하려 하였다.

우선 현회를 설립하려 하였다. 박영효의 경우, 1888년 상소문에서 다음과 같이 언급하고 있다.

> 현회의 법을 설립하여 민으로 하여금 민사를 논의하게 하여 공사 양쪽 에 편할 수 있도록 할 것[70]

현에 현회를 설치한 뒤 지방 인민들이 여기서 민사를 논의하게 하 려 하였던 것이다. 이 점에서 현회는 기존의 재지 사족 중심의 향회와 는 달랐다. 그러나 서구의 입헌군주제에 기반한 것은 아니었다. 그것 은 전통적 봉건론, 즉 군신공치(君臣共治)의 원리에 입각하였다.[71]

---

70) 「朴泳孝上疏文」(外交文書本), 『外交文書』 제21권, 明治 21년 1월~明治 21년 12월.
71) 조선시기 封建論에 관한 본격적인 연구가 아직 이루어지지 않아 구체적인 면모를 확인할 수 없다. 다만 영조 때 知敦寧 李宗成이 上書에서 封建의 重大性을 제기하 고 있다는 점(『英祖實錄』 71, 英祖 26년 6월 癸巳, 43책, 372쪽)과 정조 때 탕평정 치에 비판적이었던 丁範祖(1723~1801)의 경우, 唐代 柳宗元의 郡縣支持論을 비 판하고 封建支持論을 주장하고 있다는 점에서 조선시기 정치체제론의 일면을 엿 볼 수 있다(『海左先生文集』 3, 「辨封建論說」). 이와 관련하여서는 土地所有와 관 련하여 兩班封建論을 검토한 李景植, 「朝鮮前期 兩班의 土地所有와 封建」, 『東方 學志』 94, 1996(『朝鮮前期土地制度研究〔Ⅱ〕—農業經營과 地主制』, 지식산업사, 1998 所收)과 朝鮮後期 封建論과 郡縣論 논의를 검토한 朴光用, 「18・19세기 조 선사회의 봉건제와 군현제 논의」, 『韓國文化』 22, 1998 및 朝鮮前期 政治論을 분 석하면서 '君臣共治論'을 석출한 金貞信, 「朝鮮前期 士林의 '公' 認識과 君臣共治 論—趙光祖・李彦迪의 學問・政治論」, 『學林』 21, 2000 참조.

지금 정부의 산림(山林)과 현회의 좌수는 모두 유교에서 기인하였으니 민망(民望)에 따라 선발(選拔)하여 민국사(民國事)를 협의하게 한다면 우리나라 역시 군민공치(君民共治)의 풍속이 일어날 것이다. 전일에 정치가 융성하고 덕행이 성할 때 산림의 권은 일세를 경동하였고 국의 대사는 반드시 의논을 거친 연후에 집행되었다고 한다. 만약 이 법을 미루어 넓힌다면 점차 모임이 정밀해지고 아름다워지는즉 문명의 법이라 할 만하다.[72]

그는 자치권을 전통의 '산림지권(山林之權)'에 비유하고 있는 것이다. 더군다나 박영효 등 급진개화론자의 우민관(愚民觀)을 염두에 둔다면, 그의 자치론은 전통적 군신공치론과 관련하여 군권을 견제하는 제도로서 파악해야 할 것이다.

또한 박영효는 지방자치 구상에서 입헌군주제를 채택하고 있는 일본의 지방자치제를 염두에 두었으리라 보인다.[73] 그 자신이 일본에 오랫동안 망명했을 뿐만 아니라 후쿠자와(福澤諭吉)의 영향을 지대하게 받았다는 점에서 그러하다.[74] 즉 일본의 입헌군주정과 함께 지방자치제는 그가 실현해야 할 개혁의 과제로 설정되었을 것이다. 그런 점에서 그의 지방자치론은 기존의 봉건론이라는 양반 위주의 전통성 위에서 외래 지방자치론의 수용이라는 국제성을 띠었던 것이다.

그의 이러한 구상은 1895년 3월 일본인 고문관의 지도와 협조 속에서 마련된 내부·탁지부 분과 규정 및 지방세 별설 방안에서 구체화

---

72) 주 70)과 같음.

73) 徐榮姫, 「1894~1904년의 政治體制 變動과 宮內府」, 『韓國史論』 24, 1989, 341쪽.

74) 福澤諭吉의 저서가 박영효의 상소문에 끼친 영향은 일찍부터 지적되었다. 靑木功一의 경우, 상소문을 조문대로 분석하여 취지, 문장 및 내용 등 모든 면에서 福澤의 저서와 매우 유사하다고 주장하였다. 이에 관해서는 靑木功一, 「朝鮮開化思想と福澤諭吉の著作─朴泳孝「上疏」における福澤諭吉の影響」, 『朝鮮學報』 52, 1969 참조.

하였다.[75] 지방세제의 시행이 지방자치와 매우 밀접하게 관련되어 있음은 일본의 「삼신법」에서 이미 확인되었기 때문이다. 그리고 이러한 방안은 독립협회의 입헌군주정 수립운동과 함께 제기된 지방세제론으로 표출되었다.[76]

그러나 1895년 윤5월 박영효의 망명으로 인해 일본식 지방자치제의 시행은 실행되지 못하고 오히려 지방세제 방안의 폐기에서 보듯이 전면 검토되고 조정되어야 했다. 1895년 10월 26일(음력) 제4차 김홍집 내각이 공포한 「향회조규」와 「향약판무규정」은 이를 잘 보여준다.[77] 특히 을미사변 이후 보수 양반 유생들의 반정부운동이 격화되는 상황에서 그러하였다.[78]

향회는 크게 대회(大會), 중회(中會), 소회(小會)의 세 가지로 나누었으니 각각 군회(郡會), 면회(面會), 리회(里會)에 해당되었다. 리회는 존위(尊位)와 해당 리 내 매호 1인으로, 면회는 집강(執綱)과 해당 면 소속 각 리 존위(尊位)와 각 리에서 임시로 공거한 2인으로 구성되었다. 그리고 군회는 군수와 각 면집강과 각 면 공거인 2인으로 구성되었다. 이러한 각급 향회는 교육, 행정, 토목, 세정 등의 제반 문제를 논의할 수 있었다.[79] 아울러 이런 제반 사항은 향회에서 다수의 의견에

---

75) 拙稿, 앞 논문, 1997, 139~141쪽.

76) 위 논문, 112~114쪽.

77) 『議奏』 36, 「鄕會條規」, 開國 504년 10월 26일.
『議奏』 36, 「鄕會辨務規程」, 開國 504년 10월 26일.

78) 『議奏』 36, 「鄕會辨務規程」, 開國 504년 10월 26일.
'…아직 舊制를 參互ᄒ야 民人을 開導코져 ᄒᆯ 所의 便法으로 思考ᄒ니 主務部에셔 各地方官에게 訓令ᄒ야 人民 等의 自制自遵ᄒᄂ 模樣이 되면 더욱 得宜ᄒᆯ 듯ᄒ니…'

79) 향회의 豫算·決算에 관한 제반 권리 규정은 보이지 않는다. 당시 지방기구는 邑經費排定制度에 입각하여 중앙에서 경비를 배당받고 있어 그러했다. 이에 관해서는 拙稿, 앞 논문, 1997, 167~181쪽 참조.

따라 결정하였다. 다만 이들 향회의 수석은 각각 군수, 집강, 존위가 맡으며 차석은 부역을 많이 담당한 상등호민(上等戶民)이 맡도록 하였다.[80] 또한 리·면회에는 임원을 각각 두었는데 군회와 마찬가지로 반상에 구애되지 않고 선출되어 1년 임기로 면·리의 행정을 담당하였다.[81]

특히 풍헌, 약정(約正), 권농, 동장, 이장 등의 명목을 폐지하여 신분제에 입각한 기존 향회의 제반 기능을 박탈하였다.[82] 대신에 일반 민인의 참여 속에서 종래의 재지 양반이 아닌 새로운 자산가층을 중심으로 향촌사회를 운영하도록 지방자치를 설정하였다. 즉 김홍집 내각은 국가 차원의 향회와 향약을 통해 민심을 수습하고 재산권을 보호한다는 취지를 드러내어 재지 자산가들을 정권의 사회적 기반으로 삼으려 했던 것이다. '지방인민 심지(心志)의 통합'과 함께 '재산권리의 자호(自護)'를 제정 이유로 제시한다든가[83] 반상에 구애되지 않고 부역이 많은 민호에게 차석을 맡기고 있음은 이를 잘 보여준다.[84] 하지만 단편적이나마 인민의 권리와 의무를 규정하고 있는 점을 주목할 필요가 있다. 참정권 등이 그것으로 이는 향회에 참여할 수 있는 권리뿐만 아니라 교육, 행정, 토목, 세정 등의 제반 문제에 관여할 수 있도록 하였다. 이 점에서 중국 및 일본의 경우와 달랐다.

또한 향회제도의 도입은 단지 군 단위에 그치지 않고 면 단위, 리 단위까지 설치됨으로써 국가권력이 지방의 최하부 단위까지 미칠 수

---

80) 『議奏』 36, 「鄉會條規」, 開國 504년 10월 26일.
81) 위 책, 「鄉約辦務規程」.
82) 위와 같음.
83) 『議奏』 36, 「鄉約規程及鄉會條規請議書」, 開國 504년 9월 5일.
84) 『議奏』 36, 「鄉會條規」, 開國 504년 10월 26일.
　'제16조 凡里面郡會ᄒᄂᆫ 議席에ᄂᆫ 賦役이 多ᄒᆞᆫ 上等戶民이 執綱尊位次席에 座홈'

있는 법적 근거를 마련하였다. 이런 점에서 새 향회제도는 읍규(邑規), 읍사례에 따라 운영되었던 기존의 향회와 달리 국가 상위 법률에 근거하여 권한을 행사하고 기능을 수행하는 것이었다.

그러나 아관파천 이후 정부는 지방자치 구상을 다소 수정하였다. 그것은 황제 주도의 근대화를 추진하기 위해서는 전제군주정의 수립에 맞추어 관권(官權)의 강화가 절실했기 때문이다. 1896년 8월 4일 공포한 칙령 제37호 「지방관리직제」에서 처음 보이는 향장(鄕長)은 정부의 그러한 의도를 잘 보여준다.[85] 향장은 지방관리로서 군수의 지휘감독을 받아 서무에 종사하고 순교, 서기 이하를 지휘감독하였다.[86] 그런데 향장은 단지 지방관의 보조자는 아니었다. 즉 각 군의 향장은 해당 군 구역에서 덕망과 재서(才諝)가 현저한 사람을 군수가 선택하도록 하였다. 이어서 해당 군의 대소민이 회의 투표하여 다수를 따르도록 하였다. 다만 본군에 입적 거주한 지 7년 미만인 자는 응선(應選)하지 못하게 하였다. 특히 향리 중에서 임용하는 것을 피하였다.[87] 아울러 각 부목 판임관(判任官)의 면관은 임관규례를 따라 내부에 설명하여 청하도록 한 반면 각 군 향장의 허면(許免) 예규에 따라 본군의 대소민인이 회의하여 가부를 받은 연후에 시행하도록 하였다.[88] 즉 재지 양반 내지 이향층 위주의 구래 향촌질서를 재편하는 한편 향장을 두어 행정조직과 향회의 매개로서 적극적으로 역할하도록

85) 자료가 남아 있지 않아 鄕長制의 내용을 구체적으로 확인할 수 없다. 다만 勅令 제 36호 「地方制度·官制·俸給·經費改正」과 勅令 제37호 「地方官吏職制」를 통해 향장의 기능을 대강 알 수 있을 뿐이다(『勅令』, 建陽 元年 8월 4일; 『議奏』 67, 「各府牧判任官以下任免官規例」, 建陽 元年 8월 7일).

86) 『地方制度調査』.

87) 『皇城新聞』, 光武 3년 4월 15일.

88) 『舊韓國官報』 400호, 「各府牧判任官以下任免官規例」, 建陽 元年 8월 10일.

규정한 것이다. 이러한 체제는 면리까지 확대 적용하였다.[89)]

이후에도 이러한 방향은 견지되었다. 비록 영월, 울진 등 강원도 일부에 한정하여 실시했지만 김성규의 지방자치 방안은 광무정권의 지방자치정책을 잘 보여준다.[90)] 즉 향회, 도향회, 대향회를 각급 단위로 설치하여 향촌민의 여론을 체제 내로 끌어들이고자 하였다. 그것은 국권의 전제 위에서 민의 성장을 도모하고 향촌 여론을 활성화함으로써 지방관리의 전횡과 수탈을 방지할 수 있다고 보았기 때문이다.

광무정권은 이처럼 향회를 군 행정의 보조기구나 하부기구가 아니라 관권을 견제하고 지방민의 발언을 수렴하는 지방자치기구로 설정하였다. 즉 수령·이서층의 부정을 방지하고 지방경비를 효율적으로 운용하는 동시에 내부-관찰사-군수-면임-리임이라는 지방행정 조직을 체계화하고 일원화하려 하는 한편 국가 차원에서 향회-도향회-대향회라는 각급 향회를 설치하여 향촌민의 성장을 체제 안으로 적극 끌어들이는 동시에 기존 재지 지배층의 무단을 방지하는 것이었다. 물론 이러한 방안은 일부 지역에서 이향층의 반발 및 지방 장악력의 약화를 초래하였으며 심지어 러일전쟁으로 말미암아 실현 여부가 불투명해졌다. 그러나 이러한 방안이 중국의 신사자치제나 일본의 호농자치제와 달리 황제가 재지 양반이나 자산가보다는 민인에 중점을 두고 이들을 지방자치제에 적극 끌어들여 지방행정의 근대화를, 더 나아가 농촌사회의 안정 및 국권의 확립을 시도했다는 점에서 이 시기 지방자치 구상의 특징을 확인할 수 있다.

89) 『地方制度調査』.
90) 金星圭의 지방자치론에 관해서는 拙稿, 앞 논문, 1997, 207~210쪽 참조.

2) 통감통치기 지방자치론의 확대·분화와 중·일과의 연계

러일전쟁에서 승리한 일제가 통감부를 설치하면서 지방자치 논의는 새로운 국면을 맞았다. 황제권의 약화 속에서 입헌론이 재개되는 한편 지방자치 논의 역시 활성화하였다.[91] 당시 이런 논의 중 일부는 국권 회복과 관련하여 전개되기도 하였지만, 대다수는 자산가를 중심으로 참정 문제 및 지방 지배의 주도권 문제와 관련하여 진행되었다.

그러나 한국 관리들과 자강론자들의 관심에도 불구하고 일제는 행정과 자치의 연결고리인 향장제를 폐지하고 향회를 전면 해체하고자 하였다. 대신 군주사(郡主事)를 임명하여 지방통치를 강화하고자 하였다. 이러한 군주사는 향장과 달리 향회의 추천을 거치지 않고 통감부 당국에 의해 임명되었다. 일제가 언급한 대로 '각 군에 향장지임을 폐지하고 주사지직을 설치함은 관정을 보좌하고 민정을 순하게 하려고 했기' 때문이었다.[92] 특히 균세운동(均稅運動)과 관련하여 전개된 일부 민회는 탄압하여 해체시키는 한편 일제의 재정 수탈과 지방 지배를 위한 관치보조기구로 지방위원회를 설치하였다.[93]

하지만 일제는 지방자치 논의에 대해서는 묵인하였다. 그것은 두 가지 이유에서였다. 하나는 당시 통치의 물적 기반을 확보하기 위해 조세 증징의 일환으로 지방세제를 실시한 때문이었고, 또 하나는 여론을 국권보다는 민권이나 지방자치 문제로 돌리기 위해서 지방자치 논의를 오히려 조장하였기 때문이다.[94] 특히 당시 현안 과제였던 의

---

91) 金度亨, 『大韓帝國期의 政治思想硏究』, 지식산업사, 1994, 108~115쪽; 郭靜, 「愛國啓蒙運動家들의 地方自治制論과 그 運動」, 『崇實史學』 11, 1998 참조.

92) 『訓令謄錄』 4, 觀察使訓令, 제10호, 光武 11년 1월 22일.

93) 李相燦, 앞 논문, 1986, 63~65쪽.
拙 稿, 앞 논문, 1997, 227쪽.

94) 伊藤博文의 경우, '韓國施政改善에 관한 協議會'에서 '금일은 한국 인민에게 自治

병전쟁 진압을 위해서도 자강론자의 지방자치제 논의는 내심 기대했던 바였다. 일제의 이러한 이중방침은 크게는 민족운동의 분열을 꾀하는 동시에 작게는 지방세제의 시행이라는 소기의 성과를 거두는 데목적을 두었던 것이다.[95] 그래서 1906년 10월 내부에서 지방자치제를실시한다는 풍문이 나돌 정도였고, 자강론자들은 갑오개혁기 「향회조규」의 전면 시행으로 이해하였다.[96] 당시 한국인 관리들의 지방자치에대한 언급도 이를 뒷받침하였다.[97]

자강론자들은 이런 분위기에 고무된 나머지, 중국 및 일본의 지방자치제를 국내에 자주 소개하였다. 우선 『대한매일신보』의 경우, 청말신정 초기 손송녕(孫松寧)의 자치제론을 번역 소개하면서 관리들과 인민들이 이 제도를 반복 연구하여 자치제도를 준비할 것을 요망하였다.[98] 그 내용을 보면 먼저 국가와 지방의 측면에서 자치제의 실시가가져올 이익을 언급하고 있다. 외침에 대한 저항 의식의 고양, 국내정치의 안정, 지방 규정의 존중 및 국기(國基)의 공고화를 지적하였는데 특히 다른 자강론자와 달리 교육과 재정의 확보라는 중점 내용을 강조하여 지방자치의 실시를 국권 회복운동과 관련시켰다. 이후 『황성신문』도 마찬가지여서 청말 지방자치제 실시 상황을 속속

方法을 가르칠 공부를 하지 않으면 안 된다'라 할 정도였다(金正明 編, 『日韓外交資料集成』 6-上, 「韓國施政改善에 관한 俠義會 第15回」, 1907년 5월 4일).

95) 拙 稿, 앞 논문, 1997, 242쪽.

96) 『大韓每日申報』, 光武 10년 10월 31일.

97) 金正明 編, 앞 책, 「韓國施政改善에 관한 協議會 第10回」, 1906년 6월 25일. 『觀察使會議』(奎 15252), 1908년 5월.

98) 『大韓每日申報』, 光武 10년 8월 11일, 10월 10일, 11월 15일, 「地方自治說」. 이와 관련하여 李相燦, 「1906~1910년 地方行政制度의 變化와 그 性格」, 서울大學校 大學院 碩士學位論文, 1985, 21~24쪽; 拙 稿, 「1894~1910년 地方稅制의 시행과 日帝의 租稅收奪」, 『韓國史論』 26, 1991, 147~153쪽 참조.

보도하였다.[99]

이에 일본과 청국의 지방자치제를 전범으로 전국 곳곳에서 각종 자치회가 설립되었다.[100] 그중 청나라의 자의국 설치에 고무되어 고령군(高靈郡) 인사들이 조직하였던 자치민의소(自治民議所)의 경우에 선거권 및 피선거권의 자격 요건이 규정되어 있다.[101] 우선 선거권의 경우, 면의원(面議員)은 국세 3원 이상, 성년, 조필자서자(操筆自書者), 총소임원(總所 任員) 및 평의원(評議員)은 국세 5원 이상, 성년, 판인지우선악(辦人智愚善惡)한 자, 구역 내 3년 이상 거주자, 조필자서자, 다음 피선거권의 경우, 면의원은 국세 5원 이상, 성년, 문서품행박식자력(文書品行博識資力)이 있는 자, 총소는 국세 7원 이상, 문서품행(文書品行) 통시무(通時務) 유자력자(有資力者), 구역 내 5년 이상 거주자 등으로 규정되어 있다. 이는 자격 요건의 기준을 자산과 학덕에 두고 있음을 보여주는 것으로 청나라 자의국의 장정을 기본적으로 따랐던 것으로 보인다. 아울러 취지서에서 상하의 '상교(相交)'를 강조하고 있어[102] 통감부의 정책을 사실상 수용하였던 셈이다. 이 점에서 청의 지방자치제 시행을 염두에 두고 있으면서도 청과 달리 관치 보조기구로 스스로 규정하였음을 알 수 있다.

또 하나는 입헌군주정의 실시를 목표로 조직한 대한자강회, 대한협회(大韓協會) 등의 문명계몽론 계열 및 정부 관리의 일본 부현제, 정촌

---

99) 『皇城新聞』, 光武 10년 12월 24일; 光武 11년 1월 9일; 隆熙 2년 6월 13일; 6월 19일.
100) 『皇城新聞』, 隆熙 2년 2월 27일; 11월 26일; 12월 24일; 隆熙 3년 1월 8일.
101) 『高靈郡自治民議所定則』, 「自治民議會趣旨書」
　　　'…斯議也 則猶可爲南淸(중국 남부 지방) 自治之地方安保…'
　　　고령군 민의소에 관해서는 李相燦, 앞 논문, 1986, 57~59쪽 참조.
102) 『自治民護趣旨書』
　　　'曰行政 曰德澤 自上而交下也 曰自治 曰民護 自下而交上 下能自治 則上政之
　　　於民也易 下有民護 則上澤之入於人也速'

제 수용론이었다. 이들은 '일한연대론(日韓連帶論)'과 '한국부조론(韓國扶助論)'에 입각하여 통감통치(統監統治) 즉 '보호정치'를 '선진문명국의 지도'로 보았다.[103] 그래서 지방자치제의 실시도 민권운동의 일환으로 민지(民智)를 계발하기 위한 방편으로 적극 주장했다. 윤효정의 경우, 자치제 논의를 입헌군주제를 수립하기 위한 방안과 결부시키면서 일본 정촌제를 소개했다.[104] 그리고 일본인 오가키는 『대한자강회월보』에 「일본의 지방자치제」라는 글을 6회에 걸쳐 게재하였다.[105] 그는 여기서 지방세제 문제와 관련해서 그 과세 주체가 지방자치단체임을 지적하면서도 일본 정촌제를 원용하여 일정한 자격요건을 기준으로 공민(公民)과 주민(住民)을 구별하고 농민층이 참여할 수 없음을 강조하였다.[106] 이는 호농자치제의 재판(再版)이었다.

한편, 윤효정은 민권을 국권 위에 설정하고 있다. 즉 그는 「지방자치제도론(地方自治制度論)」에서

人民이 自治精神을 有흔 然後에 가히 國家의 獨立實力을 養흘지니 國

---

103) 尹孝定, 「我會의 本領」, 『大韓協會會報』 제9호, 1908년 12월.

104) 尹孝定, 「地方自治制度論」, 『大韓自强會月報』 제4호, 1906년 11월.
　'今에 地方自治之制度로써 時代에 適應흔 制度라 謂흘지딘 先進文明國의 自治制度를 詳說ᄒ야 讀者諸員의 參照에 供흘 必要가 有ᄒ고 且我國의 自治制道ᄂ 先히 日本에 參考흘 必要가 有ᄒ딘 本會顧問日本名士 大垣丈夫씨ᄂ 政治法律等學理上에 精通흘 뿐 不是라 日本維新以來四十年間事가 蓋基經驗上熟練ᄒᆷ으로 日本의 自治制度ᄂ 同氏의 講述을 要ᄒ야 左紙로부터 次號에 續載흘 터이어니와'

105) 『大韓自强月報』 제4, 5, 6, 8, 10, 11호(1906~1907), 「日本의 自治制度」.

106) 『大韓自强會月報』 제4호(1906년 11월호), 「日本의 自治制度」.
　大垣丈夫는 여기서 地租를 납부한 자와 營業稅 年額 2圓 이상을 납부한 자를 公民이라 칭하고 공직에 피선할 수 있으나, 이 자격을 구비치 못한 자를 단지 住民이라 칭하고 공직에 피선할 수 없다고 소개하고 있다.

家에 自治制度가 有ㅎ고 人民이 自治精神을 發흠은 國家獨立의 基本이
라 謂홀지로라[107]

라 하여 민권을 국권의 기반으로 보았던 것이다. 즉 지방자치제의 실
시도 실력 양성의 방편으로 보았다. 그러나 이 시기 문명계몽론 계열의
인사들이 일본식 자치제에 기초하여 사회를 운영하려 했다는 점에서
이것은 민인 중심의 민권이 아니라 신권(紳權) 주도의 민권이었다.

또한 이 시기 지방자치제 관련 책자들이 간행되었다. 통감부의 관
리인 조성구는 『지방행정론(地方行政論)』에서 독일 계통의 지방자치제
를 소개하면서 자치를 단지 관치와 관련하여 지방행정상 고유사무와
위임사무의 배분에서 설명할 뿐, 국권은 차치하더라도 민권과의 관련
조차도 언급하지 않았다.[108] 물론 여기서도 거의 일본의 지방자치제
를 상세하게 소개하는 가운데 다른 논자들과 마찬가지로 일본 정촌
제 제7조와 시제 제7조에 입각하여 국세 납부액에 따라 주민과 공민
을 구별하였다. 특히 자치를 '국법에 관한 지방행정'과 '지방세의 지변
에 의하여 명예직으로서 처리하는 행정'이라 정의하였다는 점을 주목
할 필요가 있다. 지방자치를 단지 지방행정의 일종으로 그리고 지방
세제 실시를 위한 제반 하부기구로 설정하였다 하겠다. 이 중에서 지
방세제의 실시를 대단히 강조하였다는 점에서 그 의도가 일제의 지방
세제 시행을 정당화하는 데 있지 않나 한다.[109] 심지어 김릉생(金陵生)
의 경우, 「지방자치제도문답(地方自治制度問答)」을 통해 지방자치 여론

---

107) 위와 같음.
108) 趙聲九, 『地方行政論』, 中央書館, 1908.
109) 지방자치의 이러한 정의는 鄭達水의 「自治의 意義를 槪論흠」에서도 거의 동일하
　　다(『大韓協會會報』, 1권 8호, 1908년 11월).

을 고무하려 하였다.[110]

이러한 태도는 『황성신문』의 필진도 마찬가지였다.[111] '국가재조(國家再造)'의 첩경이라고 판단하여 지방자치의 실시에 역점을 두어야 한다고 주장하였다.[112] 심지어는 일본의 지방자치제를 참작하여 채용할 것을 강조하였다.[113] 여기서 문명계몽론 계열이 일본식 지방자치제와 함께 문명계몽 및 입헌정치의 방편으로 인식하였음을 확인할 수 있다.

유길준의 한성부민회(漢城府民會)는 이러한 일본식 자치제 구상이 실행된 예이다.[114] 여기서 민회는 일본의 정촌제와 같이 각종 자치 기능을 담당하였다. 그러나 선거권과 피선거권은 역시 자산 규모를 기준으로 부여되었다.[115] 그리고 데라우치 통감의 부임을 환영하거나 일

---

110) 金陸生, 「地方自治制度問答」, 『大韓協會月報』, 1권 9호, 1908년 12월; 1권 10호, 1909년 1월; 2권 1호, 1909년 2월.

111) 최근에 金鍾俊은 신문과 회지 등의 '민권' 용례 분석을 통해 1908~1909년 『대한매일신보』 계열의 民權論을 당대 계몽 사상에서 예외적인 주장으로서 '국권 종속형 민권론'으로 개념화한 데 반해 『황성신문』 계열의 民權論을 일진회, 대한협회 등의 정치단체 및 독립신문, 제국신문 등의 언론사 등과 마찬가지로 '관권 저항형 민권론'으로 개념화하였다(金鍾俊, 「한말 '민권' 용례와 분기 양상」, 『歷史敎育』 121, 2012). 그러나 이러한 개념화는 국망으로 치닫고 있는 정국 변동에 대한 여러 계열 식자층의 인식과 처지 및 일반 민인의 參政 문제를 구체적으로 검토하지 않고 언설에 의존한 기계적인 유형론으로 간주될 수 있다.

112) 『皇城新聞』, 光武 10년 11월 2일.
'若地方之自治ᄂᆫ 乃維新中 第一先務者也라…自治乎여 豈非所以再造我韓者乎아'

113) 위와 같음.
'日本이 自明治二十一年以後로 地方의 制度가 始備ᄒ야 歐洲의 法을 參酌施行ᄒ인 즉 我國에셔 若地方自治制度를 行코져 홀진딕 不得不 日本의 制度를 參酌採用홈이 可홀지라'

114) 『漢城府民會規約』, 『漢城府民會規則』. 漢城府民會의 활동과 성격에 관해서는 李相燦, 앞 논문, 1986, 56~57쪽과 尹炳喜, 「漢城府民會에 관한 一考察」, 『東亞研究』(서강대), 1989; 이용창, 「漢城府民會'의 조직과정과 활동」, 『韓國獨立運動史研究』 22, 2004 참조.

115) 『漢城府民會規約』 제7조를 보면 다음과 같다.

본 관광단을 모집하여 파송하는 등 친일적인 활동을 전개하여 일제로부터 지방자치기구로 인가받으려 하였다. 이 점에서 한성부민회는 자산가들이 일제와의 타협 속에서 권력기구에 참여하고 지방 지배를 주도하기 위해 조직한 자치회였던 것이다.

그러나 이와 달리 지방자치 문제를 접근하는 계열도 존재하였다. 우선 일부 지역에서는 주민들이 일제의 향장제 폐지에 맞서서 기존 향장을 '민권향장(民權鄉長)'이라 부르며 월료(月料)를 마련하여 유임케 하거나[116] 심지어 군수마저 향자치제(鄉自治制)를 공포하고 향회를 개최하기도 하였다. 예컨대 대한자강회 회원이자 강서(江西) 군수인 이우영(李宇榮)은 향자치제를 공포하고 향회를 개최하기도 하였다.[117] 이때 향회 고시문에서 자작자위(自作自衛)해야 부강지도(富强之導)에 이를 수 있음을 강조했다. 그리고 그 근거는 「향회조규」와 「향회판무규정」이었다. 나아가 사범학교를 설립하고 공립학교와 청년학교에 진력하였으니 교육자치제의 실현인 셈이다. 또한 민회를 중심으로 균세운동(均稅運動)을 벌여나가기도 하였다.[118]

특히 일제의 군대 해산 이후 의병전쟁이 확산되고 개성, 순천 등지에서 상인들이 시장세 반대 투쟁을 전개하면서 지방자치 논의는 새로운 국면으로 전환되었다.[119] 『대한매일신보』 등의 정통개혁론 계열

'一. 獨立生活을 維持ㅎ는 家族의 20歲以上 男子, 二. 一年以上 府의 住居民되는 者, 단 民會의 議決로 本項의 制限을 特免ㅎ는 者는 此限에 在치 안니홈, 三. 國稅 一圜以上을 納ㅎ는 者'

116) 『皇城新聞』, 光武 10년 12월 11일.

117) 『大韓每日申報』, 光武 10년 10월 4일.

118) 李相燦, 앞 논문, 1986, 55~56쪽; 金惠貞, 「舊韓末 日帝의 葉錢整理와 韓國民의 均稅運動」, 『東亞研究』17, 1989.

119) 拙稿, 「1894~1910년 地方稅制의 시행과 日帝의 租稅收奪」, 『韓國史論』26, 1991, 146~153쪽.

은 종래의 애매모호한 태도에서 벗어나 대한협회 등의 문명계몽론 계열을 '국권은 없고 민권을 꿈꾸는 치물배(痴物輩)'라고 정면 비판하면서[120] 국권이 민권의 원천임을 강조하는 한편 전통적 지방자치론의 발전·계승을 주장하였다. 이것은 국수보전, 즉 국권 회복의 방법이었다. 신채호가 대표적인 예이다. 그는 「지방자치제약사(地方自治制略史)」에서

> 惜乎라 靜菴栗谷의 賢哲로도 庠序學校의 制ᄂ 恢復코져 하엿스되 此를 提唱흠은 未暇ᄒ며 茶山磻溪의 碩學으로도 井田鄕約의 道ᄂ 論著ᄒ 얏스나 此를 硏究흠은 未暇ᄒ야 此歷史美制를 荊口中에 久埋ᄒ엿도다[121]

라 하여 한국의 전통적 자치제를 반계 유형원과 다산 정약용에게서 구했다. 특히 그가 유의했던 것은 반계 및 다산의 향약(鄕約)과 정전(井田)이었다. 이는 다산이 제시한 민인 위주의 지방자치 구상을 계승하고자 했음을 보여주는 것이다. 즉 다산의 향약론(鄕約論)이 토지개혁의 토대가 되는 정전(井田)의 주장과 결부되어 있어 그러하다.[122] 또한 중국의 자치가 관신(官紳) 주도의 '족장자치(族長自治)'라고 비판하는 한편[123] 우리만의 전통 지방자치를 되살릴 것을 역설하였다.[124] 이는 남인 실학자들이 주장한 민인 위주의 지방자치제를 계승하고자 하

---

120) 『大韓每日申報』, 隆熙 3년 10월 26일, 「國權이 無ᄒ고 民權을 夢ᄒᄂ 痴物輩」.
121) 『大韓每日申報』, 隆熙 3년 7월 3일, 「地方自治制略史」.
122) 趙誠乙, 앞 논문, 337~339쪽.
123) 주 121)과 같음.
124) 주 121)과 같음.
　'齒를 崇ᄒ고 賢을 不尙ᄒ며 官을 尊ᄒ고 民을 卑ᄒ얏스니시ᄂ 族長自治오 市民自治가 아니니 故로 韓國의 自治가 獨히 東洋史中의 特色됨'

였음을 보여준다. 그만큼 문명계몽론 계열과 달리 민인 대중을 신뢰하였던 것이다. 그가 "然이나 甲午風雲(1894년 농민전쟁)이 韓半島 不平等의 汚塵을 捲去한 후로 全國同胞가 바야흐로 大覺의 眼을 拭하고"라고 말했음은 이 때문이었다.[125] 나아가 "人民이 政權에 無關할진대 貴族에 在하든지 君主에 在하든지 勿問하고 此가 진정한 국가가 아님은 일반이니라" 하여 더욱 그러하다.[126] 특히 『대한매일신보』에서 미국의 대통령 선거를 예로 들면서 지방관의 민선(民選)을 강조했다는 사실을 염두에 둘 때,[127] 신채호의 지방자치 구상이 공화제로 발전하리라는 추측을 가능케 한다. 이처럼 신채호는 지방자치제의 주체와 운영 원리를 단지 외래의 서양제도나 일본식 지방자치제에서 구하는 것이 아니라 국수보전과 관련하여 한국사회의 내재적 발전과 민인의 성장에서 구했던 것이다. 이것이 중국과도 다르고 일본과도 다른 것이었다.

그러나 자강론자 대부분은 1910년 8월 국망(國亡)을 앞에 두고 일제의 탄압으로 민회가 해체되는 마당에서 그 스스로가 자치운동을 포기하였다. 그것은 민인 대중에 대한 신뢰 부족에서 비롯되었다. 오히려 이들은 일제의 말단 하부기구에 합류하여 사회경제적 기반을 온전히 하는 것으로 만족하여야 했다. 국권과 민권의 공멸인 것이다.

---

125) 『丹齋申采浩全集』, 別集, 「20世紀 新國民」.
126) 위 책, 別集, 「身·家·國 三觀念의 變遷」.
127) 『大韓每日申報』, 隆熙 4년 7월 9일, '地方官薦用의 件'.

5. 결어

지방자치 문제는 사회구성 및 정치체제와 연관하여 당파성과 단계성(段階性)을 구명할 때서야 비로소 그 의미가 자명해지고 역사성을 부여할 수 있다. 한말의 지방자치 문제도 이러한 시각에서 접근해야 하는 까닭이 여기에 있다. 그런데 이 시기 지방자치 문제는 정체(政體) 문제와 마찬가지로 전통에 축을 두면서도 인근 동아시아 국가 더 나아가 서구 제국과 연계하여 전개되었다는 점에서 사안의 전통성과 국제성을 인식할 수 있다.

우선 중국의 경우, 지방자치의 논의는 전통적인 봉건군현론(封建郡縣論) 위에서 '과분(瓜分)'에의 위기와 '난민(亂民)'의 위협으로부터 신사의 기득권을 보위 내지 강화한다는 측면과 근대개혁의 정치사회적 기반을 조성한다는 측면이 병존하였다. 그래서 청정과 신사층은 의화단 사건과 러일전쟁 등 대내외의 위기가 가중될수록 상호 접근할 여지가 많았다. 청말 신정기(新政期)는 이러한 과정이었으며 1908년 6월 지방의회라 할 자의국(諮議局)의 개설은 청정과 신사층의 타협을 잘 보여준다. 여기서는 학식, 출신이 자산과 함께 선거권과 피선거권의 자격 기준이 되었다. 이는 신사자치제(紳士自治制)라 하겠다. 그러나 청조에 대한 불신과 지방 안전을 도모한 신해혁명에 의해 청조가 붕괴되면서 이러한 논의는 새로운 국면을 맞게 되었다. 즉 군주제와 공화제, 군벌과 혁명파의 갈등 속에서 '집권주의'와 '분권주의'의 대립이라는 정치체제의 분란을 극대화했던 것이다.

이에 반해 일본의 경우, 지방자치 논의는 폐번치현 등 메이지정부의 중앙집권화 과정에서 도태되거나 탈락한 불만 사족이나 지조 개정으로 불이익을 감수했던 호농층(豪農層)의 주도로 전개되었다는 점에서 중국의 경우와는 사정이 달랐다. 따라서 그 전개 방향이 정부의 체제화 노력 속에서 굴곡될 여지가 처음부터 내포되었다. 즉 호농자치제가 메이지정부와 호농층의 타협 속에서 성립되었다. 현제, 시군제 및 정촌제에서 보이는 선거권 및 피선거권의 자격 요건은 호농층에 부합된 내용으로 경제상의 세금 납부액에서 기준을 구했던 것이다. 그래서 정부에서는 이러한 지방자치제 실시를 계기로 지방 장악력을 높일 수 있었고, 지방에서는 호농층 위주의 향촌 지배를 유지할 수 있었다. 즉 일본의 지방자치제는 천황제의 정치사회적 기반으로서 자리잡게 되었다.

조선의 경우는 크게 두 계통에서 지방자치를 모색하였다. 우선 전통적 군현론에 근간을 두고 민인 주도의 지방자치를 구상하거나 왕실·국가 주도의 지방자치를 시행하려고 하였다. 전자가 갑오개혁기 어윤중 등의 지방자치 구상이라면 후자는 광무개혁기 정부의 지방자치 구상이었다. 그러나 이 둘은 전통적 군현론에 입각했다는 점에서, 그리고 민인의 정치 참여를 통해 기존의 봉건을 배제하기로 했다는 점에서 상호 근접할 여지가 컸다. 또 하나는 전통적 봉건론에 입각하여 입헌군주제와 함께 일본식 지방자치제를 적극 모색한 것이다. 박영효 등 급진개화론자들이 구상한 자산가 주도의 지방자치 방안이 그것으로 외래의 지방자치를 전통적 봉건론에 결부하려 했다. 이러한 구상은 이후 통감통치기 문명계몽론 계열의 인사들이 일본의 부현제, 정촌제를 전면 수용하는 과정에서 구체화하였다. 따라서 어윤중이나 광무정권의 지방자치론이 국가 차원에서 일반 민인이 정치에 참여할 수 있는 길을 모색했던 방안이라면, 박영효의 지방자치론은 양반들이 그들의 전통적 기반을 보지한 채 근대사회에 적응한 방안이라 하겠다.

하지만 일제의 통감부 설치로 말미암아 전자는 약화될 수밖에 없었다. 반면 후자는 일제의 조장에 힘입어 '민권'이라는 이름하에 문명계몽론 계열을 중심으로 전개되었다. 그들에게는 '국권은 없고 오로지 민권만 꿈꾸는' 형세가 남아 있었다. 그러나 무단통치를 구상하고 있었던 일제가 대한제국을 강점하면서 이러한 방안마저 배제함으로써 일제와 타협하여 권력기구에 참여하고자 했던 문명계몽론 계열의 인사들은 지방자치 구상을 포기할 수밖에 없었다. 반면 전자는 정통개혁론 계열을 중심으로 실학 전통 위에서 민인 대중의 항일 투쟁에 고무되어 새롭게 발전할 수 있었다. 민인에 대한 신뢰 속에서 지방자치 더 나아가 공화제의 이념적 기반을 마련할 수 있었다.

이처럼 동아시아 삼국은 각국이 기반하고 있는 정치체제의 전통, 역사적 경험과 처지, 그리고 외압의 정도에 따라 지방자치의 방향과 성격을 달리했다. 여기에서 형식상, 단계상 서구의 지방자치와 연계되었지만 내용상, 주체상 자기 사회의 내적 조건 위에서 전개되었음을 확인할 수 있었다. 지방자치에도 보편성이 특수성을 매개로 관철되었던 것이다.

(『歷史教育』 64, 1997 揭載, 2012 補)

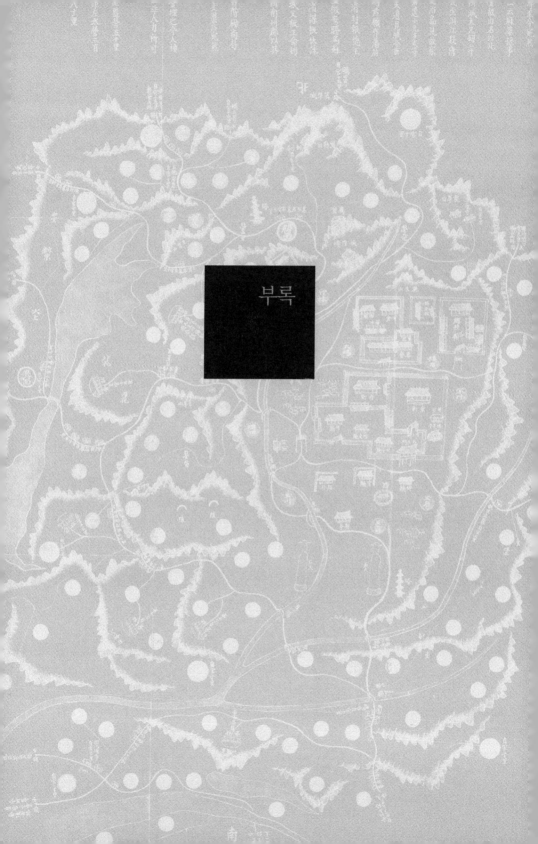

부록

| 부록 1 |

「各郡經費排定에 관한 件」[1]

(1895. 9. 5)

朕이 各郡의 經費排定에 關ᄒᆞᄂᆞᆫ 件을 裁可ᄒᆞ야 頒布케 하노라

大君主 御押 御璽

開國五百四年 九月五日

內閣總理大臣 金弘集

內部大臣署理 俞吉濬

度支部大臣署理 李鼎煥

第1條 各郡 經費ᄂᆞᆫ 郡守 俸給을 除ᄒᆞᆫ 外에 每年 左開ᄒᆞᆫ 標準을 依ᄒᆞ야 排定홈.

　　1. 總額 十分의 五를 各郡에 平等으로 排備홈.

　　2. 總額 十分의 三을 前年度에 時起結數로 排備홈.

　　3. 總額 十分의 一을 戶數로 排備홈.

　　4. 總額 十分의 一을 面數로 排備홈.

第2條 各郡 經費ᄂᆞᆫ 郡守가 的當ᄒᆞᆫ 計劃을 定ᄒᆞ야 使用ᄒᆞᆷ을 得ᄒᆞ되 且

---

1)『勅令』3, 勅令 제163호「各郡經費排定에 관한 件」, 開國 504년 9월 5일.

税務主事及 吏校以下人員 並 俸給額 등은 觀察使의 承認을 受
ᄒᆞ미 可홈.

第3條 各郡 經費ᄂᆞᆫ 定額을 月數에 分排ᄒᆞᄃᆡ(平年은 十二個月 閏年은
十三個月)其年自十月至十二月條ᄂᆞᆫ 地稅 第一期 收納內에서 ᄯᅩ
翌年自一月至九月條ᄂᆞᆫ 同 第二期 收納內에서 相除ᄒᆞ야 稅務主
事가 保管ᄒᆞ고 郡守의 要求ᄅᆞᆯ 從ᄒᆞ야 隨時 出給ᄒᆞ미 可홈.

第4條 各郡守ᄂᆞᆫ 每年 三月內ᄅᆞᆯ 限ᄒᆞ야 前年度內 經費支出決算報告書
ᄅᆞᆯ 調製ᄒᆞ고 觀察使ᄅᆞᆯ 經由ᄒᆞ야 度支部大臣에게 提出ᄒᆞ미 可
홈.

第5條 本令은 頒布日붓터 施行홈.

(各郡 俸給及 經費表는 본문 참조)

「地方官廳俸給及 經費支給規程」[2]

(1896. 8. 4)

朕이 地方官廳俸給及 經費支給規程에 關ᄒᆞᄂᆞᆫ 件을 裁可ᄒᆞ야 頒布케
ᄒᆞ노라

大君主 御押 御璽

建陽元年 八月四日

內閣總理大臣 尹容善

內部大臣署理 朴定陽

度支部大臣署理 沈相薰

第1條 各觀察使와 牧使와 府尹과 郡守와 主事와 總巡의 俸銀은 到任
　　　日로 始ᄒᆞ야 支撥홈.

第2條 觀察使 牧使 府尹 郡守의 旅費ᄂᆞᆫ 內國旅費規則을 依ᄒᆞ야 支撥
　　　홈.

第3條 觀察府 自辟主事와 總巡을 自京 派送ᄒᆞᄂᆞᆫ 時ᄂᆞᆫ 旅費를 內國旅
　　　費規則에 依ᄒᆞ야 支撥홈.

---

2) 『勅令』 4, 勅令 제39호 「地方官廳俸給及 經費支給規程」, 建陽 元年 8월 4일.

第4條 觀察使以下地方官吏의 俸給과 各項經費ᄂᆞᆫ 各該郡稅錢中으로 打除ᄒᆞᄃᆡ 槪略은 左와 如홈.

    1. 各地方官廳俸給經費ᄅᆞᆯ 內部에셔 每年 預算ᄒᆞ야 目別表와 月別表ᄅᆞᆯ 頒給ᄒᆞᄃᆡ로 施行홈.

    2. 各地方官廳에셔 按月用下ᄒᆞᆫ 經費項目을 說明條列ᄒᆞ야 冊子ᄅᆞᆯ 修成ᄒᆞ야 每年度에 六月과 十二月로 內部와 度支部에 修報ᄒᆞᄃᆡ 各府尹과 郡守ᄂᆞᆫ 該管觀察使나 牧使ᄅᆞᆯ 經ᄒᆞ야 轉報홈.

    3. 各地方稅銀中에셔 該地方經費ᄅᆞᆯ 預算ᄃᆡ로 計除ᄒᆞ야 年終에 勘簿 決算ᄒᆞᄂᆞᆫ 時에 有ᄒᆞ거든 國庫에 還納홈.

附 則

第25條 本令은 頒布日붓터 시행홈.

| 부록 3 |

「地方稅規則」[3]

(1906. 12. 29)

第1條 漢城府及 各道는 左의 經費를 支辨키 위하여 地方稅를 賦課함이라.

　1. 各道橋梁, 其他 地方土木에 關ᄒᆫ 經費

　2. 地方官廳의 聽舍建築 及 修理에 關ᄒᆫ 經費

　3. 敎育에 關ᄒᆫ 經費

　4. 勸業에 關ᄒᆫ 經費

　5. 警察 病阮 衛生 其他 慈善에 關ᄒᆫ 經費

　6. 地方官廳經費의 補給

　7. 前各號 외 公共上 必要ᄒᆫ 施設에 關ᄒᆫ 經費

第2條 地方稅에 稅目은 左와 如홈이라.

　1. 市場稅 2. 浦口稅 3. 旅閣稅 4. 橋稅 5. 人力車稅

　6. 自動車稅 7. 荷車稅 8. 花稅

第3條 市場稅ᄂᆫ 左의 稅率을 依ᄒᆞ야 物品 放賣者及 其媒介者로셔 開市홀 時마다 此를 徵收홈이라.

　1. 物品放賣 方物品價 百分之一

---

3)『勅令』18, 勅令 제81호「地方稅規則」, 光武 10년 12월 29일.

2. 媒介者 一人每市日 金十錢

第4條 浦口稅는 左의 稅率을 依ᄒ야 放賣ᄒ기 위ᄒ야 浦口를 通過ᄒ는 貨物主로셔 初次通過地에셔만 徵收흠이라.

　　1. 通過ᄒ는 貨物의 價額 千分之五

第5條 旅閣(客主) 稅는 左의 稅率을 依ᄒ야 客主로셔 每年 此를 徵收흠이라.

　　1. 售賣物品의 豫定價額 千分之五

第6條 轎稅는 左의 稅率을 依ᄒ야 使用ᄒ기 爲ᄒ야 所有흔 者로셔 每年 此를 徵收흠이라.

　　1. 轎 每一隻 金二圜

第7條 人力車稅는 左의 稅率을 依ᄒ야 使用ᄒ기 爲ᄒ야 所有흔 者로셔 每年 此를 徵收흠이라.

　　1. 人力車 每一輛 金二圜

第8條 自轉車稅는 左의 稅率을 依ᄒ야 使用ᄒ기 爲ᄒ야 所有흔 者로셔 每年 此를 徵收흠이라.

　　1. 自轉車 每一輛 金三圜

第9條 荷車稅는 左의 稅率을 依ᄒ야 使用ᄒ기 爲ᄒ야 所有흔 者로셔 每年 此를 徵收흠이라.

　　1. 牛馬車 每一輛 金二圜

　　2. 手挽車 每一輛 金一圜

第10條 花稅는 左의 稅率을 依ᄒ야 妓娼으로셔 每年 此를 徵收흠이라.

　　1. 妓 每一人 金三十六圜

　　2. 娼 每一人 金二十四圜

第11條 漢城府尹及 各道觀察使는 地方의 狀況을 依ᄒ야 內部大臣及

度支部大臣의 認許를 經ᄒ야 第二條에 定ᄒ 地方稅 種目을 減少홈을 得홈이라.

第12條 第五條以下 地方稅ᄂ 每年 五月 十一月의 二期에 分ᄒ야 徵收홈이라. 단 花稅ᄂ 此를 十二分ᄒ야 每月徵收홈이라.

第13條 左의 物品放賣及 貨物通過에ᄂ 地方稅를 課치 아니홈이라.

　　1. 政府發行의 收入印紙額及 度量衡의 放賣

　　2. 自己의 採掘이나 採取ᄒ 鑛物과 自己의 耕作ᄒ 農産物의 放賣

第14條 皇室及 官廳所有의 轎, 人力車, 自轉車, 荷車에ᄂ 地方稅를 課치 아니홈이라.

第15條 漢城府尹及 各道觀察使ᄂ 地方稅의 收入 支出은 每年度款項에 區分ᄒ 豫算을 編成ᄒ야 七月三十日 以內로 內部大臣及 度支部大臣에게 提出ᄒ야 其認許를 經홈을 요홈이라.

第16條 地方稅의 會計年度ᄂ 國庫의 會計年度를 依홈이라.

第17條 漢城府尹及 各道觀察使가 第十五條의 認許를 得ᄒ 時ᄂ 其賦課徵收를 所管稅務監에게 移付홈이 可홈이라.

第18條 稅務監이 地方稅의 賦課徵收의 移付를 受ᄒ 時ᄂ 其管內稅務官이나 郡派駐의 稅務主事로 ᄒ야곰 此를 執行케 홈이라.

第19條 稅務官及 郡派駐稅務主事의 地方稅徵收順序ᄂ 國稅徵收에 關ᄒ 規程을 准用홈이 可홈이라.

第20條 地方稅로써 支辨ᄒ 經費의 出納은 漢城府尹及 各道觀察使의 命令을 依홈이라.

第21條 地方稅에 關ᄒ 現金의 出納은 其 地方에 在ᄒ 農工銀行으로 ᄒ야곰 此를 掌케 홈이라.

第22條 地方稅의 會計及 現金處理에 關ᄒ야ᄂ 國庫金에 關ᄒ 規程을

准用홈이라.

第23條 地方稅의 精算證明은 國庫의 歲入 歲出에 關혼 規程을 准ᄒ야
出納官吏가 度支部大臣의 檢査審判을 受홈을 要홈이라.

第24條 本令施行에 關혼 細則은 主務大臣이 此를 定홈이라.

附 則

第25條 本令은 光武十一年 一月一日브터 施行홈이라.

光武十年 十二月二十九日 奉勅

御押 御璽

議政府參政大臣 陸軍副將 勳一等 朴齊純

度支部大臣 陸軍副將 勳一等 閔泳綺

內部大臣臨時署理 農商工部大臣 勳二等 成岐運

「地方費法」[4]

(1909. 4. 2)

第1條 漢城府及 各道에셔 公共事業을 爲ㅎ여 地方費를 設홈. 地方費
    는 地方費에 屬혼 財産 幷히 其收入 地方費支辦의 事業에 屬혼
    收入及 賦課金으로써 이에 充當홈.

第2條 地方費로써 支辦홈을 得홀 費目은 다음과 如홈.

    但 地方費의 支辦에 屬혼 것과 國費의 支辦에 屬혼 것과의 區
    分은 內部大臣과 度支部大臣이 協議ㅎ여 內部令으로써 此를 定
    홈.

    1. 廳舍의 建築과 修繕에 關혼 經費

    2. 土木에 關혼 經費

    3. 衛生, 病院, 救恤及 慈善에 關혼 經費

    4. 勸業에 關혼 經費

    5. 敎育과 學藝에 關혼 經費

        前項 各號의 外에 法令에 依ㅎ여 地方費의 支辦에 屬홀 經費

        及 地方公共上 必要혼 事業에 關혼 補助費

第3條 地方費에 充홀 賦課金의 種類는 從來地方에서 徵收ㅎ든 諸稅

---

4) 『舊韓國官報』 4340호, 法律 제12호 「地方費法」, 隆熙 3년 4월 2일.

中에서 取ᄒ야 此를 定홈.

第4條 賦課金 課目, 課率, 納期 其他 賦課에 關ᄒ야 必要ᄒ 規定은 內部大臣 及 度支部大臣의 認可를 得ᄒ야 漢城府尹及 觀察使가 府令 又는 道令으로 此를 定홈.

第5條 前條의 府令 又는 道令에 依ᄒ여 賦課金을 賦課徵收홈은 國稅의 例에 依ᄒ야 財務署長이 此를 行홈.

第6條 漢城府尹及 觀察使는 地方費의 支辦에 屬ᄒ 事業을 爲ᄒ여 管內의 一部에 對ᄒ야 內部大臣의 認可를 得ᄒ야 夫役及 現品을 賦課홈을 得홈.

第7條 地方費의 支辦에 屬ᄒ 事業을 爲ᄒ야 寄附金을 受ᄒ 時는 寄附者의 指定ᄒ 用途에 使用홈이 可홈.

第8條 漢城府尹及 觀察使는 特別 事情이 有ᄒ 者에 對ᄒ야 賦課金及 夫役과 現品의 減免 又는 延期홈을 得홈.

第9條 漢城府尹及 觀察使는 每會計年度에 地方費의 歲入歲出豫算을 調製ᄒ야 其前年 10月末까지에 內部大臣에게 提出ᄒ야 認可를 受홈이 可홈. 旣定의 豫算은 內部大臣의 認可를 得ᄒ야 追加 又는 更定홈을 得홈.

第10條 漢城府尹及 觀察使가 前條의 認可를 受ᄒ 時는 其 要領을 告示홈.

第11條 漢城府尹及 觀察使는 每會計年度 地方費의 歲入歲出豫算에 對ᄒ 決算을 調製ᄒ야 年度經過後 5個月以內에 內部大臣에 報告ᄒ고 並히 其要領을 告示홈이 可홈.

第12條 地方費의 會計에 關ᄒ 規程은 內部大臣이 此를 定홈.

附 則

第13條 제9조의 期限은 本法 施行의 年度에 限ᄒ야 其年 8月末日ᄭ지
로 홈.

第14條 光武 10년 勅令 제81호 地方稅規則은 此를 廢止홈.

「面經費負擔方法」[5]

(1913. 3. 6)

第1條 面經費는 財産으로부터 생긴 收入, 面交付金 기타 面에 속한 收
入으로써 충당하고, 여전히 부족할 때는 面賦課金을 賦課徵收
할 수 있다.

第2條 面賦課金으로써 부과할 수 있는 종목 및 제한은 왼쪽과 같다.

1. 戸別 分割 : 평균 1호에 대해 30전 이내

2. 地稅附加金 : 本稅 1圓에 대해 – 평안남북도, 함경남북도는
80전 이내

– 그 외 다른 도는 50전 이내

第3條 地稅의 賦課가 없는 지방 또는 특별한 사정이 있는 지방에서는
도장관의 허가를 얻어 다른 종목을 설치하여 地稅附加金에 대
신한다.

第4條 지방의 사정에 따라 특별한 필요가 있을 때는 도장관의 허가를
얻어 제2조의 제한을 초과하는 面賦課金을 부과한다.

第5條 戸別 分割은 面 안에 주거하는 독립의 생계를 운영하는 자에
대해 그것을 부과하고 戸別 分割의 賦課徵收期日은 國稅 戸稅

---

5) 『朝鮮總督府官報』 號外, 朝鮮總督府令 제16호 「面經費負擔方法」, 1913년 3월 6일.

의 예에 따른다. 다만 특별한 사정이 있을 때는 부윤, 군수의 허가를 얻어 따로 부과하고, 징수기일을 정한다.

第6條 戶別 分割은 所得 또는 資産을 표준으로 하여 등급을 정해 부과한다. 다만 특별한 사정이 있을 때는 부윤, 군수의 허가를 얻어 균일한 부과를 한다.

第7條 地稅附加金은 면내에서 地稅를 납부하는 자에 대해 本稅와 동시에 부과징수한다. 다만 특별한 사정이 있을 때는 부윤, 군수의 허가를 얻어 따로 부과하고, 징수기일을 정한다.

第8條 面主人, 面下人의 手當은, 給料에 충당할 필요가 있을 때는 부윤, 군수의 허가를 얻어 제2조 賦課金 이외의 現品을 부과한다. 現品을 징수할 때는 조정 당시의 가격에 의해 그 換算金額을 정하여 함께 그것을 고지한다.

現品의 賦課를 받는 사람은 金錢을 代納한다.

부 칙

본령은 大正 2년 4월 1일부터 시행한다.

「府制」[6]

(1913. 10. 30)

第1條 府는 法人으로 한다. 官의 監督을 받아 그 公共事務와 法令에 따라 府에 屬한 事務를 處理한다.

第2條 府의 廢置와 府의 區域은 朝鮮總督이 이를 정한다.

府의 廢置 또는 境界變更의 境遇에 財産處分을 要하는 때는 道長官은 府尹의 意見을 聽하며 朝鮮總督의 許可를 받아 그 處分方法을 定한다.

第3條 府內에 住所가 있는 자는 그 府住民으로 한다.

府住民은 本令에 따라 府의 營造物을 共用하는 權利를 가지며 府의 負擔을 分任하는 義務를 진다.

第4條 府는 府住民의 權利義務 또는 府의 事務에 관하여 府條例를 설치할 수 있다.

府條例는 一定한 公告式에 따라 이를 告示해야 한다.

第5條 府尹은 府를 統轄하여 이를 代表한다.

第6條 府에 府吏員을 둘 수 있다.

府吏員은 府尹이 이를 任免한다.

---

6) 『朝鮮總督府官報』 號外, 制令 제7호 「府制」, 1913년 10월 30일.

府吏員은 府尹의 命을 받아 事務에 從事한다.

第7條 府吏員은 有給으로 한다. 但 府條例의 定한 바를 따라 名譽職으로 할 수 있다.

第8條 府尹은 府吏員에 대하여 懲戒를 행할 수 있다. 그 懲戒處分은 譴責, 25圓 以下의 過怠金과 解職으로 한다.

第9條 府에 府出納吏를 두어 官吏 또는 府吏員 중에서 府尹이 이를 명한다.

府出納吏는 出納事務를 관장한다.

第10條 府尹은 府의 官吏로 하여금 府의 行政에 관한 事務에 從事케 할 수 있다. 이 경우에는 그 職務關係는 國의 行政에 관한 職務關係의 例에 따른다.

第11條 府에 協議會를 두어 府尹과 協議會員으로써 이를 조직한다.

協議會는 府尹으로써 議長으로 한다.

協議會員의 定員은 朝鮮總督이 이를 정한다.

第12條 協議會는 府의 事務에 관하여 府尹의 諮問에 응한다.

協議會에 諮問할 事件은 左와 같다.

1. 府條例를 두거나 改廢하는 일

2. 歲入出豫算을 정하는 일

3. 府債에 관한 일

4. 歲入出豫算으로써 정한 것을 제한 외 새로이 義務의 負擔을 하거나 또는 權利의 拋棄를 하는 일

5. 基本財産, 特別基本財産과 積立金穀等의 設置 또는 處分에 관한 일

6. 第2條 第2項의 財産處分에 관한 일

7. 前 各號外 府尹이 必要로 認하는 일

第13條 協議會員은 府住民 中에서 朝鮮總督의 認可를 받아 道長官이 이를 명한다.

協議會員은 名譽職으로 삼아 그 任期는 2年으로 한다.

第14條 協議會員이 그 職務를 게을리하거나 體面을 汚損하는 行爲가 있다고 認하는 때는 朝鮮總督의 認可를 받아 道長官이 이를 解任할 수 있다.

第15條 協議會員과 名譽職府吏員은 職務 때문에 요하는 費用의 辨償을 받을 수 있다.

名譽職府吏員에는 費用辨償한 외에 勤務에 상당한 報酬를 지급할 수 있다.

第16條 有給府吏員에는 府條例의 定한 바에 따라 退隱料, 退職給與金, 死亡給與金 또는 遺族扶助料를 지급할 수 있다.

第17條 收益을 행하는 府의 財産은 基本財産으로 삼아 이를 維持해야 한다.

府는 特定한 目的 때문에 特別한 基本財産을 두거나 金穀 等을 積立할 수 있다.

第18條 府는 營造物의 使用에 대하여 使用料를 징수할 수 있다.

府는 特히 1個人을 위하여 하는 事務에 대해서는 手數料를 徵收할 수 있다.

第19條 府는 그 公益上 必要가 있는 境遇에는 寄附 또는 補助할 수 있다.

第20條 府는 그 必要한 비용과 법령에 따라 府의 負擔에 屬한 費用을 支辨할 義務를 진다.

府는 그 財産으로부터 발생하는 收入, 使用料, 手數料 其他 府에 屬한 收入으로써 前項의 支出에 충당하고 이에 不足이 있을 때는 府稅와 夫役現品을 賦課 徵收할 수 있다.

第21條 3月 以上을 府內에 滯在하는 자는 그 滯在한 초로 소급하여 府稅를 납부하는 義務를 진다.

第22條 府內에 住所를 가지고 있지 않거나 3개월 以上 滯在치 아니할 지라도 府內에 土地家屋物件을 所有하거나 使用하거나 占用 하며, 府內에 營業所를 두어 營業을 하거나 府內에서 特定한 行爲를 하는 者는 그 土地家屋物件營業 또는 그 收入에 대하 여 또는 그 行爲에 대하여 賦課하는 府稅를 납부하는 義務를 진다.

第23條 府稅, 使用料, 手數料와 夫役現品 및 그 賦課徵收에 관한 事項 은 朝鮮總督이 이를 정한다.

第24條 府稅, 使用料, 手數料와 營造物의 使用方法에 관해서는 前條 의 規定에 따른 境遇를 제한 외 府條例로써 이를 정할 수 있 다. 그 府條例 中에는 10圓 以下의 過料를 課하는 規定을 둘 수 있다.

第25條 府稅의 賦課에 關하여 必要한 境遇에는 當該 官吏吏員은 家宅 또는 營業所에 臨檢하거나 帳薄物件을 檢査할 수 있다.

第26條 府稅 其他 府에 屬한 徵收金은 地方費의 徵收金 다음으로 先 取特權을 가지고 그 追徵, 還付 및 時效에 대해서는 國稅의 例에 따른다.

第27條 府는 그 負債를 償還하기 위하여 府의 永久의 利益이 될 만한 支出을 하거나 또는 天災事變 때문에 必要한 境遇에만 限하여 府債를 起할 수 있다.

府는 豫算內의 支出을 하기 위하여 一時 借入金을 행할 수 있 다.

前項의 借入金은 그 會計年度內의 收入으로써 償還해야 한다.

第28條 府는 每會計年度歲入出豫算을 調製해야 한다.

府의 會計年度는 政府의 會計年度를 따른다.

第29條 府費로써 支辨할 事件으로 數年을 期하여 그 費用을 支出해야
할 것은 그해 期間 各年度의 支出額을 定하여 繼續費로 할 수
있다.

第30條 府는 特別會計를 둘 수 있다.

第31條 府의 支拂金에 관한 時效에 대하여는 政府의 支拂金의 例를
따른다.

第32條 府의 財務에 관한 規定 및 府吏員의 服務紀律, 賠償責任, 身元
保證과 事務引繼에 관한 規定은 朝鮮總督이 이를 정한다.

附 則

第33條 本令施行의 期日은 朝鮮總督이 이를 정한다.

第34條 居留民團, 各國居留地會 및 漢城衛生會에 관한 法令은 이를
폐지한다.

第35條 居留民團의 事務 및 權利義務로 教育에 관한 것은 學校組合이
이를 承繼하고 其他는 府가 이를 承繼한다.

前項學校組合과 府의 承繼할 것의 區分은 朝鮮總督의 許可를
받아 道長官이 이를 정한다.

各國居留地會의 事務와 權利義務는 城津各國居留地會를 除한
外 府가 이를 承繼한다. 但 各國居留地內에 있는 外國人墓地와
仁川各國居留地會의 積立金은 이 한도에 있지 않다.

漢城衛生會의 事務와 權利義務는 京城府가 이를 承繼한다.

前4項에 規定한 것 外에 財産及 負債의 處分을 要하는 때는 道

長官은 朝鮮總督의 許可를 받아 그 處分方法을 정한다.

第36條 本令施行에 즈음하여 必要한 規定은 朝鮮總督이 이를 정한다.

「面制」[7]

(1917. 6. 9)

第1條 面은 法令에 따라 面에 屬하게 한 事務를 處理한다.

第2條 面의 事務는 面長이 擔任한다.

第3條 面에는 朝鮮總督이 定하는 바에 따라 有給 또는 無給의 面吏員
을 둘 수 있다. 面吏員은 郡守 또는 島司가 此를 任免한다.

面吏員은 面長의 命을 받아 事務에 從事한다.

第4條 朝鮮總督은 面을 指定하고 面長의 諮問에 應케 하기 위하여 相
談役을 둘 수 있다.

第5條 前3條에 規定한 것 外에 面長, 面吏員 및 相談役에 관하여 必要
한 事項은 朝鮮總督이 此를 定한다.

第6條 面은 營造物 使用에 對하여 使用料를 徵收할 수 있다. 面은 特히
1個人을 爲하여 하는 事務에 對하여 手數料를 徵收할 수 있다.

第7條 面은 그 必要한 費用과 法令에 따라 面의 負擔에 屬한 費用을
支辨하는 義務를 진다. 面은 그 財産으로부터 발생하는 收入,
使用料, 手數料 其他 面에 屬한 收入으로써 前項의 支出에 충당
하고 이에 不足이 있을 때는 賦課金 및 夫役現品을 賦課 徵收할

---

7) 『朝鮮總督府官報』 1454호, 制令 제1호 「面制」, 1917년 6월 9일.

수 있다.

第8條 賦課金 其他 面에 屬한 徵收金은 地方費徵收金에 다음으로 先取特權을 가지며 그 追徵 및 還付에 대해서는 國稅의 例를 따른다.

第9條 第4條의 規定에 따라 指定한 面은 天災事變 또는 舊債償還 때문에 必要가 있을 때는 朝鮮總督의 認可를 받고 借入金을 할 수 있으며 永久한 利益이 될 만한 事業을 위하여 必要가 있을 境遇에는 20年 內로 借入金의 元利를 償還할 수 있다고 確實한 때 역시 똑같다. 面은 豫算 內의 支出을 하기 위하여 必要가 있을 때는 道長官의 認可를 받아 그 會計年度 內의 收入으로써 償還할 만한 一時 借入金을 할 수 있다.

第10條 面은 每 會計年度 歲入歲出豫算을 調製하여 郡守 또는 島司의 認可를 받아야 한다. 面의 會計年度는 政府의 會計年度를 따른다.

第11條 面의 收入金 및 支拂金에 관한 時效에 대하여는 政府의 收入金 및 支拂金의 例를 따른다.

第12條 賦課金, 使用料, 手數料와 夫役 現品 및 그 賦課徵收에 관한 事項 其他 面의 財務에 關한 事項은 朝鮮總督이 이를 정한다.

第13條 面의 事務의 一部를 共同處理케 하기 위하여 必要가 있을 때는 道長官은 朝鮮總督의 認可를 받고 面組合을 둘 수 있다. 面組合에는 本令 中 面에 관한 規定을 準用하되 그 準用하기 어려운 事項에 대하여는 朝鮮總督은 別段의 規定을 定할 수 있다.

前項 外에 面組合에 관하여 必要한 事項은 朝鮮總督이 이를 정한다.

第14條 面의 區域變更에 따라 必要가 있다고 인정하는 때는 道長官은 關係가 있는 面長의 意見을 徵하여 朝鮮總督의 認可를 받고 面에 屬한 財産을 處分할 수 있다.

附 則

本令 施行日은 朝鮮總督이 이를 定한다.

本令 施行之際에 必要한 規定은 朝鮮總督이 이를 定한다.

「面制施行規則」[8)]

(1917. 6. 9)

第1章 面事務

第1條 面은 따로 規定이 있는 것 外에 左의 事務를 處理할 수 있다.

　1. 道路橋梁渡船, 河川堤防, 灌漑排水

　2. 市場, 造林, 農事養蠶業, 畜産, 其他 産業의 改良普及, 害鳥蟲
　　驅除

　3. 墓地, 火葬場, 屠場, 上水, 下水, 傳染病 豫防, 汚物의 處置

　4. 消防, 水防

　面은 特別한 必要가 있을 경우에는 朝鮮總督의 認可를 받아 前
項 各號 以外의 事務를 處理할 수 있다.

第2章 面職員

第2條 面에 面書記를 두되 그 定員은 道長官이 정한다. 面書記는 有給
으로 한다.

　面長이 事故가 있을 때는 上席 面書記가 그 職務를 代理한다.

第3條 郡守 또는 島司는 面書記 中에서 會計員을 命할 수 있다. 但 特

---

8) 『朝鮮總督府官報』 1454호, 朝鮮總督府令 제34호 「面制施行規則」, 1917년 6월 9일.

別한 事情이 있는 境遇에 道長官의 認可를 받을 때는 이 한도에 있지 않다. 會計員은 出納 其他 會計事務를 관장한다.

第1項 但書의 境遇에는 本令 中 會計員에 관한 規定을 面長이 準用한다.

第4條 町洞里에 區長을 둔다. 特別한 事情이 있을 때는 郡守 또는 島司는 道長官의 認可를 받아 2개 以上의 町洞里에 1명의 區長 또는 1개 町洞里에 2명 以上의 區長을 둘 수 있다.

區長은 無給으로 하며 그 町洞里 內에 住所가 있는 者 中에서 이를 임명한다.

區長은 面의 事務로서 町洞里에 관한 것을 補助한다.

第5條 郡守 또는 島司는 面吏員에게 對하여 懲戒할 수 있되 懲戒는 譴責 減給과 解職으로 한다.

第6條 相談役은 面內에 住所가 있는 자 중에서 道長官이 命한다. 相談役은 無給으로 하며 그 任期는 3年으로 한다.

相談役의 定員은 朝鮮總督의 認可를 받고 道長官이 정한다.

第7條 相談役이 그 職務를 게을리하거나 體面을 汚損하는 行爲가 있다고 인정할 때는 道長官이 이를 解任할 수 있다.

第8條 相談役과 無給 面吏員은 職務를 위하여 要하는 費用의 辨償을 받을 수 있다.

第9條 費用辨償額, 給料額, 旅費額 및 그 支給方法은 道長官의 認可를 받아 郡守 또는 島司가 定한다.

第3章 賦課金 其他 面收入

第10條 賦課金과 夫役 現品은 面內에 住所가 있는 대하여 이를 賦課한다. 3개월 以上 面內에 滯在하는 者에게 대하여는 그 滯在之

初에 소급하여 賦課金을 賦課할 수 있다.

第11條 面內에 住所가 있지 아니하거나 3개월 以上 滯在함이 없을지라도 面內에서 土地 家屋 物件을 所有하거나 使用하거나 占有하며, 面內에 營業所를 設하고 營業을 하거나 面內에서 特定한 行爲를 하는 者에 對하여는 그 土地 家屋 物件 營業 또는 그 收入에 대하여 또는 그 行爲에 대하여 賦課金을 賦課할 수 있다.

第12條 納入者가 面外에서 所有하며 使用하고 占有하는 土地 家屋 物件 또는 그 收入 또는 面外에서 營業所를 둔 營業 또는 그 收入에 대하여는 賦課金을 賦課할 수 없다.

第13條 賦課金으로 賦課할 수 있는 것이 左와 같다.

1. 地稅割 또는 市街地稅割

2. 戶別割

3. 特別賦課金

第14條 地稅割 또는 市街地稅割은 均一한 課率로써 地稅 또는 市街地稅의 納稅義務者에게 이를 賦課함이 可하다. 但 第20條에 따라 認可를 받을 경우는 이 한도에 있지 아니한다.

第15條 戶別割은 獨立生計를 영위하는 者에게 對하여 그 所得, 資産 또는 生計의 程度에 따라 等差를 두고 이를 賦課해야 한다. 但 特別한 事情이 있을 때는 郡守 또는 島司의 認可를 받고 等差를 두지 아니하고 賦課하는 것으로 한다.

第16條 特別賦課金은 別로 課目을 設하고 賦課할 必要가 有할 時 此를 賦課하는 것으로 한다.

第17條 地稅割 또는 市街地稅割 및 戶別割의 課率은 左의 制限을 초과할 수 없다.

1. 地稅割 地稅 1圓에 대하여 平安南道, 平安北道, 江原道, 咸
   鏡南道, 咸鏡北道에는 46錢, 其他 道에는 23錢
2. 市街地稅割 市街地稅 1圓에 대하여 40錢
3. 戶別割 納入義務者 平均 1人에 대하여 45錢
   特別한 必要가 있을 경우에는 朝鮮總督의 認可를 받아 前項
   의 制限을 超過하여 賦課할 수 있다.

(中略)

第19條 夫役 現品을 賦課코저 할 때는 郡守 또는 島司의 認可를 받아
야 한다.

夫役 現品은 이를 金額으로 算出하여 賦課해야 한다.

夫役賦課를 當한 者는 適當한 代人을 낼 수 있다.

夫役 現品은 金錢으로써 여기에 대체할 수 있다.

(中略)

第46條 特別賦課金, 使用料 또는 手數料를 新設하거나, 增額하거나
또는 變更코저 할 때는 朝鮮總督의 認可를 받아야 한다. 前項
의 認可를 받을 때는 바로 이를 公告해야 한다.

附 則

本令은 面制 施行日부터 施行한다.

大正 2年 朝鮮總督府令 第16號는 廢止한다.

| 참고문헌 |

I. 자료

1. 年代記
『高麗史』　　　　　『高宗純宗實錄』
『舊韓國官報』　　　『備邊司謄錄』
『承政院日記』　　　『日省錄』
『日新』　　　　　　『朝鮮王朝實錄』

2. 新聞 및 雜誌
『京城日報』　　　　『畿湖興學會月報』
『大韓每日申報』　　『大韓自强會月報』
『大韓協會會報』　　『독립신문』
『東亞日報』　　　　『帝國新聞』
『朝鮮公論』　　　　『朝鮮及滿洲』
『朝鮮農會報』　　　『朝鮮山林會報』
『朝鮮行政』　　　　『朝鮮彙報』
『朝鮮』　　　　　　『漢城旬報』
『皇城新聞』

3. 法令集 및 기타
『各司受敎』　　　　『經國大典』
『大典續錄』　　　　『大典通編』
『大典會通』　　　　『大典後續錄』
『法規類纂』　　　　『續大典』
『受敎輯錄』　　　　『新補受敎輯錄』

『六典條例』　　　『統監府法令資料集』
『韓末近代法令資料集』

4. 文集類

『姜瑋全集』

『慶尙道咸安郡叢鎖錄』(吳宖黙)

『顧問備略』(崔瑆煥)

『金允植全集』

『鹿門先生文集』(任聖周)

『林下筆記』(李裕元)

『文谷集』(金壽恒)

『朴珪壽全集』

『磻溪隨錄』

『北行隨錄』(鄭元容)

『三政策』

『續陰晴史』(金允植)

『藥泉集』(南九萬)

『御製 翼靖公奏藁』(洪鳳漢)

『淵泉集』(洪奭周)

『龍湖閑錄』

『雲溪隨錄』(朴致遠)

『凝窩全集』(李源祚)

『全羅道智島郡叢鎖錄』

『草亭集』(金星圭)

『海石集』(金載瓚)

『海鶴遺書』(李沂)

『經山集』(鄭元容)

『經濟野言』(禹禎圭)

『管軒先生文集』(都漢基)

『老峯先生文集』(閔鼎重)

『大韓季年史』(鄭喬)

『梅泉野錄』

『文貞公遺稿』(閔維重)

『朴定陽全集』

『樊巖先生文集』(蔡濟恭)

『三峰集』

『星湖僿說』

『松史遺稿』(洪澈周)

『魚允中全集』

『與猶堂全書』

『梧下記聞』(黃玹)

『迂書』(柳壽垣)

『俞吉濬全集』

『渚上日月』(朴冕鎭)

『鍾山集』(李參鉉)

『寒州全書』(李震相)

『海藏集』(申錫愚)

『瑣尾錄』(吳希文)

5. 官署 文案 및 기타 문서

『各大臣間規約條件』(奎 27487)

『江原道還餉己未歲末成册』(奎古 4850-3)

『江州節目撮錄』(상백고 951.2 G155)

『開國 504年 豫算說明書』(藏 2-3103)

『結戸貨法稅則烈』(奎古 5127-10)

『京畿道各郡訴狀』(奎 19148)

『京畿沿江無名雜稅革罷成冊』(奎 16613)

『京畿還餉己未歲末案』(奎 16050)

『慶尙道內還餉己未歲末成冊』(奎 16092)

『啓草存案』(奎 17240)

『雇杳放賣成冊』(奎 12515)

『古阜郡賦稅釐整節目』(奎古 大 5127-7)

『高山雲北面稅賦釐整節目』(奎古 4255-16)

『穀總便攷』(奎 1027)

『公文編案』(奎 18154)

『觀察使會議』(奎 15252)

『光武十一年二月日利川郡十年度四等經費自十月以十二月至支用額明細書』(奎 27560)

『光武七年四月日本郡甲乙丙丁四年條結戸錢納未納區別成冊』(奎 20608)

『光州府甘結』

『軍國機務處議案』(奎 15148)

『箕府報鈔』(奎古 4255.5-22)

『大邱府所管各邑官廩支放經費磨鍊事例』(국립 한-38-73)

『徒法』(亞細亞文化社)

『度支部公報』(奎 20582)

『度支部來文』(奎 17766)

『度支部請議書』(奎 17716)

『東學亂記錄』(國史編纂委員會)

『萬機要覽』

『文化匪擾大槪』(奎 一瓛 951.04-M925m)

『報告書綴』(奎 26622)

『賦役實摠』(奎 252)

『疏本各報牒抄』(국립 일산 고 6022-54)

『隨錄』

『淳昌郡報告總謄』(奎 27469)

『良役實總』(奎 12210)

『驪州郡丙午乙未丙申戊戌四年結戶田中匪擾見奪被燒及匪徒私捧乾沒各樣欠縮條
　　實數區別成冊』(奎 20379)

『驪州民變都書員吏原情所懷』(奎 27606)

『驪州尹甫吉罪目報告書』(奎 26407)

『嶺南捄弊節目』(국립 고조-38-39)

『邑報草槪冊』(奎古 5125-860)

『議奏』(奎 17705)

『日本內務省視察記』(奎 2499)

『日本大藏省視察記』(奎 6266)

『日本聞見事件草』(奎 7767-2)

『壬戌錄』(國史編纂委員會)

『慈山府吏房上下冊』(국립 한-38-62)

『全南隨錄』(藏 3-637)

『全羅道大同事目』(奎 1556)

『政法治謨』

『朝鮮與美國換約案』

『奏本』(奎 17703)

『增補文獻備考』

『地方制度調査』(국립 한-31-62)

『地方制度』(奎 15443)

『晉州民變錄』

『忠南各郡報告書』(奎 27060)

『忠淸道各邑吏額減定成冊』(奎 27901)

『度支部內部公文來牒』(奎 17881)

『度支田賦考』(奎 5740)

『度支準節』(奎古 512703)

『度支志』(奎 811)

『平安道內各邑吏胥定額成冊』(奎 17126)

『韓國稅制考』(想白 古 336.2-J773h)

『漢城府沿江無名雜稅革罷成冊』(奎 16611)

『咸鏡南北道應捧應下區別成冊』(奎 20256)

『咸慶道內各邑吏額減定成冊』(奎 17127)

『咸鏡道內南關十一邑還餉己未歲末成册』(奎 16105)

『咸鏡道內北關十邑及三甲厚長四邑還餉己未歲末成册』(奎 16106)

『咸興府按覈奏本』(奎 17144)

『會寧府民擾時關文與査報草』(영남대 147193)

『訓謄册』(이천군; 고 5120-149)

『訓令照會存案』(奎 17143)

『訓令存案』(동래; 奎 18142)

『訓令總謄』(순창; 奎 25477)

『訓令軸』(공주; 고 4255.5-9)

『訓令』(奎古 5121-1)

『訓令置簿册』(순창; 奎 27484)

『訓令編案』(奎 27484)

6. 邑誌와 邑事例, 重記, 節目, 事目

『江界府事例』(奎 5457)

『京畿各邑新定事例』(奎 15234)

『京畿邑誌』(奎 12177)

『京畿誌』(奎 12178)

『關西營事例』(奎 12203)

『關西邑誌』(1871년, 奎 12168)

『光陽縣各所事例册』(국립 BA636-1)

『光州牧重記』(藏 2-3634)

『龜成郡誌』(국편 B16BBF-8)

『近代邑誌』(한국인문과학원)

『錦營事例』(국립 한-38-65)

『綾州牧民庫節目』

『丹城邑誌』

『大邱府邑誌』(奎 10180)

『大東輿地圖』(奎 10333)

『大東地誌』(고 4790-37)

『東萊府事例』(奎 4272)

『東萊府誌』(奎 11904)

『醴泉郡新定事例』(奎 17202)

『聞慶府新定事例』(奎 19468)

『比安縣新定事例』(奎 19467)

『私纂邑誌』(한국인문과학원)

『尙州事例』(국립 한-31-536)

『成川府事例』(奎 12204)

『成川府重記』(국립 한-31-118)

『成川誌』(奎 12399)

『順天府補民庫新變通節目』

『順天府重記』(국립 한-38-3)

『新增昇平誌』

『楊根郡事例』(奎 17186)

『輿地圖書』

『嶺南邑誌』(奎 12174)

『嶺南廳事例』(奎 15233)

『嶺營事例』

『玉川郡誌』(奎古 4790-24)

『任實郡事例定錄』(奎 12268)

『慈山府事例』(국립 한-38-61)

『長興府民庫釐正節目』

『全國邑誌』(아세아문화사)

『竹樹事例』(奎古 4206-27)

『靑丘圖』(奎古 4709-21)

『春城誌』(국편 B16BBg-29)

『七郡圖經』(상백 고915.18-C43)

『杷人閒商量』(藏 2-4176)

『八道御使齋去事目』(奎 112)

『平安道內各邑民庫定例』(奎 21707)

『咸悅郡邑誌』(상백 고 915.14-H139)

『湖南營事例』(奎 12201-76-50)

『湖西邑誌』(奎 10767)

『湖左營事例』(국립 한-76-50)

7. 結戶錢收稅成冊 관련 자료

『京畿管下各郡公錢調査冊』(奎 19366-111)

『京畿管下四府三十四郡庚子條收租成冊』(奎 17899-5)

『京畿管下四府三十四郡己亥條收租成冊』(奎 17899-4)

『京畿管下四府三十四郡戊戌條收租成冊』(奎 17899-3)

『京畿管下四府三十四郡丙申條收租成冊』(奎 17899-1)

『京畿管下四府三十四郡辛丑條收租成冊』(奎 17899-6)

『京畿管下四府三十四郡壬寅條收租成冊』(奎 17899-7)

『京畿管下四府三十四郡丁酉條收租成冊』(奎 17899-2)

『京畿管下四府三十五郡甲辰條收租成冊』(奎 17800-2)

『京畿管下四府三十五郡癸卯條收租成冊』(奎 17900-1)

『京畿管下四府三十五郡己巳條收租成冊』(奎 17900-3)

『光武11年 5月 日 利川郡各年上納未納區別成冊』(奎 27562)

『光武4年月日日陽智郡甲午更張以後本年5月至經費用下區別成冊』(奎 19359-350))

『光武七年四月日本郡甲乙丙丁四年條結戶錢納未納區別成冊』(奎 20608)

『北靑郡己亥秋冬兩等應捧應下會計成冊』(奎 27104)

『麗水郡各項捧下決算成冊』

『忠淸北道管下公錢調査冊』(奎 19366-1)

『八道甲午條結戶都案』(奎 17977)

『八道乙未條結戶都案』(奎 17976)

『平安南道管下各郡丙申秩各樣公錢調査總錄』(奎 19366-10)

『咸鏡南道管下各郡丙申條各樣公錢調査總錄』(奎 19367-3)

『咸鏡南道應捧應下區別成冊』(奎 20149)

8. 民政資料

『牧綱』   『牧訣』(국립 한-30-12)

『牧民大方』(奎古 5120-63)   『牧民心書』

『臨官政要』(奎古 5120-64)   『朝鮮民政資料』

『地方行政論』

그 외 民狀置簿冊類

9. 조선총독부 및 일본 정부 발간 자료

『課稅地見取圖調製經過報告』　　　　『道府邑面稅の賦課と徵收』

『大藏省年報』　　　　　　　　　　『道路要覽』

『道知事提出意見』　　　　　　　　『面經費に關する調査書』

『面의 財務監査要領』　　　　　　　『面制說明書』

『面制提要』　　　　　　　　　　　『面行政指針』

『府財政狀況要覽』

『順川暴動事件綴』　　　　　　　　『施政三十年史』

『日本外交文書』　　　　　　　　　『日韓外交資料集成』

『齋藤實文書』　　　　　　　　　　『財務週報』

『財務彙報』　　　　　　　　　　　『朝鮮の道路』

『朝鮮交涉資料』　　　　　　　　　『朝鮮金融事項參考書』

『朝鮮地方制度改正ニ關スル意見』　『朝鮮總督府京畿道統計年報』

『朝鮮總督府官報』

『朝鮮總督府道郡島書記官講習會講演集』

『朝鮮總督府施政年報』　　　　　　『朝鮮總督府月報』

『朝鮮土木事業誌』　　　　　　　　『朝鮮統治三年間成績』

『駐韓日本公使館記錄』　　　　　　『地方費豫算及事業槪要』

『地方稅政要覽』　　　　　　　　　『地方稅ニ關スル調査』

『地方行政例規』　　　　　　　　　『土地調査例規』

『通商彙纂』　　　　　　　　　　　『暴徒編冊』

『韓國舊慣調査報告書』　　　　　　『韓國施政年報 一次』

『韓國施政年報』　　　　　　　　　『韓國財務要覽』

『韓國財政槪況』　　　　　　　　　『韓國財政經過報告』

『韓國財政施設綱要』　　　　　　　『韓國財政整理報告』

『韓國忠淸北道一班』　　　　　　　『韓國土地農産調査報告書』

『漢城府事務官及各道書記官會議要錄』

그 외 각종 보고서류

10. 국가기록원 소장 기록물

警務局, 『觀察使會議關係諮問事項書類』(CJA0002391)

朝鮮總督府 內務局 地方課, 『朝鮮面制制定ノ件』(CJA0002542)

朝鮮總督府, 『面制關係書類』(CJA0002572)

朝鮮總督府, 『府制案關係書類』(CJA0002541)

朝鮮總督府, 『財政獨立計劃書 大正 3年度 以降獨立計劃施行狀況』(CJA0003910)

朝鮮總督府, 『地方行政區域名稱變更書類』(CJA0002544)

11. 기타

京城居留民團役所 編, 『京城發達史』, 1912

京城府, 『京城府史』, 1934

仁川府, 『仁川府史』, 1933

國史編纂委員會, 『韓國獨立運動史』一, 1965

國史編纂委員會, 『韓國獨立運動史』2, 1979

金漢睦, 『慶尙南道·慶尙北道 管內契親族關係 財産相續ノ 槪況報告』(國史編纂委員
        會, 中B16BBC-7), 中樞院, 1911

大藏省, 『明治大正財政史』, 財政經濟學會, 1936~1939

水野直樹 編, 『朝鮮總督府諭告·訓示集成』1, 綠陰書房, 2001

元山府, 『元山發展史』, 1916

朝鮮研究會, 『京城案內記』, 1915

朝日新聞社, 『日本經濟統計總觀』, 1930

12. 見聞記 및 기타

原敬, 『原敬日記』, 乾元社, 1950

The Korean repository

이사벨라 버드 비숍, 『한국과 그 이웃나라들』(이인화 옮김, 살림, 2005), 1897

까를로 로제티, 『꼬레아 꼬레아니』(윤종태·김운용 譯, 서울학연구소, 1995), 1902

W.F. 샌즈, 『조선의 마지막날』(김훈 옮김, 미완, 1986), 1930

러시아 대장성, 『韓國誌』(정신문화연구원 譯, 1984), 1900

F.A. 멕켄지, 『大韓帝國의 悲劇』(申福龍 譯註, 探求堂, 1974), 1908

II. 연구 논저

1. 단행본

姜東鎭, 『日帝의 韓國侵略政策史』, 한길사, 1980

강석화, 『조선후기 함경도와 북방 영토의식』, 경세원, 2000

고석규, 『19세기 조선의 향촌사회연구』, 서울대학교출판부, 1998

권내현, 『조선후기 평안도 재정 연구』, 지식산업사, 2004

구로역사연구소, 『우리나라 지방자치제의 역사』, 거름, 1991

金大濬, 『고종시대의 국가재정 연구』, 태학사, 2004

─── , 『財政學』, 日新社, 1987

金德珍, 『朝鮮後期 地方財政과 雜役稅』, 國學資料院, 1999

金度亨, 『大韓帝國期의 政治思想研究』, 知識産業社, 1994

김민철, 『기로에 선 촌락―식민권력과 농촌사회』, 혜안, 2012

김양식, 『근대한국의 사회변동과 농민전쟁』, 신서원, 1996

金玉根, 『朝鮮王朝財政史研究』, 一潮閣, 1984

─── , 『朝鮮王朝財政史(Ⅳ) ―近代篇―』, 一潮閣, 1992

─── , 『日帝下 朝鮮財政史論攷』, 一潮閣, 1994

金容德, 『明治維新의 土地税制改革』, 一潮閣, 1989

─── , 『日本近代史를 보는 눈』, 知識産業社, 1991

金容燮, 『增補版 韓國近代農業史研究―農業改革論·農業政策―』上·下, 一潮閣,
    1984

─── , 『韓國近現代農業史研究―韓末·日帝下의 地主制와 農業問題―』, 一潮閣,
    1992

─── , 『증보판 韓國近現代農業史研究―韓末·日帝下의 地主制와 農業問題―』,
    지식산업사, 2000

金鍾洙, 『朝鮮後期 中央軍制研究―訓鍊都監의 設立과 社會變動』, 혜안, 2003

金宗炫, 『近代日本經濟史』, 比峰出版社, 1991

망원한국사연구실 19세기 농민운동사분과, 『1862년 농민항쟁―중세 말기 전국 농민
    들의 반봉건투쟁』, 동녘, 1988

文定昌, 『朝鮮の市場』, 日本評論社, 1941

─── , 『軍國日本 朝鮮占領三十六年史』上, 柏文堂, 1965

박시형·홍희유·김석형, 『봉건지배계급에 반대한 농민들의 투쟁―이조편―』(복간

　　　본), 열사람, 1989

朴宗根, 『淸日戰爭과 朝鮮』(朴英宰 譯, 一潮閣, 1988), 1982

朴贊勝, 『韓國近代政治思想史硏究』, 역사비평사, 1992

방기중, 『조선후기 경제사론』, 연세대학교출판부, 2010

白南雲, 『朝鮮封建社會經濟史』上, 改造社, 1937

裵英淳, 『韓末‧日帝初期의 土地調査와 地稅改正』, 영남대학교출판부, 2002

서영희, 『대한제국 정치사 연구』, 서울대학교출판부, 2003

서정익, 『日本近代經濟史』, 혜안, 2003,

徐仲錫, 『韓國近現代의 民族問題』, 知識産業社, 1989

손병규, 『조선왕조 재정시스템의 재발견: 17~19세기 지방재정사 연구』, 역사비평사,
　　　2008

宋炳基, 『近代韓中關係史硏究』, 단국대학교출판부, 1985

송정환, 『러시아의 조선침략사』, 랴오녕인민출판사(범우사, 1990 재간행), 1982

송찬섭, 『朝鮮後期 還穀制改革硏究』, 서울대학교출판부, 2002

───, 『관남지에 묻힌 함성─한말 함창 고을의 농민항쟁을 찾아서』, 서해문집,
　　　2003

楊普景, 『朝鮮時代 邑誌의 性格과 地理的 認識에 관한 硏究』, 서울大學校 社會科學
　　　大學 地理學科, 1987

梁會水, 『韓國農村의 村落構造』, 亞細亞問題硏究所, 1967

역사학연구소 농민전쟁연구반 편, 『농민전쟁 100년의 인식과 쟁점』, 거름, 1994

연갑수, 『대원군집권기 부국강병정책 연구』, 서울대학교출판부, 2011

───, 『조선정치의 마지막 얼굴』, 사회평론, 2012

吳洙彰, 『朝鮮後期平安道社會發展硏究』, 一潮閣, 2002

우명동, 『지방재정론』, 해남, 2001

원종규, 『조선정치제도사(3)』, 과학백과사전종합출판사, 1989

윤용출, 『조선후기의 요역제와 고용노동』, 서울대학교출판부, 1998

尹琓, 『大韓帝國期 民立學校의 敎育活動硏究』, 도서출판 한결, 2001

윤해동, 『지배와 자치 : 식민지기 촌락의 삼국면구조』, 역사비평사, 2006

李景植, 『朝鮮前期土地制度硏究-土地分給制와 農民支配』, 一潮閣, 1986

───, 『朝鮮前期土地制度硏究[II]-農業經營과 地主制』, 지식산업사, 1998

李宣根, 『韓國史』最近世史(震檀學會編), 乙酉文化社, 1961

李樹健, 『朝鮮時代地方行政史硏究』, 民音社, 1989

이승렬, 『제국과 상인―서울, 개성, 인천 지역 자본가들과 한국 부르주아의 기원, 1896～1945』, 역사비평사, 2007.

이영호, 『한국근대 지세제도와 농민운동』, 서울대학교출판부, 2001

李元淳, 『朝鮮時代史論集―안(한국)과 밖(세계)의 만남의 역사―』, 느티나무, 1992

李存熙, 『朝鮮時代地方行政制度研究』, 一志社, 1990

李泰鎭, 『韓國社會史研究』, 知識産業社, 1986

――, 『朝鮮儒敎社會史論』, 知識産業社, 1989

――, 『일제의 대한제국 강점』, 까치, 1995

――, 『고종시대의 재조명』, 태학사, 2000

이해준·김인걸 외 저, 『조선시대 사회사 연구법』, 한국정신문화연구원, 1993

이헌창 편, 『조선후기 재정과 시장―경제체제론의 접근―』, 서울대학교출판문화원, 2010

李勛相, 『朝鮮後期의 鄕吏』, 一潮閣, 1991

日本地方財政學會 編, 沈定根 譯編, 『地方財政研究方法論―地方財政의 研究課題와 歷史的 考察』, 韓國地方財政學會, 1997

張東杓, 『朝鮮後期 地方財政研究』, 국학자료원, 1999

財務部, 『韓國税制史』 上, 1979

정태헌, 『일제의 경제정책과 조선사회―조세정책을 중심으로―』, 역사비평사, 1996

池秀傑, 『韓國의 近代와 公州사람들 : 韓末·日帝時期 公州의 近代都市 發達史』, 公州文化院, 1999

車康錫, 『地方税概説』, 조세통람사, 1988

車軒權, 『韓國地方財政研究』, 서울大學校 出版部, 1984

최윤규, 『근현대 조선경제사』, 갈무지, 1988

한국역사연구회·역사문제연구소, 『3·1민족해방운동연구』, 청년사, 1989

――, 『1894년 농민전쟁연구』 1～5, 역사비평사, 1991～1997

――, 『조선정치사(1800～1863)』, 청년사, 1990

韓永愚, 『韓國近代民族主義歷史學』, 一潮閣, 1994

韓沽劤, 『韓國 開港期 商業研究』, 一潮閣, 1970

허영란, 『일제시기 장시 연구』, 역사비평사, 2009

鄕村社會史研究會, 『朝鮮後期 鄕約研究』, 民音社, 1990

洪順權, 『韓末 湖南地域 義兵運動史 研究』, 서울大學校 出版部, 1994

홍순권, 『근대 도시와 지방권력 : 한말·일제하 부산의 도시발전과 지방세력의 형성』,

　　　선인, 2010

홍희유, 『조선수공업사』 2, 공업종합출판사, 1991

姜再鎬, 『植民地朝鮮の地方制度』, 東京大學出版會, 2001

京城帝大 法學部, 『朝鮮經濟の研究』 第三, 1938

高寄昇三, 『明治地方財政史: 自由民權と財政運營』 제3권, 勁草書房, 2003

溝口敏行·梅村又次, 『舊日本植民地經濟統計—推計と分析』, 東洋經濟申報社, 1988

宮島博史, 『朝鮮土地調査事業の研究』, 東京大學出版會, 1991

宮本憲一, 『地方自治の歷史と展望』, 自治體研究社, 1986

金子肇, 『近代中國の中央と地方—民國前期の國家統合と財政』, 汲古書院, 2008

大石嘉一郎, 『近代日本の地方自治』, 東京大學出版會, 1990

──────, 『日本地方財行政史研究序說』, 御茶の水書房, 1961

大和和明, 『植民地期朝鮮の民衆運動』, 綠陰書房, 1994

藤田武夫, 『日本地方制度の成立』, 1955

──────, 『近代日本地方財政史』 上, 日本評論社, 1976

──────, 『現代日本地方財政史』, 日本評論社, 1976

미와 료이치, 권혁기 옮김, 『근대와 현대 일본경제사』, 보고사, 2005

朴慶植, 『日本帝國主義の朝鮮支配』, 靑木書店, 1973

北京經濟學院財政敎研室 編, 『中國近代稅制槪述』, 北京經濟學院出版社, 1988

山田公平, 『近代日本の國民國家と地方自治—比較史研究一』, 名古屋大學出版會,
　　　1991

森山茂德, 『近代日朝關係の研究』, 東京大學出版會, 1987

石井寬治, 李炳天·金潤子 옮김, 『日本經濟史』, 동녘, 1984

石井寬治·原郎·武田晴人 編, 『日本經濟史2 産業革命期』, 東京大學出版會, 2008

善生永助, 『朝鮮の契』, 1926

善生永助, 『朝鮮の市場經濟』, 朝鮮總督府, 1929

小早川光郎 외, 『史料 日本の地方自治1 近代地方自治制度の形成』, 學陽書房, 1999

松本武祝, 『植民地權力と朝鮮農民』, 社會評論社, 1998

松田金一郎, 『道府邑面稅の賦課と徵收』, 財務研究會, 1936

水田直昌, 『統監府時期の財政』, 友邦協會, 1975

須川英德, 『李朝商業政策史研究—18·19世紀における公權力と商業—』, 東京大學
　　　出版會, 1994

安秉珆, 『朝鮮近代經濟史研究』, 日本評論社, 1975

友邦協會, 『總督府時代の財政』, 1974

羽鳥敬彦, 『朝鮮において植民地幣制の形成』, 未來社, 1986

田保橋潔, 『近代日鮮關係の研究』, 1940

朝鮮總督府 農林局 農村振興課, 『農山漁村に於ける契』, 1938

朝鮮總督府, 『李朝時代の財政』, 1936

朝日新聞社, 『朝日經濟年史』, 1929

佐久間彊, 李慶熹 譯, 『日本地方自治制度』, 文佑社, 1987

坂入長太郎, 『明治後期財政史』, 酒井書店, 1988

丸山高滿, 『日本地方稅制史』, ぎょうせい, 1985

橫山英 編, 『中國近代化と地方政治』, 勁草書房, 1975

後藤靖 편, 李啓煌 譯, 『日本資本主義發達史』, 청아출판사, 1985

니코스 풀란차스, 홍순권·조형제 옮김, 『정치권력과 사회계급』, 풀빛, 1986

2. 논문

강석화, 「朝鮮後期 地方制度의 運營과 丁若鏞의 改革案」, 『韓國學報』 65, 1991

高東煥, 「18,19세기 外方浦口의 商品流通發達」, 『韓國史論』 13, 1985

———, 「대원군 집권기 농민층 동향과 농민항쟁의 전개」, 『1894년 농민전쟁연구2』(한국역사연구회편), 역사비평사, 1992

———, 「19세기 賦稅運營의 변화와 呈訴運動」, 『國史館論叢』 43, 1993

高錫珪, 「16·17세기 貢納制 개혁의 방향」, 『韓國史論』 12, 1985

郭東璨, 「高宗朝 土豪의 成分과 武斷樣態—1867년 暗行御史 土豪別單의 分析」, 『韓國史論』 2, 1975

郭靜, 「愛國啓蒙運動家들의 地方自治制論과 그 運動」, 『崇實史學』 11, 1998

具嬉眞, 「日帝强占 前半期(1905~1918)의 敎育論」, 서울大學校 大學院 碩士學位論文, 1995

權仁赫, 「朝鮮後期 地方官衙財政의 運營實狀—濟州의 『事例』를 중심으로—」, 『耽羅文化』 16, 1996

權泰檍, 「1904~1910년 일제의 한국 침략구상과 '시정개선'」, 『韓國史論』 31, 1994

———, 「한국 근대사와 일제의 식민지 지배」, 『자본주의세계체제와 한국사회』(한국학술단체협의회 편), 한울, 1991

———, 「1910년대 일제 식민통치의 기조」, 『韓國史研究』, 124, 2004

丘凡眞, 「淸末 新政期 直隷의 鹽利와 紳士層: 鐵路加價를 둘러싼 분쟁을 中心으로」, 『中國學報』48, 2003

김경란, 「조선후기 동래부의 공작미(公作米) 운영실태와 그 성격」, 『역사와 현실』72, 2009

金炅一, 「朝鮮末에서 日帝下의 農村社會의 「洞契」에 관한 硏究」, 『韓國學報』10-2, 1984

김대래, 「일제강점기 지방세제 정리와 지방세목의 변화」, 『경제경영연구』16-1, 2005

김대래·김호범, 「부산일본거류민단 재정 연구(1907~1914): 부산부재정의 성립과 관련하여」, 『지방정부연구』10-2, 2006

金大淳, 「李朝末期의 國家財政에 관한 硏究」, 『經濟學硏究』21, 1973

———, 「韓末 地方費法의 硏究(1895~1910)」, 『産業과 經營』15, 延世大學校, 1973

金德珍, 「朝鮮後期 全羅道 順天府의 雜役稅 運用과 調達」, 『慶尙史學』7·8합집, 1992

———, 「朝鮮後期 地方官廳의 民庫 設立과 運營」, 『歷史學報』133, 1992

———, 「16~17세기의 私大同에 대한 一考察」, 『全南史學』10, 1996

———, 「조선후기 官屯田의 경영과 地方財政」, 『朝鮮時代史學報』25, 2003

金度亨, 「韓末 義兵戰爭의 民衆的 性格」, 『韓國民族主義論』3, 創作과批評社, 1985

金武鎭, 「磻溪 柳馨遠의 郡縣制論」, 『韓國史硏究』49, 1985

金錫禧, 「韓末 東萊府 私立東明學校의 設立과 運營」, 『韓國文化硏究』4, 1991

김선경, 「조선후기 조세수취와 面·里 운영」, 연세대학교 대학원 석사학위 논문, 1984

———, 「1862년 농민항쟁'의 都結革罷要求에 관한 연구」, 『李載龒博士還曆紀念韓國史學論叢』, 1990

金順德, 「京畿地方 義兵運動 硏究(1904~1911」, 漢陽大學校 大學院 博士學位論文, 2003

———, 「경기의병의 현실인식과 지향」, 『역사연구』13, 2003

金洋植, 「高宗朝(1876~1893) 民亂硏究」, 『龍巖車文燮敎授華甲紀念史學論叢』, 1989

김용민, 「1860년대 농민항쟁의 조직기반과 民會」, 『史叢』43, 1994

———, 「19세기 面의 運營層 强化와 面任의 역할」, 『韓國史學報』3·4, 1998

김익한, 「일제의 초기 식민통치와 사회구조변화」, 『일제식민통치연구1 : 1905~1919』 (한국정신문화연구원 편), 백산서당

金仁杰, 「朝鮮後期 村落組織의 變貌와 1862년 農民抗爭의 組織基盤」, 『震檀學報』58, 1989

──,「朝鮮後期 鄕村社會變動에 관한 研究─18,19세기 '鄕權'擔當者層의 變化를 中心으로─」, 서울大學校 大學院 博士學位論文, 1991

金載昊,「甲午改革이후 近代的 財政制度의 形成過程에 관한 研究」, 서울大學校 大學院 博士學位論文, 1997

──,「植民地期의 財政支出과 社會間接資本의 形成」,『經濟史學』46, 2009

金正起,「1876~1894년 淸의 조선정책연구」, 서울大學校 大學院 博士學位論文, 1994

金廷美,「朝鮮後期 對淸貿易의 전개와 貿易收稅制의 시행」,『韓國史論』36, 1996

金鐘圓,「朝淸商民水陸貿易章程의 締結과 그 影響」,『한국사』16, 1975

金鍾俊,「한말 '민권' 용례와 분기 양상」,『歷史敎育』121, 2012

金俊亨,「18세기 里定法의 전개─村落의 기능 강화와 관련하여─」,『震檀學報』58, 1989

金泰雄,「1894~1910년 地方稅制의 施行과 日帝의 租稅收奪」,『韓國史論』26, 1991

──,「서구자본주의의 침투와 위기의식 고양」,『한국사』10(중세사회의 해체 2), 한길사, 1994

──,「甲午改革期 全國 邑事例 편찬과 '新定事例'의 마련」,『國史館論叢』66, 1995

──,「開港 前後~大韓帝國期의 地方財政改革 研究」, 서울大學校 大學院 博士學位論文, 1997

──,「朝鮮後期 邑事例의 系統과 活用」,『古文書研究』15, 1999

──,「朝鮮後期 開城府 財政의 危機와 行政區域 改編」,『韓國史論』41·42, 1999

──,「1915년 京城府 物産共進會와 日帝의 政治宣傳」,『서울학연구』18, 2002

──,「朝鮮後期 監營 財政體系의 成立과 變化─全羅監營 財政을 중심으로─」,『歷史敎育』84, 2004

──,「朝鮮末 開城府財政 補用策의 추이와 朝野의 동향」,『歷史敎育』101, 2007

김필동,「朝鮮後期 地方吏胥集團의 組織構造─社會史的 接近」,『韓國學報』28·29, 一志社, 1983

──,「조선 시대 말기의 계의 변모」,『사회와 역사』11, 1988

金炯基,「朝鮮後期 契房의 運營과 賦稅收取」,『韓國史研究』82, 1993

金炯睦,「韓末始興農民運動에 관한 研究」,『中央史論』6, 1989

金勳植,「朝鮮初期 義倉制度研究」, 서울大學校 大學院 博士學位論文, 1993

盧大煥,「개항기 지식인 金炳昱(1808~1885)의 시세인식과 富强論」,『韓國文化』27, 2001

노영구,「조선후기 開城府 일대 關防體制의 정비와 財政의 추이」,『韓國文化』38,

2006

도면회, 「정치사적 측면에서 본 대한제국의 역사적 성격」, 『역사와현실』 19, 1996

白東鉉, 「大韓帝國期 民族認識과 國家構想」, 高麗大學校 大學院 博士學位論文, 2004

梁晉碩, 「18, 19世紀 還穀에 관한 硏究」, 『韓國史論』 21, 1989

───, 「17, 18세기 還穀制度의 운영과 機能變化」, 서울大學校 大學院 博士學位論文, 1999

梁珍雅, 「개항 전후 동래부 재정 운영의 변화」, 고려대학교 석사학위 논문, 2011

柳承烈, 「韓末·日帝初期 商業變動과 客主」, 서울大學校 大學院 博士學位論文, 1996

───, 「韓末 교육 운동의 推移와 客主」, 『歷史敎育』 81, 2002

文明基, 「대만·조선총독부의 초기 재정 비교연구— '식민제국' 일본의 식민지 통치역량과 관련하여」, 『中國近現代史硏究』 44, 2009

민윤, 「開港期 仁川 租界地 社會의 葛藤과 社會問題」, 시강대학교 석사학위 논문, 2009

박기주, 「선혜청의 수입·지출 구조와 재정운영」, 『조선후기 재정과 시장: 경제체제론의 접근』(이헌창 엮음), 서울대학교출판문화원, 2010

박석윤·박석인, 「朝鮮後期 財政의 變化時點에 관한 考察──1779년(正祖 3년)에서 1881(高宗 18년)까지──」, 『東方學志』 60, 1988

박양신, 「통감정치와 재한 일본인」, 『역사교육』 90, 2004

박이택, 「植民地期 赴役의 推移와 그 制度的 特質」, 『經濟史學』 33

朴贊勝, 「韓末 驛土·屯土에서의 地主經營의 强化와 抗租」, 『韓國史論』 10, 1984

───, 「活貧黨의 活動과 그 性格」, 『韓國學報』 35, 1984

방광석, 「한국병합 전후 서울의 '재한일본인' 사회와 식민권력」, 『역사와 담론』 56, 2010

방기중, 「17·18세기 前半 金納租稅의 成立과 展開」, 『東方學志』 45, 1984

───, 「朝鮮後期 軍役稅에 있어서 金納租稅의 展開」, 『東方學志』 50, 1986

───, 「19세기 前半 租稅收取構造의 特質과 基盤 —貨幣收奪문제를 중심으로—」, 『國史館論叢』 17, 1990

배기헌, 「18·19세기의 禊防村」, 『啓明史學』 20, 2009

裵民才, 「1910年代 朝鮮總督府 臨時恩賜金事業의 운영방향과 그 실제」, 『韓國史論』 55, 2009

백승철, 「개항 이후(1876~1893) 농민항쟁의 전개와 성격」, 『1894년 농민전쟁연구2』
(한국역사연구회편), 역사비평사, 1992

山中麻衣, 「서울 거주 日本人 自治機構 研究(1885~1914)」, 가톨릭대학교 대학원 석
사학위 논문, 2001

서영희, 「개항기 봉건적 국가재정의 위기와 민중수탈의 강화」, 『1894년 농민전쟁연구
1』(한국역사연구회편), 역사비평사, 1991

────, 「韓末 政治體制變動과 宮內府」, 『韓國史論』 24, 1990

────, 「日帝의 한국 保護國化와 統監府의 統治權 樹立過程」, 『韓國文化』 18, 1996

成大慶, 「大院君의 書院 撤廢」, 『千寬宇先生 還曆記念史學論叢』, 正音社, 1986

小林拓矢, 「일제하 도로 사업과 노동력 동원」, 서울대학교 대학원 석사학위 논문,
2010

손병규, 「조선후기 재정구조와 지방재정운영—재정 중앙집권화와의 관계」, 『朝鮮時代
史學報』 25, 2003

송규진, 「조선의 '관세문제'와 식민지관세법의 형성」, 『史學研究』 99, 2010

송양섭, 「『부역실총』에 나타난 재원파악 방식과 재정정책」, 『역사와 현실』 70, 2008

────, 「18~19세기 公州牧의 재정구조와 民役廳의 운영 –『民役廳節目』·『蠲役廳
追節目』을 중심으로–」, 『東方學志』 154, 2011

────, 「조선후기 지방재정과 계방의 출현」, 『역사와 담론』 59, 2011

宋讚燮, 「1862년 진주농민항쟁의 조직과 활동」, 『韓國史論』 21, 1989

愼鏞廈, 「開化政策」, 『한국사』 16, 國史編纂委員會, 1975

安秉旭, 「19세기 賦稅의 都結化와 封建的 收取體制의 解體」, 『國史館論叢』 7, 1989

────, 「朝鮮後期 自治와 抵抗組織으로서의 '鄕會'」, 『聖心女子大學校論文集』 18,
1986

양보경, 「磻溪 柳馨遠의 地理思想—『東國地理志』와 『郡縣制』의 내용을 중심으로—」,
『문화역사지리』 4, 1992

楊尚弦, 「大韓帝國期 內藏院 財政管理 研究 —人蔘·礦山·庖肆·海稅를 중심으로
—」, 서울大學校 大學院 博士學位論文, 1997

염인호, 「日帝下 地方統治에 관한 研究– '朝鮮面制'의 형성과 운영을 중심으로–」, 연
세대학교 대학원 석사학위 논문, 1983

오동석, 「일제하 '지방자치' 관련 법제의 변화」, 『法史學研究』 30, 2004

吳斗煥, 「甲午改革期의 賦稅 「金納化」에 관한 研究」, 『經濟史學』 7, 1985

오연숙, 「대한제국기 의정부의 운영과 위상」, 『역사와 현실』 19, 1996

吳永敎, 「朝鮮後期 地方官廳財政과 殖利活動」, 『學林』 8, 1986

―――, 「1862년 農民抗爭研究―全羅道地域의 事例를 중심으로」, 『孫寶基博士停年紀念韓國史學論叢』, 知識産業社, 1988

오일주, 「朝鮮後期 國家財政과 還穀의 賦稅的 機能의 强化」, 연세대 석사학위 논문, 1984

왕현종, 「한말(1894-1904) 지세제도의 개혁에 관한 연구」, 『韓國史研究』 77, 1992

―――, 「甲午改革期 官制改革과 官僚制度의 變化」, 『國史館論叢』 68, 1996

禹明東, 「日帝下 朝鮮財政의 構造와 性格」, 高麗大學校 博士學位論文, 1987

유정현, 「1894~1904년 地方行政制度의 改革과 吏胥層 動向」, 『震檀學報』 73, 1992

柳漢喆, 「韓末 私立學校令 以後 日帝의 私學彈壓과 그 特徵」, 『한국독립운동사연구』 2, 독립기념관 한국독립운동사연구소, 1988

尹京鎭, 「朝鮮初期 郡縣體制의 개편과 運營體系의 변화」, 『韓國史論』 25, 1991

尹炳喜, 「漢城府民會에 관한 一考察」, 『東亞研究』 17, 1989

尹用出, 「柳馨遠의 役制 改革論」, 『韓國文化研究』 6, 釜山大 韓國文化研究所, 1993

尹貞愛, 「韓末地方制度改革의 研究」, 『歷史學報』 105, 1985

李景植, 「16世紀 屯田經營의 變動」, 『韓國史研究』 24, 1979

―――, 「朝鮮前期 土地의 私的 所有問題」, 『東方學志』 85, 1994

―――, 「朝鮮前期 兩班의 土地所有와 封建」, 『東方學志』 94, 1996

李炳天, 「開港期 外國商人의 侵入과 韓國人의 對應」, 서울大學校 大學院 博士學位論文, 1985

李相燦, 「1906~19010년의 地方行政制度 변화와 地方自治論議」, 『韓國學報』 42, 1986

―――, 「1894~1895년 地方制度 개혁의 방향」, 『震檀學報』 67, 1989

―――, 「乙未義兵 지도부의 1894년 反東學軍 활동」, 『奎章閣』 18, 1995

―――, 「1896년 義兵運動의 政治的 性格」, 서울大學校 大學院 博士學位論文, 1996

李樹健, 「高麗時代 '邑司' 研究」, 『國史館論叢』 3, 國史編纂委員會, 1989

李守龍, 「『漢城旬報』에 나타난 開化·富强論과 그 性格」, 『孫寶基博士紀念韓國史學論叢』, 知識産業社, 1988

李榮昊, 「19세기 浦口收稅의 類型과 浦口流通의 性格」, 『韓國學報』 41, 1985

―――, 「갑오개혁 이후 지방사회의 재편과 城津民擾」, 『國史館論叢』 41, 國史編纂委員會, 1993

李庸起, 「19세기 후반~20세기 중반 洞契와 마을자치―全南 長興郡 蓉山面 語西里

　　사례를 중심으로―」, 서울대학교 대학원 박사학위 논문, 2007

―――, 「일제의 동계(洞契) 조사와 식민주의적 시선」, 『史林』 31, 2008

李元淳, 「19世紀 中葉의 西歐勢力과 朝鮮」, 『한국사』 16 (國史編纂委員會 편), 탐구
　　당, 1983

李潤相, 「평안도 지방의 3·1운동」, 『3·1민족해방운동연구』(한국역사연구회, 역사문
　　제연구소 엮음), 청년사, 1989

―――, 「1894~1910년 재정제도와 운영의 변화」, 서울대학교 대학원 박사학위 논문,
　　1996

―――, 「日帝에 의한 植民地財政의 形成過程 ―1894~1910년의 歲入構造와 徵稅
　　構造를 중심으로―」, 『韓國史論』 14, 1986

李章雨, 「朝鮮初期의 衙祿田과 公須田」, 『李基白先生古稀記念韓國史學論叢』(下),
　　一潮閣, 1994

李載龒, 「朝鮮前期의 國家財政과 收取制度」, 『韓國史學』 12, 精神文化研究院, 1991

李鍾範, 「19世紀末 20世紀初 鄕村社會構造와 租稅制度의 改編―求禮郡 吐旨面五
　　美洞「柳氏家文書」分析―」, 延世大學校 大學院 博士學位論文, 1994

―――, 「대한제국말 일제의 조세 수탈과 한국인의 저항―지·호세문제를 중심으로」,
　　『全南史學』 10, 1996

―――, 「韓末·日帝初期 '面里自治'의 성장과 변질―求禮縣 賦稅運營을 중심으로」,
　　『金容燮敎授停年紀念韓國史學論叢』, 知識産業社, 1997

李泰鎭, 「1896~1904년 서울 도시개조사업의 주체와 지향성」, 『韓國史論』 37, 서울大,
　　1997

李鉉淙, 「高宗때 減省廳設置에 대하여」, 『金載元博士回甲紀念論叢』, 乙酉文化社,
　　1969

林承豹, 「朝鮮時代 邑號陞降에 관한 研究(上)(中)(下)―地方統治制度 研究의 一環
　　으로―」, 『民族文化』 13, 14, 15, 民族文化推進會, 1990, 1992

장국종, 「대동법의 실시에 대하여」, 『력사과학』 1960년 5호, 1960

張東杓, 「朝鮮後期 '民間逋欠'의 전개와 그 성격」, 『釜大史學』 13, 1989

―――, 「19세기 말 咸安地方 財政運營에서의 鄕會와 逋欠」, 『國史館論叢』 68, 國史
　　編纂委員會, 1996

全炯澤, 「17세기 潭陽의 鄕會와 鄕所」, 『韓國史研究』 64, 1989

정미성, 「1920년대 후반~1930년대 전반기 조선총독부의 면 재정」, 『역사와 현실』 56,
　　2005

鄭善男, 「18·19세기 田結稅의 收取制度와 그 運營」, 『韓國史論』 22, 1990

鄭崇敎, 「1904-1910년 自强運動의 國民教育論」, 『韓國史論』 33, 1995

鄭演植, 「均役法 施行以後의 地方財政의 변화」, 『震檀學報』 67, 1985

────, 「조선후기 '役摠'의 운영과 良役 變通」, 서울大學校 大學院 博士學位論文, 1993

鄭玉子, 「紳士遊覽團攷」, 『歷史學報』 27, 1965

鄭潤陽, 「日政下 地方稅制 變遷過程에 關한 硏究」, 서울대학교 행정대학원 석사학위 논문, 1966

鄭允炯, 「朝鮮王朝後期의 財政改革과 還上問題」, 서울大學校 大學院 博士學位論文, 1985

鄭昌烈, 「韓末 變革運動의 政治·經濟的 性格」, 『韓國民族主義論』(宋建鎬·姜萬吉 編), 創作과批評社, 1982

────, 「韓末 申采浩의 歷史認識」, 『孫寶基博士停年紀念韓國史學論叢』, 知識産業社, 1988

────, 「甲午農民戰爭硏究」, 延世大學校 大學院 博士學位論文, 1991

鄭泰憲, 「京城府 財政의 歲入構成과 시기별 特徵」, 『韓國史學報』 24, 2006

────, 「道歲入-道稅 구성 추이를 통해 본 植民地 道財政의 성격」, 『韓國史學報』 15, 2003.

趙樂玲, 「19세기 광주유수부의 남한산성 재정운영—稅入항목을 중심으로」, 『大東文化硏究』 76, 2011

조미은, 「일제강점기 재조선 일본인 학교와 학교조합 연구」, 성균관대학교 대학원 박사학위 논문, 2010

조영준, 「『賦役實摠』의 雜稅 통계에 대한 비판적 고찰 : 巫稅·匠稅·海稅·場稅를 중심으로」, 『韓國文化』 54, 2011

조재곤, 「대한제국기 군사정책과 군사기구의 운영」, 『역사와 현실』 19, 1996

朱鎭五, 「19세기 후반 開化 改革論의 構造와 展開—獨立協會를 中心으로—」, 延世大學校 大學院 博士學位論文, 1996

車軼權, 「우리나라 地方稅에 관한 연구—道稅의 創設을 중심으로—」, 『서울大學校論文集 人文社會系』 10, 1964

차선혜, 「대한제국기 경찰제도의 변화과 성격」, 『역사와 현실』 19, 1996

崔起榮, 「韓末 서울 소재 私立學校의 教育規模에 관한 一考察」, 『韓國學報』 19-1, 1993

최병택, 「강제병합 전후 일제의 '농업 개량' 방침」, 『역사와 현실』 78, 2010

崔元奎, 「韓末 日帝初期 土地調査와 土地法 研究」, 延世大學校 大學院 博士學位論
　　文, 1994

──, 「일제초기 창원군 과세지견취도의 내용과 성격」, 『한국민족문화』 40, 2011

최재성, 「식민지 조선과 『매일신보』」, 『식민지 조선과 매일신보』(수요역사연구회 편),
　　신서원, 2003

崔姝姫, 「18세기 후반 官倉運營의 변화와 私設倉庫의 등장」, 『錄友研究論集』 41,
　　2002

崔震植, 「魚允中의 富强論 研究」, 『國史館論叢』 41, 1993

최태호, 「조선총독부의 재정정책」, 『한국독립운동사연구』 6(인터넷판), 1991

통감부시기 연구반, 「'통감부시기' 지방제도 연구의 현황과 과제」, 『역사와현실』 41,
　　2001

한국역사연구회 편, 「특집 한국근대의 변혁운동과 민족문제」, 『역사와 현실』 창간호,
　　한울, 1989

韓相權, 「1827년 平安道 楚山府 民人의 上京 示威와 政局의 동향」, 『金容燮教授停
　　年紀念 韓國史學論叢』, 知識産業社, 1997

韓哲昊, 「閔氏戚族政權期(1885~1894) 內務府의 組織과 機能」, 『韓國史研究』 90,
　　1995

──, 「고종 친정 초(1874) 암행어사 파견과 그 활동 – 지방관 징치를 중심으로–」,
　　『史學志』 31, 1998

許東賢, 「1811년 朝士視察團의 明治 日本 政治制度 理解 ─朴定陽의 內務省 『視察
　　記』와 『見聞事件』類 등을 중심으로─」, 『韓國史研究』 86, 1994

──, 「1811년 朝鮮 朝士 日本視察團에 관한 연구 ─"見聞事件類"와 『隨聞錄』을
　　중심으로─」, 『韓國史研究』 32, 1986

홍순권, 「일제시기의 지방통치와 조선인 관리에 관한 일고찰」, 『國史館論叢』 64, 1995

黃夏鉉, 「日帝의 對韓植民地機構構造의 形成過程」, 『東洋學』 12, 1982

堀和生, 「朝鮮における植民地財政の展開」, 『植民地期朝鮮の社會と抵抗』, 未來社,
　　1982

吉川友丈, 「上からの改革と地域社會─甲午改革~大韓帝國期の地域社會統合と士
　　族層」, 『朝鮮史研究會論文集』 37, 1999

金翼漢, 「植民地時期朝鮮における地方支配體制の構築過程と農村社會の變動」, 東

京大學 大學院 博士學位論文, 1996

大島美津子, 「地方自治制と町村合併」(大石嘉一郎, 宮本憲一 編, 『日本資本主義發達史の基礎知識』), 1975

鈴木 穆, 「朝鮮獨立財政の完成」, 『朝鮮公論』17, 1919

鈴木武雄, 「李朝末期において朝鮮の財政」, 『朝鮮經濟の研究』2, 1929

李範益, 「朝鮮において地方制度の今昔」, 『朝鮮』1921년 10월호

麻生武久, 「朝鮮地方財政史」, 『朝鮮史講座』2(朝鮮總督府 編), 1923

浜口允子, 「清末直隸省において諮議局と府議會」, 『中國近現代史論文集』, 1985

生田淸三郎, 「地方制度の今昔と將來に對する希望」, 『朝鮮』1925년 10월호

小田忠夫, 「併合初期に於ける朝鮮總督府財政の發達」, 『朝鮮經濟の研究』3, 京城帝大 法學部, 1938

安達謙藏, 「朝鮮財政問題と鮮人同化策」, 『經濟』15, 1910

岩井茂樹, 「清代國家財政における中央と地方—酌撥制度を中心にして」, 『東洋史研究』42-2, 1983

若規禮次郎, 「朝鮮の財政と帝國の一般財政との關係について」, 『經濟』15, 1910

有元政雄, 「地租改正の地方政治」, 『岩波 日本史 講座』, 近代 1, 岩波書店, 1975

六反田豊, 「『嶺南大同事目』と慶尙道大同法」, 『朝鮮學報』131, 1989

田中愼一, 「韓國財政整理において徵稅制度改革について」, 『社會經濟史學』39-4, 1974

平渡信, 「韓國ノ地方制度及地方費ノ沿革」, 『朝鮮講演』1, 1910

STUDIES ON THE LOCAL FINANCE IN THE MODERN KOREA

The Restructuring of Local Finance and the Change of Local Administration

Kim, Taewoong

Abstract

This book chronicles the establishment and development of modern local finance on the basis of the restructuring of local finance and the change of local administration from the end of Chosŏn until right before the March First Independence Movement in 1919. Therefore, it puts emphasis on the change of local finance policies, and the following changes in the local financial structure and local administrative methods in the development process of Korea's modern history, rather than analyzing microscopically the financial situation and administrative affairs of each local public entity.

The Chosŏn government took financial resources and managed the national economy by taking the land's resources and labor force. It was held up by taxation and the local district system(郡縣制). The Chosŏn government paid special attention to each local governmental finances because their main task was collecting taxes and giving them to the central government. In this respect, the local finance policy has been established and executed. However the Chosŏn government could not actively interfere in the local finances. The reason is that the structure of the local finances was based on the self-support by means of extracting the land's resources and labor force and it was administered according to the local district and 'an office under the control of the local government'(各所) separately, and that the method of social administration was prepared on the basis of natural economy, social status system and local power structure worked by the local 'yangban literati'(兩班).

In the later Chosŏn dynasty, as social and economic changes occurred, the form of extraction was changed from the land's resources and labor force to the currency. Moreover its size has been large according as national finance and those of a provincial government and provincial military commander's headquarters have been large, which was the result of intensification of central bureaucratic system and strengthening of military power.

In the nineteenth century, in spite of the consistently increasing expenditure, the revenue did not increase, but instead brought financial instability to the local and national finances. This was not a momentary phenomenon but rather a structual crisis related to the social structure. The 'Sedo' regime(勢道政權) did not solve the problem by creating new financial reforms but tried to escape it by shifting the burden of deficiencies of state treasury to the local finance. Therefore the local government exploited the people once again, which increased the financial burden on them. There were rebellions in 1811 and 1862 which brought an end to the problem in the Pyŏngan Province(平安道) and Three Province(三南) rebellion each.

In face of this local financial crisis, governmental bureaucrats and the local yangban literati presented various plans to reform the evils(捄弊案). First, the government presented the plan to observe most of the local district cases(邑事例) and to apply them with necessary modifications in order to restrain the district magistrate(守令) and the local officials(鄉吏) from exploiting too much. On the other hand, a former bureaucrat, and a local Confucian of 'T'oegye School'(南人學派), brought forward the local expenditure allotment plan(地方經費排定案), in the course of insisting a reformation of local administration system. As a result, the local expenditure allotment plan affected the local financial reformation and the financial reformation carried out in the Kwansŏ(關西) province and the Kwanbuk(關北) province during the early Kojong(高宗) regime.

During about the time of 'reform of 1894', the government reformed the local finance on a full scale. One of the governmental plans was to disorganize the local finances, and instead allot local expenses from the Treasury. This plan, presented by Ŏ, Yunchung(魚允中) and Park, Chŏngyang(朴定陽), the moderate reformists, was intended to eliminate the complicated structure and separated management of the local finance, and establish the standard structure and central management system, by setting up the local financial resources on land(田結) and household(戶口), and then fixing the amount. As a result, a standard for the local finance was prepared in 'Sinchŏngsarye'(新定事例), that is, new ordinances during the time of 'reform of 1894'(甲午改革) and it grew into a local expenditure allotment system in September 1895. Furthermore, it formed the keynote of a local expenditure working system during the time of 'reform of Great Han Empire'(光武改革). Another plan was to introduce the western and Japanese local taxes system, which was based on the system of the national law, to effectively use financial resources by drawing a sharp line between the financial resources of the central government and those of local governmental office. The revenue generated through taxes was divided among the central government and the local government. The radical reformists, whose leader was Park, Yŏnghyo(朴泳孝), tried to realize this idea. Afterwards, this plan was connected with local autonomy system which was the basis of Constitutional Monarchy. Eventually, this idea was reviewed by Park, Yŏnghyo, the House Minister in the second Kim, Hongchip(金弘集) cabinet and grew into a plan of local financial reforms by the 'Dongriphyŏphoe'(獨立協會). It was considered an advancement in the right direction for the local autonomy system of the intelligentsia who emphasized enlightenment under the Resident−General's rule(統監統治期).

However Imperial Japan, maximizing their victory in the Russo−Japanese War(露日戰爭, 1904~1905) and discouraging Great Han Empire(大韓帝國) from establishing a modern nation, tried to rearrange the local governmental system and enforce the local taxes system in order to secure the political and economic base for rule. The new political system was aimed at reduction of local administrative expenses and the new economic system set the exploitation of taxes as its goal. However, when the new political system was opposed by Korean people, especially of local clerks and officers of local gentry, Imperial Japan focused on the new economic system and tried to carry it into effect, insisting on local autonomy as a justification. As a result, 'local taxes regulations' (地方稅規則) in 1906 and 'local expenditure law'(地方費法) in 1909 were promulgated. With this arrangement, they aimed not only at shifting the national burden of the local expenditures into the local authorities and lightening the burden of the treasury, but also at establishing all the social and economic systems for exploiting the Korean people. Imperial Japan tried to collect the taxes from the Korean people and deprived them of the right of participating in local politics.

This plan of Imperial Japan, however, could not be carried

out smoothly. In contrast with the intelligentsia who emphasized enlightenment(文明啓蒙系列), the intelligentsia who emphasized the preservation of national characteristic(國粹保全系列) and the small market-merchants in the Pyŏngan Province opposed the local taxes system of Imperial Japan in the struggle of anti-market tax. This struggle was not a mere anti-tax struggle, but an anti-Imperial Japan struggle, which originated in the consciousness of the nation as a economic community.

Right after the occupation, Imperial Japan put spurs to the investment in infrastructure facilities in order to gain a foothold of an efficient exploitation system. In addition, they mobilized the Korean labor force who were living in townships in order to begin a process of road-building by propounding 'Regional Development'. They also enforced the City-system(1914, 府制) and the Township-system(1917, 面制) in order to secure the necessary resources, especially in the implementation process of the Township-system. They also began a process of dominating local public finances that were essential for them to rule regions by securing the property of township and the village property which the Korean people used to run autonomically. Of course, such a restructuring process of the Imperial Japan can be seen as the process of modernization of local finances, and it is true that as time went by, it gradually opened the way for the Korean people to be involved in local politics. However, the consequences of this was that the volume of local financial tax revenues that the Korean people had to cover increased day by day as well as expenditure which was covered by the budget for expansion of infrastructure facilities for exploitation, along with the ruling expenses for controlling and assimilating the Korean people under the monopoly of Imperial Japan and the Japanese in all areas of society.

| 찾아보기 |

| 인명 |

| 사항 |

ㄱ

김태웅

서울대학교 사범대학 역사교육과 교수.
서울대학교 사범대학 역사교육과를 졸업한 뒤
서울대학교 대학원 국사학과에서 문학 석·박사 학위를 받았다.
정부기록보존소 학예연구관과 군산대학교 조교수를 역임하였다.
학문 연구와 교육 현장의 거리를 좁히고자 한국 근대사를 자료에 입각하여 탐구할 수 있는
『뿌리깊은 한국사 샘이 깊은 이야기-근대편』을 펴냈다.
그 밖에 『한국통사』, 『우리 학생들이 나아가누나』, 『전라감영연구』(공저), 『서울재정사』(공저) 등
다수의 논저를 저술하였다.

한국근대 지방재정 연구
지방재정의 개편과 지방행정의 변경

대우학술총서 608

1판 1쇄 찍음 : 2012년 8월 24일
1판 1쇄 펴냄 : 2012년 8월 31일

지은이 : 김태웅
펴낸이 : 김정호
펴낸곳 : 아카넷

출판등록 2000년 1월 24일(제2-3009호)
100-802 서울 중구 남대문로 5가 526 대우재단빌딩 8층
전화 6366-0511(편집)·6366-0514(주문) : 팩시밀리 6366-0515
책임편집 : 김일수
www.acanet.co.kr

ⓒ 김태웅, 2012

Printed in Seoul, Korea.

ISBN: 978-89-5733-248-1 94900
ISBN: 978-89-89103-00-4 (세트)